Aloysius Winter

Der andere Kant

EUROPAEA MEMORIA
Studien und Texte zur Geschichte
der europäischen Ideen

Begründet und
herausgegeben von
Jean Ecole

Herausgegeben von
Robert Theis,
Wolfgang H. Schrader,
Jean Christophe Goddard

Reihe I: Studien
Band 11

Aloysius Winter
Der andere Kant

2000
GEORG OLMS VERLAG
HILDESHEIM · ZÜRICH · NEW YORK

ALOYSIUS WINTER

Der andere Kant

Zur philosophischen Theologie Immanuel Kants

Mit einem Geleitwort
von Norbert Hinske

2000
GEORG OLMS VERLAG
HILDESHEIM · ZÜRICH · NEW YORK

Die Deutsche Bibliothek - CIP-Einheitsaufnahme

Winter, Aloysius:
Der andere Kant : zur philosophischen Theologie Immanuel Kants / Aloysius Winter. -
Hildesheim ; Zürich ; New York : Olms, 2000
(Europaea memoria : Reihe 1, Studien ; Bd. 11)
ISBN 3-487-11081-4

∞ ISO 9706
© Georg Olms Verlag AG. Hildesheim 2000
Alle Rechte vorbehalten
Printed in Germany
Gedruckt auf säurefreiem und alterungsbeständigem Papier
Herstellung: Weihert-Druck GmbH. 64295 Darmstadt
Umschlaggestaltung: Prof. Paul König, Hildesheim
ISBN 3-487-11081-4

Inhaltsverzeichnis

Geleitwort

Die Kantforschungen Aloys Winters, der Ertrag von mindestens siebzehn Jahren geduldiger Arbeit, sind großenteils in Zeitschriften und Sammelbänden erschienen, in denen der Kantforscher von Profession sie schwerlich suchen wird. Das ist einer der Gründe, weswegen sie bis heute weithin unbekannt geblieben sind und nur von Kennern als Geheimtip gehandelt werden. Schon allein aus diesem Grunde kommt dem vorliegenden Sammelband besondere Bedeutung zu. Die vielfältigen Impulse, die von ihm ausgehen können, sind für die Kantforschung als ganze von unschätzbarem Wert.

Es kommt aber noch ein zweiter, ganz anders gearteter Grund hinzu. Im Zentrum der Untersuchungen Winters, so unterschiedlich sie auch sein mögen, steht Kants Religionsphilosophie. Sie werden von der Überzeugung getragen, daß *„das Gesamtwerk Kants religionsphilosophisch orientiert ist"*[1]. Vor allem in seinem großangelegten Beitrag über den *„Gottesbeweis aus praktischer Vernunft"* (Kap. 5[2]), der bis zu den Anfängen des Kantschen Denkens zurückgeht, hat er diese Auffassung im einzelnen zu begründen versucht. Zu den Sätzen, die Winter gern zitiert, gehört die lakonische Bilanz des alten Kant: *„Es ist yunmöglich, daß ein Mensch ohne Religion seines Lebens froh werde"*[3]. Es ist dies eine Thematik, die in der deutschen Forschung heute weitgehend in den Hintergrund getreten ist, und so gesehen tatsächlich ein *„anderer Kant"*, als er der Öffentlichkeit zur Stunde präsentiert wird, ja am Ende sogar ein authentischerer. Als 1995 Kants Schrift *Zum ewigen Frieden* ihren zweihundertsten Geburtstag feierte, löste das in Deutschland wie in anderen Ländern eine ganze Flut von Beiträgen unterschiedlichster Art, Tagungsbänden, Neueditionen usw. aus. An Kants großer Religionsschrift des Jahres 1793 dagegen ging die deutsche Kantforschung fast achtlos vorüber. Während Italien sie mit einer internationalen Tagung über *Kant e la religione* und einem zweiteiligen Sammelband[4] mit glanzvollen Namen feierte, blieb sie in Deutschland ohne größeres Echo[5]. Aber auch dem religionsphilosophischen Band der neuen

---

1   vgl. unten 429.

2   vgl. unten 257-343.

3   Refl. 8106 (XIX 649); vgl. unten 454f., 475f.

4   *Kant e la filosofia della religione*, (Istituto di Scienze Religiose in Trento: Religione e cultura 8), hrsg. von Nestore Pirillo, 2 Bde., Brecia: Morcelliana, 1996.

5   Eigens hingewiesen sei aber auf den bereits 1992 erschienenen Sammelband *Kant über*

Kantausgabe der *Cambridge Edition of the Works of Immanuel Kant*[6], um nur dies als zweites Beispiel zu nennen, läßt sich in Deutschland zur Stunde kaum etwas Ebenbürtiges an die Seite stellen. Die Kunst des Wegsehens und Verschweigens ist gewiß kein deutsches Privileg. Aber sie ist in der deutschen Philosophie zur Zeit offenbar besonders stark ausgeprägt. Der vorliegende Sammelband kann daher für die Kantforschung in Deutschland ein wichtiges Korrektiv bedeuten. Er kommt gerade zur rechten Zeit.

Es wäre verwegen, im Rahmen eines Geleitworts einen Überblick über das Wintersche Œuvre als ganzes zu versuchen oder auch nur die wichtigsten Forschungsergebnisse des vorliegenden Sammelbandes (der bloß einen Ausschnitt aus Winters Gesamtwerk enthält) herausarbeiten zu wollen. Dazu ist die Bandbreite der quellen-, topos-, entwicklungs- und begriffsgeschichtlichen Perspektiven zu weit gespannt – von den großen, drängenden Sachfragen ganz zu schweigen. Noch weniger ist ein solches Geleitwort der Ort, kontroverse Spezialprobleme wie etwa die leidige Frage nach der Datierung des Kantschen Nachlasses zu diskutieren. Hier ist offenbar selbst unter Kantforschern von Rang keine Einigkeit zu erzielen. Nur auf eine scheinbar höchst spezielle Fragestellung, die aber für den weiteren Gang der Kantforschung als ganzer von Belang ist, sei an dieser Stelle wenigstens kurz hingewiesen. Sie betrifft Kants Verhältnis zu seinen Anhängern *nach 1785*, also *nach* dem Siegeszug seiner kritischen Philosophie. Zu den Verdiensten Winters zählt es, fast nebenbei auf die komplizierte Quellenlage mit ihren wechselseitigen Abhängigkeiten aufmerksam gemacht zu haben. In seinem Beitrag über *Theologiegeschichtliche und literarische Hintergründe der Religionsphilosophie Kants* (Kap. 8) stellt er die Frage: „*Wer hängt hier wohl mehr von wem ab: Kant von Tieftrunk oder eher Tieftrunk von Kant?*"[7] Winter sieht darin mit Recht ein generelles Problem; er fährt fort: „*Diese Frage stellt sich freilich in gewisser Weise auch für andere Theologen der damaligen Zeit.*"[8] Sie stellt sich übrigens

---

Religion (Münchner philosophische Studien, Neue Folge 7), hrsg. von Friedo Ricken und François Marty, Stuttgart, Berlin, Köln: Kohlhammer, 1992, der auch einen bemerkenswerten Beitrag von Winter enthält (vgl. unten Kapitel 8: 425-476).

6   *Immanuel Kant, Religion and Rational Theology*, übersetzt und hrsg. von Allen W. Wood und George di Giovanni, Cambridge: Univ. Press 1996.

7   unten S. 458.

nicht nur in der Theologie. Sie stellt sich auch in anderen Disziplinen, z. B. im Felde der politischen Philosophie und der Jurisprudenz. Mit Blick auf Ernst Ferdinand Klein z. B. könnte man die gleiche, scheinbar despektierliche Frage stellen: Wer hängt hier wohl mehr von wem ab, Kant von Klein oder eher Klein von Kant?[9] Die verbreitete Vorstellung, Kant habe von den Anhängern seiner kritischen Philosophie und ihren Veröffentlichungen nach 1785 kaum ernstlich Kenntnis genommen, etwa nach dem Motto „*Gott bewahre uns nur vor unsern Freunden*"[10] bedarf jedenfalls dringend der Korrektur. Die quellengeschichtliche Forschung endet nicht etwa mit dem Erscheinen der *Kritik der reinen Vernunft*, sondern ist bis in die neunziger Jahre weiterzuführen. Die Kantforschung steht hier noch vor einem weiten, kaum bestellten Arbeitsfeld. Die Untersuchungen Winters leisten auch in dieser Sache einen wichtigen, ja richtungweisenden Beitrag.

Welche Impulse von einer Veröffentlichung ausgehen werden, ist schwer vorauszusagen. Man kann z. B. nur hoffen, daß die begriffsgeschichtliche Forschung bemerken wird, welche Fundgrube an Hinweisen unterschiedlichster Art ihr mit dem vorliegenden Sammelband zur Verfügung steht. Man braucht nur zuzugreifen. Ähnliches gilt für die Hermeneutikdebatte der Gegenwart. Aus Winters Quellen könnte man lernen, wie viele Anregungen von der Wissenschaft der Theologie, wenn sie denn nur auf hohem Niveau betrieben wird, für andere Fächer ausgehen können. Jenseits aller solcher Fragen der philologischen und philosophiehistorischen Gelehrsamkeit aber wäre zu wünschen, daß der vorliegende Band die elementare Frage nach der Substanz von Religion und Christentum von neuem ins Blickfeld rückt.

Trier, Juni 1999   Norbert Hinske

---

8   ebd.

9   Zur Kritik am „imperium paternale" z. B. vgl. Kants Abhandlung *Über den Gemeinspruch*
     ... und als Quelle die Schrift von Ernst Ferdinand KLEIN (der in anderer Hinsicht aufs
     stärkste von Kant beeinflußt ist und zu den Kantianern der ‚Berliner Mittwochsgesellschaft'
     zählt) *Freyheit und Eigenthum, abgehandelt in acht Gesprächen über die Beschlüsse der
     Französischen Nationalversammlung,* Berlin u. Stettin 1790, S. 182 ff.

10   XII 371.

„Die Verstandeswage ist doch nicht ganz unparteiisch, und ein Arm
derselben, der die Aufschrift führt: *Hoffnung der Zukunft,* hat einen
mechanischen Vortheil, welcher macht, daß auch leichte Gründe,
welche in die ihm angehörige Schale fallen, die Speculationen von
an sich größerem Gewichte auf der andern Seite in die Höhe ziehen.
Dieses ist die einzige Unrichtigkeit, die ich nicht wohl heben kann,
und die ich in der That auch niemals heben will."

IMMANUEL KANT, *Träume eines Geistersehers*
(Akademieausgabe 2,349f.)

Einleitung

Die Philosophie Immanuel Kants (1724-1804) wurde gewiß nicht immer und
überall anerkannt: noch zu seinen Lebzeiten wurde sie mißverstanden, gegen
seinen erklärten Willen (z.B. als Idealismus) interpretiert und aus welchen
Gründen auch immer abgelehnt. Daß Moses MENDELSSOHN in seinen *Morgenstunden* (1785) das berühmt gewordene Wort vom „alles zermalmenden"
Kant in die Welt gesetzt hat, obwohl er gleichzeitig gestand, daß ihm wegen
einer „seit zwölf bis funfzehn Jahren" andauernden Nervenschwäche „das
Lesen fremder Gedanken" schwerfalle und er auch die Schriften Kants „nur
aus unzulänglichen Berichten" der Freunde „oder aus gelehrten Anzeigen"
kenne[1], war alles andere als hilfreich.

Auch der zweibändige *Antikant* (1788) des als theologische Autorität geltenden bayerischen Zensurrates Benedikt STATTLER ließ eine zunächst durchaus unvoreingenommene Beschäftigung mit Kants Philosophie auf katholischer Seite nach seinem Erscheinen kaum noch zu[2]. Nachdem die *Kritik
der reinen Vernunft* 1827 zudem auf den *Index librorum prohibitorum* gesetzt

---

[1]   Moses MENDELSSOHN, *Morgenstunden oder Vorlesungen über das Dasein Gottes,* hier zit.
nach der Ausgabe Stuttgart: Reclam 1979, 5.

[2]   vgl. dazu Winfried HEIZMANN, *Kants Kritik spekulativer Theologie und Begriff moralischen
Vernunftglaubens im katholischen Denken der späten Aufklärung. Ein religionsgeschichtlicher
Vergleich* (= Studien zur Theologie und Geistesgeschichte des Neunzehnten Jahrhunderts,
Band 21), Göttingen: Vandenhoeck & Ruprecht 1976.

worden war[3] – eine italienische Übersetzung aus der Feder des Chirurgen Prof. Vincenzo Mantovani war wenige Jahre vorher (1820-22) erschienen[4] – haben sich vornehmlich katholische Autoren offenbar besonders legitimiert gefühlt, Kants Philosophie als abträglich, verhängnisvoll und gefährlich einzustufen. Möglicherweise haben auch gewisse Formulierungen in Kants Religionsschrift, die bei oberflächlicher Kenntnisnahme vielleicht als beleidigend empfunden wurden, zur Ablehnung beigetragen. Eine ernsthafte Beschäftigung mit seinem Denken bestand vor allem bei manchen neuscholastisch orientierten Autoren vielfach nur darin, terminologische Ungereimtheiten, deren es bekanntlich viele gibt, *gegen* Kants Philosophie zu verwenden und im Rückgriff auf Autoren der Hochscholastik und deren Epigonen die eigentliche Orientierung und Leistung dieses Denkens für belanglos oder gar rückschrittlich zu halten. Diese Tendenz ist bis heute feststellbar[5]. Warum aber beschäftigt man sich dann so ausführlich mit einem solchen Philosophen – nur um ihn abzulehnen?

Daher schien es mir dringend geboten, die auf diese Weise liegengebliebenen, übersehenen und nicht rezipierten positiven Ansätze und Überlegungen zu entdecken, die auch und gerade heute für die (katholische) Theologie hilfreich

---

3   Das DECRETUM, *Fer. II. Die II. Junii* MDCCCXXVII beschlossen, von Papst Leo XII. unter dem Datum vom 16. Juni 1827 bestätigt und am 26. Juni 1827 durch Anschlag an der Kirche S. Maria sopra Minerva publiziert, führt unter anderen Schriften auf: „Critica della Ragione pura di Manuele Kant". Der Verbotstext lautet: „Itaque nemo cujuscumque gradus, et conditionis [!] praedicta Opera damnata, atque proscripta, quocumque loco, et quocumque idiomate, aut in posterum edere, aut edita legere, vel retinere audeat, sed Locorum Ordinariis, aut haereticae pravitatis Inquisitoribus ea tradere teneatur, sub poenis in Indice Librorum vetitorum indictis." (Romæ ex Typographia Rev. Cameræ Apostolicæ 1827). – Der Vf. hat darum im Hinblick auf seine geplante Beschäftigung mit der Philosophie Kants die Erlaubnis erbeten und unter dem Datum vom 7. 10. 1963 erhalten, indizierte Bücher zu lesen und aufzubewahren.

4   [Vincenzo MANTOVANI], CRITICA *della ragione pura di Manuele Kant. Traduzione dal tedesco*, Tom. I-VIII, PAVIA presso i Collettori Coi Tipi di Pietro Bizzoni successore di Bolzani, 1820-1822.

5   vgl. dazu z.B. die kritische Stellungnahme Norbert FISCHERS (*Zur neueren Diskussion um Kants Religionsphilosophie*, in: Theologie und Glaube 83 [1993] 170-194, hier: 171-179) zu: Giovanni B. SALA, *Kant und die Frage nach Gott. Gottesbeweise und Gottesbeweiskritik in den Schriften Kants,* (= KantSt.E 122), Berlin/New York: de Gruyter 1990).

und fruchtbar sein könnten. Bevor man allerdings wagen kann, so etwas wie ein *positives „Grundanliegen"* zu behaupten und vorzustellen, das gegen die verschiedenen bereits vorliegenden Auffassungen von einer *Grundidee* der Kantschen Philosophie zu verteidigen wäre, ist eine gründliche Auseinandersetzung mit Kants Schriften, mit seinem Nachlaß und den Vorlesungsnachschriften, soweit sie uns erhalten sind, unerläßlich. Nur so kann sich allmählich ein fundiertes Gesamturteil bilden, wenn denn ein solches bei der Offenheit dieser Philosophie überhaupt möglich ist. Das soll künftiger Bemühung nach der Emeritierung und der Entlastung vom Amt des Rektors der Hochschule überlassen bleiben.

Hier werden in einem ersten Schritt einzelne Aufsätze und Abhandlungen vorgelegt, die in verschiedenen in- und ausländischen Zeitschriften und Sammelbänden erschienen sind. Es hat sich ergeben, daß sich in der zeitlichen Abfolge der hier aufgenommenen Texte ein Zusammenhang und eine Linie abzeichnet, die es schon jetzt möglich erscheinen läßt, von einem etwas „anderen Kant" als dem schulmäßig rezipierten zu sprechen.

Obwohl Kant durch seine pietistische Erziehung geprägt war, wird er doch sehr zu Unrecht als „Philosoph des Protestantismus" bezeichnet. Das ist das Ergebnis von Kapitel 1. Aus evangelischer Sicht hat Werner Schultz schon 1960 festgestellt, daß es „ausgeschlossen" sei, „Kant in dem Sinne einen Philosophen des Protestantismus zu nennen, daß er versucht hat, die Wesenszüge des protestantischen Menschen in seinem Denken zum Ausdruck zu bringen." „Die Wesensbestimmung des Protestantismus" war für Schultz allerdings „eine unendliche Aufgabe ..., die nie ganz erfüllt wird."[6]

Kapitel 2 beschäftigt sich mit den theologischen Hintergründen der Kantschen Philosophie. Während über Kants Religionsphilosophie schon viel geschrieben wurde, ging es bei dieser Untersuchung um die theologische Orientierung seiner *ganzen* Philosophie *vor* und *nach* der kritischen Wende. Diese vorsichtige Bestandsaufnahme stellt einen ersten Schritt zu einer Einschätzung dar, die sich im Laufe der weiteren Beschäftigung mit Kants Denken immer mehr als richtig und belegbar erwies.

---

6 Werner Schultz, *KANT als Philosoph des Protestantismus*, (= Theologische Forschung XXII), Hamburg Bergstedt: Reich 1960 (Umschlag 1961), 59 und 22.

Kapitel 3 widerlegt den gängigen Vorwurf, daß Kant eine negative Einstellung zu Gebet und Gottesdienst gehabt habe. Es läßt sich zeigen, daß Kant in dieser Beziehung eine sehr differenzierte Position vertrat, die als Kritik an beobachteten Fehlhaltungen in vielem durchaus nachvollziehbar ist.

Kapitel 4 und 5 beschäftigen sich mit den zentralen Fragen nach dem *Wesen und der Unsterblichkeit der Seele* einerseits und nach der *Existenz und dem Wesen Gottes* andererseits, die zu bedenken Kant mehrfach als die Hauptaufgaben der Philosophie bezeichnet hat[7]. Später soll gezeigt werden, daß die wesentlichen Themen des Kantschen Gesamtwerkes als „Zurüstungen" auf dieses Ziel hingeordnet erscheinen.

Kapitel 6 beschäftigt sich mit der weiteren Entwicklung des moralischen Gottesarguments unter der Perspektive der teleologischen Urteilskraft. In Kapitel 7 werden Möglichkeiten einer über J. Maréchal und K. Rahner hinausgehenden Rezeption der Kritik der spekulativen Vernunft für die Theologie erwogen. Daß auch die *Kritik der praktischen Vernunft* fruchtbare Ansätze

---

7 z.B. „ ... die wichtigste aller unserer Erkenntnisse: **Es ist ein Gott.**" (Kants Werke, Akademieausgabe 2,65 [Fettdruck im Original]); „Diese unvermeidlichen Aufgaben der reinen Vernunft selbst sind *Gott, Freiheit und Unsterblichkeit.* Die Wissenschaft aber, deren Endabsicht mit allen ihren Zurüstungen eigentlich nur auf die Auflösung derselben gerichtet ist, heißt Metaphysik" (3,31); „Die Metaphysik hat zum eigentlichen Zwecke ihrer Nachforschung nur drei Ideen: *Gott, Freiheit und Unsterblichkeit,* ... Alles, womit sich diese Wissenschaft sonst beschäftigt, dient ihr bloß zum Mittel, um zu diesen Ideen und ihrer Realität zu gelangen." (3,260); „Die Endabsicht, worauf die Speculation der Vernunft im transscendentalen Gebrauche zuletzt hinausläuft, betrifft drei Gegenstände: die Freiheit des Willens, die Unsterblichkeit der Seele und das Dasein Gottes." (3,518); „Die ganze Zurüstung also der Vernunft in der Bearbeitung, die man reine Philosophie nennen kann, ist in der That nur auf die drei gedachten Probleme gerichtet. Diese selber aber haben wiederum ihre entferntere Absicht, nämlich was zu thun sei, wenn der Wille frei, wenn ein Gott und eine künftige Welt ist." (3,520); „Denn wenn es erlaubt ist, die Grenzen einer Wissenschaft ... auch nach dem Zwecke, den man mit dieser Wissenschaft selbst zum anderweitigen Gebrauche vor Augen hat, zu zeichnen, und man findet, daß Metaphysik so viel Köpfe bisher nicht darum beschäftigt hat und sie ferner beschäftigen wird, um Naturerkenntnisse dadurch zu erweitern ..., sondern um zur Erkenntniß dessen, was gänzlich über alle Grenzen der Erfahrung hinausliegt, von Gott, Freiheit und Unsterblichkeit, zu gelangen: so gewinnt man in Beförderung dieser Absicht ..." (4,477); „*Gott, Freiheit* und *Seelenunsterblichkeit* sind diejenigen Aufgaben, zu deren Auflösung alle Zurüstungen der Metaphysik, als ihrem letzten und alleinigen Zwecke abzielen." (5,473).

einer solchen Rezeption bietet, die bisher nicht aufgegriffen worden sind, konnte im gegebenen Zusammenhang nicht dargelegt werden. Über die in Kapitel 5 enthaltenen Andeutungen hinaus wird dieses Thema später weiter zu verfolgen sein.

In Kapitel 8 werden theologische und literarische Quellen der Kantschen Religionsphilosophie ausgewertet. Eine sich bis in die Spätzeit durchhaltende kritische Beurteilung einer offenbar verbreiteten vermeintlich religiösen Haltung („Gunstbewerbung") findet sich schon sehr früh in der Auseinandersetzung mit einem orientalischen Märchen aus der Feder des englischen Schriftstellers John Hawkesworth.

Im 9. Kapitel schließlich wird das Thema der *Transzendenz* als Grundmotiv seines Denkens vorgestellt. Es geht Kant um die Legitimität und intellektuelle Redlichkeit eines Überstiegs der Vernunft über das Sinnliche hinaus in den Bereich des Noumenalen, um so zu einem reineren und weniger anthropomorphen Gottesbegriff zu gelangen[8].

Wenn Kant in einer späten Reflexion schreibt, daß zum Beweis der für die Vernunft unvermeidlichen Annahme des Daseins Gottes nach einem sowohl für den theoretischen als auch für den praktischen Vernunftgebrauch hinreichenden Begriff das „Unvermögen" der spekulativen Vernunft bewiesen werden mußte, um nicht an Antinomieen zu scheitern oder das göttliche Wesen zu sensifizieren oder zu anthropomorphisieren und so zu „gantz falsche[n] Begriffe[n]" von Gott zu gelangen[9], dann ist das keineswegs eine nachträgliche Umdeutung: diese Absicht läßt sich durchgängig in seinen Werken belegen. Dementsprechend ist der bekannte Satz in der Vorrede zur B-Auflage der *Kritik der reinen Vernunft*: „Ich mußte also das Wissen aufheben, um zum Glauben Platz zu bekommen"[10] keine salvatorische Klausel, sondern die

---

8 „Man sieht also, daß die Hebung der Antinomie der ästhetischen Urtheilskraft einen ähnlichen Gang nehme mit dem, welchen die Kritik in Auflösung der Antinomieen der reinen theoretischen Vernunft befolgte; und daß eben so hier und auch in der Kritik der praktischen Vernunft die Antinomieen wider Willen nöthigen, über das Sinnliche hinaus zu sehen und im Übersinnlichen den Vereinigungspunkt aller unserer Vermögen a priori zu suchen: weil kein anderer Ausweg übrig bleibt, die Vernunft mit sich selbst einstimmig zu machen." (Akademieausgabe 5,341).

9 vgl. Refl. 6317, Akademieausgabe 18,623f.

ernstzunehmende Beschreibung des intendierten Weges.

Von daher erscheint es folgerichtig, daß Kant den jeweiligen Fortschritt seines Denkens am Ende der drei Kritiken mit der Frage nach dem (Vernunft-)glauben konfrontiert[11]. Diesem Grundinteresse seiner Philosophie sind die vielfach angegebenen Grundprobleme oder Grundideen offenbar untergeordnet: die Frage nach der *Möglichkeit synthetischer Sätze a priori,* die *kopernikanische Wende* oder der sogenannte *transzendentale Idealismus.* Auch die von Benno Erdmann angegebene „Idee von Kants *Kritik der reinen Vernunft",* „daß der spekulative Erkenntnisgebrauch der Vernunft, der sich in der Idee der Metaphysik realisiert, niemals weiter als bis zu den Grenzen möglicher Erfahrung reicht"[12], beschreibt nur *einen,* wenn auch wesentlichen Schritt auf dem Wege. Georg Picht kam neuerdings in Fortführung einer These Heideggers[13] zu der Auffassung, daß „Kants Philosophie ... insgesamt und in jedem ihrer einzelnen Teile nichts anderes als Religionsphilosophie" sei, was er ausführlich zu demonstrieren unternahm[14]. Kants Religionsphilosophie und speziell sein Fragen nach Gott ist oft und ausführlich als wichtiges Thema seines Denkens dargestellt worden; daß hier aber das grundsätzliche „erkenntnisleitende Interesse" des Philosophen zu finden sei, entspricht nicht dem üblichen Verständnis[15].

Elizabeth Cameron Galbraith geht 1996 noch einen Schritt weiter, indem sie Kants ganzes Werk eine „philosophische Theologie" nennt[16], ein Ausdruck, den Kant selbst gebraucht hat[17]). Es handelt sich dabei freilich um eine

---

10   a. a. O. 3,19; vgl. dazu auch 3,487.

11   vgl. dazu: José Miguel ODERO, La fe en Kant, Pamplona: EUNSA 1992.

12   Benno ERDMANN, *Die Idee von Kants Kritik der reinen Vernunft. Eine historische Untersuchung,* (=Abh. d. Königl. Preuß. Akademie d. Wiss. 1917, Phil.-hist. Klasse Nr . 2), Berlin: Königl. AkWiss 1917, 79. Dementsprechend sollte die *Kritik der reinen Vernunft* als „Disciplin" für den Vernunftgebrauch (vgl. Akademieausgabe 3,275, 466, 517f.) ursprünglich den Titel tragen: *„Die Grentzen der Sinnlichkeit und der Vernunft"* (ebd. 10,123, 129; vgl. auch 10,98, 135, 350).

13   Martin HEIDEGGER, *Gesamtausgabe,* 1. Abt., Bd. 9: *Wegmarken,* Frankfurt am Main: Klostermann 1976, 9,455: „Nun wird aber und bleibt für Kant die Frage, ob und wie und in welchen Grenzen der Satz ‚Gott ist' als absolute Position möglich sei, der geheime Stachel, der alles Denken der ‚Kritik der reinen Vernunft' antreibt und die nachfolgenden Hauptwerke bewegt."

„rationale Theologie"[18], die der „biblischen Theologie" bewußt gegenübergestellt wurde, um einen echten Dialog zwischen beiden Wissenschaften zu
ermöglichen[19]. Im Gegensatz dazu kann ich der „zusammenfassende[n] Formel für den ‚Geist' der kantischen Philosophie" in keiner Weise zustimmen,
die da nach Hermann Schmitz lauten soll: „Es ist der prometheische Trotz
des aufstrebenden kleinen Mannes, der keine Privilegien duldet, Kampf und

14   Georg PICHT, *Kants Religionsphilosophie. Mit einer Einführung von E. Rudolph,* (= Vorle-
     sungen und Schriften [1]), Stuttgart: Klett-Cotta 1985, 1. Neuerdings hat Claus DIERKS-
     MEIER (*Das Noumenon Religion,* Berlin/New York: De Gruyter 1998 [=KantSt.E 133])
     die Religion im Sinne Kants als „eine Funktion des allgemeinen menschlichen Geistes"
     und als „ein Strukturnoumenon des menschlichen Geistes" interpretiert, sofern sie „in
     immer anderer Weise der immer gleichen Quelle des transzendentalen Konfliktes, der
     Menschsein überhaupt ausmacht", entspringt. Indem so der „systematische Ort der Reli-
     gion im Weg der Vernunft zu sich selbst angegeben wird", kommt jedenfalls der „Zusam-
     menhang von Kants philosophischem System und seinem Begriff von Religion" als ein
     notwendiger in den Blick (211, 11, 2). Wichtig war auch der Hinweis von Robert THEIS
     (*Le sens de la métaphysique dans la Critique de la Raison Pure,* in: RPL 83 [1985] 175-196),
     daß sich für Kant die Reichweite der Metaphysik (ähnlich wie für Newton die Erforschung
     der nicht-mechanischen Ursachen) als Domäne der Vernunft den bloßen Verstandes-
     gebrauch übergreift, ihn ergänzt und so eine neue Dimension der Intelligibilität eröffnet
     (195).

15   Über die Bedeutung der Gottesfrage im Hinblick auf Kants philosophisches Denken ist
     auch früher schon nachgedacht worden, wie Robert THEIS in seiner Habilitationsschrift
     *GOTT. Untersuchung zur Entwicklung des theologischen Diskurses in Kants Schriften zur
     theoretischen Philosophie bis hin zum Erscheinen der „Kritik der reinen Vernunft",* (For-
     schungen u. Materialien zur deutschen Aufklärung, hrsg. von Norbert Hinske, Abt. II:
     Monographien), Stuttgart-Bad Cannstatt: Frommann-Holzboog 1994, 15-29, belegt. Er
     vermißt dabei allerdings, daß in den ihm bekannten Arbeiten die theologische Problematik
     nicht in dem „systematischen Zusammenhang gesehen wird, in den sie doch offensichtlich
     eingebettet ist. Gerade die Isolierung der Entwicklung der theologischen Problematik
     gegenüber den übrigen Teilen des philosophischen Diskurses bringt aber eine Perspekti-
     venverengung mit sich, die die Gefahr in sich birgt, an der Wahrheit des Entwicklungs-
     prozesses des theologischen Diskurses vorbeizuführen." (29)

16   CAMERON GALBRAITH, E., *Kant and Theology. Was Kant a Closet Theologian?* San Francis-
     co/London/Bethesda: Intern. Scholars Publ. 1996, 63. Zur „philosophischen Theologie":
     „It refers not so much to the investigation of religion from a philosophical standpoint, as
     does the philosophy of religion, but to the use of philosophical methods in the critical
     articulation of theology." (ebd.).

17   Akademieausgabe 6,9.

Arbeit zur Bewährung eigener robuster, herkulischer Tüchtigkeit sucht, ruhige Freude nur als zeitweilige Entspannung am Feierabend kennt und auf künftiger Belohnung seiner Mühen besteht."[20] Im (späten) VII. Convolut seines geplanten Alterswerks schreibt Kant selbst: „Der Transsc: Phil. höchster Standpunkt Transsc. Theologie"[21]. Von hier aus gesehen vermutete Reiner Wimmer 1990, „daß Kant sich während seines gesamten Philosophierens" auf eine Einheit hinbewegt habe, die im „Gedanken des höchsten Guts" kulminierte, wobei jener Einheitspunkt es gestatte, „die gesamte kritische Religionsphilosophie Kants als ein systematisches Ganzes zu begreifen"[22]. In dieser Interpretation sieht Elizabeth Cameron Galbraith jedoch den eigentlich theologischen Charakter der Kantschen Philosophie noch nicht zureichend erkannt[23]. So läßt sich feststellen, daß sich allmählich eine Tendenz zu einer, wie ich meine, zutreffenderen Einschätzung des Kantschen Gesamtwerkes abzeichnet. Ob meine (gelegentlich wahrgenommenen) früheren Arbeiten nun dazu beigetragen haben oder nicht: jedenfalls sehe ich mich dadurch ermutigt, die aufgenommene Spur auch künftighin weiter zu verfolgen.

In den vorliegenden Sammelband wurden Arbeiten zu Kants Philosophie

18   vgl. Allen W. Wood, *Kant's Rational Theology*, Ithaca and London: Cornell Univ. Press 1978; hier wurde bereits gesehen, daß der metaphysische Aspekt des Kantschen Denkens über Theologie „also of importance for an understanding of his thought as a whole" sei (9). Als „an integral part of his systematic philosophical enterprise and not simply as an addition external to it" und als „the application of the critical principles to a particular sphere of thought" sieht Bernard M. G. Reardon den Inhalt der Kantschen Religionsschrift (*Kant as Philosophical Theologian*, [= Library of philosophy and religion], Houndmills, Basingstoke, Hampshire RG212XS and London: The Macmillan Press 1988, 87 und 88). H. de Vos (*Kant als Theoloog*, Baarn 1968) sah in Kants Religionsphilosophie lediglich eine Form der „Entmythologisierung." Vgl. auch die Vorlesungsnachschriften über „Rationaltheologie" in Band V von „Kants Vorlesungen" (Akademieausgabe Bd. XXVIII).

19   „Denn die Wissenschaften gewinnen lediglich durch die Absonderung, sofern jede vorerst für sich ein Ganzes ausmacht, und nur dann allererst mit ihnen der Versuch angestellt wird, sie in Vereinigung zu betrachten." (Akademieausgabe 6,10).

20   Hermann Schmitz, *Was wollte Kant?* Bonn: Bouvier 1989, 369.

21   Opus postumum, Akademieausgabe 22,63.

22   Reiner Wimmer, *Kants kritische Religionsphilosophie*, (= KantSt.E 124), Berlin/New York: de Gruyter 1990, 5 und 8f.

23   a. a. O. 185f.

aufgenommen, die einzelne Aspekte zu einem etwas anderen Kantverständnis darstellen. Ihre Reihenfolge entspricht (mit einer Ausnahme) ihrer zeitlichen Entstehung. Sie in einem Sammelband zusammenzuführen erscheint sinnvoll, weil sie ursprünglich so verstreut erschienen waren, daß einige davon nur schwer auffindbar sind[24]. Die Unterschiede in der Zitationsweise wurden belassen: so wurde teils nach der Ausgabe von Cassirer (Ca) und teils nach der Akademieausgabe (Ak oder AA) zitiert; eine Vereinheitlichung hätte auch die verschiedene Orthographie der Zitate betroffen, was die Originaltexte zu sehr verändert hätte. Das Auffinden der Zitate ist auch so mit Hilfe der Kant-Seitenkonkordanz[25] ohne weiteres möglich. Lediglich die Querverweise wurden an die neue Paginierung angepaßt.

Den Herausgebern der Reihe *Europaea Memoria* bin ich sehr dankbar, daß sie diesen Sammelband angeregt und ermöglicht haben. Besonders danke ich Herrn Günter Stitz in Freiburg im Breisgau, der die Texte elektronisch erfaßt, neu gesetzt und – Computer-typographisch sach- und philosophisch-theologisch fachkundig – druckfertig gemacht hat, samt neu erstelltem Literatur- und Namensverzeichnis[26]. Danken möchte ich auch den studentischen Helfern, die sich am Lesen der Korrekturen beteiligt haben. Für dennoch übersehene Druckfehler appelliere ich an die Großzügigkeit verständnisvoller Leser.

Fulda, im September 1999

Aloysius Winter

---

24 Die umfängliche *Kant-Bibliographie 1945-1990,* begr. von Rudolf Malter, hrsg. von Margit Ruffing, Frankfurt am Main: Klostermann 1999, hat z.B. von den hier aufgenommenen neun Titeln, soweit sie bis 1990 erschienen waren, zwei nicht aufgeführt.

25 Norbert Hinske, Wilhelm Weischedel, *Kant-Seitenkonkordanz,* Darmstadt: Wissenschaftliche Buchgesellschaft 1970.

26 Auf einen Sachindex wurde verzichtet. Zur detaillierten Suche kann eine CD-ROM dieses Werkes im durchindexierten pdf-Format zum Preis von 20 € (Stand von Ende 1999; plus Versand) bei LitROM-Data, Dreikönigstr. 42, D-79102 Freiburg oder via e-mail-Bestellung *(litrom@gmx.net)* erworben werden.

Kapitel 1:
Kant zwischen den Konfessionen

Wenn hier gefragt werden soll, ob und inwiefern Immanuel Kant „zwischen den Konfessionen" stehe und von welchem Belang dies heute für uns sein könne[1], dann wird damit keineswegs bestritten, daß seine religiöse Heimat der (lutherische) Königsberger Pietismus war, der seine besondere Prägung vor allem durch die Person und das Werk des Theologieprofessors F. A. Schultz, eines Schülers Chr. Wolffs und A. H. Franckes, und durch die von ihm versuchte Synthese der Wolffschen Philosophie mit der Spener-Franckeschen Religiosität erhalten hatte[2]. Die Behauptung H. Rusts, Kalvins

---

1   Die folgenden Ausführungen geben einen Vortrag wieder, der am 20. Nov. 1973 vor dem Ortsverband Mainz der Kant-Gesellschaft e. V. Bonn gehalten wurde. Für den Abdruck ist der Text etwas überarbeitet worden.

2   Die Sonderstellung des Königsberger Pietismus kommt in A. RITSCHLS dreibändiger *Geschichte des Pietismus* (Bonn 1880-1886) und auch in früheren Gesamtdarstellungen, die ihm bereits vorlagen, nicht zum Ausdruck. Als erster scheint G. HOLLMANN, *Prolegomena zur Religionsphilosophie Kants*: Altpreuß. Monatsschr. 36 (1899) 1-73 darüber gearbeitet zu haben. Eine kritische Auseinandersetzung mit Hollmann unter Heranziehung der Quellen findet sich bei P. KALWEIT, *Kants Stellung zur Kirche* (Schr. d. Synodalkomm. f. ostpreuß. Kirchengesch. 2) (Königsberg/Pr. 1904), bes. 40-57, der für die pietistische Herkunft der Religionsphilosophie Kants zu wenig Anhaltspunkte sieht, wie sie vorsichtig auch von B. ERDMANN, *Martin Knutzen und seine Zeit* (Leipzig 1876) 142 vertreten worden war, wo ebenfalls ein guter Überblick über die Entwicklung des Königsberger Pietismus zu finden ist (16-47). Zum grundsätzlichen Einfluß des Pietismus: H. STEFAN, *Der Pietismus als Träger des Fortschritts in Kirche, Theologie und allgemeiner Geistesbildung* (Sammlg. gemeinverst. Vortr. u. Schriften aus d. Geb. d. Theol. u. Religionsgesch. 51) (Tübingen 1908) 56. Einen anderen Zugang bietet E. RIEDESEL, *Pietismus und Orthodoxie in Ostpreußen auf Grund des Briefwechsels G. F. Rogalls und F. A. Schultz's mit den Halleschen Pietisten* (Königsberg/Pr. u. Berlin 1937). – „Religiöse Heimat" soll hier nur als Ausgangspunkt für Kants Entwicklung verstanden werden, da seit J. BOHATEC, *Die Religionsphilosophie Kants in der „Religion innerhalb der Grenzen der bloßen Vernunft" mit bes. Berücksichtigung ihrer theologisch-dogmatischen Quellen* (Hamburg 1938, Nachdr. Hildesheim 1966) gegen eine anderslautende Tradition feststeht, daß Kant mehrere zeitgenössische Lehrbücher der Dogmatik benutzt hat. Nach F. DELEKAT, *Immanuel Kant. Historisch-kritische Interpretation der Hauptschriften* (Heidelberg ²1966) 260f., 304, 307, 351 ist der „theologische Hintergrund" pietistisch, allerdings so, daß Kant gerade das vom Pietismus übernahm, „was diesen von der Reformation trennte. So besonders die

geistige Art sei „für die innere Bildung Kants von entscheidender Bedeutung" gewesen[3], ist von ihm selber später von ihren ursprünglich vermuteten Voraussetzungen her weitgehend zurückgenommen worden[4]. H. Schmalenbach anerkannte sehr viel vorsichtiger nur eine über den Pietismus vermittelte „Verwandtschaft" mit Kalvin[5]. Daß Kant die vielfältigen religionsphilosophischen Impulse, die besonders vom englischen Deismus ausgegangen waren[6], aufgriff und gegenüber dem Skeptizismus D. Humes positiv und konstruktiv weiterentwickelte und vertiefte[7], liegt eigentlich auf einer anderen Ebene und bringt ihn deswegen noch nicht einfachhin (so E. Troeltsch) „schroff" in Gegensatz zum Protestantismus und Katholizismus[8]. Wie die Deisten – und

---

Vorordnung des Sittlichen vor die Gnade (304, 348)". (W. Pannenberg, *Theologische Motive im Denken Immanuel Kants:* ThLZ 89 [1964] 897-906, hier: 905).

3   H. Rust, *Kant und Kalvin,* in: Immanuel Kant. Festschr. z. 2. Jahrhundertfeier seines Geburtstages, hrsg. v. d. Albertus-Universität in Königsberg/Pr. (Leipzig 1924) 131-149, hier: 132.

4   Ders., *Kant und das Erbe des Protestantismus. Ein Beitrag zu der Frage nach dem Verhältnis von Idealismus und Christentum* (Gotha 1928) 33.

5   H. Schmalenbach, *Kants Religion* (Sonderh. d. Dt. Phil. Ges. 1) (Berlin 1929) 126f.

6   M. Tindals Schrift: *Christianity as old as the creation* (London 1730, Nachdr., hrsg. v. G. Gawlick, Stgt. B. C. 1967), auch bekannt als „die Bibel der Deisten", dürfte dabei von bes. Bedeutung sein. Kants akademischer Lehrer M. Knutzen hat sich in einer eigenen Schrift (*Verteidigte Wahrheit der Christlichen Religion gegen den Einwurf: Daß die christliche Offenbarung nicht allgemein sey* [Königsberg 1747]) mit Tindal auseinandergesetzt, wobei er auch die dt. Übers. (Leipzig 1741) erwähnt (§ 8), die für Kant bei Knutzen, aus dessen „herrlicher(-n), reichlich versehenen Bibliothek" er sich häufig Bücher auslieh (L. E. Borowski, *Darstellung des Lebens und Charakters Immanuel Kants,* in: Immanuel Kant. Sein Leben in Darstellungen von Zeitgenossen. Die Biographien von L. E. Borowski, R. B. Jachmann und A. Ch. Wasianski [Dt. Bibliothek, Bd. 4; Berlin 1912, Nachdr. Darmstadt 1968, 76]), erreichbar gewesen sein dürfte. Dagegen spricht nicht, daß der Name *Tindal* bei Kant später nicht mehr auftaucht.

7   „Welchen Wert das Erbe der Deisten hatte, wurde erst ersichtlich, als es in die Hände eines Größeren gelangte", schreibt G. Gawlick in seinem Vorwort zum Nachdr. der *Geschichte des englischen Deismus* v. G. V. Lechler (Hildesheim 1965 nach Stgt.-Tübingen 1841) XXI. Wenn nach E. Troeltsch der Deismus die „Religionsphilosophie der Aufklärung" (*Ges. Schr.* [Tübingen 1924] IV 429) ist, dann gilt auch hier Hegels Satz: „Die Kantische Philosophie ist theoretisch die methodisch gemachte Aufklärung" (*Werke in 20 Bänden,* Theorie-Werkausg. Frankfurt 1971, 20/333).

8   E. Troeltsch, *Das Historische in Kants Religionsphilosophie,* in: Kant-Studien (=

in deren Gefolge je auf ihre besondere Weise die französischen und deutschen Aufklärer – wollte auch Kant zur Lösung der konfessionellen Auseinandersetzungen mit all ihren unheilvollen Konsequenzen einen tiefergreifenden Ansatz finden[9], der zwischen den Extremen des Naturalismus und Orthodoxismus[10] die ursprüngliche Einheit und Einzigkeit der Religion aufdecken könnte, ohne selbst wieder dogmatisch zu werden. Auch daß Kant, wie uns ein Zeitgenosse berichtet, den Universitätsgottesdienst „nach beendigtem Akt des Rectoratsantritts" mied, indem er sich aus der Gruppe der Professoren löste und an der Kirchtür vorbeischritt, „wenn er nicht selbst Rector geworden war"[11], oder daß er auch wohl sonst, wenigstens in späteren Jahren, der Kirche fernblieb, wie sein Biograph R. B. Jachmann berichtet[12], sollte nicht zu voreiligen

---

KSt) 9 (1904) 21-154, hier: 39.

9   vgl. G. Gawlick, a. a. O. V. – J. Toland dazu: „The worst on't is, they are not all of a Mind. If you be *Orthodox* to those, you are a *Heretick* to these. He that sides with a Party is adjudg'd to Hell by the Rest; and if he declares for none, he receives no milder Sentence from all." (*Christianity not Mysterious. OR, A TREATISE Shewing, That there ist nothing in the GOSPEL Contrary to REASON, Nor ABOVE it: And that no Christian Doctrine can be properly call'd A MYSTERY* [London 1696] Faksimile-Neudr. mit einer Einleitung v. G. Gawlick und einem textkr. Anhang [Stuttgart B. C. 1964] 2). Ähnlich später J. J. Rousseau, *Émile, ou de l'Éducation*, T. IIIe (Amsterdam 1762) 126f.: „Je considérois cette diversité de sectes qui regnent sur la terre, & qui s'accusent mutuellement de mensonge & d'erreur; je demandois, *quelle est la bonne?* Chacun me répondoit, c'est la mienne; chacun disoit, moi seul & mes partisans pensons juste, tous les autres sont dans l'erreur." H. S. Reimarus wieder ganz ähnlich: „Der eine beschuldigt den andern irriger Lehre, falscher Auslegung, menschlicher Zusätze: frage ich diesen, so warnet er mich für jenen; frage ich jenen, so verdammet er diesen bis in die Hölle. Laß sie erst selber unter ein ander eins werden, wenn ich ihnen, als Wegweisern, folgen soll." (G. E. Lessing, *Ges. Werke in zehn Bänden* [Berlin u. Weimar 1968] 7/705.) D. Hume meint in der Geschichte die Bestätigung dafür zu finden, daß der Streit zwischen den Religionsparteien sich am Ende immer gegen die Vernunft gewendet habe (*The Natural History of Religion*, in: The Philosophical Works, ed. by Th. H. Green and Th. H. Grose, Vol. 4 [London 1882, Repr. Aalen 1964] 342).

10   Zu diesem Ausdruck vgl. G. E. Lessing a. a. O. 8/31, Kant Ca 7/366.

11   Chr. F. Reusch, *Kant und seine Tischgenossen. Aus dem Nachlasse des jüngsten derselben* (Königsberg o. J.) – Nachdr.: Aetas Kantiana (= AeK) 211 (Brüssel 1973) 5.

12   a. a. O. 170. Aber: „Er hatte sich eine Idee vom öffentlichen Gottesdienst gemacht, die, wenn sie je realisirt worden wäre, ihn zum fleißigen Kirchengänger gemacht hätte" (*Anm. zu „Wald's Gedächtnisrede" von Ch. J. Kraus' Hand*, in: R. Reicke, Kantiana.

Schlußfolgerungen verleiten, obwohl man Kant vielleicht mit L. E. Borowski, der ebenfalls zu den frühesten Biographen gehört, ein etwas persönlicheres Verhältnis auch zu den kirchlichen Formen eines gelebten Christentums gewünscht hätte[13]. Trotzdem bleibt es möglich, und das ist hier zu bedenken, daß diese Besonderheit im Kontext seiner Philosophie erklärlich und für uns sogar von Interesse sein kann.

Man wird kaum bezweifeln können, daß Kant mit seiner Philosophie – wenigstens zur damaligen Zeit – nur auf dem Boden des Protestantismus vorstellbar ist[14]. Unbestreitbar ist auch, daß seiner Philosophie tatsächlich von der evangelischen Theologie mehr Interesse entgegengebracht wurde als von der katholischen Seite. In der ersten Zeit allerdings war es eher umgekehrt. Davon zeugen Maternus Reuss, Benediktiner und Professor der Philosophie in Würzburg[15], in seinem Brief an Kant vom 1. April 1796[16] und L. E. Borowski, der eine ihm von Kant übersandte Beilage über Kants Philosophie an katholischen Universitäten seiner Biographie beifügt[17]. In diesen Zusammenhang gehören auch die Mainzer Kantianer, von denen bei der letzten Veranstaltung der Kant-Gesellschaft in diesem Hause ausführlich die Rede war[18]. Am Rande

---

Beiträge zu Immanuel Kants Leben und Schriften [Königsberg 1860] 10).

13   a. a. O. 90f.

14   vgl. E. FRANZ, *Deutsche Klassik und Reformation. Die Weiterbildung protestantischer Motive in der Philosophie und Weltanschauung des Deutschen Idealismus* (Halle/Saale 1937) 237: „... nur auf protestantischem Boden möglich". „Es könnte hier das Protestantische im Protestantismus sich gegen eine enge, erstarrte Form wenden." In diesem Sinne verwenden wir hier das Wort „*Protestantismus*", um in einer Art von Oberbegriff zugleich das negativ-Kritische und das positiv-Gestaltende zu bezeichnen (vgl. E. FRANZ ebd. 50-52).

15   vgl. K. E. MOTSCH, *Matern Reuß. Ein Beitrag zur Geschichte des Frühkantianismus an katholischen Hochschulen* (Freiburg i. Br. 1932).

16   Kant's gesammelte Schriften, hrsg. v. d. Königlich Preußischen (später Preußischen, dann Deutschen) AkadWiss (Berlin 1910ff.) (= Ak) XII 68f., entspricht: Immanuel Kants Werke, hrsg. v. E. Cassirer (Berlin 1912-1921) (= Ca) 10/284. Wir zitieren im folgenden nach Cassirer, was darüber hinausgeht (z. B. aus Kants Nachlaß), nach der Akademieausgabe.

17   a. a. O. 105f.

18   Reg. Dir. Dr. H. MATHY, *Vertreter des Kantianismus an der Mainzer Universität des 18. Jh.* (am 19. 6. 1973).

4

sei auf „Wald's Gedächtnisrede" hingewiesen, in der es heißt: „Sonderbar aber ist es, daß die kritische Philosophie auf den katholischen Universitäten mehr Terrain gewann, als auf den protestantischen", was Ch. J. Kraus zu der kommentiererden Fußnote veranlaßte: „weil auf protestantischen jeder Professor der Philosophie Philosoph zu sein wähnt, vollends wenn er schon etwas hat drucken lassen"[19]. Die gleichzeitige frühe Ablehnung Kants auf katholischer Seite, für die Namen wie J. A. Zallinger[20] und B. Stattler[21] repräsentativ sind, setzte sich jedoch durch und führte zur Indizierung der „Kritik der reinen Vernunft" am 11. Juni 1827 und zu verschiedenen Verboten wissenschaftlicher Auseinandersetzung mit Kants Werk[22]. Nach einer langen Periode (fast) einhelliger Gegnerschaft[23] brachte endlich die erste Hälfte unseres Jahrhunderts eine vorsichtige Renaissance des Transzendentalphilosophen Kant im katholischen Raum, die mit J. Maréchal[24] anhebt und sich dann mit Namen wie E. Coreth, B. Lonergan, J. B. Lotz, A. Marc und K. Rahner verbindet. Im theologischen Bereich steht allerdings eine befriedigende Rezeption des Kantschen Kritizismus noch aus[25].

Aber auch im protestantischen Raum war die theologische Kantrezeption keineswegs vollständig und umfassend. So griff z. B. A. Ritschl unter dem

---

19 a. a. O. 105f. – vgl. auch Ch. W. Flügge, *Versuch einer historisch-kritischen Darstellung des bisherigen Einflusses der Kantischen Philosophie auf alle Zweige der wissenschaftlichen und praktischen Theologie* (1796, Nachdr.: AeK 74 [Brüssel 1970]).

20 *Disquisitionum philosophiae Kantianae libri duo ...* (Augsburg 1799, Nachdr.: AeK 307 [Brüssel 1968]).

21 *Anti-Kant.* 2 Bde. (München 1788, Nachdr.: AeK 260 [Brüssel 1968]).

22 vgl. dazu mit Beispielen M. Pfaffelhuber, *Die Kant-Rezeption bei Maréchal und ihr Fortwirken in der katholischen Religionsphilosophie* (Phil. Diss. Freiburg/ Br. 1970) 5.

23 vgl. den polemischen Literaturbericht *Ultramontane Stimmen über Kant.* in: KSt 5 (1901) 384-400; daneben auch die sehr sachliche Besprechung eines Buchs von Mercier: F. Medicus, *Ein Wortführer der Neuscholastik und seine Kantkritik,* in: KSt 5 (1901) 30-50. Von kath. Seite über den Einfluß der Kantschen Philosophie: K. Weiss, *Kant und das Christentum. Ein Beitrag z. Kant-Gedächtnisfeier 1904* (Köln 1904), bes. ab S. 64.

24 *Le Point de Départ de la Métaphysique. I-VI* (Mus. Less.) (Bruges / Paris 1923ff. u. spätere Auflagen).

25 Der Verf. hofft, in absehbarer Zeit einen bescheidenen Versuch in dieser Richtung vorlegen zu können.

Einfluß des Neukantianismus besonders auf Kants erkenntnistheoretische Selbstbegrenzung und auf seinen Primat der Sittlichkeit in ihrer unbedingten Forderung zurück. Dabei verzerrte er jedoch seinen philosophischen Ansatz, wie P. WRZECIONKO 1964 nach einer eingehenden Analyse darlegt, weil er den Gesamtzusammenhang des Kantischen Denkens nicht erfaßt habe[26], so daß er, obwohl er Theologe war, gerade am theologischen Anliegen Kants vorbeigegangen sei[27]. Damit schält sich bereits aus der Wirkungsgeschichte der Philosophie Kants eine eigentümliche konfessionelle Zwischenstellung heraus. Das läßt sich noch weiter verdeutlichen.

Ungefähr um die Jahrhundertwende begann man, Kant gelegentlich als *Philosophen des Protestantismus* zu bezeichnen. Im Jahre 1899 erschien ein Aufsatz von F. PAULSEN unter dem Titel *Kant, der Philosoph des Protestantismus*[28], in dem Kant gegen den katholischen Neuthomismus als „echte Frucht" und als „Vorkämpfer" des Protestantismus herausgestellt wird, und zwar wegen der Vernunftautonomie, des Antidogmatismus und des praktischen Vernunftglaubens. Ein Jahr später jedoch kommt O. Flügel in einer ausführlichen Stellungnahme zu dem ernüchternden Ergebnis: „Was er [Paulsen] Kant nennt, ist nicht der geschichtliche Kant. Was er Philosophie nennt, ist nicht Philosophie. Was er Protestantismus nennt, ist nicht Protestantismus. Vielmehr muß der Protestant, der Philosoph, auch der Kantianer aufs ernstlichste protestieren: Kant oder irgendeinen Philosophen für den Philosophen des Protestantismus auszugeben."[29] Im Jahre 1904 veröffentlichte J. KAFTAN eine Rede unter dem-

---

26   *Die philosophischen Wurzeln der Theologie Albrecht Ritschls. Ein Beitrag zum Problem des Verhältnisses von Theologie und Philosophie im 19. Jahrhundert* (Berlin 1964) 197.

27   ebd. 124.

28   (Berlin 1899) und KSt 4 (1900) 1-31.

29   O. FLÜGEL, *Kant und der Protestantismus* (Langensalza 1900) 41. Über *Paulsens* Darlegung schreibt er: „erstens: sie ist nicht Kantisch. Zweitens, sofern sie Kantisch ist, ist sie nicht richtig. Drittens sie ist nicht protestantisch" (24). Als Begründung: Paulsen biete als Kantianismus „abgestandenen Spinozismus" an (36) und gebe „Pantheismus als Quintessenz des Protestantismus" aus (34). Dieses harte Urteil wird von O. SCHÖNDÖRFER gestützt, der in seinem Artikel *Paulsen's Kant* (Altpreuß. Monatsschr. 36 [1899] 537-562 über PAULSENS Buch: *Immanuel Kant. Sein Leben und seine Lehre* [Stuttgart 1898, [8]1924]) bei aller Anerkennung „mancher Vorzüge" zu dem Schluß kommt: „P. bekämpft Kant auf fast allen Gebieten", weil „aus allem, was er sagt, eine gewisse Animosität gegen

selben Titel, *Kant, der Philosoph des Protestantismus*[30]. Er unterscheidet darin
drei aufeinanderfolgende Entwicklungsstufen des Christentums: die
griechisch-katholische Kirche, die römisch-katholische Kirche und die
evangelisch-protestantische Kirche, von denen die je folgende eine reinere
Ausprägung des Evangeliums darstelle: die griechische im Sinne Platons, die
römische im Geiste des Aristoteles und die dritte schließlich unter dem Zeichen
Kants. In seiner 1917 erschienenen Apologetik *Philosophie des Protestantismus*[31]
führt er diese Einschätzung Kants näher aus. Kurz darauf aber (1920) unterzieht
H. Scholz dieses Werk einer eingehenden Würdigung. Bei aller Hochschätzung
der, wie er schreibt, „systematischen Energie" des Verfassers und der „vorbild-
lichen Konsequenz der Gedankenführung"[32] ist er jedoch mit der Rolle, die
Kant hierbei zugedacht ist, überhaupt nicht einverstanden. Er selbst sieht
zwar zwei Kontaktpunkte zwischen dem historischen Kant und den Schöpfern
des Protestantismus, die „Autonomie" und das „Prinzip der Innerlichkeit"[33],
aber er stellt fest, daß Kaftan einen anderen und zudem nur negativen Berührungspunkt verfolgt habe, nämlich die dezidierte „Ablehnung des intellektuellen Charakters der Religion"[34], worin Kant überdies noch mit D. Hume über-
einstimme[35], so daß also die darauf beruhende Anknüpfung an Kant auf sehr
schwachem Fuße stehe. Daß es geradezu „falsch ist, Kant als *Philosophen des
Protestantismus* zu bezeichnen", versuchte W. SCHULTZ 1960 in seinem Buch:
Kant als Philosoph des Protestantismus nachzuweisen[36]. Mancherlei Parallelen
lassen sich allerdings angeben, wenn man Kant im Kontext der protestantischen
Dogmatik seiner Zeit betrachtet, wie es J. Bohatec 1938 mit großer Akribie
unternommen hat[37]. Aber auch von daher läßt sich keine wirklich brauchbare

Kant, seine Persönlichkeit sowohl wie seine Philosophie, zu sprechen scheint". Daher
wünschte er das Buch „lieber nicht geschrieben" (558-562).

30   (Berlin 1904).

31   *Eine Apologetik des evangelischen Glaubens* (Tübingen 1917), zit. bei H. SCHOLZ, *Zur
Philosophie des Protestantismus,* in: KSt 25 (1920) 24-49, hier 27.

32   a. a. O. 39ff.

33   ebd. 28.

34   ebd. 44.

35   ebd. 46-7.

36   (Hamburg-Bergstedt 1960, auf der Einbanddecke 1961) 5.

Basis für eine solche Einordnung gewinnen, weil deutlich wird, wie bestimmt sich Kant auch gegenüber jenen Theologen abgrenzt, die er nachweislich gelesen hat[38]. Einen *Philosophen der Reformation* wird man ihn vollends nicht nennen können. Versuche, Luther und Kant zu vergleichen, führten allenfalls zu dem Ergebnis, daß die reformatorischen Grundgedanken durch Kant weitergebildet seien (E. Katzer[39]), was von B. Bauch in die Formel gebracht wurde, in Kant sei „Luthers sittlich-religiöses Fühlen auf den Standpunkt der Vernunft gelangt"[40], worin schon die Diskrepanz deutlich wird. E. Franz bezeichnet Luther und Kant von ihrem Werk her trotz aller zugestandenen Verwandtschaft geradezu als *Antipoden*[41].

Für einen katholischen Theologen ist es keineswegs leicht, das Hin und Her der Argumentationen gebührend zu würdigen oder gar den Schiedsrichter zu spielen. Was ist das für ein „Idealbegriff" des protestantischen Menschen, von dem W. Schultz spricht, den zu bestimmen als „unendliche Aufgabe" bezeichnet wird, die nie adäquat und endgültig zu lösen sei[42]? Oder: Unter den angeblichen Besonderheiten des Protestantismus werden eine Reihe von

37   s. oben Anm. 2.

38   „Kant ist daher, wie Lessing, der Bannerträger des *Humanismus,* der seine Dynamik dem Protestantismus verdankt, wenn er auch den unaufgebbaren Grundgedanken des letzteren, den Monergismus der Gnade, verflüchtigt" (J. Bohatec, a. a. O. 629).

39   *Luther und Kant. Ein Beitrag zur Entwicklungsgeschichte des deutschen Protestantismus* (Gießen 1910) 114.

40   *Luther und Kant:* KSt 9 (1904) 351-492, hier 492.

41   a. a. O. 238. Sehr verschiedene Positionen werden in weiteren Veröffentlichungen zum Thema vertreten, von denen einige hier genannt seien: B. Wehnert, *Luther und Kant* (Forschung u. Leben, Erste Sammlung – Relig. u. Moral 2) (Meerane i. S. 1918); H. Schlemmer, *Luthers Glaube und die moderne Frömmigkeit,* in: Die christl. Welt 34 (1920), Nr. 44 u. 45, Sp. 689-695, 710-713; J. Ebbinghaus, *Luther und Kant,* in: Luther-Jahrbuch IX (1927) 119-155; Th. Siegfried, *Luther und Kant* (Aus d. Welt d. Rel./Rel.-phil. Reihe 3) (Gießen 1930); *Luther, Kant, Schleiermacher in ihrer Bedeutung für den Protestantismus.* Forschgn u. Abhdlgn G. Wobbermin z. 70. Geburtstag, hrsg. v. F. W. Schmidt, R. Winkler, W. Meyer (Berlin 1939). Die jüngsten Arbeiten, die das Verhältnis Kant-Luther berühren, werden von R. Malter, *Zur Kantliteratur 1970-1972. Neue Bücher zu Kants Rationaltheologie und Philosophie der Religion,* in: KSt 65 (1974) Sonderheft: Akten des 4. Internat. Kant-Kongresses, Tl. I, 155-177 in der Anm. 42 auf S. 172 angegeben.

42   a. a. O. 22.

Bereichen genannt, in denen sich der Katholik in aller Selbstverständlichkeit zuhause fühlt. Muß er sich nun durch solche offenbar hochstilisierten Demarkationslinien als ausgesperrt betrachten? Es scheint nach allem (um damit den kurzen Ausflug in die Literatur[43] zu beenden), daß dieser Weg nicht weiterführt, zumal heute die konfessionellen Grenzen nicht mehr die einzigen und oft nicht einmal mehr die einschneidendsten sind zwischen den verschiedenen Lagern. Kant übrigens in gleicher Weise für die katholische Seite zu beanspruchen, ist ernsthaft gar nicht erst versucht worden, obwohl O. Flügel in dem genannten Aufsatz in bestimmten Formen katholischer Apologetik in Frankreich und Deutschland Ansätze dazu zu erkennen glaubte[44]. Zwar hat H. BUND 1913 ein Buch geschrieben mit dem Titel *Kant als Philosoph des Katholizismus*[45], aber er wollte damit eigentlich nur seinen Abscheu gegenüber der Philosophie Kants zum Ausdruck bringen, so daß die Verlegenheit dadurch um so deutlicher sichtbar wurde: Kant steht offenbar zwischen den Fronten.

---

43 Die Vielfältigkeit der Standpunkte spiegelt sich auch in anderen Schriften zum Verhältnis Kant-Protestantismus wider. Ohne Anspruch auf Vollständigkeit und ohne weiter darauf einzugehen, seien hier noch einige genannt: Chr. SCHREMPF, *Die christliche Weltanschauung und Kant's sittlicher Glaube* (Göttingen 1891); D. NOESGEN, *Die Bezeichnung Kants als Philosoph des Protestantismus,* in: Monatsschrift f. Stadt u. Land, hrsg. v. M. v. Nathusius u. V. v. Hassel, 58 (1901) 492-501; R. EUCKEN, *Thomas v. Aquino und Kant. Ein Kampf zweier Welten,* in: KSt 6 (1901) 1-18; DERS., *Kant und der Protestantismus,* in: Die Wartburg, dt.-ev. Wochenschrift III (1904) Nr. 6, 49-51; A. DORNER, *Zu Kants Gedächtnis,* in: Prot. Monatshefte, N. F. der Prot. Kirchenztg., hrsg. v. J. Websky, Berlin 8 (1904), H. 2, 49-65; DERS., *Kant und Fichte in ihrem Einfluß auf die Entwicklung des Protestantismus,* in: Der Protestantismus am Ende des XIX. Jahrhunderts in Wort und Bild, hrsg. v. C. Werckshagen (Berlin ²1909); H. SCHLEMMER, *Luthers Glaube und die moderne Frömmigkeit,* in: Die christl. Welt, Wochenschrift für Gegenwartschristentum, hrsg. v. M. Rade, 34 (1920), Nr. 44 u. 45, Sp. 689-695, 710-713; H. RUST, *Kant und das Erbe des Protestantismus* (Gotha 1928); DERS., *Kant und Schleiermacher zum Gedächtnis,* in: Jb. d. Albertus-Univ. zu Königsberg/Pr., begr. v. Fr. Hoffmann, V (1954), zu Kant 6-35; DERS., *Kritisches zu Kants Religionskritik,* in: Jb. d. Albertus-Univ. VI (1955) 73-106; DERS., *Die Idee einer christlichen Philosophie mit besonderer Rücksicht auf Kant als Philosophen des Protestantismus,* in: Jb. d. Albertus-Univ. XIV (1964) 21-50. Katholischerseits: M. GLOSSNER, *Kant der Philosoph des Protestantismus,* in: Jb. f. Philos. u. spek. Theologie XXII (1908) H. 1, 1-23; dazu die zornige Entgegnung von B. BAUCH, *Kant in neuer ultramontan- und liberal katholischer Beleuchtung,* in: KSt 13 (1908) 32-56.

44 a. a. O. 39.

45 (Berlin 1913).

Dem entsprechen Kants eigene Äußerungen zur Sache: er versucht, neutral zu sein. Die verschiedenen Konfessionen, die er in der Sprache der Aufklärer *Parteien*[46] oder *Sekten*[47] nennt, verdienen gleiche Achtung und gleichen Tadel, sofern sie als christliche Ausdruck der einen wahren und allumfassenden moralischen Vernunftreligion sind und zusätzlich in ihren Statuten die unterschiedlichsten und an sich zufälligen Observanzen für notwendig halten[48] und so die voneinander abweichenden Formen des „Kirchenglaubens" vertreten. Kritik verdienen sie, wenn und soweit sie „die äußere Form für die darzustellende Sache selbst nehmen"[49]. Entscheidend sei dabei das Prinzip, nicht das Mehr oder Weniger der Observanzen[50]. Insofern seien die Religionsstreitigkeiten zwischen den vielerlei sich voneinander absondernden Kirchen, auch wenn sie noch so blutig verlaufen seien, letztlich nichts weiter als Zänkereien um diesen Kirchenglauben gewesen[51]. Zwar sei Gott als der Stifter und Urheber der Konstitution des Reiches Gottes auf Erden anzusehen, weil dazu wohl „mehr Weisheit" gehöre, als man „den Menschen zutrauen darf"[52], aber die Menschen seien die Urheber der jeweiligen Organisation und Administration[53] und damit auch der verschiedenen Formeln, Statuten und Observanzen, die naturgemäß voneinander abweichen[54], weil menschliche Faßkraft und

---

46 z. B. Ca 6/277 (für häufige Ausdrücke können nicht alle Belegstellen genannt werden; es wird jedoch versucht, besonders charakteristische Beispiele anzugeben).

47 Ca 6/325.

48 Ca 7/361; „ein jeder Kirchenglaube, sofern er bloß statutarische Glaubenslehren für wesentliche Religionslehren ausgibt, hat eine gewisse *Beimischung von Heidentum;* denn dieses besteht darin, das Äußerliche (Außerwesentliche) der Religion für wesentlich auszugeben" (ebd.). Mysterien als Zugeständnis an das Heidentum bei J. TOLAND (a. a. O. 158ff.).

49 Ak XXIII 115; „Formalien als Methode sind in der Rechtspflege und Religion Gut. Sie müssen aber die Realien nicht verdrängen" Ak XVIII 604-605 (Refl. 6309).

50 Ca 6/322/330.

51 Ca 6/253; unnützes „*Schulgezank*" Ak XXVIII 424; vgl. P. J. SPENER, *Pia Desideria*, hrsg. v. K. Aland (Kl. Texte f. Vorl. u. Üb. 170) (Berlin ³1964) 24.

52 Ca 6/300.

53 ebd.

54 „Die theologische Geographie" Ak IX 165; Lokales und Nationales in der Bibel Ak XXIII 424. vgl. J. J. ROUSSEAU, *Émile* a. a. O. 170 und G. E LESSINGS Anfrage an J. S.

Erklärungskunst auf einem Gebiet, in das unser Wissen nicht hineinreicht, notwendigerweise nur Vordergründiges, Unzulängliches und Stümperhaftes zustande zu bringen vermögen: „Versuche armer Sterblichen, sich das Reich Gottes auf Erden zu versinnlichen"[55]. Denn „alles, auch das Erhabenste, verkleinert sich unter den Händen der Menschen, wenn sie die Idee desselben zu ihrem Gebrauch verwenden"[56]. Die Ergebnisse solcher Bemühungen nun wieder auf göttliche Autorität zurückzuführen, wäre vermessene „Usurpation höhern Ansehens"[57] zu Lasten der notwendigen Freiheit der moralischen Religion als solcher und der Übereinstimmung im Entscheidenden. Andererseits würde nur Eigendünkel schlechtweg und prinzipiell bestreiten wollen, daß vielleicht auch die besondere Art der Anordnung einer Kirche höheren Ursprungs sein könnte, falls mit der moralischen Religion, soweit feststellbar, Übereinstimmung besteht[58].

Vernunftreligion und konkrete Kirche verhalten sich wie Mann und Kleid[59]: Die Religion bezieht sich auf das Wesentliche, nämlich auf das, was zu tun ist, das Kleid aber bezeichnet alles übrige, was dem noch an Deutungen und Erklärungen, Riten und Bräuchen hinzugefügt werden mag; es hat den Wert eines Mittels[60], eines Vehikels oder Leitzeugs[61], das trotz seiner normalerweise zeitlichen Priorität moralisch untergeordnet ist[62], auch wenn man auf „unab-

---

Semler, was „das Lokale der christlichen Religion sei" *(Ges. W. 8/477).*

55   Ca 6/325.

56   Ca 6/146; auf Kirche bezogen Ca 6/245.

57   Ca 6/251.

58   ebd.

59   Ca 7/364.

60   Ca 6/245.

61   Ca 7/347.

62   Ca 6/251: Observanzen sind „im Grunde moralisch indifferente Handlungen"; Ca 6/319: ein „Verfahren", „das für sich keinen moralischen Wert hat". vgl. dazu TINDAL *(Christianity)* 136: „in imagining to propitiate an Allwise and gracious Being by such Things as have no Worth or Excellency in them", oder 149f.: „The supposing indifferent Things equally commanded with Matters of Morality, tends to make Men believe they are alike necessary". Eine Erklärung bei HUME, *The Nat. Hist.* (Green-Grose) 359: „And any practice, recommended to him, which either serves to no purpose in life, or offers the strongest violence to his natural inclinations; ... It seems the more purely religious,

sehliche Zeiten"[63] nicht ganz darauf wird verzichten können, ja das sogar zum Zwecke der Moral „zu gebrauchen Pflicht ist, wenn es für göttliche Offenbarung angenommen werden darf"[64]. In diesem Sinne ist auch die Bibel, vor allem das N. T., ein Vehikel[65], ein „Zwischenmittel der Erläuterungen"[66], ein Leitmittel, Leitband[67] oder Leitfaden[68]. Als solche ist sie jedoch im höchsten Grade schätzenswert, sogar als providentiell zu betrachten[69] und als Offenbarung anzunehmen[70], als „die größte Wohlthat, die dem menschlichen Geschlechte je widerfahren ist"[71], wobei die „*Göttlichkeit* ihres moralischen Inhalts" die Vernunft hinreichend entschädigt „wegen der Menschlichkeit der Geschichtserzählung"[72]. Sie ist ein „unvergänglicher(-n) Leitfaden wahrer Weisheit"[73], durch nichts zu ersetzen[74] und nicht rekonstruierbar[75], ja, hinsichtlich ihrer Entstehung „das größte Wunder selbst"[76]. Ihr Ansehen „als des würdigsten und jetzt in dem aufgeklärtesten Weltteile einzigen Instruments der Vereinigung aller Menschen in eine Kirche"[77], beruht auf der reinen und

because it proceeds from no mixture of any other motive or consideration." Die Parallelität mit Kants Ausführungen Ca 6/319 ist auffallend. Er hat diese Schrift Humes gelesen (Nachweis s. u.).

63 Ak XXIII 453.

64 Ca 7/347.

65 Ca 7/355.

66 Ca 6/305.

67 Ca 7/377; vgl. dazu Ca 8/447 (Pädagogik): „Man bedient sich gewöhnlich, um Kinder gehen zu lehren, des *Leitbandes* und *Gängelwagens*."

68 Ca 9/381- Ak XXIII 494 Entwurf und Brief an H. Jung-Stilling: Evangelium als „unvergänglicher (-m, -n) Leitfaden wahrer Weisheit".

69 Ca 6/252, Ak XXIII 442.

70 Ca 7/355, 377.

71 Ak XXIII 452.

72 Ca 7/377.

73 s. oben.

74 Ak XXIII 453.

75 Ak XXIII 452.

76 ebd.

77 Ca 6/258.

12

unverkürzten moralischen Religionslehre[78], die sie als ihren eigenen Beglaubigungsgrund in sich enthält[79]. Das ist der harte Kern, um den sich alle geschichtlichen Einkleidungen, späteren Zutaten und schließlich die unterschiedlichen auseinandergelaufenen kirchlichen Traditionen herumlagern als seine „Hülle"[80]: Vernunftreligion und Offenbarungsglaube als „konzentrische Kreise", wobei der letzere größere den anderen einschließt[81]. Damit aber wird der Offenbarungsglaube in dem, was er mehr hat, nicht einfachhin beliebig: er dient der Anwendung und Ergänzung[82], enthält womöglich subjektiv notwendige Mittel, die die Vernunft von sich aus nicht erkennt[83], wodurch sie aber neues Licht erhält für all das, was sie sonst noch braucht und was ihr andernfalls dunkel bleiben würde[84], ja (nach einem Vorredeentwurf zur Religionsphilosophie), was vielleicht „gar keine Philosophie jemals einsehen kan"[85].

Kriterium und Prüfstein bleibt indes für alles übrige die innere Vernunftreligion, die nicht nur als „Kreditiv" der Sendung Christi[86], sondern als Ursprungsort des Gottesbegriffs überhaupt anzusehen ist, hinter dem eine Offenbarung nie zurückbleiben darf[87], aber dies nur genau so weit, wie ihre eigene Kompetenz und Urteilsfähigkeit reicht. Darum muß sie sich vorher erst über ihre eigenen Grenzen Klarheit verschafft haben[88].

---

78   Ca 6/252.

79   Ca 7/376.

80   Ak XXIII 430.

81   Ca 6/150.

82   Ak XX 427.

83   Ak XXIII 497 (Brief an M. Reuß).

84   Ak XXIII 494, Ca 9/381. Dazu Ca 7/319: „... weil sie den *theoretischen* Mangel des reinen Vernunftglaubens, den dieser nicht ableugnet, ... zu ergänzen dienlich und als Befriedigung eines Vernunftbedürfnisses dazu nach Verschiedenheit der Zeitumstände und Personen mehr oder weniger beizutragen behülflich ist."

85   Ak XX 434.

86   Ca 6/258. vgl. auch Ca 4/361.

87   Ca 6/318.

88   Aus dem Briefwechsel geht hervor, daß die Kritik der reinen Vernunft ursprünglich als Traktat über *Die Grentzen der Sinnlichkeit und der Vernunft* geplant war (Ca 9/97,

Kant will in erster Linie die so verstandene Vernunftreligion vertreten[89], und von dieser Warte aus sieht er sich in Distanz zu allen Konfessionen. Von hier aus erscheinen ihm dann die Katholiken konsequenter als die Protestanten[90], ein für beide Seiten zweischneidiges Urteil. In den Vorarbeiten zum „Streit der Fakultäten" findet sich ein loses Blatt, auf dem er diesen Vorwurf unter verschiedenen Aspekten zu belegen versucht, allerdings in einer Weise, gegen die die Theologen beider Parteien energisch Einspruch erheben würden. Es heißt da z. B., der Protestantismus poche auf Freiheit, unterwerfe sich aber doch Religionsedikten, – er fordere auf, selbst in der Schrift zu forschen, schreibe aber vor, was darin zu finden sei, – er lehne die Messe als Sühnopfer ab und mache selbst ein Gnadenmittel daraus, kurz: eine „protestatio facto contraria". Diese „Inconsequenz in der Denkungsart" sei „die Ursache einer unvermeidlichen Veränderlichkeit in Glaubenssätzen und Trennung in Sekten"[91]: sobald man „statutarische Lehren oder dergleichen Observanzen" für das Wesentliche der Religion hält, könne „der Secten Manigfaltigkeit ins Unendliche gehen"[92]. Weil aber die „Kirchensekten" „das Innere der Religion" nicht angehen, ist bloß ein einziger wirklicher und a priori ableitbarer Sektenunterschied denkbar, der dann unausbleiblich ist, wenn man alles Übersinnliche (hier: die moralische Anlage in uns) „zugleich für *übernatürlich* hält" und damit einen unmittelbaren göttlichen Einfluß für die Wiedergeburt annimmt. Kant meint damit „den *Spener-Franckischen* und den *Mährisch-Zinzendorfschen* Sektenunterschied": im ersten Falle, der Lösung des Pietismus, beginnt die Bekehrung mit einem Wunder und endigt mit dem guten Lebenswandel der Vernunft, im zweiten Falle, beim Moravianismus, folgt das Wunder nach, indem es die Ausführung des bei der natürlichen Umkehr gemachten Vorsatzes ermöglicht. Beide Formen werden jedoch von Kant als mystisch

103).

89 Es ist nicht mehr einfach die Vernunftreligion der Aufklärer, sondern eine solche, die ihren eigenen Dogmatismus hinter sich gelassen hat, um gegen die Versuchung des Skeptizismus und den Kurzschluß des Naturalismus zu ihrer eigenen kritischen Positivität zu finden, auch im Hinblick auf Offenbarung.

90 Ca 7/373, Ak XXIII 97, 357, 460.

91 Ak XXIII 446f.

92 Ak XXIII 443.

abgelehnt[93]. Den Ausdruck „Pietismus" übersetzt er geradezu mit „Frömmelei", weil er darin eine Form der Selbstverachtung erblickt, die keine Demut sei und eine knechtische Gemütsart beinhalte[94]. Die Bibel biete ein Mittleres an zwischen solchem „vernunfttötenden *Mystizism*" und der unfruchtbaren Alternative eines „seelenlosen *Orthodoxism*": die „auf dem *Kritizism* der praktischen Vernunft gegründete wahre Religionslehre"[95]. Dem Katholizismus ist zwar auch für Kant der Protestantismus entgegengesetzt; aber dieser Unterschied ist weniger eine Sache der Lehre als vielmehr eines „knechtischen oder freyen" Glaubens[96], so daß es „rühmliche Beispiele von protestantischen Katholiken, und dagegen noch mehrere anstößige von erzkatholischen Protestanten" gebe, die ersteren von einer *„sich erweiternden"*, die letzteren von einer *„eingeschränkten"* Denkungsart[97]. „Aufgeklärte Katholiken und Protestanten werden also einander als Glaubensbrüder ansehen können, ohne sich doch zu vermengen, beide in der Erwartung ...: daß die Zeit ... nach und nach die Förmlichkeiten des Glaubens ... der Würde ihres Zwecks, nämlich der Religion selbst, näher bringen werde."[98]

Durch diese knappe Skizze ist bereits angedeutet, wie sehr sich Kants Position auch sachlich zwischen den Fronten befindet. Das soll nun gegenüber den fundamentalen Prinzipien der Lehre Luthers, die mit den Formeln „sola scriptura", „sola fide" und „sola gratia" gemeint sind, im einzelnen verdeutlicht werden.

Von der Funktion der Bibel als Vehikel war schon die Rede. Eine heilige Schrift ist nach Kants Verständnis zwar besser als bloße Tradition[99], aber sie ist keineswegs unbedingt notwendig und insgesamt der Vernunft unterstellt[100]. Der Schriftgelehrte legt die Bibel nur doktrinal aus, was allerdings auch seinen

---

93 Ca 7/365-368.
94 Ca 6/335.
95 Ca 7/369-371.
96 Ak XXIII 448.
97 Ca 6/254; vgl. auch Ak XVIII 602.
98 Ca 7/363.
99 Ca 6/252.
100 vgl. die Prinzipien der Schriftauslegung Ca 7/349-359.

Wert hat[101], der Vernunftglaube dagegen authentisch[102]; denn die Deutung der Schrift soll nach dem Maßstab der Moral geschehen, nicht aber umgekehrt die Moral einfach der Bibel entnommen werden[103]. Ihr Historisches dient der Vernunft nur zur Illustration, nicht zur Demonstration[104]. So wird auch die Stelle 2 Tim 3,16 ausgelegt: dort werde alle von Gott eingegebene Schrift als nützlich zur Lehre, Strafe und Besserung bezeichnet, und da die moralische Besserung den eigentlichen Zweck der Vernunftreligion ausmache, müsse sie auch als das oberste Prinzip und Kriterium der Schriftauslegung gelten[105]. Darum kann der Mensch notfalls auch ohne die Schrift auskommen[106]. Von hier aus ist es konsequent, wenn Kant eine zu seiner Zeit viel diskutierte Frage aufgreift[107] und, selbst auf die Gefahr hin, „darüber ausgelacht zu werden", einen Anaxagoras oder Sokrates nicht als Heiden, sondern als (gute) Christen „in potentia", d. h. so viel an ihnen lag, bezeichnen möchte[108], ein Ausdruck, der an K. Rahners „anonyme Christen"[109] erinnert, aber bei Kant nicht über das Stadium des Entwurfs hinausgediehen ist.

Noch weiter distanziert er sich vom Sola-fide-Prinzip. Ein Glaube, der eine

---

101 vgl. Ak XXIII 450, 454.

102 Ca 6/260.

103 Ca 6/256.

104 Ak XXIII 437.

105 Ca 6/257.

106 Ca 7/348.

107 Zur Geschichte der Diskussion vgl. die gründliche Darstellung von B. Böhm, *Sokrates im achtzehnten Jahrhundert. Studien zum Werdegange des modernen Persönlichkeitsbewußtseins* (Kieler Studien z. dt. Literaturgesch. 4) (Neumünster ⁴1966), bes. 154ff. Dazu J. A. Eberhard, *Neue Apologie des Sokrates, oder Untersuchungen der Lehre von der Seligkeit der Heiden.* N. u. verb. Aufl. 2 Bde. (Berlin u. Stettin 1776-1778, Nachdr.: AeK 62 [Brüssel 1968]). Zu diesem Buch: *Bibliothek der Deutschen Aufklärer des achtzehnten Jahrhunderts,* hrsg. v. M. v. Geismar I, 1. Bd., II. J. A. Eberhard's *Neue Apologie des Socrates* (Leipzig 1846, Nachdr. Darmstadt 1963). Kant hat Eberhards Buch nachweislich gelesen (vgl. J. Bohatec, a. a. O. 371, 499).

108 Ak XXIII 439-440.

109 vgl. *Rahner-Register, Ein Schlüssel zu K. Rahners „Schriften z. Theologie I-X" und zu seinen Lexikonartikeln* (K. H. Neufeld - R. Bleistein) (Zürich-Einsiedeln-Köln 1974) 92.

besondere Kraft hätte, den Menschen von Grund auf zu bessern, müßte schon vom Himmel selbst eingegeben werden, wodurch alles schließlich auf einen unbedingten Ratschluß Gottes hinauslaufe, der aber letzten Endes einen „salto mortale der menschlichen Vernunft" bedeute[110]. Denn auch ein „erhörliches" Gebet um den Glauben setze nach der Meinung der „Glaubenskommission" und auch des Pietismus bereits Glauben voraus, so daß der Mensch „im Zirkel geführt" werde[111]. Gewiß kann man sagen, Kant betrete hier allzu unbekümmert theologisches Gebiet. Trotzdem läßt auch dieses „non liquet" seine Position klarer hervortreten, weil ja hier nicht nach dem Theologen Kant gefragt wird, sondern nach seiner philosophischen Einschätzung des konfessionellen Christentums, so wie es sich ihm darstellte. Als Philosoph (und als Mensch) ist er davon überzeugt, daß der Glaube an Heilsereignisse in der Geschichte „tot an ihm selber" sei[112]; weder das bloße Nachsagen noch das Glauben, – weder das Wissen noch das Bekennen dessen, „was Gott zu unserer Seligwerdung tut oder getan habe", sei für uns entscheidend oder habe für sich selbst einen unbedingten Wert, sondern nur das, „was wir tun müssen"[113]. Der Glaube an Schriftlehren, die der Offenbarung bedürftig sind, bedeute kein Verdienst, sein Mangel kein Verschulden[114]: ein bloßer Buchstabenglaube verderbe sogar eher die moralische Religionsgesinnung, statt sie zu bessern[115].

Genauso wenig gilt ihm das Sola-gratia-Prinzip. Nach Kant hat der Mensch für das künftige Gericht nichts anderes in die Waagschale zu werfen als seinen eigenen sittlichen Lebenswandel[116]: außer im Falle ihrer physischen Unmög-

---

110   Ca 6/267.

111   Ca 7/320-321, 367.

112   Ca 6/257; 7/378.

113   Ca 6/280, 192.

114   Ca 7/352.

115   Ca 6/295.

116   Ca 6/320, 9/139 usw. Mit ganz ähnlichen Worten schon HERBERT V. CHERBURY, *De religione gentilium, errorumque apud eos causis* (Amsterdam 1663, Nachdr., hrsg. v. G. Gawlick [Stuttgart B. C. 1967]) 7: „Quaestio inde orta est, num praeter mentem puram piamque vitam alius Dei cultus commodè institui posset; hucusque enim ex notitiis communibus ipsi cordi infixis sapiebant Gentiles. Emersit inde quaedam hominum secta

lichkeit genügt es nicht, die Tat durch die Gesinnung vertreten zu lassen, sondern die Gesinnung muß aus der Tat ersichtlich sein[117], und zwar eine solche Gesinnung, die nicht nur äußerlich dem Buchstaben[118] des Gesetzes konform ist, sondern die man sich auch moralisch, d. h. dem Geiste nach, zu eigen gemacht hat[119]. Ebenso führe es auf Abwege, sich darauf verlassen zu wollen, daß die gute Tat eines anderen oder die Übernahme der Strafe durch einen Unschuldigen dem Schuldigen angerechnet werden könnte[120], oder einen „unerschöpflichen(-r) Fonds zu Abzahlung gemachter oder noch zu machender Schulden" anzunehmen, „da man nur hinlangen darf ..., um sich schuldenfrei zu machen, indessen daß der Vorsatz des guten Lebenswandels ... ausgesetzt werden kann"[121], um „dennoch kurz vor dem Torschlusse" sich „ein Einlaßbillet ins Himmelreich" gesichert zu haben[122]. Moral darf für Kant nicht auf Glückseligkeit abzielen, sondern nur auf die Würdigkeit als die conditio sine qua non einer möglichen Glückseligkeit[123]. In diesem Sinne

qui ritus & ceremonias hisce adjiciendas esse dictitaverant." DERS., *De Causis errorum una Cum tractatu de Religione Laici, et Appendice ad SACERDOTES; Nec non quibusdam Poematibus* (London 1645, Nachdr., hrsg. v. G. Gawlick [Stuttgart B. C. 1966]) 156: „An aliquid quinque illis Articulis addi possit, unde magis purus, castúsque exhibeatur Deo cultus, aut magis integer vitae, probúsve evadat homo, ubi *Articuli* illi ritè explicentur, & in suam ultimā latitudinē perducantur? Annon is optimus porrò *Religionis* finis & usus?"

117 Ca 6/219.

118 Ca 5/163.

119 Ca 5/79-80, 128, 164 usw.

120 Ak XIX 634, XXIII 119, 454. Allenfalls ist eine expiatio denkbar, bei der ein Mittler durch ein „verdienstliches Werk" (Leiden) den an der Menschheit geschehenen Abbruch ausgleicht (Ak XXIII 110, der Satz ist ein Anakoluth und nicht ganz klar). Aber „für die eigene Besserung giebt es kein aeqvivalent", die „restitutio imaginis dei" geschieht durch Wandel in einem neuen Leben, so daß die Strafe „nachher unthunlich" wird (ebd.). Dagegen spricht nicht Ca 6/216: Der „Stellvertreter" ist der (moralisch andere) neue Mensch, der für den alten fortwährend das Leiden übernehmen muß. Das wird „an dem Repräsentanten der Menschheit als ein für allemal erlittener Tod vorgestellt".

121 Ca 6/266. vgl. dazu M. TINDAL *(Christianity)* 129: „And, indeed, all such commuting or compounding Powers, wherever they are suppos'd to be lodg'd, serve as a Banc of Credit for the Transgressors; and are a mighty Incitement to all Manner of Villany".

122 Ca 7/340.

123 Ca 5/140-142, 6/123.

wird das Prinzip der christlichen Moral als autonom und nicht als theologisch-heteronom bezeichnet[124]: Religion als Konsequenz der Moral, und nicht umgekehrt, Moral als Ergebnis der Religion[125], es könnten sich sonst fehlerhafte Auslegungen der Religion in einem Kirchenglauben gegen die Moral auswirken[126]. Wenn nicht die Moral, sondern übernatürliche Zuwendung, also etwas, das nicht in unserer Macht steht, der Ausgangspunkt für die Rechtfertigung wäre, dann würde sie nicht das Ergebnis unseres eigenen Handelns sein und damit auch nicht zugerechnet werden können[127], es sei denn, willkürlich[128]. Es bestehe die Gefahr, daß der Mensch dann aufgrund seiner Bequemlichkeit und seines Hangs zum Bösen die Tugend gegen die Frömmigkeit verkaufe[129]

124 vgl. dazu Ca 5/139ff.

125 Ca 5/140, 541f. Schon für M. TINDAL setzt die Religion die Moral voraus; für ihn ist Religion „the Practice of Morality in Obedience to the Will of God" *(Christianity 298).* vgl. dazu G. Gawlicks Vorwort, a. a. O. 17*.

126 Ca 5/541-542. vgl. XIX 148: „Es ist nöthig, die Sittlichkeit vor der Religion zu schicken, daß wir eine tugendhafte Seele Gott darbringen; wenn die Religion vor den Sitten vorhergeht, so ist die Religion ohne sentiment eine kalte Einschmeicheley und die Sitten eine Observantz aus Noth ohne Gesinnung." Sentiment ist „die gesunde Vernunft im Moralischen" (XIX 151). „Wenn die Menschen die Moral der religion subordiniren ... so werden sie dadurch feindseelig heuchlerisch afterrednerisch subordiniren sie aber die Religion der Moral so sind sie gütig wohlwollend u. gerecht" (XX 153).

127 Ca 7/370. „Imputare" statt „reputare" schon bei A. Osiander (vgl. H. E. WEBER, *Reformation, Orthodoxie und Rationalismus I,* 1: Beitr. z. Förd. christl. Theol. 2/35 [Gütersloh 1937, Nachdr.: Darmstadt 1966]) 275. Die Arbeit v. G. v. SELLE *über den Osiandrismus in Ostpreußen und seinen Einfluß auf Kants Religionsphilosophie* in der Festschr. z. 400-Jahr-Feier d. Königsberger Albertus-Univ. (Königsberg 1944), zit. bei H. RUST (Kant u. Schleiermacher) 8, war leider nicht aufzufinden. Näherliegend ist die entsprechende Passage in C. F. BAHRDTS *Glaubensbekenntnis* (Kant hat Bahrdts Schriften gelesen, vgl. J. BOHATEC, a. a. O. 371) „Ich glaube, daß uns Gott aus bloßer Gnade unsre Sünden vergiebt und daß unsre Tugend und unser Eifer im Guten, da er selbst im Grunde Wohlthat Gottes und mit so viel Mängeln und Unvollkommenheiten befleckt ist, einer ganzen Ewigkeit voll Lohn und Seligkeit nicht werth sei: daß aber doch unsre Bessrung und Tugend auf der einen Seite die Bedingung sei, unter welcher uns Gott Vergebung der Sünde und ewige Seligkeit um Christi willen (...) ertheilet, und daß sie auf der andern Seite die natürliche Quelle der höchsten Seligkeit ist, aus welcher dieselbe von selbst erfolget" (Bibl. d. dt. Aufkl. 1. Bd., I 31).

128 vgl. Ca 6/267.

129 Ca 6/353.

und sich auf höfische Akte[130] der bloßen Gunstbewerbung oder der Einschmeichelung[131] bei dem höheren Wesen verlege, weil es mühsamer ist, ein
guter Diener zu sein als ein Favorit, der in beständiger Versuchung lebt,
„immer der lose Knecht" bleiben zu können, „der er war"[132], gleichgültig,
von welcher besonderen Art des Mittels der Erschleichung (Gunstbewerbung)
er sich am meisten verspricht[133]. In den Reflexionen heißt es, Christus habe
„alle unmenschliche Hülfsmittel der religionsobservanzen" weggenom-
men[134],und auch ohnedies sei es „unverschämt, um Glük oder straflosigkeit
zu bitten, wenn man nicht ein besserer Mensch ist"[135]. Der Glaube an solche
Möglichkeiten außerhalb des moralischen Lebenswandels wird „Wahnglaube"
genannt[136]. Nicht das Herr-Herr-Sagen, sondern das Tun des Willens des

---

130 „Hofdienst(e)": Ca 6/302, 349.

131 Seit der Mitte der 70er Jahre: „Gottesdienstliche Bewerbungen", „Bewerbung um
     Gunst durch Einschmeichelung" (Ca 9/140-141), „Gunstbewerbung und Einschmeiche-
     lung bey dem höchsten Wesen" (Ca 9/149); später passim.

132 Ca 6/352.

133 ebd.

134 Ak XIX 238.

135 Ak XIX 247.

136 Ca 6/345. – Hierher gehört eine noch schärfere Aussagenreihe, die sich durch Kants
     Werk hindurchzieht: Dieser Wahnglaube ist *abergläubisch*, wenn man mit Mitteln der
     Natur die Sittlichkeit ersetzen will, er ist *schwärmerisch* (und der moralische Tod der
     Vernunft), wenn das Mittel nicht einmal im Vermögen des Menschen liegt (Ca 6/324f.).
     Der Religionswahn führt zur *Abgötterei* (gegenüber einem Idol außerhalb der Moralität)
     (Ca 5/541 A) und damit zum *Afterdienst* (cultus spurius), sofern Mittel für den Zweck
     genommen und für alleinseligmachend gehalten werden (Ca 6/301, 314, 318, 320). Eine
     solche Einstellung wird auch *Fetischglaube* (Ca 6/344), ihre Ausübung *Fetischmachen* (Ca
     6/330, 345) genannt. Eine hierauf bezogene und den ausschließlichen Besitz solcher
     Gnadenmittel usurpierende geistliche Herrschaft wird als *Pfaffentum* bezeichnet (Ca 6/330,
     351; 7/372), „von welchem Ehrennamen" für Kant „sich so nennende Protestanten nicht
     auszuschließen sind, wenn sie das Wesentliche ihrer Glaubenslehre in Glauben an Sätze
     und Observanzen, von denen ihnen die Vernunft nichts sagt, und welche zu bekennen
     und zu beobachten der schlechteste, nichtswürdigste Mensch in eben demselben Grade
     tauglich ist als der beste, zu setzen bedacht sind" (Ca 7/362). Wo das Erhabene durch
     unnatürliche Dinge dargestellt oder erreicht werden soll, spricht Kant von *Fratzen* (Ca
     2/254), die die Religion entstellen (Ca 2/299), und von *Ungeheuern* (Ca 5/131) als Folgen
     gesetzlosen Vernunftgebrauches, wodurch jeglichem *Hirngespinste* (Ca 4/322), von der

himmlischen Vaters sei schließlich maßgebend[137], und das Erkennen an den Früchten der eigentliche Probierstein, den das Evangelium nahelege. Der rechte Weg sei das Fortschreiten von der Tugend zur Begnadigung, nicht umgekehrt[138].

Vom theologischen Standpunkt aus könnte man diese Position einen massiven Pelagianismus nennen, was z. B. E. HOEHNE Kant auch vorgeworfen hat[139]. Aber so einfach läßt sich Kant nicht einordnen. Zunächst: Gewisse semipelagianische Ansätze hatten sich bereits in die *Sittenlehre* J. F. STAPFERS (1708-1775) eingeschlichen, die Kant zusammen mit dessen „*Grundlegung*" gelesen und verarbeitet hat[140]. Es heißt dort z. B., daß der Mensch im Hinblick auf die Begnadigung „selbst den Anfang dabey machen" müsse, daß dies auch durch „Wegräumung der Hindernisse" geschehen könne, weil noch Kräfte und Fähigkeiten übriggeblieben seien, etwas Gutes zu tun, und daß Gott dann schon durch seine Gnade ersetzen werde, „was unserem Vermögen abgeht"[141]. Kant geht nun weit darüber hinaus, hält aber gleichzeitig daran fest, daß durch alle Bemühungen kein eigentliches Verdienst des Menschen vor Gott zustande komme, nur ein Verdienst, das aus Gnade zugerechnet wird[142]. Somit entzieht sich seine Position jeder Zuordnung zu einer bestimm-

---

Freigeisterei und vom *Atheismus* bis hin zum *Fanaticism* (Ca 461ff., 5/147), Tür und Tor geöffnet sind. Denn wo reine Vernunft den ihr zukommenden Raum nicht kritisch ausfüllt, schleichen sich „Fratzen", „Tändelwerk, oder auch Schwärmerei" ein, „um den beschwerlichen Ruf der Vernunft zu übertäuben" (Ca 4/137). Es geht Kant dabei im Grunde um das Prinzip, auch wenn er sich gelegentlich (nicht ganz konsequent und mit wenig Glück) darin versucht, die Vorwürfe zu konkretisieren (z. B. Ca 2/254, 6/345ff.). Von hier aus allerdings bewußt oder uneingestandenerweise seine philosophische Theologie einschätzen zu wollen würde bedeuten, die doktrinär ausgeartete Abhandlung einer Teilfrage zum Vorzeichen des Ganzen zu machen und einen hermeneutisch unangemessenen Zugang zu wählen, der, wie früher geschehen, zu großen Mißverständnissen führt.

137 Ca 6/352.

138 Ca 6/353.

139 *Kant's Pelagianismus und Nomismus. Darstellung und Kritik,* (Leipzig 1881).

140 Bohatec, a. a. O. 29.

141 Zit. nach J. BOHATEC, a. a. O. 338-339. Dort werden Stapfers „pelagianische Keime" auf die Philosophie Wolffs zurückgeführt.

142 Ca 6/217. vgl. Ak XIX 250: „Unsere handlungen sind nicht in ansehung Gottes meritorisch im positiven Verstande; wir können ihn nicht obligiren." Ak XIX 262: „Gegen

ten Partei[143]. Außerdem ist zu beachten, daß Kant bewußt als Philosoph argumentiert, um herauszufinden, wie weit man mit der Vernunft, wie er sie versteht, kommen könne, ohne sich von einer vor- oder mitgewußten Dogmatik, wenn auch nur negativ, normieren zu lassen, also gleichsam nur für das „forum humanum" zu sprechen[144], was gegenüber der vermischten Methode einer späteren Konfrontation weitaus dienlicher wäre. Dabei mag dahingestellt bleiben, in welchem Maße ihm das gelungen ist oder ob und wieweit das überhaupt möglich ist. Jedenfalls *will* er nur für den Aspekt *quoad nos* sprechen, was er auf verschiedene Weise zu verstehen gibt. Er läßt es z. B. durchaus offen, daß unserer Bemühung auch eine Gnadenwirkung vorausgehen könnte: „Wir können sie als etwas Unbegreifliches einräumen", aber wir dürfen sie „weder zum theoretischen noch zum praktischen Gebrauch in unsere Maxime aufnehmen[145], oder wenn es an anderer Stelle heißt, der Mensch solle „so verfahren, als ob alles auf ihn ankomme", und nur unter

Gott haben wir kein Verdienst, sondern lauter Schuldigkeit. Dieses ist die Ursache der Demuth, aber nicht eine Absprechung der hofnung ...".

143 vgl. J.-L. BRUCH, *La Philosophie religieuse de Kant* (Analyse et raisons 11) (Aubier 1968) 127: „L'originalité du kantisme serait donc d'associer l'exclusion du mérite, qui le rapproche du Réformateur, à l'admission de la liberté, sous une forme qui le rapproche des courants semipélagiens du catholicisme." Die Nähe zum Pietismus ist nicht zu leugnen. Erinnert sei an die bes. Betonung der Praxis gegenüber einem mißverstandenen Glauben, wie sie im Pietismus üblich war (vgl. Ph. J. SPENERS *Pia Desideria* 24, 33-34, 61, 76). Für F. A. SCHULTZ, *Theologia thetico-antithetica. Kollegnachschrift aus d. J. 1741ff.*, z. T. abgedruckt als Beilage bei RIEDESEL, a. a. O. 205ff., sind „regeneratio" und „conversio" synonym (218). – Man könnte sich indes gut vorstellen, daß Kant mit J. Laynes, S.J., falls er dessen Rede vor der Theologenkongregation beim Konzil von Trient am 26. Oktober 1546 gekannt hätte, der dritten Möglichkeit einer Imputation höherer Gerechtigkeit zugestimmt haben würde, wie sie sich dann in der Lehre von der iustitia inhaerens niedergeschlagen hat: daß wir nämlich durch die Genugtuung Christi wirklich geheilt und mit guten Waffen für einen redlichen Kampf um den Siegespreis ausgestattet worden sind, statt nur als Kranke zu einem Scheinkampf anzutreten oder gar kampflos die Trophäe zu erhalten (vgl. CT V 612ff.).

144 vgl. Ak XX 17: „Ich gestehe es daß wir durch die letztere (= *die gute moralische Erziehung*) keine Heiligkeit welche rechtfertigend ist hervorbringen konnen aber wir können doch eine moralische bonität coram foro humano hervorbringen u. diese ist jener sogar beförderlich" (eine frühe Äußerung aus der Mitte der sechziger Jahre).

145 Ca 6/194.

dieser Bedingung dürfe er „hoffen, daß höhere Weisheit seiner wohlgemeinten Bemühung die Vollendung werde angedeihen lassen"[146]. Denn bezüglich dessen, was Gott hierbei tut, stehe der Mensch vor einem „Abgrund des Geheimnisses", und weil der Mensch sich auf diesem Gebiet mit seinen Interpretationen leicht im Uferlosen verliert, sei es angebracht, das menschliche Tun als aus eigenen Kräften entspringend „vorzustellen"[147], wie immer sich das auch „quoad se" verhalten mag. Diese äußerste Zurückhaltung gegenüber Sachaussagen im Bereich des „Übernatürlichen" wird in den Vorarbeiten zur Religionsphilosophie noch ausdrücklicher formuliert: „Das Übernatürliche in der Religion zuzulassen obgleich es nicht in seine Maxime aufzunehmen (auch nicht das Gegentheil) als Ergänzung unseres Unvermögens durch unser Naturvermögen alle Pflicht zu vollführen soll nur dazu dienen uns durch die Voraussetzung seines Unvermögens nicht von der größten Anwendung unserer Kräfte gleich als ob es in unserm Vermögen stände abwendig machen zu lassen hat also nur einen negativen Gebrauch."[148] Wenn J.-L. Bruch in Kants Rechtfertigungslehre den biblischen Gedanken der Gratuität vermißt[149], dann bewegt er sich damit im äußeren der konzentrischen Kreise, den Kant bewußt ausklammert. Wie seine Kritiken ist hier auch die Religionsphilosophie nicht „Doktrin", sondern „Disziplin", was J.-L. Bruch nicht sieht[150]. Gewisse schein-

---

146 Ca 6/245.

147 Ca 7/353; vgl. Ak XXIII 118: „Es ist alles für uns Geheimnis was Gott thut um Menschen ihm wohlgefällig zu machen. Nur was wir thun sollen ist nicht geheim."

148 Ak XXIII 104. vgl. auch Ca 6/321f.: „wer ist alsdann hier wohl der Ungläubige? der, welcher vertrauet, ohne zu wissen, wie das, was er hofft, zugehe oder der, welcher diese Art der Erlösung des Menschen vom Bösen durchaus wissen will, widrigenfalls er alle Hoffnung auf dieselbe aufgibt? – Im Grunde ist dem letzteren am Wissen dieses Geheimnisses soviel eben nicht gelegen, (denn das lehrt ihn schon seine Vernunft, daß etwas zu wissen, wozu er doch nichts tun kann, ihm ganz unnütz sei); sondern er will es nur wissen, um sich, (wenn es auch nur innerlich geschähe), aus dem *Glauben*, der Annahme, dem Bekenntnisse und der Hochpreisung alles dieses Offenbarten einen Gottesdienst machen zu können, der ihm die Gunst des Himmels vor allem Aufwande seiner eigenen Kräfte zu einem guten Lebenswandel, also ganz umsonst erwerben, den letzteren wohl gar übernatürlicherweise hervorbringen oder, wo ihm etwa zuwider gehandelt würde, wenigstens die Übertretung vergüten könne."

149 a. a. O. 128: „Ce qui oppose en définitive la théorie kantienne de la justification au message évangélique, c'est son absence de toute gratuité."

bare oder tatsächliche Übergriffe Kants ändern nichts an der grundsätzlichen Intention, sie dienen nur der (versuchten) systematischen Kohärenz solcher Disziplin. So wird z. B. gegen eine bestimmte Erbsündenlehre „vorausgesetzt", daß „ein Keim des Guten in seiner ganzen Reinigkeit übriggeblieben, nicht vertilgt oder verderbt werden konnte"[151]. Das ist keine katholisierende These, sondern ein Postulat, das die Vernunft für das geschilderte Verhalten, wie es sich von der Praxis her empfiehlt, sinnvollerweise voraussetzen muß, und in diesem Sinne noch keine theologische Aussage: bloß regulativ, nicht konstitutiv zu verstehen[152], der reflektierenden eher als der bestimmenden Urteilskraft zuzurechnen[153].

In der Konsequenz seiner philosophischen Gnadenlehre setzt sich Kant dezidiert von J. F. Stapfer ab, für den das, was Kant den „gottesdienstlichen Kirchenglauben" nennt, die Grundlage darstellt[154]. Demgegenüber läßt sich eine auffällige Parallelität mit J. S. Semler in der Betonung des moralischen Vernunftglaubens feststellen, die bei diesem bis zur Grenze der Zweigleisigkeit ging (er befürwortete das *Wöllnersche Religionsedikt),* während dessen Schüler J. H. Tieftrunk als glühender Kantianer schließlich das Christentum und die Vernunftreligion restlos und in schönster Harmonie ineinander aufgehen ließ und so jeglichem mühsamen oder differenzierteren Schwebezustand ein Ende zu setzen versuchte[155]. Vielleicht war J. H. Tieftrunk für Kant mit bestimmend,

---

150   a. a. O. 28 über die Religionsschrift: „Tout en appartenant à la doctrine ...", obwohl er kurz darauf zugibt: „le titre de *la Religion dans les limites de la raison* définit davantage une méthode qu'un objet" (35). vgl. dazu J. KOPPERS *Rez.* des Buches, in: KSt 61 (1970) 128-132. – „Disziplin" ist für Kant ganz allgemein eine „Kultur der Zucht" (Ca 5/511), näherhin eine „warnende Negativlehre" als „negative Gesetzgebung", die ein „System der Vorsicht und Selbstprüfung" darstellt (Ca 3/483) und als der „*Zwang,* wodurch der beständige Hang, von gewissen Regeln abzuweichen, eingeschränkt und endlich vertilget wird", zu verstehen ist (Ca 3/483).

151   Ca 6/185.

152   vgl. dazu z. B. Ca 3/441, 468 oder Ca 5/235f.

153   vgl. dazu z. B. Ca 5/465-467, 474.

154   vgl. J. BOHATEC, a. a. O. 419ff.

155   *Versuch einer Kritik der Religion und aller religiösen Dogmatik mit bes. Rücksicht auf das Christentum* (Berlin 1790) 311: „Der christliche Begriff und Erkenntnißart sind mit dem Begriffe und der Erkenntnißart der Vernunft vollkommen gleich." 332: „Es ist aber

in der Religionsschrift falsche Schlußfolgerungen aus seiner Philosophie zurechtzurücken[156].

Daß aber Semlers Einfluß auf Kant beachtenswert ist, hat J. Bohatec im einzelnen belegt. Darum sei Semlers Position hier der Vollständigkeit halber umrissen.

Für J. S. Semler sind die Konfessionen besondere christliche Parteien[157], die ihre Unterschiedlichkeit den verschiedenen zeitlichen und lokalen gesellschaftlichen Gegebenheiten verdanken[158], wodurch sich eine Vielzahl von Formeln[159] und Sprachgewohnheiten ergeben hat[160], die allesamt als Zusätze nur die Frage nach dem „Wie" der Religion betreffen[161] und insofern den einzelnen kirchlichen Parteien nur den Wert eines Mittels verleihen[162]. Daran den „gemeinen Religionseifer" sich entzünden zu lassen, sei „menschliche Anmaßung"[163]. Auf einer höheren Reflexionsstufe[164] hätten die Christen das Recht, sich an eine moralische „Privatreligion" gebunden zu fühlen[165], die die „große unsichtbare Kirche" ausmache[166], die als das eigentliche Reich

von großer Wichtigkeit, zu wissen und zu beherzigen, daß das Gesetz Christi mit der Selbstgesetzgebung unseres Geistes einerlei sei, weil hierauf der ganze Werth unsers christlichen Verhaltens beruht."

156 Kant hat J. H. TIEFTRUNKS *Versuch einer Kritik* besessen und ausgeliehen (vgl. Ca 10/11). Näheres zu Tieftrunk bei G. KERTZ, *Die Religionsphilosophie Joh. Heinr. Tieftrunks. Ein Beitrag zur Geschichte der Kantischen Schule* (KSt Erg. H. 4) (1907, Neudr., Würzburg 1959).

157 J. S. SEMLER, *Versuch einer freiern theologischen Lehrart zur Bestätigung und Erläuterung seines lateinischen Buchs* (Halle 1777) = LA 14, 125 und DERS., *Über historische, gesellschaftliche und moralische Religion der Christen* (Leipzig 1786) = hRel 27f., 130.

158 hRel 20, 198, 345.

159 hRel (XVII), 20, 52, 54, 105.

160 hRel (XIII), (XX), 27, 35, 43, 79, 155, 230.

161 hRel 53.

162 hRel 83, 233, 243.

163 hRel 28.

164 hRel 198; LA 17.

165 Die einzelnen Aspekte dieser Privatreligion werden bes. an folgenden Stellen beschrieben: hRel (VIII-XI), (XV-XVI), 8-9, 83, 85, 87, 105, 119, 168, 170-171, 198, 200, 215, 236, 247.

Gottes nicht in „Worten und Formuln"[167] von nur hypothetischer Verbindlichkeit[168] bestehe, auch nicht in der „Vollzähligkeit der Redensarten"[169], wodurch die christliche Religion zur „Larve oder Maske" erstarren könne[170],
sondern in „christlicher Gerechtigkeit"[171], „moralischer Gesinnung" und „unaufhörlich gutem Verhalten"[172]. Auch das N. T. laufe insgesamt aufs Praktische
hinaus[173], was wie bei Kant mit den Schriftstellen vom Herr-Herr-Sagen[174]
und von den Früchten[175] als erster Unterscheidungsregel belegt wird. Den
Erfolg der Lehre Christi müsse man viel größer annehmen, als es gewöhnlich
geschieht[176], und die guten „innerlichen moralischen freyen Christen"[177] seien
auch außerhalb der besonderen Kirchen zu finden[178], weil das Entscheidende
nicht an Äußerlichkeiten gebunden sei, sondern nur an das Gewissen[179]. Aber
nicht jeder sei für diese Privatreligion reif, es sei vor allem eine Angelegenheit
der selbstdenkenden Zeitgenossen[180].

In den Vorarbeiten zum „Streit der Fakultäten" greift Kant sogar J. S.
Semlers Terminologie auf: „Glaube. Moralischer oder historischer", „Privat-
oder Volksglaube"[181], aber er bleibt nicht dabei stehen. Semler zementiert
nämlich den Unterschied zwischen innerer und äußerer Religion, er findet

166 LA 14.
167 LA 647.
168 LA 17.
169 hRel 19.
170 hRel (XII).
171 LA 647.
172 hRel 54.
173 hRel 17.
174 hRel 19.
175 hRel 230.
176 LA 646.
177 hRel 173.
178 LA 16.
179 hRel 9, 17, 237.
180 hRel 19, 35, 170.
181 Ak XXIII 431.

sich mit zweierlei Menschenklassen[182] und zweierlei Lehrart[183] ab. Für ihn
können die kirchlichen Parteien, so wie sie sind, bleiben[184], auch in ihrer
Vielfalt[185], solange sie nur für die Privatreligion taugliche Mittel bleiben[186];
für die Schwachen und Unfähigen werden sie immer eine Rolle spielen[187].
Äußerliche Änderungen sind nicht erforderlich[188], allenfalls könnten durch
geschicktere Verbreitung des moralischen Glaubens die öffentlichen Religionsparteien immer mehr in den Hintergrund treten[189], oder wenigstens die
„alte Abneigung" zwischen ihnen immer mehr schwinden[190]. Für Kant dagegen
ist der gegenwärtige Zustand ein Provisorium[191], er befürwortet (weil eine
Revolution allein der Vorsehung überlassen bleiben muß) eine allmähliche
Reform, in der nicht nur das Leitband entbehrlich wird[192] und das „Historische
auf sich beruhen" kann[193], sondern durch die auch der „öffentliche(-r) Reli-
gionszustand" mehr und mehr die „Einheit und Allgemeinheit"[194] der einen
und einzigen Religion („catholicismus rationalis"[195]) zum Ausdruck bringen
sollte. All dies liegt für ihn noch in „unendlicher Weite"[196]. Aber wie von der
moralischen Religion her im Grunde nur *ein* Gott denkbar sei, so auch nur
eine Religion[197]. „In dem, was eigentlich Religion genannt zu werden verdient,

182   hRel 85, 105, 144, 149, 155.
183   hRel 87.
184   hRel 170.
185   hRel 244.
186   hRel 212, 233.
187   hRel (XXI).
188   hRel 170.
189   hRel 127.
190   J. S. SEMLERS *Lebensbeschreibung, von ihm selbst abgefaßt*, I (Halle 1781) 81.
191   Ca 6/267.
192   Ca 6/268.
193   Ak XXIII 431.
194   Ca 7/363.
195   Ca 7/361.
196   Ca 6/268.
197   Ca 6/249.

kann es keine Sektenverschiedenheit geben (denn sie ist einig, allgemein und notwendig, mithin unveränderlich)."[198] Darum ist in den Unterschieden so viel Menschenwerk zu vermuten.

Damit ist Kants konfessionelle Zwischenposition auch von seiner Religionsphilosophie her bestätigt und umrissen. Gilt das nun auch für den Menschen Kant und welche Beziehung besteht zu seinem Gesamtwerk?

Zum ersten: Kant „lebte, wie er lehrte"; darüber sind sich seine frühen Biographen einig[199]. Soweit sie unser Thema berühren, berichten sie, daß Kant kein Ansehen der Person kannte, wenn jemand nur „Gott fürchtet und recht thut"[200], daß er am wenigsten auf den Unterschied der Konfession sah[201], keine Ketzer und keine Sekten wichtig nahm[202], sondern den Geist der Glaubensparteien kannte und das Gute bei allen achtete[203], wie er auch in seiner Pädagogik empfahl, die Jugendlichen zu lehren, „daß sie die Menschen nicht nach ihrer Religionsobservanz schätzen"[204]. Seine „scheinbare Gleichgültigkeit" gegen den äußern Cultus"[205] blieb allerdings nicht unbekannt und brachte ihm von nicht sehr wohlwollender Seite den Vorwurf des Indifferentismus ein[206]. War also Kant ein edler Humanist? Oder wie läßt sich diese Position „zwischen" den Konfessionen bezeichnen? Es war sicher mehr. Obwohl man

---

198   Ca 7/359.

199   *Kant's Leben, eine Skizze. In einem Briefe eines Freundes an seinen Freund* (Altenburg 1799) 19; *Fragmente aus Kants Leben. Ein biographischer Versuch* (J. Chr. MORTZFELD) (Königsberg 1802) 97; R. B. JACHMANN (1804), a. a. O. 141.

200   Altenburger Skizze 15f.

201   L. E. BOROWSKI (1804) a. a. O. 58.

202   J. Chr. MORTZFELD, a. a. O. 96f. *Immanuel Kant's Biographie* (2 Bde. Leipzig 1804) I 179. R. REICKE, a. a. O. 18.

203   Leipziger Biogr. II 28.

204   Ca 8/505.

205   F. Th. RINK, *Ansichten aus Immanuel Kant's Leben* (Königsberg 1805) (Nachdr.: AeK 214 [Brüssel 1973]) 43.

206   Die versteckt-hämische Biographie J. D. METZGERS (anonym): *Äußerungen über Kant, seinen Charakter und seine Meinungen. Von einem billigen Verehrer seiner Verdienste* (Königsberg 1804) 24. – Über den verschiedenen Wert der Biographien vgl. K. VORLÄNDER, *Die ältesten Kant-Biographien. Eine kritische Studie,* (KSt Erg. H. 41 [Berlin 1918]).

viel darüber gestritten hat und die Streitpunkte zahlreich und nicht ohne
Gewicht sind, bin ich selbst davon überzeugt, daß man Kant als Christen
anerkennen muß, allerdings als einen Christen besonderer Art, der gerade,
indem er sich den äußeren Formen des Christentums widersetzt, selbst dazugehört, wie J. L. Bruch als Fazit seines Buches feststellt[207]. Freilich läßt sich
darüber schlecht diskutieren, weil eine solche Einschätzung davon abhängig
ist, wie weit man den Begriff eines Christen fassen will. Kant selbst spricht
vom Christentum als von „unserer Religion"[208], möchte aber die Christen
bescheidener „*Christianer*" nennen, wenn das nicht wie ein Sektenname klingen
würde[209]. Tatsächlich ist das Christentum immer sein selbstverständlicher
Ausgangspunkt: er hält es, „soviel wir wissen", für „die schicklichste Form"
„der sinnlichen Vorstellungsart des göttlichen Willens"[210]. Es hat „etwas *Lie-
benswürdiges* in sich", solange man nicht autoritär versuche „zu *gebieten*",
was doch gern und freiwillig getan werden solle[211]. Sonst aber gilt für ihn:
„Die Welt hat nie etwas die Seele belebenderes, die Selbstliebe niederschlagen-
deres und doch zugleich die Hoffnung erhebenderes gesehen als die Christliche
Religion."[212] Daß Kant ein tief religiöser Mensch war, ohne das in den üblichen
Formen auszudrücken, dürfte außer Zweifel stehen. Es gibt eine Reihe von
Stellen in seinen Werken und Briefen, in denen seine sonst zurückgehaltene
persönliche Religiosität in Formulierungen der Emphase und der Rührung
durchbricht, die zu seinem sonst eher trockenen und spröden Stil kaum zu
passen scheinen[213]. Daran hat H. Schmalenbach in seinem bereits genannten
Buch angeknüpft, indem er sich vor allem auf die innere Ergriffenheit Kants
stützt, die er in seinem Erhabenheitserleben des Unendlichen über uns und

---

207 a. a. O. 266.

208 Ca 7/359.

209 ebd. vgl. auch XIX 639.

210 Ca 7/347.

211 Ca 6/422ff.

212 Ak XXIII, 92.

213 z. B.: Ca 1/309, 369, 441; 2/39ff.; 5/142, 160, 174, 328, 342; 6/189f., 341; 7/370;
     9/139f., 381; 10/282, 390. Oder die Eintragung von Kants Hand im Familienbuch zum
     Tode seines Vaters, in: E. ARNOLDT, *Gesammelte Schriften*, hrsg. v. O. Schöndörffer, III
     (Berlin 1908) 109.

des Sittlichen in uns begründet sieht und als eigentlichen Hintergrund der ganzen Kantschen Philosophie betrachtet[214]. Dieser religiöse Grundzug weist zurück auf Kants Elternhaus. Seine Mutter, nach Kant „eine Frau von großem natürlichen Verstande", „einem edlen Herzen und einer echten, durchaus nicht schwärmerischen Religiosität"[215], ging mit „ihrem Manelchen", wie sie ihn nannte, oft hinaus ins Freie, um ihm die Erscheinungen der Natur und den Bau des Himmels zu erklären, so gut sie es vermochte[216]. Von daher ist es verständlich, wenn der Sternenhimmel für Kant ein Sinnbild der Erhabenheit blieb[217]. Das andere der zwei Dinge, die, wie er in der „Kritik der praktischen Vernunft" schreibt, „das Gemüt mit immer neuer und zunehmender Bewunderung und Ehrfurcht" erfüllen, nämlich „das moralische Gesetz in mir"[218], ist gleichfalls von Kants Elternhaus her zu begreifen, in dem die Erziehung der Kinder, wie Kant in einem Briefentwurf schreibt, „von der moralischen Seite betrachtet gar nicht besser seyn konnte"[219]. Sie war schließlich eingebettet in die Erfahrung des „Höchste(n)", das nach Kant „der Mensch besitzen kann", nämlich einer Ruhe, Heiterkeit und eines inneren Friedens, „der durch keine Leidenschaft beunruhigt wurde"[220], die ihm die pietistische Frömmigkeit seiner Eltern vermittelte.

So weit zu Kants Religiosität. Wie kommt es nun zum konfessionellen *„Zwischen"*? Die Ursprünge dieser Entwicklung können nur gemutmaßt werden; aber eine Spur führt bis ins Zentrum der kritischen Philosophie

---

214 H. SCHMALENBACH hielt dieses religiöse Erleben fälschlicherweise für pantheistisch. vgl. dazu H.-G. REDMANN, *Gott und Welt. Die Schöpfungstheologie der vorkritischen Periode Kants* (Forschungen z. syst. u. ök. Theol. 11) (Göttingen 1962), bes. 28ff. Als Ergänzung: J. KOPPER, *Kants Gotteslehre*, in: KSt 47 (1955/56) 31-61.

215 E. A. Ch. WASIANSKI, a. a. O. 251.

216 ebd. 251f.

217 vgl. z. B. Ca 1/369; 5/174f., 328, 342. Zum Sternhimmelmotiv: R. UNGER, *„Der bestirnte Himmel über mir … "*. *Zur geistesgeschichtlichen Deutung eines Kant-Wortes*, in: Festschr. zur zweiten Jh-Feier seines Geburtstages, hrsg. v. d. Albertus-Univ. i. Königsberg/Pr. (Leipzig 1924) 241-270.

218 Ca 5/174.

219 Ak XIII 461f. vgl. dazu L. E. BOROWSKI, a. a. O. 13.

220 F. Th. RINK, a. a. O. 14.

hinein, die sich zu verfolgen lohnt. Das ist für uns von besonderem Interesse, weil erwartet werden kann, daß von hier aus dieses „Zwischen" noch deutlicher in seiner Tragweite bestimmbar wird.

Im Königsberger Collegium Fridericianum, in das Kant 1732 aufgenommen worden war, erlebte er die Religion nun in einer Weise, an die er später nur mit „Schrecken und Bangigkeit" zurückdachte, wenn er sich dieser „Jugend-sklaverei", wie er selbst gesagt haben soll, erinnerte[221]. Ein Übermaß an Frömmigkeitsübungen, verbunden mit einer äußerst strengen Disziplin, die sein Mitschüler D. Ruhnken später in einem Brief an ihn eine „tetrica ... fanaticorum disciplina"[222] nannte, vor allem aber wohl die fast uneingeschränkte Vermengung von „forum internum" und „externum", also von Gewissens- und Disziplinarbereich, von der der damalige Inspektor der Anstalt, Ch. Schiffert, mit erstaunlicher Selbstverständlichkeit berichtet[223], brachten manche seiner Ka-

---

221 Das berichtet Th. G. v. HIPPEL, *Sämtliche Werke*. 12. Bd.: *Hippels Leben* (Berlin 1835) 40; schon früher abgedruckt in: Nekrolog auf das Jahr 1796. Enthaltend Nachrichten von dem Leben merkwürdiger in diesem Jahr verstorbener Deutscher. Gesammelt von Fr. Schlichtegroll 7. Jg. 2. Bd. (Gotha 1800) 238. MORTZFELD, a. a. O. 20: „daß wenn er selbst in spätern Jahren an die Sklaverei seiner Jugend zurück dächte, ihm Schrekken und Bangigkeit befiehle". Auch die Leipziger Biographie erwähnt das (I, 32) unter Bezugnahme auf Hippel und nach seinem Wortlaut. F. Th. RINK (a. a. O. 130f.) erklärt diese Äußerung Kants als eher beiläufige „Nebenidee". B. ERDMANN hält die Bemerkung für übertrieben (*M. Knutzen* 133), G. HOLLMANN (a. a. O. 34) hält sie für „überhaupt unrichtig oder doch falsch bezogen" im Anschluß an RINK. vgl. dazu P. KALWEIT (a. a. O. 10): „Die Annahme wird nicht übereilt sein, daß Kant in seinem sittlichen Streben durch die Erziehung im Friedrichskollegium sich gefördert sah, daß er dagegen die pietistische Methode gleich oder sehr bald abgelehnt hat."

222 Ca 9/94.

223 *Nachricht von den jetzigen Anstalten des COLLEGII FRIDERICIANI*, in: Erleutertes Preußen. Oder Auserlesene Anmerckungen Ueber verschiedene Zur Preußischen Kirchen-Civil- und Gelehrten-Historie gehörige besondere Dinge, ... Tom. V (Königsberg 1742) 487-572 (Druckfehler, eigentlich: 587-672 des Bandes). Die Vorbereitungen zum Hl. Abendmahl dauerten 4 Wochen lang mit Erweckungen, Ermahnungen, Betstunden und vertraulichen Gesprächen. Dazu gehörte auch ein schriftlicher Bericht über den Seelenzustand. Ch. Schiffert 539f.: „so muß ein jeder Schüler, der zum H. Abendmahl gehet, von dem Zustand seiner Seelen selbst einen Bericht aufsetzen, und dem Inspectori schriftlich übergeben. Er muß aber auch zugleich ein Testimonium des Lehrers, so wohl dessen, der ihn unterrichtet, als der auf der Stuben, worauf er logiret, die Aufsicht hat, versiegelt mitbringen... Der Inspector nimmt darauf Gelegenheit, mit einem jeden besonders, und

meraden dazu, sich an diesen religiösen Veranstaltungen bisweilen aus „sehr niedrigen Absichten" zu beteiligen, wie L. E. Borowski in seiner Biographie vermerkt[224]. Es scheint auch außerhalb des Kollegs und an verschiedenen Orten ganz ähnliche Praktiken unter den Erwachsenen gegeben zu haben, wie einige zeitgenössische Zeugnisse belegen[225], was wohl zu den Niedergangs-

---

zwar auf eine gantz väterliche und vertrauliche Weise zu reden, damit niemand aus unnöthiger Blödigkeit sich scheuen möge, dasjenige, was ihm im Christenthum am meisten hindert, zu entdecken, und dafür Rath zu suchen. Er richtet seine Unterredung dahin, damit dem Schüler seine wahre Gemüths-Beschaffenheit entdecket, derselbe für Heucheley gewarnet, und in den Weg einer Evangelischen Veränderung hinein, oder wenn er durch Gottes Gnade bereits denselben betreten hat, darauf weiter fortgeleitet werde." SCHIFFERT verteidigt diese Praxis so (542): „Auch sie selbst tragen um so viel weniger Bedencken, wie sie sich etwan bey einer Untersuchung befinden, aufzusetzen und zu übergeben; da sie wissen, daß man sie auch ohne dieses, schon ziemlich kennet, und ihr übergebenes Schreiben sonst Niemanden bekannt gemacht wird. Wie sie denn, über dieses, nur dasjenige und so viel aufzusetzen und anzuzeigen haben, daß man einiger massen daraus schliessen könne, sie hätten die Prüfung ihrer selbst nicht unterlassen. Es geschiehet auch hierunter nichts anders von ihnen, als wo zu rechtmäßiger weise ein jeder gegen den verbunden ist, welcher die Seelsorge für ihn auf sich hat."

224 a. a. O. 14.

225 vgl. J. S. SEMLERS *Lebensbeschreibung von ihm selbst abgefaßt. Erster Theil* (Halle 1781) 48 über die Zustände um 1740: „Ueber den Seelenzustand fürten manche Prediger ein grosses Stadtregister; die Vorsteher der einzelen Erbauungsstunden hatten ebenfals dergleichen geistlichen Calender eingefüret, woraus jeder seinen Seelenzustand in der vorigen ganzen Woche, wieder hersagte. Dieses war für sehr viele ein recht sicherer Weg, sich nun bei allen Hohen und vornemen Personen so zu empfehlen, daß sie ihre häuslichen und bürgerlichen Endzwecke aufs aller unfelbarste hiermit erreichten, wenn sie sich dieser geistlichen Direction nun so ganz überliessen, daß dem Stolz oder dem Eigensinn oder der schon bekannten Eigenliebe des Seelenfürers, ganz gewis Genüge geschahe." Über ähnliche Schülerbräuche 57: „Diese Ermanung nam ich zwar mit der schuldigsten Ehrerbietung an; hatte aber das Herz, sogleich namentlich an N. N. sehr viel auszusetzen, und darzuthun, daß dieses meist Heucheley, und für manche Schüler ein gar merklich Hindernis in ihrem Fleisse, also eine Störung ihres Standes sey, da sie nun einen nähern Weg wüßten, sich überal zu *recommandiren*." Auch SEMLER selbst konnte sich diesem Aspekt nicht ganz entziehen (78): „Der Inspector Freyer, unser Hausherr, hielte alle Montage von 6 bis 7 früh eine Betstunde, es wurde niemand genötiget dabey zu seyn; es stund jedem frey, ob er kam oder nicht – aber Krause brachte mich leicht dazu, um nicht durch diese Trennung nachtheilige Beurtheilungen mir zuziehen, daß ich auch nun in diese Betstunde gieng." Am herzoglichen Hofe 101: „Gleich mit dieser öffentlichen Veränderung des Hofes und seines bisherigen Zustandes, war alle jene Andacht, Fröm-

erscheinungen des Pietismus zu rechnen ist. Für Kant, der das mit wachem Auge registrierte, könnte hier der erste Erlebnishintergrund für den zunächst befremdlichen Heucheleivorwurf zu finden sein. Eine Einschmeichelung gegenüber den Vorgesetzten durch die Mittel des Glaubens, die nicht mit seiner eigenen Art von redlicher und gelassener Frömmigkeit übereinstimmte, mochte ihm die grundsätzlichere Frage nahegelegt haben, wiewelt nicht überhaupt Gebet und Kult die beständige Versuchung einer Gunstbewerbung höheren Ortes einschließen. Darum war er später auch so sehr einverstanden mit dem ganz anderen Geist des Basedowschen Philanthropins, wie aus seinem Brief an Ch. H. Wolke hervorgeht, wo auch, soweit ich sehe, das Wort „Gunstbewerbung" zum erstenmal von Kant verwendet wird[226]. Der Sache nach wird er das Thema bei mehreren Schriftstellern wiedergefunden haben, die ebenfalls solche Überlegungen anstellten, vor allem aber in D. HUMES *The natural history of Religion* (1757), die er nachweislich gelesen hat[227], und später in

migkeit, Kopfhängen, Augendrehen, leise reden – auf einmal vorbei; es konte nun niemand äusserliche Vortheile sich damit schaffen; und innere reelle Volkommenheiten kanten solche Unwissende Leute oder bedächtige Heuchler, ohnehin gar nicht." J. H. TIEFTRUNK (a. a. O. 218f.) weiß Beispiele zu berichten, wie der sittliche Lebenswandel einiger Pietisten so gar nicht zu ihrer vollkommenen Bekehrung und angeblichen Sündenlosigkeit paßte. F. Th. RINK (a. a. O. 128) urteilt, daß sich unter der pietistischen Partei in Königsberg zur damaligen Zeit „mancher Kopfhänger und Heuchler" befand. Th. G. v. HIPPEL, der den Pietisten nicht eben unfreundlich gegenüberstand, sagt von dem schon genannten F. A. Schultz (a a. O. 95): „Nachdem er aber sehr viele Jahre geglaubt hatte, er würde durch die Pietisterei, nach welcher man durch tägliche Reue und Buße den alten Menschen aus- und den neuen anziehen zu können glaubt, eine förmliche Revolution bewirken und das Gute herrschend machen, so fand er, daß, da er von der orthodoxen Seite die schrecklichsten, unerhörtesten Verfolgungen erlitten, die meisten seiner Anhänger Heuchler gewesen waren und ihn betrogen hatten."

226 Ca 9/149. Zum *Erlebnishintergrund* vgl. auch E. CASSIRER, *Kants Leben und Lehre* (Ca 11, Ergänzungsband) (Berlin 1923) 16: „Zum ersten Male sehen wir hier, wie ein fundamentales *Lehrstück* der Kantischen Philosophie: der Gegensatz, den sie zwischen der Religion der Moralität und der Religion der ‚Gunstbewerbung' macht, in einer der frühesten und tiefsten *Lebenserfahrungen* des Denkers wurzelt." Gegen „Lehrstück" und „Gegensatz" wären allerdings Vorbehalte anzumelden.

227 Besonders in Sect. XIV: „Bad influence of popular religions on morality" (Green-Grose 4/357ff.). – Kant zitiert diese Schrift in Ca 4/482 entspr. Green-Grose 4/342. H. Maier, der den Kanttext in der Akademieausgabe bearbeitet hat, gesteht, daß er „diesen Ausdruck" bei HUME nicht habe finden können (Ak VIII 486). Sir K. R. Popper hat die Stelle

dessen *Dialogues concerning natural Religion,* von denen er sich 1780 für einen Monat J. G. Hamanns Manuskript einer Übersetzung auslieh[228]. So hat sich vielleicht schon im Fridericianum, soweit es die Religion betrifft, sein „dogmatischer Schlummer" in einen unruhigen Schlaf verwandelt, den dann die Beschäftigung mit dem Skeptizismus des D. Hume unterbrach, wie in den „Prolegomena" zu lesen ist[229], bis er endgültig (wohl zum Wachzustand der kritischen Philosophie) aufgeweckt wurde durch die Antinomien der reinen Vernunft, wie er 1798 an Ch. Garve schrieb[230]. Daß das Antinomienproblem eine wichtige Schlüsselstellung in der Entwicklung der Kantschen Philosophie einnimmt, hat zuerst B. Erdmann behauptet[231] und wurde 1960 schließlich

ausfindig gemacht und mir freundlicherweise mitgeteilt. Die treffende, aber eigenwillige Übersetzung „Strohwisch" statt „Binse" (= bullrush) weist zurück auf die Übersetzung eines ANONYMUS: *Vier Abhandlungen, 1. Die natürliche Geschichte der Religion. 2. Von den Leidenschaften. 3. Vom Trauerspiel. 4. Von der Grundregel des Geschmacks. Von David Hume, aus dem Englischen übersetzt* (Quedlinburg u. Leipzig 1759) 96. Damit kann als gesichert gelten, daß Kant diese Übersetzung benutzt hat. Ausführliche (lobende) Besprechung dieser Übers. durch M. Behn in: Jenaische philos. Bibliothek I, 2 (Okt. 1759) 81-120.

228 Besonders in Part XII (Green-Grose 2/454-468). Zu J. G. Hamanns Übersetzung vgl. G. Gawlicks Einleitung zu: D. HUME, *Dialoge über die natürliche Religion* (Phil. Bibl. 36) (Hamburg ⁴1968) XXXVIf.

229 Ca 4/8. Zum „Schlummer" vgl. Ca 8/306: „Allein ein anderes sonderbares Phänomen mußte die auf dem Polster ihres vermeintlich durch Ideen über alle Grenzen möglicher Erfahrung erweiterten Wissens schlummernde Vernunft endlich aufschrecken, und das ist die Entdeckung, daß zwar die Sätze a priori, die sich auf die letztere einschränken, nicht allein wohl zusammenstimmen, sondern gar ein System der Naturerkenntnis a priori ausmachen, jene dagegen, welche die Erfahrungsgrenze überschreiten, ob sie zwar eines ähnlichen Ursprungs zu sein scheinen, teils unter sich, teils mit denen, welche auf die Naturerkenntnis gerichtet sind, in Widerstreit kommen und sich untereinander aufzureiben, hiemit aber der Vernunft im theoretischen Felde alles Zutrauen zu rauben, und einen unbegrenzten Skeptizismus einzuführen scheinen." Für den Bereich der Religion kam die Erfahrung sehr konkreter und harter dogmatischer Polemik zu den unguten Beobachtungen im Fridericianum hinzu, wie noch zu zeigen sein wird.

230 Ca 10/352.

231 B. ERDMANN, *Einleitung* zu: *Immanuel Kant's Prolegomena zu einer jeden künftigen Metaphysik, die als Wissenschaft wird auftreten können,* hrsg. u. hist. erkl. v. B. Erdmann (Leipzig 1878) LXXXVI, Anm.: kein Zweifel, „daß der Anstoß von 1769 der Antinomienlehre zuzuschreiben ist". Ähnlich DERS., *Die Entwicklungsperioden von Kants theoreti-*

34

von H. Heimsoeth als „gesicherte historische Einsicht" bezeichnet[232]. N. Hinske hat das vor kurzem eingehend belegt[233]. Genau an dieser Stelle kommen wir an den entscheidenden Berührungspunkt mit unserem Thema. Hinske hat nämlich 1972 im *Archiv für Begriffsgeschichte* über eine „unbemerkt gebliebene Quelle der Kantischen Antinomienlehre"[234] berichtet, die uns in Kants Universitätsjahre zurückführt. Obwohl Kant nicht Theologe werden wollte[235], hörte er „unausgesetzt" (nach L. E. Borowski) [236]„aus Wißbegierde", wie er selbst gesagt haben soll[237], die theologischen Vorlesungen seines früheren Direktors, des damaligen Professors und Consistorialrats F. A. Schultz, von dem bereits oben die Rede war. Dieses Kolleg trug, wie eine wohl verschollene Nachschrift auswies, den Titel *Theologia Thetico-Antithetica*, seine Bezeichnung

scher Philosophie, in: *Reflexionen Kants zur kritischen Philosophie Bd. II: Reflexionen Kants zur Kritik der reinen Vernunft. Aus Kants hss Aufzeichn.* hrsg. v. ERDMANN (Leipzig 1884) XXIVff. m. ausf. Begründung.

232   *Atom, Seele, Monade. Historische Ursprünge und Hintergründe von Kants Antinomie der Teilung,* in: AkadWissLit, Abhdlgn der geistes- u. sozialwiss. Klasse Jg. 1960, Nr. 3 (Mainz [Wiesbaden] 1960) 263.

233   *Kants Begriff der Antinomie und die Etappen seiner Ausarbeitung,* in: KSt 56 (1965) 485 496, DERS., Art. *Antinomie I,* in: HistWb d. Phil., hrsg. v. J. Ritter, Bd. 1 (Darmstadt 1971) 393ff.; DERS., *Kants Weg zur Transzendentalphilosophie. Der dreißigjährige Kant* (Stgt, Bln, Kln, Mz 1970) 78ff.

234   N. HINSKE, *Kants Begriff der Antithetik und seine Herkunft aus der protestantischen Kontroverstheologie des 17. und 18. Jahrhunderts. Über eine unbemerkt gebliebene Quelle der Kantischen Antinomienlehre,* in: Archiv f. Begriffsgesch., begr. v. E. ROTHACKER XVI (1972) H. 1, 48-59.

235   „Kant ist nie vorgesetzter Studiosus theologiae gewesen" (R. REICKE, a. a. O. 49f.). vgl. dazu B. ERDMANN *(Martin Knutzen ...* 133ff. und E. ARNOLDT *(Ges. Schr.* III, 2)127ff. und ihren nachfolgenden Streit. Dazu der Herausgeber bei ARNOLDT, a. a. O. V.ff. und J. JACOBSON, *Herrn Prof. Benno Erdmann's Polemik gegen Emil Arnoldt,* in: Altpreuß. Monatsschr. XIX (1882) 313-317. Nur Arnoldt hatte das Königsberger Inskriptionsbuch konsultiert.

236   a. a. O. 16.

237   R. REICKE, a. a. O. 50. Dazu aus *Wald's Gedächtnisrede,* ebd. 18: „... nichts Wissenswürdiges war ihm gleichgültig." J. Ch. MORTZFELD, a.a.O. 113: „Das Bedürfnis jederzeit mit höheren nicht gemeinen Gegenständen des Wissenswürdigen umzugehen, begleitete ihn bei jeder Stunde des Tages, und mag nicht wenig beigetragen haben, seinen Geist zu schärfen."

in den Universitätsunterlagen lautet *Collegium Thetico-polemicum et morale.* Die Vorlesungen erstreckten sich über die Jahre 1741-1744 und in der Wiederholung noch einmal bis 1746[238]. Schultz selbst hatte (ich resümiere hier Hinskes Ausführungen) in Halle studiert, als dort Paul Anton (1661-1730), Professor für Exegese, Polemik und praktische Theologie, sein zweites großes „Collegium antitheticum universale fundamentale" las, das einer postumen Veröffentlichung zugrunde liegt. Dessen ausgebildete Theorie der Antithetik diente nun dazu, die polemische Kontroverstheologie der konfessionellen Parteien von innen heraus in ihrer „inneren Notwendigkeit" zu begreifen, wie Hinske herausgefunden hat[239]. Vor die Widerlegung fremder Irrtümer wird die „Reflexion auf die eigene Anlage zum Irrtum" gestellt, um Thesis und Antithesis als in der „Natur verwurzelte Möglichkeiten des einen und selben Menschen" und gar als ein Gesetz der geschichtlichen Entwicklung überhaupt zu verstehen[240]. Als dritter charakteristischer Autor der damaligen protestantischen Kontroverstheologie wird von Hinske Johann Wilhelm BAIER (1647-1695) angeführt, dessen 1686 erschienenes Lehrbuch mit dem Titel *Collatio doctrinae pontificiorum et protestantium* lange im Universitätsbereich benutzt worden sei. In diesem Buch werden interessanterweise die Kontroverslehren der „Päpstlichen" und der Protestanten als Thesis und Antithesis drucktechnisch auf derselben Seite links und rechts einander gegenübergestellt (eine Seite ist bei Hinske abgebildet[241]), ähnlich wie das Kant später mit der Thesis und Antithesis seiner Antinomien in der „Kritik der reinen Vernunft" tut. Der Ausdruck „Antithesis" im Sinne einer anderen theologischen Position findet sich auch sonst bei einigen Theologen jener Zeit, wofür Hinske Beispiele bringt. Ergänzend sei hinzugefügt, daß der Begriff in diesem Sinne bereits mehrfach in der „Konkordienformel" von 1580 innerhalb der lutherischen Bekenntnisschriften Verwendung fand[242]. Vor diesem Hintergrund wäre die

---

238 G. HOLLMANN, a. a. O. 49ff. Ein Exzerpt aus dieser Hs zum Thema „Kirche" bringt P. KALWEIT, a. a. O. 53-55; ein Auszug (Inhaltsübersicht und Proben) ist zu finden bei E. RIEDESEL, a. a. O. 205-222 als Beilage VI des Buches. Herr Prof. Hinske bat mich, diesen Teilabdruck bei Riedesel als Ergänzung zu seinem Artikel zu erwähnen.

239 N. HINSKE, *Kants Begriff der Antithetik ...* a. a. O:, 52.

240 ebd. 53.

241 ebd. 50.

für Kant so entscheidende Antinomienfrage in ihren allerersten Anfängen
theologischen Ursprungs oder doch wenigstens vom theologischen Bereich
her angestoßen worden, und dies nicht nur rein formal im Sinne der druck-
technischen Gegenüberstellung, sondern auch hinsichtlich der grundsätzlichen
Richtung ihrer späteren gedanklichen Weiterentwicklung. Es fällt auf, wie
sehr Kant sich von seinen Frühschriften an für Antinomik in den verschiedensten Bereichen interessiert, und dies nicht so sehr, um, wie E. Franz gemeint
hat, den „Schiedsrichter" zwischen den streitenden Parteien zu spielen[243],
sondern um, wie er bereits 1747 in seiner Erstlingsschrift formuliert, bis zum
„Grund des Irrtums" und zu seiner „Quelle" vorzustoßen[244], den er schließlich
in der „Kritik der reinen Vernunft" nach langem Ringen und einer mehrstufigen
gedanklichen Entwicklung[245] in einer unvermeidlichen „Antithetik" findet[246],
deren Grund in einem der reinen Vernunft selbst entstammenden „Erbfehler"
der Metaphysik zu suchen sei (Prolegomena[247]). Die „Antinomie der reinen
Vernunft" kann nur dadurch „gehoben" (aber nicht beseitigt) werden, daß
man sie als einen bloß dialektischen Widerstreit eines unvermeidlichen Schei-
nes entlarvt[248], der (auch weiterhin) dazu verführt, die subjektiven Bedingungen
des Denkens (in seinen verschiedenen Stufen) für die Erkenntnis des Objekts
zu halten[249], regulative Prinzipien als konstitutive zu verwenden[250] und so

---

242 *Die Bekenntnisschriften der ev.-luth. Kirche, hrsg. im Gedenkjahr der Augsburgischen
    Konfession 1930* (Göttingen ⁶1967) 785, 820, 839, 916. – Ein weiteres Beispiel für den
    Gebrauch von *Thesis-Antithesis* für (innerprotestantische) theol. Kontroversen aus dem
    Jahre 1676 in: *Der Reformirten Prediger in Berlin Bedencken, vom Syncretistischen Streit
    derer Königsbergischen Professoren und Prediger. ex MSCto,* abgedr. in: *Erleutertes Preußen,*
    T. I (Königsberg 1724) 552-568, hier: 554.
243 a. a. O. 210.
244 Ca 1/52; 1/57, 70.
245 Ausführlich dargestellt bei N. Hinske, *Kants Begriff der Antinomie und die Etappen
    … und* in seinem Buch *Kants Weg zur Transzendentalphilos.,* 106-112.
246 Ca 3/294, 302f.
247 Ca 4/135.
248 Ca 3/358.
249 Ca 3/661f.
250 Ca 3/475f.

„Erscheinungen für Sachen an sich selbst" zu nehmen[251]. Diese Einsicht führt zum „transzendentalen Idealismus" als einer „Disziplin der Vernunft"[252] als einer „warnenden Negativlehre"[253], die nicht mit einer dogmatischen „Doktrin" verwechselt werden darf[254]. N. Hinske belegt eindrucksvoll, wie die theologische Antithetik P. Antons sowohl bei F. A. Schultz als auch bei Kant nicht nur terminologisch, sondern auch inhaltlich weiterwirkt bis hin zu Antons „Erb-Sünde" im „Erbfehler" Kants[255]. Dabei ist nicht einzusehen, warum die Betonung dieser durch alle Schritte und Sprünge der denkerischen Entwicklung Kants sich durchhaltenden Grundtendenz die Einsicht in die entscheidende Bedeutung der Antinomienthematik als Schlüsselproblem in ihrem Wert schwächen sollte, wie H. Heimsoeth (allerdings noch ohne Kenntnis dieser neu entdeckten Quelle) befürchtete[256].

Dieser „Gedankenstrang" „theologischer Herkunft"[257] dürfte nun nicht nur theoretischer Natur gewesen sein. In Kants Schulzeit auf dem Fridericianum fällt der Höhepunkt der Machtkämpfe zwischen der Orthodoxie und dem Pietismus in Königsberg, die von seiten der Orthodoxie mit den übelsten Mitteln, mit Belästigungen und Drohungen, Lästerschriften und Flugblättern geführt und auf die Straße getragen wurden, worunter besonders der von Kant hochgeschätzte F. A. Schultz zu leiden hatte[258]. Auch theologische Gründe

---

251 Ca 3/501.

252 Ca 3/91.

253 Ca 3/484.

254 Ca 3/49. Die „Kritik der reinen Vernunft" ist weder als Erkenntnistheorie noch als Ontologie anzusehen, sondern als ein Traktat über Logik im damaligen Zeitverständnis. So G. Tonelli in seinem Vortrag auf dem 4. Internat. Kantkongreß 1974 in Mainz: *Die Kritik der reinen Vernunft innerhalb der Tradition der westlichen Logik.* vgl. dazu schon Ca 2/324f.: Kritik als „zweite Gattung von Logik.

255 N. Hinske, *Kants Begriff der Antithetik ...,* bes. 56-59.

256 a. a. O. 263 Anm.

257 N. Hinske, ebd. 49.

258 Näheres darüber bei E. Riedesel, a. a. O. 124-148, dazu die Beilage IV: *Gravamina* (195-199) und die Beilage V: *Abgenöthigte Ablehnung* (200-204). G. Hollmann, a. a. O. 31: „Seine Eltern waren mit Franz Albert Schultz eng liiert"; 32: Schultz war der „specielle Seelsorger, Hausfreund und Berater der Familie". Kant lobte auch später „seinen edlen Charakter" und bedauerte es, ihm in seinen Schriften kein „Ehrendenkmal" gesetzt zu

wurden dabei ins Feld geführt, aber (vor allem auf orthodoxer Seite) kaum als ernstes Glaubensanliegen. E. Riedesel schreibt darüber: „Ursache des Kampfes waren sie nie, sondern nur Vorwand."[259] Hierin wird man nun die komplementäre Erlebnisbasis für Kant sehen können, daß er nicht nur Kult und Ritus wegen erlebter Heuchelei, sondern auch dogmatische Parteiungen zu relativieren und auf ein Darunterliegendes zu hinterfragen versuchte. Die theologische Polemik der Lehrbücher thematisierte das Unbehagen und gab ihm das Gerüst an die Hand, ihr Ergebnis wird ihn jedoch nicht befriedigt haben[260]. So läßt sich die Annahme wagen, daß der genannte Grundzug des Kantschen Denkens sich auf ein früh gewecktes Interesse stützen konnte.

Es dürfte vielleicht als eine gewisse Bestätigung dieser Annahme betrachtet werden, daß in der Religionsschrift, die ja so etwas wie eine Gegenprobe der kritischen Philosophie sein sollte, soweit sie die Religion betrifft[261], die Antithetik in kontroverstheologischer Version wieder auftaucht. Kant bringt hier ein Beispiel „einer merkwürdigen Antinomie der menschlichen Vernunft mit ihr selbst", von deren „Beilegung" er sich Aufschluß darüber verspricht, ob ein „historischer (Kirchen-)Glaube" über den reinen Religionsglauben hinaus unerläßlich sei[262]. Die Lösung wird mit den Mitteln der kritischen Philosophie versucht, die hier auf ihren ursprünglichen Ausgangspunkt zurückkommt, nachdem sie dem Problem sehr viel grundsätzlicher im Hinblick auf die

---

haben (E. A. Ch. Wasianski, a. a. O. 250, dort auch Einzelheiten über die Verbindung mit der Familie Kant).

259 a. a. O. 127.

260 Das Buch seines von ihm sehr geschätzten Lehrers M. Knutzen, *Philosophischer Beweis von der Wahrheit der Christlichen Religion, darinnen die Nothwendigkeit einer geoffenbarten Religion insgemein und die wahrheit oder Gewißheit der Christlichen insbesondere, aus ungezweiffelten Gründen der Vernunft nach Mathematischer Lehr-Art dargethan und behauptet wird* (Königsberg ⁴1747), gibt ein eindrucksvolles Beispiel dafür, wie allzu glatt apologetisiert wurde. B. Erdmann dazu: „Und hier mußte jener bei Knutzen unausgeglichene Zwiespalt zwischen Empirismus und Rationalismus, zu dem Ferment werden, das die Gährung erzeugt … Es ist das eigenartige Schicksal jener Lehrer, die große Schüler gebildet haben, dass sie oft weniger durch ihre sicheren Erkenntnisse, als durch jene Unklarheiten und Widersprüche, an die selbst der beste gekettet ist, auf die Entwicklung derselben einwirken" (*Martin Knutzen* 145).

261 Ak XXIII 94, 96.

262 Ca 6/262.

Möglichkeitsbedingungen von Wissenschaft überhaupt nachgegangen war. Diese Antinomie läßt sich verkürzt etwa folgendermaßen wiedergeben:

Unter der Voraussetzung, daß eine Genugtuung für die Sünden der Menschen geschehen sei, ist „nicht einzusehen, wie ein vernünftiger Mensch" allen Ernstes glauben kann, er brauche nur die Botschaft von der geleisteten Genugtuung anzunehmen, um seine Schuld getilgt zu finden. Vielmehr kann er diese Genugtuung nur als bedingt ansehen, weil ein, jedenfalls, soweit an ihm selbst liegt, „gebesserter Lebenswandel" vorausgehen müsse, „um auch nur den mindesten Grund zur Hoffnung zu geben, ein solches höheres Verdienst könne ihm zugute kommen". Die *Antithese* lautet: „Wenn aber der Mensch von Natur verderbt ist" und „noch unter der Macht des bösen Prinzips steht", „wie kann er glauben, aus sich, er mag sich auch bestreben, wie er wolle, einen neuen, Gott wohlgefälligen, Menschen zu machen"? „Also muß der Glaube an ein Verdienst, das nicht das seinige ist, und wodurch er mit Gott versöhnt wird, vor aller Bestrebung zu guten Werken vorhergehen; welches dem vorigen Satze widerstreitet." In diesem Fall sei der Glaube Pflicht und der gute Lebenswandel Gnade, im ersten dagegen der gute Lebenswandel Pflicht und die höhere Genugtuung eine „*Gnadensache*"[263]. Diese Antinomie sei nun nicht durch Einsicht in die Ursachen, also theoretisch, sondern nur praktisch, d. h. als Regel unseres Verhaltens, zu lösen, wo nicht gefragt werde, „was physisch, sondern was moralisch für den Gebrauch unserer freien Willkür, das erste sei". Dadurch werde allerdings der Knoten nur „zerhauen", wie Kant zugibt. Trotzdem bietet er auch eine kritische Auflösung an, wodurch sich die Antinomie als eine nur scheinbare erweise. Der Glaube „an das Urbild der Gott wohlgefälligen Menschheit, (den Sohn Gottes), *an sich selbst*" sei „auf eine moralische Vernunftidee bezogen", die uns Richtschnur und Triebfeder ist und somit „einerlei mit dem Prinzip eines Gott wohlgefälligen Lebenswandels". Der Glaube an „dasselbe *Urbild in der Erscheinung* (an den Gottmenschen)" sei dagegen nicht einerlei mit dem „Prinzip des guten Lebenswandels" wie im ersten Falle. Wenn man aber nun berücksichtige, daß wir der Erscheinung des Gottmenschen das in unserer Vernunft liegende Urbild unterlegen, von dem her allein wir ihn als solchen anerkennen können,

---

263 These und Antithese Ca 6/262f.; Pflicht und Gnade Ca 6/264.

und dieses, wie Kant meint, eigentlich das Objekt des seligmachenden Glaubens sei, dann löse sich die Antinomie auf: es gehe um dasselbe Urbild, das einmal als in Gott befindlich, das andere Mal als in uns befindlich vorgestellt, aber durch einen Mißverstand „für zwei verschiedene Prinzipien" angesehen werde[264].

Den Theologen der verschiedensten Lager sei zugestanden, daß diese Antinomie viel komplizierter ist, als es Kant bewußt war, und daß so sein Ausweg für uns in dieser Form nicht gangbar ist. Aber Kant war kein Theologe und wollte es auch nicht sein. Er wehrt sich nur gegen die vielfältigen Versuche, Undurchschaubares durch allerlei Machenschaften durchschaubarer erscheinen zu lassen. Er will den Theologen davor bewahren, zum „Theosophen" zu werden, der glaubt, die göttliche Natur und Existenz theoretisch so zu kennen, daß diese Erkenntnis „zur Erklärung der Weltbeschaffenheit und zugleich der Bestimmung der sittlichen Gesetze zureiche"[265], und die Religion davor schützen, in „Theurgie" oder „Idololatrie" zu entarten[266]. Wenn er in seiner Bibel über die Worte *Pforte ist weit* (Mt 7, 13) *Kirche* geschrieben hat[267], dann überträgt er damit nur die in der Parallelstelle Lk 13, 23 deutlicher zum Ausdruck kommende Kritik an der Übersteigerung des jüdischen Erwählungsgedankens zu Lasten der Sittlichkeit[268] auf die christliche Situation, in der ein gleiches Mißverständnis nicht völlig ausgeschlossen ist. Aber er schafft keine neuen Ketzer: Der Position der Antithesis ist keineswegs immer, sondern nur „oft"[269] der Vorwurf des Aberglaubens zu machen, während der Vorwurf

264 Ca 6/264-266.

265 Ca 5/562; vgl. auch 6/130.

266 Ca 5/540f.

267 Ak XIX 652. vgl. 6/309 Anm.: „Die *enge Pforte* und der schmale Weg, der zum Leben führt, ist der des guten Lebenswandels; die *weite Pforte* und der breite Weg, den viele wandeln, ist die *Kirche*. Nicht als ob es an ihr und an ihren Satzungen liege, daß Menschen verloren werden, sondern daß das *Gehen* in dieselbe und Bekenntnis ihrer Statute oder Zelebrierung ihrer Gebräuche für die Art genommen wird, durch die Gott eigentlich gedient sein will."

268 Nach der Mischna (Sanh. X, 1): „Ganz Israel hat Anteil an der zukünftigen Welt" (zit. nach J. SCHMID, *Das Evangelium nach Lukas* (Regensburger N.T. 3 [Regensburg ⁴1960]).

naturalistischen Unglaubens (= Gleichgültigkeit oder gar Widersetzlichkeit gegen alle Offenbarung[270]) gegen ihn selbst ebenfalls nicht erhoben werden kann. Den alten Streit um Natur und Gnade bedenkt er in seinen persönlichen Notizen mit einem Zitat aus Persius (Sat. I, 1[271]), das er unverkürzt dem Studenten F. W. B. Wilde ins Stammbuch schrieb: *„O curas hominum, o quantum est in rebus inane!"*[272] Der Versuch, die reformatorische Kernfrage der Rechtfertigungslehre antinomisch engzuführen, zielt weniger auf sein philosophisches Lösungsangebot (es dient nur der Befriedigung eines theoretischen Ansinnens[273]) als auf den Beleg dessen, daß Kontroversfragen oft einseitige Lösungen einer Antinomik des Denkens überhaupt sind, in die sich die erklärenwollende Spekulation unausweichlich verrennt, wenn sie übersinnliche (und gar „übernatürliche") Gegenstände, die dem Glauben in ihrer uneingegrenzten (und mit dem Schleier des Symbolum bedeckten) Fülle anvertraut sind, für den theoretischen Gebrauch verfügbar machen will. Gibt man die Dialektik der Vernunft für Dogmatik aus[274], wird das trennende Menschenwerk, das sich dem Geheimnis zugesellt, divinisiert und damit festgeschrieben, wobei negative Folgen für die Sittlichkeit nicht mehr ausgeschlossen sind. Hier fühlt sich der Philosoph aufgerufen, nicht, um den Streit zu entscheiden, sondern um als Katalysator die prinzipiellen Grenzen theologischer Theoriebildung überhaupt deutlicher werden zu lassen. Erst so läßt manches Trennende komplementäre Züge erkennen, ohne daß damit schon eine übergeordnete Formel gefunden oder eine vielleicht mögliche Einheit

269 Ca 6/264.

270 Ca 6/265.

271 Ak XIX 647f.: „Von dem alten Streit über Natur und Gnade (Mystic). Verdienstliche und überverdienstliche Werke. – Von Menschen gegen Menschen. O curas hominum!"

272 Staatl. Archivlager, Göttingen, Rep. 100 A, Nr. 190; im Ausstellungskatalog der Kantausstellung des 4. Internat. Kant-Kongresses (Mainz 1974) die Nr. 242, S. 66.

273 Ca 6/265.

274 Ca 4/94. Genau dieser Vorwurf war schon 1676 für den Bereich der Theologie von dem genannten Gutachten *Der Reformirten Prediger in Berlin Bedencken ... (Erl. Preußen I, 553-568) gegen die Königsbergischen Professoren und Prediger* erhoben worden. – Zur Christologie soll Kant gesagt haben: „Man kann in der Lehre von der Gottheit Christi, mit keiner Meynung mehr dazwischen kommen; es ist alles erschöpft." (J. G. Hasse, *Letzte Äußerungen Kant's von einem seiner Tischgenossen* [Königsberg ²1804] 29 Anm.).

bereits durchschaubar geworden wäre. Sich selbst in der Auseinandersetzung mit anderen „Parteien" in seiner Bedingtheit zu erkennen, womöglich zu korrigieren und das schließlich Unauflösliche als solches zu respektieren, wäre der Prozeß der allmählichen Läuterung der „Religionsbegriffe[275]"ein Überwinden bloß positionaler Kritik zugunsten fundamentaler und schließlich transzendentaler Kritik und Selbstkritik. Schließlich ist keiner Theologie die Freiheit vom „Erbfehler" der Vernunft verheißen, etwa zur Belohnung dafür, daß sie sich mit der „Erbsünde" thematisch befaßt. Wegen dieser Unsicherheit, die nicht in der Sache, sondern in unserer Unzulänglichkeit begründet ist, hält Kant es (rein praktisch) für sicherer[276], den Standpunkt des Betrachters umzukehren und nicht die Religion aus der Sicht der Konfessionen, sondern die Konfessionen aus der Sicht einer menschlich redlichen, kompromißlosen und tragfähigen Religiosität, die jedem Menschen grundsätzlich zugänglich sein muß – wobei die Rolle von Erlösung und Gnade offenbleiben kann –, zu betrachten. Auch für die Theologie gilt, daß erst die „vorangehende Kritik ihres eigenen Vermögens"[277] sie vor Übergriffen bewahren, aber auch in dem, was sie wirklich leisten kann, abzusichern vermag. Die Möglichkeiten der Vernunft (auch der theologischen) reichen nur, ein Haus zu bauen, in dem man wohnen kann, aber sie hat manchmal einen „Turm im Sinne", „der bis an den Himmel reichen" soll, und bedenkt zu wenig die unausbleibliche „Sprachverwirrung", die sie heraufbeschwört[278]. Gegen solche erkenntnisstolze (und damit ur-sündliche) Selbstüberhebung gilt der bekannte Satz: „Ich mußte also das *Wissen* aufheben, um zum *Glauben* Platz zu bekommen, und der Dogmatism der Metaphysik, d. i. das Vorurteil, in ihr ohne Kritik der reinen Vernunft fortzukommen, ist die wahre Quelle alles der Moralität widerstreitenden Unglaubens, der jederzeit sehr dogmatisch ist."[279] Von der (kritisch

---

275 Ca 7/364.

276 vgl. dazu über die falsche und echte „Sicherheitsmaxime in Glaubenssachen" Ca 6/339f.

277 Ca 3/28; dadurch unterscheidet sich auch das „dogmatische Verfahren" vom „Dogmatism".

278 Ca 3/481.

279 Ca 3/25.

begründeten) Metaphysik heißt es in der Reflexion 4291, sie sei „nicht die Mutter der religion, sondern ihre Schutzwehr"[280]. Darum muß die Philosophie ihrer Herrin, der Theologie, die Fackel voran- und nicht die Schleppe nachtragen[281]. Die Transzendentalphilosophie hat „ihren Nahmen davon daß sie an das Transcendente Grenzt", schreibt Kant kurz vor seinem Tode[282]. Der behutsame Umgang mit dieser Grenze entscheidet darüber, ob man ins Überschwengliche abgleitet oder sich dem Übersinnlichen angemessen, redlich und verantwortet zu stellen vermag.

Damit ist Kant vorgestellt in seiner Position, die wir vorläufig als „zwischen" den Konfessionen befindlich angegeben hatten. Wie sehr dieses „Zwischen" der Interpretation bedarf, ist nunmehr sichtbar geworden. Er steht weder auf gleicher Ebene mit ihnen noch gar darüber, wo man den „Richterstuhl" der Vernunft gewöhnlich argwöhnt. Eher ist Kant bei den Grundmauern der von der Gnade vorausgesetzten Natur anzutreffen, wo er sich mit der Tragfähigkeit der Fundamente für höhere Gebäude beschäftigt. Damit ist er zugleich für den Theologen als Gesprächspartner vorgestellt, der ihm weder als Gegner noch als Unbeteiligter begegnet, sondern auf seine Weise der gemeinsamen Sache dienen will. Denn wie er mit seiner Philosophie die kritische Überwindung der Extreme des metaphysischen Dogmatismus und Skeptizismus unternimmt, sucht er konsequent mit seiner philosophischen Theologie zwischen den Einseitigkeiten eines dogmatistischen Orthodoxismus und eines sich über alle Offenbarung erhebenden Naturalismus jene kritische Basis, die zugleich vernünftig und christlich ist, wobei er die konfessionellen Standpunkte in einer tieferen Schicht auf ihr natürlicherweise Berechtigtes hinterfragen, als ursprünglich zusammengehörig entdecken und miteinander vermitteln möchte, ohne sie jedoch damit schon wissend in eine höhere Synthese hinein

---

280 Ak XVII 498. vgl. auch Ca 3/567.

281 Ca 7/338, 8/369. Das auf Petrus Damiani zurückgeführte Wort von der Philosophie als der *ancilla theologiae* (W. Kluxen, in: HistWb d. Phil. 1/294) hat einen Vorläufer bei Philo Alexandrinus, *Opera quae supersunt*, ed. L. Cohn et P. Wendland, Vol III (Berlin 1898, Nachdr., Berlin 1962) 88: „γένοιτ᾽ ἂν οὖν ὥσπερ ἡ ἐγκύκλιος μουσικὴ φιλοσοφίας, οὕτω καὶ φιλοσοφία δούλη σοφίας." (*De congressu eruditionis gratia 79*).

282 Ak XXI 74.

„aufheben" zu können. Bei alledem ist er selbst einseitig, aber in einer Weise, die nicht ohne Bezug auf die Konfessionen zu verstehen ist, mit denen man im 18. Jahrhundert wegen ihrer Geltungsansprüche gegeneinander schlechte Erfahrungen gemacht hatte[283]. Weil sie nicht kontradiktorisch, sondern kontrapunktisch angelegt ist, ist diese Einseitigkeit seine Stärke, weil nur so ein Gespräch wirklich zweiseitig und nicht pseudodialogisch geführt werden kann[284]. Der Theologe und die Theologen sind herausgefordert, sich auf ihr Eigenstes zu besinnen, das in diesem Dialog standzuhalten vermag: sich der (geschichtlich vermittelten) Vernunft, soweit sie berechtigte Ansprüche geltend macht, zu stellen, ohne ihr auszuweichen oder ihr Gewalt anzutun[285], ja, ihr selbst zum Korrektiv zu werden, soweit sie sich in ihrer je geschichtlichen Gestalt an Ideologien bindet und ihre Souveränität aufs Spiel setzt. Dafür braucht man kein „Kantianer" zu werden. Kant ließ dem biblischen Theologen sein Recht und seinen Platz, und zwar, mit K. Barths Worten: „nicht protestierend, freilich auch nicht zustimmend, interessiert, aber alle Verantwortung ablehnend, abwartend, ob jener, der Theologe, wohl die Lust und den Mut haben werde, die ihm zukommende Stellung als Verkündiger der Offenbarung, d. h. der Religion innerhalb *und* außerhalb der Grenzen der bloßen Vernunft wirklich einzunehmen."[286] Er selbst wollte nur die Fundamente legen, auch (und vielleicht gerade) für eine erneuerte Theologie.

Vielleicht interessiert noch eine letzte Frage zum Thema: Ist eine solche philosophische Religion der vollen Strenge des Sittengesetzes in letzter Verantwortung vor Gott[287] außerhalb kirchlicher Gebundenheit und Gebor-

---

283 vgl. G. Funke, *Die Aufklärung. In ausgewählten Texten dargestellt und eingeleitet* (Stuttgart 1963), Einleitung: Das sokratische Jahrhundert 5f.

284 vgl. F. Bacon, *Das neue Organon (Novum Organon),* hrsg. v. M. Buhr („Phil. Studientexte") (Berlin 1962) 68: „Und um so mehr ist dieser Eitelkeit entgegenzutreten und sie in die Schranken zu weisen, da aus einer ungesunden Vermischung des Göttlichen und Menschlichen nicht bloß eine phantastische Philosophie, sondern auch eine ketzerische Religion herauskommt. Es ist deshalb nur heilsam, wenn nüchternen Geistes dem Glauben nur das gegeben wird, was des Glaubens ist."

285 Ca 10/206.

286 K. Barth, *Die protestantische Theologie im 19. Jahrhundert. Ihre Vorgeschichte und ihre Geschichte* (Zürich ⁵1952) 250.

genheit lebbar? – Kant hat gewußt, wovon er sprach, und er hat es, soweit wir sehen, durchgehalten. Aber es wäre sicher nicht jedermanns Sache und eigentlich niemandem zu empfehlen, er sei denn mit der Rolle des Hiob zufrieden, den Kant öfters (manchmal nur als Stichwort) erwähnt und der ihm ein religiöses Vorbild ist. Hiob (wie Kant ihn interpretiert) muß sich die vernünftelnden und zugleich vor Gott gunstbewerblerischen Reden der Freunde anhören und weiß doch genau, daß sein Schicksal der Sonderfall ist, durch den sich erweist, daß die Freunde Dinge behaupten, die sie nicht verstehen. Hiob dagegen redet, wie er denkt, er heuchelt keine Überzeugung, wo er unsicher ist, weil das vor Gott ungereimt wäre. Im Gegensatz zu den Freunden wird diese unbedingte Redlichkeit später anerkannt. Den einzigen Fehler Hiobs, nämlich auch selbst unweise über Dinge geurteilt zu haben, die ihm zu hoch waren[288], sucht Kant noch zu vermeiden. In diesem Sinne spricht er von seinem eigenen Namen in einem Brief an L. E. Borowski (1792) gegenüber dem geheiligten Namen Christi als dem „eines armen ihn nach Vermögen auslegenden Stümpers"[289]. Ähnlich in dem schon genannten Brief an J. C. Lavater: „Wissen Sie auch, an wen Sie sich deshalb wenden? an einen, der kein Mittel kennt, was ihm im letzten Augenblicke des Lebens Stich hält, als die reineste Aufrichtigkeit in Ansehung der verborgensten Gesinnungen des Herzens und der es mit HIOB vor ein Verbrechen hält Gott zu schmeicheln und innere Bekenntnisse zu thun, welche vielleicht die Furcht erzwungen hat und womit das Gemüth nicht in freyem Glauben zusammenstimmt."[290] Genauso sprach er noch vor seinem nahen Tode: „ … ich fürchte nicht den Tod, ich werde zu sterben wissen. Ich versichere es Ihnen vor Gott, daß, wenn ich's in dieser Nacht fühlte, daß ich sterben würde, so wollte ich meine Hände aufheben, falten und sagen: Gott sei gelobt! Ja, wenn ein böser Dämon

---

287   Ca 7/320: „… weshalb ich auch jetzt in meinem 71sten Lebensjahre, wo der Gedanke leicht aufsteigt, es könne wohl sein, daß ich für alles dieses in kurzem einem Weltrichter als Herzenskündiger Rechenschaft geben müsse, die gegenwärtige mir wegen meiner Lehre abgeforderte Verantwortung als mit völliger *Gewissenhaftigkeit* abgefaßt freimütig einreichen kann."

288   Die wichtigste Hiobauslegung Ca 6/131-134.

289   Ca 10/171.

290   Ca 9/139.

46

mir im Nacken säße und mir ins Ohr flüsterte: Du hast Menschen unglücklich gemacht! dann wäre es etwas anderes"[291]. 1799 notierte er auf ein loses Blatt: „Es ist unmöglich, daß ein Mensch ohne Religion seines Lebens froh werde"[292].

Das Extrem war sein Profil. Es könnte uns, wenn nicht zum Vorbild, so doch zum Stimulus werden für eine differenziertere Kriteriologie. Echte Pluralität in der Religion ist gut, weil unzulängliche Gefäße das Meer nicht fassen, aber es gibt eine Grenze, wo die Vielfalt sich gegeneinander kehrt und sündig wird. Oftmals sind die verschiedenen Formeln nur benachbarte begriffliche Schnitte durch dieselbe Wirklichkeit. Wo beginnt das Mißverständnis der Wißbarkeit? Wo die menschliche Selbstherrlichkeit? P. Tillich spricht vom Protestantismus als „kritischem(-s) Prinzip"[293]. Kraft dieses Prinzips müsse „der Protestantismus nicht nur gegen andere Ideologien, sondern auch gegen seine eigenen kämpfen"[294]. In diesem Sinne ist Kant sicher immer Protestant geblieben. Da aber, ebenfalls nach Tillich, auch wenigstens der historische Protestantismus der Ideologisierung seines Prinzips nicht entgangen ist[295], und da andererseits der Katholizismus, wie ich ihn verstehe, heute ebenfalls zur kritischen Gewissenserforschung angesetzt hat, glaube ich, daß man Kant sogar einen *Philosophen des Ökumenismus* nennen könnte, eines Ökumenismus freilich, der nicht in oberflächlicher Standpunktverwischung sein Genügen findet oder interkonfessionalistisch den geringsten gemeinsamen Nenner sucht, sondern der die Christen aller Konfessionen und Denominationen dazu bewegt, redlich und selbstkritisch hinabzusteigen zu den Wurzeln, liebend und in der gläubigen Hoffnung, im Eigentlichsten und Tiefsten – und damit in Gott, der zugleich die Höhe und Tiefe erfüllt, und in Christus, der in diese Tiefe hinabgestiegen ist und sie zu der seinigen gemacht hat – einander zu finden.

---

291 Bei E. A. Ch. Wasianski, a. a. O. 235. vgl. dazu auch J. G. Hasse, *Letzte Äußerungen Kant's, von einem seiner Tischgenossen, Zweiter Abdruck* (Königsberg 1804) 19.

292 Ak XIX 649.

293 P. Tillich, *Der Protestantismus als Kritik und Gestaltung* (Siebenstern TB 64) (München u. Hamburg 1966) 29.

294 a. a. O. 100.

295 ebd.

Kapitel 2:
Theologische Hintergründe der Philosophie Kants [1]

Das Urteil der Geschichte über einen Denker ist der geschichtlichen Befangenheit selbst nicht entrückt[2]. Die sich ein Urteil zutrauen oder anmaßen, legen die positiven oder negativen Etikettierungen zurecht, wobei die oft stärkere Klebkraft gerade der letzteren ihrer bisweilen tendenziösen Aufschrift Dauer und dadurch überliefertes Ansehen verschafft. So hat sich auch – mehr vielleicht als andere – Immanuel Kant, der in vielem seiner Zeit weit voraus war, schon zu Lebzeiten gegen verschiedene und z. T. sehr fundamentale Fehldeutungen zur Wehr setzen müssen, ohne sie jedoch aus der Welt schaffen zu können[3]. Man urteilte, ohne zu lesen[4], man verurteilte,

---

1 Dieser Aufsatz ist die überarbeitete Fassung eines Vortrags, der am 12. Dez. 1974 in Fulda auf Einladung der dortigen Phil.-Theol. Hochschule gehalten wurde. Er führt die Abhandlung *Kant zwischen den Konfessionen* im ersten Heft von ThPh 50 (1975) [hier Kap. 1, p. 1-47] weiter und ergänzt sie aus der Sicht einer umfassenderen Fragestellung.

2 Kant sagt über „manchen (-r) Geschichtsschreiber der Philosophie", daß er „verschiedene ältere Philosophen" „bei allem ihnen erteilten Lobe, doch lauter Unsinn reden läßt, dessen Absicht er nicht errät, indem er den Schlüssel aller Auslegungen reiner Vernunftprodukte aus bloßen Begriffen, die Kritik der Vernunft selbst (als die gemeinschaftliche Quelle für alle), vernachlässigt und, über dem Wortforschen dessen, was jene gesagt haben, dasjenige nicht sehen kann, was sie haben sagen wollen" (Ca [= *Immanuel Kants Werke*, hrsg. v. E. CASSIRER (Berlin 1912-1921)] 6/71). Nur „Ein kleiner Teil derer, die sich das Urteil über Werke des Geistes anmaßen, wirft kühne Blicke auf das Ganze eines Versuchs und betrachtet vornehmlich die Beziehung, die die Hauptstücke desselben zu einem tüchtigen Bau haben könnten, wenn man gewisse Mängel ergänzte oder Fehler verbesserte. Diese Art Leser ist es, deren Urteil dem menschlichen Erkenntnis vornehmlich nutzbar ist" (Ca 2/71). vgl. dazu auch Ak [= Kant's gesammelte Schriften, hrsg. v. d. Königl. Preußischen (später Preußischen, dann Deutschen) AkadWiss, neuerdings AkadWiss der DDR (Berlin ²1910ff.)] 18/53f.

3 Zwei Jahre nach Erscheinen der „Kritik der reinen Vernunft" schreibt Kant an J. Schultz von der „Kränkung, fast von niemand verstanden worden zu sein" (Ca 9/237). In einem Fall glaubt er sogar, daß er es mit absichtlichem Nicht-verstehen-Wollen zu tun hat, und die notwendige Richtigstellung von „lauter Wortverdrehungen" erscheint ihm als „ekelhafte Arbeit" (Ca 9/397 und 404). – Obwohl zunächst „die kritische Philosophie auf den katholischen Universitäten mehr Terrain gewann als auf den protestantischen" (*Kantiana. Beitr. zu Immanuel Kants Leben und Schriften,* hrsg. v. R. REICKE, Separat-Abdruck aus den Neuen Preuß. Prov.-Blättern [Königsberg 1860] 24 – K. hatte L. E. BOROWSKI für

seine Biographie ein von unbekannter Hand geschriebenes Blatt zugeschickt, auf dem solche katholischen Universitäten und Professoren aufgeführt sind. Es ist abgedruckt als Anhang zu Borowskis Biographie in: *Immanuel Kant. Sein Leben in Darstellungen von Zeitgenossen. Die Biographien von L. E. Borowski, R. B. Jachmann und A. Ch. Wasianski* [Darmstadt 1968, Nachdr. d. v. F. Groß hrsg. Ausg. Berlin 1912 = Dr. Bibl. 4, 105f.]), sind auf katholischer Seite vor allem zwei Gegner K.s zu nennen, die das spätere herme-neutische Vor-Urteil nachhaltig geprägt haben: J. A. Zallinger mit seinen *Disquisitionum philosophiae Kantianae libri duo, ...* (Aug. Vind. 1799, Nachdr. in *Aetas Kantiana* [= AeK] Nr. 307, Brüssel 1968), der K.s Philosophie, so wie er sie versteht, für glaubenswidrig hält und seine Ablehnung auf einen Satz des 5. Laterankonzils (Conc. Oec. Decr. [Bas.-Barc.-Frib. ²MCMLXII, 581, Z. 31-582, Z. 10]) stützt (Zallinger, a. a. O. I, 422f.), und vor ihm B. Stattler mit seinem *Anti-Kant,* 2 Bde. (München 1788, AeK Nr. 260, Brüssel 1968). Die sehr schwache Philosophie des letzteren wurde von S. Mutschelle in seiner anonym erschienenen Gegenschrift *Kritische Beyträge zur Metaphysik in einer Prüfung der Stattlerisch Antikantischen* (Frankfurt 1795, AeK Nr. 190, Brüssel 1973) mit spitzer Feder – einseitig zwar, aber zutreffend – gebrandmarkt und auf die zwei Sätze reduziert: „Jedes Denkbare (jedes Stattlerische Ding) hat seine Denkbarkeit (seinen Statt-lerischen Grund)" und: „Wenn ein mit allen Realitäten versehenes Wesen gedacht werden will, so kann es nicht anders, als mit allen Realitäten gedacht werden; sohin muß es auch mit dem Grunde eigner Existenz, *wenn* dieser auch eine Realität ist, gedacht seyn" (S. 214 richtig statt 114). Außer seiner Schriftstellerei bot Stattler auch „als churfürstlicher Büchercensor seinen ganzen Machteinfluß auf", um wenigstens in Bayern den Kantianis-mus niederzuhalten. [K. Werner, *Geschichte der katholischen Theologie. Seit dem Trienter Concil bis zur Gegenwart* (München 1866) 293. vgl. dort eine ausführlichere Darstellung der Auseinandersetzungen, die seitens der Kant-Opposition im Geiste eines „eklektischen Dogmatismus und empirisch-gefärbten Wolffianismus" (275) geführt wurden.] Bezeich-nend für das dadurch geschaffene geistige Klima ist, daß unabhängig voneinander zwei verschiedene Monographien eine seltsame Folgeerscheinung beschreiben: W. Hun-scheidt, *Sebastian Mutschelle* (Bonn 1948) 55: „Wir sehen Mutschelle ganz im Banne des kantischen Moralprinzips, wenn auch der Name Kants aus Zensurgründen in seiner 'Moraltheologie' überhaupt nicht und in der Schrift 'Ueber das sittlich Gute' nur selten genannt wird." G. Fischer, *Johann Michael Sailer und Immanuel Kant. Eine Moralpäda-gogische Untersuchung zu den geistigen Grundlagen der Erziehungslehre Sailers* (Freiburg 1953) 202: „Sailer steht in manchen Teilen durch Übernahme Kantischen Gedankengutes und Einbau desselben in sein System förmlich im Verhältnis der *Abhängigkeit* von Kant", aber: *„Sailer will bewußt sein Verhältnis zu Kant verschleiern"* (204). Sailer war Stattler-Schüler! Kaum zu glauben, daß es einem Eiferer wie Stattler widerfahren konnte, mit einem seiner Bücher auf den Index librorum prohibitorum zu geraten, und dies zudem wegen einiger Thesen, die heute durchaus als diskutabel gelten können (vgl. dazu K. Werner, a. a. O. 225, 233).

4   So der Herausgeber der „Kritischen Beyträge" Mutschelles in seiner Einleitung zu diesem
Buch XXXIf.: „Und wer sagt, nothgedrungen oder freywillig, ja dazu? Leute, die offen

ohne zu verstehen. Später gingen seine vermeintlichen Überwinder über ihn hinweg, ohne seinen einschneidenden Denkschritt in ihren Systemen „aufzuheben" in des Wortes mehrfacher Bedeutung. Mit Karl Jaspers läßt sich von den beiden großen Kant-Aneignungen des Idealismus und des Neukantianismus[5] sagen, daß sie heute „als Mißverständnisse Kants" einzustufen sind, „die in den Dienst einer anderen Lebensverfassung gestellt wurden"[6]. Sich von einem so verzerrten Kant zu lösen, empfand P. Wust als eine Befreiung aus „schweren Ketten"[7], obwohl es Anzeichen dafür gibt, daß ihm auch der „andere" Kant nicht gänzlich unbekannt war[8]. Die letzten Jahrzehnte haben unseren Blick geweitet, und wir stehen heute in einem schwierigen und keineswegs einheitlichen Prozeß der Neuaneignung, der uns wohl einiges kosten, aber auch, wie ich glaube, noch vieles bringen wird[9].

Wenn in dieser Situation ein Theologe nach den theologischen Hintergründen[10] der Philosophie Kants fragt, braucht man deshalb nicht

---

bekennen, daß sie weder Kant noch Stattlern gelesen haben, oder je lesen wollen. – So ward mir wenigstens zuverlässig berichtet."

5   vgl. dazu J. HESSEN, *Die Religionsphilosophie des Neukantianismus*, 2., erw. Aufl. (Freiburg i. Br. 1924), und K. KESSELER, *Die neukantische Religionsphilosophie der Gegenwart kritisch gewürdigt. Ein Beitrag zur Frage des religiösen Apriori* (Langensalza 1920).

6   K. JASPERS, *Plato, Augustin, Kant, drei Gründer des Philosophierens* (Ungek. Auszug aus dem Werk: Die großen Philosophen, Bd. I) Piper Paperback (München 1967) 397; textgleich mit: K. JASPERS, *Kant. Leben, Werk, Wirkung* (Serie Piper 124) (München 1975) 227.

7   P. WUST, *Die Auferstehung der Metaphysik* (Hamburg 1963, unveränd. Abdruck d. 1. Aufl. v. 1920 m. e. Vorbemerkung v. W. Vernekohl) 18.

8   a. a. O. 18 Anm. und 215.

9   vgl. die einführende Abhandlung G. FUNKES *Um einen Kant von morgen bittend* in: Immanuel Kant. Katalog der Ausstellung, hrsg. v. d. Kant-Gesellschaft e. V. i. V. m. dem Kulturdezernat der Stadt Mainz u. d. Universitätsbibliothek Mainz, 4. Internat. Kant-Kongreß Mainz (Mainz 1974) 9-21. Zur vorletzten Etappe der Entwicklung: W. RITZEL, *Studien zum Wandel der Kantauffassung. Die Kritik der r. V. nach A. Riehl, H. Cohen, M. Wundt u. B. Bauch* (Meisenheim/Glan 1968). Zur neueren Forschung H.-G. REDMANN, *Gott und Welt. Die Schöpfungstheologie der vorkritischen Periode Kants* (Forschgn. z. syst. u. ök. Theol., hrsg. v. E. Schlink 11) (Göttingen 1962) 15ff.

10   „Theologisch" soll vorerst nur die Richtung der Fragestellung bezeichnen und ist zunächst in einem sehr weiten Sinn zu verstehen. Eine genauere begriffliche Abgrenzung kann sich nur aus der Untersuchung selbst ergeben.

von vornherein zu argwöhnen, er werde natürlich das finden, was ihm – nach Kant – seine „Neigung vormalt", so wie etwa ein Pfarrer, der durchs Fernrohr blickt, im Mond womöglich „zwei Kirchtürme" wahrnehmen mag[11], zumal unsere Fragestellung noch keineswegs als Klischee gelten kann. Zwar ist niemand absolut neutral, aber die Gefahr, in einen Autor etwas hineinzulesen, ist besonders groß, wenn man vom abgeschlossenen Werk, also von der entwickelten Philosophie und ihrer Wirkungsgeschichte her auf ihn zugeht. Deshalb soll hier in mehreren Anläufen, jeweils unter anderer Rücksicht, von der Frage nach Herkunft und Entwicklung dieser Philosophie ausgegangen werden, ohne damit indes schon das hochgesteckte Ideal einer „genetischen Interpretation" zu erreichen, das von D. Henrich gezeichnet wurde[12].

Die Frage nach den „Hintergründen" zielt auf das „erkenntnisleitende Interesse" der Kantschen Philosophie. Ist es identisch mit demjenigen „Interesse der Menschheit, welches keinem höheren untergeordnet ist"[13] und also das „höchste(n) Interesse"[14] und recht eigentlich das „Interesse der Vernunft"[15] genannt werden kann? Von diesem sagt Kant, daß es mit *den* Gegenständen zusammenhängt, die von der Vorsehung für uns „so hoch gestellt" sind, „daß uns fast nur vergönnet ist, sie in einer undeutlichen und von uns selbst bezweifelten Wahrnehmung anzutreffen, dadurch ausspähende Blicke mehr gereizt als befriedigt werden"[16]. Weil aber „alles Interesse zuletzt praktisch ist"[17], vereinigt sich auch „alles Interesse" der Vernunft „in folgenden drei Fragen: *1. Was kann ich wissen 2. Was soll ich tun 3. Was darf ich hoffen?*"[18], die sich zusammenfassen lassen in der einen Frage: „*Was ist der Mensch?*"[19],

---

11 Ca 2/310. Kant bezieht sich dabei auf C. A. HELVETIUS (*De l'esprit,* Paris 1758), ohne ihn hier zu nennen. vgl. Ca 8/66 entspr. Ak 7/179, dazu 360.

12 Über Kants Entwicklungsgeschichte, PhRdsch 13 (1965) 252-263, hier: 253f.

13 Ca 3/536.

14 Ca 3/503, 549.

15 Z. B. Ca 3/505, 540.

16 Ca 3/503.

17 Ca 5/132.

18 Ca 3/540.

19 Ca 8/343f., Ca 10/205. vgl. Ak 28.2,1/534.

da sich im Grunde nur durch den Bezug auf den „letzten Zweck(-e)" der menschlichen Vernunft der bloße „Philodox" (nach Sokrates) und der „eigentliche Philosoph" voneinander unterscheiden[20]. Bei den letzten Fragen ist kein Mensch „frei von allem Interesse"[21], und er würde schon beim Versuch, sich davon loszusagen, „in einem unaufhörlich schwankenden Zustande sein"[22]. Darum *darf* er „von demselben nichts nachlassen", obwohl er weiß, daß es sein „Urteil unvermeidlich bestimmt"[23]. Aus dieser Einsicht heraus bekennt Kant in den „Träumen eines Geistersehers": „Die Verstandeswage ist doch nicht ganz unparteiisch, und der eine Arm derselben, der die Aufschrift führt: *Hoffnung der Zukunft*, hat einen mechanischen Vorteil, welcher macht, daß auch leichte Gründe, welche in die ihm angehörige Schale fallen, die Spekulationen von an sich größern Gewichte auf der andern Seite in die Höhe ziehen. Dieses ist die einzige Unrichtigkeit, die ich nicht wohl heben kann, und die ich in der Tat auch niemals heben will."[24] Wenn sich nun feststellen ließe, daß Kant bei diesem Vorsatz geblieben ist, dann würde sich von daher ein Interpretationsprinzip auch für solche Stellen in seinem Werk anbieten, die ohne Berücksichtigung dieser Absicht unklar bleiben müßten[25]. Es würde sich bestätigen, daß Kants Philosophie noch der „philosophisch-theologischen(-e) Urgestalt abendländischer Weisheitssuche"[26] angehört, und daß F. Nietzsche recht hatte mit seinem „Verdacht", der sich darin ausdrückte, daß er Kant einen *„hinterlistigen* Christen" und seinen Erfolg „bloß ein(en) Theologenerfolg" nannte[27].

---

20   Ca 8/343.

21   Ca 3/556.

22   Ca 3/340.

23   Ca 5/155.

24   Ca 2/365 (so Ca und Ak statt „-waage". Ca erg. „der" vor „eine").

25   Das hält K. selbst für möglich: „Ich merke nur an, daß es gar nichts Ungewöhnliches sei, sowohl im gemeinen Gespräche als in Schriften durch die Vergleichung der Gedanken, welche ein Verfasser über seinen Gegenstand äußert, ihn sogar besser zu verstehen, als er sich selbst verstand, indem er seinen Begriff nicht genugsam bestimmte und dadurch bisweilen seiner eigenen Absicht entgegen redete oder auch dachte" (Ca 3/256f.).

26   Dieser Ausdruck bei J. PIEPER, *Philosophia negativa, Zwei Versuche über Thomas von Aquin* (München 1953) 82.

Damit ist zugleich deutlich geworden, daß unsere Fragestellung nicht darauf aus ist, Kant als Theologen zu apostrophieren, wie das H. DE VOS in seinem Buch *Kant als Theoloog*[28] unternommen hat, indem er Kants Deutung verschiedener christlicher Lehrstücke auf der Basis seines „vernünftigen Gottesdienstes" mit dem Bultmannschen Programm der Entmythologisierung gleichzusetzen versuchte. Eine solche Parallelisierung nivelliert verschiedene Ebenen, weil sie außeracht läßt, daß Kant solche Interpretationen, die zudem nicht immer sehr glücklich waren, gerade als Philosoph unternommen hat, was sie sowohl relativiert als auch pointiert[29]. Denn Kant war kein Fachtheologe und wollte auch, soweit wir wissen, nie einer sein. Auch wenn er wirklich, wie F. Th. Rink andeutet, von Hause aus zur Theologie bestimmt gewesen sein sollte[30], hat er sich doch niemals bei der theologischen Fakultät inskribieren lassen, wie uns sein Studienfreund Ch. F. Heilsberg (entgegen der Angabe seines Biographen L. E. Borowski[31]) berichtet[32]. E. Arnoldt hat die Matricula Academica der Königsberger Albertina eingesehen und festgestellt, daß Kant wahrscheinlich bei keiner Fakultät inskribiert worden ist[33]. Trotzdem hat er,

---

27 F. NIETZSCHE, *Werke in drei Bänden,* hrsg. v. K. Schlechta (Darmstadt 1973) II 961 und II 1171. vgl. E. TOPITSCH, *Sozialphilosophie zwischen Ideologie und Wissenschaft* (Soziol. Texte 10) (Neuwied u. Berlin ²1966) 227f.

28 Baarn 1968.

29 Das hat schon Ch. J. KRAUS in seiner Anmerkung zu *Wald's Gedächtnißrede auf Kant* treffend herausgestellt: „Er philosophirte über Theologie und damit gelang es ihm sehr gut. War das, worüber er philosophirte, nicht unsere Theologie sondern was anders, so wird doch wohl seine Philosophie darüber ihren großen Werth behalten, so wie manche Recension lebt, während das recensirte Buch vergessen ist, wie z. E. in den Litteraturbriefen von Lessing und Mendelssohn dies der Fall ist." (REICKE, a. a. O. 16). Wohl kann man von „theologischen (-e) Motiven (-e) im Denken Kants" sprechen, wie das W. PANNENBERG in seiner gleichlautenden Besprechung dreier Kantbücher in der ThLitZtg 89 (1964) 879ff. getan hat.

30 F. Th. RINK, *Ansichten aus Immanuel Kant's Leben* (Königsberg 1805) 26.

31 a. a. O. 17.

32 Reicke, a. a. O. 49.

33 Der damalige Rektor hat bei keinem der von ihm immatrikulierten Studenten einen Vermerk über die Studienrichtung beigefügt, wie es sonst wohl üblich war. Bewiesen ist damit allerdings nichts, trotz der scharfsinnigen Überlegungen, die Arnoldt sonst noch über diese Frage anstellt (vgl. E. ARNOLDT, *Gesammelte Schriften,* hrsg. v. O. Schöndörffer,

was für uns von Interesse ist, die theologischen Vorlesungen des Dogmatik-professors F. A. Schultz besucht, der die Wolffsche Philosophie mit der Theologie Spener-Franckescher Prägung zu verbinden suchte und der führende Kopf des Königsberger Pietismus war[34]. Kants Grundsatz dabei war nach Heilsberg: „Man müsse suchen von allen Wissenschaften Kenntnisse zu nehmen, keine auszuschließen, auch von der Theologie, wenn man dabei auch nicht sein Brodt suchte."[35] Dagegen spricht nicht, daß er vielleicht einmal „als Kandidat" eine Predigt über Mt 5, 23 ausgearbeitet hat, wie er J. G. Hasse gegenüber angedeutet haben soll[36], ohne sie jedoch gehalten zu haben. Die Behauptung, er habe „auch einige Male ... in Landkirchen zu *predigen"* versucht, hat Kant jedenfalls in Borowskis Entwurf einer Biographie eigenhändig durchgestrichen[37].

Seine theologischen Kenntnisse sind jedoch nicht zu unterschätzen: Rink berichtet von seiner „nicht alltäglichen(-e) Kenntniß der biblischen Bücher"[38], die wenigstens z. T. aus der intensiven biblischen Schulung im Collegium Fridericianum zu erklären ist, wo die verschiedensten Fächer im engsten Anschluß an das Alte und Neue Testament gelehrt wurden[39]; Rink irrt dagegen,

---

Bd. III, 2. Abt. [Berlin 1908] 118-118). Die fragliche Stelle im Immatrikulationsbuch wurde 1924 auf einem Gedenkblatt der Königsberger Allgemeinen Zeitung abgebildet (Bayer. Staatsbibl. München, Hs.Abt.: Kantiana 157 = Ausstellungsstück Nr. 326 der Kantausstellung des 4. Internat. Kant-Kongr. in Mainz).

34 vgl. ThPh 50 (1975) 27. [hier Kap. I, p. 40f]

35 Reicke, a. a. O. 49-50.

36 J. G. HASSE, *Letzte Aeußerungen Kant's von einem seiner Tischgenossen, Zweyter Abdruck* (Königsberg 1804) 27.

37 BOROWSKIS *Biographie*, a. a. O. 17.

38 RINK, a. a. O. 26.

39 Leider haben wir keinen Zugang zur Bibel des Schülers und Studenten Kant. Dagegen kennen wir einigermaßen ein Exemplar, das er frühestens als Siebenundzwanzigjähriger erworben hat (die Ausgabe ist 1751 erschienen). Die 32 Randbemerkungen in Tintenschrift sind vollständig abgedruckt in Ak 19/651-654 und, mit geringfügigen Abweichungen, in H. BORKOWSKI, *Die Bibel Immanuel Kants.* Veröffentlichungen aus der Staats- und Universitätsbibliothek zu Königsberg Pr. hrsg. v. C. Diesch, Nr. 4 (Königsberg 1937) 11-12 (Lucas 13,14 statt 13,33 ist sicher ein Fehler in Ak!) Außerdem weist K.s Bibel noch 944 Unterstreichungen auf, die mit Tinte vorgenommen worden sind und von K.s Hand stammen (verzeichnet bei BORKOWSKI, a. a. O. 13-36). C. W. VON KÜGELGEN *Immanuel*

wenn er seine dogmatischen und moraltheologischen Kenntnisse auf zwei
Werke des J. D. Michaelis beschränkt[40], ein Irrtum, der auch in *Wald's Ge-*

*Kants Auffassung von der Bibel und seine Auslegung derselben. Ein Kompendium Kantscher
Theologie* (Leipzig 1896), text- und seitengleich mit: DERS., *Die Bibel bei Kant. Ein Kom-
pendium Kantischer Bibelkunde* [Leipzig 1904]) führt insgesamt 280 Bibelstellen auf, die
von K. in seinen Druckwerken zitiert oder angesprochen werden (91-96). Von Kügelgens
Liste ist allerdings nicht vollständig und müßte ergänzt werden. Eine Reihe von Nachträgen
findet sich bei E. KLOSTERMANN, *Kant als Bibelerklärer*, in: Reinhold Seeberg-Festschrift
II, Zur Praxis des Christentums, hrsg. v. W. Koepp (Leipzig 1929), z. B. auf S. 15 Anm.
Außerdem gehören dazu einige der in der (nicht authorisierten) Ausgabe der *Allg. Naturgeschichte* (Frankfurt u. Leipzig 1797) (= Warda 6) als Fußnoten angegebenen Stellen,
und zwar auf den Seiten 67, 129 und 130 (den Hinweis auf diese Ausgabe verdanke ich
Herrn Prof. N. Hinske, Trier). – Es fällt auf, daß von den 280 Bibelzitaten und -allusionen
der von Kügelgenschen Aufstellung nur 89 auch zu den insgesamt 976 gekennzeichneten
Stellen in K.s Bibel gehören, so daß wenigstens (also ohne die noch fehlenden Nachträge)
1167 Stellen der Hl. Schrift die besondere Aufmerksamkeit K.s auf sich gezogen haben,
und das erst in seinem Erwachsenenalter. Auch wenn man den (vielleicht) geringeren
Wert der Unterstreichungen in Rechnung stellt, läßt sich doch hinter diesen nüchternen
Zahlen ahnen, welchen Stellenwert die Bibel für K. gehabt haben muß. Einen Hinweis
darauf gibt auch seine Notiz aus dem Nachlaß: „Was man Erbauung nennt – nämlich
das Gefühl der Erweckung zum besseren innern u. äußern Lebenswandel – ist in ihr in
der größten Vollkommenheit anzutreffen, die Bibel ist also das beste Organ desselben. ...
– Ich lese die Bibel gern und bewundere den Enthusiasm in ihren neutestamentischen
Lehren" (Ak 23/451). Leider gilt K.s Bibel, die zuletzt im Besitz der Staats- und Universitätsbibliothek zu Königsberg/Pr. war, nach den dortigen Kriegsereignissen als verschollen.
– Den ersten Versuch, K.s Bibel zu beschreiben, hat ihr dritter Besitzer, S. NEUMANN, in
den Preußischen Provinzialblättern vorgelegt unter dem Titel: *Kants Bibel* (23 [1840]
84-88). Er bringt allerdings nur Beispiele ohne jede Vollständigkeit. H. Rust hatte vor,
diesen Stoff weiter zu bearbeiten und zu ergänzen, aber seine Stoffsammlung ging ihm
durch den Fall Königsbergs verloren. (vgl. H. RUST, *Kant und Schleiermacher zum Gedächtnis*, in: Jb. der Albertus-Univ. zu Königsberg/Pr., begr. v. F. Hoffmann, Bd. V
[Kitzingen 1954] 15. Dort auch eine Zusammenfassung der bisherigen Forschung. DERS.:
*Kant und das Erbe des Protestantismus. Ein Beitrag zu der Frage nach dem Verhältnis von
Idealismus und Christentum* [Gotha 1928] 10f.). Weitere Literatur zum Thema (ohne
Anspruch auf Vollständigkeit): E. SÄNGER, *Kants Auffassung von der Bibel*, in: KSt 11
(1906) 382-389; E. KATZER, *Kants Prinzipien der Bibelauslegung*, in: KSt 18 (1913) 99-128,
Ch. HERRMANN, *Kant als Bibelerklärer* (zu Klostermann), in: KSt 34 (1929) 514-516; A.
SCHULZE, *Das Johannesevangelium im Deutschen Idealismus*, in: ZPhForsch 18 (1964)
85-118; O. KAISER, *Kants Anweisung zur Auslegung der Bibel*, in: NZSystTh 11 (1969)
125-138. vgl. auch ThPh 50 (1975) 10. [hier Kap I, p. 15f]

40 RINK, a. a. O. 26f.

dächtnißrede auftaucht[41]. Borowski läßt sein theologisches Wissen nicht einmal über das Jahr 1743 hinausreichen[42]. Tatsächlich hat jedoch Kant, wie J. Bohatec 1938 im einzelnen belegte[43], verschiedene zeitgenössische theologische Werke gelesen und verwertet, und zwar nicht nur die schon von Borowski erwähnte „Grundlegung zur wahren Religion" von J. F. Stapfer und das von Rink genannte „Compendium theologiae dogmaticae" von Michaelis, sondern auch andere Bücher von Stapfer und wichtige Werke von Stäudlin, Semler und Heilmann[44]. Somit war – entgegen älteren Ansichten – ein deutliches und anhaltendes Interesse Kants für verschiedene theologische Disziplinen nicht mehr zu bestreiten[45].

Damit scheint jedoch nicht so recht zu harmonieren, daß er nach J. D. Metzger eine „Abneigung", ja, „Mißachtung ... gegen die Theologie" gehabt haben soll[46]. Metzger war Kant allerdings nicht besonders gewogen, so daß seine Aussagen mit größter Vorsicht aufzunehmen sind. Rink berichtet von ähnlichen Vorwürfen: Nach Kants Tod sei im *Hamburger Correspondenten* behauptet worden, der Verstorbene habe „nicht eben viel auf Geistliche gehalten", was von Rink selbst jedoch als unbegründeter „Einfall" abgetan wird, da Kant in diesem Sinne „nie ein allgemeines Urteil ... entfallen" sei[47]. Es trifft

---

41 Reicke, a. a. O. 14. Der Auffassung S. G. WALDS, K. sei mit den „neuen Untersuchungen Semler's, Ernesti's, Nösselt's etc." nicht bekannt gewesen, kann man mit Grund Ch. Herrmanns Behauptung entgegenhalten, daß Ernesti und Semler als „Führer der damaligen Bibelwissenschaft" „mit vollem Bewußtsein von ihm abgelehnt" wurden (HERRMANN, a. a. O. 515).

42 BOROWSKI, a. a. O. 79.

43 J. BOHATEC, *Die Religionsphilosophie Kants in der „Religion innerhalb der Grenzen der bloßen Vernunft". Mit besonderer Berücksichtigung ihrer theologisch-dogmatischen Quellen* (Hamburg 1938, Nachdr. Hildesheim 1966).

44 vgl. auch H. NOACK, *Die Religionsphilosophie im Gesamtwerk Kants.* Einleitung zu: *Immanuel Kant, Die Religion innerhalb der Grenzen der bloßen Vernunft* (Phil.Bibl. 45) (Hamburg 1956), wodurch die ältere Einleitung von K. Vorländer der Meiner-Ausgabe Leipzig 1937 abgelöst wurde, S. L-LI.

45 Schon 1928 hatte H. RUST (*Kant u. d. Erbe* 35f.) 11 theologische Werke verzeichnet, die K. nachweislich, 8, die er höchstwahrscheinlich, und 3, die er vielleicht gelesen habe.

46 (J. D. METZGER), *Äußerungen über Kant, seinen Charakter und seine Meinungen. Von einem billigen Verehrer seiner Verdienste* (Königsberg 1804) 23f.

nicht einmal zu, was Hasse berichtet, daß er sich nämlich um Theologen (und Juristen) „fast gar nicht" bekümmert habe[48]. Denn er pflegte Umgang mit Geistlichen[49], hatte Geistliche unter seinen Freunden[50] und schätzte seinen ehemaligen (geistlichen) Lehrer F. A. Schultz so hoch, daß er ihn „lebenslang auf eine ausgezeichnete Art" ehrte[51] und es sehr bedauerte, daß er versäumt hatte, ihm ein „Ehrendenkmal" in seinen Schriften zu setzen[52]. Allerdings unterschied Kant zwischen Predigern, Geistlichen, Priestern und Pfaffen: Pfaffentum war für ihn gleichbedeutend mit geistlichem Despotismus, der Gnadenmittel monopolisiert[53], „sclavische oder heuchlerische Unterwür- figkeit unter dem Drucke frommer Observanzen"[54] fordert und Fetischdienst betreibt[55]. Darin wird man Kant kaum widersprechen wollen, auch wenn die

---

47 RINK, a. a. O. 72. – Eine ähnlichlautende Andeutung in *Wald's Gedächtnißrede* wird von Ch. J. KRAUS auf folgende Weise korrigiert: „An Predigern tadelte er nur Anmaßung, zu wissen und zu können, was sie nicht wüßten und könnten; die Menschen, welche Prediger waren, schätzte er, wenn sie sonst schätzenswerth waren, eben so sehr, als wenn sie einen andern Beruf gehabt hätten" (REICKE, a. a. O. 10 Anm.). K. L. PÖRSCHKE schrieb an S. G. WALD auf dessen Anfrage nach biographischen Daten: „Ich selbst habe in den 26 Jahren, da ich mit ihm umging, ihn nie gehört, allgemein verachtend von den Predigern u.s.w. sprechen, er schätzte einige wohl sehr hoch, und lobte die Theologen sehr oft, als die Bewahrer der echten Gelehrsamkeit" (REICKE, a. a. O. 63).

48 HASSE, a. a. O. 30.

49 REICKE, a. a. O. 11.

50 *Immanuel Kant's Biographie,* 2 Bde (Leipzig 1804) II 27, 86.

51 BOROWSKI, a. a. O. 70.

52 WASIANSKI, a. a. O. 250. – Es scheint allerdings, daß K. einer derartigen Fehleinschätzung durch private, aber unernste Spötteleien selbst Vorschub geleistet hat. J. G. Hasse zitiert einen solchen Pfaffenreim, den K. zur Unterhaltung seiner Gäste vorgebracht haben soll (a. a. O. 33 Anm.). In den Vorlesungen über Moralphilosophie findet sich darüber ein hilfreich klärendes Wort: „Doch aber muß man nicht einen der über die Religion launigt redet so gleich für einen Spötter halten, denn solche haben Religion innerlich, sie laßen nur ihrer Laune und Witz freyen Lauf, welches sich nicht sowohl über die Religion als vielmehr über gewiße Personen erstreckt. Ein solches ist zwar nicht zu billigen; doch aber auch nicht für Spötterey zu halten. Es rühret öfters aus zu weniger Ueberlegung, aus Lebhaftigkeit, und aus Mangel genugsamer Prüfung her" (Ak 27,1/314).

53 Ca 6/325; Ak 19/633; 23/544.

54 Ak 18/601.

55 Ca 6/330.

übrigen Unterscheidungen nicht in gleicher Weise fundiert sind[56]. Über solche Fehlformen hat er sich sicherlich auch im privaten Kreis geäußert, nachdem er vor der Öffentlichkeit aus seinem Standpunkt keinen Hehl machte[57]. Nach der Leipziger Biographie war „*Kant* ein offenbarer Gegner – nicht der Priester und Theologen, sondern des trügerischen Systems von Heucheley, Scheinheiligkeit und Afterweisheit, zu dem sie sich größtentheils bekennen *müssen*"[58]. Hier überträgt jedoch der unbekannte Biograph seine persönliche Einschätzung religiöser Praxis allzu unbekümmert auf Kant. Einen Blick hinter die Kulissen gestatten uns demgegenüber private Aufzeichnungen Kants aus der Zeit von 1754 bis 1765, in denen der Heucheleivorwurf im Anschluß an David Hume[59]

56 Z. B. Ak 19, 635. – vgl. dazu D. HUME, Esqv., *Moralische und politische Versuche, als dessen vermischter Schriften Vierter und letzter Theil. Nach d. neuesten u. verbesserten Ausgabe übersetzt* (Hamburg u. Leipzig 1756) 131 Anm.: „Unter Priestern verstehe ich hier allein diejenigen, welche Anspruch auf Macht und Herrschaft und die Heiligkeit des Charakters machen, die von der Tugend und den guten Sitten unterschieden ist. Diese sind von den Geistlichen sehr unterschieden, welche durch die Gesetze dazu verbunden sind, den ganzen Gottesdienst mit größerer Ordnung und Anständigkeit zu verrichten. Es ist kein Rang der Menschen höher zu schätzen, als der letztere" (Von dem Aberglauben und der Enthusiasterey). Es war besonders in England üblich geworden, die Schwierigkeiten, die man mit der Religion hatte, im Zusammenhang mit der Geistlichkeit zu sehen. Aber selbst A. COLLINS, *A Discourse of Free-Thinking*, Faks.-Neudr. d. Erstausg. London 1713 mit dt. Paralleltext, hrsg., übers. u. eingel. v. G. Gawlick (Stuttgart B. C. 1965) macht Unterschiede, indem er den ehem. Erzbischof von Canterbury, J. Tillotson, von den Meinungsverschiedenheiten der Priester ausnimmt und ihn als Oberhaupt (Head) der Freidenker feiert (z. B. 171ff.). J. J. ROUSSEAU verband in seinem *Émile* (Amsterdam bzw. Paris 1762), den K. sofort nach seinem Erscheinen mit großem Interesse gelesen hat (vgl. BOROWSKI, a. a. O. 79), seine Gedanken über die Religion mit der Person des „savoyischen Vikars" (Ausg. Amsterdam Tome ³ᵉ ab S. 19). Auch VOLTAIRE (F.-M. Arouet) veröffentlichte zwei Jahre später den Artikel *Catechisme du Curé* in seinem *Dictionnaire philosophique portatif* (London [= Genf] 1764) 117ff. Allerdings hat K. dieses Werk nicht schon 1763 zitieren können (Ak 2/131), wie der Herausgeber P. MENZER angibt (Ak 2/473). Das Zitat stammt aus dem ersten Kapitel des *Candide*!

57 vgl. Leipz. Biogr. II 104.

58 a. a. O. II 85.

59 Ak 20/179: „Hume meint daß die Geistlichen sehr die Kunst zu scheinen ausüben." vgl. Hume, a. a. O. 328f. Anm.: „Daher kömmt es, daß die Geistlichen … es nöthig finden, bey verschiedenen Gelegenheiten sich andächtiger zu stellen, als sie zu der Zeit sind, und den Schein des Eifers und der Ernsthaftigkeit zu behaupten, wenn sie mit den Uebungen ihrer Religion beschäfftiget, als wenn ihre Seelen in den allgemeinen Beschäftigungen

präzisiert wird: gemeint ist der gesellschaftliche Zwang, unter dem die Vertreter dieses Standes stehen[60]. Darum der Grundsatz: „Den Geistlichen muß man vor die Aufopferung so vieler Freyheiten u. vergnügen achtung widmen (sie sind fast in so engen schranken als das Frauenzimmer)"[61]. Als akademischer Lehrer achtete er sogar besonders auf die Theologen. Nach Borowski las er sein Kolleg über rationale Theologie am liebsten, „wenn viele Theologen seine

> des Lebens verwickelt sind. Sie müssen nicht, wie die übrige Welt, ihren natürlichen Regungen und Empfindungen Raum geben; sie müssen über ihre Blicke, Worte, und Handlungen Wache halten; und die Ehrfurcht zu unterstützen, die ihnen das unwissende Volk bezeuget, müssen sie nicht nur eine merkwürdige Eingezogenheit beobachten, sondern auch den Geist des Aberglaubens durch beständige Gebährden und Heucheley befördern. Diese Vorstellung zerstöret oft die Aufrichtigkeit ihres Temperaments; und machet in ihrem Charakter einen unersetzlichen Bruch." K. fährt fort (ebd.): „Wahrheit schickt sich nur im Schlafrocke im Habit de Parade der Schein. Allerley schein in Kleidern." Diese Assoziation deutet auf J. Swifts *A Tale of a Tub*, deutsch z. B.: *Satyr. u. ernsth. Schriften von Dr. Jonathan Swift*, 3. Band, Zweyte Auflage (Hamburg u. Leipzig 1759) 85f.: „Zum Exempel, ist die Religion nicht ein Mantel? die Redlichkeit ein paar Schuhe, die im Koth ausgetreten worden? die Eigenliebe ein Surtout? die Eitelkeit ein Hemd? und das Gewissen ein paar Hosen? welche zwar zur Bedekung der Ueppigkeit, und der Unfläterey gemacht sind, aber auch sehr leicht zum Dienst beyder herunter gezogen werden." Anm. dazu: „Dieses ist eine Satire wider die Heuchler und Fanatiker, welche die Religion und das Gewissen stets zum Dekmantel ihrer Bosheit und Laster machen." In Ak 20/181 wird Swift genannt. In Ak 7/153 = Ca 8/38 wird diese Swift-Stelle zitiert, ebenso in Ak 15/685.

> 60   20/136: „Man fodert an Geistlichen u. Frauenzimmern den Schein, jene sollen scheinen an leichtsinnigen Vergnügen keinen Theil zu haben diese gar keine Neigung zur wollüstigen Vertraulichkeit. Dadurch macht man sie betrüglich"; oder kurz vorher (Ak 20/122): „das odium theologorum hat darin seinen Grund weil es wieder die Anständigkeit des Geistlichen gehalten wird die schnellen u. heftigen Bewegungen des Zornes zu aussern und da dieser Unterdrükt wird so artet er in geheime Bitterkeit aus, parallel mit Weibern u. indianer." (Denn die Indianer sind „äußerst aufmerksam, den mindesten Abbruch" der Ehre „zu verhüten, wenn ihr ebenso harter Feind, ... durch grausame Qualen feige Seufzer von ihnen zu erzwingen sucht" [Ca 2/297]. Über die Schicklichkeit als dem lebenslangen und „härtesten" Zwang der Frauen vgl. Rousseau [*Émile*], a. a. O. T IVᵉ 44.) Bei Hume (a. a. O. 331 Anm.) heißt es dagegen: „Das odium theologicum, oder der theologische Haß, ist selbst zum Sprüchworte geworden, und führet denjenigen Grad der Zanksucht bey sich, der der wüthendste und unversönlichste ist."

> 61   Ak 20/136. – Daß K. auch religiöse Heuchelei im eigentlichen Sinne kennengelernt hat, hängt mit bestimmten Niedergangserscheinungen des Pietismus zusammen und betrifft keineswegs nur den Stand der Geistlichen, vgl. ThPh 50 (1975) 25f. [hier: Kap. 1, p. 32f.]

Zuhörer waren". Als er einmal wegen geringer Beteiligung für ein Semester nicht darüber lesen wollte, tat er es doch, als „er erfuhr, daß die versammelten Zuhörer fast alle Theologen wären"[62].

Damit haben wir in einem ersten Schritt ein gewisses theologisches Interesse Kants gegen verschiedene Einwürfe verteidigt. Aber es ist noch gänzlich offen, ob und wieweit dieses Interesse überhaupt etwas mit seiner Philosophie zu tun hat. Die Ansatzpunkte zur Lösung dieser für uns entscheidenden Frage reichen bis in seine früheste Kindheit zurück. Dabei ist zu unterscheiden zwischen der religiösen und der rationalen Komponente dieser Dimension.

Das alles tragende und bis an sein Lebensende nicht erschütterte religiöse Fundament wurde in seinem Elternhaus gelegt. Sein Vater verlangte von ihm Ehrlichkeit und Redlichkeit, seine Mutter Frömmigkeit und Heiligkeit[63]. Beide Eltern aber waren ein so eindringliches Beispiel für ihre Forderungen[64], daß Kant später dieses Elternhaus (trotz seiner späteren kritischen Einstellung zum Pietismus) als ein nur wenigen Kindern widerfahrendes Geschenk empfand[65] und nie ohne Rührung daran zurückdachte[66]. Die verschiedenen Eintragungen in dem von seinen Eltern geführten „Hausbuch", die bei Arnoldt abgedruckt sind, belegen ergreifend die nüchterne Frömmigkeit der Familie Kant, wobei die letzte Eintragung von Kants Hand zum Tode seines Vaters am 24. März 1746 deutlich werden läßt, wie wenig die Studienjahre auf der Universität ihn solchem lebendigen Glauben entfremdet hatten[67]. Diese Herkunft hat seine Religiosität bleibend geprägt. R. B. Jachmann berichtet, wie

---

62 JACHMANN, a. a. O.134.

63 BOROWSKI, a. a. O. 13.

64 WASIANSKI, a. a. O. 251-253. Dort wird auch berichtet, wie K.s Mutter sich bei der Pflege einer schwerkranken Freundin durch eine spontane Geste der Hilfsbereitschaft angesteckt haben soll, so daß sie selbst darüber starb.

65 BOROWSKI, a. a. O. 13.

66 JACHMANN, a. a. O. 163.

67 ARNOLDT, a. a. O. 107-109. Von K.s Hand: „Anno 1746 d. 24 März Nachmittags um halb 4 Uhr ist mein liebster Vater, durch einen seeligen Tod abgefordert worden. Gott der ihm in diesem Leben nicht viel Freude geniessen lassen, lasse ihm davor die ewige Freude zu Theil werden." „Seine nachgelassene Kinder sind: … er starb an einer gänzlichen Entkräftung die auf den Schlag, der ihn anderthalb Jahr vorher befiel, erfolgte."

Kant ihm seine Mutter zu schildern pflegte: „Meine Mutter" „war eine liebreiche, gefühlvolle, fromme und rechtschaffene Frau und eine zärtliche Mutter, welche ihre Kinder durch fromme Lehren und durch ein tugendhaftes Beispiel zur Gottesfurcht leitete. Sie führte mich oft außerhalb der Stadt, machte mich auf die Werke Gottes aufmerksam, ließ sich mit einem frommen Entzücken über seine Allmacht, Weisheit und Güte aus und drückte in mein Herz eine tiefe Ehrfurcht gegen den Schöpfer aller Dinge. Ich werde meine Mutter nie vergessen, denn sie pflanzte und nährte den ersten Keim des Guten in mir, sie öffnete mein Herz den Eindrücken der Natur; sie weckte und erweiterte meine Begriffe, und ihre Lehren haben einen immerwährenden heilsamen Einfluß auf mein Leben gehabt."[68] Nach E. A. Ch. Wasianski hat sie bei solchen Gängen versucht, den Bau des Himmels zu erklären „so viel als sie selbst wußte"[69]. Damit klingt das Thema der Schöpfung an, das sich, wie wir noch sehen werden, als gestaltende Kraft durch sein Werk hindurchzieht und unter dem Stichwort des „bestirnte(n) Himmel(s) über mir"[70] allgemein bekannt wurde. Aber auch das andere der „zwei Dinge", die „das Gemüt mit immer neuer und zunehmender Bewunderung und Ehrfurcht" erfüllen, nämlich „das moralische Gesetz in mir"[71], hat hier seine Wurzeln. Selbst anläßlich erbitterter Streitigkeiten zwischen dem „Riemer- und Sattlergewerke", unter denen sein Vater sehr zu leiden hatte, wurde in seinem Elternhause über die Gegner „mit solcher Schonung und Liebe" und „mit festem Vertrauen auf die Vorsehung" gesprochen, daß sich die Erinnerung daran ihm unauslöschlich einprägte[72].

Die rationale Komponente seines theologischen Interesses ist uns weniger zugänglich und kann in ihren Ursprüngen nur indirekt aus den verschiedensten Anhaltspunkten erschlossen werden. Aber wir bleiben dabei weitgehend auf mehr oder weniger begründete Vermutungen angewiesen, ohne daß es möglich

---

68 JACHMANN, a. a. O. 162f.

69 WASIANSKI, a. a. O. 252.

70 Ca 5/174. vgl. dazu: R. UNGER, „*Der bestirnte Himmel über mir...*". *Zur geistesgeschichtlichen Deutung eines Kant-Wortes,* in: Imm. Kant, Festschrift zur zweiten Jahrhundertfeier seines Geburtstages, hrsg. v. d. Albertus-Univ. in Königsberg/Pr. (Leipzig 1924) 241-270.

71 Ebd.

72 RINK, a. a. O. 14f.

ist, die Einzelheiten seiner geistigen Entwicklung und seine verschiedenen Reaktionen auf empfangene Impulse vollständig zu rekonstruieren[73].

Zweifellos brachte der Besuch des Collegium Fridericianum ab 1732 einen Umbruch für Kants religiöse Entwicklung. Man macht es sich aber zu einfach, wenn man im Anschluß an Rink es für ausgemacht hält, daß sein religiöses Interesse bei dem abschreckenden Übermaß an geistlichen Übungen, über denen „das bleierne Schiksal der Züchtigung schwebte"[74], erkaltete und „verkümmert ward"[75]. Damit wäre nicht mehr erklärbar, warum er bei seinem einleuchtenden naturwissenschaftlichen Nachholbedarf auf der Universität die dogmatische Theologie nicht ausschloß[76]. Ebensowenig ließe sich plausibel machen, daß sich von seiner ersten Schrift an das Schöpfungsmotiv in unab-

---

73 Dies wird zusätzlich erschwert dadurch, daß K. weitgehend auf Zitationen verzichtete: „Ich habe niemand angeführt, durch dessen Lesung ich etwas gelernet habe. Ich habe Gut gefunden, alles fremde wegzulassen und meiner eignen idee zu folgen" (Ak 18/62); denn: „Das anführen der Bücher ist in einem System der transcendentalen philosophie beym Entwurf nicht nothig, so wenig wie in einer geometrie" (Ak 18/41). Dazu HENRICH, a. a. O. 254f.: Kant hat „neue Ideen immer im Hinblick auf das zur Kenntnis genommen, was ihm längst zum Problem geworden war". Er besaß „ein feinnerviges Sensorium für das Bedeutende, das ihn vieles selbst in trüben Quellen aufspüren ließ". G. TONELLI, der nach D. HENRICH „der einzige" ist „der sich rühmen darf, diese Vielfalt zu überschauen" (a. a. O. 254), nennt K. in seinem Buch *Elementi metodologici e metafisici in Kant dal 1745 al 1768. Saggio di sociologia della conoscenza*, Vol. I (Studi e ricerche di storia della filosofia 29) (Torino 1959) VIII einen „unabhängigen antiwolffianischen Eklektiker" und er sagt von K., daß er auch in der Zeit vor 1769 „può essere considerato in base alla qualità dei suoi scritti, come una personalità di prim' ordine rispetto all' ambiente in cui si trovava"; es war für ihn eine Zeit eines „approfondimento successivo e costante … per nulla passivo e per nulla servile, anzi costantemente preoccupato di difendere la propria originalità. …"

74 (J. Ch. MORTZFELD), *Fragmente aus Kants Leben. Ein biographischer Versuch* (Königsberg 1802) 20.

75 RINK, a. a. O. 16.

76 vgl. K. VORLÄNDER, *Immanuel Kants Leben*, neu hrsg. v. R. Malter (Phil. Bibl. 126) (Hamburg 1974) 20: „Wissenschaften, von denen ihm die Schule so gut wie nichts mitgegeben hatte." DERS., *Immanuel Kant. Der Mann und das Werk*, 2 Bde (Leipzig 1924) III 154: „Als Student wendet er sich zwar von der Theologie anscheinend schon früh ab und der Philosophie zu, hört aber immerhin bei seinem früheren Direktor F. A. Schulz Dogmatik und hat in Knutzen einen tief religiös gesinnten Lieblingslehrer besessen." Das ist ja wohl nicht ganz schlüssig.

lässig neuer Version durch sein Werk hindurchzieht[77], was jedenfalls mit
dem Hinweis nicht zu erledigen ist, daß seine erste Schrift wie die 11 folgenden
mit einer Ausnahme „naturwissenschaftlichen Inhalts" seien[78]. Ganz anders
urteilt J. Ch. Mortzfeld schon 1802, daß nämlich dergleichen Eindrücke „auf
Kant keinen weiteren nachtheiligen Einfluß" hatten[79]. Es wird für Kant selbstverständlich gewesen sein, die ärgerlichen Beschwernisse der schablonenhaft
mechanisierten Frömmigkeit dieser Form des Pietismus, von denen er auch
als externer Schüler[80] nicht ganz verschont blieb, nicht der christlichen Religion
als solcher anzulasten[81]. In der „Kritik der praktischen Vernunft" schreibt
Kant später, daß wegen des Hanges der Vernunft, „in aufgeworfenen praktischen Fragen selbst die subtilste Prüfung mit Vergnügen einzuschlagen", auch

77   vgl. dazu P. Laberge, *La théologie Kantienne précritique* (Collection φ Philosophica 2)
     (Ed. de l'Univ. d'Ottawa [Ottawa 1973]) unter verschiedenen Gesichtspunkten; zur Schöp-
     fungstheologie das gen. Buch von H.-G. Redmann; dazu z.B. H. Heimsoeth, *Astronomi-*
     sches und Theologisches in Kants Weltverständnis (AkadWiss u. d. Lit, Abhdlgn d. geistes-
     u. sozialwiss. Klasse Jg. 1963, Nr. 9) (Mainz 1963) 831: „Im Horizont der Schöpfung
     bewegt Kants Denken sich bis in die Spätzeit und in allen seinen Werkgefügen; man
     könnte die Gesamtentwicklung als ein Suchen nach den philosophisch begründenden
     Aussagemöglichkeiten bezüglich des ‚Urhebers' aller Dinge und Wesen und Verhältnisse,
     über alle Begriffe von ‚Ursachen' hinaus, interpretieren." 832: „Kant ist der letzte von
     unseren großen Philosophen, in welchen der theologische Begriff der Schöpfung noch
     ungebrochen, unbestritten waltet." 835: Die Kosmologie des jungen Kant steht „im Rah-
     men eines noch ungebrochenen *Theodizee*-Denkens"; ders.: *Zum kosmotheologischen*
     Ursprung der Kantischen Freiheitsantinomie, in: KSt 57 (1966) 206-229; G. Krüger, *Philo-*
     sophie und Moral in der kantischen Ethik (Tübingen 1931) 11: „Und wie das alte Thema,
     so bleibt auch der alte *Horizont* des Begreifens noch mit in Kraft: der positive Nutzen der
     Kritik ist *nur begreiflich im Hinblick auf die Welt als Schöpfung,* innerhalb deren der
     Mensch seinen (wenngleich bevorzugten) Platz neben anderen Geschöpfen einnimmt."

78   Vorländer *(Leben)* 24. – Ein gutes Beispiel, wie von K. eine scheinbar rein mathematische
     Überlegung auf Moral und Gotteslehre übertragen wird, findet sich in Ca 2/238f.

79   Mortzfeld, a. a. O. 21.

80   Th. G. v. Hippels sämmtliche Werke, 12. Band: *Hippels Leben* (Berlin 1835) 39f.

81   vgl. P. Kalweit, *Kants Stellung zur Kirche* (Schr. d. Synodalkommiss.f. ostpreuß. Kir-
     chengesch. 2) (Königsberg i. Pr. 1904) 10: „Die Annahme wird nicht übereilt sein, daß
     Kant in seinem sittlichen Streben durch die Erziehung im Friedrichskollegium sich geför-
     dert sah, daß er dagegen die pietistische Methode gleich oder sehr bald abgelehnt hat."
     Jedenfalls stammt die lebenslange „tiefe Abneigung Kants gegen alle kultischen ‚Obser-
     vanzen'" aus dieser Zeit (vgl. Noack, a. a. O. XLIV).

die sonst noch unreife „frühe Jugend" „sehr scharfsinnig und dabei … nicht wenig interessiert" sein könne[82]. Vielleicht ist dies ein Hinweis auf den Rationalisierungsvorgang, der bei ihm selbst ausgelöst wurde, als er mit seiner eigenen Frömmigkeit die Flucht nach innen antrat, zumal die Stelle als eine Kritik an den Erziehern formuliert ist. Es konnte für seine ausgeprägte Gewissenhaftigkeit nicht genügen, bloß gefühlsmäßig seine religiöse Substanz gegen den schädlichen Einfluß psychologistischer Heilstechniken abzuschirmen; er mußte sich auch rational ihrer Unzulänglichkeit und möglichen Verderblichkeit versichern, um sich guten Gewissens von ihnen unabhängig machen zu können. Die Frage, wie es denn möglich ist, daß äußere und innere Religion als ursprünglich zusammengehörige dergestalt auseinandergeraten konnten, war ja nicht im ersten Angang und schon gar nicht mit den geistigen Mitteln des Gymnasiasten endgültig zu lösen; aber sie enthielt genug Triebkraft, ein ständiges Weiterfragen anzustoßen, wie tief man wohl ausgreifen müsse, um auf das Verbindende und insofern für alle Verbindliche zu treffen. Man kann sich vorstellen, daß ein solches Forschen nicht so bald an ein Ende kommt und durch alle Stufen der Reife hindurch unter immer neuen Vorzeichen seinen Weg zum Ursprung suchen muß, wenn jemand sich wirklich darauf einläßt.

Im Bereich seiner Religionsphilosophie läßt sich diese Linie unschwer verfolgen, aber sie verliert sich dort in theologisierenden Aussagen, mit denen wir unmittelbar weniger anfangen können, weil sie sich z. T. (auch aus Gründen aktueller Verärgerung) fertiger und dogmatischer darbieten, als es ihre denkerischen Voraussetzungen zulassen[83]. Ihre eigentliche und weit über sich hinausweisende Fruchtbarkeit entfaltet diese Linie in seinem philosophischen Werk. Zunächst jedoch ist nach Anhaltspunkten für die frühen Formen der Rationalisierung zu suchen[84].

---

82 Ca 5/166.

83 Hinzu kommt, daß das Ergebnis bleibend von den ganz persönlichen Anfängen her geprägt ist (die jedwede Interpretation zwar reflektierend in Rechnung stellen, aber nicht mehr auslöschen kann), wodurch es für uns heute nur noch mit großen Vorbehalten und nicht ohne weitgehende Modifikationen, die auch die veränderte geschichtliche Situation einbeziehen, brauchbar erscheint.

84 Diese Überlegungen könnten, falls sie zutreffen, als Elemente zu einer noch ausstehenden

An erster Stelle sei die Kirchengeschichte genannt, über die Kant später das Wort des Lukrez[85] zitierte: „tantum religio potuit suadere malorum"[86]. Nachdem ihm sehr früh seine religiöse Praxis zur Frage geworden war, wird er sich z. B. nicht ohne weiteres mit einer einseitigen Darstellung von Religions- und Konfessionskriegen[87] abgefunden haben. Das genannte Lukrezwort wird in diesem Zusammenhang auch von M. TINDAL in seinem als „Bibel der Deisten" bekannten Buch *Christianity as old as the creation*[88] zitiert, wo es der junge Kant gefunden haben könnte. Tindal beruft sich außerdem auf ein Sprichwort, das da laute: „In Nomine Domini incipit omne malum"[89] und schreibt dann kurz danach (in der Übers. von 1741): „Und, wenn es anderst

---

„biographie intérieure" betrachtet werden (vgl. R. MALTER, *Einleitung zur Neuausgabe von Vorländers,* in: Immanuel Kants Leben, XXV).

85   *De rer. nat.* I 101.

86   Ca 6/278.

87   vgl. F. DELEKAT, *Immanuel Kant,* in: Unbefangenes Christentum. Deutsche Repräsentanten und Interpreten des Protestantismus, hrsg. v. W. Schmidt (München 1968) 60.

88   *OR, THE GOSPEL, A REPUBLICATION of the Religion of NATURE,* Faks.-Neudruck d. Ausg. London 1730, hrsg. u. eingel. v. G. Gawlick (Stuttgart B. C. 1967). Übersetzung von J. L. SCHMIDT: *Beweis, daß das Christentum so alt als die Welt sey, nebst Herrn Jacob Fosters Widerlegung desselben. Beydes aus dem Englischen übersetzt* (Frankfurt u. Leipzig 1741). Der Name *Tindals* wird nur im Vorbericht genannt, der Übersetzer gibt sich nicht zu erkennen. Das LUKREZ-Zitat: engl. 74, dt. 121. Aber auch von F. BACON wird das Lukrez-Wort in diesem Zusammenhang angeführt: *The Works of Francis Bacon, Baron of Verulam, Viscount St. Albans and Lord High Chancellor of England – In ten Volumes,* Vol X (London 1824) 12. – Albrecht v. HALLER, (zus. mit Alexander Pope) Kants Lieblingsdichter, bezieht sich in der 3. Auflage seiner Gedichte (1743), in der erstmals die von Kant mehrfach zitierte *„Unvollkommene Ode über die Ewigkeit"* erschien, ausdrücklich auf diese Lukrez-Stelle (allerdings mit einer leichten Modifikation, wohl weil er auswendig zitierte – er hielt ursprünglich [1. Aufl.] JUVENAL für den Urheber –: „Quantum Relligio …") als Beleg für folgende Verse in seinem Gedicht „Gedanken über Vernunfft, Aberglauben, und Unglauben": „Für seines Gottes Ruhm gilt Meineid und Verrath; Was böses ist geschehn, das nicht ein Priester that?" In den beiden ersten Auflagen (1732 u. 1734) hieß es noch statt „ein Priester": „der Glaube". vgl. dazu Albr. v. HALLERS *Gedichte,* hrsg. u. eingel. v. L. Hirzel (Bibl. älterer Schriftwerke der deutschen Schweiz 3 [Frauenfeld 1882]). Mir liegt außerdem ein früher Nachdruck der 3. Aufl. vor: D. Albrecht HALLERS *Versuch Schweizerischer Gedichte,* Dritte, vermehrte, und veränderte Aufl. (Danzig, Anno 1743) hier: 44.

89   Engl. 72, dt. 118.

noch eine Sünde wider den heiligen Geist gibt: so trage ich kein Bedenken zu sagen, daß es dieienige sey, wenn man die Religion zum Werkzeuge machet, die Absichten aller Religionen dadurch zu vernichten und die Geschöpfe unglücklich zu machen, unter dem Vorwand, dem Schöpfer darunter eine Ehre zu erweisen"[90]. In die gleiche Richtung geht ein „Einfall" J. Swifts, der in einer schon 1729 erschienenen Übersetzung einiger seiner Schriften abgedruckt war und vom Übersetzer Tindals (J. L. SCHMIDT) in seinem *Vorbericht* zitiert wird: „Wir haben mehrentheils Religion genug, einander zu hassen: aber nicht Religion genug, einander zu lieben."[91] In der genannten Swift-Übersetzung ist natürlich das „Mährgen von der Tonne", auf das Kant später mehrfach zurückkommt, von besonderer Bedeutung: enthält es doch die Geschichte von dem Vater, der seinen drei Söhnen drei gleiche Kleider mit ganz besonderen Eigenschaften hinterließ, an die ihr Glück geknüpft sein sollte, wenn sie bestimmte Bedingungen erfüllten[92] – eine Vorläuferin der berühmten Lessingschen *Ringparabel* –, gezielt auf Lutheraner, Calvinisten und Katholiken.

Damit kommt das Bild der Religion als Kleid (*cloak:* Mantel = Deckmantel) ins Spiel, das bei Kant in mehreren Versionen wiederkehrt: das Kleid symbolisiert den „alle wahre Religionsgesinnung verdrängenden alten Kultus", wobei aber der 70jährige Kant[93] einräumt, daß der „*Mann ohne Kleid* (Religion ohne Kirche) auch nicht gut verwahrt" sei[94]. Aber das Kleid bedeutet nichts,

---

90 a. a. O. 119. – Zum besseren Verständnis sei daran erinnert, daß man diesen Satz auch vor dem Hintergrund der blutigen Katholiken-Verfolgungen in England verstehen muß, die damals noch nicht einmal 50 Jahre zuvor ihr Ende gefunden hatten. vgl. dazu: Denkwürdigkeiten der Missionspriester und anderer Katholiken, die in England ihrer Religion wegen den Tod erlitten haben. Aus d. Englischen des Bischofs Dr. R. CHALLONER, 2. Bd.: *Unter den Stuarts und der Republik, 1604-1684* (Paderborn 1852).

91 TINDAL, dt. 7, dort verkürzt zitiert. Unser Wortlaut nach: *Anderer Theil des Mährgens von der Tonne, So Zum allgemeinen Nutzen des menschlichen Geschlechts abgefasset worden, Von Einem gewissen elenden Scribenten, Insgemein genant Der Autor des Ersten. Aus d. Engl. ins Teutsche übersetzet* (Altona 1729) 108.

92 *Des berühmten Herrn D. Schwifts Mährgen von der Tonne, Zum allgemeinen Nutzen des menschlichen Geschlechts abgefasset, Nebst einem vollständigen Begriffe einer allgemeinen Gelehrsamkeit, Aus d. Engl. ins Teutsche übersetzt.* 1. Theil (Altona 1729) ab S. 63. – vgl. auch Anm. 59.

93 Zur Datierung vgl. Ak 7/337.

wenn der Mann nichts taugt („Kleid ohne Mann"[95]). Von daher werden auch die Sätze der Offenbarung als „in einer sinnlichen Hülle" aufgestellt[96] angesehen, wodurch jedoch ihre mögliche Eigenständigkeit vor dem Hintergrund der Vorstellung der Offenbarung als des größeren der „konzentrische(n) Kreise" (gegenüber dem kleineren der Vernunftreligion[97]) nicht angetastet wird. Die spätere Beschäftigung mit anderen englischen „Deisten" wird nicht unwesentlich zur allmählichen Klärung dieses Gedankenganges beigetragen haben[98].

---

94   Ca 7/364.

95   Ebd.; auch: „Zubehör" Ca 5/347. – Das Bild des „Anziehens" auch im NT: Christus Rö 13,14; Gal 3,27; den neuen Menschen Eph 4,24; Kol 3,10; die Waffenrüstung Gottes Eph 6,11; herzliches Erbarmen Kol 3,12. – Darum ist für K. die Moral die Basis für die Religion und nicht umgekehrt: „Wie? ist es denn nur darum gut, tugendhaft zu sein, weil es eine andre Welt gibt, oder werden die Handlungen nicht vielmehr dereinst belohnt werden, weil sie an sich selbst gut und tugendhaft waren? ... Kann derjenige wohl redlich, kann er wohl tugendhaft heißen, welcher sich gern seinen Lieblingslastern ergeben würde, wenn ihn nur keine künftige Strafe schreckte, und wird man nicht vielmehr sagen müssen, daß er zwar die Ausübung der Bosheit scheue, die lasterhafte Gesinnung aber in seiner Seele nähre, daß er den Vorteil der tugendähnlichen Handlungen liebe, die Tugend selbst aber hasse." So spricht für K. „wahre Weisheit" (Ca 2/389). vgl. Sir 35,1-15: „Wer das Gesetz befolgt, bringt dadurch viele Opfer dar ... Versuch es nicht mit Bestechung, denn er nimmt sie nicht an ..." Insofern ist Kult ohne Moralität für K. „Gunstbewerbung" (vgl. ThPh 50 [1975] 16).

96   Ca 10/121. – vgl. Edw. LORD H. OF CHERBURY, *De religione gentilium errorumque apud eos causis*, Faks.-Neudruck d. Ausg. Amsterdam 1663, hrsg. u. eingel. v. G. Gawlick (Stuttgart B. C. 1967) 210: „ea omnia quae sub verborum involucris ...", J. TOLAND, *Christianity not mysterious*, Faks.-Neudruck d. Erstausg. London 1696 m. e. Einleitung v. G. Gawlick u. e. textkr. Anh. (Stuttgart B. C. 1964) 119: „the Master (christ) alone removing the Cover of the Ark; that is, the Mosaick Vail."

97   Ca 6/150. Indem K. die Offenbarung ganz dem historischen Bereich überließ, hat er sie nicht eingeschränkt, sondern freigegeben: einerseits ist das historische Wissen (durch Bezeugung) von anderen Arten des Wissens nicht grundsätzlich verschieden (Ca 8/381), andererseits bleibt das Historische der Raum für die freie und unverfügbare Rede Gottes in allem, was über die Vernunftwahrheiten hinausgeht, auch wenn K. für sich selbst auf vieles davon nicht angewiesen zu sein glaubte. So wird auch das etwas aus dem Rahmen fallende Pörschke-Zitat zu verstehen sein, von dem VORLÄNDER *(Mann u. Werk)* 155 berichtet. vgl. auch ThPh 50 (1975) 10f. [hier Kap I, p. 16f.]

98   Auch wenn K. englische Literatur nicht in der Originalsprache gelesen hat, was sehr wahrscheinlich ist, konnte er sich doch auf Übersetzungen stützen oder sich an zusam-

Ein weiterer Anhaltspunkt geht ebenfalls auf Tindal und auf M. Knutzens Auseinandersetzung mit dessen Auffassungen zurück. Knutzen, der Kant „vor allen Lehrern am meisten" galt[99], veröffentlichte 1742 eine Gegenschrift gegen Tindals „Einwurf: daß die christliche Offenbarung nicht allgemein sey"[100]. Es ist anzunehmen, daß Knutzen in seinen Vorlesungen oder auch privat darauf zu sprechen kam. Tindal hatte argumentiert, man könne Gott wohl kaum „auf ärgere Weise als ein willkührliches und parteyisches Wesen vorstellen", wenn man annehmen wollte, er „hätte in den lezten Zeiten die Absicht gehabt, einigen Menschen, ohne Ansehung ihrer Verdienste, einen höhern Grad der Glückseligkeit zu verschaffen, als den Uebrigen" und sie „zu seinen Lieblingen" zu „erwählen, ... bloß deßwegen; weil sie gewisse Sätze glauben, welche in dem Lande, worinnen sie von ungefähr auf die Welt gekommen sind, gelehret werden: da inzwischen andere, welche eine ungleich grössere Anzal ausmachen, von einem Jahrhundert zu dem andern seiner Gunst entbehren sollen", wenn man voraussetzt, daß „inzwischen die Christen ins besondere die Mittel und

---

menfassende Wiedergaben halten, die reichlich vorhanden waren.

99 BOROWSKI, a. a. O. 16.

100 Seit der 3. Aufl. seines theologischen Hauptwerkes, das uns in der 4. Auflage vorliegt, diesem als Anhang beigefügt: Vertheidigte Wahrheit der Christlichen Religion gegen den Einwurf: Daß die christliche Offenbarung nicht allgemein sey. Wobey besonders die Scheingründe des bekannten Englischen Deisten Matthäi Tindals, welche indeßen Beweise, Daß das Christenthum so alt, als die Welt sey, enthalten, erwogen und widerleget werden, von Martin Knutzen, öffentlichen Professorn der Weltweisheit zu Königsberg (Königsberg 1747), folgt ab S. 223 auf: Philosophischer Beweiß von der Wahrheit der Christlichen Religion, darinnen die Nothwendigkeit einer geoffenbarten Religion insgemein, und die Wahrheit oder Gewißheit der Christlichen insbesondere, aus zugezweiffelten Gründen der Vernunft nach Mathematischer Lehr-Art dargethan und behauptet wird, entworfen von Martin Knutzen, öffentlichen Professore der Weltweisheit auf der Academie zu Königsberg, Vierte Auflage, mit einigen Anmerkungen, Register und einer Zugabe hieher gehöriger Abhandelungen vermehrt (Königsberg 1747). vgl. zu der Auseinandersetzung auch B. Erdmann, Martin Knutzen und seine Zeit. Ein Beitrag zur Geschichte der wolfischen Schule und insbesondere zur Entwicklungsgeschichte Kants (Leipzig 1876), bes. ab S. 115. – KNUTZENS Lösung gipfelt im Bild einer Pyramide, die zum Himmel führt: „auf denen untern Staffeln", wo „Dunkelheit und Nebel" herrschen, befinden sich die Heiden, ganz oben im reinen Sonnenlicht die Christen. Die ungleiche Stellung ist dem sündigen Abstieg der Menschheit anzulasten, was die Weisheit Gottes um der Harmonie der Welt willen nicht durch ständige Wunder zu ändern gehalten ist. Aber auch von den niedrigsten Stufen führt der Weg zum Himmel (258-270).

Beqvemlichkeit allein haben, ihren gebührenden höhern Grad und vorzüglichere Gattung der Seligkeit zu erlangen"[101]. Kant wird KNUTZENS *Widerlegungen* für unbefriedigend gehalten haben, zumal er die christlichen Gruppierungen vornehmlich als mehr oder weniger allen positiven und negativen Gruppenmechanismen unterworfene Sozialisationsorte eschatologischen Heilsegoismus erlebt haben dürfte, obwohl das Wort vom „Salz der Erde" und vom „Licht der Welt" (Mt 5, 13-16) schon immer galt. Gerade weil wir es heute mit dem „allumfassenden Heilssakrament"[102] leichter haben, darauf zu antworten, können wir um so mehr Verständnis dafür haben, daß Kant mit den damals für ihn greifbaren Lösungen nicht zufrieden war und sich bis ins hohe Alter mit dieser Frage beschäftigte[103]. Darum nahm er eine ganz eigentümliche Position „zwischen" den Konfessionen ein[104], ohne darum doch Indifferentist zu sein, was er entschieden ablehnte[105].

Mit der Suche nach dem allgemeinverbindlichen „Zwischen" hängt auch Kants bekannte Vorliebe für Reisebeschreibungen zusammen: er las alle, die er bekommen konnte[106]. Natürlich war zu seiner Zeit eine gute "Belesenheit im Fache der Reisebeschreibungen" unerläßlich für die „physische Geographie"[107]. Aber das scheint nicht sein einziger Gesichtspunkt dabei gewesen zu sein. Die Leipziger Biographie berichtet von einem Vorkommnis, das uns weiterhilft. Als sein Famulus, „ein Theolog, der Philosophie mit Theologie nicht zu vereinbaren wußte", ihn einst um Rat fragte, was da zu tun sei, soll ihm Kant geantwortet haben: „Lesen Sie Reisebeschreibungen." Und nochmals

101 TINDAL, dt. 717-720. Ganz ähnlich ROUSSEAU (*Émile*, Amsterdam 1762) III 128: „le Dieu de cette religion seroit le plus inique & le plus cruel des tyrans.".

102 Vat. II: LG 48, AG 1, GS 45.

103 vgl. z. B. Ca 6/207, 240, 246, 249f., 255, 270f., 274, 306, 326 und Ca 7/359, 361.

104 vgl. A. WINTER, *Kant zwischen den Konfessionen*, in: ThPh 50 (1975) 1-37 [= hier Kap. I, p. 1-47]. HEGEL greift diese kritische Bemühung nicht mehr auf, er ist dezidiert „lutherischer(-m) Christ(-en)" G. W. F. HEGEL, *Werke in zwanzig Bänden* (Theorie Werkausgabe) (Frankfurt/M. 1971) 11/68f.

105 vgl. Ca 2/295.

106 vgl. JACHMANN, a. a. O. 138; dazu BOROWSKI, a. a. O. 79, Reicke, a. a. O. 15.

107 F. Th. RINKS *Vorrede* zu der von ihm herausgegebenen „Immanuel Kants physische Geographie" Ak 9/153.

auf die Rückfrage, in der Dogmatik kämen Sachen vor, die er „nicht begreife" –: „Lesen Sie Reisebeschreibungen."[108] Wenn das zutrifft, können wir annehmen, daß diese Lektüre auch für Kant selbst in dieser Hinsicht aufschlußreich gewesen war, und zwar schon sehr früh, wie aus Borowskis Hinweis[109] hervorzugehen scheint. Von daher konnte Kant in seiner „physischen Geographie" auch von einer *theologischen(-e) Geographie"* sprechen, „da (Da) die theologischen Principien nach der Verschiedenheit des Bodens mehrentheils sehr wesentliche Veränderungen erleiden", was sowohl für die „in ihren Grundsätzen verschiedenen Religionen" als auch für die verschiedenen christlichen Kirchen gilt[110]. Diese Unterschiede betreffen jedoch nicht das Wesentliche der Religion: „Die Religion unseres Weltteils ist nicht die Sache eines eigenwilligen Geschmacks, sondern von ehrwürdigerem Ursprunge. Daher können auch nur die Ausschweifungen in derselben und das, was darin den Menschen eigentümlich angehört, Zeichen von den verschiedenen Nationaleigenschaften abgeben." Zu diesen „Ausschweifungen" gehören für Kant: Leichtgläubigkeit, Aberglaube, Schwärmerei und Gleichgültigkeit[111], was dann im Hinblick auf die verschiedenen Völker belegt wird. Damit macht Kant zwei Jahre nach Erscheinen des *Émile* von J. J. ROUSSEAU an der dort geäußerten ganz ähnlichen Auffassung deutliche Abstriche und zeigt insofern seine Eigenständigkeit[112].

---

108 a. a. O. II 220f. Dort wird als Quelle dafür angegeben: *Mnemosyne* v. K. G. SCHELLE i. J. 1803, I. B. I H. S. 86. – Der theologische Aspekt des Reisens auch bei: D. PAVLI ANTONII *… collegivm anti-theticvm universale fundamentale. Nach der in den thesibvs breithavptianis Befindlichen Ordnung der Theologischen Materien Anno 1718. und 1719. gehalten. Aus dem, Was verschiedene Auditores dem sel. Auctori nachgeschrieben / gesammlet und herausgegeben Von Ioh. Vlrico Schwentzel, … Halle …1732* im Hinblick auf den nur vermuteten Inhalt des Buches von D. Jo. Fried. MAYER, *Reisender Lutheraner:* „Auf Reisen kommt man aber unter allerley Religionen." Zur Bedeutung dieses postum publizierten Werkes vgl. N. HINSKE, *Kants Begriff der Antithetik* (s. unten Anm. 125). In grotesker Übersteigerung diese Perspektive auch als Tenor der kurzen Erzählung VOLTAIRES (1756) *Geschichte der Reisen Scarmentados*.

109 a. a. O. 79.

110 Ak 9/165. Zum „Localen und Nationalen" in der Bibel vgl. Ak 23/424, über die method. u. sachl. Voraussetzungen ds. Betrachtungsweise (als Wissenschaft) vgl. Ca 8/4f.; Einschränkung Ak 15, 2/592.

111 Ca 2/293.

112 ROUSSEAU (*Émile*, Amsterdam 1762) III 169f.: „Je regarde toutes les religions particulieres

Diese verschiedenen Überlegungen haben eines gemeinsam: sie waren geeignet, falsche Verabsolutierungen aufzusprengen und sie auf ihr eigentliches Maß zu bringen. Aber nicht die Religion als solche wurde für Kant dadurch relativiert, sondern nur ihre äußeren Erscheinungsformen. Grundsätzlich gilt für Kant: „Äußere Religion ist ein Widerspruch. Alle Religion ist innerlich."[113] Äußere Kulthandlungen (Observanzen), die den Wert eines Mittels haben, um einzuüben, was man ausüben soll[114], läßt er zu[115]; sind es aber nur noch „moralisch indifferente" Handlungen[116], die einen solchen Bezug nicht mehr erkennen lassen, werden sie zum „Wahn"[117] der „Hofdienste"[118], der „Schwärmerei"[119] und der „Gunstbewerbung"[120]. Damit kann das Jugendproblem schließlich auf die Formel gebracht werden: „Die Gottesfurcht und der Gottesdienst sind keine besondre Handlungen, sondern die Form aller Handlungen."[121]

comme autant d'institutions salutaires qui prescrivent dans chaque pays une maniere uniforme d'honorer Dieu par un culte public; & qui peuvent toutes avoir leurs raisons dans le climat, dans le gouvernement, dans le génie du peuple, ou dans quelqu'autre cause locale qui rend l'une préférable à l'autre, selon les tems & les lieux. Je les crois toutes bonnes quand on y sert Dieu convenablement: le culte essentiel est celui du cœur." Andererseits aber wieder ganz im Sinne Kants über die christliche Religion 179: „je la crois de toutes les religions qui sont sur la terre, celle dont la morale est la plus pure, dont la raison se contente le mieux."

113 Vorlesungen zur Moralphilosophie Ak 27,1/330.

114 vgl. Ak 27 1/329.

115 vgl. z. B. Ca 6/328.

116 Ca 6/251. Damit befindet sich K. in Übereinstimmung mit M. Tindal, der auch gegen die indifferenten Religionshandlungen streitet: „Wenn man der Vernunft folgen will; so kan man keine unnöthige Dinge in der Religion zulassen: soll aber die Vernunft nichts dabey zu sagen haben; so möchte ich wissen, wo wir endlich festen Fuß fassen wolten? Wenn die Leute einmal überredet sind, daß sie glauben, solche Dinge wären für etwas gut: so sind sie gleich geneigt zu glauben, sie wären für alles gut. Zum wenigsten wird es niemals an Vorwand fehlen zu noch tausend andern Dingen von dieser Beschaffenheit …" (TINDAL, dt. a. a. O. 237). vgl. zu diesem Text Ca 6/322.

117 Ca 6/328; vgl. auch Ca 6/317, 319.

118 Ca 6/302 Anm., 349.

119 Z. B. Ca 6/324.

120 Z. B. Ca 6/192.

121 Ak 27, 1/328.

Natürlich wird Kant von den ihn beschäftigenden religiösen Fragen aus nach einer wissenschaftlichen Bewältigung Ausschau gehalten haben. Aber schon während seiner Gymnasialzeit mußte er erleben, mit welch üblen Methoden verschiedene theologische Schulen und Richtungen einander zu bekämpfen imstande waren unter dem Vorwand dogmatischer Überzeugungen, worunter sein verehrter Lehrer Schultz besonders zu leiden hatte[122]. Daß man damals (übrigens auch auf katholischer Seite) Kontroverstheologie als „Theologia polemica" bezeichnete, konnte von hier aus gesehen als bezeichnend empfunden werden. Während Kant auf der Universität studierte, erschien ein 5bändiges Werk STAPFERS mit dem Titel *Institutiones theologiae polemicae universae ordine scientifico dispositae*, das Kant nicht unbekannt geblieben sein dürfte[123], zumal die theologische Vorlesung, die er bei SCHULTZ hörte, in den Universitätsunterlagen als *Collegium Thetico-polemicum et morale*[124] ausgewiesen war. Ein sehr viel älteres Handbuch der Kontroverstheologie, das lange im Universitätsbereich benutzt worden ist, stellte die gegnerischen Positionen links und rechts als Thesis und Antithesis einander gegenüber[125], ähnlich wie Kant das später mit seinem vierfachen Widerstreit der Antinomie der reinen Vernunft unter der Überschrift „Antithetik der reinen Vernunft" unternehmen sollte[126]. Insgesamt genommen wird jedoch Kant bei dem Wirrwarr

---

122   vgl. ThPh 50 (1975) 30; [hier: Kap. 1, p. 38]

123   (Tiguri MDCCXLIII). vgl. BOHATEC, a. a. O. 176. Es werden sich aber noch andere Berührungspunkte nennen lassen, wie z. B. die Relativierung der Zeremonien (I 440-446), die Allgenügsamkeit Gottes (I 121 gegenüber Ca 2/151) oder die Lehre über die Fundamentalartikel der Religion (I 513-550).

124   G. HOLLMANN, *Prolegomena zur Genesis der Religionsphilosophie Kants,* in: Altpreuß. Monatsschrift 36 (1899)1-73, hier: 52.

125   vgl. N. HINSKE, *Kants Begriff der Antithetik und seine Herkunft aus der protestantischen Kontroverstheologie des 17. und 18. Jahrhunderts. Über eine unbemerkt gebliebene Quelle der Kantischen Antinomielehre,* in: Archivf. Begriffsgeschichte XVI (1972) 48-59; knappe Zusammenfassung schon ThPh 50 (1975) 28 ff [hier Kap. I, p. 43f]. Gemeint ist *Collatio doctrinae pontificiorum et protestantium* von J. W. BAIER (Jena 1686), die zusammen mit dem wohl durch F. A. Schultz vermittelten Gedankengut P. Antons (1661-1730) „einen der frühesten Gedankenstränge" darstellt für Kant, der „theologischer Herkunft" (HINSKE, a. a. O. 49) ist. Hier wurden Anstöße gegeben und weitervermittelt, die weit über K.s Dialektik hinausreichen und durch den Hegelschen Idealismus und den dialektischen Materialismus ihren Weg zu uns gefunden haben.

der theologischen Polemiken, bei denen auch die Widerlegung der Widerlegung keinen der Widerlegten je überzeugte[127] – für A. Collins der Ansatzpunkt für sein Plädoyer zugunsten der Notwendigkeit des „Freidenkens"[128] –, keine Aussicht haben entdecken können, innerhalb der Theologie Boden unter die Füße zu bekommen. Seine Bestimmung des *Widerlegen(s)* als „die Geschicklichkeit", „einander das Nichtwissen zu demonstrieren"[129], dürfte nicht ohne Bezug auf diese Situation sein.

Aber auch auf dem Gebiet der Philosophie, die ja den Anspruch vertrat, sichere Grunderkenntnisse zu bieten, scheint er die Lage nicht für besser gehalten zu haben. Nach einer gewissen Orientierungszeit, worauf sein Interesse für „alle(n) Wissenschaften" schließen läßt[130], wird er ein ähnliches Unbehagen

126 Z. B. Ca 3/306-7, 312-13 usw.

127 Weil die Parteilichkeit die Argumentation und nicht umgekehrt die Argumente den Standort bestimmten, ein Phänomen, das sich heute sehr gut an manchen politischen Auseinandersetzungen exemplifizieren läßt. Besonders hitzig ging es damals in England zu, worüber das *Freydenker-Lexicon oder Einleitung in die Geschichte der neuern Freygeister ihrer Schriften, und deren Widerlegungen. Nebst einem Nachtrage ...* (Leipzig u. Bernburg 1759, Nachdr., hrsg. v. F. Venturi [Monum. pol. et phil. rariora Ser. I, Num. 2] – Torino 1960) von J. A. Trinius einen guten Überblick vermittelt. Ironisch formuliert J. Toland sein Unbehagen, daß Prediger gern ihre eigenen Einfälle „für die Orakel Gottes selbst" ausgeben: „Obwohl jede Sekte behaupten wird, das treffe auf ihre Lehre nicht zu – und auch wir, Serena, wissen, daß es auf die Reformierte Religion, zu der wir uns bekennen, nicht zutrifft–, so beweisen die anderen mit unwiderlegbaren Argumenten, daß es für alle übrigen Sekten doch zutrifft. Denn es ist unmöglich, daß sie alle recht haben oder daß mehr als einer von ihnen im Recht ist..." *(Briefe an Serena / über den Aberglauben / über Materie und Bewegung*, hrsg. u. eingel. v. E. Pracht, übers. v. G. Wichmann [Berlin 1959] 33). A. Collins, a. a. O. 109f.: „The Priests do not study Divinity properly so call'd, but only how to maintain a certain System of Divinity. Thus the Popish, Mahometan, Lutheran, and Presbyterian Priests, study their several Systems." Von diesem Buch gab es eine französische Übersetzung (1714, 1717 und 1766), die in Deutschland sehr verbreitet war (vgl. G. V. Lechler, *Geschichte des englischen Deismus* [Tübingen 1841, Nachdr. mit e. Vorwort u. bibl. Hinw. v. G. Gawlick – Hildesheim 1965] 230 Anm.).

128 a. a. O. ab S.46.

129 Ca 2/343.

130 Reicke, a. a. O. 50. – Interessant ist in diesem Zusammenhang die Feststellung M. Wundts, daß J. D. Kypke, „der 1727-58 den Lehrstuhl für Logik und Metaphysik innehatte", „wesentlich theologisch interessiert" war (M. Wundt, *Die deutsche Schulphilosophie*

empfunden haben, wie er es schon bei F. Bacon[131] und R. Descartes[132] beschrieben finden konnte: überall Kontroversen, die in den Schulen tradiert wurden, und keine angemessene Methode, um damit fertig zu werden. Was ROUSSEAU in seinem *Émile* gegen die Philosophen schrieb[133], wird Kants volle Zustimmung gefunden haben. 1765 sprach er dann selbst in einem Brief an J. H. Lambert von der „zerstöhrende(n) Uneinigkeit der vermeinten Philosophen", „weil gar kein gemeines Richtmaas da ist ihre Bemühungen einstimmig zu machen", und von seinem damit zusammenhängenden Plan, in einem künftigen größeren Werk dieses Problem zu bewältigen[134]. Auch die Wolffsche Philosophie machte für ihn keine Ausnahme: Ch. Wolff, den Kant den „größten unter allen dogmatischen Philosophen" nannte[135], gehörte für ihn dennoch zusammen mit Ch. A. Crusius, dem er selbst wichtige Impulse verdankte[136],

im Zeitalter der Aufklärung, in: Heidelb. Abhdln. z. Phil. u. ihrer Gesch. 32 [Tübingen 1945, Nachdr. Olms Paperbacks 4, Hildesheim 1964] 209).

131 F. BACON, a. a. O. VII 24: „Praeterea, si hujusmodi scientiae plane res mortua non essent, id minime videtur eventurum fuisse, quod per multa jam secula usu venit; ut illae suis immotae fere haereant vestigiis, nec incrementa genere humano digna sumant: eo usque, ut saepenumero non solum assertio maneat assertio, sed etiam quaestio maneat quaestio, et per disputationes non solvatur, sed figatur et alatur; omnisque traditio et successio disciplinarum repraesentet et exhibeat personas magistri et auditoris, non inventoris, et ejus, qui inventis aliquid eximium adjiciat."

132 *Discours de la Méthode – Von der Methode des richtigen Vernunftgebrauchs und der wissenschaftlichen Forschung,* übers. u. hrsg. v. L. Gäbe (Phil. Bibl. 261) (Hamburg 1964) 14: „Je ne dirai rien de la philosophie, sinon que, voyant qu'elle a été cultivée par les plus excellents esprits qui aient vécu depuis plusieurs siècles, et que néanmoins il ne s'y trouve encore aucune chose dont on ne dispute, et par conséquent qui ne soit douteuse, je n'avais point assez de présomption pour espérer d'y rencontrer mieux que les autres."

133 a. a. O. III 25f.: „Je consultai les Philosophes, je feuilletai leurs livres, j'examinai leurs diverses opinions; je les trouvai tous fiers, affirmatifs, dogmatiques, même dans leur scepticisme prétendu, n'ignorant rien, ne prouvant rien, se moquant les uns des autres, & ce point, commun à tous, me parut le seul sur lequel ils ont tous raison. Triomphans quand ils attaquent, ils sont sans vigueur en se défendant."

134 Ca 9/47.

135 Ca 3/28.

136 vgl. H. HEIMSOETH, *Studien zur Philosophie Immanuel Kants. Metaphysische Ursprünge und Ontologische Grundlagen* (KSt ErgH 71) (Köln 1956) 125-188: *Metaphysik und Kritik bei Chr. A. Crusius. Ein Beitrag zur ontologischen Vorgeschichte der Kritik der reinen*

zu den *„Luftbaumeister(n)* der mancherlei Gedankenwelten", – Wolff, weil er
„die Ordnung der Dinge" „aus wenig Bauzeug der Erfahrung, aber mehr
erschlichenen Begriffen gezimmert", Crusius, weil er sie „durch die magische
Kraft einiger Sprüche vom *Denklichen* und *Undenklichen* aus Nichts hervorgebracht" habe[137]. Bei einer derartigen Einschätzung der Situation, die wir bei

> *Vernunft im 18. Jahrhundert;* G. TONELLI, *Elementi metodologici e metafisici in Kant dal*
> *1745 al 1768. Saggio di sociologia della conoscenza,* Vol. primo (Studi e Ricerche di Storia
> della Filosofia 29) (Torino 1959); DERS., *Einleitung* zu: Ch. A. Crusius, Die philosophischen
> Hauptwerke, 3 Bde., hrsg. v. G. Tonelli (Nachdr. d. Ausg. Leipzig 1744-1747 [Hildesheim
> 1964-1969]) I, VII-LII.

137 Ca 2/357. – M. W. ist bisher unbemerkt geblieben, daß der Ausdruck *Luftbaumeister* als
     Bezeichnung für Philosophen zurückweist auf das schon genannte *Mährgen von der*
     Tonne Swifts, wo es heißt: „Die Weise nun, deren sich die Philosophen aller Zeiten, zur
     Erlangung dieses Endzweks, bedienet, war diese, daß sie gewisse Gebäude in die Luft
     aufgeführet haben." (Sat. u. ernsth. Schriften v. D. J. Swift, Dritter Band, Zweyte Auflage
     [Hamburg u. Leipzig 1759] 61f.; in der ersten Auflage des dritten Bandes – auch seitengleich
     als Sonderausgabe erschienen unter dem Titel *Dr. J. Swifts Mährgen von der Tonne. Nebst*
     übrigen dazu gehörigen Schriften. Von neuem aus dem Engl. übers. – [Hamburg u. Leipzig
     1758] 65f.; in der schon zitierten Übersetzung von 1729 S. 43: „Zu diesem Ende haben
     die Weltweisen zu allen Zeiten, gewisse Gebäude in die Lufft aufgeführet." Originaltext:
     „To this End, the Philosopher's Way in all Ages has been by erecting certain Edifices in
     the Air"; zit. nach: J. SWIFT, *A Tale of a Tub. With Other Early Works 1696-1707,* Ed. by
     H. Davis [Oxford 1957] 33.) Im Zusammenhange damit stehen Swifts satirische Auslas-
     sungen über die Sekte der „Äolisten" (nach HERODOT *Lib.* 4) ([2]III ab 166; [1]III ab 179;
     1729: ab 160), eine breite Ausmalung seiner „Theorie" der Dünste, die in dem Fall, daß
     sie „nach oben" steigen, Prediger und Dichter inspirieren, oder auch durch Vernebelung
     des Gehirns zur Begründung ganzer philosophischer Systeme führen. Diese „Theorie"
     kommt an verschiedenen Stellen der Swiftschen Werke zur Sprache, z. B. im *Schreiben*
     an einen Freund, von der Mechanischen Erzeugung des Geistes. Ein Fragment ([2]III ab 296;
     [1]III ab 325, 1729/2 ab 65), oder in einer als Anhang zu der ebenfalls früh (1764) von K.
     zitierten Schrift *ΠΕΡΙ ΒΑΘΟΥΣ s. anti-sublime. Das ist: D. Swifts Neueste Dicht-Kunst,*
     Oder Kunst in der Poesie zu kriechen, mit Exempeln aus den Englischen Poeten erleutert,
     Nebst einem Vorschlage, wie das Aufnehmen dieser Poesie zu befördern sey. Aus d. Engl. ins
     Deutsche übersetzt (Leipzig 1733) beigebundenen Schrift mit dem Titel *Das im Menschen-*
     Koth gefundene Gold, Oder das große Geheimnis, Aus Des Menschen Unflath und Urin …
     (Hamburg 1731). J. Swift hat für seine „Theorie" selbst ein Vorbild in S. BUTLERS
     Hudibras gehabt, dessen hier gemeinte Stelle K. in den „Träumen eines Geistersehers"
     zitiert (Ca 2/364, Ak 2/348). Zu der sehr wahrscheinlich von K. benutzten Waserschen
     Übersetzung des „Hudibras" vgl. Ak 15/200f. Anm.; ihr genauer Titel: *Samuel Butlers*
     Hudibras, ein satyr. Gedicht wider die Schwermer und Independenten zur Zeit Carls des
     Ersten in neun Gesängen. Aus d. Engl. übers. M. hist. Anm. u. Kupfern vers. (Hamburg u.

Kant schon sehr früh ansetzen dürfen[138], konnte es kaum sinnvoll erscheinen, nun etwa in der Theologie oder auch in der Philosophie nur um so hartnäckiger im bisherigen Sinn weiterzumachen. Man mußte grundsätzlicher fragen und die herkömmlichen Selbstverständlichkeiten überprüfen. Es war an der Zeit, die Fundamente zu untersuchen, die gemeinsamen Voraussetzungen und die gemeinsamen Irrtümer aufzuspüren, von denen aus schließlich die vielen Sackgassen ihren Ausgang genommen hatten[139], um dadurch vielleicht den einzigen Weg zu finden, auf dem allein es gelingen könnte, wenn überhaupt, denkerisch legitim den schließlichen „Überschritt zum Übersinnlichen"[140] zu wagen.

Leipzig 1765). Dort wird als Parallele (Vorbild? Nachdichtung?) zu der von K. (sehr frei) zitierten Stelle ein lat. Vierzeiler aus Hexametern (von Harmer) angeführt. In der Übers. heißt es dann übrigens weiter: „eben so werden Speculationen, die über ihren rechten und Nutzen schaffenden Zwek hinauszielen, ungeachtet der großen und außerordentlichen Entdekungen weit entfernter Dinge, welche sie versprechen, zu lautern Grillen und eiteln Träumen, die nicht wenig nach der Narrheit riechen" (S. 293).

138 vgl. N. Hinske, *Kants Weg zur Transzendentalphilosophie. Der dreißigjährige Kant* (Stgt-Bln-Kln-Mz 1970) 120: „Diese frühzeitige Betonung des Methodenproblems kommt nun keineswegs von ungefähr. Sie scheint vielmehr eine Art *Gegenbewegung* zu der Beunruhigung durch die Lage der Metaphysik zu sein und spielt bei der Ausarbeitung der späteren Transzendentalphilosophie eine bestimmende Rolle."

139 Ganz ähnliche Überlegungen hatte schon Ch. Wolff zu Beginn seines Studiums angestellt: „Weil ich aber da unter den Catholicken lebte und den Eifer der Lutheraner und Catholicken gegen einander gleich von meiner ersten Kindheit an wahrnahm, dabey merckte, daß ein ieder Recht zu haben vermeinete; so lag mir immer im Sinne, ob es dann nicht möglich sey, die Wahrheit in der Theologie so deutlich zu zeigen, daß sie keinen Wiederspruch leide. Wie ich nun nach diesem hörete, daß die Mathematici ihre Sachen so gewis erwiesen, daß ein jeder dieselben vor wahr erkennen müsse, so war ich begierig die Mathematik methodi gratia zu erlernen, um mich zu befleissigen, die Theologie auf unwiedersprechliche Gewisheit zu bringen; da aber auch hörete, es fehlete noch die Philosophia practica und Dürrii Theologia moralis, welche damahlen im Schwange war, wäre ein dürres und mageres Werck, so setzte mir auch vor die Philosophiam und Theologiam moralen auszuarbeiten. Hierinnen bestärkte mich Herr Neumann, der den Nutzen der mathematischen Methode in der Theologie und Moral anprieß, ..." *(Ch. Wolffs eigene Lebensbeschreibung, hrsg. m. e. Abhdlg über Wolff v.* H. Wuttke [Leipzig 1841] 120-122).

140 Ca 8/276: „Der Metaphysik drittes Stadium. Praktisch-dogmatischer Überschritt zum Übersinnlichen".

Damit wäre in einem zweiten Schritt angedeutet, wie trotz oder gerade wegen seines theologischen Interesses Kants Weg zur Philosophie führen konnte. Was zunächst als bloßer psychologischer Rationalisierungsprozeß erscheinen mochte, erwies sich im Laufe der Zeit als etwas sehr viel Umfassenderes, nämlich als die biographische Erlebensgrundlage aller Philosophie überhaupt, die sich als individuelle Erfahrung jedem begrifflichen Zugriff von außen letzten Endes entzieht[141]. In einem dritten Schritt soll deshalb vom Werk des Philosophen ausgegangen werden, um zu sehen, was sich dort von den vermuteten Impulsen niedergeschlagen hat.

Zunächst ist dabei nach Kants persönlicher Religiosität zu fragen, wie sie sich, wenn auch mit großer Zurückhaltung (entsprechend der „Flucht nach innen") in seinen Schriften ausdrückt[142]. Es lassen sich hier drei Eigentümlichkeiten der Religion Kants angeben, die für unsere Fragestellung von Bedeutung sind.

An erster Stelle ist das starke Erhabenheitserleben angesichts der Unermeßlichkeit des Universums zu nennen, das von H. Schmalenbach besonders herausgestellt wird. Der sonst so kühle Kant spricht von Verwunderung, edlem Erstaunen[143], ja sogar von Entzückung[144], und zwar keineswegs

---

141 vgl. N. Hinske, *Das Thema der Philosophie* (Trierer Universitätsreden 1) (Trier 1975) 47: „Die Philosophie kann nicht mehr, als die Antwort die das Leben selbst gibt, auf die Ebene des Begriffs zu heben und auf ihre Tragfähigkeit hin zu überprüfen. Sie bleibt, auch was die Frage nach dem Ganzen des individuellen Lebens betrifft, auf jenes Wissen angewiesen, das an die Biographie des Einzelnen gebunden ist. Wo sie es aufgrund eines einseitigen Wissenschaftsbegriffs aus ihren Überlegungen ausklammert, wird sie an der Sinnfrage scheitern, sie am Ende gar als ‚Scheinfrage' ‚widerlegen', um im Schatten der Einzelwissenschaften wie der Ideologien ein esoterisches Dasein zu fristen."

142 vgl. zu dieser Frage: P. Kalweit, *Kants Stellung zur Kirche* (Schriften d. Synodalkomm.f. ostpr. Kirchengesch. 2) (Königsberg 1904); W. Boette, *Kants Religion* (Pädagog. Magazin H. 780) (Langensalza 1920); K. Vorländer, *Imm. Kant. Der Mann und das Werk,* 2 Bde. (Leipzig 1924); H. Schmalenbach, *Die religiösen Hintergründe der kantischen Philosophie,* in: Bl.f. Dt. Phil. 1 (1927/28) 29-60, 189-226; H. Rust, *Kant und das Erbe des Protestantismus. Ein Beitrag zu der Frage nach dem Verhältnis von Idealismus und Christentum* (Gotha 1928); H. Schmalenbach, *Kants Religion* (Sonderhefte d. Dt. Phil. Gesellschaft 1) (Berlin 1929); H. Noack, *Einleitung* zu: Immanuel Kant, Die Religion innerhalb der Grenzen der bloßen Vernunft, hrsg. v. K. Vorländer (Phil. Bibl. 45) (Hamburg 1956); O. Reboul, *Kant et la Religion,* in: RevHistPhRel 50 (1970) 137-153.

---

im pantheistischen Sinn (so Schmalenbach), sondern von Anfang an im Hinblick auf einen unendlichen, aber persönlichen Schöpfergott, der der Urheber
auch der Materie und nicht etwa bloß der Ordnung ist[145], was anzunehmen
ein „beträchtliche(r) Fehler" wäre und die Gefahr eines „feineren Atheismus"
in sich schlösse[146]. Der unendliche Raum ist für ihn erfüllt mit der Gegenwart
Gottes[147], der seine Vollkommenheiten in allen Stufen der Vielfalt des Geschaffenen offenbart[148] und den Betrachter „so mannigfaltiger Schönheit"
und Harmonie dazu bringt, „diejenige Macht zu bewundern und anzubeten,
in deren ewigen Grundquelle die Wesen der Dinge zu einem vortrefflichen
Plane gleichsam bereit darliegen"[149]. So heißt es schon in der „Allgemeine(n)
Naturgeschichte" (1755): „In der Tat, wenn man mit solchen Betrachtungen
… sein Gemüt erfüllet hat, so gibt der Anblick eines bestirnten Himmels bei
einer heitern Nacht eine Art des Vergnügens, welches nur edle Seelen empfinden. Bei der allgemeinen Stille der Natur und der Ruhe der Sinne redet das
verborgene Erkenntnisvermögen des unsterblichen Geistes eine unnennbare
Sprache und gibt unausgewickelte Begriffe, die sich wohl empfinden, aber
nicht beschreiben lassen."[150] Die Unnennbarkeit und Unausdrückbarkeit dieser
gleichzeitig unleugbar realen Begriffe sollte ihn sein Leben lang beschäftigen.
    Aus dieser Perspektive heraus wird das Maß alles Irdischen gewonnen[151]:

---

143 Ca 1/258 und 315; vgl. auch 1/255, 309.

144 Ca 1/309; vgl. auch 1/258.

145 Ca 2/129, 134, 425. Der Begriff des eigentlichen Schöpfers ergibt sich, wenn man nach
     dem Grund der Möglichkeit der Dinge fragt (Ca 2/132). „Das Ganze der Welt ist an sich
     selbst Nichts, außer insoferne es durch den Willen eines andern Etwas ist" (Ca 2/235).

146 Ca 2/129.

147 Ca 1/316.

148 Ca 1/367.

149 Ca 2/140.

150 Ca 1/369; vgl. auch Ca 2/247.

151 vgl. Ca 2/320f. Hierher gehört auch K.s Vorliebe für den englischen Dichter Alexander
     Pope, den er in seinen Schriften öfters zitiert. vgl. dazu G. Tonelli (*Elementi*) 203;
     ders., *Kant, dall'Estetica metafisica all'Estetica psicoempirica. Studi sulla genesi del criticismo
     (1754-1771) e sulle sue fonti*, in: Memorie dell'Academia delle Scienze di Torino, Ser. III,
     Tom. 3, Parte 2ª (Torino 1955) 135.

Wir Menschen sind nur „Fremdlinge"[152] auf Erden, und nicht dazu da, „um auf dieser Schaubühne der Eitelkeit ewige Hütten zu bauen", weil unser „Leben ein weit edleres Ziel hat"[153]; hier ist es bloß eine Brücke „über einen Teil des Abgrundes der Ewigkeit"[154]. Darum kann diese Welt für den Menschen als „Tummelplatz seiner Begierden billig nicht das Ziel aller seiner Absichten enthalten"[155]. Wer sich darüber im unklaren ist, läuft „Wasserblasen", „Träumereien", „Einbildungen" und „Bilder(n) der Zauberlaterne" nach und lebt in einer „Welt der Fabeln", die er sich selbst geschaffen hat, bis der Tod „dieses Schattenspiel schließt"[156].

Die zweite Eigentümlichkeit der Kantschen Religiosität ist das Erhabenheitserleben einer Unendlichkeit nach innen, die „nicht auf Bedingungen und Grenzen dieses Lebens eingeschränkt ist"[157] und sich im *„moralische(n) Gesetz in mir"*[158] kundtut. Dabei ist zu beachten, daß Kant die Moral zunächst auf „ein unauflösliche(s) *Gefühl* des Guten"[159] zurückführte, ohne sich seiner Sache dabei aber schon sicher zu sein. Erst später in der kritischen Zeit wird die gefühlsmäßig *„empfundene Abhängigkeit* des Privatwillens vom allgemeinen Willen"[160] als in der Natur der Vernunft verankerter, apriorisch vor aller Erfahrung gegebener Begriff der reinen, aber praktischen Vernunft beschrieben, der jedes Vernunftwesen in gleichem Maße betrifft[161].

---

152 Ca 1/467.

153 Ca 1/472. vgl. den letzten Brief J. LOCKES an A. Collins: „… daß dieses Leben eine Scene der Eitelkeit ist, die schnell vergeht und keine gediegene Befriedigung gewährt ausser in dem Bewustseyn, recht zu handeln, und in der Hoffnung eines andern Lebens" (1704, zit. nach LECHLER, a. a. O. 219).

154 Ca 2/41.

155 Ca 1/441.

156 Ca 2/43.

157 Ca 5/175.

158 Ca 5/174.

159 Ca 2/201.

160 Ca 2/350, zunächst vorgestellt „als die Folge einer wahrhaftig tätigen Kraft", die „in der Welt aller denkenden Naturen" auf *„moralische Einheit* und systematische Verfassung nach bloß geistigen Gesetzen" hindrängt, ähnlich wie die Newtonsche Gravitation einen allgemeinen Zusammenhang in der materiellen Welt bewirkt.

Insofern entspricht es „der Idee der *Würde* eines vernünftigen Wesens", „keinem Gesetze" zu gehorchen „als dem, das es zugleich selbst gibt"[162]. Erst die nicht notwendige Übereinstimmung des „nicht schlechterdings guten Willens" mit dem Gesetz der Vernunftautonomie bedingt die Verbindlichkeit einer zu bewirkenden Übereinstimmung als objektive, aber praktische Notwendigkeit, d. h. als Pflicht[163], die auch in diesem, nämlich unserem, Fall ein unableitbar ursprünglich Gegebenes ist, ein „Factum der reinen Vernunft", das „sich für sich selbst uns aufdringt"[164]. Aus dem moralischen Gesetz als der „ratio cognoscendi" der Freiheit läßt sich diese als seine Möglichkeitsbedingung („ratio essendi") erschließen[165]. Damit wird die Idee der Freiheit zur Einbruchsstelle des „mundus intelligibilis" in unsere Erfahrungswelt[166], weil sie als transzendentale die Unabhängigkeit der Vernunft vom Ursachenzusammenhang der Sinnenwelt fordert[167] und als Schlüsselbegriff dient, um als „Bedingungen des notwendigen Objekts eines durch dieses Gesetz bestimmten Willens" die Ideen

---

161 Ca 4/268f.

162 Ca 4/293.

163 Ca 4/298, 293.

164 Ca 5/36.

165 Ca 5/4 Anm.

166 Freiheit, als transzendentales Prädikat genommen, führt zur „herrliche(n) Eröffnung" „einer intelligibelen Welt durch Realisierung des sonst transszendenten Begriffs der Freiheit" (Ca 5/103); darum ist es „eigentlich der Begrif der Freiheit", „der unter allen Ideen der reinen spekulativen Vernunft allein so große Erweiterung im Felde des Übersinnlichen, wenngleich nur in Ansehung des praktischen Erkenntnisses verschafft" (Ca 5/113). „Eröffnung" und „Erweiterung" bezeichnen dabei nur die neue, kritische Weise des Zugangs zur Welt der geistigen Naturen, die für K. bis dahin durchaus Gegenstand seiner Überzeugung und sogar einer metaphysischen Hypothese war: das kritische Denken holt das metaphysische Denken ein und reinigt es von allen Versuchungen des Überschwangs. vgl. dazu: G. Tonelli, *Kant's Ethics as a part of Metaphysics: a possible Newtonian Suggestion? with some Comments on Kant's 'Dreams of a Seer'*, in: Philosophy and the Civilizing Arts. Essays Presented to H. W. Schneider, Ed. by C. Walton and J. P. Anton (Ohio UP/ Athens 1975) 236-263. vgl. allgemein dazu: W. Teichner, *Die intelligible Welt. Ein Problem der theoretischen und praktischen Philosophie I. Kants* (Monogr. z. phil. Forsch. 46) (Meisenheim/Glan 1967) G. Antonopoulos, *Der Mensch als Bürger zweier Welten. Beiträge zur Entwickiungsgeschichte von Kants Philosophie* (Diss. Kln 1956) (Athen 1957).

167 Ca 3/539.

von Gott und Unsterblichkeit in praktischer Absicht als Postulate abzuleiten[168]. Von hier aus führt der Weg zur *„Religion, d. i. zur Erkenntnis aller Pflichten als göttlicher Gebote"*[169]: das beständige Weiterfragen erreicht geläutert seinen Ursprung. „Denn nichts ehrt Gott mehr als das, was das Schätzbarste in der Welt ist, die Achtung für sein Gebot, die Beobachtung der heiligen Pflicht, die uns sein Gesetz auferlegt, wenn seine herrliche Anstalt dazukommt, eine solche schöne Ordnung mit angemessener Glückseligkeit zu krönen."[170] Diese besondere Stellung des Sittengesetzes rechtfertigt auch hier die Ausdrücke der Achtung und Bewunderung einer unbegreiflichen Erhabenheit[171] und andererseits die vorrangige Forderung der Redlichkeit und Wahrhaftigkeit[172], die Kant in der Gestalt des Hiob dargestellt findet, den er unter dieser Rücksicht oft erwähnt und für sich selbst als eine Art von Vorbild ansieht. Von hier aus lassen sich vielfache Beziehungen zum Tenor seiner Philosophie erkennen.

Es läßt sich nicht bestreiten, daß diese eher alttestamentlich-herbe Nüchternheit Kants, die an das Buch Kohelet („Vanitas vanitatum, et omnia vanitas" 1, 2) erinnert und wie Hiob imstande ist, von „Dankbegierde gegen das höchste Wesen", „das selbst alsdenn, wenn es züchtigt, verehrungs- und liebenswürdig ist"[173], zu sprechen, bei weitem die Oberhand in seinem Werke hat. Dennoch, und das ist die dritte Eigentümlichkeit, lebte er, soweit er das irgend persönlich nachzuvollziehen vermochte (und in diesem Sinne in einer „eigentümlichen" Weise) aus der Kraft der Botschaft des Neuen Testaments, auch wenn Dogmatiker gegen seine weitgehend „entmythologisierende" Hermeneutik vieles einzuwenden haben[174]. Nicht allein, daß Kant das Christentum

---

168 Ca 5/115.

169 Ca 5/140.

170 Ca 5/142.

171 Ca 6/189; 7/370.

172 Ca 6/341 Anm.; Ak 18/604; 19/145.

173 Ca 1/470. vgl. dazu A. POPE, *Versuch vom Menschen*, in der Übers. von B. H. Brockes (Hamburg 1740), die K. benutzt hat: „Wie ist es möglich, daß man nicht sowohl des Himmels *Huld* empfinde, Als seine weise *Macht* zugleich, so wohl in dem, was Ihm gefällt, Uns zu zustehen, als nicht minder in dem, was Er uns vorenthält?" (S. 23).

174 vgl. J.-L. B R U C H, *La Philosophie religieuse de Kant* (Analyse et Raisons 11) (Aubier 1968) 257f., H. DE VOS, a.a.O. 7, 103f.; O. REBOUL, a.a.O. 144f. K.s Glaubensbekenntnis scheint

für „prinzipiell liebenswürdig" hält und über alle Maßen lobt; er rechnet sich in aller Selbstverständlichkeit selbst dazu, und es scheint, daß das fast vollständige Vermeiden des Namens „Jesus" und des zum Namen gewordenen Titels „Christus" in seinen Druckwerken zugunsten der verschiedenartigsten Umschreibungen eher auf ehrfürchtige und vielleicht sogar verletzlich-scheue Zurückhaltung als auf distanzierte Verlegenheit zurückzuführen ist[175]. Das läßt sich auch durch einen Brief an Borowski vom 24. Oktober 1792 stützen[176]. In der „Allgemeine(n) Naturgeschichte" von 1755 konnte er jedenfalls noch schreiben: „Eine Glückseligkeit, welche die Vernunft nicht einmal zu erwünschen sich erkühnen darf, lehrt uns die Offenbarung mit Überzeugung hoffen. Wenn denn die Fesseln, welche uns an die Eitelkeit der Kreaturen geknüpft halten, in dem Augenblicke, welcher zu der Verwandelung unsers Wesens

---

für ihn selbst auf die biblische Kurzformel gebracht werden zu können: „Ich glaube, lieber Herr, hilf meinem Unglauben." (Ca 6/340), die er auch in einem Brief an Fichte als „Mittelweg" vorschlägt und erläutert: „Ich glaube, lieber Herr! (d. i. ich nehme es gern an, ob ich es gleich weder mir noch andern hinreichend beweisen kann); hilf meinem Unglauben!' Das heißt den moralischen Glauben in Ansehung alles dessen, was ich aus der Wundergeschichtserzählung zu innerer Besserung für Nutzen ziehen kann, habe ich und wünsche auch den historischen, sofern dieser gleichfalls dazu beitragen könnte, zu besitzen. Mein unvorsätzlicher *Nichtglaube* ist kein vorsätzlicher *Unglaube*" (Ca 10/121).

175 Ca 6/422ff.; vgl.ThPh 50 (1975) 22f [hier Kap. I, p. 33f]. Die Behauptung W.Boettes, K. habe an der „Geschichtlichkeit des Bildes Christi gezweifelt", läßt sich nicht aufrechterhalten (a. a. O. 75). Wohl hat K. den historischen Bereich auch des N. T. als Philosoph weitgehend „auf sich beruhen" lassen (Ak 23/431), weil der zeitliche Abstand und die vermittelnde Gelehrsamkeit der Ausleger neben dem Zufälligen, das ohnehin den geschichtlichen Ereignissen eigen ist, zu viel Unsicherheitsfaktoren beinhalten, die seiner Vernunftreligion nicht anhaften (vgl. Ca 6/255-260). K.s Zurückhaltung ist viel eher mit seiner besonderen Hochschätzung des atl. Bilderverbotes („Vielleicht gibt es keine erhabenere Stelle im Gesetzbuche der Juden als das Gebot: Du sollst Dir kein Bildnis machen, noch irgendein Gleichnis ..." [Ca 5/347]) in Verbindung zu bringen, das ja wohl mit dem späteren ehrfurchtsvollen Nicht-Aussprechen des Jahwe-Namens zusammenhängen dürfte.

176 Ca 10/171: „Die Parallele, die ... zwischen der christlichen und der von mir entworfenen philosophischen Moral gezogen worden, könnte mit wenigen Worten dahin abgeändert werden, daß statt derer Namen, davon der eine geheiliget, der andere aber eines armen ihn nach Vermögen auslegenden Stümpers ist, dieses nur eben angeführten Ausdrücke gebraucht würden ..."

bestimmt worden, abgefallen sind, so wird der unsterbliche Geist, von der Abhängigkeit der endlichen Dinge befreit, in der Gemeinschaft mit dem unendlichen Wesen den Genuß der wahren Glückseligkeit finden.“[177] Diesen Zustand kann der Mensch schon im voraus „mit einer süßen Hoffnung“ kosten, woraus jene „ruhige Heiterkeit der Seele“ entspringt, „der keine Zufälle mehr unerwartet sind“[178]. So deutet alles darauf hin, daß er solche ganz persönlichen Erfahrungen meint, wenn er 1766 an Moses Mendelssohn schreibt: „Zwar dencke ich vieles mit der allerklärresten Überzeugung und zu meiner großen Zufriedenheit was ich niemals den Muth haben werde zu sagen; niemals aber werde ich etwas sagen, was ich nicht dencke.“[179] Äußerungen dieser Art lassen darauf schließen, daß ihm seine religiöse Überzeugung einen starken inneren Rückhalt geboten hat[180]. Auch wenn er später konkrete Erscheinungs-

---

177   Ca 1/324 (dazu: 1 Kor 2, 9 nach Is 64, 4, ein Bezug, der weder von v. KÜGELGEN noch von VORLÄNDER *[Einleitung]* angegeben wurde).

178   Ca 1/325 und Ca 2/41. Es könnte auch auf K. selbst zutreffen, was er seinen Eltern nachrühmte, daß sie nämlich „das Höchste“ besaßen, „was ein Mensch besitzen kann, jene Ruhe, jene Heiterkeit, jenen innern Frieden, die durch keine Leidenschaft beunruhigt wurden“ (RINK, a. a. O. 14). Eine Andeutung in dieser Richtung mag auch die Bemerkung in einem Brief an M. Herz (v. 20. Aug. 1777) enthalten, daß er mit seinem „Antheil an den Glücksgütern völlig zufrieden“ sei (Ca 9/158).

179   Ca 9/56.

180   Von hier aus läßt sich auch eine alte Kontroverse einigermaßen einordnen, auf die mich Herr Prof. N. Hinske (Trier) aufmerksam machte. C. DU PREL gab 1889 (Leipzig) „*I. Kants Vorlesungen über Psychologie*“ (= aus den Vorlesungen über Metaphysik nach Pölitz [Erfurt 1821]) neu heraus und versah sie mit einer Einleitung: „*Kants mystische Weltanschauung*“ (Neuaufl. mit Vorwort v. Th. Weimann Pforzheim 1964). Du Prel war sehr an einer „mystischen Philosophie“ interessiert, die sich die Erforschung okkulter und spiritistischer Phänomene zur Aufgabe gemacht hatte (also der Parapsychologie in unserem Sprachgebrauch). Er glaubte in K. schon aufgrund der „Träume eines Geistersehers“ und des Briefes an Ch. v. Knobloch einen Bundesgenossen gefunden zu haben und sah sich darin vollends bestätigt, als ihm die Vorlesung über Psychologie in die Hände fiel. Aufgrund einer Übereinstimmung in 10 Lehrpunkten, die er feststellen zu können glaubte, betrachtete er K. als Vertreter einer „Mystik“ in seinem Sinne (63). Aber er gestand auch Unterschiede zu: ‚Negierend, oder wenigstens skeptisch ist Kant in Bezug auf das Hereinragen der Geisterwelt in die unsere, welches der heutige Spiritismus lehrt; dagegen unterliegt für Kant das Hineinragen des Menschen in die Geisterwelt nicht dem mindesten Zweifel …“ (15). Gegen diese Kantauslegung wandte sich P. VON LIND mit seinem Buch *Kants mystische Weltanschauung, ein Wahn der modernen Mystik. Eine*

Widerlegung der Dr. C. du Prel'schen Einleitung zu Kants Psychologie (München o. J.
[1892]), indem er das Steuer nun vollends in die Gegenrichtung herumwarf und damit
des Guten zuviel tat. Denn als gläubigem Menschen war K. eine „andere Welt" als ein
Jenseits „geistiger (-e) Anschauung" durchaus vertraut (bei PÖLITZ 155f.). Deshalb lehnte
er auch metaphysische „Träumereien" über diese Frage nicht rundweg ab, und er stimmt
auch E. Swedenborg insofern zu, als dieser einen *mundus intelligibilis* als ein reales Universum vertrat, der vom *mundus sensibilis* unterschieden sei (PÖLITZ 257). Für die Hypothese einer unter sich unmittelbar zusammenwirkenden Geisterwelt hat G. TONELLI
noch verschiedene andere Autoren namhaft gemacht, auf die K. sich stützen konnte, so
besonders J. P. Eberhard (der eine Theorie von G. Cheines referiert), A. G. Baumgarten,
G. F. Meier und J. E. Gunner *(Kant's Ethics 247-252).* Freilich ist der kritisch gefilterte
„mundus intelligibilis" K.s kaum mehr im Sinne du Prels zu verwenden, aber die kritische
Spitze schlug in K.s Vorlesungen (ad usum Delphini) nicht immer ganz durch. Dennoch
kommt auch die Psychologievorlesung zu dem Schluß, daß ein allzu angelegentliches
Sich-Beschäftigen mit der künftigen Welt dem Menschen abträglich ist, weil dies nicht
unsere irdische Bestimmung sei: „Die Vorsehung hat uns die künftige Welt verschlossen,
und uns nur eine kleine Hoffnung übrig gelassen, die hinreichend genug ist, uns dazu zu
bewegen, *uns derselben würdig zu machen;* welches wir nicht so eifrig thun würden, wenn
wir die künftige Welt schon zum Voraus kennten" (PÖLITZ 261). – L. GOLDSCHMIDT
stritt in seiner Abhandlung *Kants 'Privatmeinungen' über das Jenseits und Die Kant-Ausgabe
der Königl. preuß. AkadWiss. Ein Protest* (Gotha 1905) gegen den Versuch, K. „Mystik
anzuheften", den er hinter der von der Akademieausgabe vorgenommenen Änderung
„keine" in „reine Privatmeinungen" (Ak 3/509) vermutete (bes. 54f.). – Neuerdings hat
W. A. SCHULZE *(Das Johannesevangelium im deutschen Idealismus,* in: ZPhForsch XVIII
[1964] 85-118) auf einen anderen Zugang zu dieser Frage verwiesen. Bekanntlich hat K.
im „Streit der Fakultäten" einen Brief C. A. Willmans' als Anhang abgedruckt unter der
Überschrift: „Von einer reinen Mystik in der Religion", worin von gewissen „Separatisten"
die Rede ist, die sich „Mystiker" nannten und „alles verwarfen, was Gottesdienst heißt",
ohne daß sich K. jedoch mit den vergleichenden Anspielungen des Verfassers identifizieren
wollte (Ca 7/381-387). Ein gewisses sympathisierendes Wohlwollen dieser Parallelisierung
gegenüber wird man indes unterstellen dürfen, obwohl K. sechs Jahre später Mystik als
„das gerade Gegentheil aller Philosophie" (Ak 8/441, vgl. auch die Entwürfe dazu in Ak
23/467f. und bei D. HENRICH, *Zu Kants Begriff der Philosophie. Eine Edition und eine
Fragestellung,* in: Kritik und Metaphysik. Studien H. Heimsoeth zum 80. Geb. [Berlin
1966] 40-59) bezeichnet hat. (vgl. auch die Notiz von 1799 zu diesem Thema [Ak
19/648]: „Willmans konnte allenfalls zur Absicht haben, das eine so wie das andere
Prinzip durch die Entgegensetzung zweier Theorien – sich beyde zernichten zu lassen."
Mystik also als möglicher Weg?) Schulze glaubt darin allerdings nur eine mögliche Brücke
für die jüngeren Kantianer zu erkennen, sich der Mystik zuzuwenden. Darüberhinaus
sieht er jedoch in K.s „Ablehnung des 'Geschichtsglaubens'" eine Gemeinsamkeit mit
den Mystikern. Eine interessante Überlegung! Will man indes nicht ins bloße Mutmaßen
verfallen, wird man begründeterweise von einer Mystik jedenfalls im religiösen Sinn bei

formen des Christentums kritisierte, dann tat er das sehr wahrscheinlich nicht, weil er sich diesem innerlich entfremdet hätte, sondern um das, was ihm daran als kostbarer Besitz galt, für sich selbst und andere vor Abnutzung und Veräußerlichung zu bewahren; denn „alles, auch das Erhabenste, verkleinert sich unter den Händen der Menschen, wenn sie die Idee desselben zu ihrem Gebrauch verwenden"[181]. Man kann annehmen, daß sich ihm gerade von hier aus eine kritische Distanz auftat, die ihn die bisherigen Anstrengungen der Theologie und auch der Metaphysik als unzulänglich und schal empfinden ließ.

Es ist ohne weiteres ersichtlich, daß die hier genannten drei besonderen Eigentümlichkeiten der persönlichen Religion Kants in direkter Beziehung zu den drei Ideen der reinen Vernunft stehen, die als Postulate der praktischen Vernunft wiederkehren und sich mit Hilfe der Urteilskraft auch für die spekulative Vernunft wenigstens in moralischer Rücksicht als real erwiesen[182], nämlich: Gott, Freiheit und Unsterblichkeit. Von ihnen gilt dann das bekannte Wort aus der „Kritik der Urteilskraft", sie seien „diejenigen Aufgaben, zu deren Auflösung alle Zurüstungen der Metaphysik, als ihrem letzten und alleinigen Zwecke, abzielen"[183]. Aber damit ist dem Gang der Darstellung schon vorgegriffen.

Zusammenfassend läßt sich sagen, daß Kant ungewollt seine ganz persönliche Religiosität charakterisiert, wenn er 1760 schreibt:

> K. nur sprechen können, wenn man darunter das Bewußtsein einer beglückenden Geborgenheit in Gott versteht, das der Worte nicht bedarf, sondern sie geradezu scheut, aber als Gesinnung zum „*Geist des Gebets*" wird, der 'ohne Unterlaß' in uns stattfinden kann und soll" (Ca 6/346), verbunden mit einer ausgeprägten und festen „Jenseits"-Hoffnung. vgl. auch die „Denkverse zu Ehren verstorbener Collegen" Ak 12/395-397. – J. G. Fichte erwähnt 1792 einen nicht erhaltenen Brief Kants, in dem dieser von „der Reise in eine andere Welt" gesprochen haben soll (Ca 10/170), und schreibt ein Jahr später an K. von „jener Welt, deren Hoffnung Sie so manchem, der keine andere hatte, und auch mir gegeben haben, ..." Ca 10/199).

181 Ca 6/146; vgl. auch 6/245.

182 vgl. Ca 5/554 Anm.; vgl. auch Ca 5/143. Damit soll gleichzeitig gezeigt sein, daß K. mit seiner Philosophie nicht nur einfach die „drei Dogmen der Aufklärung" (dieser Ausdruck bei K. Vorländer, *Philosophie der Neuzeit. Die Aufklärung* [Geschichte der Philos. V, rde 281-282] [Hamburg 1969] 51) übernommen hat.

183 Ca 5/555. vgl. auch Ca 3/536, 540.

„Unter diesen Betrachtungen richtet der Weise (aber wie selten findet sich ein solcher!) die Aufmerksamkeit vornehmlich auf seine große Bestimmung jenseits dem Grabe. Er verlieret die Verbindlichkeit nicht aus den Augen, die ihm der Posten auferlegt, auf welchen ihn hier die Vorsehung gesetzt hat. Vernünftig in seinen Entwürfen, aber ohne Eigensinn, zuversichtlich auf die Erfüllung seiner Hoffnung, aber ohne Ungeduld, bescheiden in Wünschen, ohne vorzuschreiben, vertrauend, ohne zu pochen, ist er eifrig in Leistung seiner Pflichten, aber bereit, mit einer christlichen Resignation sich in den Befehl des Höchsten zu ergeben, wenn es ihm gefällt, mitten unter allen diesen Bestrebungen ihn von der Bühne abzurufen, worauf er gestellet war. Wir finden die Wege der Vorsehung allemal weise und anbetungswürdig in denen Stücken, wo wir sie einigermaßen einsehen können; sollten sie es da nicht noch weit mehr sein, wo wir es nicht können?"[184].

Der letzte Satz kehrt in ganz ähnlicher Form 18 Jahre später (1788) in der KprV wieder[185] und kann damit als Bestätigung gelten, daß sich Kant in diesem Sinne wenigstens bis zu diesem Zeitpunkt treu geblieben ist. Wir dürfen annehmen, daß sich daran auch in der Spätzeit nichts mehr geändert hat[186]. Kant hielt ja die Religion nicht für einen bloßen Sektor des Lebens, sondern in aller Selbstverständlichkeit für das Sicheinlassen auf die umfassende Sinnfrage nach dem Ganzen der Welt und des Menschen überhaupt: weil es sonst nämlich einerlei wäre, „ob ein Mensch sich redlich oder falsch, billig oder gewalttätig verhalten habe"[187], wenn er doch „in den Schlund des zwecklosen Chaos der Materie"[188] zurückgeworfen wird. Wozu dann die Natur, die Kunst, der Mensch? Die Vernunft könnte sich dabei nicht beruhigen[189]. Darum, so heißt es in der KprV, „muß es befremden, daß gleichwohl die Philosophen alter sowohl als neuer Zeiten die Glückseligkeit mit der Tugend in ganz gezie-

---

184 Ca 2/44.

185 Ca 5/160.

186 vgl. Ak 19/649: „Es ist unmöglich, daß ein Mensch ohne Religion seines Lebens froh werde" (1799).

187 Ca 5/539.

188 Ca 5/533.

189 vgl. Ca 5/560.

mender Proportion schon *in diesem Leben* (in der Sinnenwelt) haben finden, oder sich ihrer bewußt zu sein haben überreden können."[190]

Ein Philosoph kann wohl versuchen, von seinem Glauben zu abstrahieren, aber diese Konstruktion wird nie vollständig gelingen. Kant hat einen methodisch korrekten Weg gesucht, um sozusagen „von unten her" zum Glauben aufzusteigen[191]. Obwohl er sich der dabei implizierten Probleme bewußt war und anderen „verdienstvolle(n) Männer(n)" ironisch ihren „Kunstgriff" vorwarf, aus dem „a posteriori" ein „a priori" zu machen[192], ist er selbst an einzelnen Stellen auch nicht immer der Gefahr einer Rückrationalisierung ganz entkommen. Nicht zuletzt durch eine Methodenunsicherheit dieser Art, die bis in die Wahl des Titels durchschlug[193], ist die Deutlichkeit und Geschlossenheit seiner Religionsschrift beeinträchtigt, so daß es kaum möglich ist, ohne Kenntnis seines kritischen Grundansatzes einen hermeneutisch angemessenen Zugang zu ihr zu finden[194], obwohl dieses Werk die Harmonie der Vernunftreligion mit dem biblischen Christentum darlegen soll[195]. O. Reboul

---

190 Ca 5/125f.

191 vgl. Ca 4/360: „Ein reiner Vernunftglaube ist also der Wegweiser oder Kompaß, wodurch der spekulative Denker sich auf seinen Vernunftstreifereien im Felde übersinnlicher Gegenstände orientieren, der Mensch von gemeiner, doch (moralisch) gesunder Vernunft aber seinen Weg, sowohl in theoretischer als praktischer Absicht dem ganzen Zwecke seiner Bestimmung völlig angemessen vorzeichnen kann; und dieser Vernunftglaube ist es auch, der jedem anderen Glauben, ja jeder Offenbarung zum Grunde gelegt werden muß."

192 Ca 2/374f.

193 vgl. dazu die verschiedenen Überlegungen in den Vorarbeiten Ak 23/91-97; 23/451; die Vorrede zur 2. Aufl. (Ca 6/150), den verbliebenen alten Innentitel *Der philosophischen Religionslehre Erstes Stück* (Ca 6/155) und Ca 7/304.

194 E. TROELTSCH, *Das Historische in Kants Religionsphilosophie. Zugleich ein Beitrag zu den Untersuchungen über Kants Philosophie der Geschichte*, in: KSt 9 (1904) 21-154 spricht vom „Kompromißcharakter" dieser Schrift (57-95), den er allerdings gegen Kants erklärte Absicht versteht („Kant selbst ... verdunkelt" 65!). Natürlich ist die „Handelssperre" für „Religionsmaterien" (Ca 10/266), die „Einschränkung der Freiheit, über Dinge, die auch nur indirekt auf Theologie Beziehung haben möchten, laut zu denken" (Ca 10/126) auf jeden Fall ein Problem für die sachgerechte Interpretation, weil sie dazu verleitet, über den Text hinauszuspekulieren, aber trotzdem nicht unbeachtet bleiben darf.

195 Ca 6/151.

hat darum die Vermutung geäußert, daß Kants Philosophie mehr mit dem Christentum zu tun haben könnte als seine Religionsphilosophie im engeren Sinn[196].

Daher ist nun in einem weiteren Schritt (nachdem wir nach Kants Religion „hinter" seinem Werk gefragt haben) zu prüfen, wieweit die „theologischen Hintergründe" sein Werk selbst innerlich bestimmt haben: ob sie also als treibende Kraft und in den Ergebnissen seines Denkens nachweisbar sind und so als (mindestens ein) Grundimpuls seiner Philosophie gelten können. Das würde bedeuten, daß Kant die philosophische Grundlegung einer Apologetik der Religion überhaupt und des Christentums insbesondere (als, „soviel wir wissen, die schicklichste Form" „ der sinnlichen Vorstellungsart des göttlichen Willens"[197]) wenigstens *auch,* vielleicht sogar *hauptsächlich* mit seinem Werk intendiert hätte. Ob das aufs Ganze seiner Philosophie gelungen ist, ob es etwas eingebracht hat und welche Bedeutung dies gegebenenfalls für die Theologie haben könnte, kann hier nicht weiter verfolgt werden. Nur die Tatsache, daß sein Denken von daher durchgängig (mit-)bestimmt war, soll nun an einigen Schwerpunkten seiner philosophischen Entwicklung gezeigt werden.

Nehmen wir zunächst die gewöhnlich weniger beachtete sog. vorkritische Zeit. Er ging mit dem Optimismus der Jugend daran, zwischen voneinander abweichenden wissenschaftlichen Positionen zu vermitteln, indem er versuchte, „den Punkt zu bestimmen, darin das Wahre von beiden Seiten zusammenfiel"[198]. In seiner ersten Schrift hatte er damit nicht viel Erfolg, was ihm ein paar bissige Verse von G. E. Lessing eintrug[199]. Er hatte geglaubt, daß es dabei keiner „große(n) Scharfsinnigkeit", sondern nur „einer kleinen Abwesenheit des Parteieifers" und eines „kurzen(-s) Gleichgewicht(s) der Gemütsneigungen"[200] bedurfte, also einer Grundhaltung, die er besonders bei theologi-

---

196 a. a. O. 153: „Kant est-il chrétien? Problème insoluble, ,à vue humaine'. Peut-être faut-il dire que ce n'est pas spécialement sa philosophie religieuse, mais toute sa philosophie qui a rapport avec le Christianisme, justement parce qu'elle se veut pleinement laïque, tout en étant consciente de ses limites et en restant ouverte à un au-delà?".

197 Ca 7/347.

198 Ca 1/186.

199 *Gesammelte Werke,* hrsg. v. P. Rilla, 1. Bd. (Berlin 1968) 169.

schen Auseinandersetzungen vor allem vermißt haben wird. Daß dabei aber auch die richtige Methode eine wichtige Rolle spielt, war ihm bereits klar, wie seine sonstigen Methodenreflexionen in dieser Erstlingsschrift zeigen. Ebenso wird aber auch hier schon seine negative Einschätzung der Möglichkeiten der Metaphysik nach ihrem damaligen Stande deutlich, die sich in den folgenden Schriften in immer kräftigeren Ausdrücken Luft macht, so wenn er z. B. von einer „bodenlosen Weltweisheit"[201] und vom „gelehrten(-r) Unsinn" einer „falsche(n) Metaphysik"[202] spricht, deren Erkenntnis „schlüpfrig(-en)" ist[203], deren Beweise „seicht" sind[204] und deren „angemaßte Einsicht keine Schranken kennt"[205]; bei der „eitele(s) Wissen" „den Verstand aufblähet"[206] und eine „vernünfteln(de)"[207] Vernunft und „überfeine(n) Weisheit"[208] biegsame Hypothesen[209], ja sogar „Fratzen" und „Luftschlösser"[210], „unendliche(r) Hirngespinste" und eine „Welt von Fabeln"[211], d. h. „ein Blendwerk von Wissenschaft"[212] hervorbringen. Der Theologie ergeht es nicht viel besser, obwohl sie noch nicht ausdrücklich genannt wird. Soweit sie sich im Schlepptau einer Vernunft befindet, „die schwache Begriffe unseres Verstandes vielleicht auf den Höchsten sehr verkehrt überträgt"[213], bedient sie sich ihrer Gründe „auf eine schlechte Art"[214], um „sogar Geheimnisse der Religion" „auf dem bloßen

200   Ca 2/186f.
201   Ca 2/363.
202   Ca 2/208.
203   Ca 2/227; Ca 2/131.
204   Ca 2/188.
205   Ca 2/242.
206   Ca 2/385.
207   Ca 2/326.
208   Ca 2/79.
209   Ca 2/356.
210   Ca 2/61.
211   Ca 2/3.
212   Ca 2/321.
213   Ca 2/352.
214   Ca 1/224.

Wege der Vernunft" zu ertappen[215], wodurch sie die Religion durch „tausend Schulfratzen"[216] entstellt. Sogar „Gründe der Staatsklugheit" seien eingeflossen, und „ihr Gebrauch oder Mißbrauch" sei schon „zu ehrwürdig, als daß er sich einer so verworfenen Prüfung auszusetzen nötig hätte"[217]. Wenn er von dem „sträflichen(-r) Vorwitz" spricht, „der sich anmaßet, die Absichten der göttlichen Ratschlüsse einzusehen und nach seinen Einsichten auszulegen"[218], dann meint er solche Theologen, „welche die Ehre der Offenbarung nicht zu entweihen, sondern zu bestätigen glauben, wenn sie sich ihrer bedienen, den Ausschweifungen ihres Witzes dadurch ein Ansehen zu geben"[219], aber andererseits es als „boshafte Eiferer" „vor eine würdige Pflicht ihres heiligen Berufes halten, den unschuldigsten Meinungen schädliche Auslegungen anzuheften"[220] und „nur eine scheinbare Veranlassung wünschen, auf eine Schrift den bittern Vorwurf des Irrglaubens zu werfen"[221]. In persönlichen Notizen aus dieser Zeit argwöhnt Kant sogar: „Viele leute haben theologie u. keine Religion ausser vielleicht um dereinst große lasterthaten abzubitten wenn sie von den Schrecken der hölle bedrohet werden"[222]. Dahinter dürften mancherlei Erfahrungen zu vermuten sein.

---

215 Ca 2/375; darum ist die Trennung der Bereiche eine methodische Notwendigkeit, die auch noch für die Religionsschrift aktuell sein wird (vgl. Ca 6/149) Vgl auch E. LORD H. OF CHERBURY, *De Causis errorum* 54 (E. LORD OF CHERBURY, *De Veritate* Ed. Tertia, *De Causis Errorum, De Religione Laici, Parerga,* Faksim.-Neudruck d. Ausg. London 1645, hrsg. u. eingel. v. G. Gawlick [Stuttgart B. C. 1966]: „Hic igitur ubi *ratio* pro *fide* sive *sensu* interno, vel *fides* pro *ratione* illa [quae ex notitiis communibus & discursu praecipuè oritur] usurpata fuit, gravissimi exitialésque nonnunquam sequebantur errores."). F. BACON, a. a. O. Vol. VIII 20: „Tantoque magis haec vanitas inhibenda venit, et coёrcenda, quia ex divinorum et humanorum malesana admistione, non solum educitur philosophia phantastica, sed etiam religio haeretica."

216 Ca 2/300.

217 Ca 2/331.

218 Ca 1/471.

219 Ca 1/305.

220 Ca 1/230.

221 Ca 2/71; M. TINDAL schließt sein Werk mit dem Augustinus-Zitat *Errare possum: haereticus esse nolo* (dt. 763).

222 Ak 20/48.

Kants Absicht war, einen Weg zu suchen, der Abhilfe versprach, damit die
Metaphysik, die „wie viele andere Wissenschaften" für ihn „nur an der Schwelle
einer recht gründlichen Erkenntnis"[223] stand, diese Schwelle endlich überschreiten konnte. Es war ihm klar, daß er dabei die breite „Heeresstraße"[224]
der üblichen Denkgewohnheiten verlassen mußte. Bezeichnend dafür ist das
Motto aus Seneca, das er schon seiner ersten Schrift voranstellte: ‚Nihil magis
praestandum est, quam ne pecorum ritu sequamur antecedentium gregem,
pergentes, non qua eundum est, sed qua itur.'[225] Zwanzig Jahre später sah er
immer noch „im Fortschritt der Untersuchung sich öfters Alpen erheben, wo
andere einen ebenen und gemächlichen Fußsteig vor sich sehen"[226], die er
dann schließlich in seinen kritischen Schriften zu überwinden versuchte.

Zunächst aber hatte er Erfolge zu verzeichnen. In der „Allgemeine(n)
Naturgeschichte", in der er sich als erstes versicherte, ja nicht gegen die Pflichten
der Religion zu verstoßen[227], gelang ihm ein Mehrfaches. Indem er die Wissenschaften streng voneinander trennte, brachte er sowohl die Naturwissenschaft als auch die Theologie voran. Durch konsequente Anwendung der
Newtonschen Gravitationsgesetze und Ausschaltung des lückenbüßerischen
Eingreifens Gottes, mit dem noch Newton selbst die Einrichtung der Plane-
tenbahnen erklärt hatte, kam er einerseits zur Formulierung der Theorie, die
als Kant-LaPlacesche Theorie bekannt ist, und zur Theorie der „Nebelsterne",
heute Spiralnebel genannt, die erst 1923 als zutreffend nachgewiesen werden
konnte[228], und andererseits gelangte er gleichzeitig zu einem „höheren(-r)
Begriff" der Allmacht und Weisheit Gottes in der Schöpfung, die noch be-

---

223   Ca 1/30.

224   Ca 1/8.

225   Ca 1/5; vgl. Ca 2/172.

226   Ca 2/338; Ca 3/561: „bis der einzige, sehr durch Sinnlichkeit verwachsene Fußsteig entdeckt
      wird …". vgl. F. Bacon, a. a. O. Vol. VII 21: „Viae autem contemplativae viis illis activis
      decantatis fere respondent; ut altera, ab initio ardua et difficilis, desinat in apertum;
      altera, primo intuitu expedita et proclivis, ducat in avia et praecipitia."

227   Ca 1/223.

228   Ca 1/234f., 255ff.; vgl. N. Hinske, *Pierre de Chardin und die Lage des Menschen. Zu den
      geschichtlichen Voraussetzungen seines Denkens,* in: Neue Deutsche Hefte 9 (1962) 21-38,
      hier 23.

wunderungswürdiger ist, wenn sie dem Chaos der Materie von Anfang an bereits alle notwendigen Gesetze der Entwicklung des Universums mitgegeben hat, als wenn spätere wunderbare Nachbesserungen erforderlich gewesen wären[229]. Die vorschnelle „Berufung auf immaterielle Prinzipien" ist für ihn eine „Zuflucht der faulen Philosophie", die zugleich alle weitere Forschung blockiert[230]. Für den Theologen aber wird die „unbegründete Besorgnis" weggeschafft, „als wenn eine jede Erklärung einer großen Anstalt der Welt aus allgemeinen Naturgesetzen den boshaften Feinden der Religion eine Lücke öffne, in ihre Bollwerke zu dringen."[231] Im Gegenteil entstehen solche Einbruchsstellen erst dadurch, daß die „Verteidiger der Religion" sich ihrer „Gründe auf schlechte Art bedienen" und so „den Streit mit den Naturalisten verewigen, indem sie ohne Not denselben eine schwache Seite darbieten"[232]. „Der Feind der Vorsehung" kann dann „ebensoviel Siege über diese falschen Grundsätze davon tragen"[233], wie er solche überzogenen Positionen ausmachen kann. Am Ende seines Lebens wird es Kant freilich genügen, den Gegner überführen zu können, „daß er, um hierüber verneinend abzusprechen, Gerade eben so wenig von diesen Gegenständen verstehe, als andere bejahend", wie er in seinen Reflexionen um 1790-91 (nach Adickes) formuliert, und dies mit dem bedeutungsvollen Zusatz: „so werden wir auf unserem Platze feststehen, ohne zu wanken"[234]. Vorläufig aber will er nur Irrtümer entdecken und vermeiden, die nicht allein daher entspringen, „weil man gewisse Dinge nicht weiß, sondern weil man sich zu urteilen unternimmt, ob man gleich noch nicht alles weiß, was dazu erfordert wird"[235]. Zu diesem Zwecke hält er es zunächst für ausreichend, „metaphysische Gesetze mit den Regeln der Mathematik" zu verknüpfen[236]. Er wählt sich zwar in der ersten Zeit vorwiegend

229 Ca 2/118; Ca 2/149: der so gewonnene Begriff der Schöpfung ist „erstaunlich viel rührender".

230 Ca 2/346; Ca 2/435: „temeraria citatio supernaturalium est pulvinar intellectus pigri".

231 Ca 2/156.

232 Ca 1/224.

233 Ca 1/336.

234 Ak 18/617. vgl. auch 3/26.

235 Ca 2/193.

naturwissenschaftliche Gegenstände, aber er behandelt sie stets vor diesem Hintergrund. Schon in der Frühzeit hält er den Satz: „*Es ist ein Gott*" für „die wichtigste aller unserer Erkenntnisse"[237], und er spricht von seiner „Absicht", die in diesen Fällen vornehmlich auf die Methode, vermittelst der Naturwissenschaft zur Erkenntnis Gottes hinaufzusteigen, gerichtet" sei[238]. In diesem Sinne bemüht er sich, die Physikotheologie zu korrigieren, indem er Regeln einer „verbesserten Methode" entwickelt[239]. Auch den ontologischen Gottesbeweis modifiziert er und glaubt dann, daß er nun „derjenigen Schärfe fähig" sei, „die man zu einer Demonstration fordert", nämlich „der größten philosophischen Evidenz"[240].

236 Ca 1/110; Ca 2/205: weniger „Nachahmung ihrer Methode" als „Anwendung ihrer Sätze"; Ca 3/485ff: wesentlicher Unterschied der beiden Erkenntnisarten; Ca 9/409: mathem. Anschaulichkeit für die Ideen der theoretischen Erkenntnis unerreichbar. vgl. eine ähnliche Rolle der Mathematik in den Jugendplänen Ch. Wolffs (a. a. O. 121ff., 127f., 130f., 134f., 138f., 143). vgl. auch den Titel des a. o. Werkes von M. KNUTZEN *Philos. Beweis v. d. Wahrheit der Christl. Religion, darinnen die Nothwendigkeit einer geoffenbarten Religion insgemein, und die Wahrheit oder Gewißheit der Christlichen insbesondere, aus ungezweifelten Gründen der Vernunft und nach Mathematischer Lehr-Art dargethan und behauptet wird.* – vgl. schon sehr früh *Renati des Cartes principiorum philosophiae Pars I. et II. More Geometrico demonstratae per Bened. de Spinoza* ... Amstelodami 1663. – Später auch auf katholischer Seite: P. GREGORIUS ROTHFISCHERS ... *Ablaß und Jubeljahr. Nach mathematischer Lehrart entgegengesetzt den gegenseitigen Schriften, die bey Gelegenheit des letzteren römischen Jubeljahres sind ans Licht getreten* ... Regensburg u. Wien ... 1751. Die Tendenz zur Mathematisierung der Theologie reicht bis ins ausgehende 12. Jh. zurück (vgl. F. UEBERWEG, *Grundriß der Geschichte der Philosophie* II [Basel-Stuttgart [11]1927, Nachdr. 1967] 248).
237 Ca 2/69.
238 Ca 2/72.
239 Ca 2/130-144. K. unterscheidet fünf „Grade der philosophischen Erklärungsart der in der Welt vorkommenden Erscheinungen der Vollkommenheit, insoferne man sie insgesamt unter Gott betrachtet" (142). Der fünfte Grad (144) verbindet die Bereitschaft, „auch übernatürliche Begebenheiten zuzulassen", mit dem Forschen nach „notwendigen allgemeinen" Naturgesetzen, um „alsdenn zu dem göttlichen Urheber" aufzusteigen, ohne aber dabei gänzlich gegen Irrtum gefeit zu sein.
240 Ca 2/170, 197. Ca 2/159: „Die Summe aller dieser Betrachtungen führet uns auf einen Begriff von dem höchsten Wesen, der alles in sich faßt, was man nur zu gedenken vermag, wenn Menschen, aus Staube gemacht, es wagen, ausspähende Blicke hinter den Vorhang zu werfen, der die Geheimnisse des Unerforschlichen vor erschaffene Augen

Der weitere Weg seines Denkens ist durch mancherlei „Umkippungen" – ein Ausdruck, den er 1765 selbst für seine frühe Entwicklung verwendet[241] – gekennzeichnet. Die Bewegung dieser Entwicklung läßt sich nicht so sehr als Aufstieg, sondern eher als Abstieg in die Tiefe beschreiben, indem ständig die gewonnenen Positionen hinter- oder besser unterfragt werden. Die ursprünglichen Versuche, die „Gegensätze der streitenden Parteien zu unterlaufen"[242], wurden immer mehr abgelöst durch die Rückfragen nach den Bedingungen der Möglichkeit von Erkenntnis überhaupt. Das führte zur „Rücknahme zu weit gesteckter Positionen", zur „Milderung zu heftiger Polemik" und zur „‚Revision' zu revolutionärer Programme", kurz, zu den verschiedensten „retractationes"[243]. Die Richtung seines Denkens aber bleibt dieselbe: es öffnet sich immer mehr und wird dabei immer zurückhaltender und behutsamer. Aus dem Unterlaufen der Polemik zwischen den dogmatischen Positionen wird Skepsis und schließlich die transzendentale Kritik als grundlegende Methode künftiger Metaphysik, die nur, um aufzubauen, niederreißt[244].

Auch in der kritischen Phase bleibt die ursprüngliche Absicht bestehen, wie die Vorrede zur 2. Auflage der KrV bestätigt: „durch gründliche Untersuchung der Rechte der spekulativen Vernunft einmal für allemal dem Skandal vorzubeugen, das über kurz oder lang selbst dem Volke aus den Streitigkeiten aufstoßen muß, in welche sich Metaphysiker (und als solche endlich auch wohl Geistliche) ohne Kritik unausbleiblich verfälschen. Durch diese kann nun allein dem *Materialism, Fatalism, Atheism,* dem freigeisterischen *Unglauben,* der *Schwärmerei* und *Aberglauben,* die allgemein schädlich werden können, zuletzt auch dem *Idealism* und *Skeptizism,* die mehr den Schulen gefährlich sind und schwerlich ins Publikum übergehen können, selbst die Wurzel abgeschnitten werden."[245] Die drei Themen: Gott, Freiheit und Un-

---

verbirgt." Den von ihm so genannten „Cartesianische(n)" Gottesbeweis hält er dagegen für „falsch und gänzlich unmöglich" (Ca 2/171).

241 Ca 9/47.

242 N. Hinske, *Kants Weg zur Transzendentalphilosophie. Der dreißigjährige Kant* (Stgt-Bln-Kln-Mz 1970) 132.

243 Hinske ebd. 12.

244 Ca 9/108.

245 Ca 3/27f.

sterblichkeit sind auch in dieser Phase nicht nur „unvermeidliche(n) Aufga-ben"[246], sondern die „Endabsicht, worauf die Spekulation der Vernunft im transscendentalen Gebrauche zuletzt hinausläuft"[247]. Sie selbst aber „haben wiederum ihre entferntere Absicht, nämlich, *was zu tun sei,* wenn der Wille frei, wenn ein Gott und eine künftige Welt ist"[248]; sie gehen also für Kant letztlich aufs Moralische als der Grundlage der Religion[249] im Sinne eines moralischen Vernunftglaubens, von dem her jede mögliche Offenbarung allererst als solche vernehmbar erscheint[250].

Tatsächlich münden alle drei „Kritiken" schließlich in die Glaubensfrage ein[251]. Dem hat bereits 1924 M. Wundt besondere Bedeutung beigemessen[252].

---

246 Ca 3/38. Diese Reihenfolge in einer „synthetischen" Anordnung; in der „analytischen" steht die Gotteserkenntnis am Schluß (Ca 3/271 Anm.).

247 Ca 3/536. vgl. Ca 3/271 Anm.: „Alles, womit sich diese Wissenschaft sonst beschäftigt, dient ihr bloß zum Mittel, um zu diesen Ideen und ihrer Realität zu gelangen"; dazu Ca 5/555 und Ak 17/559f.: „Nutzen. Was ist dasjenige, was den tiefen Untersuchungen der Metaphysik ihren obersten Bewegungsgrund giebt und worin die Wahre Wichtigkeit einer solchen Wissenschaft zu setzen ist. 1. Es ist nicht die unmittelbare Wisbegierde, die sie befriedigt, also nicht als Wissenschaft. 2. Auch nicht als ein organon anderer Wissenschaften. z. E. der Naturwissenschaft. 3. Also nur als eine propaedeutik der Weisheit. Als ein solches aber, worin bestehen die Vornehmste Fragen, die sie auflösen, oder die Wichtigen Erkenntnisse, wozu sie der Schlüssel seyn soll. Sie sind 2. Ist ein Gott, und ist ein künftiges Leben. Die Beantwortung dieser Fragen ist wiederum wichtig, sofern es ein Grund ist unseres Verhaltens und die Grundsatze des Lebens bevestigt." *I. Kant, Vorlesungen über die Metaphysik* (PÖLITZ) (Erfurt 1821, Nachdr. Darmstadt 1964) 262 (Anfang der „rationalen Theologie"): „Wir gehen jetzt zu derjenigen Erkenntniß der Metaphysik über, *die den Zweck und die Endabsicht derselben ausmacht,* und worauf die Nothwendigkeit der ganzen Metaphysik beruht."

248 Ca 3/538; vgl. *Metaphysik* (PÖLITZ) a. a. O. 261 (Schluß der Psychologie): „*Gott* und die *andere Welt* ist das einzige Ziel aller unserer philosophisen Untersuchungen, und wenn die Begriffe von Gott und von der andern Welt nicht mit der Moralität zusammenhingen, so wären sie nichts nütze."

249 Schon Ca 2/389f. Der im englischen Deismus vorherrschende Primat des Praktisch-Ethischen (vgl. LECHLER, a. a. O. 240f.), der mit viel theoretischem Aufwand vertreten wurde, begegnet sich hier mit einem (theologisch gewendeten) Grundzug des Pietismus Spener-Franckescher Prägung (vgl. Ph. J. SPENER, *Pia Desideria,* hrsg. v. K. Aland (Kleine Texte für Vorlesungen und Übungen 170) (Berlin 1964) z. B. 24.

250 vgl. Ca 4/360f.

251 Wenn man K.s verhaltene Sprechweise in Rechnung stellt, könnte man in der „Kritik der

Er gelangte zu der Feststellung, daß Kants kritische Philosophie in der Theologie gipfele[253]: „Der Gottesgedanke und seine Auswirkung in der Welterkenntnis wird so das letzte Ziel wie der Metaphysik überhaupt, so der kantischen Philosophie"[254]. Und an anderer Stelle: „In der Religion hat so die kritische Philosophie ihr letztes Ziel und ihre höchste Bedeutung."[255] Demgegenüber spricht noch 1969 G. Martin von dieser Einschätzung als von einer „Verarmung der Metaphysik"[256], wobei man ihm allenfalls insoweit beipflichten kann, als Wundts Ausgangspunkt für eine solche Behauptung zu schmal war, um schon als Beweis gelten zu können – vielleicht war ihm das so selbstverständlich,

---

Urteilskraft" Anklänge an den dritten Punkt der „Contemplatio ad obtinendum amorem" der Ignatianischen „Exercitia Spiritualia" heraushören. K. schreibt in Ca 5/458f. über die Schönheit der Natur: „Wir können sie als eine Gunst, die die Natur für uns gehabt hat, betrachten, daß sie über das Nützliche noch Schönheit und Reize so reichlich austeilete, und sie deshalb lieben, so wie ihrer Unermeßlichkeit wegen mit Achtung betrachten und uns selbst in dieser Betrachtung veredelt fühlen: gerade als ob die Natur ganz eigentlich in dieser Absicht ihre herrliche Bühne aufgeschlagen und ausgeschmückt habe."

252 M. Wundt, *Kant als Metaphysiker. Ein Beitrag zur Geschichte der Deutschen Philosophie im 18. Jahrhundert* (Stuttgart 1924) 436: „Gerade daß die Erörterung sämtlicher Kritiken schließlich in die Religion einmündet, gibt ihr ihre bezeichnende Stellung; sie kann daher nicht noch einmal neben den anderen Gebieten selbständig erscheinen."

253 a. a. O. 434.

254 a. a. O. 389.

255 a. a. O. 372.

256 G. Martin, *Immanuel Kant. Ontologie und Wissenschaftstheorie* (Berlin [4]1969) 155. vgl. ders., *Gesammelte Abhandlungen*, Bd. 1 (KSt Erg. H. 81) (Köln 1961) 78f.; 84: „Diese Differenz zwischen Paulsen / Wundt und mir beruht vielleicht auf einer alten ontologischen Differenz, die im Wesen der Ontologie begründet ist, und die sich schon bei Aristoteles findet. Die Metaphysik ist entweder eine Lehre vom ens primum, also eine theologia naturalis, oder sie ist eine Lehre vom ens qua ens, also eine ontologia generalis. Ich will diese Doppelaufgabe der Ontologie gar nicht aufheben, man verkürzt aber den Sinn der Ontologie, wenn man sie allein als theologia naturalis auffaßt. Sie kann gar nicht theologia naturalis sein, wenn sie nicht zunächst Lehre vom ens qua ens ist. Gerade um das Problem aus dieser verfänglichen Verstellung herauszubekommen, diskutiere ich das Problem primär nicht beim Sein Gottes, sondern beim Sein des Menschen." Dem „zunächst" und „primär" hätte M. Wundt sicher zugestimmt. Eine Gegenposition würde nur in der Auffassung der Ontologie „allein" als ontologia generalis (theologia naturali prorsus exclusa) zu erblicken sein. Sonst bleibt offen, ob nicht nach dem einen um des anderen willen gefragt wird.

daß er auf weitere Belege verzichtet hat. Mit sehr viel mehr Recht wird man wohl die Verkennung der KrV als Erkenntnistheorie[257] und eine entsprechend vereinseitigte Kantinterpretation als wirkliche „Verarmung der Metaphysik" bezeichnen müssen, die nicht aus der Aporetik herausführt. 1965 hat D.-J. Löwisch Wundts Ansatz aufgegriffen und weitergeführt, indem er zeigte, wie sehr Kant an einem „gereinigten(-r) Theismus" interessiert war, und daß der Gottesnachweis für Kant „ein zentrales Anliegen" oder „vielleicht sogar vom Primat des Praktischen her gesehen *das* zentrale Anliegen" gewesen ist. Für ihn „steht fest und läßt sich belegen, daß Kant die theologische Frage bei seinen metaphysischen Betrachtungen stark bestimmt und geleitet hat"[258]. Dabei genügt es nicht, einfach auf den Menschen Kant auszuweichen, dessen „Herzen" etwa „die Glaubensseite" näherstand[259]. Nur aus einer Perspektive heraus, die umfassender nicht gedacht werden kann, konnte Kant eigentlich an den Versuch denken, der inflationären Entwertung des Vernunftbegriffs[260] ein Ende zu setzen, statt bloß eine neue Variante beizusteuern. Grenzen der Vernunft sind für diese selbst, wenn überhaupt, ja nur insofern angebbar, als sie in irgendeiner Hinsicht darüber hinausgreift (auch ohne einen Standpunkt „außerhalb" einnehmen zu können), wenn es nicht bei einer reinen und

---

257   vgl. dazu G. Tonelli, *Kant's Critique of Pure Reason Within the Tradition of Modern Logic*, in: Akten des 4. Intern. Kant-Kongresses: Mainz 6.-10. April 1974, hrsg. v. G. Funke, Tl. III: Vorträge (Berlin, New York 1975) 186-191.

258   D.-J. Löwisch, *Kants gereinigter Theismus*, in: KSt. 56 (1965) 505-513, hier: 513.

259   So E. Adickes, *Die bewegenden Kräfte in Kants philosophischer Entwicklung und die beiden Pole seines Systems*, in: KSt. 1 (1897) 9-59, 161-196, 352-415; hier 415: „Richten wir unsern Blick nicht nur auf den *Philosophen*, sondern auch auf den *Menschen* Kant, so werden wir sagen müssen: seinem *Verstande* stand die Wissensseite, seinem Herzen die Glaubenseite näher." Trotzdem räumt Adickes ein: „mit fast größerem Rechte könnte man ... sagen: die Dialektik ist der Glaubensseite wegen da, als umgekehrt: diese wurde um jener willen hinzu erfunden, um etwaige nachteilige Folgen derselben zu verhüten oder wenigstens abzuschwächen" (393).

260   Eine Satire aus dem Jahre 1785 bietet eine sehr plastische Übersicht der gängigen Vernunftarten bis hin zur „christ-lutherisch-theologisch-hallischen Facultätsvernunft" (wobei noch zu unterscheiden ist zwischen der „ehemalige[n]" und jetzige[n]"; es ging um Bahrdts Streit mit der Hallischen Fakultät): *Theologischer Beweis, daß der Doctor Bahrdt schuld an dem Erdbeben in Kalabrien sei*, in: Bibl. d. dt. Aufklärer des achtzehnten Jahrhunderts, hrsg. v. M. v. Geismar, Bd. I (Leipzig 1846, Nachdr. Darmstadt 1963) 52.

damit einseitigen Behauptung bleiben soll. Bezeichnenderweise sollte die KrV ursprünglich den Titel tragen *Die Grentzen der Sinnlichkeit und der Vernunft*[261]. Für den „kritischen" Kant ist das „Land der Wahrheit" eine „Insel" im „weiten und stürmischen Ozeane" als „dem eigentlichen Sitze des Scheins", wobei es ihm entscheidend darauf ankommt, sich der Grenzen, Größenordnungen und Maße zu versichern[262]. Diese Grenzen nicht zu kennen, führt zur eigentlichen „Vermessenheit", bei welcher „man das Längenmaß seiner Kräfte (des Verstandes) zu überschlagen vergißt, ... wodurch man die göttliche Weisheit zu erheben vorgibt, indem man ihr in den Werken der Schöpfung und der Erhaltung Absichten unterlegt, die eigentlich der eigenen Weisheit des Vernünftlers Ehre machen sollen"[263]. Das bisherige Resultat war dementsprechend:

---

261 Ca 9/97, vgl. mit Ca 2/74f., 103 und 116. – Das Problem wird schon 1766 in den „Träumen eines Geistersehers" klar gestellt: „Insoferne ist die Metaphysik eine Wissenschaft von den *Grenzen der menschlichen Vernunft,* und da ein kleines Land jederzeit viel Grenze hat, überhaupt auch mehr daran liegt, seine Besitzungen wohl zu kennen und zu behaupten, als blindlings auf Eroberungen auszugehen, so ist dieser Nutze der erwähnten Wissenschaft der unbekannteste und zugleich der wichtigste ..." (Ca 2/384). Spätestens 1765: „Man könnte sagen die Metaphysik sey eine Wissenschaft von den Schranken der Menschlichen Vernunft" (Ak 20/181). Anschließend an seine Kritik an den Philosophen war schon J. J. ROUSSEAU auf die Unzulänglichkeit und die Grenzen des menschlichen Geistes zu sprechen gekommen „Je conçus que l'insuffisance de l'esprit humain est la première cause de cette prodigieuse diversité de sentiments, & que l'orgueil est la seconde. Nous n'avons point les mesures de cette machine immense, nous n'en pouvons calculer les rapports; ..." (a. a. O. III 26). 1770 versucht Kant eine erste Klärung: „Haec autem reluctantia subiectiva mentitur, ut plurimum, repugnantiam aliquam obiectivam, et incautos facile fallit, limitibus quibus mens humana circumscribitur, pro iis habitis, quibus ipsa rerum essentia continetur" (Ca 2/405). Über den Einfluß Crusius' in der Frage der Grenzen vgl. G. TONELLI *(Einleitung)* LII; allgemein DERS., *La question des bornes de l'entendement humain au XVIIIe siècle et la genèse du criticisme kantien, particulièrement par rapport au problème de l'infini,* in: Rev. d Mét. et de Morale (1959) 396-427. vgl. auch B. ERDMANN, *Die Idee von Kants Kritik der reinen Vernunft. Eine historische Untersuchung* (aus d. Abhdlgn. d. Königl. Preuß. AkWiss Jg 1917, Phil.-Hist Kl. 2) Einzelausgabe (Berlin 1917) 79: „Die Idee der Kritik der reinen Vernunft liegt in dem auf der Grundlage des transzendentalen Idealismus gemäß der organischen Gliederung der reinen Vernunft nach transzendentaler synthetischer Methode allgemeingültig geführten Beweis, daß der spekulative Erkenntnisgebrauch der Vernunft, der sich in der Idee der Metaphysik realisiert, niemals weiter als bis zu den Grenzen möglicher Erfahrung reicht."

262 Ca 3/212.

263 Ca 5/462 Anm.

„daß, ob wir zwar einen Turm im Sinne hatten, der bis an den Himmel reichen sollte, der Vorrat der Materialien doch nur zu einem Wohnhause zureichte, welches zu unseren Geschäften auf der Ebene der Erfahrung gerade geräumig und hoch genug war, sie zu übersehen, daß aber jene kühne Unternehmung aus Mangel an Stoff fehlschlagen mußte, ohne einmal auf die Sprachverwirrung zu rechnen, welche die Arbeiter über den Plan unvermeidlich entzweien und sie in alle Welt zerstreuen mußte, um sich, ein jeder nach seinem Entwurfe, besonders anzubauen."[264] Die „Metaphysik von der Metaphysik" im Sinne Kants[265] ist dagegen viel bescheidener: sie ist nicht „doctrin, sondern disciplin", weder die „Mutter"[266] noch die „Grundfeste" der Religion[267], sondern „ihre Schutzwehr"[268]. Das programmatische Wort aus der Vorrede zur zweiten Auflage der KrV: „Ich mußte also das *Wissen* aufheben, um zum Glauben Platz zu bekommen"[269], ist von hier aus sehr ernst zu nehmen, zumal seine Fortsetzung bezeichnenderweise lautet: „und der Dogmatism der Metaphysik, d. i. das Vorurteil, in ihr ohne Kritik der reinen Vernunft fortzukommen, ist die wahre Quelle alles der Moralität widerstreitenden Unglaubens, der jederzeit sehr dogmatisch ist."[270]

---

264 Ca 3/481. Das Bild vom Turm etwas abgewandelt: „Denn die menschliche Vernunft ist so baulustig, daß sie mehrmalen schon den Turm aufgeführt, hernach aber wieder abgetragen hat, um zu sehen, wie das Fundament desselben wohl beschaffen sein möchte. Es ist niemals zu spät, vernünftig und weise zu werden; es ist aber jederzeit schwerer, wenn die Einsicht spät kommt, sie in Gang zu bringen" (Ca 4/4). Auch die Sisyphus-Sage wird zum Vergleich herangezogen: „mirum non est, quod huius indaginis studiosi saxum Sisypheum volvendo in aevum vix aliquid adhucdum profecisse videantur" (Ca 2/427).

265 Ca 9/198.

266 Ak 18/14; vgl. Ak 18/71, Ak 17/498.

267 Ca 3/567, Ak 18/325.

268 Ca 3/567; *Schutzwehr:* um „den Mangel der Moralitaet beym Unglauben durch die Vernunft" zu ersetzen (Ak 17/498) und um der „dialectische(n) Metaphysic" des Gegners, nämlich „in ieder Natürlichen Menschenvernunft", „die critische entgegen(zu)setzen" (Ak 18/325); vgl. auch Ak 18/14 und 20.

269 Ca 3/25. vgl. auch Ca 2/385.

270 vgl. Ak 17/495f. über die so geläuterte Metaphysik: „Den Größten Gewinn macht von ihr die religion; sie wird durch dieselbe in allem, was die religion moralisches ist, gesichert, gegen schwärmerey und unglauben gedekt, von der abhengigkeit in ansehung der Schulsubtilitaet befreyt. Sie macht, das unsre Handlungen aus den qvellen des Gesunden

Die theologische Orientierung[271] der Philosophie Kants wird von ihm selbst bestätigt und verdeutlicht auf einem losen Blatt, das von E. Adickes für die Zeit von 1790 bis 1791 datiert wurde. Von hier aus ist erkennbar, daß Kant die sog. „Kopernikanische Wende"[272] gerade vor diesem Hintergrund für notwendig hielt. Die Einsicht in diesen Zusammenhang ist für uns möglich, unabhängig davon, was man sonst (oder bisher) von der Kantschen Philosophie im ganzen hält (oder gehalten hat).

Es handelt sich um die Reflexion Nr. 6317[273]. Der Text trägt die Überschrift:

Verstandes können abfließen, ohne die ungewisse und iederzeit wandelbare Schulgrübelreyen befragen zu dürfen." Ak 18/97: „Nutze ... In der Theologie: 1. daß die Welt nicht alle Dinge begreiffe; 2. daß nicht alles zufällig sey etc etc. Der Nutze ist also durchgängig negativ. 1. Dogmatische Verneinungen, welche die empirische Ausbreitung der Erkentnis einschränken, wegzuräumen. 2. Dogmatische Behauptungen, welche die Vernunft über den praktischen Gebrauch unnütz ausdehnen wollen, einzuschränken." Ak 18/63: „Die transscendentale Philosophie ist das Grab des Aberglaubens. Maximen der Vernunft, Bedingungen der Anschauung und Verstandes." Ak 23/58: „Nutze einer *Beschützung der Religion wider Angrif* in *Abhaltung der Schwärmerey*, die allein dadurch aus dem Grunde curirt wird in Abhaltung guter Köpfe von *vermeintlicher Wissenschaftsreinigung* der Religion von leerer speculation. Schaden der dogmatisch *gewohnten rechthaberey*." „*Zum Schlusse den Maaßstab der Beurtheilung zu liefern* war meine Absicht." Ak 23/59: „die Critik macht die *Religion frey von der speculation* so daß indem sie sich davon los sagt sie *den Gegner zugleich alles Anspruchs auf Einwürfe* beraubt." als Vorarbeit zu Ca 4/139 (Proleg.): „Aber auch der Dienst, den sie der Theologie leistet, indem sie solche von dem Urteil der dogmatischen Spekulation unabhängig macht und sie ebendadurch wider alle Angriffe solcher Gegner völlig in Sicherheit stellt, ist gewiß nicht gering zu schätzen. ... Schwärmerei, die in einem aufgeklärten Zeitalter nicht aufkommen kann, als nur wenn sie sich hinter einer Schulmetaphysik verbirgt, unter deren Schutz sie es wagen darf, gleichsam mit Vernunft zu rasen, wird durch kritische Philosophie aus diesem ihrem letzten Schlupfwinkel vertrieben, ...".

271   Zu „Orientierung" vgl. Ca 4/360: „Ein reiner Vernunftglaube ist also der Wegweiser oder Kompaß, wodurch der spekulative Denker sich auf seinen Vernunftstreifereien im Felde übersinnlicher Gegenstände orientieren, der Mensch von gemeiner, doch (moralisch) gesunder Vernunft aber seinen Weg, sowohl in theoretischer als praktischer Absicht dem ganzen Zwecke seiner Bestimmung völlig angemessen vorzeichnen kann; und dieser Vernunftglaube ist es auch, der jedem anderen Glauben, ja jeder Offenbarung zum Grunde gelegt werden muß."

272   vgl. Ca 3/18 (Vorr. z. 2. Aufl. d. Kr. d. r. V.): „Man versuche es daher einmal, ob wir nicht in den Aufgaben der Metaphysik damit besser fortkommen, daß wir annehmen, die Gegenstände müssen sich nach unserem Erkenntnis richten ..."

„Von der Critik in Ansehung *der Theologie*" und beginnt folgendermaßen:
„Um zu beweisen, daß es für die Vernunft unvermeidlich sey, ein
Daseyn Gottes anzunehmen und zwar nach einem Begriffe, der zum
theoretischen sowohl als practischen Gebrauch unserer Vernunft, sofern
sie auf die letzte Principien a priori ausgeht, hinrelchend sey, mußte
ich beweisen, daß die speculative Vernunft weder seinen Begrif mit
sich selbst einstimmig geben noch ein solches Daseyn oder auch nur
die Realität dieses Begrifs darthun könne. – Denn hätte ich das letztere
eingeräumt, so hätte ich entweder müssen auf den Gebrauch der Vernunft in ansehung der Erfahrungsgegenstände kommen und, da ich
diese für Dinge an sich selbst hatte halten müssen, so wäre ich erstlich
auf Antinomien gestoßen, dabey alle speculative Vernunft scheiterte,
und endlich hätte ich das Gottliche wesen sensificirt und anthropomorphosirt; oder ich hätte alles für Erscheinungen gehalten und nur
die Gottheit unter den Dingen an sich selbst durch reine Ontologische
Begriffe suchen müssen, wo mir alsdenn gar kein Erkenntnis übrig
geblieben wäre. Ich mußte also das Unvermögen des blos theoretischen
Vernunftgebrauchs hierin darthun, wobey doch noch übrig blieb, daß
der dem Begriffe von Gott und seinem Daseyn nicht wiedersprach,
anstatt daß sonst gantz falsche Begriffe von Gott und am Ende die
Unmoglichkeit, ein solches Wesen zu denken, herausgekommen wäre."
Nach einigen nicht unmittelbar dazugehörigen Überlegungen greift Kant das
Thema unter neuer Überschrift wieder auf: *„Von der Veranlaßung der Critik".*
Ohne eine „Critik der Vernunft" könne man die objektive Notwendigkeit
notwendig scheinender Sätze von der subjektiven nicht unterscheiden, aber
es sei ja nicht viel daran gelegen, bloß eine „Absicht auf speculative Erkentnis"
zu verfehlen. Weil sich der Mensch aber unter dem Sittengesetz als frei erkennt,
muß er sich zugleich als Gegenstand und nicht als Gegenstand der Sinne
denken, was auch nur ein spekulatives Problem wäre und „nichts machen"
würde, wenn dadurch (weil sowohl der Empirismus als auch der Prädeterminismus „aller Sittlichkeit zuwider" sind) nicht die Moral durch die spekulative
Vernunft ohne Kritik Gefahr liefe. Dagegen könnte sich ein Übergewicht der

---

273   Ak 18/623-629.

moralischen Gesinnung an sich noch durchsetzen. Aber die praktische Vernunft nötigt uns außerdem, wegen des sonst fehlenden gesetzlichen Effekts und wegen der im Lauf der Natur nicht gegebenen Entsprechung von Moralität und Glückseligkeit „jene Gesetze als Gottliche Gebote anzunehmen" und also einen Gott zu denken und anzunehmen, der doch nicht zu begreifen ist. Dann heißt es weiter:

> „Nun wird es interessant, die Bedingungen des uns möglichen Erkentnisses der Dinge nicht zu Bedingungen der Moglichkeit der Sachen zu machen[274]; denn thun wir dieses, so wird Freyheit aufgehoben und Unsterblichkeit, und wir können von Gott keine andere als wiedersprechende Begriffe bekommen. Dieses nöthigt nun, die Möglichkeit, den Umfang und die Grentzen unsers speculativen Erkenntnis-Vermögens genau zu bestimmen, damit sich nicht epicurische Philosophie des ganzen Vernunftfeldes bemächtige und Moral und religion zu Grunde richte, oder wenigstens die Menschen nicht inconseqvent mache."

Wenn Raum und Zeit „Bestimmungen der Dinge an sich selbst" wären, müßten sie auch zu göttlichen Eigenschaften gemacht werden. Darum heißt es weiter unten:

---

274 Um hier ein Mißverständnis zu vermeiden: der sehr ähnlich lautende Satz der KrV 2. Aufl. Ca 3/153: „die Bedingungen *der Möglichkeit der Erfahrung* überhaupt sind zugleich Bedingungen der *Möglichkeit der Gegenstände der Erfahrung* und haben darum objektive Gültigkeit in einem synthetischen Urteile a priori." (1. Aufl. Ca 3/618: „Die Bedingungen a priori einer möglichen Erfahrung überhaupt sind zugleich Bedingungen der Möglichkeit der Gegenstände der Erfahrung.") bezieht sich nur auf die Erfahrungsgegenstände als solche, also als Erscheinungen, nicht aber als Dinge an sich selbst betrachtet. vgl. dazu Proleg. Ca 4/46f.: „Denn die subjektiven Gesetze, unter denen allein eine Erfahrungserkenntnis von Dingen möglich ist, gelten auch von diesen Dingen, als Gegenständen einer möglichen Erfahrung (freilich aber nicht von ihnen als Dingen an sich selbst, dergleichen aber hier auch in keine Betrachtung kommen)." Kant über Mendelssohns „Morgenstunden" Ca 9/285: „Obgleich das Werk des würdigen M. in der Hauptsache für ein Meisterstück der Täuschung unserer Vernunft zu halten ist, wenn sie die subjektiven Bedingungen ihrer Bestimmung der Objekte überhaupt, für Bedingungen der Möglichkeit dieser Objekte selbst hält, eine Täuschung, die in ihrer wahren Beschaffenheit darzustellen und den Verstand davon gründlich zu befreien gewiß keine leichte Arbeit ist; ...".

„Die Theologie, damit sie sich nicht selbst wiederspreche, sieht sich genothigt, beyde nur zu der Form unserer Sinlichkeit zu machen und allen Dingen, die von uns erkannt werden konnen, als Phaenomenen, Noumena, die wir nicht kennen, in Ansehung deren aber das Unbedingte allein stattfindet, unterzulegen. Da nun der Streit zwischen den Principien des Unbedingten in der Synthesis und den Principien des in Raum und Zeit Bedingten, mithin die Antinomie der Vernunft, schlechterdings nicht beygelegt werden kan, ohne diesen Unterschied unter den Objecten und ihren Vorstellungen zu machen, so führt die Theologie auf die ästhetische Critik."

Damit ist das deutlichste Zeugnis für unser Thema genannt. Kant glaubte, mit seinem transzendental-kritischen Ansatz einen „Schlüssel" zur „*Auflösung*" der Probleme der Vernunft gefunden zu haben[275], sei es, daß die scheinbare, aber unvermeidliche Antithetik der reinen Vernunft durch die Unterscheidung der „Erscheinungen" von den „Dingen an sich selbst betrachtet"[276] entschärft wird, sei es, daß die wirkliche Antithetik der reinen Vernunft, wenn nämlich der Widerstreit gänzlich dem Bereich der „Dinge an sich selbst" zugehört (was nur auf „dem Felde der reinen Theologie und Psychologie" denkbar wäre[277]), auf sich beruhen kann. Trotzdem ist auch in diesen Fällen beim polemischen Gebrauch der Vernunft κατ᾽ ἄνθρωπον z. B. der Theist dem Atheisten gegenüber im Vorteil, nicht nur, weil die „Retorsion" des „non liquet" nicht verweigert zu werden braucht, sondern mehr noch, weil er die „subjektive Maxime der Vernunft" (dem Interesse der Vernunft entsprechend nach ihren „Ideen" zu verfahren, die zudem von der praktischen Vernunft kräftig gestützt werden[278]) „im Rückhalte" hat, die „dem Gegner notwendig fehlt und unter deren Schutz wir alle seine Luftstreiche mit Ruhe und Gleichgültigkeit ansehen können"[279]. Darum konnte Kant siegesgewiß notieren: „Wir

---

275 Ca 9/228 Anm.

276 vgl. zu diesem Begriff neuerdings: G. PRAUSS, *Kant und das Problem der Dinge an sich* (Abhdlgn. z. Phil., Psych. u. Päd. 90) (Bonn 1974), hier: 20.

277 Ca 3/503.

278 Zur subjektiven Maxime der Vernunft Ca 3/503 vgl. auch Ca 3/454f., 458, 463.

279 Ca 3/505.

brauchen nunmehr nicht in der Metaphysik zu heucheln noch etwas verbergen, wir können die Einwürfe der Vernunft gegen theologie dreist und ungescheut vortragen, ja sie versterken, indem wir zwischen ihnen und denen spekulativen dogmatischen[280] keinen partheylichen Unterschied machen. Denn wenn wir sie hernach bis zu ihren Qvellen untersuchen, entdeken wir den Misverstand und vereinigen wiederum Vernunft mit Religion."[281]

Damit werden für Kant theologische Fragen im weiteren Sinn zur Kontrollinstanz für seine Philosophie, deren Leistungsfähigkeit sich erst am höchsten Gegenstand überhaupt voll erweisen kann, wobei gleichzeitig der Anspruch besteht, auch selbst Kriterien für echte oder unechte Theologie (wie Aberglauben, Schwärmerei usw.) bereitzuhalten. Insofern zeigt sich eine innere Verschränktheit und gegenseitige Verwiesenheit der beiden Bereiche, die nur vorläufig und zum Zwecke der ungestörten und methodisch korrekten Entwicklung voneinander geschieden wurden, aber ihrer inneren Zusammengehörigkeit nie ganz beraubt werden konnten und sollten. Weil das Gottesproblem immer schon hinter der Transzendentalphilosophie gegenwärtig war und in ihr Denkmuster hineingewoben wurde, ist es keine nachträgliche Korrektur, wenn Kant fünf Jahre nach Erscheinen der KrV schrieb: „Es scheint zwar befremdlich, daß wir unsere Begriffe von Dingen an sich selbst nur dadurch gehörig bestimmen können, daß wir alle Realitat zuerst auf den Begriff von Gott reduzieren und so, wie er darin stattfindet, allererst auch auf andere Dinge als Dinge an sich anwenden sollen. Allein jenes ist lediglich das Scheidungsmittel alles Sinnlichen und der Erscheinung von dem, was durch den Verstand, als zu Sachen an sich selbst gehörig, betrachtet werden kann."[282] Von hier aus erscheint dann die Frage: „Wie wir vom Intelligibeln, z. B. Gott, durch categorien reden können, unerachtet diese nur für phaenomena Gelten,

280 ADICKES: „dogmatischen speculationen". Seine Umstellung und seine Lesart „speculationen" erscheinen unnötig (vgl. B. ERDMANN, *Reflexionen Kants zur Kritik der reinen Vernunft* [Refl. Kants z. krit. Philos. 2. Bd.] [Leipzig 1884] 53 [Nr 175] gegenüber Ak 18/23 Anm. zu Z. 2).
281 Ak 18/23 mit der Korrektur nach ERDMANN (s. o.). E. ordnet die Reflexion dem „Kriticismus, spätere Zeit" zu, was sachlich glaubhafter ist als die Datierung von Adickes v³ = 1776-8.
282 Ca. 4/484f.

um Erkentnis abzugeben, also von einem Wesen, das garnicht als phaenomenon vorgestellt werden kann"[283] nur als komplementäre Aufarbeitung dessen, was im Grundansatz dieses Denkens bereits vorhanden ist. Ebenso wird die radikale Beschneidung der hybriden Wissensansprüche der Vernunft ("das *Wissen* aufheben") durch den Primat der Praxis nicht korrigiert, sondern als entlastend und befreiend bestätigt: Geht es bloß darum, urteilen zu *wollen,* kann man gut und gern das (spekulative) Urteilen auf sich beruhen lassen. Müssen wir aber urteilen, wenn es nämlich ums Praktische geht, sind wir gezwungen, um der Idee des höchsten abhängigen Gutes willen, deren die Vernunft bedarf, um sinnvoll zu handeln, ein höchstes unabhängiges Gut anzunehmen, nicht, um die Verbindlichkeit oder eine Motivation des Sittengesetzes daraus abzuleiten, "sondern nur, um dem Begriffe vom höchsten Gut objektive Realität zu geben, d. i. zu verhindern, daß es zusamt der ganzen Sittlichkeit nicht bloß für ein bloßes Ideal gehalten werde, wenn dasjenige nirgend existierte, dessen Idee die Moralität unzertrennlich begleitet."[284] Ein solches "Postulat" steht dann "dem Grade nach keinem Wissen" nach[285]. Diese Zusammenhänge werden in der Kritik der Urteilskraft noch einmal ausführlicher und unter einer anderen Perspektive wieder aufgegriffen und bilden dort den "moralischen Beweis"[286] für das Dasein Gottes. Im praktischen Gebrauch der reinen Vernunft und unter Aufsicht der Urteilskraft gewinnen die bloß regulativen Prinzipien der theoretischen Vernunft "subjektiv-*praktische* Realität" und werden dadurch "subjektiv-konstitutiv(-es)"[287].

Damit ist im Horizont unserer Fragestellung zugleich der Zusammenhang der drei "Kritiken" angedeutet, und zwar unter einer Rücksicht, die einen zentralen Bezugspunkt ihrer inneren Einheit darstellt. Auch das "opus postumum" fällt jedenfalls nicht mehr dahinter zurück: im VII. Convolut heißt es u. a.: "Der Transc: Phil. höchster Standpunct *Transc. Theologie*"[288]. Diese

283 Ak 18/633.
284 Ca 4/357f.
285 Ca 4/360.
286 Ca 5/528-531.
287 Ca 5/534.
288 Ak 22/63.

106

Verbindungslinie reicht von P. Antons Theorie der Antithetik in ihrer inneren Notwendigkeit[289] bis tief in die Antinomienproblematik hinein, nämlich bis zu jenem Punkt, wo aus der Erbsünde Antons der „Erbfehler" der Metaphysik bei Kant wurde, dessen „Geburtsort" die reine Vernunft selbst ist, sofern sie „unausweichlich" Erscheinungen für „Sachen an sich selbst" hält, woraus sich dann auch schließlich der „Schlüssel" zur Auflösung ergibt. Daß diese Linie theologischen Ursprungs so wenig bemerkt oder sogar verkannt werden konnte, dürfte daraus zu erklären sein, daß sie sich in der Entwicklung des Kantschen Denkens immer mehr nach innen oder in die Tiefe verlagerte, wo sie sich unter der Fülle des philosophischen Gedankenreichtums mehr und mehr dem unmittelbaren Zugriff entzog. Was unter diesem Prozeß der Verinnerlichung zu verstehen ist, sei im Anschluß an einen Aufsatz J. Koppers gezeigt, der die Gottesfrage, die Kant „ununterbrochen bedacht hat", in ihrer Entwicklung bei Kant zum Gegenstand hat[290].

Der kosmologische Beweis setzte bei seinem Schritt von der kontingenten Existenz der Dinge zur notwendigen Existenz eine Entscheidung über Möglichkeit oder Unmöglichkeit des Zufälligen voraus, die selbst einer Untersuchung bedurfte[291]. Darum mußte der Beweisgang schon bei dieser Fragestellung ansetzen. Kants Version seines sog. ontologischen Beweises aus der vorkritischen Zeit bestand dementsprechend im Versuch des Übergangs von der reallogischen, d. h. von der vom konstituierten Seienden ausgehend gedachten Unmöglichkeit, alle Möglichkeit überhaupt aufzuheben, zur metaphysischen Unantastbarkeit des letzten Realgrundes aller Möglichkeit als solcher. Weil dieser Übergang aber nicht wirklich einsichtig ist, führte dieser Weg in eine Sackgasse[292]. So war das reallogische Denken gezwungen, sich an die Ordnung des vorfindlichen Seienden zu halten und von hier aus logisch zur Wesens- und Seinsnotwendigkeit zu gelangen, die sich dann aber im theoretischen Zugriff als bloße „schrankenlos behauptete Realbestimmung" entpuppte[293],

289 vgl. N. Hinske *(Kants Begriff der Antithetik)* 51ff., der diesen „Gedankenstrang" „theologischer Herkunft" entdeckt hat und beschreibt (vgl. oben Anm. 125).

290 *Kants Gotteslehre,* in: KSt 47 (1955-56) 31-61, hier: 31. Wir folgen seiner Darstellung unter der Rücksicht der sich andeutenden zunehmenden Verinnerlichung.

291 vgl. Kopper, a. a. O. 32.

292 a. a. O. 35-37.

der das Sein wiederum zufällig ist. Kants Widerlegung auch des von ihm
selbst formulierten vermeintlich verbesserten ontologischen Gottesbeweises
in der KrV trifft jedoch eigentlich nur die theoretische Methode des Beweises
und ist selbst als solche nur aus der transzendentalen Einsicht eines schon aus
der Gegenwart Gottes herkommenden Denkens möglich, das die Unzulänglichkeit seiner eigenen spekulativen Bemühungen nur dadurch erkennt, daß
es sie übergreift. Das Denken ist dadurch zugleich ernüchtert und befreit. So
nämlich ist der Zugang geöffnet zu einem Wissen höherer Art[294], das in der
KprV das Übersinnliche als versinnlicht erfährt[295], aber noch nach dem Schema
des reallogischen Denkens vorgestellt und zunächst im Kontext der Ethik
abgehandelt wird. In der „Kritik der Urteilskraft" wird dann die reallogische
Form der Reflexion[296] dem höheren Wissen des transzendentalen Denkens
völlig unter- und eingeordnet. Dadurch wird der Blick frei für den reinen
Vernunftglauben, der keine bloße Annahme ist, sondern im Übersteigen alles
bedingten Wißbaren überhaupt erfahren wird[297]. Dieses Wissen höherer Ordnung kann das gegenständliche Erkennen hinter sich lassen, obwohl es nur
an und in der Erscheinung erfahren wird. Freiheit kann nun zu den „scibilia"
gerechnet werden, weil sie sich durch das Handeln hindurch als dessen übersinnlicher Grund erweist[298]. Damit ist ein neuer Ausgangspunkt gewonnen,
der nicht ohne den vorherigen Reinigungsprozeß der Vernunft zu haben war,
aber immer noch an die gegenständliche Faßbarkeit des Übersinnlichen in
der Freiheit gebunden ist, die die Sicherheit der Gotteserkenntnis noch scheinbar in den Hintergrund treten läßt. In einem nächsten Schritt, der in der
Religionsschrift vollzogen wird, bedarf es dann nicht mehr der Vermittlung
durch das „scibile" der Freiheit, sondern das Leben aus Freiheit selbst erweist
sich als für uns unumgänglicher Ausgangspunkt als ein aus Gott begriffenes[299].

293   a. a. O. 47.
294   a. a. O. 53-55.
295   a. a. O. 51.
296   vgl. a. a.O. 54.
297   a. a. O. 55.
298   Damit ist Bezug genommen auf Ca 5/551.
299   J. KOPPER, *Transzendentales und dialektisches Denken* (KSt Erg.H. 80) (Köln 1961) 110:

Im „opus postumum" schließlich kommt das transzendentale Denken zur Ruhe in sich selbst und damit zur Vollendung: „Kant hat es noch vermocht, das Wissen der transzendentalen Reflexion in völliger Reinheit auszusprechen."[300] „Gott, Mensch und Welt ... bilden eine Einheit"[301]: in seinem „In-der-Welt-sein" erfährt der Mensch die Welt als in den sie schlechthin übersteigenden Gott eingegangene, wobei das Begreifen dem Vollzug nicht mehr erst nachfolgt. Der transzendentale Horizont, der diesem Denken immer schon gegenwärtig war, wird nun in überkategorialer Wortlosigkeit im Umgang mit der Sinnenordnung unmittelbar „er-lebt" als das alles ermöglichende und Freiheit schaffende Durchdrungensein des Menschen von Gott[302].

> „In dem Sichverstehen des Selbstbewußtseins, das sich in dieser Schrift darstellt, gelangt die transzendentale Reflexion dazu, sich so aus sich selbst zu vollziehen, daß sie des Rückgriffs auf das gegenständliche Begreifen nicht mehr bedarf. Hier finden wir es ausdrücklich gesagt und zum Titel eines Kapitels erhoben, daß das Reich Gottes auf Erden da ist ... In diesem aus Gott selbst ausgehenden Sichwissen des Selbstbewußtseins ist nun nicht mehr die Freiheit das scibile, von dem aus sich dann Gott entdeckt, sondern es ist so, daß unser auf die Weise der Erscheinung sich erfüllendes Leben aus Freiheit eben darin, daß wir von ihm ausgehen müssen, auch schon aus Gott selbst begriffen ist. Das Selbstbewußtsein, das sich selbst auf dié Weise der Welt!ichkeit findet, erfüllt sich, der Unzulänglichkeit seines Sichfindens ungeachtet, für sich selbst rein aus Gott."

300 KOPPER *(Transzendentales)* 127.

301 KOPPER *(Transzendentales)* 126.

302 vgl. KOPPER *(K.s Gotteslehre)* 57: „Erst im *Opus postumum* vermag sich das Denken so in die Gegenwart des Übersinnlichen zu stellen, daß es des Ausgehens von seinem Sinnlich-gewordensein nicht mehr bedarf, sondern diese Sinnenordnung, indem es in ihr steht, gänzlich aus der Gegenwart Gottes begreift. Im *Opus postumum* ist die Aufgabe gelöst, daß wir in die Sinnenordnung gebunden sind, und insofern notwendig von ihr ausgehen müssen, daß wir uns in ihr aber gleichwohl aus der von ihr unabhängigen Gegenwart des Übersinnlichen verstehen können. Im *Opus postumum* wird im Sichzeigen der Welt die Gegenwart Gottes erfahren. Und das bedeutet, daß in einer einigen Erfahrung Gott als der die Welt schlechthin Übersteigende erfahren ist und eben darin die Welt gänzlich in Gott eingegangen ist. Der Seinsgrund, das reine Ansich selbst wird erfahren, indem die Erscheinungsordnung als eine aus ihm hervorgehende gelebt wird." DERS. *(Transzendentales)* 126: „Das Sichdenken der transzendentalen Reflexion, das die Transzendental-philosophie hier am Schlusse ihres Weges ist – dies Sichdenken, das immer schon in ihr liegt, das aber erst am Ende ihres Weges ganz in sich selbst ruhen kann –, bringt also inhaltlich nichts zur Transzendentalphilosophie hinzu, sondern gibt nur dem ganzen Gange der Transzendentalphilosophie ausdrücklich den einen Sinn, aus dem sie sich von Anfang an erfüllt hat." „Menschliches Selbstbewußtsein ist das Sichfinden des Geistes

Damit hat Kant auf dem kritischen Wege zu jenen theologischen Ursprüngen zurückgefunden, die dem ontologischen Argument des Anselm von Canterbury von vornherein eigentümlich waren[303], und ist gleichzeitig darüber hinausgelangt, indem nun alle durchlaufenen Phasen dieses Denkens – von dem sie je schon ermöglichenden Grund über sich selbst hinausgetrieben –, abgeklärt in das Ergebnis eingegangen sind und es innerlich mitbestimmen, aber an ihm selbst kaum noch wahrnehmbar sind, so daß es allen Mißverständnissen schutzlos preisgegeben bleibt. Was wir oben eine Entwicklung nach innen oder in die Tiefe genannt haben, faßt Kopper so zusammen: „*Überschauen wir den ganzen Weg der Gotteslehre Kants, so zeigt es sich, daß diesem Denken von seinem Anfang bis zu seinem Ende dieselbe Leitung aus der Gegenwart Gottes zuteil geworden ist, und daß seine ganze Entwicklung darin bestanden hat, sich gänzlich aus dieser Leitung durch Gott zu verstehen.*"[304]

Wir können zum Schluß kommen. Der kritische Philosoph Kant hat sich als philosophischer Theologe[305] gezeigt, dessen Philosophie theologisch im Sinne eines eigenwilligen, aber fruchtbaren gelebten und reflektierten Glaubens bestimmt ist, von woher diesem Denken Antrieb und Ziel zuteil wurde, aber doch so, daß dieser Philosoph in mühsamem Ringen er selber geblieben ist

Gottes auf die Weise der Welt." 127: „Das Sicherfüllen ... der menschlichen Existenz geschieht vor dem Gericht Gottes, und aus der Freiheit des Innestehens in Gott, so daß gerade das Sichbestimmenlassen aus Gott die Freiheit unserer Existenz ist. In diesem Wort, daß das Bestimmtsein durch Gott gerade unsere eigene Freiheit ist, ist das Innesein unserer Existenz in Gott, das Kant in der *Kritik der praktischen Vernunft* unter der Form der Postulate gelehrt hat, und das er dann immer deutlicher faßbar gemacht hat, in seine reine Formulierung aus transzendentaler Reflexion eingegangen."

303 vgl. Kopper *(Transzendentales)* 127: „Der ontologische Beweis, in dem dies Wissen sich selbst von der Weltlichkeit her suchte – so besteht der Beweis auch bei Spinoza –, ist in seine Wahrheit umgewandelt, in der sich – jenseits aller theoretischen Aufweisbarkeit – die Weltlichkeit aus dem Sichwissen Gottes findet.
Dies Sichwissen des Menschen aus Gott, und d. h. das Offenbarsein der Welt aus Gott, das die Wahrheit des ontologischen Beweises ist, hat Kant in einer seiner letzten Bemerkungen als die Wahrheit des menschlichen Seins besonders deutlich ausgesprochen" (folgt Zitat Ak 21/25, Z. 1-9).

304 Kopper *(K.s Gotteslehre)* 60.

305 K. nennt seine Religionsphilosophie gelegentlich selbst eine „philosophische Theologie" (Ca 6/147), ihren Vertreter einen philosophischen Theologen (Ca 7/356).

110

und daher dem Theologen als Gesprächspartner gegenübertreten kann. Desungeachtet etwa noch ein wenig konkrete Theologie von ihm zu erwarten oder bei ihm zu widerlegen würde die Bedeutung dieser Hintergrunddimension verkennen und desavouieren. Als Philosoph ist er bereit, der Herrin Theologie zwar nicht mehr die Schleppe nach-, wohl aber die Fackel voranzutragen[306], da auch sie Füße hat, die sie anstoßen oder gar verstauchen könnte. Als Philosoph ist er bereit, der Theologie ein zweites Auge zu bieten[307], weil erst durch stereoskopisches Sehen wirkliche von vermeintlichen (nämlich perspektivisch bedingten) Größenunterschieden zu trennen sind. Aber nicht genug damit: er hat eine Erfahrung durchgestanden, die nicht von ihrem Ende her

---

306 Ca 7/338: „Auch kann man allenfalls der theologischen Fakultät den stolzen Anspruch, daß die philosophische ihre Magd sei, einräumen (wobei doch noch immer die Frage bleibt: ob diese ihrer gnädigen Frau die Fackel vorträgt oder die Schleppe nachträgt), wenn man sie nur nicht verjagt oder ihr den Mund zubindet." Eine Erklärung bietet Refl. 5112 in Ak 18/93: „In dieser Dunkelheit steckt die Critick der Vernunft die Fackel auf, Erleuchtet aber nicht die uns unbekanten Gegenden jenseits der Sinnenwelt, sondern den dunkeln Raum unseres eigenen Verstandes. Metaphysic ist gleichsam die policey unsrer Vernunft in Ansehung der öffentlichen Sicherheit der Sitten und Religion." Schon 1766 wird als eigentliche Bestimmung der Metaphysik angegeben, *„Begleiterin der Weisheit"* zu sein (Ca 2/386).

307 Ak 15, 1/394ff.: „Allein in ansehung des bescheidnen Urtheils über den Werth seiner eignen wissenschaft und der Mäßigung des Eigendünkels und egoismus, den eine Wissenschaft giebt, wenn sie allein im Menschen residirt, ist etwas nöthig, was dem gelehrten humanitaet gebe, damit er nicht sich selbst verkenne und seinen Kräften zu viel Zutraue. / Ich nenne einen solchen Gelehrten einen Cyclopen. Er ist ein egoist der Wissenschaft, und es ist ihm noch ein Auge nöthig, welches macht, daß er seinen Gegenstand noch aus dem Gesichtspunkte anderer Menschen ansieht ... Der Cyclop von Litteratur ist der trozigste; aber es giebt Cyclopen von Theologen, iuristen, medicis. Auch Cyclopen von Geometern. Einem ieden muß ein Auge aus besonderer fabrike beygesellt werden. / Dem Medicus Critik unserer Naturkentnis, dem iuristen unsrer Rechts und Moralkentnis, dem Theologen unsrer Metaphysik. Dem geometra Critik der VernunftErkentnis überhaupt. Das zweyte Auge ist also das der Selbsterkentnis der Menschlichen Vernunft, ohne welches wir kein Augenmaas der Größe unserer Erkentnis haben. Jene giebt die Standlinie der Messung ... Nicht die Stärke, sondern das einäugige macht hier den Cyclop" (Refl. 903). „Der Orthodox ist der theologische cyclop" (Refl. 904). vgl. schon Ca 2/365: „Die Vergleichung beider Beobachtungen gibt zwar starke Parallaxen, aber sie ist auch das einzige Mittel, den optischen Betrug zu verhüten und die Begriffe an die wahre Stellen zu setzen, darin sie in Ansehung der Erkenntnisvermögen der menschlichen Natur stehen."

zu haben war; beim Versuch, die Schale aufzuschneiden, war ihm stets der Kern zerbrochen. In einer Art von philosophischer Unschärferelation veränderte die Beobachtung stets den Gegenstand, der ihr dann im Zugriff vollends entschwand[308]. So entfaltete sich für den angeblich „alles zermalmenden Kant" (ein Wort von Mendelssohn[309]) das von ihm schon in der vorkritischen Zeit geschätzte Prinzip sokratischer Wissensbescheidung[310] zu der Erkenntnis, daß weniger manchmal nicht nur sicherer ist, sondern auch mehr und sogar alles sein kann. Wenn man versucht, Theologie zu treiben, ist man auf dieselbe Menschenvernunft angewiesen mit den gleichen Gesetzen und den gleichen Problemen, nur mit dem Unterschied vielleicht, daß man sich häufiger in der kritischen Zone bewegt. Wie hilfreich Kant dabei sein könnte, läßt sich besonders gut an denjenigen theologischen Positionen verdeutlichen, die man selbst ablehnt. Darum gilt für Kants Philosophie auch im Hinblick auf die Theologie, was einer Kant-Gedenkmünze gleich nach seinem Tod als Umschrift zu einem Bild der Minerva (Göttin der Weisheit), die eine Nachteule (Symbol des Forschens) zurückhält, aufgeprägt wurde: *Altius volantem arcuit;* in der Übersetzung des Urhebers (Zöllner): „Ihren zu hohen Flug hemmte sie"[311]. Die

---

308 vgl. Ca 2/239 das gelobte Wort des SIMONIDES: „Je mehr ich über Gott nachsinne, desto weniger vermag ich ihn einzusehen." K. JASPERS *(Kant, Leben …)* 145: „Kant scheint in der Gesamtbewegung seines Denkens mehr zu wissen, als er aussagend kundgeben kann."

309 In der Vorrede zu den *Morgenstunden.*

310 vgl. Ak 15, 1/71: „Socrates hatte eine negative philosophie in Ansehung der speculation, namlich von dem Unwerth vieler vermeintlichen Wissenschaft und von den Grenzen unseres Wissens. Der negative Theil der Erziehung ist der wichtigste: Disciplin" (Refl. 193). Frühe Äußerungen in diesem Sinne: z. B. Ca 2/190, 333, 366; 385f.: „Wir haben einige Philosophie nötig gehabt, um die Schwierigkeiten zu kennen, welche einen Begriff umgeben, den man gemeiniglich als sehr bequem und alltäglich behandelt. Etwas mehr Philosophie entfernet dieses Schattenbild der Einsicht noch mehr und überzeugt uns, daß es gänzlich außer dem Gesichtskreis der Menschen liege." Dieser Satz erinnert an das Wort F. BACONS *Verum est tamen, parum philosophiae naturalis homines inclinare in atheismum; et altiorem scientiam eos ad religionem circumagere.* (*Works* V, 44; anders formuliert auch in *De Dign. et Augm. Sc. I, 1*), das damals gern zitiert wurde (z. B. von A. COLLINS, D. HUME; später von K. W. F. SOLGER). Die Einsicht, „daß wir nichts wissen können" (GOETHE, *Faust* 1), die bei K. noch eine „docta ignorantia" (Nic. v. CUES) war als Frucht seiner Philosophie, ging nach K. verloren.

311 vgl. REICKE, a a. O. 55.

Erklärung dazu liefert uns Kant in der KrV mit einem Seitenblick auf Plato: „Die leichte Taube, indem sie im freien Fluge die Luft teilt, deren Widerstand sie fühlt, könnte die Vorstellung fassen, daß es ihr im luftleeren Raum noch viel besser gelingen werde."[312] Positiv gewendet beschreibt eine andere Kant-medaille, die ihm noch zu seinen Lebzeiten gewidmet wurde, diesen Grundzug seiner Philosophie vor ihren theologischen Hintergründen: „Perscrutatis fundamentis stabilitur veritas"[313].

---

312 Ca 3/39; schon Ca 2/385 war von den „Schmetterlingsflügel(n) der Metaphysik" die Rede: „Jetzt, da die stiptische Kraft der Selbsterkenntnis die seidene Schwingen zusammengezogen hat, sehen wir uns wieder auf dem niedrigen Boden der Erfahrung und des gemeinen Verstandes." Ca 2/390: „Es war auch die menschliche Vernunft nicht genugsam dazu beflügelt, daß sie so hohe Wolken teilen sollte, die uns die Geheimnisse der andern Welt aus den Augen ziehen, und denen Wißbegierigen, die sich nach derselben so angelegentlich erkundigen, kann man den einfältigen, aber sehr natürlichen Bescheid geben, daß es wohl am ratsamsten sei, wenn sie sich zu gedulden belieben, bis sie werden dahin kommen." F. Bacon hatte früher bereits vorgeschlagen, den menschlichen Geist mit Bleigewichten zu versehen, um jedes Springen und Fliegen zu verhindern („non plumae addendae, sed plumbum potius et pondera"! Works VIII, 54).

313 vgl. Reicke, a. a. O. 54.

Kapitel 3:
Gebet und Gottesdienst bei Kant:
nicht „Gunstbewerbung", sondern „Form aller Handlungen"

Sich über eine Sache Aufschluß von jemandem zu versprechen, der unter ihre Gegner gerechnet zu werden pflegt, ist nicht eben üblich, obwohl auch eine karikaturistische Verzeichnung aus gegnerischem Blickwinkel, sofern sie überhaupt ihren Gegenstand noch erkennen läßt, von eigentümlichem Wert sein kann. Sollte dieser angebliche Gegner aber in Wirklichkeit um eines (wenn auch utopischen) Besseren willen der Feind jenes Guten sein, das er selbst vielleicht nur sehr unvollkommen und einseitig kennengelernt hat, und so seine Ablehnung eher einem „placet iuxta modum" gleichkommen, dann könnte das Aufgreifen seiner Bedenken vor allem dann von Interesse sein, wenn er im übrigen ernst genommen zu werden verdient oder wenn er gar zu jenen Großen zählt, die die Geschichte des Denkens geprägt haben. Immanuel Kant, dessen kritische Einstellung zu den Fragen der Gottesverehrung hier erörtert werden soll, hat selbst mancherlei Veranlassung dazu gegeben, daß viele seiner Zeitgenossen (und nicht nur sie) ihn trotz seiner allgemein anerkannten hohen moralischen Integrität[1] für einen Gegner des

---

1 „Kant war gross und bewunderungwürdig durch seinen Geist und den Umfang seines Wissens: doch nicht minder gross und erhaben steht er da durch seinen Charakter, die Festigkeit seines Willens, seine Wahrheitsliebe, seine ächte Humanität. *Kant lebte, wie er lehrte!"* (F. W. Schubert, *Immanuel Kant's Biographie,* Teil II, 2 von: Immanuel Kant's sämmtliche Werke, hrsg. v. K. Rosenkranz u. F. W. Schubert [Leipzig 1842] 184). „*Er lebt, wie er lehrt!"* wurde schon zu seinen Lebzeiten formuliert *(Kant's Leben, eine Skizze. In einem Briefe eines Freundes an seinen Freund* [Altenburg 1799] 19), später zitiert: „Kant lebte, wie er lehrte!" (*Immanuel Kant. Sein Leben in Darstellungen von Zeitgenossen.* Die Biographien von L. E. Borowski, R. B. Jachmann und A. Ch. Wasianski, repr. Nachdruck d. v. F. Gross hrsg. Ausg. Bln. 1912 [= Dt. Bibl. 4] [Darmstadt 1968], hier Jachmann, *Immanuel Kant geschildert in Briefen an einen Freund* [1804] 141), wieder aufgegriffen und abgewandelt: „*Kant* lebte so, wie er lehrte, ... Seine Lehre ist der Inbegriff seiner Handlungen." ([J. Ch. Mortzfeld], *Fragmente aus Kants Leben. Ein biographischer Versuch* [Königsberg 1802] 97f.). Das wird nicht widerlegt durch den Hinweis auf die damals üblichen übertriebenen Höflichkeitsformeln oder gelegentliche „falsch klingende Töne" in Kants Briefen (R. Malter u. J. Kopper, *Einleitung* zur 2., erw. Aufl. von Immanuel Kant, Briefwechsel, hrsg. v. O. Schöndörffer [1924] [Hamburg 1972] L-LVII; vgl. dazu

Gottesdienstes überhaupt und des Gebetes im besonderen gehalten haben[2]:
In seinen späteren Jahren besuchte er die Kirche nur noch in jenen Ausnah-
mefällen, in denen dies aus Gründen der Repräsentation unumgänglich war[3],

die Stellungnahme G. Funkes in den Actes du Congrès d'Ottawa sur Kant dans les
Traditions Anglo-Américaine et Continentale tenu du 10 au 14 Octobre 1974, ed. P.
Laberge, F. Duchesneau, B. E. Morrisey [Ottawa 1976] in seinem Beitrag: *Die Wendung
zur Metaphysik im Neukantianismus des 20. Jahrhunderts*, S. 36-76, hier: 37). Wenn also
„wenige Einzelne, die sich von ihm verdunkelt sahen", „eine Insinuation gegen ihn"
vorbringen wollten, nahmen sie sich „seine religiösen Grundsätze" zur Zielscheibe, denn
„Sein unbescholtener sittlicher Charakter bot der Anklage keine Blöße dar" (F. Th.
Rink, *Ansichten aus Immanuel Kant's Leben* [Königsberg 1805] 43). „Ja, wenn ich unter
seinen intellectuellen und moralischen Anlagen eine Vergleichung anstellen sollte: so
würde ich *Kant* mehr wegen seiner *gereinigten, sokratisch-heiteren Moralität*, als wegen
seines *metaphysischen Scharfsinnes* den Zoll meiner Hochachtung abstatten" (*Immanuel
Kant's Biographie*. Erster Band [Leipzig 1804] 123).

2 Rink ebd.: „ ... so ist es doch nicht zu leugnen, daß Kant durch eine gewisse scheinbare
Gleichgültigkeit gegen den äußern Cultus, selbst die Veranlassung dazu hergab." Der
auch sonst mißgünstige J. D. Metzger behauptet, Kant habe sich „ – um das wenigste
zu sagen – zum Indifferentismus in der Religion bekannt" (*Äußerungen über Kant, seinen
Charakter und seine Meinungen. Von einem billigen Verehrer seiner Verdienste* [Königsberg
1804] 24), welchen Kant selbst jedoch negativ beurteilt (vgl. Ca. [= Immanuel Kants
Werke, hrsg. v. E. Cassirer (Berlin [1]1912-1921 = [2]1922-1923)] 293, 295). Nach K.
Vorländer (*Immanuel Kants Leben*, neu hrsg. v. R. Malter [Hamburg [3]1974] 10) hat
sich Kant aufgrund seiner extrem pietistischen Frömmigkeitserziehung „später von der
Gefühlsseite der Religion ganz abgekehrt" und behielt auch sonst „gegen Gemeindegesang
und Gebet zeitlebens eine auffallende Abneigung". Es läßt sich demgegenüber zeigen,
daß Kant die ganz tiefen Gefühle der Erhabenheit kannte und empfand (vgl. A. Winter,
Theologische Hintergründe der Philosophie Kants, in: ThPh 51 [1976] 1-51, bes. 24-27)
[hier Kapitel 2, 49-113; bes. 78-86], und dies sogar bei scheinbar geringfügigem Anlaß
(vgl. A. Ch. Wasianski, *Immanuel Kant in seinen letzten Lebensjahren* [1804] a. a. O.
293, oder Jachmann a. a. O. 172). Das „Singen in der Kirche" war für ihn vor allen
Dingen deshalb „nichts als Geplerre", weil es ihn an das häufige Singen aus dem nahen
Gefängnis erinnerte, das ihm auf die Nerven ging (J. G. Hasse, *Lezte Aeußerungen Kant's
von einem seiner Tischgenossen*. Zweyter Abdruck [Königsberg 1804] 29; vgl. dazu L. E.
Borowski, *Darstellung des Lebens und Charakters Immanuel Kants. Von Kant selbst genau
revidiert und berichtigt* [1804] a. a. O. 57). Inwiefern sich Kants Abneigung gegen das
Gebet richtete, wird im folgenden zu erörtern sein.

3 Er schritt an der Kirchtür vorbei, „wenn er nicht selbst Rector geworden war" (C. F.
Reusch, *Kant und seine Tischgenossen. Aus dem Nachlasse des jüngsten derselben* [Königs-
berg o. J.]). vgl. dazu auch Jachmann a. a. O. 170: „Ob er in seinen früheren Jahren in
religiöser Absicht die Kirche besucht habe, ist mir nicht bekannt. In seinem Alter bedurfte

und wenn man an seinem gastlichen Tisch „Anstalten zum Beten machen
wollte, so unterbrach er sie, durchs Nöthigen zum Sitzen"[4]. Damit ist freilich
nichts bewiesen; das bekannte Sprichwort vom Sein und vom Scheinen[5]
läßt sich schließlich auch mindestens im Hinblick auf das Tischgebet verwenden
und sogar – wäre das so ausgeschlossen? – zugunsten der Heuchelei in sein
Gegenteil verkehren. Seine Biographen sind denn auch zumeist vorsichtiger
bei der Beurteilung derartiger Angaben[6]. Welche Interpretation aber die

er wenigstens keiner äußern Mittel mehr, um seine innere Moralität zu beleben." Borowski
a. a. O. 91: „Von Herzen wünschte ich, … daß er … dem öffentlichen Kultus beigewohnt
und an den segensvollen Stiftungen unseres Herrn Anteil genommen hätte."

4 Hasse a. a. O. 15.

5 Das von Graf A. von Schlieffen geprägte Wort begegnet sinngemäß schon im Altertum
und entspricht einem um 1735 weithin bekannten Moralspruch (G. Büchmann, *Geflügelte
Worte. Der Zitatenschatz des deutschen Volkes*, [Berlin ³²1972] 763f.). Ein Beleg für den
religiösen Schein in: Eine Sammlung auserlesener Moralischer und Satyrischer Meister-
Stücke, Aus dem Englischen. Die Dritte Probe... (Berlin u. Leipzig 1739) 233: „Die
Heucheley wünschet lieber gut zu scheinen, als also zu seyn: Die Redlichkeit wünschet
lieber gut zu seyn, als also zu scheinen." 241: „Der Redliche hat vielmahls GOtt in
seinem Hertzen, wenn sein Mund nichts von GOtt gedencket: Der Heuchler hat GOtt
öffters in seinem Munde, wenn der Thor in seinem Hertzen spricht: *Es ist kein GOtt.*"
Schon früh (1764-1765) notiert sich Kant: „Das Lächerlichste ist dieses, daß man den
schein so lange gegen andere macht bis man sich selbst einbildet er sey warheit so
machen es Kinder mit der religion / Der Schein wenn ihn der so ihn intendirt vor die
Sache selbst hält ist der Wahn" (Ak [= Kant's gesammelte Schriften, hrsg. v. d. Königl.
Preuß. (später Preuß., dann Deutschen) AkadWiss, neuerdings AkadWiss der DDR (Berlin
1910ff.)] 20/181). Über Kants Einstellung Jachmann a. a. O. 145: „Er selbst wollte nie
anders scheinen, als er wirklich war, aber ihm war auch nichts so sehr zuwider, als wenn
er eitle Anmaßungen an andern Menschen bemerkte. So sehr er wirkliche Verdienste
ehrte, so sehr verachtete er den gleißnerischen Schein derselben."

6 Rink, der behauptet, daß durch das Übermaß der Frömmigkeitsübungen im Collegium
Fridericianum „in dem Herzen des Knaben das Interesse für Religiosität, durch Gewohnheit, die am Ende immer Erkaltung bewirkt, verkümmert ward" (a. a. O. 16), spricht
demgegenüber von einer nur „scheinbare(n)" Gleichgültigkeit des erwachsenen Kant (a.
a. O. 43), der nach Jachmann „im wahren Sinne des Worts ein Gottesverehrer" gewesen
ist (a. a. O. 169), auch wenn er nach Mortzfeld vom Gebet „seine eigene Meinung"
hatte (a. a. O. 94), wobei sich dieser auf Hippel beruft. Es ist bezeichnend, in welchem
Zusammenhang Th. G. v. Hippel auf Kant zu sprechen kommt: „So kann es Beter
geben, die es nicht zu Gebetsgedanken, Geberden und Worten kommen lassen, deren
Gemüth aber rein und klar ist. Vielleicht ist dies der höchste Grad, den ein Kind Gottes

größere Wahrscheinlichkeit für sich hat, ist nicht allein aufgrund einer Zusammenstellung aller einschlägigen Stellen aus Kants Werken zu entscheiden[7], auch wenn dies im Kontext seiner Religionsphilosophie versucht werden sollte[8]. Solange jedoch der Blick auf das Ganze seiner Philosophie in ihrem Woher und Woraufhin nicht derart unverstellt und zuverlässig möglich ist, daß dadurch alle darüber bestehenden Kontroversen beigelegt würden (falls das überhaupt je erreichbar sein sollte), bleibt uns in Anerkennung der Grenzen unserer Erkenntnis vorläufig nichts weiter übrig, als seiner Philosophie im ganzen (mindestens hypothetisch) von der Theologie her eine positive Ausrichtung zuzutrauen, um das Ergebnis nicht von vornherein negativ zu präjudizieren. Das ist möglich, ohne der Absicht und dem Werk Kants Gewalt anzutun, wenn man es nicht vorzieht, eine derartige Einschätzung für die einzig angemessene überhaupt zu halten, wofür gute Gründe sprechen[9]. So gelangt man zu einer Interpretation, die um der vermuteten Positivitäten

erreichen kann. / Oft hab' ich mich mit *Kant* über das Gebet gestritten, und ich glaube fast, daß in dem gewöhnlichen Sinn, in welchem das Wort Gebet genommen wird, ihm der nicht beten wollte, nicht viel entgegen zu setzen seyn wird" *(Nekrolog auf das Jahr 1796, Enthaltend Nachrichten von dem Leben merkwürdiger in diesem Jahr verstorbener Deutschen.* Ges. v. F. SCHLICHTEGROLL, 7. Jg., 2. Bd. [Gotha 1800] 194f., entsprechend *Th. G. v. Hippel's sämmtliche Werke,* 12. Bd. *Hippel's Leben* [Berlin 1835] 9f.). Damit stimmt in etwa zusammen, was C. J. KRAUS als Fußnote zu „Wald's Gedächtnisrede" hinzusetzte: „Er hatte sich eine Idee vom öffentlichen Gottesdienst gemacht, die, wenn sie je realisiert worden wäre, ihn zum fleißigen Kirchgänger gemacht hätte" *(Kantiana. Beiträge zu Immanuel Kants Leben und Schriften.* Hrsg. v. R. Reicke, Separat-Abdruck aus d. Neuen Preuß. Prov.-Blättern [Königsberg 1860] 10). Fest steht, daß Kant eine „Abneigung" „gegen die Regelung und Mechanisierung der Frömmigkeit empfunden hat" (E. CASSIRER, *Kants Leben und Lehre,* Ca 11/15). Auch wenn ihm dadurch der „eigentliche(n) religiöse(n) Sinn des Gebets verdunkelt" wurde (H. NOACK, *Die Religionsphilosophie im Gesamtwerk Kants, als Einleitung zu: Immanuel Kant. Die Religion innerhalb der Grenzen der bloßen Vernunft,* hsrg. v. K. VORLÄNDER [= Phil. Bibl. 45] [Hamburg [6]1956] XLIV), kann dennoch offenbleiben, ob ihn diese Einseitigkeit nicht manches schärfer sehen ließ.

7 vgl. das fingierte Gespräch zwischen Kant und v. Hippel über das Gebet im 2. Band der *Leipziger Biographie* (1804) 97-103.

8 Immer noch empfehlenswert die reich dokumentierte Schrift von P. KALWEIT: *Kants Stellung zur Kirche* (Schriften d. Synodalkomm.f. ostpreuß. Kirchengesch. 2) (Königsberg 1904).

9 vgl. WINTER a. a. O.

willen bereit ist, dem Philosophen Kant theologisch eine „hülfreiche hand zu bieten und die Fehler als nebensachen zu tractiren"[10].

Zunächst ist festzustellen, daß sich Kants Stellung zu Gebet und Gottesdienst nicht unter die einfache Alternative „Gegnerschaft oder nicht" bringen läßt, weil sich in seinem Werk und in seinen Biographien sowohl positive als auch negative Aussagereihen finden. Wenn man sich nicht mit der bei Kant wenig angemessenen Ausrede begnügen will, er habe sich vielleicht schwankend und uneinheitlich geäußert, stellt sich die Frage nach seinen Kriterien: Unter welcher Perspektive kommt Kant zu seiner z. T. brüsken Verurteilung und Ablehnung, und inwiefern findet er einen Zugang, den er für redlich hält und schließlich als den einzig vertretbaren ansieht? Die Antwort darauf läßt sich nicht unvermittelt aus seiner pietistischen Erziehung im Elternhaus und im Fridericianum herleiten, obwohl sie von daher beeinflußt ist; denn die gleiche Ambivalenz kennzeichnet auch sein Urteil über den Pietismus: Einerseits lehnt er ihn ab als „Frömmelei", die „eine *knechtische* Gemütsart ankündigt"[11] und gekennzeichnet ist durch „die phantastische und bei allem Schein der Demut stolze Anmaßung sich als übernatürlich-begünstigte Kinder des Himmels auszuzeichnen, wenngleich ihr Wandel, so viel man sehen kann, vor dem der von ihnen so benannten Weltkinder in der Moralität nicht den mindesten Vorzug zeigt"[12], und andererseits soll er gesagt haben: „Waren auch die religiösen Vorstellungen der damahligen Zeit ... und die Begriffe von dem, was man Tugend nannte, nichts weniger als deutlich und genügend: so fand man doch wirklich die Sache. Man sage dem Pietismus nach, was man will, genug! die Leute, denen er ein Ernst war, zeichneten sich auf eine ehrwürdige Weise aus. Sie besaßen das Höchste, was der Mensch besitzen kann, jene Ruhe, jene Heiterkeit, jenen innern Frieden, die durch keine Leidenschaft beunruhigt wurden. Keine Noth, keine Verfolgung setzte sie in Mißmuth, keine Streitigkeit war vermögend sie zum Zorn und zur Feindschaft zu reizen. Mit einem Wort, auch der bloße Beobachter wurde unwillkürlich zur Achtung

---

10   Ak 18/54.

11   Ca 6/335.

12   Ca 7/369. In dem letzteren Vorwurf wird ein entscheidender Zug seiner Frömmigkeitskritik
       sichtbar, der uns hier beschäftigen wird.

hingerissen."[13] Die so nur sehr vorläufig bestimmte „Sache", das Eigentliche, der Kern dessen, was alle Frömmigkeit (aus seiner Sicht) im Grunde bewirken soll, war ihm bis an sein Lebensende heilig, und sie ist es schließlich, die seine an sich der Aufklärung zuzurechnende Position zu einer unverwechselbar eigenständigen macht und in einem wenn auch sehr labilen Gleichgewicht erhält. Von hier aus wird deutlich, daß der Umgang mit Kants Auffassungen in diesem Bereich ihren Ursprung als innerprotestantische Kritik, d. h. als gegenläufige Denkbewegung gegenüber erlebten einseitigen Frömmigkeitsformen durchgängig in Rechnung zu stellen hat[14].

Der Rahmen, in den unsere Thematik eingebettet ist und der hier nur in groben Zügen skizziert werden kann, ist Kants Unterscheidung zwischen dem reinen „Vernunftglauben"[15] einerseits, der natürlicherweise erreichbar ist (wenigstens in praktischer Hinsicht) und als Inbegriff aller unserer Pflichten als göttlicher Gebote[16] die eine und einzig verbindliche, weil allgemeingültige[17] „Religion des guten Lebenswandels"[18] ausmacht, in der alles „aufs *Tun*" ankommt[19], und den verschiedenen Erscheinungsformen des „Offenbarungs-

---

13 RINK, a. a. O. 13f.

14 Dabei kann die Betonung einer entgegengesetzten Einseitigkeit eher als normal gelten und braucht aufs Ganze gesehen dem Finden einer ausgewogenen Mitte nicht zuwider zu sein; im Gegenteil bedarf die Bestimmung der Mitte als solcher geradezu eines gleich weit entfernten Bezugspunktes auf der gegenüberliegenden Seite, womit freilich nicht gesagt sein soll, daß die Wahrheit immer oder auch nur meistens in der Mitte liegt und etwa nicht mehr wäre als die zufällige Abhängige vorgegebener Positionen.

15 Kant verwendet dafür verschiedene Bezeichnungen. Er spricht vom „reinen", „praktischen" oder „moralischen" „Vernunftglauben" (Ca 3/555; 4/359, 361f.; 5/137, 155f., 158; 6/247, 276, 312; 7/319, 358; 8/380, 383), vom „reinen" „Religionsglauben" (Ca 6/247, 255; 7/361f.), von der „Vernunftreligion" (Ca 5/139f., 516; 6/150, 255, 257, 259f., 267, 300), von der „natürlichen" (Ca 6/314) oder der „moralischen" „Religion" (Ca 6/316, 192). Die Vernunftreligion umfaßt neben der „Tugendlehre" auch die „Gottseligkeitslehre", die „den Begriff von einem Gegenstande, den wir uns in Beziehung auf unsere Moralität als ergänzende Ursache unseres Unvermögens in Ansehung des moralischen Endzwecks vorstellen", enthält, und der ersteren lediglich als Mittel dient (Ca 6/333).

16 vgl. Ca 3/545, 549; 5/92f., 140, 142, 482, 524; 6/244; 7/347; Ak 19/650; 23/95, 401.

17 vgl. Ca 6/249, 253, 260f., 306, 359; 7/361, 363.

18 Ca 6/325, 192. vgl. dazu in unserem Kontext: Ca 6/309, 320f., 326, 328f.; 7/358, 360.

19 Ca 7/352; vgl. dazu 6/280, auch 6/208, 219.

glaubens"[20] andererseits. Dem Vernunftglauben als dem unverzichtbaren Kern eines jeden Offenbarungsglaubens[21] gilt Kants uneingeschränkte Zustimmung und sein volles Engagement. Gegen den Offenbarungsglauben hat er keine prinzipiellen Einwände, sondern im Grunde nur einen zentralen Vorbehalt, der sich dann in seine einzelnen Komponenten zerlegen läßt: Der Offenbarungs- oder Kirchenglaube ist nur ein Hilfsmittel zur Beförderung der Gesinnung[22]; seine geschichtlich begründeten Statuten sind Zutaten[23], Beigeselltes (accessorium)[24], das den vernunftgemäßen Kern nicht verdrängen darf[25], sondern nur die weitergehende Form für die Anwendung in der Praxis liefern soll[26]. In diesem Sinne ist auch das Christentum von seinem Stifter begründet worden[27], und gerade durch seine einzig dastehende und geradezu erstaunliche Übereinstimmung mit der Vernunftreligion weist es sich aus als genuin und von göttlichem Ursprung[28]. Wird aber nun das Mittel zum Selbstzweck gemacht, werden statutarische „Observanzen"[29], die nicht an sich,

20 Ca 6/247, 253, 312; 7/360; weitere Bezeichnungen: „Kirchenglaube": Ca 6/247, 251f., 253-258, 260, 269f., 283; 7/347, 356f., 361, 378; „Geschichtsglaube": Ca 6/257, 326; 7/373, 377, 379; „historischer Glaube": 6/267; „gottesdienstliche Religion (cultus)": 6/251, die zum „Kirchendienst" führt: 6/326.

21 vgl. das Bild von den konzentrischen Kreisen Ca 6/150.

22 Ca 6/328, auch Ca 6/249, während seine „Förmlichkeiten" nicht als Mittel oder Bedingung angesehen werden dürfen, „die Erhaltung seiner Wünsche unmittelbar von Gott zu erwarten" (Ca 6/328). vgl. auch Ca 6/331ff. Der Kirchenglaube hat die Funktion eines „Vehikels" (Ca 6/251f., 283, 329; 7/348), das aufgelöst werden wird, wenn schließlich Gott „alles in allem ist" (Ca 6/282, vgl. auch 6/267). Die Wahl verschiedener Mittel macht die Sektenunterschiede aus (Ca 7/365).

23 Ca 7/348.

24 Ca 7/376.

25 Hier liegt für Kant der Ansatzpunkt seiner Kritik der ihm bekannten Gebets- und Gottesdienstpraxis.

26 Ca 7/362.

27 Ca 6/278, 307.

28 Ca 6/251 f. ... Nur von Gott selbst kann die Ausführung eines solchen Werkes erwartet werden, obwohl auch hierin der Mensch so verfahren soll, „als ob alles auf ihn ankomme" (Ca 6/245).

29 Ca 6/328ff.; Ca 7/362.

sondern nur bedingterweise Gott wohlgefällig sind, zur Richtschnur dessen gesetzt, was Gott schlechthin wohlgefällt[30], dann wird die Religion zum abergläubischen „Wahn"[31], durch Handlungen, die an sich keinen unmittelbaren Wert haben, etwas zu erlangen, was der Mensch nur erhoffen, aber nicht hervorbringen kann[32]. Der „Dienst Gottes" verkehrt sich dadurch in ein „Fetischmachen" und in die Ausübung eines „Afterdienstes", „der alle Bearbeitung zur wahren Religion rückgängig macht. Soviel liegt, wenn man zwei gute Sachen verbinden will, an der Ordnung, in der man sie verbindet."[33] Die Umkehrung der Ordnung schlägt unmittelbar zurück in die Moralität: Wird eine bestimmte Dogmatik (z. B. aus der Gnadenlehre) nicht nur eingeräumt[34], sondern in die Maxime des Handelns aufgenommen[35], dann besteht die dringende Gefahr, daß die unvermeidliche Inadäquatheit des menschlichen Ausdrucks (als eines „bloß" theoretischen[36], der zudem eine höhere Ordnung anzielt, der er begrifflich nicht voll gewachsen ist und die er so notwendigerweise „verkleinert"[37]) die vernunftgegebene Sicherheit der moralischen Verpflichtung[38] verdrängt und durch ein Zerrbild ersetzt, das u. U. sehr unmoralisch sein kann. Im Bereich der Theorie lassen sich Unzulänglichkeiten leichter in Rechnung stellen, wenn auch nicht immer extrapolieren; als Vorlage für die Praxis dagegen führen sie zu konkreten Konsequenzen[39]. Es spricht für Kant,

---

30   Ca 6/329.

31   Ca 6/324, 327f. „Der schwärmerische Religionswahn" ist „der moralische Tod der Vernunft" (Ca 6/325). vgl. Ca 7/377.

32   Ca 6/328.

33   Ca 6/327-329.

34   Wenn man unter „Dogmatik" die schulmäßige und -spezifische Ausdeutung und Systematisierung des Dogmas versteht, die nicht in jeder Hinsicht für den Glauben verbindlich ist, dann braucht solches „Einräumen" die unbedingte Festigkeit des Glaubens selbst nicht von vornherein zu beeinträchtigen.

35   Ca 6/194; vgl. auch Ak 23/104.

36   Ca 5/556, 564.

37   Ca 6/146, 245. vgl. dazu den Anfang von ROUSSEAUS Émile.

38   Die „praktische" Vernunft steht mehr als die „theoretische" bei Kant noch unter dem Vorzeichen der aufklärerischen Vernunfteuphorie, die wir heute nicht mehr übernehmen können.

wenn er andererseits zugesteht, daß auch der Vernunftglaube einen „*theoreti-schen* Mangel" habe, den „zu ergänzen" die Offenbarung „dienlich und zur Befriedigung eines Vernunftbedürfnisses dazu nach Verschiedenheit der Zeitumstände und der Personen mehr oder weniger beizutragen behülflich" sei[40].

Vor diesem Hintergrund erfolgt die Wertung allen Gottesdienstes:

„Der wahre (moralische) Dienst Gottes, den Gläubige, als zu seinem Reich gehörige Untertanen, nicht minder aber auch (unter Freiheitsgesetzen) als Bürger desselben zu leisten haben, ist zwar, so wie dieses selbst, unsichtbar, d. i. *ein Dienst der Herzen* (im Geist und in der Wahrheit) und kann nur in der Gesinnung, der Beobachtung aller wahren Pflichten als göttlicher Gebote, nicht in ausschließlich für Gott bestimmten Handlungen bestehen. Allein das Unsichtbare bedarf doch beim Menschen durch etwas Sichtbares (Sinnliches) repräsentiert, ja, was noch mehr ist, durch dieses zum Behuf des Praktischen begleitet, und obzwar es intellektuell ist, gleichsam (nach einer gewissen Analogie) anschaulich gemacht zu werden; welches, obzwar ein nicht wohl ent-behrliches, doch zugleich der Gefahr der Mißdeutung gar sehr unter-worfenes Mittel ist, uns unsere Pflicht im Dienste Gottes nur vorstellig zu machen, durch einen uns überschleichenden *Wahn* doch leichtlich für den *Gottesdienst* selbst gehalten und auch gemeiniglich so benannt wird."[41]

Das eigentliche Problem liegt also nicht im Gottesdienst selbst, auch nicht in

---

39 Das ist einleuchtend z. B. am extremen Beispiel eines theologischen Prädestinatianismus, der jegliche Moral zu zerstören imstande ist. Aber auch gewisse überspitzt erscheinende Formulierungen LUTHERS lassen sich hier einordnen, so z. B. die Stelle in seinem Brief an Melanchthon v. 1. Aug. 1521: „Esto peccator et pecca fortiter, sed fortius fide et gaude in Christo, qui victor est peccati, mortis et mundi. Peccandum est, quamdiu hic sumus; … Sufficit, quod agnovimus per divitias gloriae Dei agnum, qui tollit peccatum mundi; ab hoc non avellet nos peccatum, etiamsi millies, millies uno die fornicemur aut occidamus. Putas, tam parvum esse pretium redemptionis pro peccatis nostris factum in tanto ac tali agno?" (WA Briefwechsel Bd. 2 [Weimar 1931] 372). Kants Stellungnahme zur Gnadenlehre z. B. Ca 6/342.

40 Ca 7/319. vgl. dazu Ak 20/57.

41 Ca 6/343.

seiner unvermeidlichen sichtbaren Gestaltung an sich, sondern allein in der „Gefahr der Mißdeutung", die für Kant allerdings einen sehr hohen Stellenwert hat vor dem Hintergrund der von ihm geforderten letzten Aufrichtigkeit und Redlichkeit vor Gott[42]. Dies gilt auf verschiedene Weise für alle „vier Pflichtbeobachtungen", in die der Dienst Gottes „durch die Vernunft" eingeteilt werden kann: 1. die feste Gründung und wiederholte Befestigung der sittlich guten Gesinnung , *„in uns selbst"* – „(das Privatgebet)"; 2. die *„äußere Ausbreitung"* und Mitteilung des „Sittlichgute(n)" und der entsprechenden Gesinnungen „durch öffentliche Zusammenkunft" an bestimmten Tagen – „(das Kirchengehen)"; 3. seine *„Fortpflanzung"* auf „neu eintretende(n) Glieder" – „(in der christlichen Religion die Taufe)"; 4. die *„Erhaltung dieser Gemeinschaft* durch eine wiederholte öffentliche Feierlichkeit, welche die Vereinigung dieser Glieder zu einem ethischen Körper... fortdauernd macht; (die Kommunion)"[43]. Die mögliche Mißdeutung ist nun für Kant nicht ein bloßes Mißverständnis, sondern vielmehr der Ausdruck einer verfälschten Praxis, die im Sinne des oben genannten Grundvorbehaltes durch Einseitigkeiten in der theoretischen Bewältigung des Offenbarungsglaubens bedingt ist, die es zu erkennen und, soweit möglich, zu korrigieren gilt. Das ist vielleicht auf den ersten Blick weniger ersichtlich bei der zunächst befremdlichen Ablehnung des laut ausgesprochenen Privatgebets[44] mit der nicht sofort einleuchtenden Begründung, die uns aus seiner Vorlesungstätigkeit überliefert ist, daß es „widersinnig" sei, „mit Gott reden zu wollen", den man nicht sehen, sondern nur glauben kann[45]. „Widersinnig" ist hier jedoch nicht im Sinne von „unlogisch", sondern als „dem rechten Sinn zuwider" zu verstehen, der für Kant darin liegt, daß das Gebet sich an „ein Wesen" richtet, „das keiner Erklärung der inneren Gesinnung des Wünschenden bedarf"[46] und dem „unsre Bedürf-

---

42   vgl. Ca 6/133ff., 341, 9/139.

43   Ca 6/343f.

44   Das öffentliche Gemeindegebet wird davon nicht berührt. vgl. Ca 4/526, 6/348, Ak 19/637f., 27,1/324.

45   Ak 27,1/323f.; vgl. auch: Eine Vorlesung Kants über Ethik hrsg. v. P. MENZER (Berlin 1924) 123.

46   Ca 6/345; Ak 27,1/324. vgl. v. Hippel über Kant: „Dieser exemplarische Philosoph, dessen Umgang mir allemal sehr schätzbar und lehrreich gewesen, ist der Meinung, daß es der

niße beßer als uns bekannt" sind[47]. Wer sich „geübt hat, seine Gesinnungen in der Stille zu eröffnen, der darf nicht laut beten" wie „gemeine Menschen", die diesen „größern Nachdruck" brauchen[48]. Gewinnt der „Buchstabe" des Gebets aber darüber hinaus einen Eigenwert, der ihm nicht zukommt, beginnt die Verfälschung: Es wird zum „Schleichweg", die „beschwerliche Bedingung" für die „Erhörlichkeit" des Gebetes, die für Kant in der Moralität liegt[49], zu

Schwärmerei Thür und Thor öffnen hieße, wenn man Etwas Unsichtbares anreden wollte" (Werke 12,10 entspr. Schlichtegrolls Nekr. 195).

47   Ak 27,1/323.

48   Ak 27,1/324. Dazu aus den Vorlesungen über prakt. Philosphie: „Es giebt Menschen die sich ihrer devotion schämen, andere die mit ihren devoten Gesinnungen prahlen, und das ist die ostentatio pietatis. Wenn es hier auf die Wahl ankäme, so sollte man diejenigen wählen, welche religieuse sind und es verheelen, denn die befürchten, man möchte sie für Heuchler halten. Diese Art von Blödigkeit und Schamhaftigkeit, Merkmahle in Ansehung der religieusen Gesinnungen blikken zu laßen, als im Zustande der devotion angetroffen zu seyn, ist das Betragen eines Menschen, der Aufrichtigkeit und Bescheidenheit bey sich führet, dagegen die ostentatio pietatis, die Bestrebung, seine Religion den Leuten in die Augen fallen zu laßen, ist verbunden mit einem Gemüth das leer von Religion ist" (Ak 27,1/186). „Im Evangelio wird wider das laute und öffentliche Gebet auf den Straßen geeifert. Das Gebet, welches in eine Formel eingekleidet ist, lehrt uns, daß man keine wortreiche Gebete haben soll, und enthält nur das nothwendigste unsrer Bedürfniße; es sollen die Gebete nur auf Gesinnungen gehn" (Ak 27,1/324). Das von Kant für seine Ethikvorlesung benutzte Kompendium von A. G. BAUMGARTEN, *Ethica Philosophica* (Halae Magdeb. 1751), nachgedr. in Ak 27,2,1, betont dagegen das Bekenntnis und spricht vom „Intempestiuus pudor", der zu überwinden ist (768).

49   Ca 6/347 in dem Sinne, daß nicht nur der Gegenstand des Gebetes ein moralischer sein muß, damit man „im Glauben", d. h. „erhörlich" darum beten könne, sondern daß auch dann die „Erhörlichkeit" als höchst ungewiß zu gelten habe, wenn man diesen moralischen Gegenstand (etwa „die Sinnesänderung, das Anziehen des neuen Menschen, die Wiedergeburt genannt") „durch übernatürlichen Einfluß" erwartet, weil man sich „nicht selbst darum bemühen" wollte. Mit der „Erhörlichkeit" als reiner Gnadenwirkung kann Kant nichts anfangen: „Denn wenn der Beter den Glauben hat, so braucht er nicht darum zu bitten: hat er ihn aber nicht, so kann er nicht erhörlich bitten" (Ca 7/321); er wird „mit seinen Gnadenmitteln im Zirkel geführt" und weiß am Ende nicht, „wie er das Ding angreifen solle" (Ca 7/367). Zur „Erhörlichkeit" aus der Sicht der damaligen luth. Orthodoxie vgl.: *Drey Stuffen des erhörlichen Gebets, und drey Haubt-Ursachen der Erhörung*, in: *Frühaufgelesene Früchte der Theologischen Sammlung von Alten und Neuen, worinnen nur die neuesten Bücher ... Abgefaßt von Einigen Dienern des göttlichen Worts. Fünffter Beytrag. Auf das Jahr 1737* (Leipzig) 243-246: Den drei Stufen: Ernstlich, geistlich und mit Freudigkeit beten entsprechen die drei Ursachen (principia) des „erhörlichen Gebets",

umgehen in der dreisten Erwartung, Gott werde das Begehen „der Förmlichkeit" „für die Tat selbst annehmen". Kant sieht darin ein „faules" oder wohl auch „erheucheltes Vertrauen" auf eine überschwengliche Gnade Gottes[50], einen Ausdruck der „Selbsttäuschung" oder der Unlauterkeit des Menschen[51]. Das Gebet wird so selbst zur vermeintlichen Tat, die neben die sittlich verpflichtende Tat tritt oder sie sogar zum Teil oder gänzlich verdrängt: eine Frömmigkeit „tatenlose(r) Wünsche" als „Surrogat" der Tugend[52], ein Herr-Herr-Sagen, „um nur nicht nötig zu haben, ‚den Willen des himmlischen Vaters zu tun'"[53]. Dies gilt nun freilich nicht allein für das Gebet, sondern für den Gottesdienst überhaupt, weil es keinen wesentlichen Unterschied ergibt, ob sich jemand eine solche Wirkung von Worten, von Gebärden oder Zeremonien verspricht. Es kommt dabei nur aufs (falsche) Prinzip an, und wenn ein noch so „mächtiger Abstand in der *Manier*" besteht[54]; vom „Opfer

---

nämlich die Bekehrung, die Rechtfertigung und die fortgesetzte Erneuerung.

50 Der ganze, hier verkürzte Text in Ca 6/344. Zum „faulen Vertrauen" vgl. auch Ca 6/310 sowie Baumgarten Ak 27,2,1/760: „Fiducia de consequendis per quietem a deo iis, quae agendo consequi obligamur, est *fiducia pigra,* quae moratur officia, dei tentatio, hinc fugienda..."

51 Ca 6/343, 352.

52 Ca 6/335; „ein Surrogat des moralischen Dienstes Gottes" (Ca 6/323); „statt der Tugend" (Ca 6/353); „diese statt jener" (Ca 329); der Sache nach passim.

53 Ca 6/352. In diesem Sinne über das Mißverstehen der ‚Erbaulichkeit': „So aber glauben sich Menschen (durch Anhören oder Lesen und Singen) recht sehr *erbaut,* indessen, daß schlechterdings nichts *gebauet,* ja nicht einmal Hand ans Werk gelegt worden; vermutlich, weil sie hoffen, daß jenes moralische Gebäude, wie die Mauern von Theben, durch die Musik der Seufzer und sehnsüchtiger Wünsche von selbst emporsteigen werde" (Ca 6/350).

54 Ca 6/326. Die Kirchen der Reformation stehen dabei gleichermaßen im Schußfeld der Kritik, soweit sie je auf ihre Weise Ansatzpunkte bieten (vgl. Ca 6/323, 7/362; ausführlicher in den Vorarbeiten Ak 23/447: „Es ist also protestatio facto contraria ... Überdem ist die Inconseqvenz in der Denkungsart die Ursache einer unvermeidlichen Veränderlichkeit in Glaubenssätzen und Trennung in Sekten." Die „Protestatio facto contraria" schon bei H. S. REIMARUS, dem von Kant so genannten „Wolfenbüttelsche(n) Fragmentist(en)" (Ca 6/224) in *Von Duldung der Deisten. Fragment eines Ungenannten,* in: G. E. LESSING, *Gesammelte Werke,* Bd. 7 [Berlin u. Weimar 1968] 661). Für Kant verdienen die Sekten „gleichen Tadel, wenn sie die Form der Darstellung ... für die Sache selbst halten" (Ca 6/325). vgl. dazu A. WINTER, *Kant zwischen den Konfessionen,* in: ThPh 50 (1975) 1-37

126

der Lippen" bis hin zu „der Art", Gott „gleichsam mechanisch zu dienen", ist dann „kein wesentlicher Unterschied" mehr, und es sind „weiter *keine* Grenzen" abzusehen[55].

Der gemeinsame Fehler einer die Moralität untergrabenden gottesdienstlichen Praxis wird von Kant als „Gunstbewerbung" bezeichnet. Das Grimmsche Wörterbuch[56] führt für diesen Ausdruck als frühesten Fundort eine von C. W. Ramler zuerst 1756-58 veröffentlichte, mehrfach neu aufgelegte Übersetzung einer Ästhetik von Ch. Batteux[57] an, wo er im Sinne der „captatio benevolentiae" in der Redekunst verwendet wird[58]. Dort könnte ihn Kant gefunden haben[59], zumal er selbst den Beifall der Öffentlichkeit wiederholt

---

[hier Kapitel 1, 1-47].

55   Ca 6/322. Darum hat für Kant „ein jeder Kirchenglaube, sofern er bloß statutarische Glaubenslehren für wesentliche Religionslehren ausgibt, … eine gewisse *Beimischung von Heidentum;* denn dieses besteht darin, das Äußerliche (Außerwesentliche) der Religion für wesentlich auszugeben" (Ca 7/361).

56   *Deutsches Wörterbuch* v. J. Grimm u. W. Grimm, 4. Bd., I. Abt., 6. Teil (Leipzig 1935) 1120. vgl. heute die ähnlich klingenden Wortbildungen „Gunstgewerblerin" für „Prostituierte" (*Duden* Rechtschr. [17]1973; dazu Kant: Ak 9/415) und „Gunstwettbewerb" (bei der Brüsseler Postenverteilung) (F. A. Z. v. 29. 12. 76).

57   *Einleitung in die Schönen Wissenschaften.* Nach dem Französischen des Herrn Batteux, mit Zusätzen vermehrt von C. W. Ramler, 4 Bde. (Leipzig 1756-1758), Übers. der „Principes de la litterature".

58   a. a. O. Bd. 4, 55: „Man hat zweyerley Eingänge zu unterscheiden; einige werden durch den Weg der Gunstbewerbung gemacht"; gleichlautend die 3. u. verb. Auflage von 1769. Die 5. u. verb. Aufl. v. 1802 dagegen: „Die Eingänge werden mehrenteils durch den Weg der Gunstbewerbung gemacht" (55).

59   Kant kommt in Ca 5/358 (KrUK) auf Batteux zu sprechen, während Ramler nie erwähnt wird, der ja eigentlich nur der Übersetzer ist, auch wenn er für den deutschen Sprachraum angepaßte Zusätze eingefügt hat. (vgl. auch die Erwähnung Batteuxs im Brief J. G. Hamanns an Kant Ca 9/12). Ramlers Portrait zierte zwischen anderen preußischen Literaturberühmtheiten neben dem 1768 entstandenen Ölbild Kants den Kanterschen Buchladen in Königsberg (K. Vorländer, *Immanuel Kant. Der Mann und das Werk,* Bd. I [Leipzig 1924] 183; ders. [I. K.s Leben] a. a. O. 58). Die vermutete Herkunft wird durch v. Hippel gestützt, der im Bericht über seine Gespräche mit Kant zur Frage des Gebets sogleich auf die Redekunst zu sprechen kommt: „Zugegeben, daß die Redekunst eine Kunst des Betruges und eine Gelegenheitsmacherin des Vorurtheils sei, und daß, wenn wir Sklaven der Worte werden, diese Sklaverei noch weiter gehe" (Hippel a. a. O. 10, bei Schlichtegroll a. a. O. 195).

mit dem Wort ‚Gunst‘ bezeichnet[60]. In seinem Schreiben vom 28. April 1775 an J. C. LAVATER spricht Kant erstmals (soweit ich sehe) von „Bewerbung um Gunst durch Einschmeichelung und Lobeserhebung“ im gottesdienstlichen Sinn[61]. In einer Fortsetzung dieses Briefes, die uns im Entwurf vorliegt, wird dann der Ausdruck „Gunstbewerbungen“ eingeführt[62], am 28. März 1776 im Brief an Ch. H. WOLKE wieder aufgegriffen[63] und fortan auch in den Druckwerken in dieser Bedeutung benutzt[64]. Diese Datierung scheint sich im Nachlaßwerk widerzuspiegeln, wo bis zu dem angegebenen Zeitpunkt Umschreibungen verwendet werden[65]; vielleicht ergibt sich von hier aus die Möglichkeit, die unsichere Datierung der Reflexion 8087[66] genauer einzugrenzen. Der Sache nach scheint sich Kant schon sehr viel früher mit diesem Fragenkomplex beschäftigt zu haben. Das geht z. B. aus seiner Bezugnahme auf das Bremische Magazin aus dem Jahre 1761 hervor, das die Übersetzung einer Erzählung (keinen „Originalbericht“, wie P. MENZER schreibt[67]) aus der Feder J. HAWKESWORTHS vorlegt[68]. Daß eine *Zunahme* der gottesdienstlichen Emsigkeit des reichen Carazan in Proportion gesetzt wird zum Wachstum seines Reichtums und seines Geizes, ist eine Zutat Kants, die sich nicht in der Vorlage

---

60 vgl. Ca 3/73, 339, 505; ‚Gunst‘ als Stütze für mangelnde Einsichtigkeit: Ca 3/407, 429, 437, 482; 4/294; 5/503.

61 Ca 9/141.

62 Ca 9/143.

63 Ca 9/149: „… ein Wahn, der, er mag auf Satzungen oder frey von Satzungen gestimmet seyn, alle moralische Gesinnung unsicher macht und auf Schrauben stellt, dadurch, daß er, ausser dem guten Lebenswandel noch etwas anderes als ein Mittel annimmt, die Gunst des Höchsten gleichsam zu erschleichen und sich dadurch der genauesten Sorgfalt in Ansehung des ersteren gelegentlich zu überheben, und doch auf den Nothfall eine sichere Ausflucht in Bereitschaft zu haben.“

64 Ca 5/336, 345; Ca 6/134, 192, 335; Ca 8/503. vgl. auch Ca 10/133.

65 vgl. z. B. Ak 19, 121, 148; Ak 20/136, 153.

66 Ak 19/630, die von E. ADICKES von 1773-1779 angesetzt wurde. Hiernach wäre sie nicht vor 1775 abgefaßt.

67 Ak 2/485, vgl. aber 483.

68 Ca 2/247. Die genannte Herkunft ist durch Rückverfolgung der Abdrucksangaben zu erschließen. Damit kommt das literarische Erbe des englischen Deismus ins Spiel, was hier nicht weiter ausgeführt werden kann.

findet[69], aber genau die in der ‚Gunstbewerbung‘ enthaltene Surrogatfunktion anzielt, die sich später in den verschiedensten Varianten zum Thema durchhält: Der vermeintliche „Himmelsgünstling(s)"[70] verspricht sich von seiner Rolle als „Favorit"[71], die er sich durch Lobsprüche und Beobachtung von „Observanzen" erworben hat, die ihn wenig kosten[72] und ebensogut vom „ärgste(n)"[73] und „nichtswürdigste(n)" Menschen[74] vollbracht werden können, daß „ihm vieles nachgesehen" wird und er im Grunde „immer der lose Knecht" bleiben kann, „der er war"[75]. So übt er Frömmigkeit „statt der *Tugend"*, bis ihn endlich gar die Tugend anekelt[76]. Sogar auf dem Sterbebett zieht er das „Opium" des Trostes für das Gewissen der Wahrnehmung der letzten Chance vor, noch etwas „Gutes zu tun" oder Böses zu „reparieren"[77]. Wer so das anvertraute Pfund unbenutzt läßt[78] und die göttlichen Gebote *verehrt*, um „nicht nötig zu haben, sie zu *beobachten"*[79], schließt die Rechnung nicht „zu seinem Vorteile" ab[80] und ist nach dem „Probierstein" des Evangeliums an

---

69 Es wird nur zueinander in Beziehung gesetzt: Zunahme von Reichtum und Macht bei gleichzeitiger Abnahme der Neigung, Gutes zu tun (Brem. Magazin zur Ausbreitung der Wissenschaften, Künste und Tugend. Von einigen Liebhabern derselben mehrenteils aus den Englischen Monatsschriften gesammelt und herausgegeben. Des vierten Bandes drittes Stück [Bremen und Leipzig 1761] 539f.). Insgesamt erscheint Kants Stellung zu Fragen der Frömmigkeit in jener Zeit noch schwankend und unfertig, obwohl er die ‚Vierziger‘ bereits erreicht hatte (vgl. Ca 8/187). Hier wird auch biographisch der Zusammenhang mit dem späteren Durchbruch seiner kritischen Philosophie deutlich. Ablehnende Äußerungen gegen bestimmte Frömmigkeitsformen (z. B. Ca 2/254, 249f., 299f.) werden in den „Bemerkungen zu den Beobachtungen" (bis 1765) noch von uneinheitlichen Überlegungen begleitet (z. B. Ak 20/19, 22f., 136, 153 gegenüber Ak 20/15, 23, 28, 57).
70 Ca 6/353.
71 Ca 6/352.
72 Ca 6/322f.
73 Ca 6/328.
74 Ca 7/362.
75 Ca 6/352.
76 Ca 6/353.
77 Ca 6/220.
78 Ca 6/192, 310; Ak 19/261; vgl. auch Ca 6/210f., Ak 23/446.
79 Ca 6/352.

seinen Früchten zu erkennen[81].

Das ist nun freilich die Karikatur eines Christenmenschen, die als (hoffentlich) nicht repräsentativ[82] außer acht bleiben könnte, wenn sie nicht gleichzeitig als Beispiel für eine unzulässige Theorie-Praxis-Übertragung dienen würde, auf die es Kant, wie oben angedeutet, entscheidend ankommt. Frömmigkeit als Ersatz für mangelnde Moralität ist gerade dann nicht mehr so ganz abwegig, wenn der Mensch etwa wegen seiner total verderbten Natur keine Möglichkeit hat, sich ernstlich zu einem guten Lebenswandel aufzuraffen, und seine einzige Chance darin besteht, alles von einer Gnade zu erwarten, die in keinerlei Beziehung zu Verdienst oder Schuld steht und also nach insofern unerfindlichen Maßstäben zugeteilt wird. Auch wenn diese Gnade über einen Glauben vermittelt wird, der selbst als gnadenhaft „vorgegeben" angesehen werden muß, läuft alles dabei auf einen „unbedingten Ratschluß Gottes" hinaus, der sich erbarmt, „welches er will, und *verstocket*, welchen er will", „welches nach dem Buchstaben genommen, der *salto mortale* der menschlichen Vernunft ist"[83]. Kants Vorwurf richtet sich dabei nicht gegen den

---

80 Ca 6/220.

81 Ca 6/353.

82 Es seint, daß Kant dabei einschlägige Beispiele vor Augen hat, etwa aus dem Umkreis des Königsberger Pietismus, da er im allgemeinen nicht zu karikaturistischen Übertreibungen neigt. Ein unmittelbarer Anstoß für seine Überlegungen mag von J. C. Lavaters Schrift *Meine eigentliche Meynung von der Schriftlehre in Ansehung der Kraft des Glaubens, des Gebethes und der Gaben des heiligen Geistes* (Verm. Schriften Bd. 1 [Winterthur 1774]) ausgegangen sein, die der Verfasser ihm mit der Bitte um Stellungnahme zugesandt hatte, wodurch der o. a. Brief und der Entwurf eines weiteren Briefes veranlaßt wurde, in dem der Ausdruck ‚Gunstbewerbung' eingeführt wird. Lavater schwärmte von einer fast handhabbaren Kraft des Gebetes, wobei mehr von den Wünschen des Beters als vom Willen Gottes die Rede war: Gebet als ein „*Verlangen* nach solchen Dingen, deren Bedürfnis wir stark empfinden, und die sich sonst nicht erwarten liessen ... " (a. a. O. 215). vgl. auch RGG[3] IV, 243f.

83 Ca 6/267. Darum spricht Kant auch von einem „Hang zum Bösen", der der Willkür anhaftet und darum ein moralischer und kein physischer ist, der als Naturanlage zu betrachten wäre. Dieser Hang ist zwar radikal, weil er „den Grund aller Maximen verdirbt", aber es bleibt möglich, ihn „zu *überwiegen*", weil auch jetzt die Pflicht besteht, „sich zu bessern". Der Mensch ist deshalb für Kant „*nicht von Grund aus* (selbst der ersten Anlage zum Guten nach) verderbt, sondern als noch einer Besserung fähig" zu betrachten (Ca 6/167-184).

Glauben an einen recht verstandenen Monergismus der Gnade[84], sondern gegen die unvermeidliche anthropomorphistische Verkürzung durch die Formel, die nicht zugleich das „allsehende(s) Wissen", das sich in der Ordnung der Erscheinungen als „Vorherwissen" darstellt, mit der Freiheit des Menschen und den übrigen Komponenten dieses Komplexes auf einen Nenner bringen kann (wodurch das Geheimnis durchschaut würde). Die Formel drückt das so aus, „als ob" es sich um ein „Vorherbeschließen" handele[85]. Dieses „Als-ob" darf nicht unterschlagen werden, ist aber so nicht praktikabel, wenn ihm nicht z. B. ein korrigierendes „Als-ob" entgegengesetzt wird: so zu handeln, „als ob" alles von uns selbst abhinge[86]. Geschieht das nicht, dann gewinnt

---

84   J. BOHATEC ist der Auffassung, daß Kant den „unaufgebbaren Grundgedanken" des „Protestantismus", nämlich „den Monergismus der Gnade", verflüchtige *(Die Religionsphilosophie Kants in der „Religion innerhalb der Grenzen der bloßen Vernunft". Mit besonderer Berücksichtigung ihrer theologisch-dogmatischen Quellen* [reprogr. Nachdr. d. Ausg. Hamburg 1938] [Hildesheim 1966] 629). Er berücksichtigt dabei nicht, daß auch katholischerseits ein wirklicher Monergismus der Gnade gilt, der darum nicht einfach mit einer bestimmten Position identifiziert werden darf (vgl. K. RAHNER S. J., Schriften z. Theologie, Bd. IV [Einsied.-Zü.-Kln. 1960] 256-260; ders., Art. *Synergismus* in LThK² 9/1231). Kant vermeidet es lediglich, über die Gnade „an sich selbst betrachtet" etwas auszusagen. Sein ‚Pelagianisieren' betrifft nur das ‚Sich-Verhalten-als-ob'.

85   Ca 6/267 Anm.

86   vgl. Ca 6/231: „Ebenso ist die moralische Besserung des Menschen ein ihm obliegendes Geschäfte, und nun mögen noch immer himmlische Einflüsse dazu mitwirken, oder zu Erklärung der Möglichkeit derselben für nötig gehalten werden; er versteht sich nicht darauf, weder sie sicher von den natürlichen zu unterscheiden, noch sie und so gleichsam den Himmel zu sich herabzuziehen; da er also mit ihnen unmittelbar nichts anzufangen weiß, so *statuiert* [Anm.: Heißt so viel als, er nimmt den Wunderglauben nicht in seine Maximen (weder der theoretischen noch der praktischen Vernunft) auf, ohne doch ihre Möglichkeit oder Wirklichkeit anzufechten.] er in diesem Falle keine Wunder, sondern, wenn er der Vorschrift der Vernunft Gehör gibt, so verfährt er so, als ob alle Sinnesänderung und Besserung lediglich von seiner eigenen angewandten Bearbeitung abhinge." Die gegenseitige Verschränkung des doppelten „Als-ob" würde so in die Nähe der dogmatisch korrekten „Scintilla Ignatiana" rücken, die lautet: „Sic Deo fide, quasi rerum successus omnis a te, nihil a Deo penderet; ita tamen iis operam omnem admove, quasi tu nihil, Deus omnia solus sit facturus", und der wichtigsten der ‚entschärften' Versionen: „Sic Deo fide, quasi tu nihil, Deus omnia solus sit facturus; ita tamen iis operam omnem admove, quasi rerum successus omnis a te, nihil a Deo penderet" wenigstens in ihrem zweiten Teil genau entsprechen (vgl. K.-H. CRUMBACH, Ein ignatianisches Wort als Frage an unseren Glauben, in: GuL 42 [1969] 321-328). In diesem Sinne ist auch der

die „Gunstbewerbung" vorrangige Bedeutung.

„Gunstbewerbung" verlegt sich ganz und gar aufs Bitten, wobei an sich nichts anderes als die Bitte selbst für die Gewährung spricht, was nicht eben viel ist. Darum wird (besonders im Zeitalter des Absolutismus) die erwünschte Gnade als ‚Gunst' des ‚gnädigen' Fürsten vorgestellt, die durch „Hofdienste"[87], welche der Eitelkeit des hohen Herrn schmeicheln[88], erlangt werden kann. Damit wird sie zur ‚Vergünstigung' im Sinne einer Bevorzugung[89] gegenüber anderen, die sich dazu nicht bereitfinden, oder auch gegenüber Außenstehenden, die keinen Zugang haben. Wer aber schmeichelt, formuliert seine ‚Lobsprüche' eher auf die Person als auf die Wahrheit hin, die oft weniger schmeichelhaft wäre, so daß sich in der Verfolgung des angestrebten Zieles die „Heuchelei" fast wie von selbst ergibt[90] und die Moral bei alledem auf der Strecke

dritte Grundsatz der Schriftauslegung zu verstehen: „Das Tun muß als aus des Menschen eigenem Gebrauch seiner moralischen Kräfte entspringend und nicht als Wirkung vom Einfluß einer äußeren höheren wirkenden Ursache, in Ansehung deren der Mensch sich leidend verhielte, vorgestellt werden; die Auslegung der Schriftstellen, welche buchstäblich das letztere zu enthalten scheinen, muß also auf die Übereinstimmung mit dem ersteren Grundsatze absichtlich gerichtet werden" (Ca 7/353). Vor dem Hintergrund der vierten Interpretationsregel (Ca 7/354) wird der methodisch-kompensatorische Charakter dieser Redeweise deutlich. Damit unterscheidet sich unsere Interpretation allerdings grundsätzlich von der fiktionalistischen Auffassung, wie sie in der Nachfolge H. VAIHINGERS von E. FUCHS vertreten wurde in seinem Aufsatz: Das „Als Ob" – der immer notwendige Schutz der Frömmigkeit gegen ihre Vernichtung durch den Begriff, in: Die Philosophie des Als Ob und das Leben. Festschr. zu H. Vaihingers 80. Geburtstag, hrsg. v. A. Seidel (Berlin 1932) 190-201.

87 Ca 6/302; vgl. Ca 6/248: Die Menschen „können sich ihre Verpflichtung nicht wohl anders, als zu irgendeinem *Dienst* denken, den sie Gott zu leisten haben, wo es nicht sowohl auf den innern moralischen Wert der Handlungen, als vielmehr darauf ankömmt, daß sie Gott geleistet werden, um, so moralisch indifferent sie auch an sich selbst sein möchten, doch wenigstens durch passiven Gehorsam Gott zu gefallen. Daß sie ... in allem ihren Tun und Lassen, sofern es Beziehung auf Sittlichkeit hat, *beständig im Dienste Gottes* sind, und daß es auch schlechterdings unmöglich sei, Gott auf andere Weise näher zu dienen ... will ihnen nicht in den Kopf."

88 ebd.: „Weil ein jeder großer Herr der Welt ein besonderes Bedürfnis hat, von seinen Untertanen *geehrt* und durch Unterwürfigkeitsbezeigungen *gepriesen* zu werden, ... " – „und so entspringt der Begriff einer *gottesdienstlichen,* statt des Begriffs einer reinen moralischen Religion."

89 „Himmelsgünstling(s)", „Favorit" (Ca 6/352f.).

bleibt. Man könnte gegen die Berechtigung einer solchen Vorstellung einwenden, daß beim Gebet von Schmeichelei insofern nicht die Rede sein kann, als kein noch so hoher Lobspruch Gottes „Größe gleichen kann", so daß der Heucheleivorwurf von daher gegenstandslos ist. Kant würde dies nicht bestreiten[91], aber sich doch nicht für widerlegt halten, weil es ihm einzig um die subjektive Seite[92] dabei geht: Für ihn wird der Weg der Redlichkeit schon verlassen, wenn der Beter mehr sagt, als er innerlich nachvollziehen kann. Sich bloß zur Andacht zu zwingen bei Gebetsanreden, -beteuerungen und -formeln oder auch bei Glaubensbekenntnissen, hinter denen man nicht voll

90   Ca 6/349: Wenn Menschen „alles, was eigentlich nur auf ihre eigene moralische Besserung Beziehung hat, bei der Stimmung ihres Gemüts zur Religion gern in Hofdienst verwandeln, wo die Demütigungen und Lobpreisungen gemeiniglich desto weniger moralisch empfunden werden, je mehr sie wortreich sind...", besteht die Gefahr, daß „alle jene devote Ehrfurchtsbezeugungen" „nichts als erheuchelte Gottesverehrung statt eines praktischen Dienstes desselben, der nicht in bloßen Gefühlen besteht," „bewirken". Für Kant liegen Heuchelei und Schmeichelei im Bereich der „Kriecherei" sehr eng beisammen: „Aber die bloß als Mittel zu Erwerbung der Gunst eines anderen (wer es auch sei) ausgesonnene Herabsetzung seines eigenen moralischen Werts (Heuchelei und Schmeichelei) ist falsche (erlogene) Demut..." mit der Anmerkung: „*Heucheln* (eigentlich häucheln) scheint vom ächzenden, die Sprache unterbrechenden Hauch (Stoßseufzer) abgeleitet zu sein; dagegen *Schmeicheln* vom *Schmiegen*, ..." (Ca 7/247f.; vgl. auch 8/163, Ak 19/642). Nach dem *Etymologie-Duden* (Mannheim 1963) 264 hatte „heucheln" zunächst die Bedeutung von „schmeicheln" und stammt vermutlich aus der Wortgruppe „hocken" (= sich ducken), was zwar nicht Kants Etymologie, wohl aber seine Begriffsbestimmung bestätigt. Heuchelei ist für Kant auch gegeben, wenn der bezeugten Ehrerbietung gegen das moralische Gesetz nicht das geforderte Übergewicht in der Maxime entspricht (Ca 6/182), oder sie besteht in der Religion darin, „sich aus Furcht zu Pflichten zu bekennen und eine Teilnahme an derselben, die nicht im Herzen ist, zu lügen" (Ca 7/300). Geheuchelte Glaubensbekenntnisse aufgrund von Vorschriften: Ca 6/136, oder aus mangelnder Einsicht: Ca 6/302; innere Heuchelei (Ca 6/341) aus Gewissenszwang: Ca 6/281, die durch Gewöhnung „wie alle fehlerhaft genommene Prinzipien gerade das Gegenteil von dem hervorbringt, was beabsichtigt war" (Ca 6/330f.). Vom Temperament her ist für Kant besonders der Choleriker „in der Religion heuchlerisch, im Umgange ein Schmeichler" (Ca 2/264).

91   vgl. Ca 1/312, 332, 367; Ca 2/162f., 412f.; Ca 5/142, 150ff., 335f., 524f., 563f. usw. Das Problem liegt eher in der fehlerhaften und der göttlichen Vollkommenheit abträglichen Übertragung der Besonderheiten eines „menschlichen Oberherrn" mitsamt seinen Unzulänglichkeiten auf Gott (vgl. Ca 6/352).

92   „*Religion* ist (subjektiv betrachtet) das Erkenntnis aller unserer Pflichten als göttlicher Gebote" (Ca 6/302).

zu stehen vermag, ist für Kant bereits Heuchelei[93], denn der lediglich auf die Aufmerksamkeit gerichtete Willensakt, der die Zustimmung und damit den Entschluß zur Änderung der Gesinnung oder des Lebenswandels nicht mit einschließt, verselbständigt nicht nur das Gebet als Surrogat für die ausbleibende Tat, sondern degradiert es auch zum bloßen Werk der Lippen, dem das Herz fernbleibt[94], was Gott als dem „Herzenskündiger"[95] nicht verborgen bleibt. Ringt jedoch der Beter um die innere Zustimmung, dann ist der für jeden Gottesdienst wesentliche Bezug auf die Moralität im weitesten Sinne gegeben, der sich in Aufmunterung, Belebung und Erneuerung des guten Lebenswandels äußert[96], und der Vorwurf der Heuchelei bräuchte nicht erhoben zu werden, sonst könnte Kant selbst den Satz: „Ich glaube, lieber Herr, hilf meinem Unglauben" nicht als Ausdruck des guten Willens[97] akzeptieren oder J. G. FICHTE als „Mittelweg" zur Lösung seiner Probleme mit der Zensur empfehlen[98]. Kant hat jedoch noch eine andere Verhaltensweise im Auge, bei der die heuchlerische Gunstbewerbung deutlicher zutage tritt, wenn nämlich die falsche „Sicherheitsmaxime"[99] hinzukommt. Der Beter sagt sich dann: Sollte es Gott nicht geben, habe ich durch meine Anstrengungen für Gebet und Gottesdienst nicht viel verloren; gibt es ihn aber, so habe ich alles gewonnen. Schaden kann mir die Frömmigkeit also auf keinen Fall[100]. Kant ist nun der

---

93 1775 an J. C. LAVATER: „Wissen Sie auch, an wen Sie sich deshalb wenden? An einen, der kein Mittel kennt, was in dem letzten Augenblicke des Lebens Stich hält, als die reineste Aufrichtigkeit in Ansehung der verborgensten Gesinnungen des Herzens und der es mit HIOB vor ein Verbrechen hält, Gott zu schmeicheln und innere Bekenntnisse zu thun, welche vielleicht die Furcht erzwungen hat und womit das Gemüth nicht in freyem Glauben zusammenstimmt" (Ca 9/139). vgl. auch Ca 6/136, 302; dazu das Zitat aus Hiob 13,16: „Es kommt kein Heuchler vor Ihn" (Ca 6/132).

94 Das „Opfer der Lippen", welches „am wenigsten kostet" (Ca 6/322), im Anschluß an Js 29,13, Mt 15, 8 u. Mk 7, 6, oder der Verweis auf das Herr-Herr-Sagen ohne Tun (Ca 6/250 und 6/352) im Anschluß an Mt 7, 21.

95 Ca 6/136, 208, 214, 244, 340; Ca 7/242, 251, 254, 320.

96 vgl. Ca 6/328, sowie die Betonung des Statutarischen als Mittel (Ca 6/249, 307), dem nicht „ein Wert an sich statt des Zwecks" beigelegt werden darf (Ca 6/320, 301).

97 Ca 6/340.

98 Ca 10/121f.

99 Ca 6/339.

Auffassung, daß gerade das Gegenteil zutrifft: Es ist eine „Verletzung des Gewissens"[101], eine heuchlerische „Prosopopöia", Gott anzureden, von dem man nicht sicher ist, daß es ihn gibt, und sich dann noch einzubilden, ein solches „Gebet" würde auch nur irgend etwas einbringen, weil „beim Gebet vorausgesetzt werden muß, daß derjenige, der es verrichtet, gewiß überzeugt ist, daß Gott existiert"[102]. So birgt das vermeintliche „Klugheitsmittel" die höchste Gefahr in sich[103].

Dies alles gilt auch für die sonstigen Werke der Frömmigkeit, sofern sie dazu dienen sollen, sich auf Wegen außerhalb der Moralität Gottes gnädige Gunst und Bevorzugung vor anderen Menschen zu erwirken. Je mühsamer und je unnützer sie für sich selbst betrachtet sind (unter Menschen und für Gott[104]), „desto heiliger scheinen sie zu sein", weil ihre ausschließliche Bestimmung „zur Bezeugung der Ergebenheit gegen Gott" als Zeichen des guten Willens und des Gehorsams auf diese Weise um so klarer dokumentiert werden soll[105]. So *machen wir uns einen Gott, wie wir ihn am leichtesten zu unserem*

---

100 Ca 4/526, entspr. Ak 19/637f.; vgl. auch Ca 6/346 Anm.

101 Ca 6/339.

102 Ca 4/526, entspr. Ak 19/638. Der hier folgende mißverständliche Satz: „Daher kommt es auch, daß derjenige, welcher schon große Fortschritte im Guten gemacht hat, aufhört zu beten; denn Redlichkeit gehört zu seinen ersten Maximen; – ferner, daß diejenigen, welche man beten findet, sich schämen." ist als knappste Kurzfassung nach den Stellen zu interpretieren, die darüber ausführlicher handeln. Gemeint dürfte sein, daß sich das Gebet mehr und mehr in die innerste Sphäre des Herzens verlagern muß, damit die Anbetung und die wortlose Mitteilung dort erfolgt, wo auch die Überzeugung von Gottes Dasein ihren Ort hat, während ein äußerlich wahrnehmbares Privatgebet eine gewisse Diskrepanz offenbart und peinlich sein kann für jemanden, dem man höhere Gebetsformen zutrauen kann. – Nicht berührt wird von Kants Einwand ein Gebet, das die Glaubensunsicherheit von vornherein mit einbringt: „Gott, wenn es dich gibt...". Nach Kant „muß das *Minimum* der Erkenntnis (es ist möglich, daß ein Gott sei)" zu „dem, was jedem Menschen zur Pflicht gemacht werden kann," „subjektiv schon hinreichend sein" (Ca 6/302).

103 Ca 6/340.

104 „Es gibt keine besonderen Pflichten gegen Gott in einer allgemeinen Religion; denn Gott kann von uns nichts empfangen; wir können auf und für ihn nicht wirken. Wollte man die schuldige Ehrfurcht gegen ihn zu einer solchen Pflicht machen, so bedenkt man nicht, daß diese nicht eine besondere Handlung der Religion, sondern die religiöse Gesinnung bei allen unsern pflichtmäßigen Handlungen überhaupt sei" (Ca 6/302).

Vorteil gewinnen können und der beschwerlichen ununterbrochenen Bemühung, auf das Innerste unserer moralischen Gesinnung zu wirken, überhoben zu werden glauben"[106]. Das Ansinnen, das vom Volk, dem philosophische Überlegungen eher fremd sind, an die Adresse der Theologen gerichtet wird, wie nämlich trotz eines ruchlosen Lebens „kurz vor dem Toresschlusse" ein „Einlaßbillet ins Himmelreich" zu erhalten sei, liegt für Kant auf einer Linie mit den entsprechenden Ansprüchen, die den beiden anderen „obern Fakultäten" gestellt werden: wie man, obwohl man Unrecht hat, den Prozeß gewinnen, und wie man trotz unbekümmerten Mißbrauchs der körperlichen Kräfte „doch gesund bleiben und lange leben könne"[107]. Das Gemeinsame daran ist das auf den eigenen Vorteil abzielende Interesse an einem plausibel dargebotenen und leicht begehbaren „Schleichweg"[108], „es mit beiden Parteien" zu halten[109], d. h. die naheliegenden Möglichkeiten voll auszuschöpfen und doch der fernerliegenden nicht verlustig zu gehen. Es ist der angenehme, breite Weg durch die „weite Pforte"[110], der ins Verderben führt. Darum fällt die Beobachtung statutarischer Observanzen „dem schlechtdenkendsten Menschen" weitaus leichter „als dem Guten"[111], der sich der Gefährlichkeit für die Moralität[112] bewußt ist. Darum bezeichnet es Kant als „Frondienst", wenn solche Handlungen als Gehorsamspflicht auferlegt werden, auch wenn sie selbst als solche leicht zu vollbringen sind[113]. Kommt noch der „schwärmerische[n] Wahn vermeinter übersinnlichen[r] (himmlischer) Gefühle" hinzu, handelt es sich um „Andächtelei (bigotterie, devotio spuria)"[114]. Hier erweist sich die Rede von der „Gunstbewerbung" als Kritik am Pietismus (von Kant auch „Fröm-

---

105   Ca 6/319.

106   ebd.

107   Ca 7/340.

108   Ca 6/344.

109   Ca 6/340.

110   Ca 6/309.

111   Ca 7/372.

112   Ca 6/318.

113   Ca 6/330.

114   Ca 6/335; vgl. auch Ak 19/642.

melei" genannt), der „kriechende Gunstbewerbung" anpreist und die Tugend als einen „des Eigendünkels schon verdächtigen(er) Name(n) ins Heidentum" verweist. Schuld daran ist freilich für Kant nicht der christliche Glaube selbst, sondern die „Art, wie er an die Gemüter gebracht wird, wenn ihm an denen, die es am herzlichsten mit ihm meinen", ein solcher Vorwurf zu machen ist[115].

Kant war selbst, wie berichtet wird, alles andere als ein „Jaherr" und „Gunsteinschleicher"[116]. Bei seiner Vorliebe für die größtmögliche Aufrichtigkeit und

---

115 Ca 6/334f. Einen Kommentar dazu liefert die Reflexion 7060 (Ak 19/238f.) „Der Lehrer des evangelii … setzte die Bedingung hoch an und nach dem heiligsten Gesetz. Zeigte die Menschliche Gebrechlichkeit und bösartigkeit und nahm den moralischen Eigendünkel weg (Demuth) und, indem er das urtheil dadurch geschärft hatte, so ließ er nichts übrig als Himmel und Hölle, das sind Richtersprüche nach Der strengsten Beurtheilung. Er nahm noch alle unmoralische Hülfsmittel der religionsobservanzen weg und machte dagegen die Gütigkeit Gottes in allem dem, was nicht in unseren Kräften ist, zum Gegenstande des Glaubens, wenn wir so viel als in unsern Kräften mit aufrichtigkeit zu leisten bestrebt sind. Er reinigte die moral also von allen nachsichtlichen und eigenliebigen Einschränkungen. Das Herz von moralischem Eigendünkel. Die Hofnung der Glükseeligkeit von phantastischen Aussichten. Den Begriff der Gottheit von den schwachen Begriffen Nachsichtlicher Gütigkeit, imgleichen dem Dienstbedürftigen Willen observantzen zu verlangen, von kindischem Leichsinn leerer Hofnung und von knechtischer furcht kriechender Andächteley und gab ihm Heiligkeit des Willens als die norm der Gütigkeit seiner Absichten...". Als Stifter „der ersten wahren *Kirche*" (Ca 6/307) hat er seine erste Absicht auf einen „reinen Religionsglauben" gerichtet (Ca 6/278). Demnach ist für Kant das Christentum an sich „das vollkommenste System" (Ak 18/693 im Anschluß an G. Chr. Lichtenberg), das nun, nachdem „der Erlöser nicht noch immer erwartet wird sondern längst gekommen ist nicht länger" als „statutarische sondern allgemeine aus der Vernunft gegründete Seelen bessernde Religion" angesehen werden muß (Ak 23/450; vgl. auch Ca 6/316, Ak 19/198). Erst die (späteren) Stifter der Gemeinden nahmen die „episodischen Anpreisungsmittel" und Elemente der jüdischen Religion mit hinein (Ca 6/316), besonders solche des Kultes und der Auserwählung (vgl. dazu Ca 6/222, 273f.), so daß die eigentliche *„öffentliche* Revolution (der Religion)" „nicht gelungen", aber doch auch „nicht vereitelt" ist, weil sie nun in eine „sich im stillen, aber unter viel Leiden, ausbreitende Religionsumänderung übergegangen ist" (Ca 6/225). Kants Pietismuskritik ist im Grunde eine selbst pietistisch inspirierte Kritik an der reformatorischen Gnaden- und Rechtfertigungslehre: Nach W. Pannenberg scheint Kant „vom Pietismus gerade das sich zu eigen gemacht zu haben, was diesen von der Reformation trennte. So besonders die Vorordnung des Sittlichen vor die Gnade" (*Theologische Motive im Denken Immanuel Kants,* in: ThLZ 89 [1964] 897-906, hier 905).

Redlichkeit[117], die der Mensch nach seiner Meinung als einziges wirklich in seiner Gewalt hat[118], mußte es ihm zutiefst zuwider sein, seine innerliche und scheue Frömmigkeit auch nur im entferntesten in den Verdacht solcher Perspektiven geraten zu lassen, die ihm erstmals der Kontrast zwischen seiner religiösen Erziehung im Elternhaus und den Frömmigkeitspraktiken im Fridericianum nahegelegt haben mag[119]. Sein scheinbar distanziertes Verhältnis zu äußeren Formen der Religiosität läßt sich dadurch weitgehend erklären. Die theoretische Bewältigung führt, wenigstens was ihre Einordnung in das Theorie-Praxis-Verhältnis betrifft, in die Mitte seiner kritischen Philosophie und muß insoweit als integrierender Bestandteil seiner persönlichen Denkgeschichte angesehen werden. Die einzelnen Bausteine zur Theorie der „Gunstbewerbung" waren indes zum größten Teil bereits vorhanden als Produkte

116 Altenburger Skizze (1799) 14-15. Ohne Angabe des Fundortes bezieht sich der Verfasser auf eine Stelle in der Anthropologie (Ca 8/163f.): „Schmeichler, Jaherren, die einem bedeutenden Mann gern das große Wort einräumen, nähren diese ihn schwach machende Leidenschaft und sind die Verderber der Großen und Mächtigen, die sich diesem Zauber hingeben." Borowski a. a. O. 67: „Gegen das höhere Personale sah man nie, auch nicht ein einzigesmal, Kriecherei." Jachmann a. a. O. 143: „Sein eigner hoher Wert bewahrte ihn andrerseits vor Kriecherei und Menschenscheu." Refl. 4878 (Ak 18/17): „Wenn diese Schrift Gunst nothig hat, um durchzukommen, so mag sie immer verworfen werden."

117 Ca 6/341: „*O Aufrichtigkeit!* du Asträa, die du von der Erde zum Himmel entflohen bist, wie zieht man dich (die Grundlage des Gewissens, mithin aller inneren Religion) von da zu uns wieder herab! ... *Aufrichtigkeit,* (daß *alles, was man sagt,* mit Wahrhaftigkeit gesagt sei), muß man von jedem Menschen fordern können ..."

118 Refl. 7169, Ak 19/262: „Man muß sich auf die Schwäche der menschlichen Natur niemals bey den Vergehungen wieder die Redlichkeit berufen; denn hierin kan man vollkomen seyn."

119 Religiöse Heucheleien, die Kant in seinen Jugendjahren zu beobachten Gelegenheit hatte, werden schon früh seine innere Abwehr mobilisiert haben, die sich dann später immer klarer artikulierte (vgl. dazu WINTER [*Kant zwischen* ...] a. a. O. 25f. [hier: Kapitel 1, 31ff.]). Einen Zusammenhang zwischen der Abweisung von ‚Gunstbewerbung' und ‚Fetischmachen' und der Erziehung im Fridericianum sehen auch z. B. B. ERDMANN, *Martin Knutzen und seine Zeit, Ein Beitrag zur Geschichte der Wolfischen Schule und insbesondere zur Entwicklungsgeschichte Kants* (Leipzig 1876) 142; KALWEIT a. a. O 10f.; CASSIRER a. a. O. 16: „wurzelt" „in einer der frühesten und tiefsten *Lebenserfahrungen* des Denkers", der „sein eigenes Ideal der religiösen Jugenderziehung aus den Erfahrungen seiner Kindheit gleichsam *per antiphrasin* entwickelt" (der o. a. Brief an Wolke v. 28. März 1776 handelt über den erzieherischen Geist des „Philanthropins"); NOACK a. a. O. XII.

der Aufklärung besonders im englischen Sprachraum. Das soll hier andeutungsweise (ohne Anspruch auf Vollständigkeit) belegt werden, wobei besonders diejenigen Werke von Gewicht sind, die Kant aufgrund einer greifbaren Übersetzung leichter zugänglich waren, soweit sie nicht in einer lateinischen oder französischen Fassung vorlagen.

Thomas HOBBES konnte noch unbefangen von äußeren Handlungen des Dienstes Gottes sprechen, die sich als solche nur durch die damit verbundenen Gedanken vom weltlichen Dienst unterscheiden (*De Cive* 1642/47)[120]. Sie sind von der Vernunft geboten und unterscheiden sich in natürliche und in durch Übereinkunft festgelegte Zeichen der Ehrerbietung[121]. Sie sind Gott angenehm und werden privat oder öffentlich dargebracht, um Gott gnädig zu stimmen. Wird der private Kult gemeinschaftlich ausgeübt, kann er „erheuchelt sein und auf eigennützigen Nebenabsichten beruhen" (*De Homine* 1658)[122]. „Bestandteile des Kults sind teils vernünftig, teils abergläubisch oder phantastisch". Zu den vernünftigen gehören Gebete, Danksagungen, Fasten und Geschenke[123]. Im *Leviathan* (1651) ist statt von der ‚Heuchelei' nur von der ‚Furcht' die Rede, und der „Gehorsam gegen die Gesetze der Natur" wird „der wichtigste Gottesdienst" genannt[124]. Hier zeichnet sich die künftige Entwicklung ab. Edward Lord Herbert of Cherbury war glücklich wie Archimedes über seine Entdeckung der fünf Grundartikel jeder Religion und gestattete auch Riten und Zeremonien nach Analogie des Königskultes[125], allerdings nicht als wesentliche Teile (essentiales partes) der Religion[126]. John LOCKE

---

120 TH. HOBBES, *Vom Menschen / Vom Bürger*. Eingel. u. hrsg. v. Gawlick (PhBibl. 158) (Hamburg 1959) 253, vgl. auch in: *De Homine* a. a. O. 47.

121 a. a. O. 248ff.

122 a. a. O. 47.

123 a. a. O. 48f.

124 Th. HOBBES, *Leviathan*. Erster und zweiter Teil. Übers. u. hrsg. v. J. P. Mayer (Reclam 8348-51) (Stuttgart 1974) 300, 304.

125 E. LORD H. OF CHERBURY, *De religione gentilium errorumque apud eos causis*. Faks.-Neudr. d. Ausg. Amsterd. 1663, hrsg. u. eingel. v. G. Gawlick (Stuttg.-B. Cannst. 1967) 218, 2, 210, 7.

126 DERS., De Veritate, Ed. Tertia, De Causis Errorum, De Religione Laici, Parerga, Faks.-Neudr. d. Ausgabe London 1645, hrsg. u eingel. v. G. GAWLICK (Stuttg.-B. C. 1966) 222.

hatte 1689 noch nichts dagegen einzuwenden, daß die Gottesverehrung in der Absicht geschieht, „Ihm zu gefallen und sich Seine Gunst zu verschaffen" (and procure his favour)[127], wobei es auf eine Verachtung Gottes hinauslaufe, ihm etwas darzubringen, was ihm mißfällig ist[128], oder gar um des Seelenheiles willen Glaubensbekenntnisse zu heucheln[129]. 1695 bemängelt er die „äusserliche Gestalt des Gottesdienstes", wie sie besonders in den „unzehliche(n), prächtige(n) und beschwerliche(n) Ceremonien" zum Ausdruck kommt, weil ihr „überflüssige(n)r Gebrauch" von unserem „Heyland CHristus JEsus" abgeschafft sei zugunsten der wahrhaftigen Anbetung „in Geist und in der Wahrheit" (nach Joh 4, 23)[130]. Darin wird ein Indiz für die „Vernünftigkeit" des Christentums gesehen, die auch von John TILLOTSON, dem von den Aufklärern sehr geschätzten Erzbischof von Canterbury, in seinen ab 1695 veröffentlichten Predigten betont wird[131]. Tillotson kommt auch auf den für uns wichtigen Gedanken des religiösen Selbstbetrugs zu sprechen, der darin bestehe, „das Haupt-Wesen der Religion über den Hauffen zu werffen, und etwas anders dafür an die Stelle zu setzen, welches... eben so gut seyn soll, indem es eben so großen Schein der Andacht und der Hochachtung gegen GOtt hat, und ...

---

127 JOHN LOCKE, *Ein Brief über Toleranz,* übers., eingel u. i. Anm. erl. v. J. Ebbinghaus (Phil. et Communauté mondiale) (Hamburg ²1966) 62f.

128 ebd.

129 a. a. O. 78: „A sweet religion, indeed, that obliges men to dissemble, and tell lies both to God and man, for the salvation of their souls!"

130 The Reasonableness of Christianity, as delivered in the scriptures, in dt. Übers.: Johann Locts (sic!) gründlicher Beweiß, daß die Christliche Religion, So wie sie uns in der Heil. Schrift vorgestellet wird, Höchst billig, Vernünftig, und Raisonable sey. Allen Irr-Geistern zu deutlicher und genugsamer Überzeigung, übersetzt herausgegeben, von D. JOH. CHRISTOPH MEININGEN (Braunschweig 1733) 297f., vgl. auch 268f.

131 Übersetzung: JOHANN TILLOTSONS Ertz-Bischoffs ... Auserlesene Predigten über wichtige Stücke Der Lehre JEsu Christi mit besonderem Fleisse aus dem Engl. übersetzt, und mit nützlichen Anmerkungen versehen. Zweyte Fortsetzung (Helmstädt 1732) 158. Im 6. Band (= 5. Forts.) wird durchgängig die seltene (nordd.) Mehrzahlform „Gebeter" benutzt (ab S. 217: Von dem Herrn Ertz-Bischoff verfertigte Geistreiche Gebeter), die Kant nur bei seiner frühesten Erwähnung des Gebetes in der o. a. Fußnote in Ca 2/247 verwendet; ein schwacher Anhaltspunkt, daß Kant diese Predigten vielleicht gelesen haben könnte. 1774 erst die abweichende Form „Gebether" bei LAVATER a. a. O. 216. Zu dieser Form vgl. GRIMM, Dt. WB, 4/1,1 Sp. 1740.

in der That mehr Mühe und Geld kostet, als dasjenige, was GOtt ... erfordert"[132]. So kamen die Menschen dazu, „mit solchem Vorwande des Gehorsams und Dienstes GOtt zu hintergehen, mit welchem kein weiser Fürst oder Vater auf Erden sich von seinen Unterthanen oder Kindern wird hintergehen lassen"[133], und auf diese Weise seien „unzählbare Arten des *Aberglaubens* entstanden"[134]. Schon 1690 hatte Arthur Bury geargwöhnt, daß die „Gründung auf die Zueignung *Christi* oder auf die ergriffene und zugerechnete Gerechtigkeit" mit der „Verabsäumung eines gottseligen Wandels" einhergehen könnte[135]. Der Vorwurf einer Surrogatfunktion der Frömmigkeit wird in jener Zeit in England besonders im Zusammenhang mit den äußeren Riten des Gottesdienstes erhoben, die als wichtiger Streitpunkt eine Rolle spielten bei den Auseinandersetzungen zwischen der High Church einerseits und den sog. Dissenters bzw. der gemäßigteren Low Church Party andererseits, zwischen denen noch die Broad Church Party (Latitudinarismus), zu der auch Tillotson gerechnet wurde, zu vermitteln suchte. Besonders nach dem Toleranzgesetz von 1689 stellte sich diese Frage grundsätzlicher im Hinblick auf Religion überhaupt, also auch unabhängig von den konfessionellen Auseinandersetzungen[136]. Den Latitudinariern nahe stand auch der ursprünglich katholische und später zum Pantheismus neigende John Toland, der als erster (v. W. Molyneux) als „Freidenker" bezeichnet wurde[137], mit seiner berühmten Erstlingsschrift: „Christianity not mysterious" (1696)[138]. Aus seiner besonderen rationalisti-

---

132 Bd. 3 (= 2. Forts.) 242 in der Predigt über das „Gleichniß von den zehn Jungfrauen".

133 a. a. O. 245.

134 a. a. O. 243.

135 *The naked Gospel ...* [London] 1690, hier zit. nach einer Zusammenfassung in: *Dritter Band der Nachrichten von einer hallischen Bibliothek so das 13te bis 18te Stück enthält* (Halle 1749) 232 (im 15. Stück).

136 vgl. dazu G. V. Lechler, *Geschichte des englischen Deismus*, repr.. Nachdr. d. Ausg. Stgt-Tbgn. 1841 mit e. Vorw. u. bibliogr. Hinweisen v. G. Gawlick (Hildesheim 1965) passim.

137 vgl. LThK² 10/234.

138 vgl. G. Gawlick in seiner Einleitung zu: J. Toland, *Christianity not mysterious*. Faks.-Neudr. d. Erstausg. London 1694 m. e. Einl. v. G. Gawlick u. e. textkrit. Anh. (Stgt-B. C. 1964) 13*ff.

schen Perspektive hält er Zeremonien eher für verwirrend und vom wahren Wesen der Religion ablenkend: Wer sie genau beobachtet (was gewöhnlich nicht schwerfällt), hält sich bereits für genügend religiös[139]. Sie sind wie die Mysterien aus dem Heidentum übernommene Elemente, die dazu dienten, die jeweilige Gottheit günstig zu stimmen, und von Jesus Christus beseitigt wurden[140]. Toland war es auch, der im Jahre 1699 ohne Wissen des Verfassers die bereits 1691 geschriebene Erstlingsschrift *An Inquiry concerning Virtue* des zur Zeit der Abfassung zwanzigjährigen Anthony Ashley Cooper, des nachmaligen 3rd Earl of Shaftesbury, mit eigenen Zutaten versehen herausgab. Nach der Schlosserschen Übersetzung (1785) beginnt diese Fassung mit den Worten: „Tugend... und Religion, scheinen auf das unzertrennlichste verbunden: doch gibts Leute genug die vielen Eifer für die Religion zu haben scheinen, und nicht einmahl die gemeine Menschliebe kennen; wenn andere die man für Atheisten hält, die reinste Moral beobachten"[141]. Von Gott heißt es dann weiter unten: „mahlt man ihn als ein Wesen, das wenigen, aus nichtswürdigen Ursachen günstig ist, und grausam gegen die übrigen; so ist es natürlich, daß man mit der Verehrung, mit der Anhänglichkeit an einen solchen Gott, eben diese Laster zu lieben, und ihnen anzuhängen lerne"[142]. Später brachte Shaftesbury selbst eine verbesserte Fassung heraus, die er im zweiten Band seiner *Characteristicks of Men, Manners, Opinions, Times* veröffentlichte[143]. Der erste

---

139 „These never fail to take off the Mind from the Substance of *Religion*, and lead Men into dangerous Mistakes: for *Ceremonies* being easily observ'd, every one thinks himself religious enough that exactly performs them. But there is nothing so naturally opposite as *Ceremony* and *Christianity*" (a. a. O. 171f.).

140 J. Toland, *Briefe an Serena. Über den Aberglauben / Über Materie und Bewegung*, hrsg. u. eingel. v. E. Pracht, Übers. v. G. Wichmann (Berlin 1959) 82f.

141 Ueber Schaftsbury von der Tugend, an Born von J. G. Schlosser (Basel 1785) 15f. Im Text verwendet Schlosser die Form „Schäftsbury"; vielleicht eine Datierungshilfe für die Reflexion 6050 (Ak 18/434-437), wo Kant auch „Schaftsbury" schreibt (436). Die beiden ersten Erwähnungen Shaftesburys in Kants Druckwerken (Ca 2/325 Und Ca 2/412) legen die Kenntnis dieser Schrift nach der 1747 in Berlin erschienenen Übersetzung von Spalding (vgl. Ueberweg III [14]1958 S. 382) nahe.

142 a. a. O. 89.

143 *In Three Volumes* (London 1711). Wir zitieren nach der zweiten verb. Aufl. (1714), Faks.-Nachdr. 1968 by Gregg I. P. L. 1 Westmead/Farnborough, Hants/England.

Band dieser Sammlung enthielt das 1708 zuerst in London veröffentlichte Werk *A Letter concerning Enthusiasm,* das schon 1709 in Den Haag in französischer Übersetzung vorlag[144]. Diese Schrift ist für unser Thema von besonderem Belang. Eine deutsche Übersetzung der ganzen *Characteristicks* erschien 1768-79 in Leipzig[145]. Der erste Band (1768) mit dem *Schreiben über den Enthusiasmus* war von C. A. WICHMANN (anonym) übersetzt, mit der Übersetzung der Leibnizschen „Remarques" dazu versehen und von ihm selbst kommentiert worden[146]; es spricht verschiedenes dafür, daß dieser Text von Kant benutzt worden ist[147]. In diesem „Schreiben über den Enthusiasmus" illustriert Shaftesbury sehr eindrucksvoll, was Kant später mit dem Begriff „Gunstbewerbung" ausdrücken sollte, und dies zudem in Kombination mit einer Version der „Sicherheitsmaxime", deren Ähnlichkeit mit den beiden Kantschen Fassungen kaum zufällig sein dürfte[148]. Als Bestätigung der literari-

---

144 *Lettre sur l'Enthousiasme.* Traduite de l'Anglois (A LA HAYE 1709).

145 Übersetzungen von C. A. Wichmann (Bd. 1), Hölty u. J. L. Benzler (vgl. Ueberweg ebd.).

146 ANTON ASHLEY COOPER, Grafens von Shaftesbury Characteristicks, oder Schilderungen von Menschen Sitten, Meynungen und Zeiten, aus dem Engl. übers. Nebst einem Schreiben des Übersetzers, welches die Anmerkungen des Freyherrn von Leibnitz enthält (Leipzig 1768).

147 Die bisher vor allem im Hinblick auf die Frage, ob Kant Humes Treatise gelesen habe, diskutierte These B. Erdmanns, Kant sei des Englischen nicht mächtig gewesen, weil er z. B. englische Autoren nur soweit zitiert, wie Übersetzungen (oder anderssprachliche Zusammenfassungen) vorlagen, ist m. W. bisher nicht entkräftet worden (vgl. B. ERDMANN, *Kant und Hume um 1762,* in: ArchGeschPhil 1 [1888] 62-67, 216-230; dazu K. GROSS, Hat Kant Humes Treatise gelesen? KSt 5 [1901] 177-181 zus. mit H. VAIHINGER, *Die neue Kantausgabe: Kants Briefwechsel,* in: KSt 5 [1901] 73-115; H. LAUENER, *Hume und Kant. Systematische Gegenüberstellung einiger Hauptpunkte ihrer Lehren* [Bern und München 1969] 8f., A. WINTER, ThPh 50 [1975] 26 [hier: Kapitel 1, 34]). Kants spätere Erwähnungen Shaftesburys setzen die Kenntnis wenigstens des ersten Bandes der „Characteristicks" voraus (vgl. z. B. Ca 4/496, 7/9, oder Ak 18/436).

148 Darauf hat schon BOHATEC hingewiesen: „Berührt sich in der Charakteristik und Beurteilung... Kant eng, fast wörtlich mit Shaftesbury" (a. a. O. 519). vgl. auch J.-L. BRUCH, *La Philosophie religieuse de Kant* (Analyse et Raisons), (Aubier 1968), der auch die Pascalsche „Wette" zum Vergleich heranzieht (202ff.). Dort wird als Verbindung zu Kant eine Lockesche Version genannt, während Bruch eine direkte Kenntnis des Textes aus den „Pensées" nicht annimmt (vgl. auch J.-L. BRUCH, *Kant et Pascal,* in: Akten des 4. Intern. Kant-Kongr. Mainz, 6.-10. April 1974, Teil III: Vorträge, hrsg. v. G. Funke [Berlin, New

schen Abhängigkeit kann zudem gelten, daß der Einstieg für diese Überlegungen eine Hiob-Interpretation bildet, die genau wie Kants Hiob-Deutung die gunstbewerblerische Klugrednerei der Freunde Hiobs aufs Korn nimmt. Genau unter dieser Rücksicht wird Hiob für Kant zum Typ des „redlichen Mannes", dessen Erwähnung den ganzen Komplex der „reinesten Aufrichtigkeit" vor Gott und der Ablehnung religiöser Gunstbewerbung bezeichnet[149]. Nach Kants Darstellung sprechen Hiobs Freunde, „wie wenn sie insgeheim von dem Mächtigen, über dessen Sache sie Recht sprechen, und bei dem sich durch ihr Urteil in Gunst zu setzen ihnen mehr am Herzen liegt, als an der Wahrheit, behorcht würden. Diese ihre Tücke, Dinge zum Schein zu behaupten, von denen sie doch gestehen mußten, daß sie sie nicht einsahen, und eine Überzeugung zu heucheln, die sie in der Tat nicht hatten, sticht gegen Hiobs gerade Freimütigkeit, die sich so weit von falscher Heuchelei entfernt, daß sie fast an Vermessenheit grenzt, sehr zum Vorteil des letztern ab"[150]. Bei Shaftesbury heißt es über Hiobs Freunde: „Sie machen sich ein Verdienst daraus, alles Gute, was sie können, von Gott zu sagen, so weit ihre Vernunft nur immer reichen will, und manchmal so gar weiter, als sie reicht. Allein dieses heißt, nach Hiobs Meynung, nichts andres, als Gott *schmeicheln*, Gottes *Person ansehen*, und so gar *ihn täuschen.*" Demgegenüber gilt Hiob als „merkwürdiges Exempel" von „*Freymüthigkeit*", der sich nicht einbildet, „daß ihn ein unparteyischer Gebrauch seiner Vernunft… einer Gefahr in der Zukunft bloß stellen, und hingegen eine niedrige *Verläugnung seiner Vernunft,* und ein *geheuchelter*

York 1975] 44-54, bes. 44f.). Er berücksichtigt allerdings nicht die Reflexion 1571 (Ak XVI, 8f.) mit den dazugehörigen Erörterungen in der Fußnote. Es gab noch eine andere Kontaktmöglichkeit, die Kant aber nicht genutzt zu haben braucht. Die o. a. französische Übersetzung „Lettre sur l'Enthousiasme" hat an der entsprechenden Stelle eine Randnote: „L'Archevêque Tillotson, Mr. Pascal & d'autres" (96). Auf diese Randnote bezieht sich LEIBNIZ (*Recueil de diverses Pieces, sur la Philosophie, … Par Mrs. Leibniz, Clarke …* Tome II [Amsterdam ²1740] 328f.), und Wichmann bemerkt ausdrücklich in seinem Kommentar zu dem deutsch wiedergegebenen Leibniz-Text, daß eine solche Bemerkung sich in seinem englischen Exemplar nicht finde, und er geht dann noch auf den „Gedanken Pascals" ausführlicher ein (LXIIIff.). Wenn also Kant die „*Pensées*" doch gekannt haben sollte, wäre hier die Verbindung hergestellt.

149 vgl. Kants Hiob-Interpretation in Ca 6/131-134; die Erwähnung Hiobs in dem o. a. Brief an Lavater Ca 9/139; Ak 19/632; Ak 23/85, 544; Hiob als bloßes Stichwort in Ak 18/604.

150 Ca 6/132.

Glaube in irgend einem Puncte, der seinem Verstande zu schwer ist, ihn zu irgend einer Gewogenheit in einer andern Welt berechtigen könne. Dieß heißt nichts andres, als *Schmeichler* in der Religion, bloße *Schmarotzer* der Andacht seyn." Zur Illustration dessen bringt Shaftesbury den Vergleich zwischen „ausgelernten" Bettlern und den „Neulinge(n)" in diesem Metier: Während diese etwa bloß *„Lieber Herr!"* sagen, wenn eine Kutsche vorbeifährt, rufen die „alten Füchse(n)" mindestens *„Lieber gnädiger Herr!"* oder gleich *„Ihro Hochgeborne Gnaden!"* „Denn sollte es wirklich ein vornehmer *Edelmann* seyn, so wären wir verloren, (sagen sie,) weil wir ihm seinen Titel nicht gegeben hätten: sollte aber die Person kein *Edelmann* seyn, so ist dieß doch keine Beleidigung; es wird nicht übel genommen werden. / Eben so ist es in der Religion ... "[151]. Daran schließt sich die Erläuterung der „große(n) Maxime" an: „Man müsse sich bestreben, Glauben zu haben, und aufs äußerste zu glauben: denn wenn auch bey dem allen nichts an der Sache wäre, so würde es doch kein Schade seyn, sich solchergestalt betrogen zu finden; wäre aber etwas daran, so würde es unglücklich für den seyn, der nicht völlig geglaubt hätte." Damit könne jedoch die Vernunft keine Ruhe finden, „die den Betrug

---

151 *Characteristicks* (WICHMANN) a. a. O. 38-42. Engl. Text a. a. O. 34f.: „We have a notable Instance of this *Freedom* in one of our sacred Authors. As patient as JOB is said to be, it cannot be deny'd that he makes bold enough with GOD, and takes his Providence roundly to task. His Friends, indeed, plead hard with him, and use all Arguments, right or wrong, to patch up Objections, and set the Affairs of Providence upon an equal foot. They make a merit of saying all the Good they can of GOD, at the very strech of their Reason, and sometimes quite beyond it. But this, in JOB's opinion, is *flattering* GOD, *accepting* of GOD's *Person*, and even *mocking him*. And no wonder. For, what merit can there be in believing GOD, or his *Providence*, upon frivolous and weak grounds? ... But if a Man has not any such Illwill to stifle his Belief, he must have surely an unhappy Opinion of GOD, and believe him not so good by far as he knows *Himself* to be, if he imagines that an impartial Use of his Reason, in any matter of Speculation whatsoever, can make him run any risk Hereafter; and that a mean *Denial of his Reason*, and an *Affectation of Belief* in any Point too hard for his Understanding, can intitle him to any Favour in another World. This is being *Sycophants* in Religion, mere *Parasites* of Devotion. 'Tis using GOD as the crafty Beggars use those they address to, when they are ignorant of their Ouality ... ." (Bei *„flattering"* ist ein Verweis auf Hiob 13, 7-10; bei „Beggars" ein Hinweis auf Band III, 125-128, wo in den „Miscellaneous Reflections" dieser Gedankengang unter dem Stichwort „the *illiberal sycophantick* manner of Devotion" wieder aufgegriffen und aus antiken Schriftstellern belegt wird.)

kennt", noch lasse sich der Glaube nicht auf eine „so schimpfliche Vorstellung" Gottes gründen[152]. Im Jahre 1713 ließ der mit dem greisen Locke befreundete Anthony COLLINS in London sein aufsehenerregendes Buch *A Discourse of Free-Thinking* anonym erscheinen, das zunächst Toland zugeschrieben wurde[153]. Darin spricht er (soweit es unsere Fragestellung betrifft) von abergläubischen Menschen, die Gott für fähig halten, „Nationen und Völker ohne Rücksicht auf ihr Verdienst zu bevorzugen, andere ohne ihr Verschulden zu benachteiligen" und daher eher „Dämonisten" als „Theisten" heißen sollten[154]. Daß Gott „ein gewisses Volk zu seinen Lieblingen erwählen" sollte, während die übrigen Menschen „seiner Gunst entbehren" müßten, lehnte auch Matthew TINDAL in seinem erst 1730 erschienenen, aber als „Bibel des Deismus" berühmt gewordenen Alterswerk *Christianity as old as the Creation: or, the Gospel a Republication of the Religion of Nature* ab[155], wogegen Martin Knutzen, Extra-

---

152 *Characteristicks* (WICHMANN) a. a. O. 41f., engl. 36f.

153 A. COLLINS, *A Discourse of Free-Thinking, Occasion'd by The Rise and Growth of a Sect call'd FREE-THINKERS*. Faks.-Neudr. m. dt. Paralleltext hrsg., übers. u. eingel. v. G. Gawlick, m. e. Geleitwort v. J. Ebbinghaus (Stuttg.-B. C. 1965). 1714 erschien eine französische Fassung, vermehrt um einen „Brief eines arabischen Arztes". Als Erscheinungsort ist angegeben „A LONDRES", in Wirklichkeit wurde es im Haag bei Johnson gedruckt (vgl. Nachr. v. e. hall. Bibl. 2, 133). In deutscher Sprache erschienen zunächst nur kürzere Zusammenfassungen (vgl. U. G. THORSCHMIDS, *des ehrwürdigen ... Critische Lebensgeschichte Anton Collins, Des ersten Freydenkers in Engelland. Mit einigen Anmerkungen ...* [Dresden u. Leipzig 1755] 113-134; DERS.: *Versuch einer vollständigen Engelländischen Freydenker-Bibliothek, in welcher alle Schriften der berühmtesten Freydenker ... Erster Theil,* [Halle 1765] 73-106 u. andere).

154 „They make him *(who equally beholds all the Dwellers upon earth)* to have favorite Nations and People, without any Consideration of Merit. They make him put other Nations under Disadvantages without any Demerit. And so they are more properly to be stil'd *Demonists* than *Theists* (a. a. O. 38f.); „en lui atribuant de favoriser particulierement certains Peuples & certaines Nations, malgré leur indignité, ... " (a. a. O. 60).

155 Faks.-Neudruck d. Ausg. London 1730, hrsg. u. eingel. v. G. Gawlick (Stgt.-B. C. 1967) 409: „CAN God, who equally beholds all the Dwellers on Earth, free from Partiality and Prejudice; make some People his Favourites, without any Consideration of their Merits; and merely because they believe certain Opinions taught in that Country where they happen to be born; while Others, far the greater Number, shall, from Age to Age, want this Favour; not upon the Account of their Demerits, but because destin'd to live in Places, where God, who always acts from Motives of infinite Wisdom and Goodness, thought it best to conceal from them all such Opinions." Dt. Übers. (s. u.) 719.

ordinarius an der Königsberger Universität, den Kant „vor allen Lehrern am meisten" schätzte[156], in einer eigenen Schrift Stellung bezog[157]. Knutzen zitiert sowohl den englischen Titel als auch die 1741 anonym erschienene Übersetzung (von J. L. Schmidt)[158], so daß Kant, der von Knutzen aus seiner reichhaltigen Bibliothek mit Büchern versorgt wurde[159], wohl auch direkten Zugang zu Tindals Werk hatte[160]. Tindal faßt die bisherigen Einwände gegen den christlichen Gottesdienst zusammen und radikalisiert sie vor dem Hintergrund seiner als „vollkommen" angesehenen natürlichen Vernunftreligion: Gott ist nicht ruhmsüchtig wie die Menschen[161] und verlangt deshalb keine überflüssigen Dinge bloß zum Erweis des Gehorsams wie ein Tyrann[162]. Glaubensbekenntnisse, -meinungen und Zeremonien sind nichts anderes als Mittel[163]. Wer mehr in ihnen sieht, macht die moralischen Tugenden zu scheinbaren Lastern[164], wird gleichgültig gegen die Forderungen der Sittlichkeit und entwickelt einen heuchlerischen Eifer für die „aufgebrachten" Dinge[165], die ihm einen Vergleich mit dem Himmel zur Aussöhnung seiner geliebten Laster versprechen[166] und aus deren Verschiedenheit die Sekten entstehen[167], wobei die Protestanten nicht ausgenommen werden[168]. Einzig der vernünftige Gottes-

---

156 Borowski a. a. O. 16.

157 *Vertheidigte Wahrheit der Christlichen Religion gegen den Einwurf: Daß die christliche Offenbarung nicht allgemein sey. Wobey besonders die Scheingründe des bekannten Englischen Deisten Matthäi Tindals, welche in deßen Beweise, Daß das Christenthum so alt, als die Welt sey, enthalten, erwogen und widerleget werden* (Königsberg 1747).

158 *Beweis, daß das Christentum so alt als die Welt sey, nebst Herrn Jacob Fosters Widerlegung desselben. Beydes aus dem Englischen übersetzt* (Frankfurt u. Leipzig 1741).

159 Borowski a. a. O. 76.

160 Gegen G. Gawlick, der nur eine indirekte Wirkung auf Kant annimmt (Einl. d. Faks.-Ausg. a. a. O. 38*).

161 Schmidts Übersetzung a. a. O. 75, 141.

162 a. a. O. 237, 300, 320.

163 a. a. O. 267, 277, 190, 187.

164 a. a. O. 254.

165 a. a. O. 240, 236.

166 a. a. O. 238.

167 a. a. O. 279.

dienst („reasonable service")[169] ist Gott angemessen, der unser Gebet kennt, bevor es noch ausgesprochen wird[170]. Von Tindal aus führen Verbindungslinien zu François Marie Arouet (de Voltaire) und Hermann Samuel Reimarus[171], den Kant sehr schätzte[172]. Voltaire läßt nur die Tat und eine reine Anbetung Gottes gelten, und er hält es für gefährlich, wenn die Vergebung für Verbrechen an bestimmte Zeremonien gebunden wird[173]. Die Grenzen der Superstition sind nach ihm allerdings schwer zu bestimmen[174]. Reimarus schildert in den „Vornehmsten Wahrheiten der natürlichen Religion" die natürliche Vernunftreligion und die entsprechende Gottesverehrung in leuchtenden Farben[175],

168   a. a. O. 257, 262, 265.

169   a. a. O. 10, 104, 312, 324, 328, 352.

170   A. a. O 141.

171   vgl. GAWLICKS Einleitung a. a. O. 37*f.

172   „Von Philosophen gieng ihm *Reimarus* über alle" (HASSE a. a. O. 30).

173   vgl. die in der dritten Ausgabe (Amsterd. 1765) seines „*Dictionnaire philosophique portatif*" erschienenen Artikel „Dogmes", „Confession"; die Artikel „Baptême" und „Superstition" der Erstausgabe 1764, den letzteren mit dem späteren Zusatz II (VOLTAIRE, *Dictionnaire Philosophique*, comprenant les 118 articles … avec introd., variantes et notes par J. Benda, texte établi par R. Naves [Paris/Garnier 1954]). vgl. auch die Antwort des Weisen in Eldorado im *Candide*: „Wir erflehen nichts von ihm, … wir brauchen ihn um nichts zu bitten; er hat uns alles gegeben, wessen wir bedürfen; wir danken ihm ohne Unterlaß. … Lieber Freund, … wir alle sind Priester; der König und alle Familienoberhäupter singen allmorgendlich feierliche *Dankeshymnen; und fünf- oder sechstausend Musiker begleiten sie" (Voltaire, Candide oder Die beste der Welten*, dt. Übtr. u. Nachw. v. E. Sander [Reclam] [Stgt. 1973] 52. Kant hat den *Candide* bis spätestens 1762 gelesen: Sein Zitat im „Beweisgrund" Ca 2/138 stammt aus dem *Candide* und nicht aus dem „*Dict. phil. port.*" [wie P. Menzer in Ak 2/473 annimmt], das erst 1764 erschien, ein Jahr nach dem „Beweisgrund").

174   Dict. phil. a. a. O. 396.

175   „Aber die Religion läßt uns den Adel unserer Seele, und das in ihr ausgedruckte Bild der Gottheit, nebst den weiten Grenzen unserer bevorstehenden Vollkommenheit und Dauer, sehen, welches ja der vernünftigsten Eigenliebe nicht anders als höchst angenehm seyn kann, und das Gemüht zu edleren Absichten und Bemühungen ermuntert, die den Vorgeschmack größerer Güter geben." Es ist „eine innere Belohnung der Frömmigkeit, daß ein Mensch willig, gerne, und mit Lust thut, was ihm oblieget; daß er die Süßigkeit eines ordentlichen Wandels empfindet, und, indem er dadurch sein eigen Bestes bewirkt, zugleich die Freude hat, daß er auf solche Art, dem vollkommensten Wesen zu gefallen, versichert ist" (H. S. REIMARUS, *Die vornehmsten Wahrheiten der natürlichen Religion in*

während seine kritische Position in der bis vor kurzem unveröffentlicht geblieben „Apologie oder Schutzschrift für die vernünftigen Verehrer Gottes"[176] und auszugsweise in den von G. E. Lessing veröffentlichten „Fragmente(n) eines Ungenannten" zum Ausdruck kam, auf die sich Kant bezieht, ohne den Autor zu kennen[177]. Hier bekennt sich Reimarus zu einer natürlichen Religion, in der „die gesunde Vernunft und das Naturgesetz... die eigentliche Quelle aller Pflichten und Tugenden" ist[178], in der „Gott nach einer vernünftigen Erkenntnis demütigst" verehrt wird[179]. Jeder Glaube ist blind, „der nicht auf die Anfangsgründe einer vernünftigen Religion gebauet ist"[180]. Jesus hat das Christentum gegen die Scheinheiligkeit der Pharisäer als „innere Bekehrung des Herzens" und nicht als „Zeremoniengesetz" eingeführt[181], während die Apostel das „jüdische(s) System" hineingemischt und ihren Nachkommen immer mehr „Zeremonien und Glaubensformeln zu stiften" Gelegenheit gegeben hätten[182]. Aufgrund von Furcht und Zwang fänden sich dadurch bei Benutzung der „äußerliche(n) Gnadenmittel" „manche Heuchler, und in ihrem Herzen bloße Unchristen, und höchstens nichts als vernünftige Heiden"[183]. Der letzte Schritt auf englischer Seite wurde von David HUME besonders in seiner Schrift *The Natural History of Religion* vollzogen, die Kant in der Übersetzung von 1759 gelesen hat[184], und in den postum erschienenen *Dialogues*

---

zehn Abhandlungen auf eine begreifliche Art erkläret und gerettet, Zweyte verb. Aufl. [Hamburg 1755] 720f.).

176   Im Auftrag der Joachim-Jungius-Ges. d. Wiss. Hamburg hrsg. v. G. Alexander, II Bde. (Frankfurt/M. 1972).

177   Ca 6/224: „der Wolfenbüttelsche Fragmentist".

178   G. E. LESSING, *Gesammelte Werke,* 7. Band (Berlin u. Weimar 1968) 657 (*Von Duldung der Deisten. Fragment eines Ungenannten* – 1774 erschienen).

179   a. a. O. 654.

180   a. a. O. 666.

181   a. a. O. Bd. 8, 287f. (*Von dem Zwecke Jesu und seiner Jünger* – 1778 erschienen).

182   a. a. O. Bd. 7, 653.

183   ebd. 654.

184   *Vier Abhandlungen, 1. Die natürliche Geschichte der Religion. 2. Von den Leidenschaften. 3. Vom Trauerspiel. 4. Von der Grundregel des Geschmacks. von David Hume,* aus d. Engl. Übersetzt (Quedlinburg u. Leipzig 1759). vgl. Winter, ThPh 50 (1975) 26, Anm. 227 [hier Kapitel 1, 33f, Anm 227].

concerning Natural Religioṅ, deren Übersetzung sich Kant (im Manuskript) im Dezember 1780 von J. G. Hamann für einen Monat ausgeliehen hat[185]. Abgesehen von sprachlichen Entsprechungen[186] stellt Hume in der *Natural History* das Standardrepertoire der Frömmigkeitskritik, daß man sich durch Gebräuche und Zeremonien als „Aussöhnungsmittel[n]" der Gottheit empfehle, um durch Schmeicheln bis hin zur Heuchelei ihre „Gunst zu gewinnen"[187], in den Dienst seiner Theorie der allmählichen Entstehung des Monotheismus[188], obwohl er zugibt, daß Gott damit entstellt[189] und auf die „niedere Ebene des Menschen" herabgezogen wird[190]. Von Interesse ist seine „Erklärung" dafür, wie es zu diesem letztlich unvernünftigen Verhalten kommt: Weil die sittlichen Pflichten schon im Bereich des menschlichen Zusammenlebens ihren Ursprung und ihre Sinnhaftigkeit offenbaren und dem innerweltlichen Zu-

---

185 Hier zit. nach D. HUME, *Dialoge über natürliche Religion.* Neu bearb. v. G. Gawlick (Phil. Bibl.) (Hamburg ⁴1968). Zu Hamanns nie erschienener Übersetzung vgl. die Einl. d. Hrsg. XXXVIf.

186 Z. B. „*Prosopopoeien*" (32); „Ersetzungsmittel" im Kommentar des Übersetzers (142): bei Kant wird die Surrogatfunktion der Frömmigkeit in der Religionsschrift fünfmal durch „Ersetzung" bzw. „ersetzen" ausgedrückt; die Verbindung „die göttliche Gunst erworben" (entspr. engl.: „acquired the divine favour"): bei Kant „Gunst erwerben" Ca 3/73, Ca 6/322, Ca 6/335; „Erwerbung d. G." Ca 7/247.

187 vgl. Übers. 1759 S. 144, 66-72, 141, 150.

188 a. a. O. 66f.: „... und sich einen Gott als den Fürsten oder die höchste Obrigkeit unter den übrigen vorstellen, ... Es mag also dieser Gott als ihr besonderer Patron, oder als der allgemeine Monarch im Himmel betrachtet werden, so werden seine Anbeter sich jedesmal bemühen, sich bey ihm in Gunst zu setzen; und da sie glauben, daß er eben so als sie, an Lob und Schmeicheley Gefallen findet, wo werden sie in ihren an denselben gerichteten Gebeten keine Lobeserhebung, kein Herausstreichen sparen. Je nachdem die Furcht oder das Elend der Menschen dringender wird, erfinden sie auch immer neue Töne der Schmeicheley; ... Und so gehen sie immer weiter fort, bis sie zuletzt auf das unendliche selbst kommen, wo man nicht weiter gehen kann: und es ist ein Glück, wenn sie bey immer weiterm Bestreben, es einander zuvor zu thun, ... nicht ... die Vernünftige Natur ihrer Gottheit zerstören; worauf allein eine vernünftige Anbetung und Gottesdienst gerichtet seyn kann." Es scheint, daß Kant auch mit dieser Ursprungstheorie sympathisiert: vgl. Ca 6/325f. und Hume dt. (1759): „Die ursprüngliche Religion der Menschen entsteht hauptsächlich von einer ängstlichen Furcht wegen der künftigen Begebenheiten; ... "

189 a. a. O. 149.

190 *Dialoge* a. a. O. 120.

sammenhang so deutlich zugeordnet sind, daß eine darüber hinausgehende Verdienstlichkeit nicht leicht in den Blick kommt, sucht der Mensch nach etwas, was er rein und ohne Vermischung mit irdischen Zwecken bloß „um der Gottheit willen" tun könne. Je unnützer und je schwieriger derartige „Uebungen" sind, desto mehr hat er den Eindruck, in „direkte(r) Beziehung auf den Dienst Gottes" hin zu handeln. „Kein anderer Bewegungsgrund könnte ihn zu solchen strengen Uebungen vermögen. Durch diese unterscheidende Kennzeichen der Andacht, hat er nun die göttliche Gunst erworben; und kann in dieser Welt Schutz und Sicherheit, in jener aber die ewige Seligkeit dafür zur Belohnung erwarten."[191] Dies hat schädlichen Einfluß auf die Moralität[192]; aber auch wenn es nicht dazu kommen sollte, daß sich die Frömmigkeit mit Heuchelei, Betrug und Verbrechen verbindet[193], so hat doch „die Aufrichtung einer neuen und nichtigen Art von Verdienst" und „die dadurch bedingte verkehrte Verteilung von Lob und Tadel die verderblichsten Konsequenzen"[194], wie das postume Werk abmildernd befürchtet. Das dergestalt von der übrigen Sittlichkeit abgetrennte und separat zu befördernde Interesse für die „ewige Seligkeit" ist dann „imstande, die wohlwollenden Gemütsregungen auszulöschen und eine engherzige, beschränkte Selbstsucht zuwege zu bringen"[195].

---

191 NatGesch. (1759) 140ff. „No other motive could engage him to such austerities. By these distinguished marks of devotion, he has now acquired the divine favour; and may expect, in recompence, protection and safety in this world, and eternal happiness in the next" (D. HUME, *The Phil. Works,* Ed. by Th. H. Green and Th. H. Grose, Vol. 4 [Repr. of the ed. London 1882] [Aalen 1964]) 359. Mit dieser Erklärung will Hume dem Einwand begegnen, die Tugend sei schwerer als der Kult. Kant wendet den Gedanken ins Prinzipielle: es bleibt allemal ein „Schleichweg" (Ca 6/344).

192 a. a. O. 136.

193 a. a. O. 143; Dialoge a. a. O. 114f. Hier ist von der „gemeinen Beobachtung" die Rede, „daß höchster Religionseifer und tiefste Heuchelei weit entfernt unverträglich zu sein, oft oder gewöhnlich in demselben individuellen Charakter vereinigt sind". „Und wenn wir es mit einem Mann zu tun haben, der von seiner Religion und Frömmigkeit viel Aufhebens macht, hat dies einen anderen Einfluß auf viele, die für verständige Leute gelten, als sie auf der Hut vor Betrug und Täuschung sein zu lassen?" vgl. damit Ca 6/340 Anm. das Sprichwort über einen „Hadgi".

194 Dialoge a. a. O. 114.

195 ebd. 115. vgl. zum Ganzen auch die Abhandlung „*Von dem Aberglauben, und der Entusiasterey*" in: *Herrn D. Hume, Esqv. Moralische u. politische Versuche, als dessen vermischter*

Obwohl sich noch verschiedene andere zeitgenössische Belege nennen ließen, auf die sich Kant direkt oder indirekt stützen konnte[196], haben wir hiermit

Schriften Vierter und letzter Theil. Nach der neuesten und verb. Aufl. übersetzt (Hamburg u. Leipzig 1756) 128-137. Im zweiten Teil dieser Übersetzung (Hamburg u. Leipzig 1755) findet sich eine interessante Umschreibung der „captatio benevolentiae": „ … da es ihnen beliebet, mich die Partey des Volkes vorstellen zu lassen: so schmeicheln sie sich selbst in meine Gunst, durch die Annehmung solcher Grundsätze, ein, von denen sie wissen, daß ich mich allezeit besonders daran gehalten" (321). vgl. auch ebd. 296: „von der willkührlichen Wahl eines Volkes, als der Lieblinge des Himmels; und dieses Volk sind die Landsleute des Verfassers" (= Von den Wunderwerken).

196   vgl. dazu auch Bohatec a. a. O. 47f., 513-517, 575-582. Nach dem bisher Gesagten kommt allerdings der Beziehung: „Hofdienste" bei Kant (Ca 6/302, 349) zu „Hofhaltung" bei Stapfer nicht mehr die angegebene Bedeutung zu. Eine mögliche Herkunftsbeziehung läßt sich dagegen bei „Kirchendienst" (Ca 6/300, 326) vermuten. Diese Bezeichnung wird von P. Anton in einem von ihm mit einer gleich nach Erscheinen zensurierten Vorrede versehenen Gesangbuch *(Christliche Gesänge, theils alte, so viel derselben .. .,* Halle 1700) in einem Lied gegen das Wort „Gottesdienst" ausgetauscht. In der: *Fortgesetzte(n) Sammlung von Alten und Neuen Theologischen Sachen ... Auf das Jahr 1734* (Leipzig) 930-933 wird darüber berichtet: „Es gehet aber seine Absicht dahin, wie er dem heuchlerischen Wesen und operi operato beym Gottesdienste steuren möge" (interessant die ähnliche Verwendung von „opus operatum" in Ca 6/335 Anm., entsprechend Baumgarten Ak 27, 2, 1/767: „Actiones, quae cultum externum constituere possunt, si sine interna religione, deo sufficienter placere statuuntur, sunt *opus operatum,* si simulantur, sunt *religio exterior* [politica]"). Schon 1734 galt ein Exemplar des Gesangbuchs mit dieser Vorrede als rar (FSmlg. ebd. 933). – Th. Chubb, *The true Gospel of Jesus Christ asserted. Wherein is shewn ....* (London 1738), der aposteriorische Paralleltraktat zu Tindals Schrift (vgl. Lechler a. a. O. 342), war für Kant nur in Besprechungen greifbar. Im 5. Band d. Nachr. v. e. Hall. Bibl. (Halle 1750) 210 werden als beigemischte fremde Lehren angegeben: „daß Gott unbedungener Weise einen verdamme und den andern selig mache" und „daß man auf die gottesdienstlichen Gebräuche viel Vertrauen setzen müsse". In der Fortges. Smlg. 1738 wird referiert: „Nichts anders als die Lebens-Besserung mache uns für Gott angenehm" (568) und: das Christentum sei „eigentlich *auf die Vernunfft gegründet*" (570). In den dazugehörigen „Frühaufgelesene(n) Früchte(n)" v. 1738: „Die beyden Sacramente sind seiner Einbildung nach nur Ceremonien, welche allerhand gute moralische Erinnerungen geben", und: „Die zugerechnete und Glaubens-Gerechtigkeit verwirfft er gäntzlich sammt der Genugthuung und Vorbitte Christi, ja er hält sie vor schädlich" (208). Auch G. Berkeley äußert sich in seinem Sermon II (1709-1712) einschlägig: „And indeed it is a common observation that the most zealous Bigots are proportionably less exact in the principal points and duties of Religion. They who are careful to pay tithe of mint and annise and cummin, too often omit ...", seine These: „That Sanctity of Life and Faith are to be preferred before outward ordinances is plain..."

doch in der Hauptsache den Punkt erreicht, an dem Kants Position sowohl in ihrer Abhängigkeit als auch in ihrer Eigenständigkeit transparent wird. Er teilt weder die rationalistische und letztlich reduktionistische Vernunfteuphorie der Aufklärer, noch das resignative Offenlassen Humes[197]: bei aller ihm notwendig erscheinenden Kritik sucht er für die Frömmigkeit den Platz, der ihr angemessen ist, aber der Reichweite solcher Angriffe entzogen bleibt. Dabei fällt er nicht einfach auf das bis in die Antike zurückreichende philosophische Gebetsideal zurück[198], das als ein elitäres „eine Etappe im Auflösungsprozeß

führt zu der Schlußfolgerung: „For our part We think no particular ceremonies to be either necessary to or destructive of Salvation" *(The Works of G. Berkeley, Bischop of Cloyne.* Ed. by A. a. Luce and T. E. Jessop, (London/Edinburgh ... 1948-1957), Vol. 7, 16-26.) Sehr vorsichtig äußert sich C. A. CRUSIUS: „Man hat auch keinen Grund zu behaupten, daß das Gebet die tugendhafteste Verrichtung unter allen überhaupt sey, weil der Grad der Tugend in einer Handlung lediglich aus dem Grade der Uebereinstimmung derselben mit dem Gesetze zu ermessen ist." *(Anweisung vernünftig zu leben,* Nachdr. d. Ausg. Leipzig 1744, hrsg. u. m. e. Einl. vers. v. G. Tonelli (Hildesheim 1969) 398. Da Kant auch J. SWIFT gelesen hat, sei eine Stelle aus seinem *Unmaßgebliche(r)n Vorschlag, Das Aufnehmen der Religion und Die Verbesserung der Sitten betreffend. An die Gräffin von Berckeley. Im Jahre 1709* angeführt: „Mit was vor Munterkeit wird man also nicht der Tugend und Frömmigkeit nachjagen, wenn man gewis versichert ist, daß man sich dadurch Gunst erwerben und sein Glücke bestätigen könne" *(Anderer Theil des Mährgens von der Tonne, So zum allgemeinen Nutzen des menschlichen Geschlechts abgefasset worden, Von Einen gewissen elenden Scribenten, Insgemein genant Der Autor des Ersten. Aus d. Engl. ins Teutsche übersetzet* [Altona 1729] 175). Der von Kant gern zitierte A. POPE: „Was das harte Herz des Lords versaget, giebt seine liebreiche Eitelkeit" *(Herrn A. Pope Esq. sämmtliche Werke.* Mit W. Warburtons Comm. u. Anm. aus dessen neuester und bester Ausgabe übersetzt (Altona 1758 bis 1764) 3. Bd., 328. Zur religiösen Heuchelei vgl. auch BAUMGARTEN Ak 27, 2, 1/767: „Religio exterior ad apparentem utilitatem propriam consequendam decreta est *hypocrisis;* 773: „Abstine a signis pietatis quae putantur signa, hinc et ceremoniis, operis operati, religionis exterioris, & hypocriticis". Kant dazu (Ak 27, 1/330): „Äußere Religion ist ein Widerspruch. Alle Religion ist innerlich."

197 Wenn bloß die „sittliche Rechtschaffenheit" maßgebend wäre und dies in Predigten eingeschärft würde, dann würden die Leute „eben das Anhören solcher Predigten selbst eher zum Wesen der Religion machen, als es in Tugend und guten Sitten" zu setzen (NatGesch. a. a. O. 137). vgl. auch die Schlußsätze der NatGesch, der Dialoge und auch der Unters. über den menschl. Verstand.

198 vgl. F. HEILER, *Das Gebet. Eine religionsgeschichtliche und religionspsychologische Untersuchung* (München [5]1923) 202-219.

des Gebets"[199] darstellt. Kants Lösung trägt die Züge seines eigenen tiefen religiösen Erlebens, das nicht verallgemeinerbar ist, auch wenn es kein im engeren Sinne mystisches war[200]. Wenn das nicht beachtet wird, ist der eher greifbare philosophische Anteil leicht mißdeutbar[201].

Für Kant, der bis spätestens 1775 in seinen Aufzeichnungen gestand: „Daher bete ich und arbeite"[202], stellt in seinen Vorlesungen über Ethik ab 1775 in Übereinstimmung mit späteren Aussagen fest: „Auf den Geist des Gebets kommt alles an." „Der Geist des Gebetes findet ohne alle Buchstaben statt." Gemeint ist „die Gott devote Gesinnung, die Richtschnur des Herzens zu Gott, sofern wir im Glauben zu ihm das Vertrauen fassen, er werde unsere moralische Gebrechlichkeit ergänzen und die Glückseligkeit erteilen"[203]. Diese Formulierung stimmt der Sache nach überein mit Kants Reflexion zur Trinitätslehre, wo dem „heiligende(n) Geist" u. a. die gleichen Funktionen zugeschrieben werden, nämlich unsere Mangelhaftigkeit zu ergänzen und uns „zugleich der Seeligkeit näher" zu bringen[204]. Er wird ausdrücklich als „moralisch belebende und erhaltende Kraft Gottes" bezeichnet, die dem Geschöpf zwar nicht das Vermögen (wegen der Zurechnung), aber doch das Zutrauen zu diesem Vermögen und den Mut, dem im Sohne Gottes gegebenen Urbild

---

199 ebd. 218.

200 Insofern läßt sich das Gebet der Stoiker und Aufklärer und das der Mystiker nicht als strenge Alternative gegenüberstellen, wenn man Kant überhaupt noch zu den Aufklärern rechnen will (vgl. HEILER a. a. O. 207).

201 HEILER unterschätzt Kant, wenn er ihm vorwirft, sein „Geist des Gebets" sei „kein Gebet mehr, sondern ein moralisches Surrogat des Gebetes" (a. a. O. 209), nachdem Kant das Gebet als Surrogat der Tugend (und „Förmlichkeiten als ein Surrogat der Gesinnungen" Ak 18/603) ablehnte und er mehr suchte, als eine bloße Vertauschung der Vorzeichen.

202 Ak 19/626: „Ich weis, daß alles nach gottlichem Wohlgefallen 1. durch außerordentliche direction geschehen kan. / 2. Auch durch ordentliche. Daher bete ich und arbeite." Zur Unsicherheit der Datierung vgl. Ak 19/623f. Der Name Hiob taucht hier noch zusammen mit „Candide" auf als Beleg für „Glück und Unglück. Üppigkeit." Die Tinte hat große Ähnlichkeit mit dem Briefentwurf an Lavater 1775. vgl. auch Ak 19/618.

203 Nach MENZER a. a. O. 124, vgl. Ak 27, 1/324. Menzer datiert seinen Text als Wiedergabe der Vorlesungen von 1775-1780, während die Moralphilosophie Collins' aus dem WS 1784/1785 stammt nach der Aufschrift. Die Abweichungen sind übrigens geringfügig, soweit unsere Frage betroffen ist.

204 Ak 18/599 (Refl. 6307).

als dem Muster seines Handelns ähnlich zu werden, verleiht, wozu das Geschöpf „aus sich selbst" heraus nicht fähig wäre[205]. Von daher dürfte sich die Deutung des „Geist(es) des Gebetes" im Sinne einer bloßen psychologistischen Reduktion verbieten, was immer man im übrigen von der (dezidiert einseitig philosophischen) Trinitätsspekulation Kants halten mag[206]. Im Vertrauen darauf, daß, was Gott dabei tut, geschieht, obwohl wir es nicht durchschauen[207], beschränkt sich Kant auch in seiner Gebetslehre auf den Anteil, den wir dabei zu übernehmen haben[208], und reduziert die Verweise auf den alles ermöglichenden und tragenden Grund auf ein Minimum. Weil es einen „Geist" gibt, der „lebendig macht"[209], kann Kant leichten Herzens auf den Buchstaben verzichten: „Der Buchstabe ist nur ein Mittel, zum Geist zu gelangen"[210]; deshalb kann er subjektiv (und vorläufig) erforderlich sein[211], ist aber „an und für sich selbst" „tot"[212]. „Der Geist des Gebets, der uns zu guten Hand-

---

205 Ak 18/600 (Refl. 6307) in Verbindung mit Ak 18/606 (Refl. 6310).

206 Man wird hier an die Stelle Rö 8, 26f. erinnert, die von Kant in seiner (leider verschollenen) Bibel mit folgenden Unterstreichungen versehen wurde (von mir dem Luthertext von 1544 unterlegt): „DEsselbigen gleichen auch der Geist hilfft vnser schwacheit auff. Denn wir wissen *nicht* / was wir *beten* sollen / wie sichs gebürt / Sondern der Geist selbs vertrit vns auffs beste / mit *vnausssprechlichem seufftzen*. Der aber die hertzen forschet / der weis / was des *Geistes sinn* sey / Denn er vertrit die Heiligen nach dem das Gott gefellet." (Verzeichnis der Unterstreichungen bei H. Borowski, *Die Bibel Immanuel Kants* (Veröff. n. a. d. Staats- u. Univ.bibl. zu Königsb.Pr. 4) (Königsberg Pr. 1937) hier: 28; statt „beten" steht dort „bitte", was wohl ein Druckfehler ist statt „bitten" in der mir nicht greifbaren Textfassung). In dieser Bedeutung auch der „Geist des Gebets" in dem genannten Aufsatz in den „Frühaufgel. Früchten" 1737: „Durch die Wiedergeburth und Rechtfertigung, welche unzertrennlich an einander hängen, erlangen und geniessen wir den Geist GOttes, den Geist des Gebets, daß wir eigentlich *im Nahmen JEsu* bitten können, welches die Erhörung mit sich bringet." (245f.).

207 vgl. Ca 6/320f.

208 vgl. Ca 6/286f.

209 Jo 6, 63. „Er geht vom Vater aus und ist vom Sohne gesandt" (Ak 18/600, vgl. Ca 6/294). Der eine Gott will wegen seiner dreifachen „Function" (Ak 28, 2, 2/1074, 1183) oder seiner „3 Eigenschaften" (Ak 28, 2, 2/1285) „in einer dreifachen spezifisch verschiedenen moralischen Qualität gedient sein" (Ca 6/289), während das theoretische Bekenntnis dieser Dreiheit zum Kirchenglauben gehört und Gegenstand der Theologie ist (Ca 6/294).

210 Menzer 125 (Ak 27,1/325).

211 Menzer 123 (Ak 27,1/323).

lungen geschickt macht, ist das Vollkommene, was wir suchen"[213]. Er „kann und soll" „'ohne Unterlaß'" in uns stattfinden[214] und stellt sich uns subjektiv dar als ein „herzlicher Wunsch, d. i. die alle unsere Handlungen begleitende Gesinnung, sie, als ob sie im Dienste Gottes geschehen, zu betreiben"[215]. Wenn wir nun „die Gott ergebene Gesinnung in unsern Handlungen äußern", dienen wir Gott[216]. Der „wahre Gottesdienst besteht" somit „in den Gott geheiligten Gesinnungen, die im Leben durch Handlungen thätig sind"[217]. Weil aber alle Handlungen dazu geeignet sind, kann ein gottesfürchtiger Mensch sein ganzes Leben zu einem „unaufhörliche(r)n Gottesdienst" werden lassen, ohne deshalb auf „besondere Handlungen" angewiesen zu sein: „Die Gottesfurcht und der Gottesdienst sind keine besondre Handlungen, sondern die Form aller Handlungen"[218]. Damit sind alle unsere Handlungen von dieser

---

212 MENZER 124 (Ak 27,1/324).

213 MENZER 125 (Ak 27,1/325).

214 Ca 6/346; das „ohne Unterlaß" ist von Kant selbst in Anführungszeichen gesetzt, vielleicht als Zitat von 1 Th 5,17, ohne daß die Stelle jedoch genannt wird (vgl. auch Lk 18,1). M. LUTHER *(Der große Katechismus)* in der Einleitung zur Erklärung des Vaterunser: „ohn Unterlaß zu beten" („ad indesinenter orandum") *(Die Bekenntnisschriften der ev.-luth. Kirche,* Hrsg. i. Gedenkjahr der Augsb. Konf. 1930 [Göttingen [6]1967] 667). Die „oratio continua" ist für Luther die der „creatio continua" entsprechende Verwirklichung der Geschöpflichkeit (vgl. G. WERTELIUS, *Oratio continua. Das Verhältnis zwischen Glaube und Gebet in der Theologie Martin Luthers* (Studia theol. Lundensia 32) (Lund 1970) 17, 166; dort auch der Hinweis, daß Luther (in der Vorl. über 1. Mose) die „captatio benevolentiae" zur Erklärung des Lob- und Dankgebetes heranzieht [37]). BAUMGARTEN Ak 27,2,1/763: Homo „1) optima quaevis appetens, 2) eorum nullum omnio positum in sua potestate, 3) sed omnia dependere a deo et 4) a bonitate ipsius fidenter exspectanda esse, ardenter, et habitualiter certus, *continuo precabitur".*

215 Das ist nicht fiktionalistisch gemeint, sondern im Sinne von „als im Dienste Gottes geschehende" zu verstehen (ebd.). vgl. die Vorarbeiten dazu Ak 23/124.

216 Ak 27,1/325 (entspr. MENZER 125). Wir zitieren von hier ab nach der Moralphilos. Collins.

217 Ak 27,1/328 (MENZER 130).

218 ebd. BOHATEC nimmt hier einen unmittelbaren Einfluß von C. Garve an (509), der die Hume'sche Erklärung der „ungewöhnliche(n) Anstalten" aufgreift, ohne ihn zu nennen *(Philos. Anmerkungen u. Abhandlungen zu Ciceros Büchern von den Pflichten, Anmerkungen zu dem Zweyten Buche* [Breslau 1784] 65), und dann zu dem Resultat kommt, „daß eigentlich keine Handlung ein Gottesdienst ist, oder daß es alle gute Handlungen sind";

„Form" als einer „Bestimmung"[219] in einem einheitlichen Zusammenhang einer auf das Ganze zielenden Sinnperspektive noch einmal bestimmbar, auch solche, die sich ihrer „bloße(n) *Form*" nach *„zur allgemeinen Gesetzgebung schicken"*[220], so daß der „in Ansehung" „der Idee von Gott" gegebenen *„Religionspflicht"*, alle unsere Pflichten *„als* (instar) göttliche(r) Gebote" zu erkennen"[221], an sich sogar die Möglichkeit entsprechen würde (der Kant jedoch aus Angst, das „Verdienst" könnte die „Pflicht" verdrängen[222], geflissentlich

aber: „Gebeth, und Uebungen der Andacht, gehören mit darunter", und: „Die wahre Religion stört die Rangordnung, weder der Tugenden, noch der Pflichten. Sie bringt keine neue hervor … " (76). Die erste Auflage war 1783 erschienen und kam damit für Kant (Vorlesungen) zu spät. Hingegen ist J. F. Stapfers Einfluß nicht von der Hand zu weisen, der das „Herz" als Grundlage des Gottesdienstes betont und die Statuten als Hilfsmittel (adminicula) nicht zu Hauptbestandteilen erhoben wissen will (BOHATEC a. a. O. 511). Dann sollte aber auch J. J. Rousseau nicht vergessen werden, den Kant gelesen hat (BOROWSKI a. a. O. 79): „Ne confondons point le cérémonial de la religion avec la religion. Le culte que Dieu demande est celui du cœur; & celui-là, quand il est sincere, est toujours uniforme", oder: „le culte essentiel est celui du cœur. Dieu n'en rejette point l'hommage, quand il est sincere; sous quelque forme qu'il lui soit offert." (Émile ou De l'Éducation, Tome troisième [Amsterdam 1762] 124 u. 170). CRUSIUS (a. a. O. 397) unterscheidet das *„vollkommene Gebet"*, bei dem „man sonst nichts anderes thut" vom *„unvollkommene(n)"*, „welches mit Verrichtung anderer Geschäfte verknüpft wird, und dahero eine beständige Pflicht ist". Auf eine bemerkenswerte Beziehung weist jüngst F. LÖTZSCH unter Berufung auf eine Stelle in der Ethikvorlesung (MENZER a. a. O. 3, entspr. Ak 27,1/244) hin, wonach „Spalding allen vorzuziehen" sei, der in seiner Predigt „über den beständigen Gottesdienst eines Christen" wie Lötzsch herausgefunden hat, dazu auffordert, daß „die Empfindung von Gott und von dem was wir ihm schuldig sind, herrschend sey, daß dieß die erste große *Triebfeder* und die *allgemeine Regel* unserer *Gesinnungen* und unseres Verhaltens werde", und daß dieser Gedanke „wirklich unser Thun und Lassen leite" (F. LÖTZSCH, *Vernunft und Religion im Denken Kants. Lutherisches Erbe bei Immanuel Kant* [Böhlau Philosophica 2] [Köln/Wien 1976] 18 u. 139. Die Abhandlung konnte als ganze leider nicht mehr berücksichtigt werden). Die „Form aller Handlungen", also alles zum Gebet werden zu lassen, erinnert an die „gute Meinung", die der Sache nach eine lange Tradition hinter sich hat und bis in die Väterzeit zurückreicht (vgl. die Belege dazu bei J. HAUSHERR S. J., *La Prière Perpétuelle du Chrétien, in*: DERS., Hésychasme et Prière [OCA 176] [Roma 1966] 255-306).

219 Ca 3/228.

220 Ca 5/31.

221 Ca 7/256.

222 Ca 5/167

ausweicht), auch nichtpflichtmäßige Handlungen in dieser Weise zu bestimmen, soweit das nicht (z. B. bei „Gunstbewerbung") als Widerspruch erscheint. Der Wunsch, dieser grundsätzlichen und umfassenden Bestimmbarkeit des Menschseins im Ganzen zu entsprechen, atmet den „Geist des Gebets", sein Vollzug ist „Gottesdienst" im eigentlichen Sinn, der „vernünftige(r) Gottesdienst", wie ihn Kant auch aus der Bibel herauslas[223]. Von hier aus wird der Maßstab zur Beurteilung formulierter Gebete gewonnen: ihr Gegenstand muß „allgemein" und darf „nicht bestimmt" sein, außer wenn sie „auf moralische Gesinnungen" gehen, um die man „categorisch und unbedingt bitten" kann. Die „bestimmte Bitte", bei der man hinzufügen muß: „wofern es Gott anständig ist" (wodurch die Bestimmung bereits aufgehoben wird), ist „unnöthig", „vorwitzig(e)", ja sogar „ungläubig(e)", obwohl sie wegen der menschlichen Schwachheit vom Evangelium erlaubt wird und in Notfällen nicht zu verdenken ist[224]. Das unerreichte Vorbild ist das „Vater-unser", das „den Geist des Gebets ganz vortrefflich" ausdrückt und den Buchstaben entbehrlich macht[225]. Für Kant steht fest, daß im privaten Bereich der Buchstabe dem erstarkenden „Geist des Gebets" schließlich hinderlich wird, weil er als Ausdruck der Anbetung vor der Unaussprechlichkeit Gottes versagt[226]. Es scheint, daß Kant damit

---

223 Kant hat diese Stelle in seiner Bibel unterstrichen: „ICH ERMANE EUCH / LIEBEN BRÜDER / DURCH DIE Barmherzigkeit Gottes / Das jre ewre Leibe begebet zum Opffer / das da lebendig / heilig / vnd Gott wolgefellig sey / welchs sey ewer *vernünfftiger Gottesdienst.*" (Rö 12,1; vgl. Borowski a. a. O. 13). vgl. auch die Bezugnahme auf Mt 5,24 in Ca 6/308.

224 Ak 27,1/324ff. (Menzer a. a. O. 125ff.). Zu „bedingt" und „categorisch" vgl. Baumgarten Ak 27,2,1/763: „Ergo indesinenter precare preces fidentes ... in diuinamque voluntatem totaliter resignatas ... Quales semper habent hanc vel expressam vel tacitam hypothesin: si deo visum ita fuerit. Quodsi de hoc priori iam certi sumus, preces legitimae dicuntur categoricae." Kant selbst zum Vorwitz bedingter Gebete: „Ich würde selbst erschrecken, wenn mir Gott besondre Bitten gewähren sollte, denn ich könnte nicht wißen, ob ich mir nicht selbst Unglück erbeten hätte." Ak 27,1/325). P. Annet verwandte das Bild von den Seeleuten, die ihren Anker auf einen Felsen geworfen haben: sie tun, als wollten sie den Felsen heranziehen, in Wirklichkeit ziehen sie sich selbst zum Felsen hin (*Supernaturals esamined,* zit. nach Lechler a. a. O. 321).

225 Ca 6/346; vgl. auch Ak 27,1/324f. (Menzer a. a. O. 124f.).

226 Ca 6/349: „So hat die Betrachtung der tiefen Weisheit der göttlichen Schöpfung an den kleinsten Dingen und ihrer Majestät im großen ... eine solche Kraft, das Gemüt nicht

persönliche Erfahrungen andeutet, so daß es vielleicht nicht ganz zufällig ist, wenn er im hohen Alter bei der Schilderung solcher Situationen vom Aufheben und Falten der Hände und vom Niederfallen spricht, von Zeichen also, die nichts Eingrenzendes mehr enthalten[227]. Der Überschwang der Jugend hat sich nach innen verlagert, die Lobgesänge des Herzens sind nicht mehr hörbar[228]. Das Herr-Herr-Sagen bleibt zweideutig[229]; von den beiden Brüdern im Evangelium war der Ja-Sager der „Gunstbewerber (Complimentarius)"[230], während der andere, der „Schwierigkeiten machte", sich als der gute Sohn erwies.

allein in diejenige dahin sinkende, den Menschen gleichsam in seinen eigenen Augen vernichtende Stimmung, die man *Anbetung* nennt, zu versetzen, sondern es ist auch in Rücksicht auf seine eigene moralische Bestimmung eine so seelenerhebende Kraft, daß dagegen Worte, wenn sie auch die des königlichen Beters *David,* (der von allen jenen Wundern wenig wußte), wären, wie leerer Schall verschwinden müssen, weil das Gefühl aus einer solchen Anschauung der Hand Gottes unaussprechlich ist." Das ist mehr als nur „wortfreie(n) Gesinnungsgeist", wie BOHATEC a. a. O. 579 meint. vgl. auch die frühe Stelle in der Allg. Naturgesch. (1755): „Bei der allgemeinen Stille der Natur und der Ruhe der Sinne redet das verborgene Erkenntnisvermögen des unsterblichen Geistes eine unnennbare Sprache und gibt unausgewickelte Begriffe, die sich wohl empfinden, aber nicht beschreiben lassen." (Ca 1/369). vgl. AUGUSTINUS *(Conf. X, II, 2):* „Confessio itaque mea, Deus meus, in conspectu tuo tibi tacite sit, et non tacite; tacet enim strepitu, clamat affectu." Nach HEILER gehört das Zurücktreten der Bitte mehr dem mystischen (361), das aktiv-ethische Element eher dem prophetischen Gebetstyp an (355, vgl. 255), so daß Kant auch hier zwischen den Fronten steht.

227 Nach der Beobachtung einer bewunderungswürdigen Instinkthandlung einer Schwalbe: „Da stand mein Verstand stille, da war nichts dabei zu tun, als hinzufallen und anzubeten" (WASIANSKI a. a. O. 293; vgl. auch HASSE a. a. O. 27). Über seine Sterbestunde: „wenn ich's in dieser Nacht fühlte, daß ich sterben würde, so wollte ich meine Hände aufheben, falten und sagen: Gott sei gelobt!" (WASIANSKI a. a. O. 235; vgl. auch Hasse a. a. O. 19).

228 vgl. Ca 1/324f.: „Die veränderlichen Scenen der Natur vermögen nicht, den Ruhestand der Glückseligkeit eines Geistes zu verrücken, der einmal zu solcher Höhe erhoben ist. Indem er diesen Zustand mit einer süßen Hoffnung schon zum voraus kostet, kann er seinen Mund in denjenigen Lobgesängen üben, davon dereinst alle Ewigkeiten erschallen sollen" (1755).

229 Ca 6/250, 352. vgl. Kants Betonung der Buße bei Erwähnung des „Buß- und Bettages" Ak 21/150, dazu HASSE a. a. O. 27; vgl. auch Ca 6/443 Anm.

230 MENZER a. a. O. 135; richtiger „Complementarius" (als Rücklatinisierung) nach COLLINS Ak 27,1/332. vgl. Mt 21,28ff.

Durch diese sich nur philosophisch artikulierende Frömmigkeit sind freilich die christlichen Möglichkeiten keineswegs auch nur annähernd ausgeschöpft. Die Konzentration der Kritik auf das Bittgebet, das das Lob in den Dienst nimmt, mag sich aus der kirchlichen Tradition erklären, in der Kant beheimatet war[231], und vielleicht auch aus dem Umstand, daß das „Für-sich-selbst-beten" besonders gefährdet ist. Durch den inkarnatorischen Charakter des Christentums sind viele Bedenken überholt, die den äußeren Kult betreffen, der insofern nicht von der privaten Frömmigkeit abgetrennt werden darf. Trotzdem wird natürlich das Gebet „durch Jesus Christus" nicht bloß durch die nachgestellte Formel zu einem solchen, sondern es muß sich auch thematisch daraufhin ausrichten, um „in Seinem Namen" gelten zu können. Damit ist dem Anliegen Kants entsprochen, das in der Bevorzugung des „Vater unser" zum Ausdruck kommt[232]; denn ein noch so andächtiges und inbrünstiges Gebet kann trotzdem vorlaut, vermessen oder ichsüchtig sein, auch als Gemeindegebet, und es kann zum Alibi werden, wenn man sich einbildet, nun (etwa für die Hungernden) das Seine getan zu haben[233]. Die Berufung der Arbeiter der ersten Stunde ist keine Bevorzugung: sie sollen nicht um die Erhöhung ihres Lohnes nachsuchen, sondern es ist ihre Pflicht zu arbeiten, damit auch andere für weniger Leistung den gleichen Denar erhalten[234]. Eine die Nutznießermentalität allmählich überwindende Selbstentäußerung in der Christusnachfolge bis an die Grenze des „anathema esse ... pro fratribus" (Rö 9, 3) liegt in der freilich so nicht mehr wahrgenommenen letzten Konsequenz der sich gegen eine sich selbst versorgende Kirchlichkeit wendenden Kantschen Kritik religiöser Praxis,

---

231   Der Pietismus war offenbar stärker auf den eigenen Heiligungsgang fixiert (vgl. A. ALTE-NÄHR, *Dietrich Bonhoeffer – Lehrer des Gebets. Grundlagen für eine Theologic des Gebets bei Dietr. Bonhoeffer* (Std. z. Theol. d. geistl. Lebens VII) (Würzburg 1976) 145f.

232   Dem „Vater unser", dessen Bitten die Ergebenheit in die überindividuelle Perspektive des Willens Gottes und des Kommens seines Reiches zum Ausdruck bringen, könnte man als Ergänzung für den Individualbereich das „Suscipe" des hl. Ignatius gegenüberstellen: beides sind Normgebete, die nicht Übereinstimmung, aber Kompatibilität aller übrigen Gebete verlangen.

233   Unsere Bitte richtet sich ja an den, der nicht nur die Nöte der Menschen besser kennt als wir, sondern uns auch beauftragt hat, seine Güte und Menschenfreundlichkeit hier und jetzt durch unsere Tat sichtbar zu machen. vgl. Ca 6/345f., Ak 27,1/ 323.

234   Mt 20, 1-16; schon das Buch Jona gehört in diesen Zusammenhang.

für die sich vom Standpunkt des Philosophen aus gesehen kein anderer Ausweg
bot, als die uneigennützige Erfüllung der Pflicht nicht von der Beantwortung
bestimmter Fragen (z. B. aus der Gnadenlehre) abhängig zu machen, die
ihrem Wesen nach undurchschaubar bleiben, wodurch sich für Kant der
eigentliche Unglaube verrät[235]. Der im 2. Vatikanischen Konzil erfolgte Durchbruch zur reiferen Auffassung von der Weltverantwortung der Kirche zieht
notwendigerweise einen allmählichen Wandel auch der kirchlichen Gebets-
texte nach sich, was sich an den sich kurzfristig ablösenden Vorschlägen für
die Fürbitten besonders deutlich zeigen läßt. Vielleicht sind wir darum gegenüber früheren Rezeptionsversuchen[236] heute eher in der Lage, das Ringen
Kants um ein Beten, das bei aller inneren Redlichkeit auch nach außen hin
(was nicht selbstverständlich ist) alle Merkmale der Glaubwürdigkeit an sich
trägt, unbefangen zu würdigen und sein Erbe zinspflichtig zu bewahren.

---

235 vgl. Ca 6/321f.

236 Zu nennen wären zu unserer Thematik z. B. die Mainzer Kantianer F. A. BLAU und A. J.
DORSCH mit ihrer anonym veröffentlichten Schrift *Beiträge zur Verbesserung des äußeren
Gottesdienstes in der kath. Kirche,* Bd. I,1 (Frankfurt 1789), vor allem aber VITUS ANTON
WINTER, dessen Reformvorstellungen unangefochten eine Fülle Kantscher Motive ent-
hielten (vgl. dazu J. STEINER, *Liturgiereform in der Aufklärungszeit. Eine Darstellung am
Beispiel Vitus Anton Winters* [FrbThSt 100] [Frb. Bs. Wn. 1976]).

Kapitel 4:
Seele als Problem in der Transzendentalphilosophie Kants
unter besonderer Berücksichtigung des Paralogismus-Kapitels

Die Frage nach der Seele ist für Kant in theoretischer Hinsicht zeitlebens ein
Problem geblieben, so daß es nicht möglich ist, etwa von seiner „Seelenlehre"
zu sprechen. Kants Beschäftigung mit zentralen Punkten der Psychologia rationalis reicht bis in seine Frühschriften zurück und ist engstens mit dem
Entwicklungsgang seiner Transzendentalphilosophie verwoben, der heute wieder verstärkt zum Gegenstand der Kantforschung gemacht wurde. Daraus
ergibt sich die doppelte Schwierigkeit für ein Referat zu diesem Thema. Zum
einen sind die Stationen der Kantschen Entwicklungsgeschichte zur Transzendentalphilosophie noch immer Gegenstand von Kontroversen, die aus dieser
besonderen Perspektive allein nicht entscheidbar sind und daher möglichst
offen gelassen werden müssen, soweit die Seelenproblematik nicht selbst
Datierungs- und Orientierungshilfen an die Hand gibt. Die zweite Schwierigkeit
besteht in der engen Verflochtenheit unserer Fragestellung mit anderen, sehr
zentralen Problemkreisen des Kantschen Denkens, die ihre eigene Entwicklungsgeschichte haben. Das Feststellen von etwaigen Synchronitäten und In-
terdependenzen ist in vielen Fällen nur unter Zuhilfenahme von anfechtbaren
Hypothesen möglich, z.B. unter der Voraussetzung einer streng folgerichtigen
Entwicklung, die die Probleme der tatsächlichen Phasenverschiebungen nicht
genügend berücksichtigt, so daß in diesem Referat vieles neben- und hinter-
einander stehen bleiben muß, um kurzschlüssige Plausibilitäten zu vermeiden,
die nicht wirklich abgesichert werden können. Trotzdem glaube ich, daß sich
bei aller Offenheit von Detailfragen einige Grundlinien darstellen lassen, die
die Ursprünge der Seelenproblematik bei Kant skizzieren und den Weg verdeutlichen, den sein Denken im Blick auf die grundsätzliche Zielsetzung seines
Werkes zurückgelegt hat.

1. Die frühe Zeit bis 1770

Giorgio Tonelli definiert die vorkritische Philosophie Kants als einen „eklekti-
schen(r) Antiwolffianismus", der seinen Nährboden im „antiwolffianisch ge-
stimmten Milieu in Königsberg" fand[1]. Die erste Begegnung mit den Fragen

der Seelenmetaphysik wird für Kant wohl vor dem Hintergrund der Antritts-
dissertation Martin Knutzens anläßlich der Übernahme einer außerordentlichen Professur für Logik und Metaphysik stattgefunden haben. Diese Schrift
des von Kant sehr geschätzten Dozenten[2], mit dem er auch persönlich in
Verbindung stand[3], war zuerst im Jahre 1735 erschienen[4] und markiert die
entscheidende Wende in der bis dahin wirksamen Vorherrschaft des Systems
der „prästabilierten Harmonie" zur Erklärung der Frage der Wechselwirkung
(„Commercium") zwischen Seele und Leib[5]. Eine zweite, etwas erweiterte
Auflage erschien im Jahre 1745 unter dem Titel *Systema Causarum efficientium,
seu commentatio philosophica de commercio mentis et corporis per influxum
physicum explicandi, ipsis illustris Leibnitii principiis superstructa*, der eine bereits
1741 erschienene Abhandlung mit dem Titel *Commentatio de individua hu-*

---

1   G. Tonelli im Vorwort zu dem von ihm besorgten Nachdruck der *„Anweisung vernünftig
zu leben"* von Ch. A. Crusius (Leipzig 1744 – Hildesheim 1969) VII-LIII, hier: LI, unter
Rückgriff auf ders., *Elementi metodologici e metafisici in Kant dal 1745 al 1768. Saggio di
sociologia della conoscenza I. Studi e ricerche di Storia della Filosofia 29*, (Torino 1959)
Pref. VIII. Vgl. auch H. Heimsoeth, *Atom, Seele, Monade. Historische Ursprünge und
Hintergründe von Kants Antinomie der Teilung.* AkWissLit, Abhdlgn d. geistes- u. sozialwiss.
Klasse 1960/3. (Wiesbaden 1960) 281(25), 374-378 (118-122); dazu: F. Kaulbach, *Atom
und Individuum. Studien zu Heimsoeths Abhandlung „Atom, Seele, Monade",* in: Zeitschrift
f. philos. Forschung 17 (1963) 3-41.

2   Nach den Biographien von L. E. Borowski und R. B. Jachmann aus dem Jahre 1804,
in: *Immanuel Kant. Sein Leben in Darstellungen von Zeitgenossen. Die Biographien von L.
E. Borowski, R. B. Jachmann und [E.] A. Ch. Wasianski*(Darmstadt 1968, Reprogr. Nachdr.d.
v. F. Groß hrsg. Aug. [=Dt. Bibl. 4] Berlin 1912) 16 u. 125.

3   ebd 76.

4   *Commentatio philosophica de Commercio mentis et corporis per influxum physicum explicando, quam amplissimae Facultatis Philosophicae consensu, pro loco Professoris Logices et
Metaphysices extraordinarii, publico eruditorum examini subiiciet, praeses Martinus Knutzen,
Regiom., respondente Christophoro Friederico Grube,* Regiom. Boruss. anno MDCCXXXV.
d. XXII April. H. L. Q. S. – Regiomonti litteris Reusnerianis.

5   B. Erdmann, *Martin Knutzen und seine Zeit. Ein Beitrag zur Geschichte der Wolfischen
Schule und insbesondere zur Entwicklungsgeschichte Kants* (Leipzig 1876) 83 zu dieser
Schrift: „Sie bezeichnet den Gipfelpunkt der Entwicklung, die zu immer unbeschränkterer
Herrschaft der Lehre vom physischen Einfluss führte; sie ist der weitaus bedeutendste
Versuch, denselben allseitig durchzubilden." 93: „von geradezu epochemachender Be-
deutung". Vgl. auch das ganze 3. Kapitel: „Der Streit um die prästabilierte Harmonie"
55-83 und die Besprechung der Knutzenschen Schrift (4. Cap.) 84-97.

manae mentis natura sive de immaterialitate animae mit fortlaufender Paginierung angehängt war[6]. Der genannte Anhang enthielt eine letztlich theologisch motivierte Widerlegung des Materialismus auf der Basis der Einheit des Selbstbewußtseins, das die Einheit des Subjektes und damit auch der denkenden Substanz oder Monade voraussetzt[7]. Dieses Argument wird von Kant in seiner vorkritischen Zeit aufgegriffen[8] und noch im Spätwerk als geeignet zum polemischen Abweis des Materialismus herangezogen („wenn diese Erscheinung als Sache an sich selbst betrachtet wird"[9]), während es im zweiten Paralogismus, dem „Achilles aller dialektischen Schlüsse"[10], der kritischen Prüfung unterzogen wird[11]. In der damals aber vor allem beachteten Schrift über das „Commercium" überführte Knutzen die von Christian Wolff nur halbherzig vertretene „praestabilierte Harmonie" zwischen Seele und Körper[12]

---

6   Lipsiae apud Io. Christian. Langenhemium. MDCCXLV. Die angehängte Schrift hat die Seitenzahlen 211-318, dazu kommt ein gemeinsamer Index. Wir zitieren hier, falls nicht anders vermerkt, nach dieser Ausgabe.

7   vgl. die Besprechung dieser Schrift bei ERDMANN a. a. O. (5) 101-107.

8   Kants gesammelte Schriften, hrsg. v. d. Königl. Preuß. (später Preuß., dann Deutschen) AkadWiss, später AkadWiss der DDR (Berlin 1910ff.) – im folgenden abgek. AA – 2/328. Vgl. auch G. Fr. MEIER, *Beweiß, daß keine Materie dencken könne* (Halle 1742).

9   AA 20/308.

10   Kritik der reinen Vernunft, A 351 (die KrV zitieren wir nach der Originalpaginierung der ersten und zweiten Auflage [1781 und 1787] mit den Buchstaben A und B).

11   A 352.

12   „Systema harmoniae praestabilitae admodum probabile", „ceteris systematis [sic!] explicandi commercium animae & corporis ... praeferendum"; allerdings: „Si quis hebetior fuerit, ... vel infirmior, ... is systema influxus physici amplectatur & systema harmoniae praestabilitae, si velit, damnet, modo sibi temperet a malitia" (*Ch. Wolfii Psychologia rationalis, Édition critique avec introduction, notes et index par Jean École. Ch. Wolff, Gesammelte Werke, hrsg. v. J. École, J. E. Hofmann u.a.* II. Abt. Bd. 6. (Hildesheim 1972, repr. Nachdruck d. verbess. Ausg. Frankfurt u. Leipzig 1740) 579 (§ 685[!]), 581 (§ 639) u. 583 (§ 640). In seinen: Vernünfftige(n) Gedancken von Gott, Der Welt und der Seele des Menschen, ..., hier zitiert nach der neuen und vermehrten Auflage (Halle [4]1752), ähnlich zurückhaltende Formulierungen: „Und solchergestalt verfallen wir auf die Erklärung, welche der Herr von *Leibnitz*...", (479, § 765); „Vielmehr ist nothig, daß ich zeige, wie dergleichen Harmonie möglich sei" (480, § 766); „Ich rede hier bloß von den Empfindungen, nicht aber von den übrigen Würckungen der Seele" (480, § 767). Im Vorwort zur ersten Auflage 1719: „Ich hatte mir zwar anfangs vorgenommen die Frage von der

unter Rückgriff auf die Leibnizsche Monadenlehre in eine abgewandelte Version der Theorie des „influxus physicus", die eine gewisse mittlere Position darstellt: die Körper sind aus unzählig vielen Monaden (substantiae simplices, elementaria simplicia) zusammengesetzt (sonst würden wir, so Knutzen, bei

Gemeinschafft des Leibes mit der Seele gantz unentschieden zu lassen: allein, da ich durch die im andern Capitel gelegten Gründe wider Vermuthen gantz natürlich auf die vorher bestimmte Harmonie des Herrn von *Leibnitz* geführet ward; so habe ich auch dieselbe beybehalten und in ein solches Licht gesetzt, dergleichen diese sinnreiche Erfindung noch nie gehabt. „ Diese Selbsteinschätzung ist bemerkenswert, nachdem er die Leibnizsche prinzipielle Gleichartigkeit der Monaden nicht übernommen hat, worauf Erdmann (a. a. O. (5) 63) hinweist. Die gleiche Vorsicht auch in: Der Vernünfftigen Gedancken von Gott, der Welt und der Seele des Menschen, ... Anderer Theil, hier zitiert nach d. 4. Auflage (Francfurt am Mayn, 1740): Das System der prästabilierten Harmonie „stimmet auch mit den Grundwahrheiten überein, und ist das einige, dadurch sich die Gemeinschafft zwischen Leib und Seele gantz natürlich und verständlich erklären lässet." (469, ad § 765); „Und deswegen muß man erweisen, daß die vorher bestimmte Harmonie möglich ist" (469, ad § 766); „Und also stehet nichts im Wege, daß nicht Gott der Seele alle ihre Determinationes auf einmahl durch ihr Wesen geben können, und daher nicht nöthig hat, ihr erst ins besondere eine nach der anderen zu geben" (470, ad § 767). Zutreffend stellt daher auch J. G. Darjes in seinen: *Anmerkungen über einige Lehrsätze der Wolfischen Metaphysic ...* (Frankfurt und Leipzig 1748) fest: „Daß dieses Systema nirgends sufficient bewiesen" wird (42). Wolff verstößt in dieser Frage gegen das von ihm selbst vertretene Prinzip: „Philosophus non admittit nisi probata", das er allerdings für die prästabilierte Harmonie sofort aufweicht, indem er fortfährt: „Ubi lateat obscuritas, ego sane non video, ... " (*De differentia nexus rerum sapientis et fatalis necessitatis, nec non systematis harmoniae praestabilitae et hypothesium Spinosae luculenta commentatio ...* Halae Magdeb. MDCCXXIV, 76 [fälschlich 67 gedruckt]. In dieser Schrift, gegen die J. Lange polemisierte, verteidigt Wolff die prästabilierte Harmonie mit rhetorischen Fragen und unter Bezugnahme auf allerlei Autoren, sogar aus dem Jesuitenorden [68]). In seiner: *Ratio Praelectionum Wolfianarum in Mathesin et Philosophiam universam* (Halae Magdeb. MDCCXIIX) berichtet Wolff, daß er zunächst in dieser Frage die Cartesianischen Prinzipien anerkannt habe, aber nach einem Briefwechsel mit Leibniz und der Lektüre eines Artikels in den Acta Eruditorum (1705, 573ff.) die Leibnizsche Lösung vorgezogen habe (142ff.). Diese Darstellung stimmt nicht ganz mit jener anderen überein, die er in seiner Selbstbiographie hinterlassen hat (*Christian Wolffs eigene Lebensbeschreibung, hrsg. mit einer Abhandlung über Wolff* von H. Wuttke [Leipzig 1841], in der er auf den Seiten 140ff. auf die prästabilierte Harmonie zu sprechen kommt, was ihm Schopenhauers Tadel: „Lügt." eingetragen hat (Randbemerkung in A. Schopenhauers eigenem Exemplar, aufbewahrt in der Stadt- und Univ.-Bibl. Frankfurt/Main, Sign.: Schop 603/105, Nr. 1-6. Dort auch auf Seite 11 von Schopenhauers Hand: „Leibnitzens Altweiberhaftigkeit" zur Teilnahme am Abendmahl auf Anraten des Kutschers).

der Teilung auf eine unendliche und damit in der realen Existenz wider-
sprüchliche Reihe stoßen[13]). Diese Körpermonaden sind aber „vorstellende"
Monaden (*perceptio*, nicht *cogitatio*), die insofern mit der Seelenmonas eine
gewisse Verwandtschaft aufweisen[14]. Gleichzeitig sind sie durch eine innere
„vis motrix" (primitiva und derivativa), „quae vis activae speciem constituit
ac in nisu seu conatu ad motum consistit"[15], befähigt, sich selbst und andere
einfache Substanzen zu bewegen (d. h. ihre räumliche Koexistenz aktiv zu
verändern). Nach außen wirken kann aber auch die Seelenmonas, was als
„perfectio simpliciter simplex" vom Gottesbegriff der Theologia naturalis hergeleitet wird[16]. Aus der so beschriebenen gegenseitigen Verwandtschaft auf
der unteren Ebene wird dann die Theorie eines modifizierten „influxus physicus" zwischen Seele und Körper entwickelt[17]. In der Auseinandersetzung
mit dieser Position wird Kant sich auch mit Descartes, Leibniz und Wolff
beschäftigt haben. Dies mußte so ausführlich dargestellt werden, weil das
Problem des psychophysischen Commerciums für Kant nicht nur „die Aus-
gangsfrage", sondern ein „Kernthema" der rationalen Psychologie überhaupt
darstellt[18] und darüber hinaus den Hintergrund für den transzendentalen
Idealismus des 4. Paralogismus bildet[19]. In seiner Erstlingsschrift *Gedanken
von der wahren Schätzung der lebendigen Kräfte*, in der Kant im wesentlichen
eine ohne sein Wissen bereits geleistete Vermittlung zwischen Leibniz und

13   a. a. O. (6) 77 (§ XX); 88 (§ XXVII).
14   a. a. O. (6) 100-104 (§§ XXX u. XXXI).
15   a. a. O. 84-87, 1. Aufl.: 51-53 (§§ XXIV u. XXV).
16   a. a. O. (6) 107-112 (§§ XXXIII- XXXIV).
17   a. a. O. 108-122 (§§ XXXIV-XXXVI); 130-137 (§§ XXXIX-XL).
18   F. NIERHAUS, *Das Problem des psychophysischen Kommerziums in der Entwicklung der
     Kantischen Philosophie*, Diss. Köln 1962, 11. In der zweiten Auflage der KrV tritt allerdings
     Kants Interesse an dieser Frage deutlich zurück. „Nur insofern das Problem Beziehung
     hat zur Frage der Unsterblichkeit, wird es noch behandelt, aber lediglich unter dem
     Gesichtspunkt, dass die kritische Grenzbestimmung als das Ergebnis der spekulativen
     Vernunft nicht die Befugnis und Notwendigkeit der Annahme eines künftigen Lebens
     nach Grundsätzen der praktischen Vernunft verbiete." (J. WOLF, *Verhältnis der beiden
     ersten Auflagen der Kritik der reinen Vernunft zueinander*, Diss. Halle-Wittenberg 1905,
     165).
19   vgl. A 345, B 403.

Descartes in der Frage nach der kinetischen Energie versucht, ohne aber die richtige Lösung zu finden[20], kommt er genau auf diese Frage zu sprechen, die für ihn ein Anwendungsfall der „lebendigen Kräfte" ist. Ohne Knutzen zu nennen, bevorzugt er dessen Ausdruck einer „vis activa" gegenüber einer bloßen „vis motrix" und meint, „der Triumph eines gewissen scharfsinnigen Schriftstellers" wäre vollkommen gewesen, wenn dieser die Wirkmöglichkeit der Seele nach außen daraus erklärt hätte, daß sie „in einem Orte ist", weil durch diesen Begriff die Wirkungen der Substanzen ineinander angedeutet seien[21]. Der umgekehrte Einfluß der Materie auf die Seele dagegen erscheint ihm dadurch möglich, daß „der ganze innerliche Zustand der Seele" „sich auf das Äußerliche bezieht" und insofern „status repraesentativus universi" heißt[22]. Auch in der Folgezeit werden die Fragen der rationalen Psychologie von Kant im Zusammenhang mit naturphilosophischen Themen abgehandelt, die zunächst einen wissenschaftlichen Vorrang zu haben scheinen, obwohl gleichzeitig ein grundsätzliches theologisches Interesse, das sich auch auf die Seelenmetaphysik unter der Rücksicht der Unsterblichkeitshoffnung erstreckt, in Ansätzen von der ersten Veröffentlichung an nachweisbar ist[23]. Jedenfalls

---

20 Die richtige Formel war schon 1743 von D'Alembert gefunden worden (vgl. UEBERWEG III, 516).

21 AA 1/21. ERDMANN a. a. O. (5) bezieht die Stelle mit Recht auf Knutzen, während der Bearbeiter der AA K. Lasswitz keinen Kommentar dazu abgibt. Kant erwähnt Knutzen überhaupt nur einmal in seinem Bewerbungsschreiben um dessen freigewordene Stelle (AA 10/3).

22 AA 1/21.

23 vgl. P. LABERGE, *La théologie Kantienne précritique.* Éd. de l'Univ. d'Ottawa, Collect. φ philosophica 2. (Ottawa 1973); dazu A. WINTER, *Theologische Hintergründe der Philosophie Kants,* in: Theol. u. Philos. 51 (1976) 1-51 [hier: Kapitel 2, 49-113]. Die Erstlingsschrift Kants gehört insofern in diesen Zusammenhang, als sie die wissenschaftstheoretischen Überlegungen zur Abgrenzung von Theologie und Physik bereits ankündigt. Gegenüber der Zuhilfenahme der Weisheit Gottes als Ergänzung der Geometrie bei Leibniz stellt Kant fest: „Wir müssen aber die metaphysische Gesetze mit den Regeln der Mathematik verknüpfen, um das wahre Kräftemaß der Natur zu bestimmen; dieses wird die Lücke ausfüllen und den Absichten der Weisheit Gottes besser Gnüge leisten." (AA 1/107). Zum Ineinander von natürlicher Theologie, Seelenlehre und Geometrie vgl. in derselben Schrift auch die §§ 10 und 11 (AA 1/24f.), worüber sich Kant eine zukünftige Betrachtung vorbehält. Vgl. dazu auch H. HEIMSOETH, Astronomisches und Theologisches in Kants Weltverständnis. AkWissLit Abh. d. geistes- u. soz.wiss. Klasse 1963/9. (Wiesbaden 1963).

steht Kant zunächst ganz auf dem Boden der vorherrschenden Auffassungen der Schulmetaphysik. Es fällt auf, daß eigentlich überhaupt nur drei Theorien des psychophysischen Commerciums, nämlich die *prästabilierte Harmonie,* der *influxus physicus* und der *Occasionalismus* zur Diskussion standen; Georg Bernhard Bülfinger hatte sie für die einzig möglichen erklärt[24], und Martin Knutzen kam mit einer ähnlichen Ableitung zu dem gleichen Ergebnis[25], während eine hylemorphistische Lösung praktisch nicht in Erwägung gezogen wurde[26]. Friedrich Christian Baumeister erörterte in seinem 1738 erschienenen

---

24   G. B. Bülfinger *De Harmonia animi et corporis humani, maxime praestabilita, ex mente illustris Leibnitii, commentatio hypothetica* (Francof. & Lipsiae ²MDCCXXIII) 10-18 (§§ 13-23): De numero Systematum sive Hypothesium. Eine Harmonie zwischen kontingenten Dingen entsteht entweder durch ein- oder wechselseitigen Einfluß oder durch eine äußere Ursache, die entweder von Fall zu Fall oder ein für allemal das Zusammenstimmen sicherstellt; darüber hinaus sind nur Mischfälle zu denken. Bülfinger bedient sich zur Erläuterung des bekannten Uhrengleichnisses, das er nach Leibniz zitiert (es geht auf Descartes zurück und wurde von A. Geulincx und S. Foucher verwendet, wo es Leibniz aufgriff, vgl. Ueberweg III 327). Der Titel der ersten Autlage von 1721 lautete übrigens „*Dissertatio de ...*" (vgl. Erdmann a. a. O. (5) 66).

25   Je nachdem, ob die causa efficiens der jeweiligen oder der je anderen pars essentialis des Menschen innerlich oder aber überhaupt dem Menschen äußerlich ist, ergibt sich die prästabilierte Harmonie, der physische Einfluß oder der Occasionalismus. Knutzen bezieht sich dabei auf Bülfinger und Baelius und setzt sich mit den Auffassungen auseinander, die von der Dreizahl abzuweichen scheinen (a. a. O. [6] 60-65 [§ XIV]). Vgl. dazu Erdmann a. a. O. (5) 86, der die Abweichung von Bülfinger betont.

26   Höchstens beilaufig erwähnt als Lehre der Alten, z. B. bei J. G. Darjes, *Elementa Metaphysices T. prior* (Ienae MDCCXLIII) 399 zur forma substantialis der „veteres". Das *Lexicon Philosophicum* des R. Goclenius (Frankfurt 1613) kannte noch „formae substantiales, dantes esse", „separabiles" oder „inseparabiles" (588). Vgl. dazu auch G. W. Leibniz in seinen *Nouveaux Essais sur l'entendement humain* von 1704, die aber erst 1765 erschienen sind, hier zit. nach der v. E. Cassirer besorgten Übersetzung *Neue Abhandlungen über den menschlichen Verstand.* PhB 69, Nachdr. d. 3. Auflage (Hamburg 1971) 357: „Seit kurzem scheint der Ausdruck *substantielle Formen* bei manchen Leuten in Verruf gekommen zu sein, und man schämt sich, von ihnen zu reden". Vielleicht hat sich das Uhrengleichnis verhängnisvoll ausgewirkt, das nur an ‚entia quae' denken läßt. Wolff selbst ordnet die Lehre des Aristoteles dem System des physischen Einflusses zu, ohne aber diesen Unterschied anzugeben (*De differentia nexus rerum* 61). J. Lange sah einen entscheidenden Fehler Wolffs darin, daß eine unio metaphysica ohne unio physica bestehen soll, die doch nicht bestritten werden kann, auch wenn ihr modus uns unbekannt bleibt (De negata unione animae & corporis physica & adserta unione utriusque metaphysica,

Lehrbuch[27], das Kant anfangs auch seinen Vorlesungen zugrunde legte[28], die Gründe, die für und wider die einzelnen Systeme sprachen, ohne sich für eins von ihnen zu entscheiden[29], während Alexander Gottlieb Baumgarten in

S. 89-91 seiner Abhandlung *Modesta disquisitio novi Philosophiae systematis de Deo, mundo et homine, et praesertim de harmonia commercii inter animam et corpus praestabilita: cum epicrisi in viri cuiusdam clarissimi Commentationem de differentia nexus rerum* ... [Halae Saxonum, MDCCXXIII]). Ähnlich in seiner deutschen Schrift *Bescheidene und ausführliche Entdeckung Der falschen und schädlichen Philosophie in dem Wolffianischen Systemate Metaphysico von Gott, der Welt, und dem Menschen; Und insonderheit von der so genannten harmonia praestabilita des commercii zwischen Seel und Leib* ... (HALLE 1724) 188: „*Das von Seel und Leib eines ohne das andere seyn könne,* das ist, daß sie ohne alle natürliche Vereinigung und Gemeinschaft nur bloß metaphysice vereiniget seyn und mit einander übereinstimmen sollen, ist ein solches portentum philosophicum, das wol alle portenta naturae übertrifft, oder eine recht ungeheure chimaere". 145: „Das *Systema Wolfianum* machet die menschliche Seele *zu einem unmaterialischen Uhrwercke.*" 163: „Das Systema Wolfianum *hebet den Grund der Imputation bey den menschlichen Handlungen gäntzlich auf.* – „Πρῶτον vero ψεῦδος hic itidem est in fato mechanico" (Modesta disquis. 97).

27   F. Ch. BAUMEISTER, *Institutiones metaphysicae, ontologiam, cosmologiam, psychologiam, theologiam denique naturalem complexae, methodo Wolfii adornatae* (Wittenbergae & Servestae 1739 [Erstausgabe 1738]; die Ausgabe von 1754 stimmt im wesentlichen – einzelne Zeilen sind versetzt – mit der Ausgabe von 1739 überein, nach der wir zitieren).

28   vgl. BOROWSKI a. a. O. (2) 18; DERS. in: *Kantiana. Beiträge zu Immanuel Kants Leben und Schriften,* hrsg. v. R. Reicke (Königsberg 1860) 32; vgl. auch *Wald's Gedächtnisrede auf Kant* ebd. 1-26, hier: 17. Nach Baumeisters Handbuch las Kant, wie E. Arnoldt festgestellt hat, im WS 1756/57 und im SS 1758, vielleicht auch im SS 1757 (E. ARNOLDT, *Gesammelte Schriften,* hrsg. v. O. Schöndorffer [Berlin 1907-1911], hier: 5/181, 184 u.186). Daß Kant die Baumeistersche Metaphysik „vorzog, sie aber seinen Zuhörern nicht aufdringen wollte", wie die ,Leipziger Biographie' (*Immanuel Kant's Biographie,* 2. Band [Leipzig 1804] 172) unter Bezugnahme auf *d. Freymüth. nach d. Hamb. Zeit Nro. 38.1804* behauptet, ist weniger wahrscheinlich (unkritische Verwendung unzuverlässiger Quellen, vgl. dazu K. VORLÄNDER, *Die ältesten Kant-Biographien. Eine kritische Studie.* Kantstudien Ergänzungshefte 41. [Berlin 1918] 39-45). K. Vorländer deutet die Verwendung des Baumeisterschen Werkes als Entgegenkommen gegenüber den Wünschen „einiger Herren" (K. VORLÄNDER, *Immanuel Kant. Der Mann und das Werk,* Bd. 1 [Leipzig 1924] 84), da Kants Vorlesungen als schwer verständlich galten (vgl. BOROWSKI a. a. O. [2] 86 und Hamanns Brief an Kant von 1759 [AA 10/21]), weswegen Th. G. v. HIPPEL zunächst den „ganzen sogenannten philosophischen Cursus bei Buck gehört hatte" (*Th. G. v. Hippels sämtl. Werke* Bd. 12 [Berlin 1835] 91, auch: Nekrolog auf das Jahr 1796, 2. Hälfte, ges. v. F. Schlichtegroll, 7. Jg. [Gotha 1800] 314), wie auch Kant selbst „die Vorlesungen des Professor Pörschke" als Vorbereitung für die Anfänger empfahl (R. B. JACHMANN, a. a. O. [2] 133).

seiner Metaphysik, die Kant später bevorzugte[30], eine prästabilierte Harmonie vertrat, die der Sache nach eher auf der Seite Knutzens stand[31]. Rückblickend

29 BAUMEISTER, a. a. O. (27) 470-513 (§§ 719-756); vgl. auch ERDMANN, a. a. O. (5) 80.

30 *Metaphysica* A. G. BAUMGARTEN, ed. IIII (Halae Magdeburgicae ... 1757), hier zitiert nach dem Abdruck in AA 17 und 15. Außer einer Ankündigung der Vorlesung in *Metaphysik* „ad ductum Federi" im WS 1770/71 wird, wenn überhaupt ein Lehrbuch angegeben ist, in diesem Fach (mit den oben erwähnten Ausnahmen) durchgängig auf Baumgarten verwiesen (vgl. ARNOLDT, a. a. O. [28] 173-344: Möglichst vollständiges Verzeichnis aller von Kant gehaltenen oder auch nur angekündigten Vorlesungen nebst darauf bezüglichen Notizen und Bemerkungen).

31 so ERDMANN, a. a. O. (5) 95f. Auch Baumgarten geht davon aus, daß ein viertes *systema simplex universale* nicht möglich sei (§ 458). Er hält aber nur das System der prästabilierten Harmonie für das einzig wahre (§ 463), das er allerdings soweit modifiziert, daß es auf einen gemäßigten physischen Einfluß hinausläuft, ohne dadurch aber schon zu einem *systema compositum* zu werden, das nach seiner Terminologie verschiedene Einwirkungen verschieden erklärt (§ 457). Neben der ursprünglichen schöpferischen Begründung der allgemeinen Harmonie kennt Baumgarten auch einen gleichzeitigen „*concursu(s) substantiae infinitae*" (§ 460ff.). Bei der Wechselwirkung selbst unterscheidet er einen *influxus idealis*, bei dem der zureichende Grund der Veränderung zugleich („simul" § 212) auf der Seite des leidenden Teiles zu suchen ist, gegenüber einem (von ihm abgelehnten) *influxus realis*, bei dem der leidende Teil bloß passiv wäre (§ 449 u. 459 mit § 212, § 768), wobei offen bleibt, ob die doppelte *ratio sufficiens* additiv oder kumulativ zu verstehen ist (vgl. § 459). Man wird den ersten Fall annehmen müssen, weil Baumgarten von einer wirklichen und aktiven Einflußnahme der Seele auf den Körper spricht, die ihn bewegt und regiert (§ 733f., 736 u. 750), und auch von der umgekehrten Einwirkung im Sinne eines gegenseitigen *Commerciums* spricht (§ 736, 761), so daß es wirkliche Freiheit gibt (ab § 708), die für ihn in den beiden anderen Systemen nicht gewährleistet wäre (§ 766 u. 767). – Für unseren Zusammenhang ist besonders interessant, daß Baumgarten in der Frage der Wechselwirkung zwischen Leib und Seele zwei Paralogismen angibt („per vitium subreptionis", „sumpta maiore falsa"), in denen die Annahme eines realen Einflusses sowohl auf eine fälschliche Verabsolutierung des Bereichs der Erfahrung als auch auf eine irrtümlich angenommene Kausalitätsbeziehung bei gleichzeitigen oder aufeinanderfolgenden Erscheinungen zurückgeführt wird, die an einen Einfluß Humescher Gedankengänge denken läßt (§ 737 u. 738). – In seinen persönlichen Notizen im Anschluß an Baumgartens Lehrbuch stellt Kant sehr bald fest, daß die an sich richtige Unterscheidung zwischen einem *influxus realis* und *idealis* das Problem nur verlagert (Reflexion [= R] 3806, AA 17/298). Er fragt zurück nach dem vorausgesetzten Weltganzen („unicum totum" R 3730, AA 17/272), das er sich nur aus einem gemeinsamen Ursprung („unus omnium auctor" ebd.; „creator mundi", „deus" R 4217, AA 17/461) erklären kann. Von hier aus sind „Raum und Zeit" als „die ersten Beziehungen" aller Dinge zueinander auch „die ersten Gründe der möglichkeit eines Weltganzen" (R 3806, AA 17/298, vgl. auch R

stellt der alte Kant ab etwa 1793 fest, daß die gemeinsame Grundannahme,

4215, AA 17/460) und später R 5417, AA 18/177). Eine prästabilierte Harmonie würde als eine bloß äußere (Knutzens Unterscheidung) nur zu einer scheinbaren Wechselwirkung (commercium apparens) führen (R 4217, AA 17/461), während die „vera harmonia", die den Dingen innerlich zukommt, jene ist, bei der alles „secundum regulam" (generalem) in einem „ordo naturae" geschieht (R 3730, AA 17/272 zusammen mit R 4538, AA 17/587). Vor dem Hintergrund der gemeinsamen Abhängigkeit von einer „causa communis" (R 5419, AA 18/177), der allein ein „influxus originarius" zukommt (R 4438, AA 17/546), kann alle Wechselwirkung der Substanzen untereinander nur ein commercium „derivativum" sein (R 4217, AA 17/461 und R 4438, AA 17/546), in dem jede passio zugleich auch actio ist (R 4217, AA 17/461) und das nur „mediante eadem causa sustentante" (R 4539, AA 17/587, vgl. R 5424 u. R. 5428, AA 18/178f.), die als das „principium commercii" „omnibus commune" (R 5419, AA 18/177, vgl. R 4215, AA 17/460) angesehn wird, möglich ist. In der Ausbildung der kritischen Philosophie bekommt für Kant die Unterscheidung zwischen dem *nexus realis* und *idealis* einen neuen Sinn: die harmonia „ex commercio" (R 5423, AA 18/178) kann „Gar nicht eingesehen werden" (R 5429, AA 18/179), weil die realen Veränderungen der Seele, die nur durch den inneren Sinn erkannt werden, nicht mit den dem phänomenalen Bereich angehörenden Wirkungen der Körper und ihrer Kräfte in Korrespondenz gebracht werden können, da sich die „leges phaenomenorum" nicht mit den „legibus intellectualibus" in Verbindung bringen lassen (ebd.). Nexus „idealis" bedeutet nunmehr, daß „nicht aus den Bestimmungen der einen substanz auf die andere kann geschlossen werden" (R 5426, AA 18/178). „Der Grund der allgemeinen Verknüpfung der Substantzen ist auch der Grund des Raumes" (R 5417, AA 18/177), aber der Raum kann als sinnliche Größe nicht zur Erklärung des commercium, das zu den „intellectualia(um)" gehört, verwendet werden (R 5418, AA 177). In diese Phase gehört die entsprechende Stelle der Metaphysikvorlesung nach PÖLITZ (*Immanuel Kant's Vorlesungen über die Metaphysik, zum Drucke befördert von dem Herausgeber der Kantischen Vorlesungen über die philosophische Religionslehre, Nebst einer Einleitung* … [Erfurt 1821, Nachdruck Darmstadt 1964] 225ff. entspr. AA 28.1/279f.). – In der kritischen Zeit wird der Ausdruck *influxus (nexus) „realis"* wieder für einen *influxus physicus* eigener Art bevorzugt, während die beiden anderen Systeme, die die Harmonie „absque commercio" erklären wollen, als Idealismus eingestuft werden (R 5986ff., AA 18/416). Eine Wechselwirkung zwischen Phänomenen im Raum würde kein Problem sein, während ein commercium zwischen Seele und Materie als phaenomenon undenkbar ist (R 5984f., AA 18/415f.). Darum muß die Seele „sich selbst so wohl als die Materie als noumenon denken" (ebd.), die ohne Raum und Zeit als isolierte Substanzen einer dritten Substanz bedürfen, damit durch sie ein Bezug zueinander und ein commercium „per influxum physicum" möglich wird (R 5988, AA 18/416f.). In der Vorlesungsnachschrift K_2 aus der ersten Hälfte der 90er Jahre, die M. Heinze herausgegeben hat, wird der Baumgartensche *influxus idealis* in der Weise zum *influxus realis*, daß das jeweilige intelligible Substrat die dem jeweils anderen Noumenon innewohnende Kraft „determinier(en)t", so daß das Baumgartensche Verhältnis von actio und passio unter veränderten Vorzeichen gewahrt

der Mensch sei eine Gemeinschaft von zwei verschiedenen Substanzen, unmöglich zu einer überzeugenden Seelenmetaphysik hätte führen können[32]. Dies hatte schon lange vor ihm Samuel Christian Hollmann erkannt, der 1723 die prästabilierte Harmonie in den Bereich der Fabel verwiesen hatte[33] und den Chancen einer rationalen Seelenlehre überhaupt sehr skeptisch gegenüberstand[34], während die breite antiwolffsche Polemik, z. B. bei Joachim

erscheint (M. Heinze, *Vorlesungen Kants über Metaphysik aus drei Semestern.* Abh. d. philol.-hist. Cl. d. Königl. Sächs. GesWiss. Bd. 8.4. [Leipzig 1894] 683ff., entspr. AA 28.2, 1/757-760). Offen bleibt dabei, was auch in nicht genau datierten Reflexionen zum Ausdruck kommt, ob es sich dabei etwa um Substrate gleichen Wesens („gleiche Wesen" bei Heinze, „einerley" R 6004) handelt, wenn man die Monadenlehre zugrundelegen wollte. Annahmen dieser Art sind jedoch für Kant völlig nichtssagend, beliebig und ohne jeden Nutzen. Reichen doch nicht einmal zur Behauptung oder Bestreitung der bloßen Heterogeneität von Körper und Seele die nebeneinander bestehenden Wahrnehmungen des äußeren und inneren Sinnes aus, und ein einziger, beide Seiten wahrnehmender Sinn ist nicht gegeben. Damit hängt das Problem der Wechselwirkung letzten Endes von der Frage nach dem Begriff und der Beweisbarkeit der Immaterialität ab (R 6003ff., AA 18/421, dazu Heinze ebd.).

32 AA 20/308f.

33 Erdmann, a. a. O. (5) 68; vgl. Kant AA 20/248: „das wunderlichste Figment, was je die Philosophie ausgedacht hat".

34 Nähere Angaben bei Erdmann ebd. – Zu erwähnen sind hier auch die beiden philosophischen Dissertationen zum Thema: *De definiendis justis scientiarum philosophicarum limitibus*, deren eine (prior) im Jahre 1736 von J. Ch. Claproth und deren andere (posterior) im Jahre 1737 von G. E. Schmauss unter dem Vorsitz von S. Ch. Hollmann in Göttingen verteidigt wurde. Die erste spricht von der praktischen Absicht aller Philosophie: „illud omne, quicquid modo in philosophia rationali traditur, *praxeos* causa omnino traditur & praecipitur" (26) und ist im Hinblick auf Kant insbesondere insofern bemerkenswert, als sie das Motto aus Seneca, das Kant zehn Jahre später seiner Erstlingsschrift voranstellte, leicht modifiziert in § 1 zitiert: „Pecorum fere ritu sequebantur plerique, ut Seneca scite ait, antecedentium gregem, pergentes, non qua eundum est, sed qua itur" (Hervorhebungen weggelassen) (6). Die zweite bringt die Einhaltung der Grenzen der Philosophie mit der Abwehr von Atheismus und Aberglaube in Verbindung: „Deus ex natura nobis cognoscendus, phaenomenorumque naturalium ex structura corporum est reddenda ratio: ut illa humani ingenii monstra, *atheismum, & superstitionem*, vincere feliciter discamus, Hunc finem ante oculos positum habere semper debet, quisquis digne philosophiam naturalem pertractaturus, justosque ipsi limites praefixurus, est." (15), was an die Vorrede zur zweiten Auflage der *Kritik der reinen Vernunft* (B XXXIV) erinnert. Die Frage nach den Grenzen findet sich auch bei Knutzen (a. a. O. [6] 158 [§ XLVIII]): „num eaedem sunt finiti intellectus nostri, ac amplissimi veritatum regni limites?".

Lange, sich in erster Linie aufs Widerlegen und den Aufweis falscher Konsequenzen verlegte[35]. Die Grenzen des menschlichen Verstandes betonte auch
der Antiwolffianer Christian August Crusius in mehrfacher Hinsicht[36], dessen
Werk auf Kant einen nachhaltigen und von der Erstlingsschrift an nachweis-
baren Einfluß ausgeübt hat[37]. Crusius lehnte die „harmonia praestabilita"
ab, weil sie den Beweis der Unsterblichkeit der Seele geradezu unmöglich
mache[38]. Die Monadenlehre wird von ihm in den gegebenen Formen für
unhaltbar erklärt[39], und er kehrt zu einem cartesianischen Substanzendualis-
mus zurück[40]. Für ihn ist die Unsterblichkeit der Seele nicht aus deren Wesen
zu erweisen, weil „bey einem endlichen Geiste so wohl die Existentz als das
Leben in actu secundo zufällig" sei[41]. Daher wird der entsprechende Beweis
geführt aus der Vollkommenheit Gottes, der gerecht ist und außerdem nichts
vergeblich tut[42], aus der Natur der Geister als der „letzten objektivischen

---

35 vgl. oben Anm. 26.

36 Ch. A. Crusius, *Weg zur Gewißheit und Zuverläßigkeit der menschlichen Erkenntnis* (Leipzig
    1747, repr. Nachdr. hrsg. v. G. Tonelli Hildesheim 1965) 790-93; DERS., *Entwurf der
    nothwendigen Vernunft-Wahrheiten, wiefern sie den zufälligen entgegen gesetzet werden*
    (Leipzig 1745, repr. Nachdr. hrsg. v. G. Tonelli Hildesheim 1964) Vorrede b 3. Vgl. auch
    G. Tonelli in seinem Vorwort zu: Ch. A. Crusius, *Anweisung vernünftig zu leben,
    Darinnen nach Erklärung der Natur des menschlichen Willens die natürlichen Pflichten und
    allgemeinen Klugheitslehren im richtigen Zusammenhange vorgetragen werden* (Leipzig
    1744, repr. Nachdruck, hrsg. v. G. Tonelli Hildesheim 1969) L II; außerdem DERS., *La
    question des bornes de l'entendement humain au XVIIᵉ siècle et la genèse du criticisme
    kantien, particulièrement par rapport au problem de l'infini*, in: Rev. de Met. et de Morale
    1959, 396-427, hier: 410f.

37 Tonelli (*Vorwort*), a. a. O. (36) LI f.; vgl. auch Heimsoeth, a. a. O. (1) 374-377.

38 *Entwurf*, a. a. O. (36) 942ff.; „Es ist aber zum andern auch nicht an dem, daß die artige
    Erdichtung von einer prästabilirten Harmonie der Unsterblichkeit der Seele vorträglich
    sey. Sie macht vielmehr den Beweis derselben unmöglich." (944).

39 Entwurf, a. a. O. (36) 188-198.

40 Er unterscheidet materielle Substanzen mit bloßer Bewegungsfähigkeit und ideenfähige
    Substanzen, die denken und wollen können und Seelen oder Geister heißen. Die letzteren
    finden sich auf einer unedleren Stufe der Vollkommenheit auch bei den unvernünftigen
    Tieren (*Entwurf*, a. a. O. (36) 836-843). Schon Wolff lehnte die Vorstellungstätigkeit
    von Körperelementen ab (*Psych. rat.* a. a. O. (12) 588f. [§ 644]). Vgl. dazu auch Heimsoeth,
    a. a. O. (1) 372.

41 *Entwurf*, a. a. O. (36) 942.

Endzwecke Gottes" (damit die Schöpfung aufs Ganze gesehen nicht vergeblich wäre)[43] und schließlich aus dem Glückseligkeitsstreben der Menschen[44]. Dies sind für ihn sämtlich moralische Gründe, „denn diese sind es einzig und allein, welche zum Beweise derselbigen [Unsterbl.] geschickt sind. Aus dem Wesen der Seele läßt sich ihre Unsterblichkeit nicht herleiten"[45]. Auch im Hinblick auf Kants spätere Antinomienlehre, der eine Schlüsselfunktion für seine ganze kritische Philosophie einschließlich des Paralogismenkapitels zukommt[46], hat Crusius eine nicht zu unterschätzende Bedeutung[47]. Im Rück-

---

42 *Entwurf*, a. a. O. (36) 398ff.; *Anweisung* a. a. O. (36) 266.

43 *Entwurf*, a. a. O. (36) 940f.; *Anweisung* a. a. O. (36) 264f..

44 *Anweisung*, a. a. O. (36) 265f.

45 Anweisung, a. a. O. (36) 267.

46 So fast allgemein anerkannt, seit B. Erdmann diese Auffassung unter Rückgriff auf K. Fischer und A. Riehl vertreten hat. Vgl. dazu HEIMSOETH, a. a. O. (1) 263 und N. HINSKE, *Kants Weg zur Transzendentalphilosophie. Der dreißigjährige Kant* (Stgt Bln Kln Mz 1970) 80ff., 97ff.

47 Damit soll der Einfluß P. BAYLES mit seinem Artikel *Zenon* in seinem *Dictionaire historique et critique*, T. 4me (Rotterdam ³MDCCXX) 2907-2919, auf den HEIMSOETH hinweist (a. a. O. [1] 264f.), ebensowenig wie das entsprechende Vorbild bei A. Collier, über das L. Robinson u. H. J. de Vleeschouwer geschrieben haben (vgl. HEIMSOETH ebd. 268), oder auch der von Kant selbst erwähnte Bezug auf G. B. Bülfinger, den HINSKE a. a. O. (46) darstellt, geschmälert werden. Es ist m. W. bisher nicht beachtet worden, daß die Verschärfung der Antinomienproblematik in den Schriften der Jahre 1755/56, in denen sich das Gewicht von einem zu suchenden „gewissen Mittel-Satz" (AA 1/32) auf die eigentliche Antithetik widersprechender Sätze verlagert, die schon in der Erstlingsschrift in der „aufs höchste" zu treibenden Verteidigung des „Gegensatze(s)" (AA 1/68) sichtbar wird, mit der Veröffentlichung einer von G. D. KYPKE verfaßten Übersetzung von LOCKES *Of the conduct of the understanding* unter dem Titel *Johann Lockens Anleitung des menschlichen Verstandes zur Erkäntniß der Wahrheit nebst desselben Abhandlung von den Wunderwerken* (Königsberg 1755) zusammenfiel. Da Kant wahrscheinlich englische Werke nicht im Original las („von den neuern Sprachen verstand er französisch, sprach es aber nicht" – JACHMANN, a. a. O. [2] 138), ist das Erscheinen einer Übersetzung in manchen Fällen ein wichtiges Datum für den zeitlich versetzten Einfluß einer Schrift. Kant wohnte 1755 „in des Prof. Kypke Hause", in dem er auch seine erste Vorlesungsstunde gehalten hat (BOROWSKI a. a. O. [2] 85). Gemeint ist wohl J. D. Kypke, o. Prof. der Logik und Metaphysik in Königsberg, seit 1732 auch der Theologie. Dessen Neffe G. D. Kypke (1724-1779, seit 1755 o. Prof. der orientalischen Sprachen in Königsberg), Kants Schulkamerad (vgl. auch AA 10/119, auch BOROWSKI, a. a. O. [2] 75) und späterer Kollege war der Verfasser der oben genannten Übersetzung. Da Kant mit ihm auch sonst in

griff auf seinen Lehrer Adolf Friedrich Hoffman[48] handelt er nämlich in

Verbindung stand (vgl. Vorländer, *Immanuel Kant*, a. a. O. [28]1/88), ist die Wahrscheinlichkeit groß, daß Kant nicht nur die Übersetzung des Lockeschen Werkes gelesen, sondern womöglich schon das Manuskript gekannt hat. In dieser Schrift kommt Locke wenigstens zwölfmal auf einander entgegengesetzte Argumente und Gedankenreihen zu sprechen, bei deren Prüfung man möglichst gleichgültig gegenüber beiden Seiten sein müsse und auch die Stelle der anderen Partei einnehmen solle, um Vorurteil und Standpunkt nicht das Ergebnis bestimmen zu lassen. Dabei zeigt sich Locke aber durchaus noch optimistisch im Hinblick auf eine rationale Lösung der Antithetik. Es gibt auch sonstige Parallelen, die eine Lektüre Kants wahrscheinlich machen: daß man ein Argument bis zu seinem Ursprung zurückverfolgen solle, daß Schein nicht für Wahrheit genommen werden dürfte, daß eine gute Sache keine schlechte Hilfe brauche, die Bilder vom *Ozean des Wissens* und von der *Insel*, die Rede vom *Ausspannen der Flügel des Geistes* und schließlich besonders die erste der drei *Verfehlungen der Vernunft*, den diejenigen begehen, die „überhaupt selten Vernunftschlüsse machen, sondern nach dem Exempel anderer handeln und denken, … um sich der Mühe und Beschwerlichkeit des eignen Nachdenkens und Prüfens zu überheben" (a. a. O. 7; zur Herkunft des Begriffes vom „Selbstdencken" vgl. bisher N. Hinskes Einleitung zu *Was ist Aufklärung? Beiträge aus der Berlinischen Monatsschrift*, in Zusammenarbeit mit M. Albrecht ausgew., eingel. u. m. Anm. versehen v. N. Hinske [Darmstadt 1973] XVII). Auch Knutzen hatte selbst eine Übersetzung dieser Schrift Lockes vorbereitet und auch schon in Druck gegeben (vgl. seine eigene Erwähnung dieser Übersetzung in seiner Logik *Elementa philosophiae rationalis sev LOGICAE cvm generalis tvm specialioris mathematica methodo in vsvm avditorvm svorvm demonstrata*, [Regiom. et Lipsiae 1747] 214 [§ 353], und Kypkes *Vorrede* [unpaginiert]). Obwohl „bereits sechs Bogen abgedrucket gewesen" sind (Kypke ebd.), ist diese Übersetzung offenbar nicht erschienen. Das hindert allerdings nicht, daß Kant Knutzens Manuskript nicht vielleicht doch gekannt haben könnte.

Als weiterer Impuls für die Vertiefung der Antinomienproblematik wird die im gleichen Jahr erschienene Übersetzung von Humes *Enquiry concerning human understanding* gewirkt haben, die (anonym) von J. G. Sulzer herausgegeben und mit einem Kommentar versehen unter dem Titel *Philosophische Versuche über die Menschliche Erkenntniß von David Hume, Ritter. Als dessen vermischter Schriften Zweyter Theil. Nach der zweyten vermehrten Ausgabe aus dem Englischen übersetzt und mit Anmerkungen des Herausgebers begleitet* (Hamburg u. Leipzig 1755) veröffentlicht wurde. Im zwölften Versuch „Von der akademischen oder sceptischen Weltweisheit" (341-372) kommt Hume auf „paradoxe und seltsame Lehrsätze, wenn man sie so nennen kann, bey einigen Weltweisen, und die Widerlegung derselben bey verschiedenen von ihnen" (344) zu sprechen, wobei „ungereimte Meynungen durch eine Kette der kläresten und natürlichsten Vernunftschlüsse unterstützt werden", die gleichzeitig „die kläresten und natürlichsten Grundsätze der menschlichen Vernunft" umstoßen, was am Beispiel der unendlichen Teilbarkeit der Ausdehnung illustriert wird (354f.). Im Gegensatz zu Locke gelangt die Vernunft dadurch zu einem „Mistrauen auf sich selbst" (356) und zur Einsicht in „die ungemeinen Schwach-

seinem „Weg zur Gewißheit und Zuverläßigkeit der menschlichen Erkenntniß" von 1747 in den §§ 540 bis 556 ausführlich von sog. „streitende(n) oder collidirende(n) Beweise(n)", „deren Conclusionen einander widersprechen", obwohl sie weder formal noch inhaltlich fehlerhaft sind, und die „aus höheren Gründen entschieden werden" müssen[49]. Eine Gruppe unter ihnen geht auf

---

heiten des menschlichen Verstandes"(364f.), wodurch sie schließlich zu einer grundsätzlichen „Behutsamkeit und Bescheidenheit" in allen ihren Untersuchungen gelangt, die jedes richtige Denken und Schließen begleiten sollte (365). Hume kommt zu dem Ergebnis: „Es dünket mich, der einzige Gegenstand der abgezogenen Wissenschaften oder der Beweise seyn Größe und Zahl, und alle Versuche und Bemühungen, diese vollkommenere Art der Erkenntniß über diese Gränzen auszudehnen, seyn lauter Täuschung und Verblendung" (368). Es ist bemerkenswert, daß Kant in seinen Vorlesungen über Logik beim Hinweis auf Hume (zum Thema des Skeptizismus) die genannte Übersetzung erwähnt und besonders das in dieser Schrift geübte Verfahren einer unparteiischen, „vorurteilsfreye(n) Prüfung" beider Seiten mit gleicher Gründlichkeit hervorhebt, obwohl er zu diesem Zeitpunkt noch „zu einer wahren Gewisheit zu gelangen" für möglich hält (AA 24.1/217, im Unterschied etwa zu dem späteren Text AA 24.1/438, der den Schlüssel der Lösung in das Subjekt verlegt). HUMES *Treatise* wurde erst sehr viel später übersetzt (1790-91) und scheidet daher für einen direkten Einfluß in der entscheidenden Zeit aus (so mit B. ERDMANN, *Kant und Hume um 1762*, in: Archiv f. Gesch. d. Philosophie 1 [1888] 62-77; 216-230 und gegen K. GROOS, *Hat Kant Humes Treatise gelesen?*, in: Kant-Studien [= KantSt] 5 [1901] 177-181). Dagegen hat Kant auch die folgende Übersetzung eines ANONYMUS *Vier Abhandlungen, 1. Die natürliche Geschichte der Religion. 2. Von den Leidenschaften. 3. Vom Trauerspiel. 4. Von der Grundregel des Geschmacks. Von David Hume, aus dem Englischen übersetzt* (Quedlinburg u. Leipzig 1759) benutzt (vgl. A. WINTER, *Kant zwischen den Konfessionen*, in: Theol. u. Philos. 50 [1975] 1-37, hier: 26 [im vorliegenden Buch: Kapitel 1, 1-47, 33f]) und besessen (vgl. K. VORLÄNDER, a. a. O. (28) 1/152), die aber in unserem Zusammenhang keine Rolle zu spielen scheint.

48 A. F. HOFFMANN, *Vernunft-Lehre*, Bd. 1 u 2 (Leipzig 1737). Hoffmann ist Schüler von Andreas Rüdiger, der wie Kants Lehrer Franz Albert Schultz in Halle studiert hatte, so daß man daran denken könnte, die bei Crusius vertretene Version der Antinomienproblematik auf die gleichen Ursprünge zurückzuführen, die von N. HINSKE in seiner Abhandlung *Kants Begriff der Antithetik und seine Herkunft aus der protestantischen Kontroverstheologie des 17. und 18. Jahrhunderts*, in: Archiv f. Begriffsgesch 16 (1972) 48-59 angegeben wurden. – Hoffmann unterschied bereits Dinge, „wie sie an sich selber sind", von der gedanklichen Vorstellung (2/1032, „Objekt" 2/1036, „GOTT" 2/1033).

49 *Weg*, a. a. O. (36) 957 unter Bezugnahme auf HOFFMANN a. a. O. (48) 2/1038; vgl. auch *Entwurf*, a. a. O. (36) 254. Auf Crusius und Hoffmann ist in diesem Zusammenhang schon 1926 H. HEIMSOETH eingegangen (*Metaphysik und Kritik bei Chr. A. Crusius. Ein Beitrag zur ontologischen Vorgeschichte der Kritik der reinen Vernunft im 18. Jahrhundert.*

Prinzipien zurück, „die in unserm Verstande liegen" und „Modificationen von unserer positiven Denckungsfähigkeit sind", so „daß sich auch ihre Application darnach richten muß", damit wir „die Grenzen unserer Einschränkung nicht überschreiten". Diese Einschränkung der Applikation „ist eine existentialische Folge, oder ein unvermeidlicher Nebenumstand von derjenigen Art der Einschränkung unsers Wesens, welche er [Gott] uns aus weisen Absichten gegeben hat"[50]. In seinen Beispielen kommt Crusius dann beiläufig auf die Problemkreise der ersten (Ia) und der zweiten Antinomie der späteren „Kritik der reinen Vernunft" zu sprechen, und zwar in dieser Reihenfolge[51], während der Bereich der 3. und 4. Antinomie wenigstens prinzipiell angegeben wird[52]. Dies ist für uns wichtig, weil Kant die Seelenproblematik des „Paralogismus"[53] erst etwa um 1777 aus dem Antinomienkomplex ausgegliedert zu haben scheint[54]. Für Crusius gibt es unter den Paralogismen solche, die „an sich selbst und schlechterdings" petitiones principii sind, „weil es gar nicht möglich ist, die Wahrheit des Beweisgrundes eher zu erfahren, als bis man die Wahrheit der Conclusion schon weiß"[55], ohne daß aber darauf näher eingegangen

Schr. d. Königsb. Gel. Ges., Geisteswiss. Kl. 3.3 [Berlin 1926] 204ff.[34ff.]; ergänzter Wiederabdruck in: DERS., *Studien zur Philosophie Immanuel Kants. Metaphysische Ursprünge und Ontologische Grundlagen.* KantSt Erg.H. 71 [Köln 1956] 157ff.; vgl. auch ders., a. a. O. [1] 267f.).

50   *Weg,* a. a. O. (36) 959-60.

51   *Weg,* a. a. O. (36) 968f.. Ein Jahr später ausführlich zu den Problemen des Anfangs in der Zeit und der unendlichen Teilbarkeit des Ausgedehnten Godofredus PLOUCQUET, *Methodus tractandi infinita in Metaphysicis, investigata a ...* (Berolini MDCCXLVIII) 35-55 und 55-77. Ploucquet (1716-1790) war Professor der Philosophie in Tübingen; vgl. seine Erwähnung in AA 10/79. Ob der „regressus causarum in infinitum" „außerhalb dem Verstande" „irgendwo einen Anfang habe" wird ebenso wie die Frage nach einer unendlichen Teilbarkeit auch schon von Hoffmann als Beispiel für die „streitende(n) Beweise" genannt (a. a. O. (48) 2/1031-1040).

52   *Weg,* a. a. O. (36) 963, vgl. auch *Entwurf,* a. a. O. (36) 251ff.

53   *Paralogismus* im Singular nach KrV B 426, ähnlich wie Antinomie in der Einzahl, vgl. HINSKE, a. a. O. (46) 101ff.

54   vgl. A. KALTER, *Kants vierter Paralogismus. Eine entwicklungsgeschichtliche Untersuchung zum Paralogismenkapitel der ersten Ausgabe der Kritik der reinen Vernunft.* Monographien z. Philos. Frschg. 142. (Meisenheim am Glan 1975) 97 u. 214.

55   *Weg,* a. a. O. (36) 987.

wird. – Damit sind einige ausgewählte Rahmendaten skizziert, die gleichzeitig sowohl die Bedingtheit als auch die innere Folgerichtigkeit des Kantschen Denkweges verdeutlichen, soweit dies für die Entwicklung des Seelenproblems von seinen Anfängen her von Belang ist[56].

Wenn auch Kant in seiner Erstlingsschrift aus dem „Labyrinthe“[57] zwischen Leibniz und Descartes nicht herausgefunden hatte, so bleibt doch die Entwicklung seiner Überlegungen zur Seelenmetaphysik zunächst eingespannt in den überkommenen Konflikt zwischen Mathematik und Metaphysik, zwischen geometrischer und dynamischer Weltbetrachtung nach dualistischen oder monadologischen Prinzipien[58], der schließlich in die 2. Antinomie der Teilung mündet, an der Kant vor allem wegen der „einfachen(r) und daher unverweslichen(r) Natur“ „mein(es) denkenden(s) Selbst“ praktisch interessiert sein wird[59], obwohl diese Konsequenz dort eigentlich nur ein Anwendungsfall ist[60]. In der „Principiorum primorum cognitionis metaphysicae nova dilucidatio“ von 1755 kommt er wieder auf die Commercium-Problematik zu sprechen, wobei er nun eine eigene Mittelposition zwischen der „harmonia praestabilita“ (die er hier als innerlich unmöglich bezeichnet[61]) und dem „influxus

---

56 Zum Problem der Seele allgemein vgl. auch die ältere Literatur: J. Bona Meyer, *Kants Psychologie* (Berlin 1870); R. Hippenmeyer, *Über Kants Kritik der rationalen Psychologie*, in: Zeitschr.f. Philos. N.F. 56 (1870) 86-127; J. Krohn, *Die Auflösung der rationalen Psychologie durch Kant. Darlegung und Würdigung.* Diss. (Breslau 1886); M. Brahn, *Die Entwicklung des Seelenbegriffes bei Kant.* Diss. Heidelberg 1896 (Leipzig o. J.); A. Apitzsch, *Die psychologischen Voraussetzungen der Erkenntniskritik Kants dargestellt und auf ihre Abhängigkeit von der Psychologie Chr. Wolfs und Tetens' geprüft. Nebst allgemeinen Erörterungen über Kants Ansicht von der Psychologie als Wissenschaft.* Diss. Halle-Wittenberg (Halle a. d. S. 1897); E. F. Buchner, *A Study of Kant's Psychology with Reference to the Critical Philosophy* (Lancaster 1897); L. Cramer, *Kants rationale Psychologie und ihre Vorgänger.* Diss. München (Leipzig 1914); J. Dörenkamp, *Die Lehre von der Unsterblichkeit der Seele bei den deutschen Idealisten von Kant bis Schopenhauer.* Diss. Bonn (Bonn 1926).

57 AA 1/181. Der Ausdruck geht auf Leibniz zurück und wird von Kant in der Frühzeit für die Vorformen der Antinomie der reinen Vernunft verwendet. Vgl. Hinske, a. a. O. (46) 83 und 100f.

58 nach K. Fischer, zit. bei Hinske, a. a. O. (46) 84.

59 KrV A 466= B 494.

60 vgl. Heimsoeth, a. a. O. (1) 217f.

179

physicus" entwickelt, allerdings auf der Basis einer von Knutzen schon ange-
deuteten, aber nicht verfolgten Alternative[62]: Es gibt eine Wechselwirkung
zwischen den Substanzen aufgrund ihrer harmonischen Abhängigkeit untereinander (harmonica dependentia), die eine Gemeinsamkeit des Ursprungs
ist (communio quaedam originis), auf den freien schöpferischen Verstand
Gottes zurückgeht und insofern geradezu einen monotheistischen Gotteserweis
(Dei et quidem unius testimonium) abgeben könnte. Darum hält er es für
wahrscheinlich, daß „allen endlichen Geistern" eine Art von organischem
Körper zugeordnet ist, und auch nicht für unmöglich, daß es mehrere, voneinander gänzlich unabhängige Welten im metaphysischen Sinne geben könnte, weil er den Raum als die jeweilige Verknüpfung der Abhängigkeiten versteht[63]. In derselben Schrift beschäftigt sich Kant auch mit der zwischen

---

61   AA 1/412; die deutsche Übersetzung ist der Ausgabe: *Immanuel Kant. Werke*, Bd. 1-6,
       hrsg. v. W. WEISCHEDEL (Wiesbaden 1960-64) (= W) entnommen, hier 1/401-509.

62   KNUTZEN, a. a. O. (6)148f. (§ XLV): „Vires ... repraesentandi et mouendi vires prorsus
       et realiter a se inuicem distinctae esse nequeunt; sed aut e communi quodam fonte, vel
       altera ex altera derivari debet. Quodsi vero curatius examinemus, quid horum veritati
       maxime sit conueniens; non impossibilis mihi videtur, vis motricis ex vi repraesentatiua
       deriuatio." Hier bezieht sich die Fragestellung allerdings nur auf den Zusammenhang
       der Kräfte innerhalb der mens humana, der Lösungsansatz ist jedoch übertragbar.

63   AA 1/412 bis Ende. In derselben Schrift noch ein anderer ‚Gottesbeweis', der sich als
       Vorwegnahme seines späteren „einzig mögliche(n) Beweisgrund(es)" von 1763 darstellt
       (PROP. VII, AA 1/385f.). – Der Gottesbeweis aus der Raumvorstellung taucht unter
       Verzicht auf die Mehr-Welten-Spekulation in nicht genau datierten Reflexionen ab (frü-
       hestens) der Mitte der sechziger Jahre in abgewandelter Form wieder auf: der Raum
       begründet die „possibilitas compraesentiae plurium"; als „idea singularis" erfordert er
       die Existenz Gottes als eines „entis singularis" (R 4216, AA 17/460); in anderer Version:
       die mit dem Raum gegebene „possibilitas compraesentiae plurium" setzt ein erstes, allen
       gemeinsames Prinzip voraus („ens aliquod primum"); dieses ist eine einzige Erstursache
       („causa[m] prima[m] unica[m]"), weil es nur einen Raum gibt, und notwendig, weil der
       Raum als reine Möglichkeit notwendig ist (R 4215, AA 17/460). Eine Weiterentwicklung
       dieser Überlegung findet sich in der PÖLITZ-Metaphysik: „Durch den Verstand sehen
       wir nur ihre Verknüpfung ein, so fern sie alle in der Gottheit liegen. Dieses ist der
       einzige Grund, die Verknüpfung der Substanzen durch den Verstand einzusehen, sofern
       wir die Substanzen anschauen, als lägen sie allgemein in der Gottheit. Stellen wir uns
       diese Verknüpfung *sinnlich* vor; so geschiehet es durch den Raum. Der Raum ist also die
       oberste Bedingung der *Möglichkeit* der Verknüpfung. Wenn wir nun die Verknüpfung
       der Substanzen, die dadurch bestehet, daß Gott allen Dingen gegenwärtig ist, sinnlich

Crusius und Wolff kontroversen Freiheitsproblematik, die in der dritten Antinomie der reinen Vernunft ohne zwingende Notwendigkeit[64] mit einbezogen
werden wird und dann später einen wichtigen Leitbegriff für die Einschätzung
des Menschen als kausal-freie noumenale Intelligenz bildet. Gegenüber der
bloßen „indifferentia aequilibrii", die angeblich mit dem Prinzip des zurei-
chenden Grundes kollidiere, bevorzugt Kant hier einen Freiheitsbegriff der
Spontaneität aus inneren Gründen der Vernunft, die sich auf die „Vorstellung
des Besten" ausrichtet[65]. Auf diese Weise trägt auch Gott als Urheber der
kausalen „Reihe" keine Schuld am moralischen Übel, und sein Bestreben, das
auf die „größte Vollkommenheit der geschaffenen Dinge" und auf die „Glückseligkeit der Geisterwelt" (mundi spiritualis felicitatem) abzielt, bleibt unan-
getastet[66].

vorstellen; so können wir sagen: *Der Raum ist das Phänomenon der göttlichen Gegenwart.*"
(Pölitz, a. a. O. [31] 113, entspr. AA 28.1/214). Derselbe Gedanke, kritisch gewendet,
aus einer Vorlesungsnachschrift von 1794/95: „Newton nennt den *Raum* das organon
der göttlichen Allgegenwart. Diese Idee ist aber unrichtig, da der Raum an sich nichts ist,
und als etwas an sich selbst wirklich Existierendes durch die Verknüpfung der Dinge
nicht gedacht werden kann. Dagegen, wenn man den Raum als Symbolum sich denkt,
d.i. an die Stelle aller Verhältnisse und Wechselwirkung selbst, so denkt man sich darunter
den Inbegriff aller Phaenomena, und zwar als compraesentia, d.i. als einander gegenwärtig,
und wechselseitig auf einander wirkend, und das Wesen, so sie enthält, als Symbol."
(Arnoldt, a. a. O. [28] 5/126, entspr. AA 28.2, 1/828).

64 Die Thesis der dritten Antinomie schließt nur auf eine „absolute Spontaneität" des
    Anfangs der Erscheinungen der Welt. Daran anschließend ist es für Kant „auch erlaubt,
    mitten im Laufe der Welt verschiedene Reihen, der Kausalität nach, von selbst anfangen
    zu lassen, und den Substanzen derselben ein Vermögen beizulegen, aus Freiheit zu han-
    deln" (A 450= B 478). Dieser Übergang ist logisch nicht zwingend, höchstens „assoziativ"
    verständlich und darum „erlaubt" (vgl. H.-O. Kvist, *Zum Verhältnis von Wissen und
    Glauben in der kritischen Philosophie Immanuel Kants. Struktur- und Aufbauprobleme
    dieses Verhältnisses in der „Kritik der reinen Vernunft".* Meddelanden från stiftelsens för
    Åbo Akademi forskningsinstitut, Nr 24 [Åbo 1978] 71ff.). Die erst später explizit thema-
    tisierte Fragestellung schon hier einzuführen, verrät ein besonderes Interesse Kants an
    der Freiheitsproblematik. H. Heimsoeth vermutet, daß der schlechthinnigen Unbegreif-
    lichkeit menschlicher Freiheit, – für Kant „offenbar ein ganz ursprüngliches Motiv zur
    Arbeit an der kritischen Einschränkung menschlicher Erkenntnis" – „die Idee des freiwir-
    kenden Urwesens" wenigstens als „Denkmodell" entgegenkommt (*Zum kosmotheologi-
    schen Ursprung der Kantischen Freiheitsantinomie,* in: KantSt 57 (1966) 206-229, hier
    222ff.

65 AA 1/406, 402.

In der Folgezeit wird das Thema der „Geister", des unendlichen sowohl als auch der endlichen, insbesondere der Seele, im Sinne der Wolffschen Verbindung „anima itemque deus ipse"[67] im Zusammenhang mit den sich langsam weiter entwickelnden Begriffen des Einfachen und Zusammengesetzten, der Teilbarkeit und des Raumes abgehandelt, und zwar vor dem gelegentlich durchscheinenden Hintergrund der Theologia naturalis der Schulmetaphysik. „Seele" wird dabei zum bevorzugten Anwendungsbeispiel oder gar Kriterium für die Richtigkeit der jeweiligen Überlegungen, nicht nur in der Naturphilosophie, sondern sogar in der Logik[68]. In der „Monadologia physica" von 1756, in der zum ersten Mal der Ausdruck „philosophia transscendentalis" in einem noch unentwickelten Sinne fällt, der sich zunächst vor allem mit dem Bedenken des ‚Einfachen' verbindet und so bis in die Kritik der reinen Vernunft (KrV) nachwirkt[69], hat das ‚Weder-noch' der zweiten Antinomie noch die Gestalt eines ‚Sowohl-als-auch': die unendliche mathematische Teilbarkeit des Raumes besagt nicht, daß die Körpermonas als dynamisches Grundelement oder als Kraftsubstanz, die der aktive Grund für ihre Undurchdringlichkeit ist, mit der sie den Raum einnimmt, gleichfalls teilbar wäre, sonst müßte man schließlich auch annehmen, „wer die Masse der geschaffenen Dinge teilt", teile auch den Umfang der Gegenwart Gottes, der allem Geschaffenen „durch die Tat der Erhaltung innerlich zugegen" ist[70]. Wie aber die Seele im

---

66   AA 1/404.

67   HEIMSOETH, a. a. O. (1) 371.

68   In der Schrift von 1762 „Die falsche Spitzfindigkeit der vier syllogistischen Figuren" werden als Beispiele herangezogen: die Einfachheit der Seele und des Geistes hinsichtlich ihrer Nicht-Verwesbarkeit (AA 2/50f., 54f.), die Vernünftigkeit der Seele aufgrund ihrer Geistigkeit (AA 48, 51), die Teilbarkeit der Materie im Blick auf ihre Nicht-Geistigkeit (AA 2/52). Damit sind die Beispiele aus dem Bereich Seele-Geist in der Überzahl gegenüber den beiden anderen nicht einschlägigen des frommen Gelehrten und des vernünftigen Sünders (AA 2/53f.). Seele noch in der transzendentalen Analytik der KrV als Beispiel herangezogen zur Unterscheidung zwischen unendlichen und bejahenden Urteilen (A 72f., B 97f.). Vgl. auch HINSKE a. a. O. (46) 98.

69   AA 1/475 (die deutsche Übersetzung in W 1/511-563). Vgl. HINSKE a. a. O. (46) 40-49, bes. 45. Ein zweites Mal wird dieser Ausdruck in der vorkritischen Inauguraldissertation verwendet (AA 2/389) im Zusammenhang mit einer Idealismuskritik gegenüber der Konzeption eines „mundus sic dictus egoisticus, qui absolvitur unica substantia simplici cum suis accidentibus".

Raum gegenwärtig sein könne, bleibt dabei offen, da ihr offenbar keine Undurchdringlichkeit eigen ist[71]. Dieses Problem des Verhältnisses von Seele (oder Geist) und Raum wird von Klaus Reich sogar als entscheidend für den Umschwung von 1770 angesehen[72]. Auch wenn man ihm darin nicht folgt, ist diese Frage für die Entwicklung der Transzendentalphilosophie Kants nicht ohne Bedeutung. Die schon genannte Bindung aller Geister an irgendeinen organischen Körper genügt schließlich nicht zur Erklärung der Weise ihrer Anwesenheit, auch wenn diese Bindung als eine gestufte vorgestellt wird wie in der „Allgemeine(n) Naturgeschichte und Theorie des Himmels" von 1755, wo Kant noch Überlegungen angestellt hatte, ob nicht etwa die möglichen Bewohner von sonnenferneren Planeten durch ihre vielleicht weniger schwere und dichte Körperlichkeit auch geistig weniger behindert würden als wir, die wir unserem „Mittelstand zwischen der Weisheit und der Unvernunft" auf der „mittelste(n) Sprosse" „zwischen den zwei äußersten Grenzen der Vollkommenheit" womöglich die „unglückliche Fähigkeit sündigen zu können" verdanken[73]. In der „Untersuchung über die Deutlichkeit der Grundsätze" von 1764 wird das Problem der Seele schärfer gestellt und vor falschen Schlußfolgerungen gewarnt: Wenn sich schon beweisen lassen sollte, daß die Seele „nicht Materie sei", heißt das noch lange nicht, daß sie „nicht von materieller Natur" sei. Ein solcher Beweis ist erst noch ausfindig zu machen, der „die unbegreifliche Art anzeigen würde, wie ein Geist im Raum gegenwärtig sei"[74]. In den „Träume(n) eines Geistersehers" von 1766 wird dann weiter präzisiert, daß man nur dann von Geistern als von immateriellen und vernunftbegabten

---

70   AA 1/481f.

71   vgl. HEIMSOETH, a. a. O. (1) 389.

72   K. REICH, *Über das Verhältnis der Dissertation und der Kritik der reinen Vernunft und die Entstehung der Kantischen Raumlehre,* in: Immanuel Kant, De mundi sensibilis atque intelligibilis forma et principiis, hrsg. v. K. Reich (Hamburg ²1960) VII-XVI; vgl. dazu auch HEIMSOETH a. a. O. (1) 284, HINSKE, a. a. O. (46) 97ff.; zur Bedeutung L. Eulers für Kant in diesem Zusammenhang HEIMSOETH ebda. 378f. u. 383. Zur Entwicklung des Raumproblems in der Kantschen Philosophie vgl. F. KAULBACH, *Die Metaphysik des Raumes bei Leibniz und Kant.* KantSt Erg.H. 79. (Köln 1960).

73   AA 1/359, 365.

74   AA 2/293.

einfachen Wesen sinnvoll reden könne, wenn man sie so denkt, daß sie „sogar in einem von Materie erfüllten Raume gleichzeitig sein können"[75]. Diese Wesen würden den Raum „*einnehme(n)* (d. i. in ihm unmittelbar thätig sein ...)", „ohne ihn zu *erfüllen* (d. i. materiellen Substanzen darin Widerstand zu leisten)"[76]. Auf diese Weise, so Kant, „würde ich einen strengen Beweis verlangen, um dasjenige ungereimt zu finden, was die Schullehrer sagten: *Meine Seele ist ganz im ganzen Körper und ganz in jedem seiner Theile*"[77]. Dabei bleibt unausgemacht, ob dieser Begriff etwas Wirkliches, ja ob er überhaupt etwas Mögliches bezeichnet, das von anderen einfachen Substanzen prinzipiell unterschieden ist[78]; gleichwohl ist auch seine Unmöglichkeit nicht erwiesen, so daß man immaterielle Wesen annehmen kann „ohne Besorgniß widerlegt zu werden"[79]. Unter dieser Voraussetzung stellt Kant dann allerlei Überlegungen zu einer immateriellen Welt an und über den gegenseitigen Austausch der verschiedenen Stufen unkörperlicher Substanzen untereinander[80], wobei die menschliche Seele „schon in dem gegenwärtigen Leben als verknüpft mit zwei Welten zugleich" „würde" „müssen angesehen werden"[81], ohne daß dies allerdings jemals in den Erfahrungsbereich durchschlägt[82]. Solche Speku-

---

75 AA 2/321.

76 AA 2/323.

77 AA 2/325. In einer späten Psychologie-Vorlesung der neunziger Jahre ist diese Formel nichts weiter als der Ausdruck für die nicht-örtliche Anwesenheit der Seele: „*Ich kann der Seele im Raum keine locale Gegenwart einräumen,* weil ich sie dann sogleich als materiell annehme ... *Wo ist der Sitz der Seele im Körper?* ist daher eine ungereimte Frage ... Die Alten sagten: Die Seele ist ganz im ganzen Körper und ganz in jedem Theil, d.h. nichts weiter als: Wo der menschliche Körper ist, da ist auch die Seele" (Heinze a. a. O. [31] 682 [202], entspr. AA 28.2, 1/756f.).

78 AA 2/322.

79 AA 2/323.

80 AA 2/330ff.

81 AA 2/332. Zu der wichtigen Frage der Zwei-Welten-Lehre Kants vgl. G. Antonopoulos, *Der Mensch als Bürger zweier Welten. Ein Beitrag zur Entwicklungsgeschichte von Kants Philosophie.* Abhdlgn. z. Philos., Psych. u. Päd. 17. (Bonn 1958) und W. Teichner, *Die intelligible Welt. Ein Problem der theoretischen und praktischen Philosophie I. Kants.* Monogr. z. philos. Frschg. 46. (Meisenheim am Glan 1967).

82 AA 2/333.

lationen sind ihm jedoch allesamt „dogmatisch"[83]; man kann sie „billigermaßen" anstellen, und er selbst gibt zu, daß er „sehr geneigt sei das Dasein
immaterieller Naturen in der Welt zu behaupten" und seine Seele dazuzuzäh-
len[84]. Demgegenüber steht die Gültigkeit aller Theorien über Seele und Geister
überhaupt sehr in Frage, weil sie immer und notwendig an Erfahrung gebunden
sind und damit von Voraussetzungen ausgehen, die nur im Zusammenhang
mit dem Materiellen gegeben sind. Die bloß erschlossenen Ursachen gegebener
Wirkungen bleiben insgesamt unbekannt. Die so gewonnenen Begriffe sind
„gänzlich willkürlich" und „gar zu sehr hypothetisch"[85], während mit ihrer
Hilfe gezogene Schlußfolgerungen, z. B. über die Art der Einflußnahme der
Seele auf den Körper oder gar über ihre Tätigkeiten „ohne Verbindung mit
dem Körper" nicht einmal den Wert von Hypothesen haben[86]. Es sind „niemals
etwas mehr als Erdichtungen" und „Scheineinsicht(en)"[87], die „nicht von
der mindesten Erheblichkeit"[88], sondern nur „Wahn" und „eitele(s) Wissen"
sind[89] und ein „Schattenbild der Einsicht"[90]. In diesem Zusammenhang wird
Metaphysik „eine Wissenschaft von den *Grenzen der menschlichen Vernunft*"
(im Sperrdruck!) genannt, deren „Nutze" „der unbekannteste und zugleich
der wichtigste"[91] ist, eine Formulierung, die den weiteren Weg Kants voraus-
greifend umschreibt und zunächst auch seine ersten Pläne zur Abfassung der
Vernunftkritik thematisch bestimmen wird[92]. Der „philosophische Lehrbegriff

---

83   in der Überschrift des ersten Teils AA 2/319.
84   AA 2/370 u. 327.
85   AA 2/370; 333.
86   AA 2/371.
87   ebd. und AA 2/369.
88   AA 2/371.
89   AA 2/368.
90   AA 2/370.
91   AA 2/368.
92   Zur Vorgeschichte vgl. oben Anm. 34; ebenso in Sulzers Übersetzung von HUMES *Enquiry*
      368 (oben Anm. 47); 214: „Der einzige Weg, uns nicht ferner zu betrügen, ist dieser, daß
      wir höher hinauf steigen; daß wir die engen Gränzen unserer Erkenntnis untersuchen,
      wenn sie auf materielle Ursachen angewendet wird; ... Wir werden vielleicht finden, daß
      wir nicht ohne Schwierigkeit dahin gebracht werden, dem menschlichen Verstande so

von geistigen Wesen" „kann vollendet sein, aber im *negativen Verstande,* indem er nämlich die Grenzen unserer Einsicht mit Sicherheit festsetzt", so daß man „künftighin noch allerlei *meinen,* niemals aber mehr *wissen* könne"[93]. Von hier aus gesehen erweist sich die denknotwendige Vernunftidee der Seele mit ihrer „regulativen" Funktion in der transzendentalen Dialektik der KrV bereits als ausgleichende Korrektur einer überzogenen Skepsis. Zugleich wird deutlich, daß der Seelenproblematik ein gewichtiger Anteil an der Entwicklung der Vernunftkritik zukommt. Trotz seines in den „Träumen" geäußerten Vorsatzes, „die ganze Materie von Geistern" als abgetan und erledigt zu betrachten[94], verfolgt Kant dieses Thema weiter. 1766 schreibt Kant an Mendelssohn, nachdem er ihm kurz vorher die „Träume" übersandt hatte: „Meiner Meinung nach kommt alles darauf an die data zu dem Problem aufzusuchen *wie ist die Seele in der Welt gegenwärtig sowohl den materiellen Naturen als denen anderen von ihrerArt"*[95]. Auch hier ist von den „Schranken unserer Vernunft nein der Erfahrung" die Rede, die zur „Erdichtung" führen. Diese aber „kan niemals auch nur einen Beweis der Möglichkeit zulassen und die Denklichkeit (deren Schein daher kommt daß sich auch keine Unmöglichkeit davon darthun läßt) ist ein bloßes Blendwerk". Diese Zurückhaltung betrifft jedoch nur die theoretische Vernunfterkenntnis, wenn wir nämlich „die Beweisthümer aus der Anständigkeit oder den Göttlichen Zwecken so lange bey Seite setzen"[96], womit Kant auf eine ebenfalls sehr früh nachweisbare parallele Entwicklungs-

---

enge Schranken zu setzen: aber wir können hernach keine Schwierigkeit finden, wenn wir diese Lehre auf die Handlungen des Willens anwenden wollen." Charakteristische frühe briefliche Äußerungen zum Projekt der KrV: „das Urtheil öfters eingeschränkter, aber auch bestimmter und sicherer … " (AA 10/56 an J. H. Lambert 1765); In den folgenden Jahren werden die Ankündigungen fast immer mit der Rede von „Grenzen" und/oder „Schranken" der Sinnlichkeit oder der Vernunft verbunden: vgl. AA 10/72 (1766 an M. Mendelssohn); AA 10/74 (1767 – in der Ausgabe von CASSIRER korrigiert in 1768 – *Immanuel Kants Werke,* Bd. 9, Briefe von und an Kant, hrsg. v. E. CASSIRER [Berlin 1922] 61, vgl. 458 – an J. G. Herder); AA 10/98 (1770 an J. H. Lambert); AA 10/123 (1771 an M. Herz); AA 10/129 (1772 an M. Herz); AA 10/199 (1776 an M. Herz).

93   AA 2/351.

94   AA 2/352.

95   AA 10/71.

96   AA 10/72.

linie verweist, die sich aus der Moralität ergibt und auf die wir später zu sprechen kommen werden. In der kleinen Schrift „Von dem ersten Grunde des Unterschiedes der Gegenden im Raume" von 1768 wird der Raumbegriff zunächst unabhängig vom Seelenproblem weiterentwickelt, indem nun die Verhältnisse körperlicher Dinge zueinander und auch die Möglichkeit „inkongruenter(s) Gegenstück(e)" auf einen „absoluten und ursprünglichen Raum" bezogen werden, der „als der erste Grund der Möglichkeit" der Zusammensetzung der Materie „eine eigene Realität" hat, aber schon durch seine Beziehung auf das erkennende Subjekt bestimmt wird[97]. Die Inauguraldissertation von 1770 bringt in der Raumfrage die entscheidende Wende, und zwar unter ausdrücklicher Bezugnahme auf die Seelenproblematik. Der Raum wird jetzt zur „reine(n) Anschauung" (intuitus purus), zur „Grundform aller äußeren Empfindung"[98]; er ist „gleichsam" ein „*subjektives,* ideales aus der Natur der Erkenntniskraft nach einem festen Gesetz hervorgehendes Schema", und nicht mehr „etwas Objektives und Reales"[99]. Sein Begriff ist zwar eingebildet (imaginarius), aber trotzdem wahr, nämlich als „Grundlage aller Wahrheit in der äußeren Sinnlichkeit", und als „unbedingt erster formaler Grund der Sinnenwelt". Er läßt die Gegenstände des Alls als Phaenomena erscheinen und macht den Grund der Gesamtheit alles Sensiblen als „eines Ganzen" aus[100]. Den Raum für ein objektives „*receptaculum*" zu halten, würde bedeuten, „gewissen rationalen oder zu den Noumena gehörenden Begriffen, die im übrigen für den Verstand äußerst verborgen sind, ein Hindernis in den Weg" zu stellen, z. B. den Fragen über einen „mundus spiritualis"[101]. Hier kommt ein schon früher feststellbarer Grundzug der Kantschen Philosophie zur Sprache, der sich später durchhalten wird: Das Eindämmen überzogener oder als solche angesehener Ansprüche der theoretischen Spekulation, um die Grundwahrheiten des Glaubens, mindestens im Sinne einer philosophischen Theologie zu schützen, oder, wie es in der Inauguraldissertation

---

97 AA 2/377-383.
98 AA 2/402 (§ 15 C). Die deutsche Fassung nach W 3/7-107.
99 AA 2/403 (§ 15 D).
100 AA 2/404f. (§ 15 D).
101 AA 2/403f. (§ 15 D).

heißt, „man müsse sich ängstlich hüten, *daß die einheimischen Grundsätze der sinnlichem Erkenntnis nicht ihre Grenzen überschreiten und das Intellektuelle affizieren*", so daß ein „intellektuiertes Phaenomenon" dabei herauskommt[102], und auf diese Weise die Schranken der menschlichen Erkenntnisfähigkeit „für diejenigen genommen werden, von denen das Wesen der Dinge selbst umfaßt wird"[103]. Nach dem Sitz der Seele zu fragen, ist jetzt vollends zur „quaestio inanis" geworden. Die Gegenwart der Seele ist nicht „örtlich", sondern „virtuell" zu verstehen, ohne daß damit irgendeine Erklärung über das Verhältnis der „unstofflichen Substanzen" untereinander wie auch gegenüber den Körpern gegeben wäre[104]. Trotzdem steht Kant weiterhin zu seinem gereinigten Verständnis des „influxus physicus"[105], den er wie schon früher auf eine allgemein bestimmte Harmonie der Substanzen aufgrund der Erhaltung durch die gemeinsame Ursache zurückführt. Diesen Aspekt dehnt Kant jetzt auch auf die Erkenntniskraft aus, deren Blick „nur insofern ins Unendliche offen"-steht, „als sie selber mit allem Anderen von derselben unendlichen Kraft eines Einzigen erhalten wird", durch deren Gegenwart sie vielleicht überhaupt erst das Äußere der Welt empfindet[106]. Von hier aus wird Kant später (1790) ein gewisses Verständnis auch für die Leibnizsche „vorherbestimmte Harmonie" aufbringen, weil ja auch er selbst in seiner kritischen Philosophie den Grund der beschriebenen wunderbaren Zusammenstimmung

---

102 AA 2/411f. (§ 24). Für den Ausdruck „Phaenomenon intellectuatum" entschuldigt sich Kant: „si barbarae voci venia est". Vermutlich hat die ähnliche Formel Baumgartens „phaenomenon substantiatum" (AA 17/67 [§ 193], AA 17/141 [§ 743]) Kant beeinflußt. Der Bearbeiter des Textes in der Akademieausgabe (E. Adickes) vermerkt diese mögliche Quelle nicht (vgl. AA. 2/513). In der KrV später: „Leibniz intellektuierte die Erscheinungen" (A 271 = B 327, Hervorhebungen weggelassen). Nach der Vorlesung K₂ (HEINZE a. a. O. (31) 684 [204] entspr. AA 28.2, 1/759) führt Kant den Ausdruck „phaenomenon substantiatum" auf Leibniz zurück.

103 AA 2/389 (§ 1).

104 AA 2/414 (§ 27). Kant bezieht sich hier auf L. Euler. Die Frage nach dem Sitz der Seele ist ein Anwendungsfall für Kants „axioma subrepticium" der ersten Klasse: „Alles, was ist, ist irgendwo und irgendwann" (AA 2/413), das zu einem „unentwirrbaren Labyrinth" (inextricabilis; W 3/93: unentrinnbar) führt (*Antinomienproblematik*, vgl. oben Anm. 57).

105 AA 2/407, 409 (§§ 17 u. 22).

106 AA 2/409f. (§ 22 Scholion).

von Sinnlichkeit und Verstand nicht weiter habe erklären können[107]. Jedenfalls wird hier die Seele weiterhin als immaterielle Substanz gedacht, deren geistige Natur bereits früher als hypothetisch bezeichnet worden war[108]. Jedoch wird die von Heinz Heimsoeth beschriebene Umkehrung: die Seele nicht mehr „im absoluten Weltraum", sondern „die ‚Welt'-Form des Raumes" „in der Seele als ihre lex insita" dem Text der Inauguraldissertation nicht ganz gerecht, weil hier die menschliche Erkenntniskraft, von der die Rede ist und die auch die sinnliche Erkenntnis umfaßt, von Kant nicht einfachhin mit der Seele identifiziert wird[109].

2. Das Paralogismuskapitel in der *Kritik der reinen Vernunft*

Das folgende „stille Jahrzehnt" dient der Vorbereitung der „Kritik der reinen Vernunft", nur einmal unterbrochen durch die mit einer Vorlesungsankündigung verbundene kleine Schrift „Von den verschiedenen Racen der Menschen" aus dem Jahre 1775, die für unser Thema nichts erbringt. Die Entstehungsgeschichte des Kantschen Hauptwerks ist nun allerdings bis heute kontrovers. Einerseits nimmt man aufgrund einer Reihe von mehr oder weniger objektivierbaren Kriterien an, daß die Endredaktion der ersten Auflage, die im Jahre 1781 erschien, eine redaktionelle Zusammenfügung von bereits vorliegenden, aber nicht immer kohärent überarbeiteten Entwürfen von Einzelteilen ist, die in der Endphase durch neue Abschnitte ergänzt und mit verbindenden Rahmentexten versehen wurden. Was das im einzelnen bedeutet, wird sehr verschieden beurteilt, wenn auch in vielen Punkten eine gewisse Übereinstimmung festzustellen ist. Als Vertreter dieser Richtung sind vor allem zu nennen Erich Adickes, der einen „kurzen Abriß" annimmt, der noch vor der Endredaktion entstanden sein soll[110], Hans Vaihinger, der die transzendentale Deduktion der Kategorien unter dieser Rücksicht analysiert hat[111], Benno Erdmann, der

---

107 AA 8/249f.

108 AA 2/333.

109 Heimsoeth, a. a. O. (1) 395.

110 E. Adickes, *Immanuel Kants Kritik der reinen Vernunft. Mit einer Einleitung und Anmerkungen*, hrsg. von ... (Berlin 1889). Auflistung der Elemente des „kurzen Abrisses" im Zusammenhang mit früheren und späteren Textstücken S. XXVff. seiner Einleitung.

die Entstehungsgeschichte der „Kritik der reinen Vernunft" in drei z. T. weiter
untergliederte Abschnitte einteilt und im Anschluß an Kants diesbezügliche
Bemerkungen in seiner Vorrede (zur 1. Auflage) zwei Entwürfe unterscheidet[112], und Norman Kemp Smith mit seiner ‚Flickwerktheorie' (patchwork)[113].
Dazu kommt neuerdings die für unser Thema wichtige Arbeit von Alfons
KALTER *Kants vierter Paralogismus. Eine entwicklungsgeschichtliche Untersuchung zum Paralogismuskapitel der ersten Ausgabe der Kritik der reinen Vernunft*
(1975)[114]. Die Gegenseite wurde besonders von Herbert James Paton vertreten,
der die „patchwork theory" im Grunde für eine pietätlose Deutung hält, die
dem Werk des großen Philosophen unangemessen und abträglich sei[115]. Trotz
mancher auch von ihm zugegebener Widersprüche versuchte er selbst eine

---

111 H. VAIHINGER, *Die transcendentale Deduktion der Kategorien in der 1. Auflage der Kr. d.
r. V.*, in: Philos. Abhandlungen, dem Andenken Rudolf Hayms gewidmet von Freunden
u. Schülern (Halle a. S. 1902) 23-98.

112 B. ERDMANN in seiner *Einleitung* zur ersten Auflage der KrV AA 4/569-587 . Seine
Einteilung: 1. „Die Dämmerungsperiode der Idee, 1765-1769"; 2. „Die Periode der defini-
tiven Entwicklung der Idee, 1769 bis 1776" in zwei Phasen: a. „Die Scheidung des Sinnlichen
vom Intellectuellen, 1769 bis 1771", b. „Der Ursprung des Intellectuellen 1771/2-1776";
3. „Die Zeit der *Ausfertigung* des Werks" mit einem ausführlicheren ersten Entwurf bis
Mitte 1780 und einem zweiten zur Zeit der Endredaktion. Hier setzt S. M. ENGEL ein
(*Eine Bemerkung zur ‚Abfassung' der Kritik*, in: Ratio 6 [1964] 72-80), der aus der von
Kant erwähnten breiteren und bildhafteren Gestaltung des ersten Entwurfes gegenüber
dem „trockenen" Stil des zweiten Unterscheidungskriterien für die verschiedenen Textstücke gewinnen zu können glaubt. Erdmann stützt sich bei seinen Angaben allerdings
vor allem auf den Briefwechsel und „frühere(r) Erörterungen" zu diesem Thema. –
„Vier Stadien der Kantischen Erkenntnistheorie" unterscheidet die offenbar weniger
beachtete Abhandlung von L. NELSON: *Untersuchungen über die Entwicklungsgeschichte
der Kantischen Erkenntnistheorie.* Sonderdruck aus den „Abhandlungen der Fries'schen
Schule" III, 1. (Göttingen 1909), die vor allem wegen ihrer Kritik an der allgemeinen
Überschätzung des Humeschen Einflusses auf Kant noch immer von Interesse ist, ohne
daß jedoch unsere obigen Annahmen davon berührt werden (vgl. Anm. 47).

113 N. KEMP SMITH, *A Commentary to Kant's ‚Critique of pure reason'* (London 1918, 2. erw.
Aufl. 1923 – Zitate nach dieser Auflage).

114 vgl. oben Anm. 54.

115 H. J. PATON, *Kant's Metaphysic of Experience. A commentary on the first half of the Kritik
der reinen Vernunft,* In Two Volumes (London-New York ²1951, ¹1936). Während N.
Kemp Smith nur von „patchwork" sprach (a. a. O. [113] 457), hat Paton den Ausdruck
„The Patchwork Theory" geprägt (a. a. O. 1/38ff.).

einheitliche Interpretation. Sein zweibändiger Kommentar hatte die Bemühungen der entwicklungsgeschichtlichen Forschung praktisch zum Stillstand
gebracht; auch Heinz Heimsoeths Kommentarwerk zur transzendentalen Dialektik steht auf dieser Seite[116]. Mir persönlich scheinen die Ausführungen
Kalters in wesentlichen Punkten plausibel zu sein, obgleich einzelne Detailfragen durchaus noch weiterer Klärung bedürfen, besonders dort, wo unbewiesene
Voraussetzungen gemacht werden, weil ja vielleicht auch der Entwicklungsge-
schichtler versucht ist, möglichst klare Verhältnisse zu schaffen. Kalter ist
sich allerdings dieser grundsätzlichen Schwierigkeit (jedenfalls im Prinzip)
bewußt[117]. Gerade für das Paralogismus-Kapitel ist die Rückfrage nach der
Entwicklungsgeschichte von maßgeblicher Bedeutung, weil es in sich besonders
uneinheitlich ist und in der zweiten Auflage eine weitgehende Neubearbeitung
erfahren hat: Zunächst einmal wurde es von 67 Seiten auf 33 Seiten gekürzt;
die in der ersten Auflage als Syllogismen dargestellten „Paralogismen" wurden
(mit Ausnahme des vierten) als „*modi* des Selbstbewußtseins" in den neuen
Text eingearbeitet und in einem Grundsyllogismus zusammengefaßt, an dem
das allen gemeinsame Ungenügen exemplifiziert wurde"[118]. Die Commercium-
Problematik wurde von 12 Seiten auf eine halbe Seite komprimiert, während
einige Abschnitte aufgrund kritischer Beurteilungen der ersten Auflage hinzugekommen sind[119]. Das Thema des vierten Paralogismus „der Idealität" wurde
ganz aus dem Kapitel herausgenommen und an die Behandlung des zweiten
Postulats des empirischen Denkens überhaupt mit einem eigenen, neu verfaßten Abschnitt angehängt[120]. Statt dessen wurde die Teilfrage nach dem Ich als

---

116 H. Heimsoeth, *Transzendentale Dialektik. Ein Kommentar zu Kants Kritik der reinen
     Vernunft*, 1. bis 4. Teil (Berlin 1966-1971) – durchlaufend paginiert.

117 Kalter, a. a. O. (54) 34. Die Bewältigung dieses Problems wird freilich durch Kalters
     nicht immer zuverlässigen Umgang mit Zitaten beeinträchtigt. Man vergleiche z. B. die
     Zitatkompilation auf S. 33 mit dem angegebenen Original: ein „Paradebeispiel für Kants
     schillernde Terminologie"?

118 KrV B 406-411.

119 Daß in der zweiten Auflage der KrV nicht nur „die Argumentation, sondern auch die
     Darstellung des Ergebnisses ... polemisch verschoben" erscheint, ist schon von B. Erd-
     mann festgestellt worden (*Kants Kriticismus in der ersten und in der zweiten Auflage der
     Kritik der reinen Vernunft, eine hist. Unters. von ...* [Leipzig 1878] 226ff.). Vgl. zu den
     Veränderungen der 2. Auflage auch Kalter, a. a. O. (54) 44-51.

Objekt aufgrund des bloßen Selbstbewußtseins als vierter der neuen „modi" in das Paralogismus-Kapitel eingeschaltet[121]. Dabei ist zwischen den Texten, die zur Endredaktion der 1. Auflage gehören, und der Fassung der zweiten Auflage kein grundsätzlicher Unterschied mehr feststellbar, während frühere Abschnitte der ersten Auflage noch mehr oder weniger deutlich zurückliegende Entwicklungsphasen widerspiegeln, deren Spuren nicht oder nur unvollständig getilgt worden waren. Daß gerade die Seelenproblematik, die Kant doch schon sehr lange beschäftigt hatte, von dieser neuerlichen Revision betroffen wurde, hängt wohl damit zusammen, daß sie früher besonders im kosmologischen und theologischen Umfeld thematisch wurde und daher noch bis ca. 1777 in die schon länger vorliegenden Entwürfe des Antinomien-Kapitels eingebunden blieb, was auch aus den Reflexionen jener Zeit hervorgeht[122]. Für die Ausgliederung in ein eigenes Kapitel werden sicherlich auch systematische Gründe eine Rolle gespielt haben, weil bestimmte Thesen der rationalen Psychologie sich nicht ohne weiteres in das Antinomienschema einfügen ließen und eine gesonderte Behandlung des reinen Vernunftbegriffs der Idee der Seele gleichzeitig der wohl schon früher anzusetzenden Verselbständigung der Gottesfrage als der dritten Idee der Vernunft im Kapitel über das „Ideal der reinen Vernunft"[123] entsprechen würde[124]. Daß Kant solche Überlegungen angestellt haben könnte, belegt der aus mehreren unabhängig voneinander entstandenen

120 KrV B 274-279.
121 KrV B 409.
122 vgl. KALTER, a. a. O. (54) 79, 86f. u. 214, hier unter Rückgriff auf die Arbeiten von J. NAILIS (*Der Substanzbegriff der Seele in den vorkritischen Schriften Kants und der Paralogismus der Substantialität in der „Kritik der reinen Vernunft"* (Freiburg 1922, urspr. Diss. Aachen 1920) und F. Nierhaus (s. oben Anm. 18).
123 KrV A 567 = B 595 bis A 583 = B 611.
124 Kemp Smith hält den 2. Abschnitt „Von dem transscendentalen Ideal" A 571 = B 599 bis A 583 = B 611 aufgrund von terminologischen Kriterien für „quite the most archaic piece of rationalistic argument in the entire Critique" (a. a. O. [113] 522). Die Reflexionen 5355 und 5356 (AA 18/160), deren Datierung aber unsicher ist, könnten auf die frühere Ausgliederung der theologia rationalis hinweisen. Adickes hielt den Abschnitt vom transscendentalen Ideal für „äußerst gezwungen" und bindet ihn zurück an Kants theologischen Hintergrund der „Wechselwirkung" und den frühen Gottesbeweis aus der Ermöglichung alles Möglichen, der sich bis in die Pölitz-Metaphysikvorlesung gehalten hat (a. a. O. [110] 461f.).

192

Einzelteilen bestehende zweite Teil der Einleitung in die transzendentale Dialektik (von A 298 -A 340), in dem mehrfach die ausschließliche Dreiheit der
transzendentalen Ideen abgeleitet wird[125], wobei sich zeigen läßt, wie Kalter
belegt, daß dieser Teil der Einleitung, von einzelnen Zusätzen abgesehen,
unabhängig vom Paralogismenkapitel geschrieben sein dürfte[126]. Die Ausgliederung der Seelenfrage hatte zur Folge, daß die zweite Antinomie in dieser
Hinsicht weitgehend ausgedünnt wurde[127], so daß der ursprüngliche Zusammenhang: Problem der Teilung Monadologie / Seelenlehre, wie er in der
vorkritischen Zeit durchgehalten wurde[128], kaum noch sichtbar ist. Für die
Gründe der Verlagerung sind wir vorläufig immer noch auf Mutmaßungen
angewiesen[129]. Eine nicht zu unterschätzende Rolle werden indes zeitgenössische Autoren gespielt haben, mit denen sich Kant in der fraglichen Zeit auseinandergesetzt hat. Hier ist in erster Linie das zweibändige Werk von Johann
Nicolas Tetens zu nennen, das den Titel trägt *Philosophische Versuche über die
menschliche Natur und ihre Entwicklung,* das in demselben Jahr erschien, in
dem die Ausgliederung sich abzeichnet[130]. Daß „Tetens" „immer vor ihm"
lag in dieser Zeit, berichtet Hamann in einem Brief an Herder vom 17. Mai

---

125 KrV A 323 u. B 379; A 334 u. B 391; A 337 u. B 394; im Hinblick auf die dialektischen
      Schlüsse A 339f. u. B 397f.

126 Kalter, a. a. O. (54) 76ff.

127 Kemp Smith a. a. O. (113) 437 spricht von einem „impoverishment of the second
      antinomy".

128 vgl. KrV A 441 = B 468.

129 Kemp Smith ebd. hält den Zusammenhang der Seelenlehre mit dem Lehrstück der
      transzendentalen Apperzeption in der Analytik für den wichtigsten Grund: „A main
      factor deciding Kant in favour of a dogmatic non-sceptical treatment of rational psychology
      may have been the greater opportunity which it seemed to afford him of connecting its
      doctrines with the teaching of the *Analytic* and especially with his central doctrine of
      apperception." Diese Gedankenverbindung scheint ihm früher zu sein als die Lehre von
      der transzendentalen Illusion. Dafür könnte sprechen, daß, wie Kalter feststellt, der erste
      kurze Absatz des Paralogismenkapitels (A 341 = B 399) ebenso wie das letzte Stück der
      Appendix (= Betrachtung über die Summe...), das die Absätze 17-29 umfaßt (A 396-A
      405), als nachträgliche Zutaten, die die kritische Seelenlehre dem transzendentalen Schein
      zuordnen und als „Paralogism" einstufen, offenbar aus der Zeit der Endredaktion stammen
      (Kalter, a. a. O. [54] 105f., 108, 124-127).

130 (Leipzig 1777).

1779[131]. Es könnte sich natürlich auch um Tetens' Schrift: „Über die allgemeine spekulative Philosophie" gehandelt haben, die zwei Jahre früher erschienen war[132], aber daß Kant wenigstens einen Teil der psychologischen Kapitel der „Philosophischen Versuche" gelesen hat, geht aus seinem Brief an Marcus Herz von Anfang April 1778 hervor, wo er im Zusammenhang mit der Verzögerung seines in Aussicht gestellten Werkes auf Tetens zu sprechen kommt und ihm bescheinigt, „viel scharfsinniges gesagt" zu haben, aber in puncto Freiheit aus dem „Labyrinthe" nicht herausgefunden zu haben[133]. Tetens han-

131 J. G. HAMANN, *Briefwechsel,* hrsg. v. A. Henkel, Bd. IV (Wiesbaden 1959) 81.
132 vgl. HINSKE, a. a. O. (46) 31, dazu AA 23/519, wo weitere Berührungspunkte verzeichnet sind. Allerdings kommt das von Hinske erwähnte *Bild vom Ozean* (das in der alten Streitfrage, ob Kant HUMES *Treatise* gelesen hat, eine Rolle spielt) in den „Philos. Versuchen" ebenfalls vor (II, 151). Darüber hinaus findet es sich in dem zweibändigen Werk Friedrich Carl Casimirs, Freyherrns (!) VON CREUZ: *Versuch über die Seele* (Frankfurt u. Leipzig 1754): „Allein, sollte mir unsere zärtliche Freundschaft nicht das Recht geben, allhier einer Klippe zu gedenken, die allen denjenigen, so auf dem Ocean der Weltweisheit, und insonderheit der Metaphysik herum segeln, am allerfürchterlichsten seyn muß?" (I, 47 des Vorspanns). Das Bild vom Ozean auch bei Kypkes Locke-Übersetzung, s. o. Anm. 47, sowie andeutungsweise schon bei Francis BACON in der „großen Erneuerung der Wissenschaften", der Kant sein Motto der B-Auflage der KrV entnommen hatte: „Porro praetervecti artes veteres, intellectum humanum ad trajiciendum instruemus." (*Works in ten Volumes,* Vol. VII [London 1824] 34). Vgl. KrV B 294f., im Paralogismenkapitel A 396. – Kant hat sich in seinem Handexemplar von TETENS' *Philosophischen Versuchen* eigenhändig Notizen gemacht, und zwar in Band 1 auf S. 19 entspr. Refl. 4847 und auf S. 131 entspr. Refl. 4848 (AA 18/5). Dazu die Reflexionen 4900: „Ich beschäftige mich nicht mit der Evolution der Begriffe wie Tetens (alle Handlungen, dadurch Begriffe erzeugt werden)" und 4901: „*Tetens* untersucht die Begriffe der reinen Vernunft bloss subjectiv (Menschliche Natur), ich objectiv. Jene analysis ist empirisch, diese transscendental." (AA 18/23).
133 AA 10/232. Wenn das Werk Tetens' nichts mit der genannten Verzögerung zu tun hätte, würde der Brief an dieser Stelle einen unverständlichen Gedankensprung aufweisen. Daß Kant das Thema „Freiheit" bei Tetens anschneidet, belegt, daß er sich offenbar ausführlich auch mit dem Zweiten Band beschäftigt hat, der den 12. Versuch „Ueber die Selbstthätigkeit und Freyheit" enthält (2/1-148). Daran schließt sich an der 13. Versuch: „Ueber das Seelenwesen im Menschen" (2/149-367). In der Vorrede schreibt Tetens zum Thema Freiheit: „Die Untersuchung über die Freyheit, die in einer erhöheten Selbstthätigkeit der Seele bestehet, hieng mit den vorhergehenden und den folgenden Betrachtungen über die menschliche Natur so genau zusammen, daß ich mich auf sie hätte einlassen müssen, wenn auch die bekannten Dunkelheiten in dieser Materie nicht beson-

delt die Grundthesen der rationalen Psychologie am Leitfaden des „Ich" ab, kommt auf die Immaterialität der Seele und ihre substantielle Einheit zu sprechen und fragt, „wie weit … aus der beobachteten Einheit des Ichs die substantielle Einheit der Seele gefolgert werden könne"[134]. Seine Lösung liegt in einer Vorstellung, die zwischen Materialismus und Immaterialismus einzuordnen wäre[135], und läuft in die offene Frage aus: „ … ist unsere Idee von uns selbst und von unsern Seelenäußerungen, die wir aus dem Selbstgefühl erhalten, ein *Schein* in einer andern Bedeutung, als es unsere Vorstellungen von den Körpern sind, obgleich das Objekt von jener Idee, nämlich die Veränderungen und Wirkungen unsers Ichs, Beschaffenheiten einer einfachen Substanz sind"?[136] Als Bestätigung für eine späte Beschäftigung Kants mit psychologischer Terminologie mag gelten, daß in der transzendentalen Deduktion der Kategorien in der ersten Auflage eine deutliche Uneinheitlichkeit der Terminologie hinsichtlich der subjektiven Erkenntnisquellen vorliegt, für die Hans

ders dazu gereizet hätten. Nirgends scheinet die Vernunft dem Gefühl, und, wenn man näher zusieht, selbst das Gefühl dem Gefühl so sehr zu widersprechen, als hier. Es muß nothwendig irgendwo ein falscher Schein dahinter stecken, die Ursache desselben mag nun da liegen, wo ich sie glaube gefunden zu haben, oder anderswo." (1/XXXV). In der Frage der Immaterialität der Seele bezieht sich Tetens auf das Werk von J. Ch. Hennings, *Geschichte der Seelen der Menschen und Thiere. Pragmatisch entworfen von …* (Halle 1774), das auch für Kant als Quelle in Erwägung gezogen werden müßte, wie später zu zeigen sein wird. Hennings wird mehrfach in einem Brief von Christian Gottfried Schütz an Kant (v. 13. Nov. 1785) genannt (AA 10/422f.). – Daß Tetens' Werk auf Kant „nicht ohne Einfluß" war, mit der Fertigstellung der KrV noch zu zögern, vertritt auch E. Arnoldt, a. a. O. (28) 4/223, Vorländer, a. a. O. (28)1/260. Die Beschäftigung mit der zeitgenössischen Psychologie, besonders mit Tetens, fand ihren Niederschlag nicht nur im Bereich der Seelenlehre, sondern auch in der Ausarbeitung der Erkenntniskritik. Darauf verweist J.-J. de Vleeschauwer, der in der Vorbereitung des Kritizismus zwei Abschnitte (tronçons) unterscheidet: „un premier tronçon, … dans lequel Kant débat le problème de l'objectivité à l'aide d'une conception critique de l'objet et à l'aide des concepts purs de l'entendement; un deuxième tronçon, dans lequel il s'attaque au même problème en se rapprochant de la psychologie de son temps." „L'imagination, la déduction psychologique, la distinction de l'entendement et de la raison sont tous des éléments que Kant doit à la psychologie de son temps." (*L'evolution de la pensée Kantienne*, [Paris 1939] 94 u. 96).

134 a. a. O. (130) 2/IX.

135 a. a. O. (130) 2/IX; 176.

136 a. a. O. (130) 2/210 (Hervorhebung im Original).

Vaihinger 4 Schichten unterschieden hat, deren jüngste, nämlich die dreifache Synthesis der Apprehension, der Reproduktion und der Rekognition später wieder fallengelassen wurde[137]. Auch der „Versuch über die Seele" in zwei Teilen von Friedrich Carl Casimir Frh. von Creuz ist hier zu nennen[138], der die Frage, ob ein Zusammengesetztes denken könne, mit seiner Theorie der „Mitteldinge"[139] zwischen dem Einfachen und dem Zusammengesetzten beantwortet, auf die Kant in der KrV ohne Quellenangabe ablehnend zu sprechen kommt[140]. Von Creuz begnügt sich mit einer bloß moralischen Gewißheit über die Unteilbarkeit der Seele, wo eine „mathematische" nicht möglich ist[141], da ihn ohnehin die Offenbarung von der Unsterblichkeit „ganz vollkommen" überzeugt[142]. Eine wichtige Rolle kommt auch den erst 1765 erschienen *Nouveaux Essais sur L'Entendement Humain* von Leibniz zu (vor allem wohl dem französischen Original und nicht erst der deutschen Übersetzung von 1778-80)[143], in denen sich Leibniz unter Rückgriff auf Platon mit LOCKES *Essay concerning human understanding* auseinandersetzt, der im Jahre

---

137 a. a. O. (111), 62 Anm. 40, 74 Anm. 52, 96 Anm. 74; vgl. dazu auch KEMP SMITH., a. a. O. (113) 437.

138 s. o. Anm. 132.

139 VON CREUZ, a. a. O. (132) ab S. 39.

140 AA 3/188. Der Bearbeiter dieses Textes (B. Erdmann) gibt an dieser Stelle keinen Hinweis darauf, wen Kant hier meint (vgl. AA 3/589).

141 VON CREUZ, a. a. O. (132) Einl. (Brief an Herrn von S.) 1/14; im Text (eigene Paginierung) 1/36.

142 ebd. Einl. 1/25; vgl. Text 1/11: „Wenn die Grenzen unserer Vernunft, oder die Umstände, worin wir uns befinden, uns nicht erlauben, ein Ding zu begreifen oder uns vorzustellen; so folgt daraus nimmermehr, daß ein solches Ding schlechtweg unbegreiflich wäre, oder etwas widersprechendes in sich enthielte; sondern nur, daß es hypothetisch unbegreiflich sey."

143 *Oeuvres Philosophiques Latines & Françoises de feu Mr. De Leibnitz. Tirées de ses manuscrits qui se conservent dans la Bibliotheque Royale a Hanovre, et publiées par Mr. Rud[olphe] Eric Raspe. Avec une Préface de Mr. [Abraham Gotthelf] Kaestner Professeur en Mathématiques à Göttingue. A Amsterdam et a Leipzig, Chez Jean Schreuder. MCCCLXV, Nouveaux Essais sur L'Entendement Humain, par l'auteur du systeme De L'Harmonie Préetablie, 1-496. Die dt. Übersetzung: G. W. v. LEIBNIZ, Philosophische Werke nach Raspens Sammlung. Aus dem Französischen ... von Johann Heinrich Friedrich Ulrich, Neue Versuche über den menschlichen Verstand, Bd. 1 u. 2 (Halle 1778-1780).*

1700 auch in französischer Übersetzung erschienen war. Es gibt eine Reihe von inhaltlichen Berührungspunkten, so die Erörterung über die „Realität" unserer Erkenntnis[144], über „inhaltsleere Sätze"[145], über „bestimmte Grenzen" der Vernunft[146] und über die besondere Rolle der Moral als der „eigentliche(n) Wissenschaft" und der „größten Angelegenheit der Menschen im allgemeinen", die schließlich hinreichend sei, um uns wenigstens „über unsere wichtigsten Interessen, vorzüglich hinsichtlich der Ewigkeit, zu unterrichten"[147]. Vielleicht war die Erörterung der eingeborenen Ideen und Prinzipien zu jenem Zeitpunkt ebenfalls von Belang[148]. Hinsichtlich der Seelenlehre ist bemerkenswert, daß das cartesianische *Cogito* schon bei Leibniz in ein „ich bin denkend" umgeformt wurde"[149] und in der entscheidenden Frage nach der Unsterblichkeit der Seele als Wesenseigenschaft oder durch wunderbare Erhaltung das Wunder als Zuflucht einer schlechten Philosophie zur Erklärung des gewöhnlichen Laufes der Natur abgelehnt wird[150], wie dies für die Astronomie vom frühen Kant in ähnlicher Weise gegenüber Newton vertreten worden war[151]. Vor diesem Hintergrund wird Kants späteres Argument gegen die „Beharrlichkeit" der Seele im umgekehrten Sinn verwendet: „Denn da die einfachen Substanzen immer

---

144   4. Buch, Kap. 4 (die deutschen Formulierungen entnehmen wir der Ausgabe: G. W. Leibniz, *Neue Abhandlungen über den menschlichen Verstand*, übers., eingel. u. erl. v. E. Cassirer. Ph. Bibl. 69. [Hamburg ³1915 = 1971]) 460.

145   4. Buch, Kap. 8, a. a. O. (144) 510.

146   4. Buch, Kap. 18, a. a. O. (144) 604.

147   4. Buch, Kap. 12, a. a. O. (144) 546.

148   1. Buch, a. a. O. (144) 31-81.

149   4. Buch, Kap. 7, a. a. O. (144) 487; nach der Originalausgabe, a. a. O. (143) 376: „Et de dire, *je pense, donc je suis*, ce n'est pas prouver proprement l'existence par la pensée, puisque penser & être pensant, est la même chose; & dire *je suis pensant*, est deja dire, *je suis.*"

150   *Vorrede*, a. a. O. (144) 20.

151   vgl. AA 1/338f. in Verb. mit AA 1/262 u. 271. Ähnlich schon gegenüber Leibniz AA 1/107. Von einer „faulen Weltweisheit", „die unter einer andächtigen Mine eine träge Unwissenheit zu verbergen trachtet", hatte Kant schon in der „Allg. Naturgeschichte" gesprochen (AA 1/334), ähnlich auch AA 2/119 und 2/121. Nach Erscheinen der *Nouveaux Essais* wurde „die Berufung auf immaterielle Prinzipien eine Zuflucht der faulen Philosophie" genannt (AA 2/331), was unter dem Stichwort der „ignava ratio" in der KrV wieder aufgegriffen wird (A 689 = B 717, A 773 = B 801).

währen, so darf man nicht aus der Erfahrung einiger Jahre über die Ewigkeit urteilen"[152]. Terminologisch geht vielleicht, wie Giorgio Tonelli annimmt, der Begriff „Wahrnehmung" bei Kant auf die Leibnizsche „perception" und die Substantivform „das Ich" auf das „le moy" in den *Nouveaux Essais* zurück[153]. Hinzuzufügen wäre hier, daß Leibniz schon zwischen „Perzeption" und „Apperzeption" unterscheidet"[154], was sich auch bei Tetens niedergeschlagen hat[155]. Für die Weitergabe des Begriffs der „perceptio" kommt allerdings auch Knutzen in Frage[156]. Nach Jürgen Bona Meyer[157] wären hier außerdem zu erwähnen die *Vornehmsten Wahrheiten der natürlichen Religion* von Herman Samuel REIMARUS[158], der ausgehend von der Einheit des Selbstbewußtseins die Identität in der Zeit[159], die Substantialität[160], die Unität[161], die Simplicität[162] und die Immaterialität[163] der Seele ableitet und sich gegen die prästabilierte Harmonie ausspricht[164]. Kant hat dieses Werk aber schon 1763 in seinem „einzig möglichen Beweisgrund" zitiert[165], so daß es für einen späteren Einfluß weniger in Frage kommt. Schließlich ist noch Moses MENDELSSOHNS *Phaedon* aus dem

---

152 2. Buch, Kap. 9, a. a. O. (144) 120.

153 G. TONELLI, *Das Wiederaufleben der deutsch-aristotelischen Terminologie bei Kant während der Entstehung der „Kritik der reinen Vernunft"*, in: ABG 9 (1964) 233-242, hier: 234 u. 240.

154 2. Buch, Kap. 9, a. a. O. (144) 113.

155 vgl. TETENS, a. a. O. (130) 1/104, 106 und 2/178. Zum „Ich" bei Tetens vgl. oben Anm. 134. Tetens' Bezugnahme auf die *Nouveaux Essais* z. B. 2/331.

156 KNUTZEN, a. a. O. (6)100ff., 192 unter Bezugnahme auf Leibniz.

157 a. a. O. (56) 225ff.

158 H. S. REIMARUS, *Die vornehmsten Wahrheiten der natürlichen Religion in zehn Abhandlungen auf eine begreifliche Art erkläret und gerettet von ...* Zweyte verb. Aufl. (Hamburg 1755).

159 a. a. O. (158) ab 422.

160 ebd. ab 429.

161 ebd. ab 434.

162 ebd. ab 442.

163 ebd. ab 453.

164 ebd. 468.

165 vgl. AA 2/161.

Jahre 1767[166] zu nennen, dem Kant in der 2. Auflage der KrV einen eigenen Abschnitt[167] gewidmet hat. Der Mendelssohnschen Auffassung, ein einfaches Wesen könne nicht natürlicherweise allmählich in Nichts verwandelt werden, da dies übergangslos in der Zeit geschehen müßte, hält Kant entgegen, daß eine allmähliche qualitative Verminderung dadurch nicht auszuschließen sei[168]. Im dritten Gespräch des „Phaedon" findet sich indes ein für die Kritik der praktischen Vernunft (= KpV) in der Unsterblichkeitsfrage wichtiger Gedanke, an dem Kant bis ins späte Alter festhalten wird[169], nämlich das beständige und unaufhörliche Wachstum an innerer Vollkommenheit als Bestimmung vernünftiger Wesen und die daraus folgende Aufforderung, das Gute auch notfalls selbst „auf Unkosten" des Lebens zu befördern[170].

Im Rahmen der transzendentalen Elementarlehre gehört das Paralogismus-Kapitel zum zweiten Teil der transzendentalen Dialektik, die sich an die transzendentale Analytik innerhalb der transzendentalen Logik anschließt. Dieser zweite Teil der transzendentalen Dialektik beschäftigt sich mit den dialektischen Vernunftschlüssen, d. h. mit solchen Schlüssen, die es mit den transzendenten, d. h. die Erfahrung gänzlich übersteigenden Grundsätzen der Vernunft zu tun haben und einen unvermeidlichen Schein mit sich bringen, der sich wohl aufdecken, aber nicht beheben läßt[171]. Die dabei verwendeten

---

166 M. MENDELSSOHN, *Phaedon oder über die Unsterblichkeit der Seele in drey Gesprächen* (Berlin und Stettin 1767).

167 vgl. auch J. L. VIEILLARD-BARON, *Kant critique de Mendelssohn: la psychologie rationnelle,* in: Akten d. Intern. Kant-Kongr. Mainz 6.-10. April 1974, Teil II.1, 403-406.

168 KrV B 413f., entsprechend MENDELSSOHN a. a. O. (166) 142-161.

169 R 6427, AA 18/712f.

170 MENDELSSOHN a. a. O. (166) 268-277. Unsterblichkeit der Seele aufgrund des möglichen beständigen Wachstums in der Vollkommenheit zum Zwecke der Glückseligkeit fordert auch mit ausführlicher Begründung HENNINGS a. a. O. (133) 383-394. Tetens diskutiert allgemein den Zusammenhang von Glückseligkeit und Vollkommenheit: „Es ist für sich ein Grundsatz, dessen Richtigkeit auffällt, *daß je mehr der Mensch vervollkommnet wird, ,einer desto größern Glückseligkeit werde er fähig.'"* (a. a. O. (130) 2/815), ohne dabei aber das Thema der Unsterblichkeit zu berühren, das nur im Schlußsatz anklingt: „Mich deucht, es sey auffallend, daß es auch hier in unserer Natur Kräfte und Bestrebungen gebe, die nach Punkten hingehen, welche jenseits des Grabes liegen." (ebd. 2/834).

171 vgl. KrV A 297f., B 353ff.

transzendenten Urteile implizieren drei Klassen von transzendentalen Ideen oder Begriffen der reinen Vernunft, die analog zu den reinen Verstandesbegriffen (Kategorien) entwickelt werden, ohne daß aber eine „objective Deduction" möglich ist[172]. Die erste Klasse enthält „die absolute (unbedingte) *Einheit des denkenden Subjects,* die *zweite* die *absolute Einheit der Reihe der Bedingungen der Erscheinung,* die *dritte* die *absolute Einheit der Bedingung aller Gegenstände des Denkens überhaupt"[173]*. Der ersten Klasse entspricht die Idee der Seele als eines denkenden Subjekts, der zweiten die Idee der Welt als des Inbegriffs aller Erscheinungen und der dritten schließlich die Idee des Urwesens („das Wesen aller Wesen") als der Möglichkeitsbedingung alles Denkbaren überhaupt[174]. Die Paralogismen beschäftigen sich mit den Grundfragen der rationalen Psychologie und bilden die erste Klasse der dialektischen Schlüsse der reinen Vernunft, während die zweite Klasse der dialektischen Vernunftschlüsse als vierfache Antithetik der Antinomie[175] und die dritte schließlich als das „Ideal" der reinen Vernunft dargestellt wird. In der ersten Auflage der KrV werden die Paralogismen in ein Viererschema gebracht, das zwar auf die Einteilung der Kategorien bezogen wird, aber gegenüber der Kategorientafel eine Umstellung erfährt: in der sog. Topik der rationalen Seelenlehre wird die Kategorie der Substanz von Platz drei auf Platz eins gerückt[176], woraus eine gewisse auch sonst zu beobachtende systematisierende Künstlichkeit ersichtlich ist[177]. Die Reihenfolge ist also nun: Die Substantialität der Seele und ihre Immaterialität, an zweiter Stelle die Einfachheit der Seele und ihre Inkorruptibilität, drittens die Identität in der Zeit als Personalität und schließlich ihr Verhältnis zu den *„möglichen"* (damit wenigstens der 4. Platz angedeutet ist!) „Gegenständen im Raum". Dieser vierte Paralogismus wurde offenbar unabhängig von den drei übrigen verfaßt und beschäftigt

---

172 KrV A 336, B 393.

173 KrV A 334, B 391.

174 ebd.

175 Zur Bevorzugung des Singular „Antinomie" vgl. HINSKE, a. a. O. (46) 100-103.

176 KrV A 344 = B 402.

177 vgl. zu diesem Aspekt E. ADICKES, *Kants Systematik als systembildender Faktor* (Berlin 1887); andere Kritiker bei KALTER, a. a. O. (54) 71.

sich im Grunde mit der Frage des transzendentalen Idealismus (später *formaler* genannt[178]), der an dieser Stelle mit der rationalen Seelenlehre verzahnt erscheint. Die drei ersten Paralogismen sind Argumente, die Kant mit sehr deutlichen Übereinstimmungen seinen Vorlesungen über rationale Psychologie entnommen hat, die von Max Heinze in die Zeit von 1775/76 bis 1779/80 datiert wurden[179] und von denen eine Nachschrift zuerst von Pölitz herausgegeben wurde, allerdings als textkritisch unzuverlässige Kompilation von ausgewählten Einzelstücken. Die Datierung ist bis heute nicht genauer einzugrenzen[180], aber von der sich jetzt deutlicher abzeichnenden Entstehungsgeschichte der Paralogismen her vielleicht noch präzisierbar. Den vierten Platz nimmt in diesen Vorlesungen abweichend von der Ordnung der Paralogismen das Freiheitsthema ein, daß nämlich die Seele „simpliciter spontanea agens sey"[181], was in der KrV im Anschluß an die dritte Antinomie abgehandelt wird, dort allerdings nur assoziativ angebunden[182] an das Thema eines „ersten Anfang(s)" der „Reihe der Naturursachen" überhaupt „aus Freiheit"; die transzendentale Idee der menschlichen Freiheit schließt sich daran an als eine solche, die auch im Kontext der Naturursachen „eine neue Reihe schlechthin" anfangen kann"[183]. In den Vorlesungen deutet sich die Antinomie bereits an: „obgleich die spontaneitas absoluta nicht kann begriffen werden, so kann sie doch auch nicht widerlegt werden"[184], ebenso wie die Wendung ins Praktische: „Der Begriff der Freiheit ist praktisch-hinreichend, aber nicht spekulativ"[185]. Trotz-

---

178 Kant hat später gegenüber dem „transzendentalen Idealismus" den Ausdruck „formaler Idealismus" bevorzugt, der weniger in dem Sinne mißverstanden werden kann, als sei er auf eine transzendente Wirklichkeit bezogen (vgl. KALTER, a. a. O. [54] 271ff.).

179 HEINZE, a. a. O. (31) 516 [36]. Daß Kant hier gegen seine eigene frühere Position vorgeht, ergibt der Vergleich mit den frühen Vorlesungsnachschriften: PÖLITZ, a. a. O. (31) 200-209 (entspr. AA 28.1/265-270). Vgl. dazu auch NAILIS, a. a. O. (122; Diss.) 48, KALTER, a. a. O. (54) 123.

180 vgl. G. LEHMANN in seiner Einleitung AA 28.2,2/1338-1372, bes. 1340-1346.

181 PÖLITZ, a. a. O. (31) 200, 204-209, entspr. AA 28.1/265, 267-270.

182 vgl. oben Anm. 64.

183 KrV A 451 = B 479.

184 PÖLITZ, a. a. O. (31) 206, entspr. AA 28.1/268 (im Original gesperrt).

185 PÖLITZ, a. a. O. (31) 209, entspr. AA 28.1/270.

dem wird in den Vorlesungen aus der „Spontaneität, zu handeln" als einem inneren Prinzip des Lebens „transscendental" ein Beweis „a priori" der Unsterblichkeit geführt, der noch als gültig betrachtet wird[186]. Gleichzeitig wird bestritten, daß man (wie noch bei Wolff) die Immaterialität der Seele aus ihrer Einfachheit herleiten könne, „sondern nur so viel: daß alle Eigenschaften und Handlungen der Seele sich nicht aus der Materialität erkennen lassen"[187]. Dieser eingeschränkte Nutzen wird übrigens in beiden Auflagen des Paralogismus-Kapitels aufrechterhalten[188]. Im Hinblick auf Tierseelen und Geister wird in den Vorlesungen sogar festgestellt, daß es hier um eine „Entdeckung" gehe, „die viel Mühe gekostet hat, und die noch Wenige wissen: nämlich die Schranken der Vernunft und der Philosophie einzusehen, wie weit die Vernunft hier gehen kann. Wir werden also hier unsere Unwissenheit kennen lernen, und den Grund derselben einsehen ... und wenn wir das wissen, so wissen wir schon viel"[189]. Wie in den Paralogismen werden die entsprechenden „transscendentalen" Argumente aus dem Ichbewußtsein hergeleitet, bei dem der Körper als Gegenstand des äußeren Sinnes weggelassen wird, so daß die Seele übrigbleibt als Gegenstand des inneren Sinnes, hier noch als empirischer Gegenstand verstanden, den man fühlt und dessen man sich bewußt ist, als Subjekt, das von seinem Begriff her nicht Prädikat eines anderen Dinges sein kann und daher Substanz sein muß[190]; als Subjekt, das zweitens als einfaches und drittens als ein einziges (als „einzelne Seele") im Bewußtsein des „Ich denke" vorgestellt wird[191]. Von hier aus wird deutlich, daß Kant in den Paralogismen von ihm selbst früher vertretene Argumente als fehlerhaft kritisiert: die kritische Perspektive setzt nicht mehr beim Begriff des „Ich in sensu stricto"[192] als Ausdruck für die Seele an, sondern geht

---

186 Pölitz, a. a. O. (31) 234f., entspr. AA 28.1/285f.

187 Pölitz, a. a. O. (31) 213, entspr. AA 28.1/272f.

188 vgl. KrV A 383, B 420.

189 Pölitz, a. a. O. (31) 216, entspr. AA 28.1/274. Weil die Frage nach den Schranken der Vernunft schon in früheren Jahren nachweisbar ist, ist diese Stelle kaum zur Datierung geeignet, wie P. Menzer gemeint hat. Darauf weist G. Lehmann, a. a. O. (180) 1345 hin.

190 Pölitz, a. a. O. (31) 201f., entspr. AA 28.1/265f.

191 Pölitz, a. a. O. (31) 202ff., entspr. AA 28.1/266f.

192 Pölitz, a. a. O. (31) 200, entspr. AA 28.1/265.

vorsichtiger von dem „Satz: *Ich denke"* aus, und genau an der Stelle, wo Kant von seiner Absicht spricht, ihn „durch alle Prädikamente der reinen Seelenlehre mit einem kritischen Auge" zu verfolgen, beginnt auch die Neubearbeitung der zweiten Auflage[193]. Tatsächlich finden sich im Kontext der Paralogismen der ersten Auflage noch Textstücke, die den Ich-Begriff auf einen realen Gegenstand in der Erscheinung beziehen[194], während der Haupttext der ersten drei Paralogismen den Ich-Begriff bereits transzendental-logisch versteht: Das Ich-denke bezieht sich nicht mehr auf einen realen Gegenstand, sondern gehört „zu den formalen Bedingungen der Möglichkeit der Erfahrung"[195] und bedingt als Ausdruck der „transscendentalen Apperception"[196] die Einheit aller Erkenntnisse überhaupt. Kant greift also im Paralogismenkapitel auf ein Stück der transzendentalen Analytik zurück: „Die Apperception ist selbst der Grund der Möglichkeit der Kategorien, welche ihrerseits nichts anders vorstellen, als die Synthesis des Mannigfaltigen der Anschauung, sofern dasselbe in der Apperception Einheit hat"[197]. Paralogismus 4 gehörte dagegen zum größten Teil[198] zur früheren Phase, in der das Ich als realer Gegenstand verstanden und behandelt wurde, – übrigens mit teilweise noch älteren Bestandteilen aus der vorkritischen Zeit[199] –, so daß er in der zweiten Auflage folgerichtig weichen mußte. Kalter hat gezeigt, daß sich gerade im 4. Paralogismus verschiedene Entwicklungsphasen des Kantschen Denkens überlagern[200]. Aber

---

193   KrV A 348, B 406.

194   vgl. KALTER, a. a. O. (54) 111-119, bes. 116.

195   KALTER, a. a. O. (54) 214f.

196   KrV A 158 = B 197.

197   KrV A 401.

198   Mit Ausnahme von Absatz 9-12 („Weil indessen" A 373 bis „im Raume haben" A 377); vgl. KALTER, a. a. O. (54) 129 und 134ff.; 217-234. Zur zeitlichen Einordnung: 234.

199   In die vorkritische Zeit reichen nach der überzeugenden Analyse Kalters der Syllogismus selbst und das als „Text A" bezeichnete Textstück zurück, das die Absätze 1-3 (A 366-369 oben) umfaßt (vgl. KALTER, a. a. O. [54] 129;143 bis 171 unter Angabe der Parallelen aus der Nova dilucidatio, der Inaugural-Dissertation und aus frühen Vorlesungsnachschriften). Zur Schicht des ‚realen Ich-Begriffs' (als Erscheinung oder als Ding an sich selbst) vgl. KALTER, ebd. 116-119).

200   Kalter unterscheidet im Text des 4. Paralogismus der ersten Auflage drei z. T. ineinander verschachtelte Phasen eines frühen empirischen Idealismus, eines als Übergangsphase

auch im 2. Paralogismus ist in den Absätzen 10-18 (Seite A 356 ab: „Jedermann" bis Schluß), wo es sich um die etwa aus der Einfachheit der Seele abzuleitende Immaterialität handelt, ein älteres Textstück aus der Phase des realen Ich-Begriffs übriggeblieben, ebenso wie in den Absätzen 5 bis 16 des Kapitelanhangs (A 384-A 396 oben), in denen es um die Erörterung der Commerciumsproblematik geht[201]. Beiden Abschnitten ist gemeinsam, die Antworten der rationalen Psychologie auf der Ebene der Unterscheidung zwischen Erscheinung und Ding an sich selbst abzuweisen: die These von der Immaterialität der Seele kommt dadurch zustande, daß die Materie als Ding an sich selbst betrachtet wird, obwohl sie nur in der Erscheinung erfahrbar ist. Vergleicht man aber die Seele als „ein denkend Wesen an sich" mit dem „Intelligibelen, welches der äußeren Erscheinung, die wir Materie nennen, zum Grunde liegt", von dem wir ja „gar nichts wissen"[202], läßt sich ein innerlicher Unterschied überhaupt nicht ausmachen. In gleicher Weise werden auch die Theorien über das Commercium-Problem angegangen, wobei Kant wie auch sonst, z. B. in der Gottesfrage, seine eigenen früheren Lösungen als unzulänglich verwirft[203]. Alle drei Erklärungsversuche basieren auf einem gemeinsamen πρῶτον ψεῦδος, nämlich einem „groben"[204] „transscendentalen Dualismus", „die Ma-

---

bezeichneten transzendentalen Idealismus (die Texte „B" mit den Absätzen 4-8 und „D" mit den Absätzen 13-15) und schließlich die letzte Phase (Text „C" mit den Absätzen 9-12 entspr. A 373 oben bis 377), in der das Realitätsproblem in der Zeit der Endredaktion mit neuen Argumenten im Sinne eines kritisch geläuterten empirischen Realismus gelöst wird (a. a. O. [54] 128-234). Kalter kann auf dieser Basis zeigen, daß der veränderte Text der B-Auflage nichts wesentlich Neues mehr bringt: er beseitigt vielmehr „Tendenzen, die auf den frühen Ursprung einzelner Teile des ersten Beweises zurückgehen, und verstärkt andere, die nur in den späten Teilen angedeutet waren" (ebd. 243). Damit gewinnt der 4. Paralogismus eine Schlüsselstellung für die Interpretation der KrV im ganzen, falls Kalters Analysen zutreffend sind.

201   vgl. KALTER, a. a. O. (54) 116ff.

202   KrV A 360.

203   Kants kritische Behandlung der Gottesbeweise überholt auch die von ihm früher als „Der einzig mögliche Beweisgrund zu einer Demonstration des Daseins Gottes" vorgelegte Argumentation von 1763, von der er glaubte, sie sei „derjenigen Schärfe fähig", „die man in einer Demonstration fordert", nämlich Gottes „Dasein mit der Wahrnehmung derjenigen Nothwendigkeit einzusehen, die schlechterdings alles Gegentheil vernichtigt" (AA 2/161f.). Vgl. dazu J. KOPPER, *Kants Gotteslehre*, in: KantSt 47 (1955/56) 31-61.

terie, als solche, für ein Ding an sich selbst (und nicht als bloße Erscheinung eines unbekannten Dinges)" anzusehen[205], während diese „selbstgemachte Schwierigkeit"[206] gänzlich schwindet, wenn wir uns auf den Unterschied der „innere(n) und äußere(n) Erscheinungen als bloße Vorstellungen in der Erfahrung" beschränken, der nichts „Widersinnisches" enthält, das „befremdlich" wäre[207]. Fragen aber, die sich auf die Seele als denkendes Subjekt vor oder nach der Gemeinschaft mit der Körperwelt beziehen, sind von hier aus nicht zu beantworten[208]. Ein anderes Problem hat dagegen hier seinen Ursprung: wie nämlich „der unbekannte Gegenstand unserer Sinnlichkeit ... die Ursache der Vorstellungen in uns sein könne". Von einem unbekannten Gegenstand aber weiß man nicht, „was er thun oder nicht thun könne", so daß der „transscendentale(n) Idealism nothwendig" eingeräumt werden muß[209]. Hier schließt sachlich der 4. Paralogismus „der Idealität" unmittelbar an, der in seiner Entwicklungsgeschichte den Weg zur kritischen Behandlung der drei ersten Paralogismen ebnet. Das „Ich-denke" wird schließlich nicht mehr Cartesianisch auf ein reales (denkendes) Subjekt bezogen, sondern dieses wird inhaltlich immer mehr verringert bis auf jenen Grenzbegriff[210] des transzendental-logischen Subjekts, das der Einheitsfunktion der transzendentalen Apperzeption nur noch als Aufhänger dient, aber keinen realen Gegenstand als solchen mehr bezeichnet[211]. Das „Ich-denke" ist dann nur noch „die bloß logische Funktion, mithin lauter Spontaneität der Verbindung des Man-

---

204   KrV A 392.

205   KrV A 391.

206   KrV A 387.

207   KrV A 368.

208   KrV A 393f.

209   KrV A 392.

210   So H. Rickert, *Der Gegenstand der Erkenntnis. Einführung in die Transzendentalphilosophie* (Tübingen ⁶1928), der bei der Darstellung des erkenntnistheoretischen Subjekts „als Grenzbegriff" vom Begriff „eines empirisch bewußten Subjekts" ausgeht, „und durch allmähliche Verminderung seines *Inhaltes,* d. h. dessen, was sich darin auch als *Objekt* denken läßt, die *Form* des Subjekts oder des Bewußtseins überhaupt" oder „die Form der Subjektheit" gewinnt (56f.).

211   vgl. Kalter, a. a. O. (54) 112-116.

nigfaltigen einer bloß möglichen Anschauung"[212], so daß das „denkende(n)
Ich (Seele)" „die Kategorien, und durch sie alle Gegenstände, in der absoluten
Einheit der Apperception" „durch sich selbst erkennt", nicht aber gleichzeitig
oder nachträglich „sich selbst durch die Kategorien", weil die Voraussetzung
jeder Erkenntnis eines Objekts überhaupt nicht auch selbst noch einmal als
Objekt erkannt werden kann[213]. Von hier aus wird dann die Gültigkeit der als
Paralogismen bezeichneten Argumente der rationalen Psychologie bestritten,
die alle dieselbe, wenn man so sagen darf, ‚enharmonische Verwechselung'
im Begriff des denkenden Ich aufweisen: der erste Vernunftschluß der „Substantialität" gibt „das beständige logische Subject des Denkens für die Erkenntniß des realen Subjects der Inhärenz" aus und gelangt damit höchstens
zu einer „Substanz in der Idee, aber nicht in der Realität"[214]; im zweiten

---

212 KrV B 428.
213 KrV A 401f.
214 KrV A 350f. Zum Substanzbegriff der Seele vgl. auch J. Nailis, a. a. O. (122). – Die in
     der Behandlung des Paralogismus der Substantialität erreichte Position ist geradezu die
     Umkehrung der eigenen früheren Verwendung des Substanzbegriffs, der aus der Wahr-
     nehmung des denkenden Ich gewonnen wurde und als analogatum princeps für die
     Übertragung auch auf die äußeren und körperlichen Dinge diente. „Es ist lächerlich, die
     Seele korperlich gedenken zu wollen; denn wir haben den Begrif der substanz nur von
     der Seele, und den des korpers bilden wir uns darnach" (R 5294, AA 18/145, unsichere
     Datierung ab etwa 1769; das unmittelbare Wahrnehmen („intuitively") der eigenen See-
     lensubstanz „by reflecting on my own soul" und Übertragung des geläuterten und über-
     höhten Begriffs auf Gott schon in Berkeleys *Three dialogues between Hylas and Philonous*
     [London 1713, französische Übersetzung Amsterdam 1750, deutsche Übers. Rostock
     1756] im 3. Dialog). „Das Gemüth schaut die substanz an. Von äußeren Dingen nur die
     Handlungen, woraus auf substanz geschlossen wird, weil sie praedicate sind" (R 5295,
     AA 18/145f.). Aus dieser Sicht sind die Körper „substantiae comparativae, substrata
     phaenomenorum" (R 5294, AA 18/145), was dem § 201 der Baumgartenschen *Meta-
     physik* als Anmerkung gegenübergestellt wurde, in der von „Phaenomenis substantiatis"
     die Rede ist (vgl. AA 17/68). Nachdem Kant aber zugleich bereits zwischen der „substantz
     als noumenon oder phaenomenon" (R 5294, AA 18/145; ein Überbleibsel davon in KrV
     A 379: „Substanz in der Erscheinung") unterschied, mußte er folgerichtig das Vermögen
     des ‚inneren Sinnes' den Möglichkeiten der äußeren Sinne entsprechend auf die Wahr-
     nehmung des Ich als Erscheinungsgegenstand reduzieren. Das deutet sich bereits in
     derselben Reflexion 5294 an: „Die Nothwendigkeit kann nicht in der Erfahrung vorkom-
     men, imgleichen die substanz; daher gilt der intellectuale Begrif nicht in seiner gantzen
     reinigkeit von dem sinnlichen." Bei dieser Wende scheint Lockes *An essay concerning*

Vernunftschluß „der Simplicität" wird die „absolute, aber logische Einheit

human understanding eine Rolle gespielt zu haben, und zwar in der damals vorliegenden Übersetzung *Herrn Johann Lockens Versuch vom Menschlichen Verstande. Aus dem Englischen übersetzt und mit Anmerkungen versehen von Heinrich Engelhard Poleyen* (Altenburg 1757), nicht nur, weil hier die Lehre von inneren Sinn vertreten wurde („die Empfindung der Wirkungen unserer Seele in uns" ... „Und ob sie schon keinen Sinn abgiebt, indem sie mit den äußerlichen Gegenständen nichts zu schaffen hat: so kömmt sie ihm doch sehr nahe, und könnte in einem noch ganz eigentlichen Verstande der *innerliche Sinn* genannt werden", a. a. O. 77), sondern weil die so gebildeten Begriffe „sensificirt" (KrV A 271 = B 327) werden. Als äußerer Anhaltspunkt, daß Kant auf LOCKE zurückgegriffen hat, könnte auch dienen, daß hier das Wort „substratum" zur Erklärung des Substanzbegriffs vorkommt, das bei BAUMGARTEN an der entsprechenden Stelle nicht verwendet wird und von Kant als Anmerkung nachgetragen wurde (R 3572, AA 17/66, auch z.B. R 5289, 5294 [s. o.] und 5297 (AA 18/144f.). Der Lockesche Text zum Substanzbegriff nach der Poleyschen Übersetzung: „Und weil wir ... es nicht zu begreifen vermögend sind, wie diese einfachen Begriffe für sich bestehen können: so pflegen wir eine Unterlage (Anm.: substratum) voraus zu setzen, auf welcher sie ihren Bestand haben, und woher sie entspringen, die wir denn eine *Substanz* nennen." „Da nun der Begriff, den wir haben, und den wir mit dem allgemeinen Namen *Substanz* bemerken, nichts anders ist, als der vorausgesetzte und unbekannte Träger derjenigen Eigenschaften, die wir in einem Dinge wirklich antreffen, und von denen wir glauben, daß sie ohne etwas, das sie trägt, (Anm.: Sine re substante) nicht bestehen könnten: so nennen wir solchen Träger eine Substanz, welches nach der wahren Bedeutung des Wortes schlechthin auf Deutsch eine Unterstützung oder etwas bemerket, das unter einem Dinge steht, und es hält" (293). Von der Seele: „Eben das ereignet sich auch, was die Wirkungen der Seele, nämlich das Denken, das Schließen, das Fürchten u. s. w., betrifft. Denn da wir sehen, daß sie nicht für sich bestehen; und da wir nicht begreifen, wie sie dem Körper eigen seyn, oder von ihm hervorgebracht werden können: so glauben wir leicht, daß sie Thaten einer andern Substanz sind, die wir den Geist nennen. Woraus denn gleichwohl augenscheinlich erhellet, daß wir von der Materie keinen Begriff haben, sondern nur von etwas, in welchem die vielen sinnlichen Eigenschaften, die unsere Sinne rühren, bestehen, daß wir auch, wenn wir eine Substanz voraus setzen, in welcher das Denken, die Erkenntniß, das Zweifeln, die Kraft zu bewegen, u. s. w., bestehen, einen so klaren Begriff von der Substanz des Geistes haben, als wir von der Substanz des Körpers haben. ... Diesemnach ist es klar, daß der Begriff von einer körperlichen Substanz in der Materie von unserer Einsicht so weit entlegen ist, als es immer der Begriff von einer geistigen Substanz, oder von dem Geiste seyn mag" (296). „Wollte iemand vorgeben: er wisse nicht, was dasjenige sey, das in ihm denke: so meynet er nichts anders, als daß er nicht wisse, was die Substanz eines solchen denkenden Dinges sey. Und da sage ich denn, daß er auch so wenig weis, was die Substanz eines dichten Dinges ist. Saget er ferner: er wisse nicht, wie er denke: so antworte ich, er weis es auch nicht, wie er ausgedehnet ist, wie die dichten Theile eines Körpers vereiniget sind, oder an einander hängen, daß die eine Ausdehnung bewerkstelligen"

des Subjects (Einfachheit)" als Erkenntnis der „wirkliche(n) Einheit" des denkenden Subjekts betrachtet[215], während dementsprechend im dritten Vernunftschluß der „Personalität" die „logische(n) Identität" des Ich-Bewußtseins
„in verschiedenen Zeiten" „nur eine formale Bedingung meiner Gedanken
und ihres Zusammenhanges" ist und nichts über die „numerische Identität
meines Subjects" über den Bereich der Erfahrung hinaus oder die Unmöglichkeit seiner totalen „Umwandelung" beweist[216]. Das so verstandene „Ich denke"
verklammert also das Paralogismenkapitel mit dem transzendentalen Idealismus und gleichzeitig mit einem zentralen Stück der transzendentalen Analytik[217]. Der einzige die drei früheren Paralogismen zusammenfassende Grund-

(307). Daß Kant nach Erreichen der kritischen Position auf den vorsichtigeren Ausdruck
‚das Substantiale‘ ausweicht („Folglich verwechsele ich die mögliche *Abstraction* von
meiner empirisch bestimmten Existenz mit dem vermeinten Bewußtsein einer *abgesondert*
möglichen Existenz meines denkenden Selbst, und glaube das Substantiale in mir als das
transscendentale Subject zu erkennen, … " B 427; vgl. auch B 441 bzw. A 414: das
Substantiale als „der Begriff vom Gegenstande überhaupt, welcher subsistirt, sofern man
an ihm bloß das transscendentale Subject ohne alle Prädikate denkt" oder AA 4/333f.:
das „Substantiale" als das nach Absonderung aller Prädikate übrigbleibende „eigentliche"
und „letzte(s)" *absolute Subject*, das nicht „gedacht werden" kann und im Falle des
„Ich" nicht als „bestimmter Begriff", sondern nur als „regulatives Princip" im Sinne
einer bloßen „Idee" anzusehen ist, aus der keinerlei Folgerungen über die Natur „unseres
denkenden Wesens" gezogen werden können) und daß Kant diesen Ausdruck auch in
der „Preisschrift über die Fortschritte der Metaphysik" zur Verdeutlichung des logischen
Ich verwendet („es ist gleichsam, wie das Substanziale, was übrig bleibt, wenn ich alle
Accidenzen, die ihm inhäriren, weggelassen habe, das aber schlechterdings gar nicht
weiter erkannt werden kann, weil die Accidenzen gerade das waren, woran ich seine
Natur erkennen konnte" AA 20/270), braucht dagegen nicht mit POLEYS Ausführungen
über das „Substantialische" („In der Welt giebet es außer den Kräften nichts substantiali-
sches", a. a. O. 295ff.) zusammenzuhängen, weil sich der Ausdruck „substantiale" bereits
bei Baumgarten findet in der Bedeutung: „substantia, quatenus est subiectum" oder „id,
cui accidentia inhaerere possunt" (§§ 196 u. 199, AA 17/67f.). – In den oben erwähnten
Reflexionen stellt Kant auch Überlegungen zum Zusammenhang von Substanz und Akzi-
dens im Hinblick auf ihre Verwendbarkeit als Subjekt und Prädikat an, der später im 1.
Paralogismus von A und im gemeinsamen Syllogismus der B-Auflage zugrunde gelegt
wird (R 5278-5297, AA 18/141-147). „Das substantiale" ist „das Ding an sich selbst und
unbekant." (R 5292, AA 18/145).

215 KrV A 356.
216 KrV A 363.
217 D. HENRICH nennt das „Ich-denke‘-Bewußtsein" bei Kant „die Basis für alle seine letzten

syllogismus der zweiten Auflage, nach dem ein denkendes Wesen als solches nicht anders denn als Subjekt und damit als Substanz existiert, weil es nicht anders denn als Subjekt gedacht werden kann[218], wird ähnlich aufgelöst: Beim Selbstbewußtsein handelt es sich um „gar kein Object", sondern nur um ein „Subject (als die Form des Denkens)", so daß von ihm nicht gilt, was von einem Objekt überhaupt gesagt werden kann[219]. Diese Lösung wird dann ausdrücklich zurückbezogen auf „den Abschnitt von den Noumenen" in der transzendentalen Analytik[220], in dem dargelegt wird, daß der „transscendentale Gebrauch" von apriorischen Verstandesbegriffen oder -grundsätzen zu völlig inhaltsleeren Sätzen führe[221], und auf eine in der zweiten Auflage in die transzendentale Analytik neu eingefügte „Anmerkung zum System der Grundsätze", in der (auch am Beispiel Subjekt-Substanz) erläutert wird, daß Kategorien „für sich gar keine *Erkenntnisse,* sondern bloße *Gedankenformen*" sind, und daß ihre „*objective Realität*" nur mit Hilfe von äußeren Anschauungen „darzuthun" sei[222]. Gleichwohl ist das „Ich" des „Ich-denke" als Apperzeption auch ein „Reales" eigener Art, das weder als Erscheinung noch als Ding an

Argumente" für die transzendentale Deduktion (*Identität und Objektivität. Eine Untersuchung über Kants transzendentale Deduktion.* Sitzungsber. d. Heidelb. AkWiss, Philos.-hist. Kl., 1976, 1 [Heidelberg 1976] 111). Henrich weist nach, daß in der transzendentalen Deduktion zwei Argumentationslinien sich überlagern, die meistens nicht klar auseinandergehalten werden, und zwar die Bezugnahme auf die Einfachheit des Subjekts und auf seine Identität in verschiedenen Zuständen. „Beide Eigenschaften zusammen haben zur Folge, daß unser Bewußtsein als *Einheitsprinzip* bestimmt werden muß" (56). „Kant hat seine Widerlegung der rationalen Psychologie auf das Argument gegründet, daß aus der Einfachheit und der Identität, die dem Selbstbewußtsein zukommen, nicht die Einfachheit und Selbigkeit einer Substanz in der Folge ihrer Zustände gefolgert werden dürfen. Er hat aber damit dem Selbstbewußtsein nicht die Eigenschaft absprechen wollen, auch über eine Reihe von Zuständen mit sich identisch zu sein. Vielmehr bezeichnet er die Eigenschaft seiner Identität einmal ganz ausdrücklich näher als die Identität des ‚Ich denke' *in jedem Zustand meines Denkens* (B 419)" (57f.).

218 KrV B 410f., hier verkürzt.

219 KrV B 411f.

220 KrV B 412.

221 KrV A 238f., B 297f. Zu Kants „völlig leer an Inhalt" vgl. Leibniz in seinen *Nouveaux Essais* 4. Buch, Kap. 8: „Von den inhaltsleeren Sätzen" (dt., a. a. O. (144) 510).

222 KrV B 288-294.

sich selbst gegeben ist, aber doch „in der That existirt"[223], nicht als Empfundenes (als Antizipation der Wahrnehmung)[224], sondern als Gedachtes, nicht eigentlich erkannt, sondern nur bezeichnet, „sofern das Denken in Funktion tritt"[225]. Die Anpassung des Begriffs an diesen Sonderfall unterstreicht die Funktion der gleichzeitigen Abgrenzung und Verklammerung, die dem „Ich-denke" zukommt. In der zweiten Auflage setzt sich Kant in mehreren Anläufen mit dem „Cogito" auseinander, um die endgültige Abgrenzung vom Idealismus besonders des Descartes zu verdeutlichen. Den Anstoß dazu hat offenbar der Idealismusvorwurf der Göttinger Rezension[226] gegeben, was vor allem aus den reaktiven Nachträgen in den „Prolegomena" (1783) hervorgeht. Dort wird dem Descartes nacheinander ein „empirischer"[227], ein „materieller"[228] und ein „skeptischer" Idealismus zugeschrieben[229], der schließlich in der 2. Auflage der Kritik ein „problematischer" Idealismus genannt wird, der „nur

---

223 KrV B 424. Nach HEIMSOETH, a. a. O. (116) 186 eignet dem Ich als diesem ‚Realen' „ein Sachcharakter von Bewußtsein-Selbstbewußtsein". Henrich zu dieser besonderen Realität: „Denn das Subjekt des ‚Ich-denke'-Bewußtseins ist gewiß Einzelnes und Spontaneität und damit auch etwas Reales, – von welch besonderer Art auch immer. Es ist aber im Entscheidenden falsch aufgefaßt, wenn man übersieht, daß man ihm ein Wissen von den Bedingungen seiner Identität zuschreiben muß, die man nur als logische Prinzipien beschreiben kann und die Kant selbst auch so charakterisiert hat. Keinen dieser beiden Aspekte darf man bei der Begründung von Kants Erkenntnistheorie außer acht lassen." (HENRICH a. a. O. (217) 111f.).

224 KrV A 166, B 204; vgl. HEIMSOETH, a. a. O. (116) 185f. Anm. 280.

225 HEIMSOETH, ebd. 186.

226 vgl. B. ERDMANN, *Immanuel Kants Prolegomena zu einer jeden künftigen Metaphysik, die als Wissenschaft wird auftreten können*, hrsg. u. hist. erkl. von … (Leipzig 1878) ab XLI, XCIXCV. ARNOLDTS Einspruch gegen eine doppelte Redaktion der Prolegomena *(Kants Prolegomena nicht doppelt redigiert. Widerlegung der Benno Erdmannschen Hypothese*, a. a. O. (28) 3/3-101), der auf einer Abneigung gegen entwicklungsgeschichtliche Forschung im Erdmannschen Sinne beruht (5-8), kann hier außer Betracht bleiben, weil Arnoldt zugesteht, daß „Kant in den Prolegomenen an mancherlei Stellen die Irrtümer der Göttinger Rezension über seine Lehrmeinungen zurückweist und beseitigt" (9). Ausdrücklich befaßt sich Kant in den Prolegomena in einem eigenen Abschnitt mit dieser Rezension (AA 4/372-380, zu vergleichen mit AA 23/53-65).

227 AA 4/293.

228 AA 4/337.

229 AA 4/375.

Eine empirische Behauptung (assertio), nämlich: *Ich bin,* für ungezweifelt erklärt"[230]. Schon in der ersten Auflage wurde der „vermeintliche *Cartesianische* Schluß: cogito, ergo sum" als „tautologisch" bezeichnet, weil das „cogito (sum cogitans) die Wirklichkeit unmittelbar aussagt"[231]. In den „Prolegomena" ist die Reflexion des „cogito" für Kant der Anlaß, seinen „transscendentalen" Idealismus nun künftig den „formalen, besser noch den kritischen Idealism zu nennen"[232], ja, die ursprüngliche Benennung wird wegen der Gefahr der Mißdeutung förmlich zurückgenommen[233]. Für die erste Auflage der *Kritik der reinen Vernunft* war das „logische Ich der Apperception" „ein Name für das transscendentale Ich, dessen Erscheinung uns durch das empirische Ich des inneren Sinns zum Bewusstsein kommt" (so Benno Erdmann[234]). Das logische Ich wurde dabei bereits in seiner Doppelfunktion dargestellt: in seiner apriorischen im Hinblick auf seine Beziehung zu den Kategorien, und in seiner transzendentalen hinsichtlich seiner Beziehung zum transzendentalen Subjekt des Denkens als Ding an sich selbst und damit mittelbar auf das Ich in der Erscheinung[235]. In den „Prolegomena" wird nun versucht, diesen Zusammenhang rückwärts zu lesen, obwohl tatsächlich der Zugriff auf das logische Ich nicht ohne das empirische Ich stattfindet. Das logische Ich wurde schon in der ersten Auflage andeutungsweise als existierend gedacht (oder doch wenigstens ‚vorgestellt'), und zwar als Voraussetzung dafür, daß die Kategorie des Daseins auf das empirische Ich angewendet werden konnte[236]. Diese Vor-

---

230 KrV B 274 in der der zweiten Auflage eingefügten „Widerlegung des Idealismus".

231 KrV A 355, vgl. das „ich bin denkend" bei Leibniz (s. oben Anm. 149).

232 AA 4/375, vgl. auch 4/337.

233 AA 4/293, vgl. KALTER, a. a. O. (54) 271-282.

234 ERDMANN, a. a. O. (226) C.

235 ERDMANN, a. a. O. (226) CI.

236 So ERDMANN, a. a. O. (226) CIII, der sich dabei auf zwei Stellen stützt, die nicht ganz eindeutig sind, aber aus dem Gesamtzusammenhang kaum anders interpretiert werden können: einmal die Bezeichnung als „Correlatum alles Daseins, aus welchem alles andere Dasein geschlossen werden muß", die in einem unvollständigen Satz vorkommt – „denkt" ist von Mellin und Erdmann ergänzt (A 402) –, und dazu, was in A 400 von etwas, das „einfach im Begriffe" ist, wozu auch „die bloße Apperception (Ich)" zählt, ausgesagt wird, daß man davon „wirklich nichts weiter, als bloß, daß es etwas sei, zu sagen" wisse. Die genannten Zitate gehören dem Schlußteil der Appendix an, der nach KALTER a. a. O.

aussetzung ist aber nur eine logische und transzendentale und bedeutet keine

(54)108, 112, 124 aus der Zeit der Endredaktion stammt und trotz der erreichten transzendental-logischen Betrachtungsweise („Ich denke" als „formale Bedingung ... eines jeden Gedankens" A 398; „Ich bin" als „einzelne Vorstellung", die „die reine Formel aller meiner Erfahrung (unbestimmt) ausdrückt" A 405) das Ich weiterhin als Konkretum kennt und von „Mir, als einem denkenden Wesen überhaupt" (A 399), als „denkende(s)m Ich (Seele)" (A 401) und (indirekt) als „Substratum (Ding selbst)" (A 399) spricht. Daß Kant allerdings in diesem Schlußabschnitt der Appendix von einer „Substanz in der Erscheinung" spricht (A 399), die auf eine frühere Phase verweist (substantia phaenomenon und substantia noumenon, vgl. KALTER, a. a. O. (54)109) läßt vermuten, daß die Kaltersche Datierung hier noch weiter differenziert werden müßte. Aber auch in der Einleitung des Paralogismenkapitels, die der Schicht des transzendental-logischen Ich zugerechnet und unverändert in die B-Auflage übernommen wird (ab A 341 = B 399 Mitte, vgl. KALTER, a. a. O. [54] 112ff.; der erste Absatz offenbar nachträglich hinzugefügt, vgl. KALTER, ebd. 105ff.) wird zunächst vom „Ich, als denkend Wesen" ausgegangen, das als „gegeben" bezeichnet wird (A 344 = B 402); und „nichts weiter, als ein transscendentales Subject der Gedanken vorstellt= x" (A 346, B 404); von dessen Existenz wird dann erst nachträglich abstrahiert, um nämlich alles Empirische im Sinne der angestrebten Untersuchung auszuschalten: „Der Satz: Ich denke, wird aber hierbei nur problematisch genommen; nicht sofern er eine Wahrnehmung von einem Dasein enthalten mag, (das Cartesianische *cogito, ergo sum)* sondern seiner bloßen Möglichkeit nach, um zu sehen, welche Eigenschaften aus diesem so einfachen Satze auf das Subject desselben (es mag dergleichen nun existiren oder nicht) fließen mögen" (A 347, B 405). Aber auch in diesem Sinne gilt, daß „der Satz: *Ich denke* (problematisch genommen), die Form eines jeden Verstandesurteils überhaupt enthält und alle Kategorien als ihr Vehikel begleitet" (A 348, B 406, vgl. auch A 341 = B 399, das „Ich denke" als „Vehikel aller Begriffe überhaupt, und mithin auch der transscendentalen"). Damit bleibt die Existenz nur ausgeklammert, ohne aber bestritten zu werden. Die Abstraktion bezieht sich nicht auf ein freischwebendes Bewußtsein (das ohne Existenz gar nicht gedacht werden könnte), sondern auf ein solches, das, wenn es überhaupt ein erkennendes und denkendes und damit ein handelndes ist, (hypothetisch) als faktisch reales vorkategorial vorausgesetzt werden muß, ohne daß die Kategorie „Dasein" auf dieser Basis schon anwendbar wäre. In die gleiche Richtung geht Kants Randbemerkung in seinem Handexemplar der ersten Auflage, in der er den Satz: „Die Seele ist *Substanz"* mit „Die Seele existirt als Substanz" erklärt (AA 23/50), ohne diese Veränderung aber in die zweite Auflage zu übernehmen (vielleicht aufgrund des Systemzwangs, die Existenzkategorie nur unter Nr. 4 unterbringen zu können, vgl. die Fußnote in der KrV zu dieser Stelle). Als weitere Bestätigung dieser Überlegungen mag gelten, daß Kant in seinen Reflexionen im genannten Handexemplar das „Ich denke" als „Satz a priori" bezeichnet (AA 23/39), und zum „Ich bin" fragt: „ist dieses ein analytisches oder synthetisches Urteil?" Seine Antwort lautet: „A, ein Object überhaupt existirt, ist immer ein synthetisches Urtheil, und kann nicht a priori erlangt werden: ‚Ich bin' ist also kein Erkenntnis des Subjects, sondern blos das Bewußtseyn der

zeitliche Bestimmung. Kant ringt in den „Prolegomena" förmlich nach Worten. Nachdem er festgestellt hat: „das Ich ist gar kein Begriff, sondern nur Bezeichnung des Gegenstandes des innern Sinnes", kein „bestimmter Begriff eines absoluten Subjects, sondern nur wie in allen andern Fällen die Beziehung der innern Erscheinungen auf das unbekannte Subject derselben"[237], erklärt er in

Vorstellung des Objects überhaupt" (AA 23/42f.).

237 237 AA 4/334. – Es ist an dieser Stelle nicht möglich, der Entwicklung der Lehre vom ‚inneren Sinn' bei Kant im einzelnen nachzugehen. Verwiesen sei dazu insbesondere auf die Arbeiten von F. Rademaker, *Kants Lehre vom innern Sinn in der „Kritik der reinen Vernunft"* (Diss. Marburg 1908), A. Monzel, *Die Lehre vom inneren Sinn bei Kant. Eine auf entwicklungsgeschichtliche und kritische Untersuchungen gegründete Darstellung* (Bonn 1913, Teilabdruck der Teile I und II unter dem Titel: Die historischen Voraussetzungen und die Entwicklung der Kantischen Lehre vom inneren Sinn als Diss. Bonn 1912) u. H. Schulz, *Innerer Sinn und Erkenntnis in der Kantischen Philosophie* (Diss. Köln 1962). Bei Kalter, a. a. O. (54) vgl. besonders die Ausführung auf den Seiten 116,161,169, 213. – Der ‚innere Sinn' als vermittelnde Instanz zwischen sinnlicher und intellektueller Erkenntnis wird von Kant in der Frühzeit breiter gefaßt und insgesamt uneinheitlich zugeordnet. 1755 wird der ‚innere Sinn' im Zusammenhang mit der Commercium-Problematik als Vermögen der passiven Wahrnehmung innerer Empfindungen neben dem aktiven Denkvermögen (= die Eindrücke zu wiederholen, zu verbinden und zu vergleichen) der Seele zugewiesen (AA 1/355 und 411). Die sich aus der Cartesianischen Annahme ausgedehnter und denkender Substanzen ergebende schwierige Aufgabe, beide Seiten miteinander zu vermitteln, macht es verständlich, daß der ‚innere Sinn' in der von Kant damals vorgefundenen Literatur unterschiedlich bestimmt worden war: Bei Leibniz hatte er als ‚Einbildungskraft' eine zusammenfassende Einheitsfunktion hinsichtlich der äußeren Sinne, der besonderen Sinne und des Gemeinsinnes (*Lettre touchant ce qui est independant des sens et de la matière*, 1702), bei Wolff diente er eher beiläufig als Bewußtsein der „operationum mentis", um die Logik überhaupt zu ermöglichen (*Philos. rationalis sive Logica Methodo scientifica pertractata ...* [Francofurti & Lipsiae MDCCXXXX] 125 [§ 31]), und Baumgarten bestimmte ihn in seiner *Metaphysik* als „conscientia strictius dicta", die zwar der Sinnlichkeit zugerechnet wurde, aber als Repräsentation des im „cogito" erfaßten „status(m) [praesens(-tem)] animae" verstanden wurde (AA 15/30, § 534f.). Gegenüber diesen Vorlagen werden wohl die „sensio interna" A. Rüdigers (*Institutiones Eruditionis, seu Philosophia synthetica, tribus libris, De Sapientia, Justitia et Prudentia, Methodo Mathematicae aemula, breviter et succincte, comprehensa, ...* [Francofurti ad Moenium ³1717] 22f.; ders.: *De Sensu Veri et Falsi Libri IV* [Lipsiae ²1722] 63: „passio intellectus, quae a spiritibus, ab ipsa anima in motum citatis afficitur", gegenüber dem Ausdruck „sensus internus" bevorzugt" [59]) und die „innerlichen Empfindungen" bei Ch. A. Crusius (a. a. O. [36] *Entwurf* 29, 824f.; *Weg* 113,155) für Kant von geringerem Gewicht gewesen sein. Zwei Jahre später (1757) erschien die genannte Locke-Übersetzung (vgl. Anm. 214). Daß Locke hier den inneren Sinn als „reflexion" (so als Fußnote dort

einer offenbar durch die Göttingische Rezension veranlaßten Fußnote, „die

angegeben) bezeichnet (von Poley mit „Ueberdenken" übersetzt [78]), ist charakteristisch für seine Position. Rüdiger unterscheidet wenigstens andeutungsweise zwischen der „sensio interna" und der Reflexion: „Sic enim verbi gratia in cogitationibus ipsis (1) sentio *rem* me afficientem, (2) sequitur *cogitatio*, (3) iterum *sentio* cogitationem, quae est sensio interna, (4) hanc iterum sequitur *cogitatio*, quam veteres bene dicebant *cogitationem reflexam*.... Hinc recte dixit *Cartesius, cogito,* id est, sentio me cogitare: porro, *cogito me cogitare,* id est sentio, me sentire cogitationes meas. Nihil autem conciperes, utut ulterius diceres, *cogito, me cogitare, me cogitare"* (De sensu veri et falsi 65). 1762 hält Kant („meine jetzige Meinung") den ‚inneren Sinn' für ein unableitbares „Grundvermögen" vernünftiger Wesen, auf dem deren „ganze obere Erkenntnißkraft" „beruht" und das ähnlich wie bei Locke dazu dient, „seine eigene Vorstellungen zum Objecte seiner Gedanken zu machen" (AA 2/60). In den 1765 veröffentlichten *Nouveaux Essais* spricht LEIBNIZ von der ‚Apperzeption', die zusammen mit der ‚Reflexion' die ‚Perzeptionen' begleitet (dt. a. a. O. [144] 10, 120), aber auch fehlen kann (ebd. 151) und uns mit Tieren gemeinsam ist (ebd. 12), was für die ‚Reflexion' nicht zutrifft (ebd. 112); „Cette continuation & liaison de perceptions fait le même individu reellement, mais les apperceptions (c'est à dire lorsqu'on s'apperçoit des sentimens [!] passés.) prouvent encore une identité morale, & font paroitre l'identité réelle"(Originalausgabe, a. a. O. [143]198). Da der Ausdruck ‚Apperzeption' aber in Kants Druckwerken nicht vor der KrV verwendet wird, scheint insofern ein sofortiger Einfluß nicht nachweisbar zu sein. In den *Institutiones Historiae philosophicae usui academicae iuventutis adornatae* (Lipsiae 1747) teilte J. BRUCKER über die Leibnizsche Terminologie mit, „hunc statum transeuntem, multitudinem in vnitate repraesentantem esse perceptionem, ab apperceptione seu conscientia probe distinguendam" (632). Unter Berufung auf Leibniz hatte bereits WOLFF in seiner *Psychologia empirica (Methodo scientifica pertractata ...* [Francofurti & Lipsiae MDXXXVIII, reprogr. Nachdr. Hildesheim 1968]) den Begriff der „Apperceptio" verwendet („Menti tribuitur *Apperceptio,* quatenus perceptionis suae sibi conscia est" 17) und in seiner *Psychologia rationalis* wieder aufgegriffen (a. a. O. [12] 11; „*Ex claritate perceptionum partialium nascitur apperceptio.* ... Hinc non mirum obscuritate tolli apperceptionem" 16). Im Jahre 1739 definiert auch BAUMEISTER (a. a. O. [27] 341) unter Berufung auf Leibniz die Apperzeption als Perzeption der Perzeption: „Quatenus ... anima huius repraesentationis sive perceptionis simul sibi est conscia, dicitur *appercipere."* Die Verwendung dieses Begriffes durch Baumeister und vor allem durch Tetens dürfte Kant entscheidend beeinflußt haben. Demgegenüber gibt es für Leibniz auch eine „Intuition" als erste Stufe der Erkenntnis (433), mit der „die *ursprünglichen* Wahrheiten" erkannt werden (419), zu denen auch „das unmittelbare Bewußtsein unseres eigenen Daseins und unseres Denkens" gehört, das uns gleichzeitig „die *ersten aposteriorischen* oder faktischen Wahrheiten, d.h. die ersten Erfahrungen liefert" (518f.). Dies könnte schon für J. G. H. FEDER bestimmend gewesen sein, der 1768 in seiner Antrittsvorlesung *(De sensu interno exercitatio philosophica prima /* ad orationem qua munus Professoris Philosoph. P. O. in inclita Georgia Avgusta ad diem XXX. Aprilis capessiturus est invitaturus scripsit... [Goettingae

Vorstellung der Apperception, das Ich" sei „nichts mehr als *Gefühl* eines

(1768)]) den literarischen Ursprüngen des ‚inneren Sinnes' nachging, die er wie folgt zusammenfaßt: „Hanc puto vim, *quam veteres mentis aciem se ipsam intuentem b), sensum animi & constitutionis suae, dixerint, quo id sentitur, per quod reliqua sentiuntur c)*. Cui vero praecipue sensus interni nomen vindicarunt recentiores potissimum metaphysici" unter Bezugnahme auf b) CICERO Tusc. quaest. i. 30 und c) SENECA epist. CXXXI (a. a. O. 10f.). Nachdem Kant im gleichen Jahre dem ‚inneren Sinn' noch die Anschauung der Realität des „absoluten und ursprünglichen Raum(es)" zugesprochen hatte (AA 2/383), ist es daher vielleicht kein Zufall, daß er in seiner Dissertation von 1770 vom „intuitus purus" in dem („in quo") alles Sinnliche gedacht wird und dessen Formalprinzip (Raum und Zeit) die Bedingung ist, unter der („sub qua") überhaupt etwas Gegenstand unserer Sinne sein kann (AA 2/396f.). In seinem Brief an M. Herz vom 21. Februar 1772 ordnet Kant deutlicher die Zeit als Form dem inneren Sinne zu, und er wirft im Zusammenhang damit die Frage nach der Wahrnehmung der Wirklichkeit auf, wobei er feststellt: „bey dem innern Sinne aber ist das Dencken oder das existiren des Gedanckens und meiner Selbst einerley" (AA 10/134, vgl. auch Monzel, a. a. O. 55f.). Tetens versucht dann 1777, die Positionen von Leibniz und Locke miteinander zu verbinden, indem er den äußeren Sinnen einen inneren Sinn gegenüberstellt und gleichzeitig eine Apperzeption kennt. Außerdem kommt dem ‚Gefühl' bei Tetens eine wichtige Bedeutung zu, und es lassen sich sogar Anklänge an die Metaphysikvorlesung Kants nach Pölitz angeben. Da aber Kant selbst schon früher dem Gefühl ein großes Gewicht beimißt, läßt sich in diesem Punkt eine Beeinflussung nicht behaupten (vgl. W. UEBERLE, *Johann Nicolaus Tetens nach seiner Gesamtentwicklung betrachtet mit besonderer Berücksichtigung des Verhältnisses zu Kant. Unter Benützung bisher unbekannt gebliebener Quellen.* KSt Erg.H. 24. [Berlin 1912, Innentitel 1911]113ff.). Insgesamt bleibt die begriffliche Durcharbeitung bei Tetens, wohl durch seinen Eklektizismus bedingt, eher unscharf, wodurch sich für Kant vermutlich eine Fülle von Fragen ergab, die sein Denken vorantrieb. So ist für Tetens z.B. das Gefühl zusammen mit der Apperzeption (= Gewahrnehmung) Bestandteil des Bewußtseins (1/263). Das Gefühl hat „das *Absolute* in den Dingen zum Gegenstand", während die Apperzeption auf „*relative* Prädikate" gerichtet ist (1/275), die selbst wieder die Grundlage der beurteilenden Vernunfttätigkeit abgeben (1/274). Demgegenüber wird die „Apperception" einmal als „Eine von den Wirkungen der Denkkraft" bezeichnet (1/299), dann wieder als ein „lebhaftes, hervorstechendes Gefühl einer empfundenen oder vorgestellten Sache" hingestellt (1/264, vgl. auch 1/606). An einer anderen Stelle wird der Ausdruck ‚inneres Gefühl' schließlich in der Bedeutung ‚innerer Sinn' verwendet (1/45f.). Der von Kant in der 2. Auflage der KrV ausgesprochene Vorwurf gegenüber der zeitgenössischen Psychologie, „den inneren Sinn mit dem Vermögen der Apperception ... für einerlei auszugeben" (B 153), trifft daher wenigstens im Hinblick auf die genannte terminologische Unschärfe auch für Tetens zu. Demgegenüber dürfte die Bedeutung des fünften Versuchs bei Tetens für die Konzeption des Paralogismus-Kapitels im allgemeinen und die Rolle des 4. Paralogismus im besonderen bisher nicht genügend beachtet worden sein. Vor allem die Abschnitte V-VIII (S. 1/388-1/414) enthalten die entscheidenden

Daseins ohne den mindesten Begriff und nur Vorstellung desjenigen, worauf alles Denken in Beziehung ... steht"[238]. Der schillernde Ausdruck „Gefühl",

Fragestellungen, die Kant im Paralogismenkapitel und mit der Lehre von der transzendentalen Apperzeption beantwortet hat. Kalters entwicklungsgeschichtliche Analysen lassen sich von hier aus für diese Phase bestätigen und ergänzen. Tetens untersucht unter Verweis auf Locke und Leibniz, wie sich das Ich als der zunächst nur gefühlte dunkle gemeinsame Grund aller Empfindungen und Wahrnehmungen aufgrund einer schon in der Empfindung als ganzer selbst vorgefundenen Einheitsfunktion zunächst als Subjekt, das existiert, und dann erst als Objekt und als Substanz darstellt, wobei die Einstufung des Ich als wirkliches Objekt nicht der Wahrnehmung anderer wirklicher Dinge vorausgeht, sondern bei allem zugegebenen Vorrang nur zugleich möglich ist, so daß der unentwickelte Begriff (Empfindung) einer Verursachung der Vorstellungen anderer Dinge von außen her schon als sekundär bezeichnet werden kann, weil er die Existenz mehrerer Dinge bereits voraussetzt. Besonders interessant ist dabei, daß Tetens ein Zitat aus HUMES *Treatise* bringt, der Kant sonst nicht zugänglich war, und in dem die Idee von unserem Ich als von „Einem Ganzen, als einem Subjekt" noch nicht bedeutet, daß die Seele auch schon „ein Ding, ein Ganzes Eins, ein wirkliches Ding sey" (1/392f.). Kalter stellt fest, daß Kant bis lange nach der Dissertation die Begriffe „Subjekt" und „Substanz" als synonym behandelt hat (a. a. O. [54] 101) und daß sich in früheren Textstücken des 4. Paralogismus noch Elemente einer kausalen Theorie der Wahrnehmung finden, die später aufgegeben wurde (ebd. ab 148). Die bei Tetens bereits als vorgegeben betrachtete Einheit des Bewußtseins läßt sich zudem unschwer als Ausgangspunkt für die Lehre von der transzendentalen Apperzeption verstehen. Zu beachten ist dabei, daß Tetens sich an mehreren Stellen auf Kant beruft, hier im Hinblick auf die Vorstellung der Zeit (1/398, vgl. auch 1/277 und 1/359). – In der ersten Auflage der KrV definiert Kant den ‚inneren Sinn' noch als die *„empirische Apperception"*, die den faktischen Zustand des Selbst erfaßt, während mit der transzendentalen Apperzeption das „reine ursprüngliche, unwandelbare Bewußtsein" gemeint ist, das als „notwendig und numerisch identisch" vorgestellt wird (A 107) und zwar im Hinblick auf ein *„mögliches* empirisches Bewußtsein", das seinerseits wiederum notwendig auf das transzendentale „Vermögen" der reinen Apperzeption bezogen ist (A 117). Erst der neu verfaßte Text der 2. Auflage gesteht auch der transzendentalen Apperzeption einen grundsätzlichen Realitätsbezug zu, insofern die bloße „Handlung des Denkens" oder das Faktum, „daß ich denke", vor jeder Anschauung das Bewußtsein impliziert, „nicht wie ich mir erscheine, noch wie ich an mir selbst bin, sondern nur daß ich bin". „Das Dasein ist dadurch also schon gegeben", nicht jedoch die „Art, wie ich es bestimmen" soll. Der ‚innere Sinn' vermag darüber hinaus nur noch die Erkenntnis zu liefern, „wie ich mir selbst *erscheine"*, oder wie ich von mir selbst affiziert werde, nicht jedoch, wie ich „an mir selbst bin" (B 156ff.), weil er notwendigerweise die Zeit als seine Form mit ins Spiel bringt (A 33, B 49). Sein Schema der Substanz ist schon auf die „Beharrlichkeit des Realen in der Zeit" abgestellt (A 143-146, B 182-185), während die Frage nach der Substantialität der Seele gerade auf ihre Beharrlichkeit jenseits der Zeit abzielt und daher auf diesem Wege nicht beantwortet werden kann.

der die Wahrnehmung von Empfindungen der inneren und äußeren Sinnlichkeit objektiver oder bloß subjektiver, ungegenständlicher Art bezeichnet, später („moralisches Gefühl") in der Kritik der praktischen Vernunft (= KpV) für die Achtung vor dem Sittengesetz (bzw. für die Mißachtung alles diesem Widersprechenden) verwendet wird[239] und schließlich in der Vorrede der Kritik der Urteilskraft (= KU) („Gefühl(e) der Lust und Unlust") ein Vermögen benennt, das ein „Mittelglied(e) zwischen dem Erkenntnißvermögen und Begehrungsvermögen"[240] bildet, dient hier zur Kennzeichnung einer allem Denken überhaupt je schon zugrunde liegenden, aber noch nicht kategorial bestimmten Ur-Wahrnehmung faktischer Existenz, die sich freilich nicht anschaulich, sondern nur als denknotwendige Voraussetzung unter logischer Rücksicht darstellt[241]. Es handelt sich offenbar um den notwendigerweise un-

---

238   AA 4/334, Hervorhebung von mir. G. Kullmann wollte den Text der einzigen Anmerkung zu § 46 in zwei Teile zerschneiden, so daß der von uns zitierte Satz eine eigene Anmerkung darstellt, weil der Text des § 46 tatsächlich zwei Verweisungszeichen aufweist. Da jedoch seine Gründe nicht überzeugen und die Änderung nichts von Belang einbringen würde, braucht hier nicht weiter auf diesen Vorschlag eingegangen zu werden (G. KULLMANN, *Kantiana. I. Korrekturen und Konjekturen zu den Prolegomenen,* hrsg. (postum) von Justizrat Kullmann [Wiesbaden 1922], 32-38). Vgl. auch R 4225, AA 17/464f.: „Das Ich ist eine Unerklärliche Vorstellung. Sie ist eine Anschauung, die unwandelbar ist." (Unklare Datierung ab 1769).

239   AA 5 ab 73.

240   AA 5/168.

241   vgl. KrV B 157: „ein *Denken,* nicht ein *Anschauen".* ERDMANN hielt schon 1878 die Bestimmung des „Ich" der transzendentalen Apperzeption „als Gefühl eines Daseins" für „die seltsamste Behauptung, welche die Prolegomenen enthalten", wofür die erste Auflage der KrV „nicht die leiseste Spur einer Analogie" biete (a. a. O. [226] C). Nach seiner Auffassung handelt es sich hier um die Fortbildung der Kantschen Überlegungen über das „Ich an sich", und zwar hinsichtlich des Verhältnisses „zwischen der Voraussetzung seiner Existenz und der Folgerung seiner Unerkennbarkeit durch die Kategorien" (ebd. CV). Man wird aber darüber hinaus auch von einer konsequenten begrifflichen Korrektur sprechen können. Denn die genannte Anmerkung (als zusammengehörige Einheit genommen) verwahrt sich dagegen, daß das Ich der transzendentalen Apperzeption als Begriff betrachtet werden könnte, „wodurch irgend etwas gedacht würde". Genau dies wurde aber in der ersten Auflage der KrV an der Stelle nahegelegt, wo Kant Substanz und Einfachheit in der Erscheinung und „im Begriffe" unterschieden hatte, um dann fortzufahren: „Nun ist die bloße Apperception (Ich) Substanz im Begriffe, einfach im Begriffe usw.". Damals hatte Kant nur festgestellt, daß „alle diese Prädicate" „gar nicht

zulänglichen Versuch, den Abstraktionsprozeß gegenzulesen und das, was als letzter Aufhänger übrigbleibt, als ersten Ausgangspunkt zu beschreiben. Denn erst wenn überhaupt (etwas) gedacht wird, und sei es noch so unbestimmt und bloß auf das Subjekt als solches konzentriert (cogito), kommt das logische Ich mit seiner Einheitsfunktion zu Zuge, indem es die angebotenen Erscheinungen des inneren Sinnes, in denen das denkende Ich sich darstellt, verknüpft, und, wie es nun in den „Prolegomena" heißt, dadurch die „Wirklichkeit meiner Seele (als eines Gegenstandes des inneren Sinnes)" „beweiset"[242]. Das *„Substantiale"*, „das unbekannte Subjekt" der „innern Erscheinungen" bleibt

von der Anschauung" gelten und daher nichts über den „Ursprung(s) und künftigen Zustand(es)" auszumachen gestatten (A 400). In der Fußnote der Prolegomena werden nun auch noch solche als Prädikate verwendbaren Begriffe über das transzendental-logische Ich verworfen: „Nun ist es nichts mehr als Gefühl eines Daseins ohne den mindesten Begriff und nur Vorstellung desjenigen, worauf alles Denken in Beziehung (relatione accidentis) steht." Nach KALTER stammt die genannte Passage der A-Auflage der KrV aus der Zeit der Endredaktion (a. a. O. [54] 108,124). Vielleicht könnte man die Anmerkung in den Prolegomena als Fuß- oder Schnittpunkt zweier gegenläufiger Gedankenbewegungen ansehen: einerseits der möglichst vollständigen Zurücknahme und ‚Ausdünnung' des transzendental-logischen Ich, die umso leichter fiel, je mehr sich zu diesem Zeitpunkt bereits ein anderer, tragfähigerer Zugang über die „Spontaneität" des Erkennens (B 158) und des Handelns in Freiheit (B 430) abzeichnete. Von Einfluß werden dabei vermutlich die Vorarbeiten für die KpV, vor allem aber auch die Vorbereitungen für die Metaphysik der Sitten (1785, ²1786) gewesen sein, in der die Frage nach dem Ich im Zusammenhang mit der Freiheitsproblematik weiterentwickelt wurde (vgl. AA 4/451ff.), so daß in der Zeit vor Erscheinen der 2. Auflage der KrV in veränderter Fassung die Einstufung der Seele als „lntelligenz" und „Noumenon" zunehmend an Bedeutung gewann. In Kants eigenen Nachträgen zur A-Auflage der KrV findet sich übrigens noch eine umschreibende Formulierung für das „Gefühl" der Prolegomena: „Hier empfinde ich gleichsam die Categorien oder weiß sie a priori." (AA 23/39).

242 AA 4/336. Zum Selbstbewußtsein bei Kant vgl. auch B. KUHSE, *Der Begriff und die Bedeutung des Selbstbewußtseins bei Kant* (Diss. Halle a.S. 1886); H. AMRHEIN, *Kants Lehre vom „Bewußtsein überhaupt" und ihre Weiterbildung bis auf die Gegenwart.* KSt Erg. H. 10 (Berlin 1909); F. W. GARBEIS, *Das Problem des Bewusstseins in der Philosophie Kants. Eine erkenntnistheoretische Untersuchung der Grundlagen des Denkens und des Seins* (Wien u. Leipzig 1924); zum „Cogito": St. C. PATTEN, *Kant's Cogito*, in: KSt 66 (1975) 331-341; H. SCHOLZ, *Über das Cogito, ergo sum*, in: KSt 36 (1931) 126-147; W. RÖD, *Zum Problem des Premier Principe in Descartes' Metaphysik*, in: KSt 51 (1959/60) 176-195; J. KOPPER, *Descartes und Crusius über „Ich denke" und leibliches Sein des Menschen*, in: KSt 67 (1976) 339-352.

dabei als das Ding an sich selbst unbekannt, ebenso wie seine Eigenschaften, von denen die etwaige „Beharrlichkeit" besonders interessieren würde[243]. Damit kommt der Aspekt des Ich als eines „Noumenon" deutlicher in den Blick, der in der zweiten Auflage der Kritik mehr Gewicht erhält und für die weitere Entwicklung des Seelenproblems zunehmend wichtiger wird. Die zweite Auflage unterscheidet nun nachdrücklicher zwischen dem „Erkennen" des durch „die Funktion des Denkens" aufgrund gegebener Anschauung „bestimmbaren" Selbst und dem im bloßen Denken gegebenen Bewußtsein des transzendentalen Subjekts als des (nur unbestimmt wahrgenommenen[244]) *„bestimmenden* Selbst"[245], das als bewußte Spontaneität „Intelligenz" genannt wird[246]. Das „Reale" dieses Ichs der Apperzeption ist, wie jetzt ohne begriffliche Unsicherheiten gesagt wird, „gegeben"[247]: das „Ich" des empirischen Satzes „ich denke" ist selbst keine empirische, sondern eine „rein intellektuell(e)" „Vorstellung", die „zum Denken überhaupt gehört", wobei das Empirische nur die Bedingung dafür ist, daß „der Aktus, Ich denke" überhaupt stattfinden kann[248]. Daß das Gegebensein des eigenen Selbst in der Anschauung empirisch auf Erfahrung hin weiterverfolgt werden könnte, wird nicht bestritten, sondern nur beiseitegesetzt[249]. Denn was wirklich interessiert, die substantielle Beharrlichkeit der Seele über den Tod hinaus, kann niemals an Daten der Erfahrung abgelesen werden. Darum wird von der „empirisch bestimmten Existenz" abstrahiert[250],

---

243 AA 4/333ff.; vgl. KrV B 427. Zum „Substantiale(n)" vgl. oben Anm. 214.

244 KrV B 423.

245 Gegenüber dem *„bestimmbaren* Selbst" KrV B 406f., zu vergleichen mit A 402.

246 KrV B 158, ebenfalls für die 2. Auflage neu verfaßt (Transz. Deduktion d. reinen Verstandesbegriffe).

247 KrV B 422f.. Die eigene Existenz wird nicht wie bei Cartesius aus dem „Cogito" gefolgert, „sondern ist mit ihm identisch". Der Satz „Ich denke" drückt eine „unbestimmte empirische Anschauung, d. i. Wahrnehmung" aus, die der Erfahrung vorausliegt, und die so angetroffene Existenz ist „hier noch keine Kategorie". Das entspricht dem Ausdruck „Gefühl" in den Prolegomena AA 4/334 Anm., vgl. oben unsere Anm. 241.

248 KrV B 424.

249 KrV B 429. Vgl. Lose Blätter zur Preisschrift: „Das logische *Ich* ist für ihm selbst kein Object der Erkenntnis aber wohl das physische *selbst* und zwar durch die categorien als Arten der Zusam̃ensetzung des Manigfaltigen der iñeren (empirischen) Anschauung so fern sie (die Zusam̃ensetzung) a priori möglich ist." (AA 20/338).

um, wenn überhaupt, wie es die rationale Psychologie wollte, aus den ersten Grundbegriffen, womöglich a priori, zu notwendigen und allgemeingültigen Erkenntnissen zu gelangen, die den Erfahrungsbereich übersteigen. Das aber ist unmöglich, so weit man auch die Abstraktion treiben mag: „im Bewußtsein meiner Selbst beim bloßen Denken bin ich" zwar, so Kant, *„das Wesen selbst, von dem mir aber freilich dadurch noch nichts zum Denken gegeben ist"*²⁵¹. Damit ist ein Abschnitt aus der Einleitung in das Paralogismenkapitel, der unverändert in die zweite Auflage übernommen wurde, näher bestimmt, in dem gesagt wurde, daß der Satz „ich denke" „niemals rein" sei und „ein empirisches Prinzipium" enthalte, das als „innere Erfahrung überhaupt" oder „Wahrnehmung überhaupt" ohne weitere empirische Bestimmung „nicht als empirische Erkenntnis", sondern „als Erkenntnis des Empirischen überhaupt angesehen werden" müsse und nur „zur Untersuchung der Möglichkeit einer jeden Erfahrung" gehöre, „welche allerdings transscendental ist"²⁵². Gleichwohl wirft die Umarbeitung des Paralogismenkapitels neue Fragen auf: einmal wird festgehalten, daß das transzendentale Subjekt aller inneren Erscheinungen „nicht als Gegenstand *gegeben*" sei, so daß die Frage nach der Seele *„selbst nichts"* und die Nichtbeantwortung der Fragen der „transscendentalen Seelen-lehre" „auch eine Antwort" ist (aus der ersten Auflage übernommen)²⁵³; dann aber ist nach den neuen Texten in der unbestimmten Wahrnehmung des „Ich" im Denken überhaupt doch „etwas Reales ... gegeben", „zwar nur zum Denken überhaupt" (kurz danach heißt es wieder, es sei „nichts zum Denken gegeben"²⁵⁴!) und weder als Erscheinung noch als Noumenon, aber doch

---

250 KrV B 427. Vgl. R 5998, AA 18/420: „Das Wesen, daß sich selbst allein die Zeit und sich in der Zeit vorstellt, kan sich nicht als beharrlich erkennen; sondern nur dasjenige Wesen kan es, was ausser ihm ist." Dazu R 6001, AA 18/420f.

251 KrV B 429.

252 KrV A 343, B 401.

253 KrV A 478f. = B 506f. Diese Formulierungen entstammen offenbar einer Zwischenphase vor der Endredaktion der A-Auflage, in der die Unterscheidung des ‚transzendentalen Gegenstandes‘ als ‚Ding an sich‘ von seiner ‚Erscheinung‘ entscheidendes Gewicht bei der Behandlung der rationalen Psychologie zukam, wie die dazugehörige Definition der Seele ausweist: „das Etwas, dessen Erscheinung (in uns selbst) das Denken ist" (ebd.).

254 KrV B 429.

immerhin als „in der That" existierendes, das präkategorial als „*Subject* der Gedanken" oder als „*Grund* des Denkens" vorgestellt wird, so daß man nach Kant sagen kann: „Im Bewußtsein meiner selbst beim bloßen Denken bin ich das *Wesen selbst*"[255]. Hier stellt sich die Frage, ob der so ambivalent beschriebene „Grenzbegriff"[256] nicht vielleicht gerade selbst eine faktische, vorgängige, wenn auch nicht weiter erklärbare Einheit des transzendental-logischen und des empirischen Ich zum Ausdruck bringt, die die abgelehnten Argumente der rationalen Seelenlehre schließlich doch in einer entsprechend modifizierten Form ermöglichen würde, nachdem die abstraktive Reduktion des Selbstbewußtseins auf die wenigstens präkategoriale Tatsächlichkeit der transzendentallogischen Einheitsfunktion des Bewußtseins angewiesen bleibt, will sie sich nicht in reine Spekulationen des bloß Möglichen und schließlich Beliebigen verlieren. Muß der denkerische Aufwand, hinter die Form der Zeit zurückzufragen, im bloßen Nicht-Wissen endigen, oder könnte nicht die ursprüngliche Spontaneität des Denkens überhaupt, die unter dieser Rücksicht zwar genannt, aber nicht weiter verfolgt wird[257], ähnlich wie die ursprüngliche Spontaneität des Handelns in Freiheit, auf die sich später das Interesse Kants verlagert,

---

255 KrV B 423 u. 429.

256 „Grenzbegriff" als Bezeichnung des Noumenon A 255, B 310f.

257 vgl. KrV B 158 Anm.: „Das: Ich denke, drückt den Actus aus, mein Dasein zu bestimmen. Das Dasein ist dadurch also schon gegeben, aber die Art, wie ich es bestimmen, d.i. das mannigfaltige zu demselben Gehörige in mir setzen solle, ist dadurch noch nicht gegeben. Dazu gehört Selbstanschauung, die eine a priori gegebene Form, d. i. die Zeit, zum Grunde liegen hat, welche sinnlich und zur Receptivität des Bestimmbaren gehörig ist. Habe ich nun nicht noch eine andere Selbstanschauung, die das *Bestimmende* in mir, dessen Spontaneität ich mir nur bewußt bin, eben so vor dem Actus des *Bestimmens* giebt, wie die *Zeit* das Bestimmbare, so kann ich mein Dasein als eines selbstthätigen Wesens nicht bestimmen; sondern ich stelle mir nur die Spontaneität meines Denkens, d.i. des Bestimmens, vor, und mein Dasein bleibt immer nur sinnlich, d.i. als das Dasein einer Erscheinung, bestimmbar. Doch macht diese Spontaneität, daß ich mich *Intelligenz* nenne." Zum Denken als Spontaneität vgl. auch KrV B 428f.. Den Beweis der Immaterialität der Seele aus einem weiter entwickelten Begriff der „Spontaneität" zu führen, schlug schon TETENS, a. a. O. (130) 2/181 vor. I. HEIDEMANN vertritt die These, Kant habe „wesentlich um des Begriffes der Spontaneität willen, das heißt um die mit ihm gemeinten oder verbundenen Zusammenhänge deutlicher herauszustellen, die ursprüngliche Fassung der Kritik geändert" (Der Begriff der Spontaneität in der Kritik der reinen Vernunft, in: KSt 47 [1955/56] 3-30, hier: 16).

gewisse, wenn auch vorsichtigere, metaphysische Grundaussagen über die Seele gestatten? Es fällt in diesem Zusammenhang auf, daß die Bestimmung der Syllogismen der Seelenlehre als Paralogismen nicht ganz eindeutig ist und auf eine gewisse gedankliche Unabgeschlossenheit schließen läßt. In beiden Auflagen der KrV werden sie als „sophisma figurae dictionis" eingestuft wegen einer ‚quaternio terminorum‘[258], die durch die wechselnde Supposition des Mittelbegriffs (einmal transzendental-logisch, einmal empirisch genommen) bedingt sei. Damit wird die distinctio der verschiedenen Aspekte von vornherein als divisio festgeschrieben, was eigentlich erst zu beweisen wäre. In seinem Handexemplar der ersten Auflage notiert sich Kant dagegen: „Ein Paralogism ist ein Vernunftschlus, der in forma falsch ist. Nun gehört zur Form auch, daß Major ein allgemeiner Satz sey, und auch, daß die Prämissen nicht tautologisch seyn. Es ist aber hier Major ein einzelnes Urtheil und enthält in sich Tautologie. Folglich hat der Syllogism nur 2 terminos." (zum ersten Absatz der *Einleitung in das Paralogismenkapitel* =A 341[259]). Eine Variante dieser Auffassung lieferte Jürgen Bona Meyer, der die Paralogismen für Schlüsse mit „inhaltlich falschen oder wenigstens unerwiesenen Obersätzen" ansah[260]. Kalter vertritt dagegen im Anschluß an Adickes und Kemp Smith die Auffassung, daß Kant bei der Kritik der „falsche(n) Verwendung des Ich-Begriffs in der Minor" „ihren Inhalt überhaupt" kritisiere, so daß entgegen seiner eigenen Behauptung von „richtige(n) Prämissen"[261] nicht die Rede sein könne[262]. Damit

258 KrV A 402, B 411f.; vgl. auch AA 18/223: „Der Paralogism der reinen Vernunft ist eigentlich eine transscendentale Subreption, da unser Urtheil über obiecte und die Einheit des Bewustseyns in demselben vor eine warnehmung der Einheit des Subiects gehalten wird." Das „vitium subreptionis" im Zusammenhang mit der Commercium-Problematik schon bei Baumgarten AA 17/140, §§ 737 u. 738. Kant allgemein zur Definition des Paralogismus: AA 9/134f., dazu z.B. AA 24.1/287 u. 479. Für A. RÜDIGER galt: „omnis enim error paralogismus est" (a. a. O. [237 – De sensu] Praef. § 4). Rüdiger wird übrigens von KNUTZEN in seiner Logik (*Elementa Philosophiae rationalis sev Logicae cum generalis tvm specialioris mathematica Methodo in vsvm auditorvm svorum demonstrata* [Regiomonti et Lipsiae 1747]) kritisch zitiert (62 und 147).

259 AA 23/38, Refl. CLV E 47.

260 a. a. O. (56) 228. KALTER zitiert a. a. O. (54) 124 diese Stelle fehlerhaft.

261 KrV A 402.

262 KALTER, a. a. O. (54)119-125, hier: 121 und 124.

222

wird allerdings der logische Vorwurf der „quaternio terminorum" nicht entkräftet! Entwicklungsgeschichtliche Kriterien scheinen zu ergeben, daß die Einschätzung der Schlüsse der rationalen Psychologie als Paralogismen erst aus der Zeit der Endredaktion stammt[263], in der auch ‚architektonische' Gründe[264] der Gesamtkonzeption der Kritik eine gewisse Rolle spielten. Man könnte daran denken, daß der „Erbfehler" der Metaphysik[265], der sich zunächst bei der früher bearbeiteten „Antinomie" der Vernunft gezeigt hatte und in einer mittleren Phase auch mutatis mutandis an der Seelenlehre aufgewiesen werden sollte, nun umso eher an transzendentalen „Paralogismen" dokumentiert werden konnte, je mehr sich gerade in der Zeit der Endredaktion die Auffassung von der positiven, nämlich „regulativen" Funktion transzendentaler Ideen im Sinne von Begriffen der reinen Vernunft gegenüber der früheren nur „negativ-kritischen" der Aufdeckung des unvermeidlichen dialektischen Scheins einander widersprechender fundamentaler metaphysischer Aussagen durchsetzte[266]. Das in langer Vorgeschichte belegte Interesse am Nachweis der „Grenzen" ist tatsächlich als Interesse an dem solcherart erzielbaren Gewinn erkennbar. Schon in der ersten Auflage läßt Kant durchblicken, daß in der Seelenfrage dasjenige, „was man eigentlich wissen will", die „Eröffnung" „ihres Ursprungs und künftigen Zustandes" sei[267]. In der zweiten Auflage wird er deutlicher: Wenn man von einem kurzen Hinweis auf die Verbindung mit den Möglich-

---

263 Kalter, ebd. 124f., 142.

264 Zur „architektonisch(en)" Natur der menschlichen Vernunft und ihrem „architektonische(n) Interesse" vgl. KrV A 474, B 502. Vgl. auch Adickes a. a. O. (177).

265 KrV A 406, B 433. Vgl. die Erklärung in den Prolegomena: „ ... so ist dadurch ausgemacht, daß in der Metaphysik ein Erbfehler liege, der nicht erklärt, viel weniger gehoben werden kann, als wenn man bis zu ihrem Geburtsort, der reinen Vernunft selbst, hinaufsteigt" (AA 4/379). N. Hinske hat darauf hingewiesen, daß in dem Ausdruck „Erbfehler" offenbar noch der Begriff der „Erb-Sünde" aus der antithetischen Theologie Paul Antons nachklingt (Hinske, a. a. O. [48] 59).

266 vgl. Kalter, a. a. O. (54) 89f.. Der „transscendentale Paralogism" KrV A 406 = B 433.

267 KrV A 400. Daneben wird schon in der ersten Auflage auf den eigentlichen Nutzen der Idee im praktischen Gebrauch verwiesen: „Dagegen, weil es im praktischen Gebrauch des Verstandes ganz allein um die Ausübung nach Regeln zu thun ist, so kann die Idee der praktischen Vernunft jederzeit wirklich, obzwar nur zum Theil, in concreto gegeben werden, ja sie ist die unentbehrliche Bedingung jedes praktischen Gebrauchs der Vernunft." (A 328, später B 384f.).

keiten der praktischen Vernunft im Kapitel über die transzendentalen Ideen absieht, das schon aus der ersten Auflage übernommen wurde[268], erläutert Kant im neugefaßten Paralogismus-Kapitel in drei Anläufen die Hintergründe seiner spekulativen Zurückhaltung, die zugleich die weitere Entwicklung der Transzendentalphilosophie beinhalten[269]. Zunächst wird die „Weigerung der Vernunft, den neugierigen, über dieses Leben hinausreichenden Fragen befriedigende Antwort zu geben", als „ein(en) Wink" der Vernunft bezeichnet, sich von der „fruchtlosen überschwenglichen Speculation" weg dem „fruchtbaren praktischen Gebrauche" zuzuwenden, der „seine Prinzipien doch höher hernimmt"[270]. In einem zweiten Gange wird dies weiter erläutert: Die Entlar-

---

268 vgl. Anm. 267.

269 Die Wende zum Praktischen, die sich in der weiteren Entfaltung der Kantschen Transzendentalphilosophie abzeichnet, ist nicht einfach als lineare Fortführung einer systematisch angelegten Gedankenkette, sondern als das allmähliche Hervortreten einer über lange Zeit hin parallel verlaufenden Entwicklungslinie zu verstehen, die bei ihrem Wirksamwerden im Anschluß an die Auseinandersetzung mit der Aporetik der spekulativen Vernunft wegen ihrer z. T. gegenläufigen Tendenz (vgl. oben Anm. 241) den Eindruck einer Richtungsumkehr erweckt. Die Ursprünge der praktischen Linie liegen vermutlich in der „Rousseauistischen Wende" (HENRICH, a. a. O. [217]13) begründet. ROUSSEAUS *Emile* erschien 1762 im Original und in deutscher Übersetzung und hielt Kant „bei seiner ersten Erscheinung einige Tage von den gewöhnlichen Spaziergängen zurück" (BOROWSKI, a. a. O. [2] 79). Kants erste Reaktionen um 1764/65 in seinem Handexemplar der Beobachtungen über das Gefühl des Schönen und Erhabenen im 20. Band der Akademieausgabe: „Rousseau hat mich zurecht gebracht." Weiter unten: „Wen es irgend eine Wissenschaft giebt deren der Mensch bedarf so ist es die so ihn lehret die Stelle geziemend zu erfüllen welche ihm in der Schöpfung angewiesen ist und aus der er lernen kan was man seyn muß um ein Mensch zu seyn." (AA 20/44f., vgl. auch vorher 20/29f.; dazu 20/58: „Rousseau entdekte zu allererst unter der Mannigfaltigkeit der Menschlichen angenommenen Gestalten die tief verborgene Natur desselben u. das versteckte Gesetz nach welchem die Vorsehung durch seine Beobachtungen gerechtfertigt wird."). 1765 erwähnt Kant in seinem Brief an Lambert unter seinen Arbeitsvorhaben „*die metaph: Anfangsgr: der prakischen Weltweisheit*" (AA 10/56), und 1767 (1768?) schreibt er an Herder: „ich arbeite jetzt an einer Metaphysik der Sitten" (AA 10/74). 1782 ist die *Metaphysik der Sitten* in Arbeit (Hamann an Hartknoch, vgl. P. Menzers Einleitung in die *Grundlegung zur Metaphysik der Sitten* AA 4/625). In der Vorrede der *Grundlegung zur Metaphysik der Sitten* (Spätestens 1784 geschrieben) erscheint zum ersten Mal der Hinweis auf eine „*Kritik der reinen praktischen Vernunft*" (AA 4/391, vgl. P. NATORPS *Einleitung* zur KpV AA 5/495).

270 KrV B 421.

vung aller spekulativen Bemühungen um die Natur der Seele treffe ohnehin nur Beweise der Schulen, die für die „gemeine Menschenvernunft" keine Rolle gespielt haben, während dadurch „für die Befugniß, ja gar die Nothwendigkeit der Annehmung eines künftigen Lebens nach Grundsätzen des mit dem speculativen verbundenen praktischen Vernunftgebrauchs hierbei nicht das mindeste verloren" gehe[271], weil das praktische Vernunftvermögen den Einschränkungen des theoretischen Vernunftgebrauchs nicht unterliege und „unsere eigene Existenz über die Grenzen der Erfahrung und des Lebens hinaus zu erweitern berechtigt" sei[272]. Aus der *„Analogie mit der Natur* lebender Wesen in dieser Welt" und aus dem Anspruch des moralischen Gesetzes im Menschen, das die Berufung in sich schließe, „sich durch sein Verhalten in dieser Welt, mit Verzichtthuung auf viele Vortheile", sogar „bei Ermangelung aller Vortheile", „zum Bürger einer besseren, die er in der Idee hat, tauglich zu machen", ergebe sich ein „mächtige(r), niemals zu widerlegende(r) Beweisgrund" zusammen mit einer „sich unaufhörlich vermehrende(n) Erkenntniß der Zweckmäßigkeit in allem", einer „Aussicht in die Unermeßlichkeit der Schöpfung" und dem „Bewußtsein einer gewissen Unbegrenztheit in der möglichen Erweiterung unserer Kenntnisse"[273]. Schließlich wird zum Abschluß des Kapitels dieser künftig weiter zu verfolgende (und z. T. schon schriftlich fixierte) Weg der praktischen Vernunft und der Urteilskraft in Andeutungen erläutert: Wenn sich nämlich nach „gewissen ... a priori feststehenden ... Gesetzen" ohne Zuhilfenahme „der empirischen Anschauung" unser eigenes *„Dasein(s) als gesetzgebend* und diese Existenz auch selbst bestimmend" herausstellten sollte, dann würde sich „unsere Wirklichkeit" durch „eine Spontaneität" und damit auch im Hinblick auf eine „(freilich nur gedachte)" „intelligibele" Welt aus dem „Bewußtsein unseres Daseins" als bestimmbar erweisen. Zwar würde unsere Erkenntnis in spekulativer Hinsicht dadurch nicht im mindesten erweitert werden, aber die im spekulativen Gebrauch versagenden Begriffe der reinen Vernunft könnten in „analogischer(n) Bedeutung" behilflich sein, die Fragen über das frei handelnde Subjekt, das dann aus anderen

---

271 KrV B 424.
272 KrV B 425.
273 KrV B 425f.

Prinzipien in seiner Wirklichkeit feststellbar wäre, zu ‚erklären(t)‘[274], und Anleitung zum ‚Denken' dessen geben, was theoretisch nicht im eigentlichen Sinn erkennbar war[275]. Jedenfalls wird zu Beginn des Antinomiekapitels betont,

274 KrV B 430-432. Die unzulänglichen Ergebnisse der spekulativen Vernunft sind keine bloßen „Schattenbilder eines Traumes" (B 503), so daß die Metaphysik sich darauf beschränken dürfte, unter Berufung auf ihren „transscendentale(n) Schein" (z.b. A 293 - B 349) nur den „Schein dem Schein" entgegenzusetzen (R 5464, AA 18/190). Die Vermittlung zwischen den theoretischen Ansprüchen und den praktischen Erfordernissen stellt sich als ein asymmetrisches Verhältnis der wechselseitigen Ergänzung zwischen dem spekulativen und praktischen Gebrauch der reinen Vernunft dar, wobei die jeweiligen Ergebnisse nur analog aufeinander bezogen werden können: die spekulative Vernunft leistet Erklärungshilfe für von der praktischen Vernunft geforderte Voraussetzungen, während die praktische Vernunft den spekulativen Ideen eine wenn auch nur praktisch gesicherte Realität verleiht (z.B. AA 5/5f.). Weil dadurch jedoch „nichts von Anschauung" gegeben wird, erfährt die spekulative Vernunft als solche „keine Erweiterung der Spekulation" oder „des Erkenntnisses"; problematisch denkbare Begriffe werden auf Veranlassung der praktischen Vernunft assertorisch auf wirkliche Objekte bezogen, die nunmehr als gegebene „durch Kategorien" gedacht werden können, aber trotzdem weiterhin keine synthetischen Sätze zulassen. Transzendente und bloß regulative Ideen der theoretischen Vernunft werden unter praktischer Rücksicht immanent und konstitutiv, aber nicht zum spekulativen Gebrauch; der Nutzen liegt nicht in einer Zunahme einer theoretischen Gegenstandserkenntnis, sondern der Zuwachs kommt der Vernunft selbst zugute: er dient „zur Sicherung ihres praktischen Gebrauchs", d.h. letzten Endes zur Abwehr möglicher Gefahren für die Moralitat (AA 5/134ff.). Deshalb soll die spekulative Philosophie der praktischen „freie Bahn schaffe(n)", indem sie mit ihrer eigenen theoretischen „Uneinigkeit" ins reine kommt (AA 4/456). Praktische Vernunft kann sich dann „von der Last befreien, die die Theorie drückt" (AA 4/448); „sie füllt den leeren Platz aus", der von der spekulativen Vernunft leer gelassen wurde (AA 5/49) und ergänzt im Hinblick auf das höchste Gut „als Endzweck" „unvermerkt den Mangel der theoretischen Beweise" (AA 20/309), so daß schließlich „eine *transscendentale Theologie*" „das Ideal der höchsten ontologischen Vollkommenheit zu einem Prinzip der systematischen Einheit" nehmen kann, was schon in der KrV seit der 1. Auflage angestrebt wird (A 816 = B 844).

275 In der Vorrede zur zweiten Auflage der KrV spricht Kant von der „Einschränkung aller nur möglichen Erkenntnis der Vernunft auf bloße Gegenstande der *Erfahrung*" und fährt dann fort: „Gleichwohl wird, welches wohl gemerkt werden muß, doch dabei immer vorbehalten, daß wir eben dieselben Gegenstände auch als Dinge an sich selbst, wenn gleich nicht erkennen, doch wenigstens müssen *denken* können". Das wird in einer Anmerkung näher erklärt: „Einen Gegenstand *erkennen*, dazu wird erfordert, daß ich seine Möglichkeit (es sei nach dem Zeugniß der Erfahrung aus seiner Wirklichkeit, oder a priori durch Vernunft) beweisen könne. Aber *denken* kann ich, was ich will, wenn ich mir nur nicht selbst widerspreche, d.i. wenn mein Begriff nur ein möglicher Gedanke ist,

daß „der Vortheil ... gänzlich auf der Seite des Pneumatismus" liege trotz seines „Erbfehler(s)", sich gegenüber der Kritik „in lauter Dunst aufzulösen"[276]. Denn der „transscendentale Schein" der theoretischen Vernunftideen[277], der sich wohl aufdecken, aber als „unvermeidliche(n) *Illusion*" nicht beheben läßt, beruht auf einer „subjective(n) Nothwendigkeit einer gewissen Verknüpfung unserer Begriffe zu Gunsten des Verstandes"[278], die durchaus ihre positive

ob ich zwar dafür nicht stehen kann, ob im Inbegriffe aller Möglichkeiten diesem auch ein Object correspondire oder nicht. Um einem solchen Begriffe aber objective Gültigkeit (reale Möglichkeit, denn die erstere war bloß die logische) beizulegen, dazu wird etwas mehr erfordert. Dieses Mehrere aber braucht eben nicht in theoretischen Erkenntnißquellen gesucht zu werden, es kann auch in praktischen liegen." (B XXVIIf.). Ähnlich später in der KpV: „Nun sind hier aber *Ideen* der Vernunft, die in gar keiner Erfahrung gegeben werden können, das, was ich durch Kategorien denken müßte, um es zu erkennen. Allein es ist hier auch nicht um das theoretische Erkenntniß der Objecte dieser Ideen, sondern nur darum, daß sie überhaupt Objecte haben, zu thun. Diese Realität verschafft reine praktische Vernunft, und hiebei hat die theoretische Vernunft nichts weiter zu thun, als jene Objecte durch Kategorien blos zu *denken*, ..." (AA 5/136). Hinter diesen scheinbar klaren Formulierungen verbirgt sich die strittige Frage, ob die von Kant angedeutete „transscendentale Bedeutung" der Kategorien, die eigentlich nur von „empirischem ... Gebrauche" sind, sich von dem unrechtmäßigen „transscendentalen Gebrauch" der Kategorien unterscheidet (A 248, B 304f.). Kvist vertritt mit Jánoska, Schneeberger und Teichner gegen Adickes und Paton die These, daß es einen von Kant nicht abgelehnten .transzendentale(n) Gebrauch der Kategorien gibt, der im „Denken des noch nicht anschaulich gegebenen oder transzendentalen Gegenstandes" besteht, so daß es für Kant neben dem „Denken, dessen Möglichkeit sich innerhalb der auf sinnlicher Anschauung beruhenden Erfahrung bewährt" ein anderes Denken gibt, „das nur in dem Sinne möglich ist, dass die reinen Verstandesbegriffe oder Kategorien ohne Widerspruch sich auf Dinge überhaupt beziehen können" (KVIST, a. a. O. [64] 41f., vgl. auch 113 u. 290f.). Mit dieser These ließe sich die oben auf S. 143 erwähnte Unstimmigkeit klären, die dadurch entstand, daß nach den neu verfaßten Texten der B-Auflage der KrV in der unbestimmten Wahrnehmung des „Ich" „etwas Reales" „zum Denken überhaupt" und dann wieder „nichts zum Denken gegeben" ist. Demnach könnte man unter dem „Denken überhaupt" den rechtmäßigen, wenn auch keine Erkenntnis bewirkenden, transzendentalen Gebrauch der Kategorien verstehen. Es fällt jedenfalls auf, daß nach der oben angeführten Stelle in der KrV, in der von der transzendentalen Bedeutung der Kategorien die Rede ist, ein aus mehreren Seiten bestehendes neues Textstück die entsprechende frühere Fassung ersetzt (B 305: „Es liegt indessen" bis B 309: „verstanden werden." statt: A 248: „Erscheinungen, sofern" bis A 253. „gedacht wird."). Zu *„gedacht"* und *„gegeben"* vgl. auch AA 8/276.

276   KrV A 406, B 433.
277   vgl. KrV ab A 293, B 349.

Seite hat, wenn sie nämlich nicht für sich allein genommen und für objektiv gehalten wird, sondern in ihrer dienenden Funktion für den praktischen Vernunftgebrauch vor dem Hintergrund der einheitsstiftenden Urteilskraft zum Tragen kommt.

3. Die Frage nach der Seele in der Freiheitsproblematik und im Zusammenhang mit der weiteren Entwicklung der Transzendentalphilosophie

Den Andeutungen am Schluß des Paralogismuskapitels entsprechend verlagert sich das Problem der Seele im weiteren Gang der KrV in die Frage nach der menschlichen Freiheit. In der Antinomie der reinen Vernunft wird die jeweilige „Thesis" als diejenige Position angegeben, die allein ein System „eines Gebäudes von Erkenntnissen" möglich macht und sich deshalb dem „architektonische(n) Interesse der Vernunft" natürlicherweise empfiehlt[279]. Aus der Sicht der dritten Antinomie (bei der wie in der vierten im Gegensatz zu den beiden ersten Antinomien die Positionen der Thesis und der Antithesis *beide wahr* sein können"[280]) bedeutet das die Annahme der „transscendentale(n) Idee der Freiheit" auch des Menschen, eines gänzlich unbewiesenen Vermögens, „eine Reihe von successiven Dingen oder Zuständen *von selbst* anzufangen"[281], das der praktischen Freiheit als der „Unabhängigkeit der Willkür von der *Nöthigung* durch Antriebe der Sinnlichkeit"[282] zugrunde liegt. Diese besondere Art der Kausalität wird als „intelligibel" bezeichnet „nach ihrer *Handlung* als eines Dinges an sich selbst"[283], das als selbst sogar „empirisch unbedingt(e)" und „beharrliche" „*Bedingung* einer successiven Reihe von Begebenheiten"[284] seinen „intelligibelen Charakter"[285] offenbart, der zwar dem empirischen Charakter gemäß „*gedacht*" werden muß[286], aber in dem, was er an sich selbst ist, auch

278 KrV A 297f., B 353f.
279 KrV A 474f., B 502f.
280 KrV A 531 f = B 559f.
281 KrV A 448ff. = B 476ff.
282 KrV A 534 = B 562.
283 KrV A 538 = B 566.
284 KrV A 552f.= B 580f.
285 KrV A 539= B 567.

seiner bloßen Möglichkeit nach[287] unbekannt bleibt[288]. Der intelligible Charakter kennzeichnet jedoch das frei handelnde Subjekt als *„Noumenon",* das „von allem Einflusse der Sinnlichkeit und Bestimmung durch Erscheinungen freigesprochen werden" muß[289]. Schon im Rahmen der KrV wird so der Mensch im Hinblick auf sein handelndes Prinzip als Ding an sich, d. h. als „Noumenon" im Sinne einer kausalfreien und spontan handelnden Intelligenz dargestellt, was kürzlich eine Arbeit von Hans-Olaf Kvist im Rahmen des damit grundgelegten Verhältnisses von Wissen und Glauben untersucht hat[290]. In der „Grundlegung zur Metaphysik der Sitten" von 1785 wird der Begriff der Freiheit als „Autonomie" definiert, d. h. als „die Eigenschaft des Willens, sich selbst ein Gesetz zu sein"[291]. Die KpV entwickelt daraus die „Achtung erweckende Idee der Persönlichkeit" des Menschen, der zugleich zur „Sinnenwelt" und zur „intelligibelen Welt gehört". Von daher muß ihm „die *Menschheit* in seiner Person" und in jeder anderen „heilig sein" als *„Zweck an sich selbst",* so daß sie „niemals bloß als Mittel" gebraucht werden darf[292]. Der durch das „moralische Gesetz bestimmbare(n) Wille(ns)" hat aber nun aufgrund seiner Freiheit die „Bewirkung des höchsten Guts in der Welt" zum notwendigen Objekt, dem „die *völlige Angemessenheit* der Gesinnungen zum moralischen Gesetze" als seine „oberste Bedingung" entspricht. Diese Angemessenheit, auch Heiligkeit genannt, ist eine Vollkommenheit, die „kein vernünftiges Wesen der Sinnenwelt" erreicht. Da sie trotzdem als „praktisch notwendig gefo(r)dert

---

286   KrV A 540= B 568.

287   vgl. AA 4/461f.

288   „niemals unmittelbar *gekannt* (ERDMANN: *erkannt*)" KrV A 540= B 568.

289   KrV A 541 = B 569. Vgl. Kants Nachträge in seinem Handexemplar AA 23/34: „Das Ich ist Noumenon; Ich als Intelligenz." „Wir können Noumena nur denken, aber nicht erkennen." In den Vorlesungen der 90er Jahre: „Wir müssen einen Unterschied zwischen dem Menschen als Noumenon und Phaenomenon machen, sonst können wir nie die Freiheit beweisen. Als Noumenon ist im Menschen der Bestimmungsgrund ein intelligibler und nicht eine Begebenheit, d. i. ein empirischer Grund. Der Grund ist hier durch nichts genöthigt, sondern pure Spontaneität." (HEINZE, a. a. O. [31] 695 entspr. AA 28.2, 1/773).

290   vgl. oben Anm. 64.

291   AA 4/447.

292   AA 5/87; vgl. auch AA 4/428f., 451f.

wird", „kann sie nur in einem ins *Unendliche* gehenden *Progressus*" verwirklicht werden, der deshalb aus einer Notwendigkeit der praktischen Vernunft heraus postuliert werden muß, was nur möglich ist unter „Voraussetzung einer ins Unendliche fortdauernden Existenz und Persönlichkeit desselben vernünftigen Wesens (welche man die Unsterblichkeit der Seele nennt)", die darum „ein Postulat der reinen praktischen Vernunft" genannt wird und einen „*theoretischen*, als solchen aber nicht erweislichen Satz" bedeutet, sofern dieser „einem a priori unbedingt geltenden *praktischen* Gesetze unzertrennlich anhängt"[293].

293 AA 5/122. Vgl. dazu die Analyse des Arguments bei L. W. Beck, *A Commentary on Kant's Critique of Practical Reason* (The Univ. of Chicago Press 1960, ins Deutsche übers. v. K.-H. Ilting. Krit. Inf. 19 [München 1974] 265-271). Nach Beck ist dieses „moral argument" nicht identisch mit den schon in der KrV angeführten „Beweise(n), die für die Welt brauchbar sind" (B 424), in denen die Unsterblichkeit entweder durch einen aus dem Vergleich mit anderen Lebewesen gewonnen Analogieschluß begründet werde, der sich auf die „dieses(m) Leben" weit übersteigenden „Naturanlagen" des Menschen stützt (B 425, vgl. oben S. 146), oder aber (zusammen mit der Existenz Gottes) als notwendige Voraussetzung dafür angenommen werde, daß „die herrlichen Ideen der Sittlichkeit zwar Gegenstände des Beifalls und der Bewunderung, aber nicht Triebfedern des Vorsatzes und der Ausübung" sind (A 813 = B 841), welches letztere Argument Kant jedoch später wegen seiner Unvereinbarkeit mit der Autonomielehre fallengelassen habe (Beck a. a. O. 266f.). Das moralische Unsterblichkeitsargument der KpV sieht Beck höchstens in einer Bemerkung in der Vorrede zur 2. Auflage der KrV (B XXXII: „die jedem Menschen bemerkliche Anlage seiner Natur, durch das Zeitliche (als zu den Anlagen seiner ganzen Bestimmung unzulänglich) nie zufrieden gestellt werden zu können") dunkel angekündigt, aber in der zeitgenössischen Literatur nicht antizipiert („I have not been able to find any anticipation in other writers," a. a. O. ebd.). Dem ist entgegenzuhalten, daß Kant an der genannten Stelle „Gott und ein künftiges Leben" als „von der Verbindlichkeit, die uns reine Vernunft auferlegt, nach Principien eben derselben Vernunft nicht zu trennende Voraussetzungen" bezeichnet, aber nicht behauptet, daß sie der Verbindlichkeit vorgeordnet sind (A 811 = B 839), so daß sie der späteren Postulatenlehre (AA 5/124ff.) entsprechend verstanden werden kann. Außerdem wurde schon in der Pölitz-Metaphysik (L₁) der „moralische Beweis", der darin besteht, daß die der Würdigkeit entsprechende Glückseligkeit „in dieser Welt" nicht gegeben ist und also auf *„eine andere Welt"* schließen läßt, „wo das Wohlbefinden des Geschöpfs dem Wohlverhalten desselben *adäquat seyn wird"*, als eine „Triebfeder zur Tugend" bezeichnet, die die moralische Gesinnung zu ihrer Wirksamkeit bereits voraussetzt (Pölitz a. a. O. [31] 240f. entspr. AA 28.1/289; vgl. dazu in der KpV AA 5/71f.). Eine deutliche Vorstufe zu Kants ‚moralischem Argument' dürfte sich darüberhinaus in dem schon genannten Werk von Hennings (s. oben Anm. 133) finden, das von Tetens in seinen Philosophischen Versuchen zitiert wird (2/180f. Anm.). Für Hennings besteht der „letzte Endzweck der Schöpfung" in der

Damit ist die Frage nach der Substantialität der Seele, die die spekulative

„Glückseligkeit der Menschen und endlichen Geister" (378f.), dem „die Kundmachung und Verherrlichung der Ehre Gottes" als „Mittel" oder „Zwischenzweck" dient, sofern „die Bekanntmachung göttlicher Vollkommenheiten nicht sowohl eine Realität in Gott, als vielmehr eine Vollkommenheit außer Gott in den endlichen Geistern" genannt werden muß (380f.). Diese Absicht Gottes schließt jedoch „ein dauerhaftes Bewustseyn der menschlichen Seele" ein, ohne das die ernstlich gewollte Glückseligkeit der Menschen unmöglich ist: „soll ich glückselig seyn, so muß ich die Uebereinstimmung oder Harmonie meiner freyen Handlungen mit denen mir zukommenden Treiben [wohl Druckfehler statt: Trieben] zur Vollkommenheit empfinden, welches aber ein Bewustseyn erheischet." Weil aber „die Seele eines beständigen Wachsthums der Vollkommenheiten fähig ist, ohne irgend das Ziel der Endlichkeit zu überschreiten", wird „in dieser Zeitlichkeit die Absicht und Wohlfahrt der Seele nicht hinreichend erreicht", so daß Gott der Seele „eine ewige Dauer mit Bewustseyn" verleihen muß, damit sie sich „wie die asymptotischen Linien" der „Vollkommenheit des unendlichen Schöpfers" immer mehr annähere, ohne sie jemals zu erreichen „und die Grenzen der Endlichkeit zu verlieren" (384f.). Hennings konnte sich dabei auf Crusius stützen, für den „die Menschen letzte objectivische Endzwecke Gottes" waren, die als solche nicht nur von vorübergehender Dauer sein können. Der Hauptzweck des menschlichen Lebens aber war für Crusius die Tugend, die „weiter ausgebildet, und zur Vollständigkeit gebracht, … hernach eine Zeitlang geübet, und bis zu einem gewissen Ziele, welches Gott willkürlich setzen muß, gestärket und dem Grade nach erhöhet" werden soll, damit Gott den vernünftigen Geistern „hernach allererst nach Proportion der Tugend die Glückseligkeit angedeyhen" lassen kann, was „in dem gegenwärtigen Leben gar nicht oder gar selten geschiehet, wie die Erfahrung lehret," so daß „ein anderes Leben bevorstehen" muß (CRUSIUS, a. a. O. [36 – Anweisung] 253-267 entspr. §§ 210-220). Die von Crusius noch angenommene, von Gott bestimmte Grenze dieses Wachstums ließ Mendelssohn fallen: „Durch die Nachahmung Gottes kann man sich allmählig seinen Vollkommenheiten nähern, und in dieser Näherung bestehet die Glückseligkeit der Geister; aber der Weg zu denselben ist unendlich, kann in Ewigkeit nicht ganz zurück geleget werden. Daher kennet das Fortstreben in dem menschlichen Leben keine Grenzen." Man könne also annehmen, „dieses Fortstreben zur Vollkommenheit, dieses Zunehmen, dieser Wachsthum [!] an innerer Vortrefflichkeit sey die Bestimmung vernünftiger Wesen, mithin auch der höchste Endzweck der Schöpfung. Wir können sagen, dieses unermeßliche Weltgebäude sey hervorgebracht worden, damit es vernünftige Wesen gebe, die von Stufe zu Stufe fortschreiten, an Vollkommenheit allmählich zunehmen, und in dieser Zunahme ihre Glückseligkeit finden mögen." (MENDELSSOHN, a. a. O. [166] 268ff.). Hennings hatte die Werke von Crusius und Mendelssohn gelesen. Tetens war dagegen mehr an den psychologischen Fragestellungen interessiert. Er schreibt zwar: „Es ist für sich ein Grundsatz, dessen Richtigkeit auffällt, daß je mehr der Mensch vervollkommnet wird, ‚einer desto größern Glückseligkeit werde er fähig.'" (TETENS, a. a. O. [130] 2/815), aber unsere Fragestellung wird nur ganz flüchtig im Schlußsatz des ganzen Werkes berührt, wo es heißt: „Mich deucht, es sey auffallend, daß

Der andere Kant – Kapitel 4:

Vernunft wegen der unableitbaren, über die gegenwärtige Existenz hinausra-
genden „Beharrlichkeit" nicht beantworten konnte[294], nun auf einem anderen
Wege eingeholt worden, der die vergleichsweise größere Sicherheit bietet[295].
Am Rande sei daran erinnert, daß auch das Postulat der Existenz Gottes als
der „adäquaten Ursache" einer „jener Sittlichkeit angemessenen *Glückseligkeit*
und nicht etwa *„als eines Grundes aller Verbindlichkeit überhaupt"*[296] hier un-

es auch hier in unserer Natur Kräfte und Bestrebungen gebe, die nach Punkten hingehen,
welche jenseits des Grabes liegen," (ebd. 2/834). Kant korrigiert allerdings die Auffassungen
seiner Vorläufer über den Endzweck der Schöpfung: „Auch kann man hieraus ersehen:
daß, wenn man nach dem *letzten Zwecke Gottes* in Schöpfung der Welt frägt, man nicht
die *Glückseligkeit* der vernünftigen Wesen in ihr, sondern das *höchste Gut* nennen müsse,
welches jenem Wunsche dieser Wesen noch eine Bedingung, nämlich die der Glückseligkeit
würdig zu sein, d.i. die *Sittlichkeit* eben derselben vernünftigen Wesen, hinzufügt, ..."
(AA 5/130), und etwas modifiziert in der KU, wo der Mensch als Subjekt der Moralität
als Endzweck der Schöpfung angegeben wird, weil nur in ihm „die unbedingte Gesetzgebung in Ansehung der Zwecke anzutreffen" ist, „welche ihn also allein fähig macht ein
Endzweck zu sein, dem die ganze Natur teleologisch untergeordnet ist", wobei die Glückseligkeit nur als die entsprechende Folge „nach Maßgabe der Übereinstimmung" mit der
„inneren moralischen Gesetzgebung" gilt (AA 5/435f.). Zum Zusammenhang von Glückseligkeit und Fortschritt vgl. auch die Vorlesung zur Psychologia rationalis (L₂) aus dem
Wintersemester 1790/91: „Glückseeligkeit in dieser Welt ist niemals complet. ... Die
Glückseeligkeit besteht also im Fortschritte. In der künftigen Welt werden wir also seyn
im Fortschritte entweder zur Glückseeligkeit oder zum Elende, ob dies aber ewig so
fortdauren wird, können wir gar nicht wißen. Das moralisch Gute und Böse ist niemals
hier vollkommen, es ist immer im Fortschritte." (AA 28.2,1/593 [nach dem Original]
entspr. Heinze, a. a. O. [31] 677 [197]). Vgl. auch R 5480, AA 18/194 und R 6427, AA
18/712f..

294 AA 5/133 .

295 keine theoretische, sondern praktische Sicherheit, und auch diese nur indirekt: das moralische Gesetz „fordert" zunächst von uns „uneigennützige Achtung", und erlaubt erst
dann, „wenn diese Achtung thätig und herrschend geworden", „Aussichten ins Reich des
Übersinnlichen, aber auch nur mit schwachen Blicken" (AA 5/147). Aus der gelebten
Moralität erwächst Sicherheit „Da aber also die sittliche Vorschrift zugleich meine Maxime
ist (wie denn die Vernunft gebietet, daß sie es sein soll), so werde ich unausbleiblich ein
Dasein Gottes und ein künftiges Leben glauben und bin sicher, daß diesen Glauben
nichts wankend machen könne, weil dadurch meine sittlichen Grundsätze selbst umgestürzt werden würden, denen ich nicht entsagen kann, ohne in meinen eigenen Augen
verabscheuungswürdig zu sein." (KrV A 828 = B 856).

296 AA 5/124f. J. Dörenkamp nahm fälschlicherweise neben dem „Progressuspostulat" ein
„Glückseligkeitspostulat" für die Unsterblichkeit an, die er dann beide für „unvereinbar

mittelbar angeschlossen ist, so daß die Freiheit als Schlüsselbegriff für die Beantwortung der wichtigsten Menschheitsfragen dient[297].

Damit ist für Kant gegenüber den an sich als unheilbar dargestellten Paralogismen der rationalen Psychologie ein entscheidender Fortschritt erzielt[298].

mit Kants Ethik" erklärte (*Die Lehre von der Unsterblichkeit der Seele bei den deutschen Idealisten von Kant bis Schopenhauer* [Diss. Bonn 1926] 26-48). Abgesehen davon, daß er genauerhin von Gründen für das Unsterblichkeitspostulat hätte sprechen müssen, verfehlte er Kants Absicht grundsätzlich, indem er den „Glückseligkeitstrieb" für den „Träger dieses Postulates" hielt (46). Für Kant gilt dagegen Glückseligkeit auf keinen Fall als Motiv für sittliches Handeln, sondern sie gehört als unerläßliche Voraussetzung zum *sinnvollen* Handeln, das wenigstens „die Möglichkeit *des höchsten abgeleiteten Guts*" postulieren muß, woraus sich „das Postulat der Wirklichkeit eines *höchsten ursprünglichen Guts*, nämlich der Existenz Gottes" ergibt (AA 5/125). Erst in einem weiteren Schritt könnte auch hier auf Unsterblichkeit geschlossen werden, was aber nicht ohne zusätzliche Überlegungen möglich ist. Dies dürfte auch der Grund sein, warum M. ALBRECHT bei der Behandlung der Antinomie der praktischen Vernunft, die den Zusammenhang von Tugend und Glückseligkeit zum Gegenstand hat und hier hineinspielt, annehmen konnte, daß die von Kant gemeinte Glückseligkeit „ihren Ort ausschließlich in der Sinnenwelt" habe und es „für den Kant der *Kritik der praktischen Vernunft* die Möglichkeit einer ‚intellektuellen' oder ‚moralischen' (nichtsinnlichen) Glückseligkeit nicht gibt" (*Kants Antinomie der praktischen Vernunft.* Studien u. Materialien z. Gesch. d. Philos. 21. [Hildesheim New York 1978] 51f.). Demgegenüber stellt Kant schon in der KrV der in dieser Beziehung versagenden „Sinnenwelt" „eine für uns künftige Welt" und „ein notwendiges Fortleben des Menschen in einer anderen Welt" entgegen, die als „intelligible(n), d.i. *moralische(n)* Welt" gekennzeichnet ist und als zu der gehörig wir uns „durch die Vernunft ... vorstellen müssen" (A 810f. = B 838f.). In der KpV wird dies bestätigt: „Wenn wir uns genöthigt sehen, die Möglichkeit des höchsten Guts, dieses durch die Vernunft allen vernünftigen Wesen ausgesteckten Ziels aller ihrer moralischen Wünsche, in solcher Weite, nämlich in der Verknüpfung mit einer intelligibelen Welt, zu suchen, so muß es befremden, daß gleichwohl die Philosophen alter sowohl als neuer Zeiten die Glückseligkeit mit der Tugend in ganz geziemender Proportion schon *in diesem Leben* (in der Sinnenwelt) haben finden, oder sich ihrer bewußt zu sein haben überreden können." (AA 5/115).

297 vgl. AA 5/473f.. Freiheit ist der einzige „Fußsteig", „auf welchem es möglich ist, von seiner Vernunft bei unserm Thun und Lassen Gebrauch zu machen" (AA 4/455f.). Durch „Realisirung des sonst transcendenten Begriffs der Freiheit" geschieht „Eröffnung einer intelligibelen Welt" (AA 5/94) und „große Erweiterung im Felde des Übersinnlichen", wenn auch nur in praktischer Hinsicht (AA 5/103), ohne daß wir „außer uns hinausgehen" müssen, „um das Unbedingte und Intelligibele zu dem Bedingten und Sinnlichen zu finden" (AA 5/105), so daß der Begriff der Freiheit auch der „Schlußstein" des ganzen „Gebäude(s) eines Systems der reinen, selbst der spekulativen Vernunft" genannt werden kann (AA 5/3f.).

Im theoretischen Gebrauch der Vernunft konnte die Seele zwar als einfaches und beständiges Ding an sich selbst gedacht werden, ohne daß der Begriff selbst in Widersprüche führte, was jedenfalls zum Abweis des Materialismus hinreichte[299]; aber der Realitätsbezug einer solchen wenn auch denknotwendigen Vernunftidee war nur in einer sich jedem Zugriff entziehenden Weise gegeben, so daß über ihre objektive Gültigkeit im Hinblick auf wirkliche Erkenntnis nicht geurteilt werden konnte[300]. Dieser Realitätsbezug wird nun durch die praktische Vernunft aufgedeckt, der das moralische Gesetz als Deduktionsprinzip dient, um der Idee der Freiheit „*objective* und, obgleich nur praktische, dennoch unbezweifelte *Realität*" zu verschaffen[301], weil sie sie „durch ein Factum beweisen" kann[302], wozu sie sich „berechtigt" und „genöthigt" sieht[303]. Freiheit bleibt dabei ein „negativ(er)" Begriff (positiv könnte er nur für eine uns nicht gegebene intellektuelle Anschauung werden)[304], aber wenigstens zum praktischen Gebrauch ist ihre „Realität" durch ein „Factum bestätigt", das „sich für sich selbst uns aufdringt als synthetischer Satz a priori"[305]; sie ist die „einzige unter allen Ideen der speculativen Vernunft, wovon wir die Möglichkeit a priori *wissen*, ohne sie doch einzusehen", nämlich als „ratio essendi" des moralischen Gesetzes, das selbst als „ratio cognoscendi

---

298 „Dagegen eröffnet sich nun eine vorher kaum zu erwartende und sehr befriedigende Bestätigung der *consequenten Denkungsart* der speculativen Kritik darin, daß, da diese die Gegenstände der Erfahrung als solche und darunter selbst unser eigenes Subject nur für *Erscheinungen* gelten zu lassen, ihnen aber gleichwohl Dinge an sich selbst zum Grunde zu legen, also nicht alles Übersinnliche für Erdichtung und dessen Begriff für leer an Inhalt zu halten einschärfte; praktische Vernunft jetzt für sich selbst, und ohne mit der speculativen Verabredung getroffen zu haben, einem übersinnlichen Gegenstande der Kategorie der Causalität, nämlich der *Freiheit*, Realität verschafft (obgleich als praktischem Begriffe auch nur zum praktischen Gebrauche), also dasjenige, was dort bloß *gedacht* werden konnte, durch ein Factum bestätigt." (AA 5/6).

299 KrV A 383, B 420.

300 vgl. KrV B XXVI-XXVIII; AA 5/56, 147, 340.

301 AA 5/49.

302 AA 5/6, 104.

303 AA 5/94.

304 AA 5/29, 31.

305 AA 5/6, 31.

der *Freiheit"* dient[306]. Auf diese Weise steht für Kant die „transscendentale Freiheit nunmehr(o) fest"[307]. Damit ist die spekulative Kritik bestätigt, die ein „Ding an sich selbst zum Grunde" legte und den Weg wies, nicht „alles Übersinnliche für Erdichtung" zu halten[308], und z. B. den Begriff einer „causa noumenon" wenigstens gelten zu lassen[309], ohne ihn doch einzusehen. Dies alles gilt für Kant freilich nur *„in praktischerAbsicht"[310]*, die aber für ihn die letztlich wichtige und entscheidende ist und die es auch gestattet, sonst bloß „regulative" Ideen und Prinzipien als „konstitutiv" zu betrachten[311]. In der „Kritik der Urteilskraft" wird die scheinbare Schroffheit der Paralogismuskritik noch weiter abgemildert, wenn auch nicht zurückgenommen. Obwohl praktische und spekulative Vernunft „einerlei Erkenntnisvermögen zum Grunde" haben, insofern sie „beide *reine* Vernunft" sind[312], ergeben sich die Naturbegriffe aus der Gesetzgebung des Verstandes, während der Freiheitsbegriff zur Verwirklichung des aufgegebenen Zweckes in der Sinnenwelt auf der Gesetzgebung der Vernunft beruht[313], so daß beide Gesetzgebungen durch eine „unüberseh-

---

306 AA 5/4.

307 AA 5/3 (Cassirer 5/3: „nunmehro").

308 AA 5/6.

309 AA 5/55.

310 AA 5/133.

311 AA 5/135. Damit wird der Vernunft, die als spekulative in ihren Ideen „immer überschwenglich wurde", im Zusammenhang mit der „Sicherung" des Freiheitsbegriffs „objective und obgleich nur praktische, dennoch unbezweifelte *Realität* verschafft", so daß sich insofern ihr *„transscendente(n)r* Gebrauch in einen *immanenten"* verwandelt (AA 5/48f.; vgl. auch AA 5/6, 54, 132). Dieser praktische Vernunftgebrauch erfolgt „zwar den Kategorien des Verstandes gemäß", aber nicht in theoretischer Absicht (AA 5/65).

312 AA 5/89; vgl. auch AA 4/391; 5/121, 135.

313 AA 5/176ff. Der Terminus „Vernunft" wird von Kant einmal im weiteren Sinne als Bezeichnung für „das ganze obere Erkenntnißvermögen" (KrV B 863) verwendet, das den Verstand mit einschließt, und dann wieder im engeren Sinne einer „obersten Erkenntnißkraft" (KrV B 355) verstanden, die im Unterschied zum Verstande (= „das Vermögen der Regeln") „das *Vermögen der Principien*" genannt wird (KrV B 356). Im Bereich der theoretischen Erkenntnis ist allein der Verstand „a priori gesetzgebend", während die Vernunft sich hier in Paralogismen und Antinomien verstrickt; auf dem Gebiet der praktischen Philosophie, die es im Zusammenhang mit dem Begehrungsvermögen mit dem Freiheitsbegriff zu tun hat, ist jedoch allein die „reine(n) Vernunft" „a

bare Kluft" voneinander getrennt sind[314]. Im Hinblick auf die zur Verwirklichung der Freiheit notwendige Einheit zwischen beiden Bereichen[315] fungiert
die (reflektierende) Urteilskraft als „Mittelglied"[316], indem sie nach einem
allerdings bloß subjektiven „a priori" einer Zweckmäßigkeit der Natur den
„vermittelnden Begriff" liefert zur Verknüpfung der „Gesetzgebungen des
Verstandes und der Vernunft"[317]. Das bedeutet für unsere Frage: Nachdem
der Verstand ein unbekanntes „übersinnliches Substrat" der von uns erkannten
Erscheinungen anzeigt, verschafft die Urteilskraft „durch ihr Prinzip a priori
der Beurtheilung der Natur nach möglichen besonderen Gesetzen derselben
ihrem übersinnlichen Substrat (in uns sowohl als außer uns) *Bestimmbarkeit
durch das intellektuelle Vermögen*", dem die Vernunft „durch ihr praktisches
Gesetz a priori die *Bestimmung*" gibt[318]. Auf diesem Wege, der hier nur angedeutet ist, kommt Kant zu der in seinem Sprachgebrauch ungewöhnlichen
Aussage, daß die Idee der Freiheit „die einzige unter allen Ideen der reinen
Vernunft" ist, „deren Gegenstand Thatsache ist und unter die *scibilia* mit
gerechnet werden muß"[319]. Durch seine „an der Natur" bewiesene „objective
Realität" macht der Freiheitsbegriff die „Verknüpfung" der beiden anderen
Postulate der praktischen Vernunft (Gott und Unsterblichkeit) „mit der Natur,
aller dreien aber unter einander zu einer Religion möglich", so daß Vernunft

priori gesetzgebend" (AA 5/174-179), deren sonst transzendente und bloß regulative
Prinzipien hier als immanent und konstitutiv angesehen werden, allerdings „nur in praktischer Absicht". Damit ist ein „Zuwachs" gegeben, der zwar keine Erweiterung der theoretischen Gegenstandserkenntnis über den Bereich der Erfahrung hinaus darstellt, aber
wegen des hinzugewonnenen Realitätsbezuges der Vernunftideen als praktische „Erweiterung der theoretischen Vernunft" hinsichtlich des Gegebenseins übersinnlicher Gegenstände überhaupt bezeichnet wird, wodurch sich die spekulative Vernunft in der Lage
sieht, „läuternd(,) mit jenen Ideen zu Werke" zu gehen, d.h. mit ihrer Hilfe gegen „den
Anthropomorphism als den Quell der *Superstition*" und den „*Fanaticism*", wirksam vor-
zugehen, um Schaden für echte Moralität abzuwehren (vgl. 5/132-136). Vgl. zur Terminologie das Übersichtsschema am Ende der Einleitung in die KU AA 5/198).

314   AA 5/175, vgl. 5/55, 195.
315   AA 5/175f., vgl. auch 5/91.
316   AA 5/168, 177, 298.
317   AA 5/177 und 196.
318   AA 5/ 196.
319   AA 5/468.

zu einer, „obgleich nur in praktischer Absicht möglichen" Erkenntnis „der Idee des Übersinnlichen" „in uns" und „außer uns" über die der bloß theoretischen Vernunft gesetzten Grenzen hinaus gelangen kann[320]. Die Bestimmung der Begriffe Gottes und der Seele „(in Ansehung ihrer Unsterblichkeit)" kann demnach „nur durch Prädikate geschehen, die, ob sie gleich selbst nur aus einem übersinnlichen Grunde möglich sind, dennoch in der Erfahrung ihre Realität beweisen müssen; denn so allein können sie von ganz übersinnlichen Wesen ein Erkenntnis möglich machen"[321]. Für die theoretische Vernunft aber bleibt weiterhin „eine unendliche Kluft" zwischen dem Sinnlichen und dem Übersinnlichen, die überbrücken zu wollen nur einer „eiteln Fragsucht" in den Sinn kommen kann, nicht aber einer „gründlichen Wißbegierde"[322]. Das Bedürfnis der Vernunft in ihrem theoretischen Gebrauch ist jedoch „nur bedingt", wenn wir nämlich *„urtheilen wollen"*, während das des praktischen „unbedingt" ist, weil wir hier *„urtheilen müssen"*[323]. Als Ergebnis mag an dieser Stelle der bekannte Satz aus dem Beschluß der KpV gelten, in dem von dem Blick auf *„das moralische Gesetz in mir"*, der „das Gemüth mit immer neuer und zunehmender Bewunderung und Ehrfurcht erfüllt", gesagt wird: er „erhebt … meinen Werth, als einer *Intelligenz*, unendlich durch meine Persönlichkeit, in welcher das moralische Gesetz mir ein von der Thierheit und selbst von der ganzen Sinnenwelt unabhängiges Leben offenbart, wenigstens so viel sich aus der zweckmäßigen Bestimmung meines Daseins durch dieses Gesetz, welche nicht auf Bedingungen und Grenzen dieses Lebens eingeschränkt ist, sondern ins Unendliche geht, abnehmen läßt"[324].

In den persönlichen Notizen Kants deuten sich bis in die Zeit nach Erscheinen der KrV hinein zum Thema „Seele" im Zusammenhang mit dem Commercium-Problem und im Blick auf eine persönliche Unsterblichkeit ungeschützt skizzierte Überlegungen an, die breiter durchgespielt werden, als

---

320 AA 5/474.

321 AA 5/473.

322 AA 5/55.

323 in der Schrift *Was heißt: sich im Denken orientieren?* im Hinblick auf die Existenz Gottes formuliert (AA 8/139).

324 AA 5/161f.

dies in den Druckschriften zum Ausdruck kommt. Veranlaßt durch die entsprechenden Abschnitte der Baumgartenschen Metaphysik über die „Natura animae humanae" (§§ 740-760), die „Origo animae humanae" (§§ 770-775), die „Immortalitas animae humanae" (§§ 776-781) und über den „Status post mortem" (§§ 782-791[325]) werden die verschiedenen Theorien über Ursprung und Fortleben der Seele ins Auge gefaßt und mehrfach systematisch geordnet[326], während der Begriff „Metempsychose"[327] in den Druckschriften überhaupt nicht vorkommt und von „Präexistenz" nur einmal im Zusammenhang mit der Jungfrauengeburt die Rede ist[328]. Nach diesen Aufzeichnungen ist Kant in der vorkritischen Zeit geneigt, die Geburt für den „anfang … nur des thierischen Lebens" zu halten[329], so daß die Menschenseelen also ein geistiges Leben schon „vor dem Korper gehabt" haben[330], weil das „reine Geistige Leben das Ursprüngliche und selbständige Leben" ist[331]. Dementsprechend ist auch das Fortleben der Seele nach dem Tode nicht nur als bloße „Fortdauer ihrer Substantz", sondern als Fortdauer der „Persohnlichkeit" und damit des „Bewustseyn(s)" zu verstehen, so daß „Geburth und Tod … Anfang und Ende eines auftritts" sind, „in dem nur die moralitaet erheblich ist"[332]. Damit ist

---

325   AA 17/140-155.

326   z. B. R 4108, AA 17/418f.; R 4230, AA 17/467ff.; R 4442, AA 17/548; R 6014, AA 18/423.

327   genannt z. B. R 3634, AA 17/152; R 4108, AA 17/418f.; R 4230, AA 17/467ff.; R 6014, AA 18/423. Ablehnend: R 5473, AA 18/192. „Palingenesie" kommt fünfmal in den Druckschriften vor (AA 2/256, 3/450 [= KrV A 684=B 711], 6/340, 8/53 und 9/365), wird aber nur einmal (in der KrV) in Bezug auf die Menschenseele gebraucht („keine windige Hypothesen von Erzeugung, Zerstörung und Palingenesie der Seelen"). „Metamorphose" kommt in den Druckschriften nur zweimal (AA 6/340 und 7/55) und nur im (jeweils verschiedenen) übertragenen Sinne vor. Zum Zusammenhang vgl. R 6014: „Palingenesis (vel resurrectionis vel [in reno (= sensu?) substitutionis] metamorphoseos; metamorphosis vel evolutionis vel migrationis)".

328   AA 6/80.

329   R 4107, AA 17/417.

330   R 4239, AA 17/473; vgl. auch R 4237 u. 4238, AA 17/471f.

331   R 4240, AA 17/474f.

332   R 4239, AA 17/473. Vgl. AA 1/460: „Der Mensch ist nicht geboren, um auf dieser Schaubühne der Eitelkeit ewige Hütten zu erbauen. Weil sein Leben ein weit edleres Ziel hat, …". Es gilt zu beweisen, daß die Person als Intelligenz im Bewußtsein ihrer Identität fortdauern werde, und zwar „nicht blos dem Vermögen, sondern auch dem actu nach" (R 5473 u.

der Tod „nichts anderes, als das Ende der Sinnlichkeit", und die „andere
Welt wird nicht andere Gegenstände, sondern eben dieselbe gegenstande anders
(nemlich intellectualiter) und in andern Verhältnissen zu uns gesehen vorstellen. Und die Erkentnis der Dinge durch das göttliche Anschauen, imgleichen
das Gefühl der Seeligkeit durch ihn ist nicht mehr die Welt, sondern der
Himmel"[333]. Noch in der kritischen Zeit wird der Tod als „das Aufhören der
Sinlichkeit und der Anfang des spirituellen und intellectuellen Lebens" und
die „andere Welt" als die „Gegenwartige" beschrieben, die „entweder durch
andere Sinne oder geistig angeschaut" wird[334]. Dabei wird allerdings nicht
der Anspruch erhoben, die Frage nach der Geistnatur der Seele und der
damit verbundenen überzeitlichen Personalität des Menschen a priori beweisen
zu können (was der einzige wirkliche „Stein des Anstoßes" gegen die „ganze
Kritik" sein würde[335]), so daß Kant sich nicht der Beschäftigung mit einer
Frage ohne Sinn[336] schuldig gemacht oder als „dogmatische(r) Spiritualist"[337]
eine transzendent-überschwengliche These[338] vertreten hat; der praktisch-
moralische Beweis ist Grund genug, solche Überlegungen anzustellen[339], denn:

5474, AA 18/192f.). Ähnlich noch in der kritischen Phase R 6012-13, AA 18/422f.; zugleich
aber auch gegenüber einem umfassenderen Auferstehungsglauben differenzierend: „Die
Hofnung des künftigen Lebens kan auf Auferstehung ohne Seelen Existenz gegründet
seyn" (R 6009, AA 18/422).

333 R 4240, AA 17/474f. (nach Adickes bis 1771). Vgl. dazu R 4108, AA 17/418: „Irgend eine
Sinnlichkeit wird wohl bleiben."

334 R 6015, AA 18/423f. (nach Adickes um 1785-88).

335 KrV B 409.

336 vgl. KrV A 684 = B 712.

337 KrV A 690 = B 718.

338 vgl. KrV B 427.

339 „Nur die *Einwürfe*, welche der materialist gegen die Unsterblichkeit der Seele macht,
können metaphysisch widerlegt werden. Der Beweis selbst ist nur *moralisch*." (R 5471,
AA 18/192). Dazu R 5475, AA 18/193: „Der moralische Beweis sagt nicht, daß die Seele
künftig leben werde, sondern daß der rechtschaffene nicht vermeiden könne, dieses
anzunehmen und wenigstens als moglich anzusehen." In der gleichen Phase (ϕ^2-ψ) wird
jedoch der moralische Beweis noch einmal unterschieden: „a. theologisch aus dem Zufal-
ligen willen Gottes ...; b. absolut moralisch aus dem nothwendigen Willen Gottes, indem
die Moralitaet als an sich nothwendig angesehen wird und den Glauben an Gott und
zugleich den Begrif von seinem Willen bestimmt" (R 5472, AA 18/192).

die „moralische postulata sind evident, ihr Gegentheil läßt sich ad absurdum morale bringen ... also ist es eine nothwendige moralische hypothesis, eine andre Welt anzunehmen. Wer sie nicht annimmt, verfällt in ein absurdum practicum"[340]. Die von Adickes aufgrund von Handschriftkriterien angegebenen Datierungen der einzelnen Reflexionen sind in den meisten Fällen so ungenau, daß sich von hier aus kaum ein brauchbarer Anhaltspunkt für entwicklungsgeschichtliche Überlegungen bietet. Vielleicht ist es in Zukunft möglich, die Datierung mit wortstatistischen Methoden nach Norbert Hinske[341] weiter einzugrenzen.

Noch klarer äußert sich Kant in seinen Vorlesungen über die rationale Psychologie in der ersten Hälfte der neunziger Jahre[342], in denen er sich „lebendiger, frischer und freier ergangen" hat[343]. Manches darin klingt zwar „recht dogmatisch", „da er die kritische Einschränkung nicht stets beifügt" und wohl auch „innerlich ... diesen dogmatischen Sätzen" zuneigt, wie Heinze feststellt[344]. Zur Darstellung des Leib-Seele-Verhältnisses greift Kant hier auf das schon früher gebrauchte[345] Bild vom Karren zurück, an den ein Mensch geschmiedet ist: er behindert ihn zwar grundsätzlich, aber er kann ihn auch stützen, wenn die Räder gut geschmiert sind[346]. Auch hier ist Kant an einer Unsterblichkeit interessiert, die „aus der Natur der Seele" und nicht nur „ex decreto divino" folgt und in der „Fortdauer ihrer Substanz und der Identität

---

340 R 5477, AA 18/193.

341 vgl. N. HINSKE, *Kants neue Terminologie und ihre alten Quellen. Möglichkeiten und Grenzen der elektronischen Datenverarbeitung im Felde der Begriffsgeschichte*, in: KantSt 65 (1974) Sonderheft: Akten des 4. Internat. Kant-Kongr. Mainz, 6.-10. April 1974, Teil 1, 68*-85*.

342 Zur Datierung vgl. HEINZE, a. a. O. (31) 506ff. [26ff.]; G. Lehmann, AA 28.2, 2/1346.

343 HEINZE, a. a. O. (31) 561[81].

344 HEINZE, a. a. O. (31) 658 [178].

345 PÖLITZ, a. a. O. (31) 236f. entspr. AA 28.1/286, ähnlich in R 5464, AA 18/190.

346 im Text K₂, HEINZE, a. a. O. (31) 687 [207] entspr. AA 28.2,1/763. Der Vergleich erinnert von Ferne an das Bild von der „Wirkungseinheit" eines geflügelten Rossegespanns und des Wagenlenkers zur Darstellung der Seele in Phaidr. ab 246 A (vgl. O. WICHMANN, *Platon. Ideelle Gesamtdarstellung und Studienwerk* [Darmstadt 1966] 220), ein Einfluß dürfte jedoch nicht vorliegen. In R 5464, AA 18/190 wird das Bild vom Karren als eine Argumentation „κατ ἄνθρωπον" bezeichnet; es wird der „Schein dem Schein entgegengesetzt".

ihrer Persönlichkeit", d.h. im „Bewußtsein, dasselbe Subjekt zu sein", besteht[347], was aber nicht theoretisch und a priori[348], sondern nur „theo-teleologisch(e)" bewiesen wird mit dem Ergebnis einer „moralisch praktischen Hypothese"[349], die dazu dient, „unsern Vernunftglauben an ein künftiges Leben zu rechtfertigen"[350]. Hinsichtlich der verschiedenen Theorien über den Ursprung der Seele scheint Kant auch hier einer wie immer gearteten Präformation der Seele zuzuneigen[351], während eine jeweilige Erschaffung der Seele von Gott als „blosse Glaubenssache", die einer philosophischen Untersuchung unzugänglich ist, ausgeklammert wird[352]. Der Zustand der Seele nach dem Tod ist der „Eines völligen Bewußtseins seiner selbst"[353], während die Lehre von der Metempsychose wegen des dabei angenommenen „letheum poculum" als „abgeschmackt" bezeichnet und eine „Palingenesie durch Resurrection" in die Nähe eines sublimen Materialismus gerückt wird („Was soll unser kalkerdigter Leib im Himmel?"[354]). Unter „Himmel" versteht Kant hier „Das Maximum alles Guten, sowohl des Wohlbefindens als auch der Würdigkeit glücklich zu sein", „die

---

347 Heinze, a. a. O. (31) ebd.

348 Heinze, a. a. O. (31) 689 [209] entspr. AA 28.2,1/765.

349 Heinze, a. a. O. (31) 690 [210] entspr. AA 28.2,1/766f.

350 Heinze, a. a. O. (31) 691 [211] entspr. AA 28.2,1/768.

351 Heinze, a. a. O. (31) 686 [206] entspr. AA. 28.2,1/761; dem widerspricht nicht, daß es eine Seite vorher heißt, das System der Epigenesis habe „mehrere Gründe für sich als das System der Präformation" (Heinze, a. a. O. (31) 685 [205] entspr. AA 28.2,1/760). Entscheidend bleibt für Kant, daß die Eltern keine eigentliche Schöpferkraft haben und zu einer „productio ex nihilo" nicht fähig sind, was schließlich den Ausschlag gibt (Heinze 686). Dem entspricht auch der Satz in R 6014, AA 18/423: „Großer Einwurf gegen die Unsterblichkeit aus der epigenesis der Seele".

352 Heinze, a. a. O. (31) 685 [205] entspr. AA 28.2,1/760: „Nimmt man an, die Seele werde von Gott bei der Geburt geschaffen, so ist ihr ortus hyperphysicus, und wer dies annimmt, ist Creatianer (Hypernaturalist)." Hier wird deutlich, wie Kant strikt die Grenzen philosophischer Erkenntnis einzuhalten bestrebt ist (vielleicht kommt hier auch die Unschärfe der Hörernachschrift ins Spiel). Wenn man die Angabe „bei der Geburt" nicht preßt, sind Präformation und Creation durchaus kompatibel: die entscheidende Frage wird nur verlagert, aber nicht präjudiziert.

353 Heinze, a. a. O. (31) 692 [212] entspr. AA 28.2,1/770

354 Heinze, ebd., entspr. AA 28.2,1/769, etwas abgeschwächt: Heinze, a. a. O. (31) 690 [210] entspr. AA 28.2,1/767; ausführlicher begründet in der Religionsschrift AA 6/128f.

Liebe zum höchsten Gut" und den „progressus infinitus zum Guten"[355]. Als Bestätigung des Gesagten mögen Kants Ausführungen über die Tierseele in der Psychologievorlesung L_2 (vermutlich aus den Jahren 1790-91[356]) gelten: Weil „Alle Materie ... leblos" ist[357], müssen auch Tiere „Seelen haben", die aber keine Vernunft, sondern nur ein „analogon rationis" besitzen, das als

---

355 HEINZE, a. a. O. (31) 693 [213] entspr. AA 28.2,1/770. Vgl. dazu die entsprechende Stelle in L_2: „Der Zustand der Seele nach dem Tode. Hierzu lässt sich nicht viel sagen, ausser was Negatives, d.h. was wir nicht wissen. In die körperliche Welt können wir die Seele nach dem Tode nicht setzen, auch in keine andere Welt, die etwa weit entfernt wäre. Wir sagen: sie kommt entweder in den Himmel oder in die Hölle. Durch den Himmel muss man das Reich der vernünftigen Wesen in Verbindung ihres Oberhauptes als des allerheiligsten Wesens, verstehen. Der Mensch, der tugendhaft ist, ist im Himmel, er schaut sich nur nicht an, er kann es aber durch die Vernunft schliessen. Der Mensch, der immer Ursachen findet, sich zu verachten und zu tadeln, ist hier schon in der Hölle." (HEINZE, a. a. O. (31) 677 [197] entspr. AA 28.2,1/592, dort nach dem Original zitiert in der ursprünglichen Orthographie). In der Religionsschrift bevorzugt Kant „die Hypothese des Spiritualismus vernünftiger Weltwesen, wo der Körper todt in der Erde bleiben und doch dieselbe Person lebend dasein, imgleichen der Mensch dem Geiste nach (in seiner nicht sinnlichen Qualität) zum Sitz der Seligen, ohne in irgend einem Ort im unendlichen Raume, der die Erde umgiebt (und den wir auch Himmel nennen), versetzt zu werden, gelangen kann". Diese Position ist für Kant „der Vernunft günstiger" als ein von ihm sogenannter „*Materialism der Persönlichkeit*" des Menschen", der „unsere Existenz nach dem Tode" bloß auf dem Zusammenhalten eines gewissen Klumpens Materie in gewisser Form beruhen" läßt, anstatt „die Beharrlichkeit einer einfachen Substanz als auf ihre Natur gegründet" zu denken (AA 6/128f.). Weitere Umschreibungen des Himmels: „Sitz der Seligkeit", „Gemeinschaft mit allen Guten" (ebd.), „Reich des Lichts" (AA 6/60).

356 Zur Datierung vgl. oben Anm. 342. Die Ausführungen sind veranlaßt durch die §§ 792-795 in BAUMGARTENS *Metaphysik* (AA 17/155f.).

357 HEINZE, a. a. O. (31) 676 [196] entspr. AA 28.2,1/591. Daß Materie „für sich nicht leben" kann („materia est iners"), ist ein verschiedentlich von Kant gebrauchter Satz gegen den „Hylozoism". Vgl. auch K_2, HEINZE, a. a. O. (31) 679 [199] entspr. AA 28.2,1/753; 687 [207] entspr. AA 28.2,1/762. Dazu R 4237, AA 17/471; R 4240, AA 17/474; R 5468, AA 18/191. In der KU: „Aber die Möglichkeit einer lebenden Materie (deren Begriff einen Widerspruch enthält, weil Leblosigkeit, inertia, den wesentlichen Charakter derselben ausmacht) läßt sich nicht einmal denken" (AA 5/394), entsprechend der in der KrV gegebenen Definition der Materie: „undurchdringliche leblose Ausdehnung" (A 848 = B 876). Vgl. dazu auch K. RORETZ, *Zur Analyse von Kants Philosophie des Organischen.* Akwiss. in Wien, Philos.-hist. Kl., Sitzungsber. 193, 4 (Wien 1922) und neuerdings R. Löw, *Philosophie des Lebendigen. Der Begriff des Organischen bei Kant, sein Grund und seine Aktualität* (Frankfurt/M 1980).

„Instinct" bezeichnet wird, der als eine Einrichtung einer „höhere(n) Vernunft" erscheint. Darum sind sie nicht nur quantitiv („dem Grad nach"), sondern „der Qualitaet nach" von den Seelen der Menschen unterschieden[358].

Im Jahre 1796 wird die menschliche Seele in der Schrift „Von einem neuerdings erhobenen vornehmen Ton in der Philosophie" im Kontext einer Betrachtung über Pythagoras als „ein freies sich selbst bestimmendes Wesen" und gleichzeitig als das „belebende Prinzip im Menschen" beschrieben[359]. Im gleichen Jahr findet sich in Kants Bemerkungen zu Samuel Thomas SÖMMERINGS Schrift *Über das Organ der Seele* der Ausdruck des „absoluten Selbst's" für die Seele, deren Ort anzugeben aber „auf eine unmögliche Größe ($\sqrt{-2}$)" führe[360]. 1797 wird die Seele in der „Metaphysik der Sitten (Tugendlehre)" zunächst als „Lebensprincip des Menschen im freien Gebrauch seiner Kräfte" definiert[361], dann aber wird wiederum für den Bereich der bloß spekulativen Erkenntnis offengelassen, ob das Lebensprinzip des Menschen „eine vom Körper unterschiedene und von diesem unabhängig zu denken vermögende, d.i. geistige Substanz" im Sinne einer Seele oder bloß „eine Eigenschaft der Materie" sei[362]. Die „Anthropologie in pragmatischer Hinsicht" von 1798

---

358 HEINZE, a. a. O. (31) 678 [198] entspr. AA 28.2,1/594. Das „analogon rationis" schon in der Metaphysik L_1, PÖLITZ, a. a. O. (31) 219, entspr. AA 28.1/276. Dort auch das Prinzip: „Alle Materie als Materie (materia, qua talis) ist leblos. Woher wissen wir das? Der Begriff, den wir von der Materie haben, ist dieser: materia est extensum impenetrabile iners" (PÖLITZ, a. a. O. (31) 216, entspr. AA 28.1/274f., vgl. die deutsche Fassung oben in Anm. 357). Nach L_1 sind die Tierseelen ebenfalls „nicht dem Grade nach von der menschlichen Seele unterschieden, sondern der Species nach", was durch das Fehlen des inneren Sinnes und des Ich-Bewußtseins begründet wird: „Das Bewußtseyn seiner selbst, der Begriff vom Ich, findet bei solchen Wesen, die keinen innern Sinn haben, nicht statt; demnach kann kein unvernünftiges Thier denken. Ich bin; hieraus folgt der Unterschied, daß Wesen, die einen solchen Begriff vom Ich haben, *Persönlichkeit* besitzen." (PÖLITZ, a. a. O. (31) 218ff. entspr. AA28.1/275ff.). Gleichzeitig kündigt sich die kritische Perspektive an: „Der Begriff von thierischen Seelen und von höhern Geistern ist nur ein Spiel unserer Begriffe." (PÖLITZ, a. a. O. (31) 222 entspr. AA 28.1/278). Vgl. auch H. E. JONES, *Kant's principle of personality* (Madison/Milwaukee, London 1971).

359 AA 8/392.

360 AA 12/34f.

361 AA 6/384.

362 Weder die Erfahrung noch „Schlüsse der Vernunft" geben „hinreichend" darüber Auskunft

beginnt mit der Darstellung des Menschen als Person, und zwar, „vermöge der Einheit des Bewußtseins", als eine und dieselbe Person, die „durch Rang und Würde" von den Tieren „ganz unterschieden(es)" ist, „selbst wenn er das Ich noch nicht sprechen kann"[363]. Nach dieser Schrift hält der Mensch, wenn er seine innere Erfahrung nicht bloß *„anthropologisch,* wo man nämlich davon absieht, ob der Mensch eine Seele (als besondere unkörperliche Substanz) habe oder nicht, sondern *psychologisch"* deutet, sein „Gemüth" für eine besondere in ihm „wohnende Substanz" und die Seele für „das Organ des inneren Sinnes", aber in Wirklichkeit entdeckt er dabei in seinem Gemüt doch nichts anderes, als was er selbst vorher hineingetragen hat[364]. Damit will Kant offenbar nur daran erinnern, daß nach den Resultaten der Kritik die innere Erfahrung für metaphysische Aussagen über die Seele und besonders über ihren Zustand nach dem Tode gänzlich unzureichend ist, weil man die Seele zu Lebzeiten nicht experimentell isolieren kann. Im zweiten Entwurf zur „Preisschrift" hatte Kant ein solches Unterfangen mit dem Versuch vergli-

(AA 6/419). – Man könnte meinen, Kant sei hier zum Teil hinter den Stand des mit seiner kritischen Philosophie Erreichten zurückgefallen, für die es als ausgemacht galt, daß wenigstens die Position eines psychologischen Materialismus auch theoretisch widerlegbar sei (vgl. KrV A 383, B 420). Dem ließe sich entgegenhalten, daß im gegebenen Zusammenhang zur Lösung der Antinomie der „Pflicht gegen sich selbst" nur die Unterscheidung zwischen dem Menschen als „vernünftiges *Naturwesen* (homo phaenomenon)" und als „mit innerer *Freiheit* begabtes Wesen (homo noumenon)", d. h. als „Persönlichkeit" (AA 6/418), nicht aber die Unterscheidung zwischen Seele und Körper weiterführt, so daß es sich hier nur um eine unscharfe Ausdrucksweise in einer beiläufigen Anspielung handeln würde. Man könnte auch daran denken, daß etwa die unausgesprochene Unterscheidung zwischen einer organischen Lebenskraft und einer eigentlichen Geistseele die zurückhaltende Formulierung nahegelegt hat. Man dürfte jedoch der Wahrheit am nächsten kommen, wenn man annimmt, daß sich hier die im Opus postumum deutlicher zum Ausdruck kommende ganzheitliche Schau der Wirklichkeit bereits ankündigt, die vom Verstehen des Übersinnlichen ausgeht und der sich Menschsein „enthüllt" als „das Gegenwärtigsein Gottes, das geschieht, indem die Welt sich zeigt" (J. KOPPER, *Kants Gotteslehre,* in: KSt 47 (1955/56), 31-61, hier 59). Von dieser Warte aus gesehen mag sich für Kant ein begriffliches Widerlegen des Materialismus als ein sekundäres und durchaus müßiges Unternehmen dargestellt haben, das er ohne viel Aufhebens hinter sich lassen konnte.

363   AA 7/127.
364   AA 7/161f.

chen, mit geschlossenen Augen vor dem Spiegel festzustellen, wie man aussieht, wenn man schläft[365].

Ein letzter Entwicklungsschritt, der sich etwa mit den Stichworten „Leben" und „Geist" bezeichnen läßt, in vielem aber auf die Psychologievorlesungen und auf frühere Reflexionen zurückgreift, scheint sich mit zerfließenden Konturen im Opus postumum darzustellen. Unter „Seele" wird jetzt in der Spätzeit das bewegende und belebende Prinzip des auf Zwecke gegründeten[366] organischen Lebens im allgemeinen verstanden, das unteilbar[367] und immateriell[368] ist („Eines in Vielen der Materie unmittelbar gegenwärtig"[369]), das aber vielleicht einem „allmäligen erlöschen" unterworfen ist[370]. Im spätesten 1. Konvolut wird die Seele organischer Körper zunächst ausdrücklich als zwar einfaches, aber nicht verständiges Wesen dem Geist gegenübergestellt[371]; dann wird diese Frage als für die Transzendentalphilosophie unentscheidbar bezeichnet[372], aber schließlich versucht Kant doch, die Seele organischer Körper auch als „imaterielles Vernunftwesen" zu denken, das ihnen „iniglich gegenwärtig" ist[373]. Er unterscheidet eine „vis vitalis" als „organisch//plastische Kraft", die „das Subject selbst hat", von einer „vis vivifica", „die ein anderes Subject der Materie verschafft"[374]. Wohl in diesem Sinn schreibt er dem Menschen neben einer organischen Seele auch einen „Geist"[375] (mens)[376] zu, den er als „imaterielles verständiges Wesen"[377] oder auch als „Ein imaterielles und intelligentes Princip

---

365   vgl. AA 20/309.

366   z. B. AA 22/56.

367   AA 22/373.

368   AA 21/66, 85, 95, 100; 22/50, 97, 418. Vgl. AA 21/29: „Ob es eine dreyfache oder 4fache Art von Immaterialität gebe. Spiritus (Animantis) Animae et Mentis (Dido)".

369   AA 22/294.

370   AA 21/404.

371   AA 21/85.

372   AA 21/100.

373   AA 21/122.

374   AA 21/488.

375   AA 22/57: „ein Geist als Geist"; 22/65, zu vergleichen mit 21/87.

376   AA 21, 18, 25, 29; 22/50, 112. „Mens" auch für den göttlichen Verstand gebraucht AA 21/14.

als Substanz"[378] definiert. Dieser Geist wird einmal ein „Endlicher Geist" genannt, der „nur durch Schranken zum Absoluten gelangt"[379]; dann wieder wird von ihm gesagt, er sei „Spinozens Gott"[380], und schließlich heißt es, Gott sei „der iñere Lebens Geist des Menschen in der Welt"[381]: „Es ist also ein Wesen über der Welt der *Geist* des Menschen"[382]. Diesem Geist wohnt als „reines Princip"[383] das unbedingte Gebot der Pflicht inne[384], das den Begriff der Freiheit ermöglicht und die Personalität des Menschen erweist[385]: „Es ist ein actives (durch) keine Siñenvorstellung erregbares dem Menschen einwohnendes nicht als Seele deñ das setzt einen Körper voraus sondern als Geist begleitendes Princip im Menschen der gleich als eine besondere Substanz nach dem Gesetze der moralisch // practischen Vernunft über ihn unwiderstehlich gebietet ihn den Menschen in Ansehung seines Thun und Lassens durch seine eigne Thaten entschuldigt oder verdañet. – Kraft dieser seiner Eigenschaft ist der moralische Mensch eine *Person* d.i. ein Wesen das der Rechte fähig ist ... unter dem categorischen Imperativ steht, zwar frey ist

384 AA 22/65, 112, 121. Daß der Geist des Menschen hier als vom Geist Gottes getragen erscheint, wirft auf die Autonomie des Sittengesetzes und die Erfüllung der Pflicht als (instar: AA 6/443, 487; noch um 1800 vgl. R 8110, AA 19/650: „Die Befolgung aller Moralischen Pflichten als (instar) göttlicher Gebothe") Gottes Gebot ein neues Licht. Es dürfte sich zeigen lassen, daß dies keine nachtägliche Korrektur ist, sondern immer schon unausgesprochen gemeint war. Vgl. auch AA 21/28: „Der Ausdruck *als* göttlicher Gebote kañ hier mit tanquam (gleichals) oder auch durch ceu (als schlechthin g" (bricht ab); im VII. Conv. hieß es noch: „tanquam, non ceu" (AA 22/125).

385 vgl. AA 21/29, 43, 62. „Die Eigenschaft Person zu seyn ist die Personlichkeit" (AA 22/119). Person wird im *Opus postumum* ein Wesen genannt, das „zu sich selbst sagen kañ ich denke" (AA 21/103), das also Bewußtsein hat und vernünftig ist, das der Selbstbestimmung in Freiheit mächtig und daher der Rechte und Pflichten, der Zurechnung und auch der Schuld fähig ist (vgl. AA 21/9, 14, 43, 44, 62, 74, 103; 22/48, 51, 56, 122). Der Personalität Gottes kommen dagegen keine Pflichten, sondern nur Rechte zu (AA 22/119f., 124).

377 AA 21/85.
378 AA 21/18.
379 AA 21/76.
380 AA 21/99.
381 AA 21/41.
382 AA 21/42.
383 AA 22/112.

aber doch unter Gesetzen denen er aber sich selbst unterwirft … und nach dem transsc. Idealism Göttliche Gebote ausübt"[386]. Zwar sind die Begriffe von einem Geist und von Gott als Ideen nur gedacht (ideale und nicht reale, wenn auch begründete „Dichtungen": „Gott ist kein *Apprehensibler* sondern nur ein *denkbarer* Gegenstand", ein „cogitabile, non dabile"[387]), aber gerade darin liegt nun der Beweis einer Wirklichkeit, die die Realität der Naturdinge weit hinter sich läßt: „Die bloße Idee" von Gott „ist zugleich Beweis seiner Existenz"[388], und indem „das denkende Subject sich selbst … als Person constituirt und jenes Systems der Ideen selbst Urheber ist", hat der an sich „idealistische(r) Act, d. i. der Gegenstand dieser durch reine Vernunft geschaffenen Idee" im Bereich des moralisch-praktischen Lebensvollzuges „Wirklichkeit vermöge der Persönlichkeit die ihrem Begriffe identisch zukom̅t"[389].

---

386 AA 22/55f.

387 vgl. AA 21/28ff., 78, 105, 144, 151.

388 AA 21/14, 92, 140. Damit gelangt Kant nach einem langen Wege zu jener Unmittelbarkeit, von der ANSELM VON CANTERBURY ausging bei seinem Argument des *Proslogion*. Die Schranken des Begriffs werden nicht nur im Bereich des moralisch-praktischen, sondern auch des Denkens selbst überwunden. Gott ist zu groß, als daß er in der Reichweite gegenständlichen Denkens liegen könnte. Nur im lebendigen Vollzug seiner äußersten Möglichkeiten berührt ihn das Denken, zwar ungegenständlich, aber gerade deshalb umso wirklicher, als den im Scheitern des höchsten Gedachten sich andeutenden, das Denken je schon umgreifenden und allererst ermöglichenden, sich aber jedem Zugriff entziehenden Grund aller Vernunft. (Vgl. dazu auch KOPPER, a. a. O. (362) 58-61).

389 AA 21/91. – Kant sagt zwar von seiner Transzendentalphilosophie, sie sei „ein Idealism; da nämlich das Subject sich selbst constituirt" (AA 21/85), aber er lehnt gleichzeitig einen Idealismus ab, der sich auf einen Egoismus zurückführen läßt (AA 21/54). Schelling wird zweimal im OP erwähnt als Vertreter eines „transsc: Idealism" (AA 21/87 u. 97), wohl im Blick auf das „System des transzendentalen Idealismus" von 1800. „Identität" wird zwar gelegentlich für die Objektivität des Subjektiven verwendet, die in der bewußten Wahrnehmung durch Wirkung und Gegenwirkung zwischen der apriorischen Aktivitat des Verstandes und dem sinnlichen Affiziertwerden durch den Gegenstand gegeben ist (AA 22/453f.), und sie wird sogar für die Realität der Gottesidee in Anspruch genommen (AA 21/92), die sich auf ein Wesen bezieht, das „absolut und durchgangig bestim̅end (ens omnimodo determinatum)" ist (AA 21/58). Aber es fällt auf, wie sehr Kant das Asymptotische aller Erkenntnis betont, zumeist freilich für den Bereich der Erfahrungserkenntnis (AA 21/46, 53, 59, 61, 76, 79, 85, 90, 93; 22/99,103,107), dann aber auch bezogen auf die Transzendentalphilosophie (AA 21/56, 84,125; 22/102). Kants Transzendentalphilosophie, wie er sie in immer neuen Anläufen im OP zu definieren versucht,

4. Das Problem der Seele vor dem Hintergrund des Grundanliegens der Kantschen Transzendentalphilosophie

Es dürfte sich zeigen lassen, daß die Frage nach der Unsterblichkeit der Seele, eingebettet in ein grundsätzliches theologisches Interesse, zu dem auch das Gottesproblem gehört, als ein erstrangiger antreibender Faktor für die Entwicklung der Kantschen Transzendentalphilosophie anzusehen ist. In den Frühschriften bricht gerade an den Stellen, in denen vom künftigen Leben des Menschen die Rede ist, eine tiefe Ergriffenheit und kaum verhaltene Begeisterung durch, die dem eher nüchternen Stil Kants sonst fremd ist; man denke nur an die entsprechende Passage in der „Allgemeinen Naturgeschichte" (2, 7), die sich schon der poetischen Sprache nähert[390]. Der Überschwang

hat nichts zu tun mit einem Idealismus des Begriffs und der Spekulation. Sie versteht sich als „Gott und die Welt unter Einem Princip synthetisch vereinig(t)ende" (AA 21/23) „Weisheitslehre" (AA 21/95), die vom „All der Wesen" (= omnitudo), „nicht (sparsim) disjunctiv (in logischer Absicht) betrachtet nicht fürs *discursive* sondern coniunctim *intuitive Erkentnis*" (AA 21/140, keine „intellektuelle Anschauung" gemeint!) ausgeht, um „*von dem All zu Einem*" (AA 21/84) fortzuschreiten, um „Das Eine und Alles in dem Einen sich zu denken" (AA 21/91) in einem „absolute(n) Ganze(n) der Ideen" (AA 21/97). Die Denkbewegung verläuft „Nicht *von Außen hinein* sondern *von iñen hinaus*" (ebd.), d.h. sie geht nicht von der Erfahrung aus, sondern denkt auf Erfahrung und deren Möglichkeit hin. Sie ist der Versuch der Vernunft, sich selbst und die Welt durch die unbehebbare Weltgebundenheit unseres unzulänglichen Erkennens hindurch aus der in ihrer eigenen Tiefe waltenden Gegenwart Gottes als ihres Erkenntnis- und Seinsgrundes heraus zu verstehen. (Vgl. KOPPER, a. a. O. (362) 60). Dabei bleibt Gott der ganz Andere: „In der Welt ist bloße *Receptivität* – in Gott absolute *Spontaneität*" (AA 21/43, vgl. 21/52, 55, 57, 66), unbeschadet dessen, daß ‚Spontaneität' in einem weiteren und abgeleiteten Sinn (nicht ‚absolut') auch vom Subjekt als „Ding an sich" (AA 22/415, vgl. auch 22/405), von der Freiheit, vom Selbstbewußtsein und vom oberen Erkenntnisvermögen ausgesagt und sogar für die sinnliche Erkenntnis und das Lebensprinzip organischer Körper verwendet wird.

390 AA 1/321f. (im Anschluß an eine Schilderung des unerschöpflichen Reichtums des Universums): „so versenkt sich der Geist, der alles dieses überdenkt, in ein tiefes Erstaunen; aber annoch mit diesem so großen Gegenstande unzufrieden, dessen Vergänglichkeit die Seele nicht gnugsam zufrieden stellen kann, wünscht er dasjenige Wesen von nahem kennen zu lernen, dessen Verstand, dessen Größe die Quelle desjenigen Lichtes ist, das sich über die gesammte Natur gleichsam als aus einem Mittelpunkte ausbreitet. Mit welcher Art der Ehrfurcht muß nicht die Seele sogar Ihr eigen Wesen ansehen, wenn sie betrachtet, daß sie noch alle diese Veränderungen überleben soll, sie kann zu sich selbst sagen, was der philosophische Dichter von der Ewigkeit sagt: [folgen sechs Gedichtzeilen

geht später zurück, der Glaube bleibt; er wird stiller und innerlicher, so daß man ihn übersehen kann, aber er wird nicht geringer. 1756 schreibt Kant: „Der Mensch ist nicht geboren, um auf dieser Schaubühne der Eitelkeit ewige Hütten zu erbauen"[391]; er solle einsehen, „daß dieser Tummelplatz seiner Begierden billig nicht das Ziel aller seiner Absichten enthalten sollte"[392]. Wir Menschen sind „Fremdlinge" auf Erden, die „kein Eigentum besitzen"[393]. 1760 spricht Kant von „der Brücke, welche die Vorsehung über einen Theil des Abgrundes der Ewigkeit geschlagen hat, und die wir *Leben* heißen"[394].

nach A. v. Haller]. O glücklich, wenn sie unter dem Tumult der Elemente und den Trümmern der Natur jederzeit auf eine Höhe gesetzt ist, von da sie die Verheerungen, die die Hinfälligkeit den Dingen der Welt verursacht, gleichsam unter ihren Füßen kann vorbei rauschen sehen! Eine Glückseligkeit, welche die Vernunft nicht einmal zu erwünschen sich erkühnen darf, lehrt uns die Offenbarung mit Überzeugung hoffen. Wenn dann die Fesseln, welche uns an die Eitelkeit der Creaturen geknüpft halten, in dem Augenblicke, welcher zu der Verwandlung unsers Wesens bestimmt worden, abgefallen sind, so wird der unsterbliche Geist, von der Abhängigkeit der endlichen Dinge befreit, in der Gemeinschaft mit dem unendlichen Wesen den Genuß der wahren Glückseligkeit finden. Die ganz Natur, welche eine allgemeine harmonische Beziehung zu dem Wohlgefallen der Gottheit hat, kann diejenige vernünftige Creatur nicht anders als mit immerwährender Zufriedenheit erfüllen, die sich mit dieser Urquelle aller Vollkommenheit vereint befindet. Die Natur, von diesem Mittelpunkte aus gesehen, wird von allen Seiten lauter Sicherheit, lauter Wohlanständigkeit zeigen. Die veränderlichen Scenen der Natur vermögen nicht, den Ruhestand der Glückseligkeit eines Geistes zu verrücken, der einmal zu solcher Höhe erhoben ist. Indem er diesen Zustand mit einer süßen Hoffnung schon zum voraus kostet, kann er seinen Mund in denjenigen Lobgesängen üben, davon dereinst alle Ewigkeiten erschallen sollen. [folgt Zitat von acht Gedichtzeilen nach J. Addison in der Übersetzung nach Gottsched]."

391 AA 1/460; vgl. R 4239, AA 17/473: „Das physische dieses Lebens ist von keiner Bedeutung, ...; aber das moralische, welches nur in der Seele gemäß ihrer geistigen Natur kan angetroffen werden, hängt mit dem Geistigen Leben zusammen, und weil das moralische zu dem innern Werth der Persohn gehört, so ist es unauslöschlich, indessen das Glük und unglük, da es blos zu dem flüchtigen Zustande Gehört, nach seiner kurzen Dauer allen Werth verliert. Daher müssen wir dieses Leben gringe schätzen. ... Geburth und Tod sind Anfang und Ende eines auftritts, in dem nur die moralitaet erheblich ist, ..."; PÖLITZ, a. a. O. (31) entspr. AA 28.1/283: „Der Anfang des Lebens ist die Geburt; dieses ist aber nicht der Anfang des Lebens der Seele, sondern des Menschen. Das Ende des Lebens ist der Tod; dieses ist aber nicht das Ende des Lebens der Seele, sondern des Menschen."

392 AA 1/431.

393 AA 1/456.

Dieser selbstverständliche Glaube ist es, der das seltsame Schwanken zwischen Zustimmung und Ablehnung in Bezug auf die Geisterwelt in den „Träumen eines Geistersehers" bewirkt, weil die Leitern der verfügbaren Schulmetaphysik nicht so hoch hinauf reichen. Bezeichnend ist eine Anmerkung in dieser Schrift, die sich an das alte Symbol des Schmetterlings als Sinnbild der Hoffnung auf Verwandlung nach dem Tode bezieht und wo es heißt: „Unsere innere Empfindung und die darauf gegründete Urtheile des *Vernunftähnlichen* führen, solange sie unverderbt sind, ebendahin, wo die Vernunft hin leiten würde, wenn sie erleuchteter und ausgebreiteter wäre"[395]. Der Himmel wird von Kant in dieser Zeit (wie auch später) nicht lokal, sondern geistig verstanden[396], was in Reflexionen bis in die Mitte der achtziger Jahre hinein verdeutlicht wird[397]. Dieser Jenseitsglaube war der Grund dafür, daß Carl Frh. du Prel, als er 1889 die Psychologievorlesung Kants nach Pölitz neu herausgab, der festen Überzeugung war, Kant sei ein „Mystiker" gewesen, der heute Spiritist sein würde, womit er allerdings auf heftigen Widerspruch stieß[398]. Diese Vorlesung

---

394   AA 2/39.

395   AA 2/350.

396   AA 2/332f.

397   R 4240, AA 17/474f.; R 6015, AA 18/423f. Diese Auffassung wird später beibehalten, vgl. dazu oben Anm. 355.

398   C. du Prel war überzeugter Spiritist {vgl. C. DU PREL, *Der Spiritismus* (Leipzig [1893])} und glaubte, in Kant einen Vertreter dieser Art von „Mystik" gefunden zu haben (vgl. *Immanuel Kants Vorlesungen über Psychologie* mit einer Einleitung: *Kants mystische Weltanschauung,* hrsg. v. Dr. C. du Prel [Pforzheim 1964, Nachdruck der Ausg. von 1889 mit e. Vorwort v. Th. Weimann]). Gegenschrift: P. VON LIND, *„Kant's mystische Weltanschauung", ein Wahn der modernen Mystik. Eine Widerlegung der Dr. C. du Prel'schen Einleitung zu Kant's Psychologie* (München o. J.). Wie oben mehrfach belegt, war Kant sehr wohl persönlich der Überzeugung, daß es eine „andere", „intelligibele" Welt gebe, und daß die menschliche Seele als „verknüpft mit zwei Welten" anzusehen sei (vgl. AA 2/332). Er wehrte sich aber entschieden dagegen, einen schon in diesem Leben gegebenen erfahrungsmäßigen Umgang mit anderen „Intelligenzen" etwa durch spiritistische Phänomene oder auch nur auf dem Wege schwärmerischer Intuition anzunehmen, selbst wenn sich die Tatsächlichkeit einiger berichteter unerklärlicher Vorkommnisse nicht ohne weiteres bestreiten oder widerlegen lasse. Eine in diesem Sinne verstandene „Mystik" lehnte er ab: „Die Gemeinschaft mit der anderen Welt ist entweder mystisch oder physisch. Die mystische kann in dieser Welt nicht admittirt werden, weil dadurch Erfahrungsgesetze unterbrochen würden." (R 5479, AA 18/194). Seine Zurückweisung einer mit der Ver-

bringt bereits die aus der kritischen Zeit bekannte Zielangabe: „*Gott* und die *andere Welt* ist das einzige Ziel aller unserer philosophischen Untersuchungen, und wenn die Begriffe von Gott und von der andern Welt nicht mit der Moralität zusammenhingen, so wären sie nichts nütze"[399]. Die „wichtigste aller unserer Erkenntnisse: *Es ist ein Gott*" (1763)[400] zerlegt sich in die zwei „Vornehmste(n)" Fragen nach Gott und dem künftigen Leben[401], die als drei-teilige „unvermeidliche(n) Aufgabe(n)"[402] die „Endabsicht" und „die ganze Zurüstung" der reinen Vernunft bestimmen[403], in der kritischen Zeit in der

nunftreligion vereinbaren religiösen „Mystik" fiel dagegen 1798 bedeutend milder aus (vgl. AA 7/69 Anm. verglichen mit AA 19/647f.). Am deutlichsten bringt Kant seine Stellung zur Mystik im sog. „Jachmann-Prospekt" von 1800 zum Ausdruck. Mystik ist hier für ihn „das gerade Gegentheil aller Philosophie" (AA 8/441), oder, nach einem Entwurf für diesen Text: „der antipodische Standpunkt der Philosophie" und „das gerade Wiederspiel der Philosophie" (AA 23/467). In einem von D. Henrich edierten weiteren Entwurf verdeutlicht Kant den gemeinten Unterschied: Philosophie muß sich ihre Einsicht „selbst erringen", indem sie „von der Erde zu den Himmelischen aufwärts" denkt, während der Mystiker versucht, „vom Himmel zur Erde herab zu gehen", um sich seine Erkenntnisse „zu erseufzen". Diese Verfahrensweise sei jedenfalls für die Philosophie genauso unsinnig wie der „Stein der Weisen" des Alchimisten für die Chemie (vgl. D. HENRICH, *Zu Kants Begriff der Philosophie. Eine Edition und eine Fragestellung*, in: *Kritik und Metaphysik. Studien*, Heinz Heimsoeth zum achtzigsten Geburtstag (Berlin 1966) 40-59, hier: 42f.). Zu Kants Mystik vgl. HEINZE, a. a. O. (31) 559f. [79f.] und G. Lehmann in: AA 28.2,2/1347f. Hierher gehört auch die Kontroverse über „reine" (Hartenstein u. Erdmann) und „keine Privatmeinungen" (Orig., Cassirer, Schmidt, Weischedel) in der KrV A 782 = B 810; vgl. B. Erdmann in AA 3/590 verglichen mit L. GOLDSCHMIDT *Kants „Privatmeinungen" über das Jenseits und Die Kantausgabe der Königlich Preußischen Akademie der Wissenschaften. Ein Protest* (Gotha 1905). „Der Mensch als Bürger zweier Welten", ANTONOPOULOS a. a. O. (81).

399 Pölitz, a. a. O. (31) 261 entspr. AA 28.1/301.

400 AA 2/65.

401 R 4459, AA 17/559f.; vgl. R 4859, AA 18/12, R 6357, AA 18/681f., R 6432, AA 18/714 u. a.

402 KrV B 7 (Einschub in der zweiten Auflage).

403 „Endabsicht mit allen Zurüstungen" auf Metaphysik bezogen ebd.; „Endabsicht" auf Vernunft bezogen A 3 bzw. B 7; das *„Unbedingte"* als „Endabsicht" der Vernunft A 417, B 445, vgl. A 575 = B 603 Anm.. „Endabsicht" der „Spekulation der Vernunft im trans-scendentalen Gebrauche" auf die „drei Gegenstände" gerichtet A 798 = B 826, „Die ganze Zurüstung ... der Vernunft" „nur auf die drei gedachten Probleme gerichtet" A 800 = B 828.

systematischen Reihenfolge: Freiheit, Unsterblichkeit und Dasein Gottes[404], und in der eher ganzheitlichen Schau des Opus postumum als Titelentwurf: *„Gott, die Welt,* und dieser ihr Inhaber, *der Mensch* in der Welt"[405] oder auch: *„Gott, die Welt* u. die *Persönlichkeit* des Menschen in der Welt"[406], wobei dem Menschen als dem „Verbindungsmittel beyder"[407] die Rolle der „copula" oder

404 KrV A 798 = B 826, meist aber Gott vorangestellt: *„Gott, Freiheit und Unsterblichkeit"* KrV B XXX, 7, KpV AA 5/5, KU AA 5/473 und 474; R 6212, AA 18/497; „Gott, Freyheit, Geistiges Wesen" R 6350. AA 18/675f.; auch: „Gott, Unsterblichkeit und Freyheit" R 631;, AA 18/623-629, hier: 629, in der syst. Reihenfolge 626.

405 AA 21/38.

406 AA 21/74. Der Titelentwurf wird in vielen Varianten durchgespielt; auch z. B. „Gott – die Welt u. Ich (der Mensch)" (AA 21/42).

407 Insofern er als „Naturwesen [,] doch zugleich Persönlichkeit hat um das Siñen Princip mit dem Übersinnlichen zu verknüpfen" (AA 21/31) und dadurch „zu *beyden Welten gehört"* (*„amphibolie"*) (AA 21/43). „Ich der Mensch" bin als „Weltwesen" und *„Siñenwesen"* zugleich *„Verstandeswesen"* und „Person" („animal rationale") und insofern „auf zwiefache Art zu behandeln", denn „Gott u. der Mensch beydes *Personen"* („Dieser an *Pflicht gebunden* Jener *Pflicht gebietend* ist"; „Die *Personalität* der obersten Ursache ist Spontaneität") (AA 21/37, 43, 44, 45, 49, 51, 55). Angezielt ist dabei aber der transzendentalphilosophische Aspekt, daß der Mensch Gott und Welt „beyde in einem system vereinigt" (AA 21/41), was das „Verbindungsmittel" Kants von Herders „Mittelglied zweier Welten" („Mittelring", „Mittelgattung", „Mittelgeschöpf") unterscheidet (vgl. J. G. HERDER, *Ideen zur Philosophie der Geschichte der Menschheit,* Textausgabe mit einem Vorwort von G. Schmitt [Wiesbaden o. J., Originalausgabe 1784-1791] 146ff., 75). Als das zuletzt Verbindende hatte sich Freiheit herausgestellt. In seinem Handexemplar der 1. Auflage der KrV hatte sich Kant notiert: „Die größte Schwierigkeit macht die Freyheit, weil sie ein Wesen, das zur Sinnenwelt gehöret, zugleich mit der intellectualen nach einem gegebenen Gesetze verbindet, und dadurch auch mit Gott." (R CLXXVII E 52 - A 566, AA 23/42). Später wurde dann Freiheit als „Grundbegriff" beschrieben, der die Vernunft über jene Grenzen erweitern kann, die alle theoretischen Naturbegriffe „ohne Hoffnung" einschränken (AA 5/474, vgl. auch 5/113). „Der einzige Begriff der Freiheit verstattet es, daß wir nicht außer uns hinausgehen dürfen, um das Unbedingte und Intelligibele zu dem Bedingten und Sinnlichen zu finden" (AA 5/105). Indem wir durch das moralische Gesetz „genöthigt, eben dadurch aber auch berechtigt werden", Freiheit anzunehmen, widerfährt uns „die Eröffnung einer intelligibelen Welt durch Realisirung des sonst transscendenten Begriffs der Freiheit" (AA 5/94). So wurde Freiheit schließlich zum „*Schlußstein* von dem ganzen Gebäude eines Systems der reinen, selbst der speculativen Vernunft ..., und alle andere Begriffe (die von Gott und Unsterblichkeit), welche als bloße Ideen in dieser ohne Haltung bleiben, schließen sich nun an ihn an und bekommen mit ihm und durch ihn Bestand und objective Realität, d. i. die *Möglichkeit* derselben

des „medius terminus" zukommt[408]. „Alles Interesse" der Vernunft vereinigt sich in den bekannten drei Fragen: „*1. Was kann ich wissen? 2. Was soll ich thun? 3. Was darf ich hoffen?*"[409], die sich zusammenfassen lassen in der einzigen Frage: „*Was ist der Mensch?*"[410], oder in der transzendentalphilosophischen Formulierung der Spätzeit: „*Wie sind synthetische Sätze des Übersinnlichen möglich?*"[411]. Sein persönliches Interesse an den Fragen nach dem mundus spiritualis hat Kant selbst sogar zugegeben und als eine gewisse Parteilichkeit bezeichnet: „Die Verstandeswage ist doch nicht ganz unparteiisch, und ein Arm derselben, der die Aufschrift führt: *Hoffnung der Zukunft,* hat einen mechanischen Vortheil ... Dieses ist die einzige Unrichtigkeit, die ich nicht wohl heben kann, und die ich in der That auch niemals heben will"[412]. Dieses Interesse verrät sich im kritischen Werk in beiläufigen Formulierungen wie z.B. der Rede vom Wagnis des Schrittes ins Transzendente als eine „für sich bestehende Wirklichkeit"[413], von der „Erlaubniß", von der „Befugniß", ja gar

wird dadurch *bewiesen,* daß Freiheit wirklich ist; denn diese Idee offenbart sich durchs moralische Gesetz" (AA 5/3f.). Vgl. vorkritisch: „Mittelstand zwischen der Weisheit und Unvernunft" (AA 1/365).

408　„Der medius terminus (copula) im Urtheile ist hier das Urtheilende Subject (das denkende Weltwesen, der Mensch, in der Welt) Subject, Praedicat, Copula" (AA 21/27). „Gott u. die Welt sind die beyde Objecte der Transsc. Philos. und (Subject, Praed. u. copula) ist der denkende *Mensch.* Das Subject der sie in einem Satze verbindet. – Dieses sind logische Verhältnisse in einem Satze nicht die Existenz der Objecte betreffend sondern blos das Formale der Verhältnisse diese Objecte zur synthetischen Einheit zu bringen Gott, die Welt und Ich der Mensch ein Weltwesen selbst, beide verbindend" (AA 21/37).

409　KrV A 804f., B 832f.

410　AA 9/25.

411　„Als regulative Principien der praktischen Vernunft. Die des Sinnlichen als constitutive Begriffe der theoretischen" (R 6345, AA 18/670; ähnlich R 6351, AA 18/678f. Beide Reflexionen nach Adickes aus 1797, die letztere auch später).

412　AA 2/349f.; ähnlich in der KU AA 5/143.

413　„Dergleichen transscendente Ideen haben einen bloß intelligibelen Gegenstand, welchen als ein transscendentales Object, von dem man übrigens nichts weiß, zuzulassen, allerdings erlaubt ist, wozu aber ... wir weder Gründe der Möglichkeit ... noch die mindeste Rechtfertigung, einen solchen Gegenstand anzunehmen, auf unserer Seite haben, und welches daher ein bloßes Gedankending ist. Gleichwohl dringt uns unter allen kosmologischen Ideen diejenige, so die vierte Antinomie veranlaßte, diesen Schritt zu wagen.... Weil aber, wenn wir uns einmal die Erlaubniß genommen haben, außer dem Felde der

der „Nothwendigkeit" der Annehmung eines künftigen Lebens, oder, wenn es heißt, daß praktische Freiheit „gerettet" werde, ohne daß die Naturnotwendigkeit beeinträchtigt wird[414]. „Denn sind Erscheinungen Dinge an sich selbst, so ist Freiheit nicht zu retten"[415]. Metaphysik wird insofern zur „Schutzwehr" der Religion (in der KrV gegen Schluß und mehrfach in den Reflexionen), als sie „die Verwüstungen abhält, welche eine gesetzlose speculative Vernunft"[416] durch die „ungemeine Biegsamkeit" ihrer Hypothesen[417] angesichts der „nun allererst aufkeimenden Freyheit zu denken"[418] anrichten könnte. Kant formuliert sein eigenes Programm, wenn er im letzten Teil der KrV schreibt: „ … es bleibt euch noch genug übrig, um die vor der schärfsten Vernunft gerechtfertigte Sprache eines festen *Glaubens* zu sprechen, wenn ihr gleich die des *Wissens* habt aufgeben müssen"[419]. Um „zum *Glauben* Platz zu bekommen",

gesammten Sinnlichkeit eine für sich bestehende Wirklichkeit anzunehmen, Erscheinungen nur als zufällige Vorstellungsarten intelligibeler Gegenstände von solchen Wesen, die selbst Intelligenzen sind, anzusehen sind: so bleibt uns nichts anders übrig als die Analogie, …" (KrV A 565f. = B 593f.). Zu „wagen" vgl. auch B 295 u. 878 (diese und die folgenden Verweise zitieren wir nur nach der B-Auflage).

414 Nachdem von den „nothwendigen Schranken unserer Vernunft" die Rede war: „Gleichwohl wird hiedurch für die Befugniß, ja gar die Nothwendigkeit der Annehmung eines künftigen Lebens nach Grundsätzen des mit dem speculativen verbundenen praktischen Vernunftgebrauchs hiebei nicht das mindeste verloren; denn der bloß speculative Beweis hat auf die gemeine Menschenvernunft ohnedem niemals einigen Einfluß haben können." (KrV B 424 [nur in B!]). Zu „Erlaubniß" vgl. B 478, 520, 552, 593f., 640, 665, 725, 798, 828, dazu auch AA 5/70. Zu „Befugniß" B 431, 705, dazu AA 5/57. Zu „Nothwendigkeit" B 705, dazu AA 5/57, 143. Außerdem „Bedürfniß" AA 5/142f.; ,zulassen' B 593, vgl. B 342, 542, 558, 559 Anm., 593; ,berechtigt' B 425, 624, 704, 714, 727, 770, dazu AA 5/94. – "Hiedurch wird also die praktische Freiheit, nämlich diejenige, in welcher die Vernunft nach objectiv = bestimmenden Gründen Causalität hat, gerettet, ohne daß der Naturnothwendigkeit in Ansehung eben derselben Wirkungen als Erscheinungen der mindeste Eintrag geschieht." (Prolegomena AA 4/346).

415 KrV A 536 = B 564. Vgl. dazu AA 5/3 und Pölitz, a. a. O. (31) 209 entspr. AA 28.1/270: *„Demnach bleibt Moral und Religion in Sicherheit."*

416 KrV A 849 = B 877; R 4291, AA 17/498, vgl. R 4284, AA 17/495; R 4865, AA 18/14; R 4887, AA 18/20; R 5675, AA 18/325. Vgl. auch E. Arnoldt, *Metaphysik die Schutzwehr der Religion.* Rede, gehalten am 22. April 1873 in der Kant-Gesellschaft zu Königsberg, in: Arnoldt, a. a. O. (28) 2/168-191.

417 AA 2/341.

418 R 6215, AA 18/503-506, hier: 504.

brauchte er aber nicht alles *Wissen* aufzuheben[420], sondern nur jenes, das „vermessen" seine Grenzen überschreitet[421], um so dem „Skandal" des „*Materialism, Fatalism*" und „*Atheism*" vorzubeugen und „dem freigeisterischen *Unglauben*, der *Schwärmerei* und *Aberglauben*, die allgemein schädlich werden können, zuletzt auch dem *Idealism* und *Scepticism*" „selbst die Wurzel" abzuschneiden, weil diese Lehren „über kurz oder lang" die Konsequenz eines überbordenden Vernunftgebrauches sein würden[422], wenn nämlich versucht werden sollte, das Geheimnis Gottes oder auch nur des Menschen spekulativ auf einen adäquaten Begriff zu bringen. Falls man geneigt sein sollte, diese unheilvolle Voraussage im weiteren Verlauf der Geschichte als erfüllt anzusehen, wird man sich womöglich die Antwort auf die Frage, ob Kant bei allem Eifer in seiner Gründlichkeit nicht doch etwas zu weit gegangen sei, nicht eben leicht machen.

Nachtrag: Das Buch von K. AMERIKS, *An Analysis of the Paralogisms of Pure Reason* (Oxford 1982), war erst nach Redaktionsschluß erschienen und konnte nicht mehr berücksichtigt werden.

419   KrV A 744f. = B 772f.

420   KrV B XXX.

421   „Das deutsche Wort *vermessen* ist ein gutes, bedeutungsvolles Wort. Ein Urtheil, bei welchem man das Längenmaß seiner Kräfte (des Verstandes) zu überschlagen vergißt, kann bisweilen sehr demüthig klingen und macht doch große Ansprüche und ist doch sehr vermessen. Von der Art sind die meisten, wodurch man die göttliche Weisheit zu erheben vorgiebt, indem man ihr in den Werken der Schöpfung und der Erhaltung Absichten unterlegt, die eigentlich der eigenen Weisheit des Vernünftlers Ehre machen sollen." (AA 5/383 Anm.).

422   KrV B XXXIV.

Kapitel 5:

Der Gotteserweis aus praktischer Vernunft.
Das Argument Kants und seine Tragfähigkeit
vor dem Hintergrund der Vernunftkritik

Daß der „alles zermalmende(n) *Kant(s)"*, wie Mendelssohn den Königsberger Philosophen in der Vorrede zu seinen *Morgenstunden* genannt hat[1], vor allem die sog. Gottesbeweise zerstört oder doch wenigstens „als sinnlos abgetan"[2] habe, entspricht der landläufigen Auffassung. Lediglich darüber, ob Kant deshalb zu loben oder zu tadeln sei, ist man sich nicht einig. Bemerkenswert dabei ist aber jedenfalls, daß der Kant gegenüber erhobene Agnostizismus-Vorwurf von ganz verschiedenen Richtungen her ertönt. So nannte kürzlich Walter HOERES auf einer Tagung der „Bewegung für Papst und Kirche" in Königstein Kant den „Vater des modernen Agnostizismus", der im „unappetitlichen [sic!] Versuch" der Rahnerschen Transzendentalphilosophie weiterlebe.[3] In seinem Buch: *Grundlagen der Beweistheorie der marxistischen Philosophie* wirft Tamás FÖLDESI Kant einen Agnostizismus vor, der sich „gegen *jede* Antwort auf die letzte Frage" richte und „die axiomartigen Sätze des Idealismus ebenso ... wie die des Materialismus" in Frage stelle und dabei „die Möglichkeit der Lösung des Problems" überhaupt leugne[4]. Es ist die

---

1   M. MENDELSSOHN, *Gesammelte Schriften*. Jubiläumsausgabe Bd. III, 2: Schriften zur Philosophie und Ästhetik, bearb. v. Leo Strauss (Stuttgart B.C. 1974) 3.

2   J. MÖLLER, *Die Chance des Menschen – Gott genannt* (Zürich, Einsiedeln, Köln 1975) im Umschlagtext.

3   Zitiert nach dem Bericht: *Mitteilungen aus der Bewegung für Papst und Kirche. Um die Fundamente des Glaubens. Eine theologische Tagung in Königstein,* in: Der Fels 12 (1981) 330-331, hier: 330.

4   (Köln 1977) 288f. Diese Auffassung ist aber nicht unbedingt repräsentativ für die marxistische Kantdeutung. Daß Kant zwei unterschiedliche Zugänge zur Gottesfrage kennt, wird von anderen Autoren (jedenfalls im Prinzip) zugegeben. So schreibt z. B. G. STIEHLER: „Die Prüfung der Religion am Maßstab der praktischen Vernunft ist ideologische Form, die die Religion dem realen Leben, der Praxis, der Tätigkeit unterordnet, ihr zugleich aber Existenzberechtigung einräumt, sie legitimiert." (*Kants Religionsbegriff als „ideologische Form",* in: Philosophie und Religion. Beiträge z. Religionskritik der deutschen Klassik. Collegium Philos. Jenense H. 3 [Weimar 1981] 61-71, hier: 69). Ähnlich M. THOM:

Aufgabe des Referates zu untersuchen, ob Immanuel Kant tatsächlich eine natürliche Gotteserkenntnis für unmöglich hielt, oder ob er nicht doch Wege zu gehen versucht hat, die den Menschen nicht nur zur Denknotwendigkeit, sondern auch zur Wirklichkeit Gottes zu führen vermögen. Ob man dabei von einem „Beweis" im strengen Sinne sprechen kann, wie er in der Mathematik oder Logik vorkommt, soll hier nicht entschieden werden, um die Untersuchung über Kants Position und Aussageabsicht nicht mit der speziellen wissenschaftstheoretischen Frage nach der Natur philosophischer Beweise zu überlagern[5]. Darum wird der weiter gefaßte Begriff „Gotteserweis" verwendet,

„Kants zwei Argumentationsebenen zur Frage des Daseins Gottes – die erkenntnistheoretische in der „Kritik der reinen Vernunft" und die moralphilosophische in der „Kritik der praktischen Vernunft" – enthalten keinen Bruch, sondern sind vielmehr zwei Stufen bzw. sich ergänzende Betrachtungsebenen innerhalb einer einheitlichen Konzeption." (*Religionsbelebung oder Religionskritik bei Kant,* ebd. 72-83, hier: 74). Dennoch wird Kant lediglich als „Produzent" „entfremdeten" religiösen Bewußtseins verstanden, „einmal, indem er das Bedürfnis nach einer ‚Vernunftreligion' als etwas Natürliches, Ewig-Menschliches, Ahistorisches behauptet, und zum anderen bleibt er in einer ‚quasireligiösen' Denkweise befangen ..." (ebd. 81). Kants Größe besteht in dieser Frage gerade darin, daß er die vom bürgerlichen Standpunkt zweifellos benötigte Transzendenz gegenüber dem egoistischen einzelnen in ihrem bloßen *Ideal*-Charakter bezeichnet und ihre Abhängigkeit von den Gesetzen der Vernunft nachzuweisen bemüht ist. (M. THOM, *Ideologie und Erkenntnistheorie. Untersuchung am Beispiel der Entstehung des Kritizismus und Transzendentalismus Immanuel Kants* [Berlin 1980] 136).

5   Die Stringenz philosophischer Beweise hängt ja nicht nur von ihrer logischen Struktur, sondern auch von den als Prämissen fungierenden Sätzen ab, die selbst zwar wiederum bewiesen werden können, aber ohne die Möglichkeit eines endlosen Regresses letzten Endes auf unmittelbaren Einsichten oder auf Grundannahmen beruhen, die u. U. bis in den Bereich moralischer Entscheidungen hineinreichen. Der Wirklichkeitsbezug solcher Grundeinsichten oder Grundannahmen wird je nach der ‚angenommenen' Erkenntnistheorie bestimmt. vgl. dazu die kritischen Überlegungen K. R. POPPERS in *Die offene Gesellschaft und ihre Feinde 2. Falsche Propheten. Hegel, Marx und die Folgen.* UTB 473 (München [6]1980) 14-30 und 283ff. im Zusammenhang mit seinem Plädoyer für einen „kritischen Rationalismus" in seiner *Logik der Forschung* (Tübingen [2]1966). Kritik und Weiterführung bei: F.-J. CLAUSS, *Synthetische Wissenschaftstheorie. Versuch einer Synthese der falsifikationslogischen, der wahrscheinlichkeitslogischen und der transzendentallogischen Denkform.* Erfahrung u. Denken 60 (Berlin 1980). Zur transzendentalen Argumentation in der Kritik der praktischen Vernunft (=KpV) vgl.: R. J. BENTON, *Kant's second Critique and the problem of transcendental arguments* (The Hague 1977). Zur Rolle der Freiheit und des Willens in diesem Zusammenhang vgl. auch: R. LAUTH, *Theorie des philosophischen Arguments. Der Ausgangspunkt und seine Bedingungen* (Berlin, New York 1979).

258

um die Tragfähigkeit des Argumentes an ihm selbst zu prüfen, statt sie aus der bloßen Entsprechung mit einer passenden allgemeinen Definition gültiger Beweise herzuleiten, zumal es nicht von vornherein selbstverständlich ist, daß eine solche Definition diesen Grenzfall mit einschließen würde, und sich die Frage stellt, ob dieses Argument vor der Definition oder ob nicht vielleicht die Definition zum Ausweis ihrer Allgemeinheit vor diesem besonderen Argument zu rechtfertigen wäre.

1. Das Ungenügen der theoretischen Gotteserkenntnis [6]

6 Als Hinführung zum Thema seien zunächst einige Monographien genannt, die sich ausdrücklich mit der Gottesfrage in der Philosophie Kants auseinandersetzen: K. Sasao, *Prolegomena zur Bestimmung des Gottesbegriffs bei Kant.* Abhandlungen z. Phil. u. ihrer Gesch., hrsg. v. B. Erdmann 13 (Halle a. S. 1900); J. Guttmann, *Der Gottesbegriff Kants,* I. Teil (Diss. Breslau 1903); Ders., *Kants Gottesbegriff in seiner positiven Entwicklung.* Kant St. E 1 (1906, Neudruck: Würzburg 1959); E. Weyhing, *Kants Gottesbegriff in den drei Kritiken. Ein Beitrag zu seiner Ideenlehre* (Gießen 1909); F. Lienhard, *Die Gottesidee in Kants opus postumum* (Bern 1923); F. E. England, *Kant's conception of God. A critical exposition of its metaphysical development together with a translation of the Nova dilucidatio* (London 1929); S. Klausen, *Das Problem der Erkennbarkeit der Existenz Gottes bei Kant.* Avh. utg. av Det Norske Videnskaps – Ak.i. Oslo, II. Hist.-Filos. Kl. 1959. No. 2, (Oslo 1959); U. Ernst, *Der Gottesbegriff innerhalb der transzendentalen Ontologie Kants,* masch.-schr. Diss. (Wien 1975); N. O. Schroll-Fleischer, *Der Gottesgedanke in der Philosophie Kants* (aus d. Dänischen übers.) (Odense U. P. 1981). Zum Problem der Gottesbeweise im 18. Jahrh.: A. Cottier, *Der Gottesbeweis in der Geschichte der modernen Aufklärungsphilosophie* (Diss. / Fribourg 1940); H. Knudsen, *Gottesbeweise im Deutschen Idealismus. Die modaltheoretische Begründung des Absoluten, dargest. an Kant, Hegel und Weiße* (Berlin, N. Y. 1972). Zu den Gottesbeweisen grundsätzlich: J. Seiler, *Das Dasein Gottes als Denkaufgabe. Darlegung und Bewertung der Gottesbeweise* (Luzern, Stuttgart 1965); ihre Geschichte: Qu. Huonder, *Die Gottesbeweise. Geschichte und Schicksal.* UB 106 (Stuttg., Berlin, Köln, Mainz 1968). Zu den Gottesbeweisen bei Kant, allgemein: Sh. Kotsuka, *Die Gottesbeweise in der Philosophie Kants* (Diss. / Borna-Leipzig 1931); W. Cramer, *Gottesbeweise und ihre Kritik* (Frankf./M. 1967); A. W. Wood, *Kant's Rational Theology* (Ithaca a. London 1978); zum vorkritischen Kant: P. Laberge, *La théologie Kantienne précritique.* Collection φ Philosophica 2 (Ottawa 1973); zum krit. Kant: H. Franke, *Kants Stellung zu den Gottesbeweisen im Zusammenhange mit der Entwicklung seines kritischen Systems* (Diss. / Breslau 1908). Zu einzelnen Gottesbeweisen bei Kant: O. Kohlschmidt, *Kants Stellung zur Teleologie und Physikotheologie* (Diss. / Neustadt-Coburg 1894); H. Mann, *Dasein und Wesen Gottes in Kants frühen Schriften, Teil 1: Kants Physikotheologie* (Diss. München 1969); J. Schmucker, *Das Problem der Kontingenz der Welt.*

Um die Tragweite des Kantschen Gotteserweises aus praktischer Vernunft angemessen würdigen zu können, ist es erforderlich, in einem ersten Schritt auf seine Vorgeschichte einzugehen. Nur so lassen sich die Einseitigkeiten einflußreicher früherer Kantinterpretationen vermeiden, die heute im wesentlichen als überwunden angesehen werden können: die historische Einseitigkeit der wirkungsgeschichtlichen Interpretation, die Kant von der unzulänglichen Rezeption seines Werkes her verstand und ihn zum Teil sogar für den deutschen Idealismus und seine Folgen in Anspruch nahm, ohne zu beachten, daß dies nur gegen seinen erklärten Willen geschehen konnte; die sachliche Einseitigkeit des Neukantianismus der Marburger Schule mit seiner vorrangig an Problemen der Erkenntnistheorie orientierten Kantrezeption[7] oder schließlich auch die polemische Einseitigkeit der katholischen Neuscholastik, die auf verschiedene Weise versucht hat, im Rückgriff auf klassische Autoren des Hochmittelalters eine rationalistische Metaphysik zu betreiben, die weitgehend das Erbe der von Kant als unzulänglich kritisierten Leibniz-Wolffschen Philosophie antrat[8]. Die heute an Gewicht und Einfluß zunehmende sog. „ontologische"

QD 43 (Freib., Basel, Wien 1969); R. KÖHLER, *Transzendentaler Gottesbeweis* (Breslau ³1943); E. KATZER, *Der moralische Gottesbeweis nach Kant und Herbart* (Diss. / Leipzig 1877); J. GOTTSCHICK, *Kant's Beweis für das Dasein Gottes, in: Programm des Gymnasiums zu Torgau, mit welchem z. d. Feier d. Schröderschen Stiftungs-Actus ergebenst einladet Dr. A. Haacke* (Torgau 1878); J. KRUMME, *Kants ontologischer Gottesbeweis in seiner Schrift: „Der einzig mögliche Beweisgrund zu einer Demonstration des Daseins Gottes"* (Diss. Münster 1927); K. REICH, *Kants einzig möglicher Beweisgrund zu einer Demonstration des Daseins Gottes. Ein Beitrag zum Verständnis des Verhältnisses von Dogmatismus und Kritizismus in der Metaphysik.* Forschungen z. Gesch. d. Philos. u. ihrer Päd. 17 (Leipzig 1937); J. SCHMUCKER, *Die Ontotheologie des vorkritischen Kant.* KantSt. E 112 (Berlin, N.Y. 1980). Die für unser Thema herangezogenen Aufsätze werden später genannt.

7   vgl. P. LABERGE a. a. O. (6) 7.

8   „In den Bibliotheken, die für die Ausbildung der italienischen Neuscholastik maßgebend waren, fehlen zeitgenössische Ausgaben Kants und der Philosophen des Deutschen Idealismus fast ganz. Dagegen finden sich in ihnen die lateinischen (und in Italien an mehreren Stellen nachgedruckten) Werke Wolffs fast stets vollständig und oft in mehrfachen Ausgaben." (B. CASPER, *Gesichtspunkte für eine historische Darstellung der deutschen katholischen Theologie im 19. Jahrhundert,* in: Entwicklungslinien des deutschen Katholizismus, hrsg. v. A. RAUSCHER (München, Paderborn, Wien 1973) 85-96, hier: 89; die daraufhin untersuchten Bibliotheken werden einzeln aufgeführt). Welche anderen Einflüsse außerdem zu verzeichnen sind, kann hier nicht erörtert werden.

Kantinterpretation, als deren bekanntester Vertreter etwa Heinz Heimsoeth zu nennen ist[9], hat dagegen die auf eine verbesserte und tragfähigere Metaphysik abzielende Grundintention Kants wieder herausgestellt, die freilich ihr angestrebtes Ziel nicht in vollem Umfange erreicht habe[10]. Die Berechtigung dieser, wie wir meinen, in ihren Grundlinien richtigen Einschätzung des Kantschen Denkens ließe sich im Zusammenhang mit unserem Thema vielfältig und überzeugend belegen, worauf hier jedoch verzichtet werden muß. Das Resultat unserer Überlegungen kann aber jedenfalls in diesem Sinne verstanden werden.

Bereits in seiner Erstlingsschrift bekundet Kant sein Interesse an einer Metaphysik im Sinne einer „gründlichen" und „gegründeten Erkenntniß", die nach seiner Auffassung eine bloß mit Hilfe von Vorurteilen erweiterte „große Weltweisheit" ablösen soll[11]. Dieses Anliegen läßt sich wie ein roter Faden durch sein gesamtes Werk hindurch verfolgen. Die eigentlichen und entscheidenden Probleme der angezielten Metaphysik aber sind für ihn die Fragen nach Gott und der künftigen Welt[12], die nur nach gründlicher Überprüfung der Reichweite unserer Erkenntnis zuverlässig angegangen werden können, da sie jenseits der Grenze der Erfahrung liegen. Die kritische Wende seines Denkens erweist sich als grundsätzliche Verschärfung, nicht jedoch als Änderung dieser Fragestellung. Nachdem das Seelenproblem im Hinblick auf die künftige Welt bereits früher abgehandelt werden konnte[13], soll es nun

---

9   Für unseren Zusammenhang ist besonders auf sein Kommentarwerk zur KrV *Transzendentale Dialektik. Ein Kommentar zu Kants Kritik der reinen Vernunft, Teil 1-4* (Berlin, N.Y. 1966-1971) zu verweisen. vgl. auch DERS.: *Astronomisches und Theologisches in Kants Weltverständnis.* AkadWissLit., Abh. d. Geistes- u. sozialwiss. Kl. Jg. 1963, Nr. 9 (Mainz 1963).

10   vgl. H. HEIMSOETH, *Metaphysik der Neuzeit* (München 1967, Nachdr. d. Ausg. München u. Berlin 1934) 85f.

11   AA (= Kant's gesammelte Schriften, hrsg. v. d. Königl. Preuß. [später Preuß., dann Deutschen] AkadWiss., schließlich AkadWiss. der DDR [Berlin 1910-]) 1/31.

12   Diese Linie läßt sich von der Erstlingsschrift an, deren Gegenstand mittelbar mit der Kosmogonie zu tun hatte, bis ins Opus postumum verfolgen, was hier nicht weiter belegt werden kann. vgl. dazu auch A. WINTER, *Theologische Hintergründe der Philosophie Kants,* in: ThPh 51 (1976) 1-51. [hier Kapitel 2, 49-113].

13   A. WINTER, *Seele als Problem in der Transzendentalphilosophie Kants unter bes. Berücksich-*

um die Gottesfrage als zentrales Thema und gleichzeitig als zweites Grundmotiv gehen, das das Kantsche Denken unablässig vorangetrieben hat. Wenn man den dabei zurückgelegten Weg überschaut, kann man sagen, daß es ein Prozeß der Verinnerlichung ist, der vom Universum der Schöpfung anhebt und im Universum des menschlichen Herzens zur Ruhe kommt. Es ist ein Ringen mit den beschränkten Möglichkeiten unserer Vernunft, um mit gereinigten Begriffen eine vielleicht bescheidenere, aber letztlich tragfähigere natürliche Theologie zu begründen.

In der „Allgemeine[n] Naturgeschichte und Theorie des Himmels" von 1755 stellt Kant erstmals eine eigene von ihm später so genannte „Physikotheologie"[14] vor, in der er auf der Grundlage seines bis in die Spätzeit hin sich durchhaltenden ungebrochenen Schöpfungsglaubens[15] aus der Ordnung des Universums, deren Ursprung er, hierin Newton korrigierend, erstmals, und wie wir heute meinen, zutreffend mechanistisch erklärt, auf einen planenden und schaffenden, unendlichen und allgenugsamen höchsten Verstand[16] und eine selbständige Weisheit und damit auf einen einzigen göttlichen Urheber der gesamten Natur als „Grund[e] und ... Quelle aller Wesen"[17] schließt. In dieser ersten Phase hält Kant diesen [!] „Beweisthum der Gottheit" für umso sicherer, je vollkommener sich die Natur in ihrer Harmonie dar-

---

tigung des Paralogismus-Kapitels, in: Seele. Ihre Wirklichkeit, ihr Verhältnis zum Leib und zur menschlichen Person, hrsg. v. K. KREMER, Stud. Problemgesch. d. antiken u. mittelalterl. Philos. X (Leiden/Köln 1984) 100-168. [hier Kapitel 4, 163-255].

14 Diese Bezeichnung fand Kant bereits vor. Daneben war die Rede von „Akridotheologie" (E. L. Rathlef), „Astrotheologie" (W. Derham), „Brontotheologie" (P. Ahlwardt), „Chianotheologie" (B. H. Heinsius), „Chortotheologie" (J. D. Denso), „Hydrotheologie" (J. A. Fabricius), „Ichthyotheologie" (J. G. O. Richter), „Insectotheologie" (F. Ch. Lesser), „Lithotheologie" (F. Ch. Lesser), „Melittotheologie" (A. G. Schirach), „Orotheologie" (J. Ch. Wolf), „Petinotheologie" (F. Ch. Lesser, J. H. Zorn), „Phytotheologie" (J. B. v. Rohr), „Pyrotheologie" (J. A. Fabricius), „Sismotheologie" (J. S. Preu) und „Testaceotheologie" (F. Ch. Lesser, J. H. Chemniz). vgl. dazu AA 18/577f. . Die frühesten Ansätze zu Kants Physikotheologie (1753-54) finden sich im ‚Optimismusfragment' R (= Reflexion) 3703, AA 17/229-239. Zu Kants wechselnder Terminologie in der Bezeichnung der Gottesbeweise vgl. P. LABERGE a. a. O. (6) 81f.

15 vgl. H. HEIMSOETH (Astronomisches) a. a. O. (9) 6 (urspr.: 832).

16 AA 1/225, 227.

17 AA 1/333.

stellt[18]. Nachdem Kant zeigen konnte, daß die Entwicklung wenigstens des Kosmos nach Naturgesetzen erfolgte, die vom Schöpfer bereits in der zunächst chaotischen Materie angelegt worden waren, ergibt sich für ihn *„ein höherer Begriff seiner unendlichen Weisheit"[19]*, als wenn man Gott für ständige Nachbesserungen in Anspruch nimmt. Das kosmotheologische Argument ist in dieser Schrift für Kant noch ein „unleugbarer(n) Beweis", der „von der Gewißheit des höchsten Wesens am kräftigsten" zu überzeugen vermag[20] und der „sichere(n) Merkmaale der Hand Gottes" liefert[21]. Bei alledem ist Kants Darstellung von einer auch heute noch den Leser ergreifenden religiösen Begeisterung getragen, die sich mit vielen Wiederholungen in unverhohlenem Enthusiasmus entfaltet. Der 31-jährige Kant hat damals wohl nur dunkel geahnt, welch ein langer Weg des Denkens vor ihm lag, bis er durch alle Phasen der Vernunftkritik hindurch zu einer gelassenen Selbstverständlichkeit des Ruhens in Gott fand, die des Überschwanges nicht mehr bedurfte[22]. Bis dahin war er ständig bestrebt, auf dem Felde der Gotteserkenntnis alles ihm vordergründig und unzulänglich Erscheinende Schicht um Schicht abzutragen, wenn und soweit sich darunter Festeres und Sichereres abzeichnete, so daß niemals der Eindruck mutwilliger Zerstörung aufkommt, wenn man die Entwicklung seines Denkens im Zusammenhang sieht.

Allen ihm sonst bekannten Argumenten für das Dasein Gottes steht Kant bereits damals kritisch gegenüber. In der „Nova dilucidatio" aus dem gleichen Jahr wendet er sich gegen das ontologische Argument in einer Fassung, die er dem Descartes zuschreibt[23] – ein Verweis auf Anselm von Canterbury findet sich erst sehr viel später in zwei Texten des Nachlasses[24] – und setzt ihm ein eigenes, vielleicht von Leibniz her inspiriertes[25] entgegen, das von Joseph

---

18   AA 1/334.

19   AA 1/228.

20   AA 1/228f.

21   AA 1/331.

22   vgl. dazu J. Kopper, *Kants Gotteslehre,* in: KantSt. 47 (1955/56) 31-61, hier: 57-60.

23   AA 1/395, vgl. P. Laberge a. a. O. (6) 50.

24   R 6214, AA 18/500 u. AA 20/349, vielleicht aufgrund der Erwähnung in *Johann August Eberhard's Vorbereitung zur natürlichen Theologie zum Gebrauch in akademischen Vorlesungen* (Halle 1781) 28f., entspr. AA 18/556.

Schmucker aufgrund eines von Kant selbst benutzten Ausdrucks als ‚ontotheologisches' bezeichnet wurde[26] und auf das Prinzip aller Möglichkeit überhaupt zurückschließt. Es wird im „Beweisgrund" von 1763 weiter ausgebaut

25 Die Originalität des Kantschen Beweisgrundes ist Gegenstand einer Kontroverse: D. HENRICH *(Der ontologische Gottesbeweis. Sein Problem und seine Geschichte in der Neuzeit* [Tübingen [2]1967] 46) und besonders nachdrücklich J. SCHMUCKER *(Die Originalität des ontotheologischen Argumentes Kants gegenüber verwandten Gedankengängen bei Leibniz und in der Schulphilosophie seiner Zeit,* in: Kritik und Metaphysik, Studien. Heinz Heimsoeth zum achtzigsten Geburtstag [Berlin 1966] 120-133) vertreten seine grundsätzliche Eigenständigkeit gegenüber der Schultradition, die von anderen besonders im Hinblick auf Leibniz in Frage gestellt oder bestritten wird (vgl. dazu P. LABERGE a. a. O. [6] 58). LEIBNIZ ergänzte den ontologischen Beweis dahingehend, daß er zunächst die Möglichkeit eines notwendig existierenden Wesens sicherstellen will (in *De beata vita, Med. de cognitione, veritate et Ideis, Monadologie u. Essais de Théodicée ...).* Nach J. Krumme handelt es sich bei der Leibnizschen Form um eine „Übergangsstufe" (a. a. O. [6] 15). Es findet sich bei Leibniz aber auch die Überlegung, daß die Wirklichkeit Gottes die Voraussetzung dafür ist, daß überhaupt etwas möglich ist (in der Monadologie im Rückgriff auf Augustinus u. in der 1697 verfaßten, aber erst 1740 veröffentlichten Abhandlung: De rerum originatione radicali, in der K. Reich a. a. O. [6] 38 eine „bequemste Parallelstelle" angibt). F. E. ENGLAND verweist außerdem auf Ch. Wolff (a. a. O. [6] 32-36) und besonders auf Ch. A. Crusius (a. a. O. [6] 36-41). WOLFF schreibt in den *Vernünfftige[n] Gedancken von den Kräfften des menschlichen Verstandes und ihrem richtigen Gebrauch in Erkäntniß der Wahrheit.* (Halle 1712 [13]-[14]1754, Nachdruck hrsg. u. bearb. v. H. W. Arndt, Hildesheim 1978) 118 (im Nachdruck): „Unter denen Dingen, die möglich sind, muß eines nothwendig selbstständig seyn, denn sonst wäre etwas möglich, davon man keinen Grund anzeigen könnte, warum es ist, welches dem zuwider lieffe, so bereits oben (§ 4.) bestätigt worden. Das selbstständige Wesen nennen wir GOTT: die anderen Dinge, welche ihren Grund, warum sie sind, in dem selbstständigen Wesen haben, heissen Creaturen", womit eigentlich aber nur auf das Kontingenzargument Bezug genommen wird. Bei CRUSIUS steht z.B. in § 56 seines *Entwurf[s] der Nothwendigen Vernunft-Wahrheiten* (Leipzig 1745, Nachdruck Hildesheim 1964) 98: „Denn wenn nichts wirckliches wäre: So wäre auch nichts mögliches, weil alle Möglichkeit eines noch nicht existirenden Dinges eine Causal = Verknüpfung zwischen einem existirenden und zwischen einem noch nicht existirenden Ding ist." Die Kausalbeziehung trifft aber auch nicht genau den Kantschen Gedankengang. In einer Hinsicht besteht allerdings eine nachweisliche Beziehung zu Crusius im Zusammenhang mit dem ontotheologischen Argument Kants: Crusius bestreitet mit Leibniz gegen Wolff, daß das „principium rationis determinantis" („vulgo sufficientis") aus dem Widerspruchsprinzip bewiesen werden könne (DISSERTATIO PHILOSOPHICA DE VSV ET LIMITIBVS PRINCIPII RATIONIS DETERMINANTIS VVLGO SVFFICIENTIS QVAM DIVINA FAVENTE GRATIA AMPLISSIMI PHILOSOPHORUM ORDINIS CONSENSV PRO LOCO IN EODEM RITE OBTI-

und ergänzt, nach einer anderen Auffassung auch verändert[27]. Schließlich
legt Kant am Schluß der „Nova dilucidatio" noch ein weiteres eigenes Argument
aus der Koexistenz der Substanzen im Raum vor, die nur durch eine sie

NENDO SECVNDVM DISPVTATVRVS IN ACADEMIA LIPSIENSI PVBLICO ERVDI-
TORVM EXAMINI SVBMITTIT ... IPSIS KALEND. MAII MDCCXLIII [LIPSIAE] 19 (§
XI) und im „Entwurf" § 31). Kant nimmt in diesem Zusammenhang ausdrücklich auf
CRUSIUS Bezug (AA 1/396). SCHMUCKER verteidigt die Eigenständigkeit des Kantschen
Arguments besonders auch gegen die von G. TONELLI (*Elementi metodologici e metafisici
in Kant dal 1745 al 1768. Saggio di sociologia della conoscenza* Vol. I. Studi e ricerche di
storia della filosofia XXIX [Torino 1959] 162f.) angegebenen Vorläufer: Neben Leibniz
und Wolff werden dort Wedel, Butler, Baumeister und Frobenius genannt, allerdings
zumeist aufgrund von Kontingenzüberlegungen, von wo aus sich seine Einschätzung,
Kants Argument sei „di scarsa originalità" (139), kaum stützen läßt. Bisher übersehen
worden scheint indes zu sein, daß sich auch in England bescheidene Vorformen angeben
lassen, die zwar keine Vorwegnahme der Kantschen Position darstellen, aber der Vollständigkeit halber in die Diskussion einbezogen werden sollten, zumal sie Kant in deutscher
Sprache zugänglich waren. Gemeint sind Äußerungen in den von R. Boyle gestifteten
Reden oder Predigten („Boyle's Lectures"), die von 1692-1726 in England gehalten worden
waren und von denen Gilbert Burnet 1737 einen Auszug veröffentlicht hatte, dem alsbald
eine französische und dann eine deutsche Übersetzung folgte mit dem Titel *Vertheidigung
der natürlichen und geoffenbarten Religion oder Gilbert Burnets Auszug der von Robert
Boyle gestifteten Reden.* Aus dem Englischen übersetzt von Elias Caspar Reichard, durch-
gesehen und mit einer Vorrede zum Druck befördert von SIEGMUND JACOB BAUMGARTEN,
Band 1-3 (Leipzig und Bayreuth 1738-1741), ab Band 4: Aus dem Englischen übersetzt
und mit Anmerckungen erläutert von JOHANN CHRISTIAN SCHMIDT, Band 4-7 (Hof und
Bayreuth 1744-1747). Die früheste Belegstelle findet sich in den 1697 gehaltenen Predigten
von Francisc Gastrell, dem späteren Bischof von Chester, die den Titel tragen: Bischof
Gastrells Boylische Predigten von der Gewißheit und Nothwendigkeit der Religion überhaupt, a. a. O. 1/331-438. Es heißt dort S. 357f.: „Man beweiset noch auf eine andere Art,
daß ein ewiges Wesen alle mögliche Vollkommenheiten haben müsse, nemlich daher,
weil selbst der Begriff der Möglichkeit ein Vermögen erfordert, das dem allen, so nur
irgend möglich ist, gemäß und hinlänglich sey; so daß, wenn man sagt, ein Ding sey
möglich, es eben so viel ist, als ob man sagte, daß ein Vermögen da sei, das solches
hervorbringen oder haben könne. [Hervorhebungen weggelassen]". Diese Argumentation
dient allerdings nur dazu, dem ewigen Wesen alle mögliche Vollkommenheit zuzuschreiben. Die zweite Belegstelle seht in „*Doctor Samuel Clarkes überzeugendem Beweise des
Wesens und der Eigenschaften Gottes*". a. a. O. 3/139-202, vorgetragen im Jahre 1704.
Dort heißt es auf S. 150f.: „Denn wenn man nur bloß einen Begriff hat von dem Satze:
Es gibt ein selbständiges Wesen / das beweiset zwar, daß die Sache nicht unmöglich sey;
Allein daß sie auch wircklich sey, das kan aus dem Begriffe nicht erwiesen werden, es sey
denn, daß die Gewißheit der Wirklichkeit eines nothwendig wirklich daseyenden Wesens
aus der Möglichkeit der Wirklichkeit eines solchen Wesens fließe. Es haben zwar einige

gemeinsam tragende und verbindende außerweltliche Intelligenz erklärbar
sei. Dieses Argument gehört in den Bereich der Physikotheologie und wird
von Kant dem Christian Wolff und seinen Anhängern zugeschriebenen Argu-

Gelehrte geglaubt, daß solches in diesem Falle geschehe, allein es läßt sich viel deutlicher
beweisen, daß wirklich ein solches Wesen ausser uns da sey, wenn man zeiget, daß das
gegenseitige Vorgeben einen Wiederspruch in sich halte, und wenn man zu gleicher Zeit
darthut, wie es schlechterdings unmöglich sey, einige Begriffe zu unterdrücken oder
fahren zu lassen, als die von der Ewigkeit und Unermeßlichkeit, welches also nothwendig
die Eigenschaften eines nothwendigen wirklich daseyenden Wesens seyn müssen. [Her-
vorh. weggelassen]". Da Clarke mit Leibniz korrespondiert hat, erklärt sich wohl von
hier aus die Ähnlichkeit mit dem Leibnizschen Gedanken. Die dritte Belegstelle schließlich
steht in Thomas Burnets Predigten: Ein gegründeter Beweis von der wahren Religion,
die 1724-25 vorgetragen wurden (a.a.O 6/ab 227, hier: 230f.): „I. Daß ein selbstexistirendes
Wesen seyn müsse. [Abs.] Durch ein selbstexistirendes Wesen verstehe ich ein Wesen,
welches krafft seiner Natur existiret, oder weil es seine Natur ist zu existiren. [Abs.] Daß
aber ein solches Wesen seye beweise ich also: [Abs.] Denn ohne ein solches Wesen
könnte gar kein Wesen existiren. [Abs.] Denn wenn nicht ein gewisses Wesen ohne
Anfang ist; so war einmahl eine Zeit, wo gar kein Wesen war; und wenn dem so ist; so
muß es unmöglich gewesen seyn, daß jemahls ein Ding hätte zur Existenz gebracht
werden können. Aus diesem wird folgen, daß ein independentes, ewiges, nothwendiges,
immerwährendes, unveränderliches, allgegenwärtiges seyn müsse. [Abs.] Denn was ohne
eine Ursache da ist, das ist independent; und ohne Anfang da seyn, heist nothwendig da
seyn oder weil es unmöglich ist, nicht da zu seyn. Denn daß ein Ding möglich seye, wird
erfordert, daß es ein Gegenstand einer gewissen Macht seye. Wenn wir also begreiffen
können, daß es einem Wesen, welches aus seiner eigenen Natur existiret, möglich seye
nicht zu existiren; so müssen wir uns noch eine andere Macht vorstellen, die da macht,
daß es nicht existire. Und wenn sich eine solche Macht begreiffen lässet; so muß sie
etwas seyn, das entweder in der eigenen Natur der Sache, oder ausser derselben ist.
Allein es ist ein offenbahrer Wiederspruch, daß ein Wesen, dessen Natur es ist, da zu
seyn, auch eine Natur haben solte, nicht da zu seyn. Es ist nicht auch weniger ein
Wiederspruch ein independentes Wesen zu glauben, welches doch einer anderen Macht
unterworffen ist [Hervorh. weggelassen]." Aber auch dieses Argument ist nicht mit Kants
„Beweisgrund" identisch, weil es auf eine causa efficiens abzielt. In unserem Zusammenhang sei noch auf einen Versuch hingewiesen, das Dasein Gottes aus den Widersprüchen
herzuleiten, in die sich die gegenteilige Annahme unweigerlich verstricken müsse. Es
handelt sich um das Werk: „A discourse concerning the being and attributes of God, the
obligations of natural religion, and the truth and certainty of the christian revelation"
des oben bereits genannten Samuel Clarke (den Kant übrigens im Hinblick auf das
Raum-Zeit-Problem auf einem Losen Blatt um 1775 zweimal erwähnt, vgl. R. 4756, AA
17/699f.), das in deutscher Sprache unter dem Titel: *D. Samuel Clarkes Abhandlung von*
dem Daseyn und den Eigenschaften GOTTES, von den Verbindlichkeiten der Natürlichen
Religion, und der Wahrheit und Gewißheit der christlichen Offenbarung, aus dem Englischen

ment aus der Kontingenz vorgezogen[28]. Im „einzig mögliche[n] Beweisgrund
zu einer Demonstration des Daseins Gottes" erklärt Kant dann später, daß
seine „Absicht ... vornehmlich auf die Methode" gerichtet sei, „vermittelst

übersetzt und mit seiner Lebensbeschreibung begleitet (Braunschweig und Hildesheim 1756)
für Kant zugänglich war. Dieser Versuch ist auch insofern von Interesse, als der Vf. in
diesem Werk dem moralischen Gottesargument Kants sehr nahe kommt, wie noch zu
zeigen sein wird. Der Ausgangspunkt Clarkes ist die Einsicht, die auch von Gottesleugnern
nicht bestritten werde, daß „etwas von aller Ewigkeit her hat seyn müssen", weil sonst
„etwas gewirket" sei, „da es durch nichts gewirket ist; das ist, zu eben derselben Zeit, da
es gar nicht gewirket ist" (11). Dieses Etwas ist aber ein unendliches, unabhängiges
Wesen" (14), weil eine endlose Reihe abhängiger Wesen unmöglich und widersprüchlich
sei (16), da „ihre Wirklichkeit durch ein Nichts bestimmt" sei (18). Dieses Wesen wird
dann als „schlechterdings selbstständig" und notwendig (19) dargestellt, wobei diese
Notwendigkeit „in der natürlichen Ordnung unserer Begriffe" „vorhergehend seyn" müsse
(20). Es wird mehrfach betont, daß ein Widerspruch darin liege, der Notwendigkeit der
Begriffe des Unendlichen und Ewigen zu entkommen, sie aus unserm Verstande zu
verbannen, oder anzunehmen, daß kein Wesen oder Ding in der Welt sey, dem diese
Eigenschaften oder Arten des Daseyns nothwendig zukommen" (20, vgl. auch 27). Das
„Nichtdaseyn" dieses Wesens wäre demnach „ein ausdrücklicher Widerspruch" (21),
weil es „schlechterdings unmöglich und widersprechend wäre, wenn man das Gegentheil
annehmen wollte" (22). Man mag „sich alle Mühe geben, die man nur will, um sich
einzubilden, daß solch ein Wesen nicht wirklich sey, so muß man sich endlich doch ein
ewiges und unendliches Nichts einbilden: das heißt, man will Ewigkeit und Unendlichkeit
aus der Welt verbannen, und zu gleicher Zeit behaupten, daß beydes ganz wirklich noch
darinnen sey" (23). Dieser Beweis wird abgegrenzt sowohl gegen einen Beweis aus dem
bloßen Begriff Gottes (26f.) als auch gegen den Versuch, die Gewißheit eines notwendig
existierenden Wesens aus seiner Möglichkeit zu beweisen (27f., Hervorhebungen durchgängig weglassen). Vor allem die in dieser Argumentation angenommene Denknotwendigkeit führt in die Nähe des Kantschen Beweisgrundes, ohne daß man dabei allerdings
von einem Vorbild sprechen könnte. – Auf das „Unding" des reinen „Nichts" kommt
übrigens auch Bernhard NIEUWETYT zu sprechen: „Giebt es ganz und gar kein ewiges
Wesen, das ist, ist jemahls alles ein eigentliches **Nichts** gewesen, weder Schöpfer, noch
Geschöpfe, noch sonst etwas, was es auch seyn mag; so kan niemand in Abrede seyn, daß
in Ewigkeit auch nichts würklich hätte entstehen können, und daß dieses Nichts in alle
Ewigkeit ein bloses Nichts geblieben wäre, und ein **Unding** hätte bleiben müssen. [Abs.]
Hieraus aber folgt mit vollkommener Gewißheit, daß weil nicht nur Eines, sondern
viele und grosse Dinge würklich sind, niemahls ein gänzliches **Nichts,** sondern immer
Etwas würkliches gewesen, und daß es folgends ein ewiges Wesen gebe". (*Rechter Gebrauch
Der Welt = Betrachtung Zur Erkenntnis Der Macht, Weisheit und Güte Gottes, Auch Ueber-
zeugung der Atheisten und Ungläubigen. In einer Freien Uebersetzung abermal ans Licht
gestellet, Und mit einigen Anmerkungen erläutert, von D. Joh. Andreas Segner, ...* [Jena
1747] 29).

der Naturwissenschaft zur Erkenntnis Gottes hinaufzusteigen"[29], die er als „die wichtigste aller unserer Erkenntnisse"[30] bezeichnet. Er entwickelt in dieser Schrift sechs „Regeln der verbesserten Methode der Physikotheologie"[31], die im wesentlichen sein bereits früher angewandtes Verfahren bestätigen. Dieses Argument wird jetzt der „kosmologische Beweis" genannt[32], der für den „natürlichen gemeinen Verstand" und denjenigen „Gebrauch der gesunden Vernunft, der selbst noch innerhalb den [!] Schranken gemeiner Einsichten ist"[33], völlig ausreicht und „einen jeden Vernünftigen nach Regeln, die der natürliche gesunde Verstand befolgt, keinen Augenblick hierüber im Zweifel" läßt, obwohl er „keine geometrische Strenge" besitzt[34] und immer „der ma-

---

26 J. SCHMUCKER, *Die Gottesbeweise beim vorkritischen Kant*, in: KantSt. 54(1963) 445-463, hier: 447 und in späteren Veröffentlichungen. vgl. auch P. LABERGE a. a. O. (6) 57. Kant selbst verwendet diese Bezeichnung z.B. in R 4647, AA 17/624; R 6214, AA 18/500. In den Druckschriften nur in der KrV A 632 = B 660.

27 vgl. P. LABERGE a. a. O. (6) 57f. Mit der überwiegenden Mehrzahl der Ausleger vertritt besonders J. SCHMUCKER die grundsätzliche Identität des Arguments (*Die Frühgestalt des Kantischen ontotheologischen Arguments in der Nova dilucidatio und ihr Verhältnis zum „einzig möglichen Beweisgrund"* von 1762, in: Studien zu Kants philos. Entwicklung. Studien und Materialien z. Gesch. d. Phil. 6, hrsg. v. H. Heimsoeth u.a. [Hildesheim 1967] 39-55) gegen K. REICH a. a. O. (6) und (DERS.): *Der einzig mögliche Beweisgrund im Lichte von Kants Entwicklung zur Kritik der reinen Vernunft*, in: Immanuel Kant, Beweisgrund zu einer Demonstration des Daseins Gottes. Philos. Bibl. 47/II, Einl. des Herausgebers (Hamburg 1963). Schmucker verbindet den „Beweisgrund" übrigens stets mit der Jahreszahl 1762, dem Jahr, in dem das Werk „die Presse verlassen" hat. Erschienen ist es mit der Jahreszahl 1763 (vgl. dazu AA 2/470). Auf einen wichtigen Unterschied macht D. HENRICH aufmerksam: In der *Nova dilucidatio* findet sich das einzige Mal im gesamten Kantschen Werk der logische Einwand gegen das ontologische Argument (a. a. O. [25] 181). Zum „Beweisgrund" vgl. auch die differenzierten Ausführungen zu der dort entwickelten Konzeption der „Möglichkeit" bei H.-G. REDMANN, *Gott und Welt. Die Schöpfungstheologie der vorkritischen Periode Kants*. Frschgn z. syst. u. ökum. Theologie 11 (Göttingen 1962) 135-148.

28 vgl. AA 1/412f., 414, 397.

29 AA 2/68.

30 AA 2/65.

31 AA 2/126f.

32 AA 2/160, vgl. P. Laberge a. a. O. (6) 81f.

33 AA 2/65.

thematischen Gewißheit und Genauigkeit unfähig" ist[35]. Sein eigenes ‚ontotheologisches' Argument dagegen, das hinter jeglicher Möglichkeit überhaupt
auf den sie allererst ermöglichenden Realgrund[36] zurückschließt und das in
dieser Schrift ausführlich entfaltet wird, scheint ihm „derjenigen Schärfe fähig
zu sein, die man in einer Demonstration fordert"[37], weil es „mit
mathematischer Evidenz" schließe und so „den höchsten Grad mathematischer
Gewißheit" beanspruchen könne[38].

Diese feste Überzeugung der vorkritischen Zeit sollte man sich bei der
Würdigung der späteren Entwicklung des Kantschen Denkens vor Augen
halten, um der darin zum Ausdruck kommenden tiefgreifenden Selbstkorrek-
tur ansichtig zu werden. In der Preisschrift aus demselben Jahr nennt er
zunächst seinen Beweisgrund noch einmal als Beispiel für die „größte(n)

---

34 AA 2/159.

35 AA 2/160.

36 AA 2/79. vgl. dazu die spätere Einschätzung des Realgrundes in der KrV A 274 = B 330
    und A 558 = B 586.

37 AA 2/161.

38 AA 2/155. In den Vorlesungen über Metaphysik der ersten Hälfte der 60er Jahre (Herder-
    nachschrift) werden weitere Gesichtspunkte einbezogen, auch die Wirkursächlichkeit:
    „Wir werden also nicht den **Saz: Gott ist:** beweisen: sondern eine gewiße **Exsistenz**
    beweisen von der alles mögliche abhangt. Aus dem begriff des unmittelbar nothwendigen
    Wesens läßt sich seine Einheit – sein Zustand es enthält den Grund aller Möglichkeit –
    folglich auch die hochste Realität, und weil alle Vollkommenheit nicht ohne Ordnung
    gesezt werden kann, so muß es auch Vernunft in sich enthalten folglich auch ein Geist
    seyn; und der Geist, der aller Möglichkeit Grund ist, ist Gott: folglich ist hier Gott
    dargethan, nicht aus dem Saz des Wiederspruchs; sondern aus dem begriff des Absolut
    Nothwendigen, als eines einzelnen Begrifs, der möglich und also auch wirklich ist:
    Nur daher wird der Wiederspruch seyn, daß wenn gar nichts exsistirt: doch eine Mög-
    lichkeit sey". Aber auch: „Von dem Möglichen kan nie geschlossen werden auf die
    wirklichkeit da sie nichts als ein respectives Prädikat nach dem Saz des Wiederspruchs: –
    und diese eine absolute Position ist: – Stellt euch das allerrealste Wesen, als möglich vor:
    so ist das so viel, als daß die Prädikate – dem Subjekte nicht wiederstreiten: und es folgt
    aus dieser willkührlichen Vereinigung nichts: für ein Daseyn schlechterdings –Doch von
    der Möglichkeit der Dinge / als einer Folge, geschlossen auf das Daseyn eines Wesens,
    als Realgrund, also auf das Daseyn als Grund ist völlig anders: – Wenn ich alles aufhebe,
    so ist kein Wiederspruch hierinn, ... aber aus der Möglichkeit als Folge, kann auf das
    Daseyn als Grund geschloßen werden, so wie bei Ursache und Wirkung: von dieser auf
    jene von jener auf diese." (AA 28.2,1/916ff.).

philosophische(n) Evidenz"[39], während die Schlußüberlegungen des „Versuch[s], den Begriff der negativen Größen in die Weltweisheit einzuführen" (ebenfalls aus dem Jahr 1763) bereits grundsätzlich die Einsicht vorbereiten, daß der Satz über den Realgrund synthetisch ist, auch wenn er sich auf die Begründung aller Möglichkeit überhaupt bezieht[40]. Die Reflexion Nr. 3717, die etwas, das „schlechterdings nothwendig" ist, nicht für denkbar hält und außerdem vom Unterschied der philosophischen gegenüber der mathematischen Synthesis handelt[41], wird zwar von Adickes als mögliches Blatt aus Kants verschollenem erstem durchschossenen Exemplar von Baumgartens Metaphysik auf 1763/4? bis 1768? datiert, dürfte aber tatsächlich nach den von Norbert Hinske angestellten wortstatistischen Untersuchungen zu einer erheblich später anzusetzenden Handschriftengruppe zählen[42]. Auch die Re-

---

39 AA 2/296.

40 AA 2/202ff.; vgl. dazu ausführlicher D. Henrich a. a. O. (25) 186f.

41 AA 17/260ff.

42 Die Reflexion steht auf einem der beiden „Berliner Blätter", um deren Datierung es zu einer Auseinandersetzung zwischen N. Hinske und J. Schmucker gekommen ist. Adickes hatte für die Reflexionen 3716 u. 3717 die Zeitspanne von 1763-1768 angegeben, möglicherweise auch aufgrund äußerer Kriterien, die in der Anmerkung AA 17/257f. genannt werden. N. Hinske weist ihnen demgegenüber aufgrund der von ihm angewandten Methode der Wortstatistik, wie sie durch die EDV möglich geworden ist, eine erheblich spätere Abfassungszeit zu *(Kants neue Terminologie und ihre alten Quellen. Möglichkeiten und Grenzen der elektronischen Datenverarbeitung im Felde der Begriffsgeschichte,* in: KantSt. Sonderheft (Akten d. 4. Internat. Kant-Kongresses Mainz, 6.-10. April 1974, Teil 1, 65 [1974] 68*-85*, hier: 84*f.). J. Schmuckers Entgegnung *Zur Datierung der Reflexion 3716. Das Versagen der Wortstatistik in der Frage der Datierung der frühen Kantischen Reflexionen zur Metaphysik, aufgewiesen an einem exemplarischen Fall,* in: KantSt. 67 (1976) 73-101. N. Hinskes sachlich begründete Erwiderung *Die Datierung der Reflexion 3716 und die generellen Datierungsprobleme des Kantischen Nachlasses. Erwiderung auf Josef Schmucker,* in: KantSt. 68 (1977) 321-340. Dazu ergänzend ders. *Elektronische Datenverarbeitung und Lexikographie. Welche neuen Impulse sind von der Verwendung der elektronischen Datenverarbeitung für die historisch-philologische Arbeit an den Texten zu erwarten?* in: PhJ 88 (1981) 153-159. – Da der Gottesfrage in der Entwicklung der Kantschen Philosophie eine zentrale Leitfunktion zukommt (das kann hier nicht weiter belegt werden), werden die erheblichen Ungenauigkeiten der Datierung durch Adickes besonders deutlich sichtbar, wenn man die entsprechenden Reflexionen der Reihe nach durchgeht, wie sie von Adickes angeordnet worden sind. Es zeichnet sich keine deutliche Entwicklungslinie ab, sondern es ist vielfach ein Vorwärts- und Rückwärtsspringen festzustellen,

flexionen Nr. 3888 (nach der Datierung von Adickes aus den Jahren 1766?-69?[43]) und Nr. 4033 (nach Adickes aus 1769[44]) markieren Stationen eines Denkprozesses[45], der auch die „eigne[n] Producte" nicht verschont hat, um „die Warheit zu finden"[46]. Kant sieht ein, daß die von ihm vorausgesetzte reale Notwendigkeit als von der Denkbarkeit abhängig gemachte eben doch nur hypothetischer Natur ist und als Grenzbegriff, obwohl von der Vernunft gegeben, selbst problematisch ist und a priori von der Vernunft nicht erkannt werden kann[47]. Das erschlossene notwendige Wirkliche wäre auch nur dann das ‚ens realissimum', wenn die Bedingungen der Möglichkeit des Denkens mit den Bedingungen aller Möglichkeit überhaupt und damit auch der Möglichkeit der Dinge adäquat identisch wären[48]. Damit führt diese Linie bereits

---

das man Kant kaum wird anlasten können. Die oft vagen und als fraglich angegebenen Zeiträume für die Datierungen lassen freilich oft einen erheblichen Spielraum offen, der insofern vielfach auch eine andere Anordnung ermöglicht hätte. Aber damit sind nicht alle Ungereimtheiten erklärbar. Da eine systematisch nach werksinternen Kriterien vorgehende philosophische Interpretation nur harmonisieren und (nach einem womöglich vorgefaßten Schema) ordnen kann, bleibt sie auf die Hilfe der philologischen Arbeit angewiesen, wie sie sich in der o.g. Anwendung der wortstatistischen Methode anbietet (vgl. N. Hinske, *Die Datierung*, 332).

43 AA 17/328.

44 AA 17/391f.

45 Aus den oben (Anm. 42) beschriebenen Gründen sind die von D. Henrich (a a.O. [25] 186f.) an die genannten Reflexionen geknüpften entwicklungsgeschichtlichen Überlegungen nicht zwingend. Grundsätzlich läßt sich wohl sagen, daß sich manche Entwicklungen, die sich erst viel später in den Veröffentlichungen niederschlagen, schon verhältnismäßig früh ankündigen, während sich Kant andererseits nicht leicht von einmal eingenommenen Positionen trennt, sondern sie lieber mehrfach modifiziert, statt sie gänzlich zu verwerfen. Auch der moralische Gottesbeweis hat eine längere Vorgeschichte, wie noch zu zeigen sein wird.

46 R 5116, AA 18/95f. hier: 95.

47 vgl. R 4033, AA 17/391f.; R 4248, AA 17/481. Nach Adickes um 1776-77: „Der Begrif von Gott (als oberste Ursache, nothwendig Wesen) ist ein conceptus terminator. Er gehort zur Welt und ist doch kein Theil der Welt; wir könen nach dem ersten alles in ihm erkenen, was sich auf die Welt bezieht, wozu wir ihn als Ursache derselben zu erkenen nöthig haben; aber wir erkennen nicht, was in ihm ist. Den in Ansehung dessen hat er auch keine Bedeutung." (R 5497, AA 18/199).

48 vgl. dazu D. Henrich a. a. O. (25) 146.

ins Zentrum der „Kritik der reinen Vernunft", deren nüchterne und scheinbar minimalistische Bestandsaufnahme des prinzipiellen Ungenügens aller bloßen Spekulation nur darum gewagt werden konnte, weil sich bereits bei ihrer ersten Abfassung (und nicht etwa erst bei der Vorbereitung der zweiten Auflage) die längst feststehende Überzeugung abzeichnete, daß „die Prinzipien der reinen Vernunft in ihrem praktischen Gebrauche" einen anderen, tragfähigeren Zugang zur „objektive[n] Realität"[49] versprechen, wie im zweiten Abschnitt

---

49 A 808 = B 836. – Schon in den „Träume[n] eines Geistersehers" kommt die Überzeugung vom Primat des moralisch-praktischen Weges unmißverstndlich zum Ausdruck: „Allein die wahre Weisheit ist die Begleiterin der Einfalt, und da bei ihr das Herz dem Verstande die Vorschrift gibt, so macht sie gemeiniglich die große Zurüstungen der Gelehrsamkeit entbehrlich ...". „So ist auch der moralische Glaube bewandt, dessen Einfalt mancher Spitzfindigkeit des Vernünftelns überhoben sein kann, und welcher einzig und allein dem Menschen in jeglichem Zustande angemessen ist, indem er ihn ohne Umschweif zu seinen wahren Zwecken führt" (AA 2/372f.). Dazu J. SCHMUCKER: „Das entscheidende Motiv zur konsequenten Durchführung des Kritizismus auch auf diesem Gebiet [der Theologie] scheint das Praktische gewesen zu sein: einmal die Überzeugung, daß das Praktische von sich aus den Gottesglauben viel sicherer zu begründen vermag als die theoretische Spekulation, ... ; dann und vor allem die Überzeugung, daß diese negative und subsid[i]äre Rolle im Grunde allein mit der Sittlichkeit vereinbar sei, während eine von der Sittlichkeit unabhängige, demonstrative Gewißheit vom Dasein Gottes die letztere praktisch unmöglich machen würde". Er kommt zu dem Ergebnis: „So scheint mir, daß, wie bereits in den sechziger, so auch jetzt in den siebziger Jahren die Lehre vom moralischen Glauben, durch den unabhängig von einer theoretisch-spekulativen Gotteserkenntnis die Moral und Religion in salvo seien, in Kant die letzten Hemmungen einer radikalen Kritik des Vernunftvermögens beseitigt hat, ..." (a. a. O. [26] 445-463, hier: 462f.). Darum braucht es nicht zu verwundern, daß der ethiko-theologische Ansatz (freilich ohne die Systematisierung und ‚Transzendentalisierung' (vgl. dazu M. ALBRECHT, *Kants Antinomie der praktischen Vernunft.* Stud. u. Mat. z. Gesch. d. Philos. 21 [Hildesheim, N.Y. 1978] 18-23) der KpV und den gleichzeitigen Wandel in der Triebfederlehre (M. Albrecht ebd.) schon einzuschließen, schon mit großer Selbstverständlichkeit in den Vorlesungen zur rationalen Theologie vorgetragen wurde, die wahrscheinlich 1778/79 oder 1779/80, jedenfalls aber vor 1781 (vgl. AA 28.2,2/1345f.) gehalten und von Pölitz nach L₁ wiedergegeben wurden (und deshalb wohl auch nicht auf dessen kompilatorische Fähigkeiten in Verbindung mit L₂ zurückgehen, vgl. AA 28.2,2/1346f.): „Die Erkenntnis Gottes ist niemals etwas mehr gewesen, als eine nothwendige Hypothese der theoretischen und practischen Vernunft. Wenn sie aber auch niemals etwas mehr wäre, als eine nothwendige Voraussetzung der Vernunft; so hat sie doch alsdann practische Gewißheit, oder den Grad der Beifallswürdigkeit, daß, wenn sie auch nicht bewiesen werden kann, derjenige, der seine Vernunft und freie Willkühr gebrauchen will, sie nothwendig voraus-

des Kanons der reinen Vernunft ausgeführt wird. Eine andere, ähnlich verlaufende Linie betrifft das Raum/Zeit-Problem, das in der Frühzeit so eng mit der Gottesfrage verwoben war (Raum als „OMNIPRAESENTIA PHAENO-

setzen muß, wenn er nicht wie ein Thier oder wie ein Bösewicht handeln will ... .Wenn wir also gleich das Daseyn Gottes und der künftigen Welt nicht demonstriren können, so haben wir doch einen subjectiven Grund, solches anzunehmen: weil es eine nothwendige Hypothese der Vernunft ist, und ein solcher, der es leugnet, ad absurdum logicum et practicum geführt wird, wo er seinem Verstande und seiner Willkühr widerspricht. Der feste Glaube, blos darum, weil etwas eine nothwendige Bedingung ist, ist etwas so sehr Sicheres, und so sehr Subjectiv = gegründetes, daß etwas, was auf objektiven Gründen beruht, nicht besser in der Seele kann befestiget seyn als dieses. [Abs.] Die Festigkeit dieser Voraussetzung ist eben so subjectiv stark, als die erste objective Demonstration der Mathematik, ob sie gleich nicht objektiv ebenso stark ist.... Dieser subjektive Glaube ist in mir eben so fest, ja wohl noch fester, als die mathematische Demonstration. Denn auf diesen Glauben kann ich alles verwetten; aber wenn ich auf eine mathematische Demonstration alles verwetten sollte, so möchte ich doch stutzen; denn es könnte sich doch wohl etwas finden, wo der Verstand geirrt hätte" (Immanuel Kant's Vorlesungen über die Metaphysik. Zum Drucke befördert von dem Herausgeber der Kantischen Vorlesungen über die philosophische Religionslehre. Nebst einer Einleitung ... [Erfurt, 1821, Nachdr. Darmstadt 1964] 266f., entspr. AA 28.1/304f.). Schon hier wird die rationale Theologie eingeteilt in die theologia transcendentalis – aus dem Bedürfnis der reinen Vernunft, die theologia naturalis – aus dem Bedürfnis der empirischen Vernunft und die theologia moralis – aus dem praktischen und moralischen Bedürfnis der Vernunft. Diese letztere ist „wohl die wichtigste unter allen", und unter den spekulativen ist die transzendentale Theologie „die vornehmste" (Pölitz 268f. entspr. AA 28.1/305f.). Die vorausgegangene Entwicklung seit den „Träume[n] eines Geistersehers" hat sich nachhaltig in den Reflexionen der 60 und 70erJahre niedergeschlagen. Die eben genannte Dreiteilung der transzendentalen, natürlichen und moralischen Theologie findet sich z.B. schon in der R 3907 als späterer Zusatz (mit unsicherer Datierung bis 1769? – AA 17/336ff.), die Gegenüberstellung der theoretischen und moralischen Gotteserkenntnis schon in R 3818 (bis 1769?): „Die Erkentnis der Eigenschaften Gottes in Ansehung des moralischen ist dogmatisch und positiv, in Ansehung des theoretischen ist critisch und negativ. Das man nicht irre, ist das vornehmste. Also ist die theoretische Erkentnis, die wir bedürfen, sehr einfältig" (AA 17/303 – vgl. oben „Einfalt" in den „Träume[n]"). R 3909 stellt gegenüber: „transscendentaler Begrif von Gott. Gott als das hochste Wesen ... metaphysisch Psychologischer: Gott als die hochste Intelligenz ... moralischer: Gott als das hochste Gut" (AA 17/338f.). „Ob das ens realissimum zugleich absolute perfectum (summum bonum) sey", hatte schon R 3895 (AA 17/331) gefragt. „Die Idee von Gott ist also 1. Das nothwendige (principium) logische ideal, 2. die nothwendige Hypothese der natürlichen Ordnung, 3. [Die nothwendige Hypothese der] sittlichen [Ordnung] (R 4113, AA 17/421). „Das Daseyn gottes ist mit den höchsten maximen im Gebrauche unserer Vernunft so wohl in ansehung des speculativen als practischen verbunden" (R 4118, AA 17/424).

MENON" und Zeit als „*aeternitas phaenomenon*" der causa generalis universi[50] noch in der Dissertation von 1770), daß auch auf dieser Grundlage ein Gottesbeweis versucht wurde (in der schon genannten Propositio XIII der „Nova

Nach R 4243 ist „die Idee von Gott" „durch einem Bedürfnis des Verstandes" und durch „eine Bedürfnis des Willens" veranlaßt. „Diese entspringt aus dem Mangel der obersten Gründe, seine schicksale in Ansehung der Glückseeligkeit und seinen Urtheilsspruch in ansehung der sittlichkeit woraus herzuleiten. Die erstere ist die stärkste triebfeder und hiebei ist die von der Abwendung der Übel die mächtigste. Man bedarf einen Gegenstand der Anbetung, wovon, weil Kräfte nicht zulangen, wünsche, bitten und unterwerfungen unsre Glükseeligkeit herholen könen. ..." Die noch sehr unbeholfene Ausdrucksweise scheint ein frühes Stadium der Reflexion über den moralischen Argumentationsweg anzudeuten (AA 17/477). Das Urteil „von Gott und der andern Welt" ist „practisch gewis" (R 4251, AA 17/482). „Der moralische [Beweis schließt] von der geometrischen [!], aber objectiven Nothwendigkeit der Handlungen unter den sittlichen Gesetzen, aber auch auf die nothwendige annehmung eines Regierers" (R 4253, AA 17/483). „Der intellectualbegrif der Welt ist also der Begrif der Vollkommenheit. Die Verstandeswelt ist also die moralische, und die Gesetze derselben gelten vor jede Welt als objective Gesetze der Vollkommenheit. Also kan man nur von der nothwendigkeit der moralischen Gesetze in dieser Welt so wie in ieder auf den ursprünglichen und allgemeingültigen Grund schließen, mithin auf das Daseyn des Vollkommensten Wesens, und sein Begrif ist der, welcher uns Vollkommen macht, und also practisch gewiß. Mundus intelligibilis ist die Welt vernünftiger Wesen, betrachtet nach obiectiven Gesetzen der Freyheit" (R 4254, AA 17/484). „Wenn ich das Daseyn Gottes läugne, so muß ich mich entweder wie einen Narren ansehen, wenn ich ein Ehrlicher Mann seyn will (oder bin), oder wie einen Bösewicht, wenn ich ein kluger Mann seyn will. Es giebt Beweise per deductionem contrarii ad absurditatem oder turpitudinem" (R 4256, AA 17/484f., von Adickes mit Fragezeichen von Ende 1769 bis vor 1776 datiert). „Wir können aus dem Begriffe keines Dinges seine Nothwendigkeit, aber wohl aus den Bedingungen der Nothwendigkeit den Begrif herleiten; denn die Nothwendigkeit ist moralitaet" (R 4567, AA 17/596). „Die subjective Bedingungen der Menschlichen Vernunft sind die postulata ihres Gebrauchs und nicht axiomata" (R 4568, ebd., beide nach Adickes bis etwa 1773). Sogar das Verhältnis der verschiedenen Wege zueinander wird schon reflektiert: Die transscendentale theologie allein ist deistisch; die natürliche allein ist anthropomorphistisch; die Moralische allein ist nicht gnug gegen Eingriffe gesichert. „Die transscendentale theologie sichert wider sie" (R 4582, AA 17/601); „Der practische Grund des Glaubens an Gott kan hinreichend seyn; es sind aber doch speculative in subsidium nöthig, um ienen wieder falsche vernünfteley zu sichern" (R 4584, ebd., beide vielleicht bis 1778 angegeben). R 4844 (1776-77): „Moraltheologie. 1. practischer Beweis des Daseyns Gottes, 2. Eigenschaften ..." (AA 17/744). R 5483: „Wenn der Beweis, die Nothwendigkeit im Daseyn eines obersten Wesens anzunehmen nach Gesetzen des Verstandes und maximen des Willens, auch nicht apodiktisch ist, so ist er doch practisch necessitirend" (AA 18/196). Vor oder nach Abfassung der KrV: „Also ist die Voraussetzung des Daseyns Gottes zum Behuf der

dilucidatio", in der Herderschen Vorlesungsnachschrift aus der ersten Hälfte der sechziger Jahre[51] und in Stichworten skizziert in der Reflexion 3847[52] aus etwa der gleichen Zeit). Auf einem späten Losen Blatt stellt Kant rückblikkend fest: „Die Theologie, damit sie sich nicht selbst wiederspreche, sieht sich genothigt, beyde [Raum und Zeit] nur zu der Form unserer Sinlichkeit zu machen und allen Dingen, die von uns erkannt werden konnen, als Phaenomenen, Noumena, die wir nicht kennen, in Ansehung deren aber das Unbe-

Moral postulat", dieses aber ist ein Satz, der „a priori nothwendig" ist (R 5624, AA 18/260). Dieser Entwicklung, von der hier einige charakteristische Stationen dargestellt wurden, läuft die zunehmend kritischer werdende Einstellung gegenüber dem bloß theoretischen Erkennen und die Entwicklung der skeptischen Methode (vgl. dazu Art. *Methode, skeptische* (N. Hinske) und *Methode, polemische* (A. Winter) im HWPh 5/1371-1375 und 5/1365-1369) parallel. Vor diesem Hintergrund muß die KrV gelesen werden, die nur in Voraussicht auf die KpV zu ihrer so scheinbar minimalistischen Einschätzung des spekulativen Vernunftgebrauchs gelangen konnte. Einige Jahre vor Erscheinen der KrV stand bereits fest: „Die Menschen wollen wohl gern eine theoretische Gewisheit vom Daseyn Gottes haben, damit es ihnen frey bliebe, sich nach den Erkenntnissen zu richten... aber die sittliche Gesetze sind von der Art, daß bey ihnen keine Freyheit zu wählen ist... Daher ist uns nur so viel Licht gegeben, als mit der Ursprünglichkeit der sittlichen Bewegungsgründe und ihrer treibenden Gewalt zusammen bestehen kann. Wenn wir in ansehung deren gleichgültig wären, so würden die Beweisgründe (logische) uns nicht allein überzeugen. Der freye Glaube an Gott ist ein verdienst, die apodiktische Gewisheit und Zwangsglaube aus Furcht keines" (R 5495, AA 18/198). Und: „Die Erkentnis des göttlichen Daseyns aus praktisch hinreichenden principien ist der Glaube desselben" (R 5498, AA 18/199).

50 AA 2/410.

51 AA 28.2,1/914: „Keine Verknüpfung ist ohne Raum und Zeit: dies erkenne ich anschauend zugleich: oder nach, oder vor, oder neben: – also verschiedne Dinge, die existiren müßen nothwendig verknüpft seyn: (Raum und Zeit: anders nicht denken) folglich müssen sie **einen** Urheber haben: also kurz: alle Verknüpfung sezt **einen** Urheber voraus: alle Dinge müssen verknüpft seyn folglich etc. – Dieser Beweis ist zwar nicht völlig überzeugend: aber erhaben schön, ...". Einschränkung: „Er hat aber doch eine Schwäche: daß er den Raum und Zeit voraussetzt, die zwar unter allen Dingen der Welt das Verknüpfungsmittel seyn mußen: aber (nach dem Krusius) nicht aus der Existenz folgen, und also auch nicht zwischen Gott und der Welt sind, da diese nicht eines zusammen ausmachen ... ".

52 R 3874, AA 17/321: „Raum und Zeit sind blosse Moglichkeiten, deren Gegentheil, d.i. kein Raum und keine Zeit, unmöglich ist. (Es ist kein Raum, es ist keine Zeit). Nun gründen sich Raum und Zeit auf etwas wirkliches, also ist etwas wirkliches absolut nothwendig."

dingte allein stattfindet, unterzulegen." Als Grund gibt er an, daß wir sonst „von Gott keine andere als wiedersprechende Begriffe bekommen" würden[53], oder auch (in einer Reflexion aus den achtziger Jahren), daß Gott sonst „wie alles was mit der Welt zu einem Ganzen gehört, zufällig seyn" würde[54]. Damit fügt sich die scheinbar radikale Vernunftkritik in wesentlichen Teilen ein in die Suche nach einem tragfähigen Gottesbegriff, und es ist keine nachträgliche Umdeutung, wenn Kant das oben genannte Lose Blatt mit den Worten beginnt: „Um zu beweisen, daß es für die Vernunft unvermeidlich sey, ein Daseyn Gottes anzunehmen und zwar nach einem Begriffe, der zum theoretischen sowohl als practischen Gebrauch unserer Vernunft, sofern sie auf die letzte Prinzipien a priori ausgeht, hinreichend sey, mußte ich beweisen, daß die speculative Vernunft weder seinen Begrif mit sich selbst einstimmig geben noch ein solches Dasein oder auch nur die Realität dieses Begrifs darthun könne." Ohne die Vernunftkritik scheitere die Vernunft an „Antinomien", oder man bekäme „sonst gantz falsche Begriffe von Gott", durch die „das Gottliche wesen sensificirt und anthropomorphosirt" würde. Weiter unten schreibt Kant schließlich: „Da nun der Streit zwischen den Principien des Unbedingten in der Synthesis und den Principien des in Raum und Zeit Bedingten, mithin die Antinomie der Vernunft, schlechterdings nicht beygelegt werden kan, ohne diesen Unterschied unter den objecten und ihren Vorstellungen zu machen, so führt die Theologie auf die ästhetische Critik"[55]. Es ist

---

53 R 6317, AA 18/623-629, hier: 626. vgl. dazu [L. Euler], dem Kant große Hochachtung entgegenbrachte: *Rettung der Göttlichen Offenbarung gegen die Einwürfe der Freygeister* (Berlin 1747) 11: „Niemand, der nur ein wenig in den Geschichten erfahren ist, kan unbekannt seyn, wie unanständige und gantz verkehrte Begriffe sich die meisten Menschen von GOTT und den göttlichen Dingen gemacht haben."

54 R 5962, AA 18/401-405, hier: 401.

55 AA 18/623-27. Diese Reflexion ist keineswegs eine nachträgliche Theologisierung, wie man etwa in Unkenntnis der theologischen Hintergründe der Transzendentalphilosophie Kants meinen könnte. Hier kommt ein Grundtenor des Kantschen Denkens zum Ausdruck, der sich schon in der vorkritischen Zeit in den Reflexionen niedergeschlagen hat. „In dem Begriffe von Gott muß die sinnliche Bedingung weggelassen werden. Der Begrif seiner Größe ist: als conceptus definitor, terminator et comprehensor vom allgemeinen zum besonderen zu schließen oder vom all zum theil. Man muß die limitationes (welche Hinderungen sind) weglassen" (R 4123, AA 17/425). „Einheit: daß der Begrif von Gott ein conceptus singularis sey und es auch keinen andern conceptum singularem von

bezeichnend, daß Kant hierbei wie selbstverständlich auf „die Antinomie der Vernunft" (auch als „Antinomien" bezeichnet) zu sprechen kommt und so deren wesentlichen Zusammenhang mit der Gottesfrage dokumentiert. Das ist nicht nur deswegen von entscheidender Wichtigkeit, weil der „vierte(r) Widerstreit der transscendentalen Ideen" in der KrV das „schlechthin nothwendige(s) Wesen" betrifft [56] (und der „dritte Widerstreit"[57] auf den Weltanfang aus Freiheit Bezug nimmt), sondern weil auch nach der heute fast allgemein anerkannten Erdmannschen Auffassung dem Antinomienproblem grundsätzlich eine Schlüsselfunktion für Kants Wende zur Transzendentalphilosophie zukommt[58], was Norbert Hinske in einer Reihe von Veröffentlichungen aus-

einem Wesen geben könne, als den, der omnitudinem enthält. Denn es ist nur einmal alles." „Dies ist nicht die Schwierigkeit, wie Gott zu aller, sondern keiner Zeit sey, eben so Ort" (R 4444, AA 17/549f.). „Der positive Begrif von Gott ist leicht. Der negative dient zur Berichtigung. analogie" (R 4575, AA 17/598). „Unsere Erkentnis von Gott ist mehrentheils negativ, d.i. die practische sowohl als theoretische Grentzen unseres theologischen Erkenntnisses zu bestimen, als auch vor irrthümer, so wohl logisch als practisch schädliche, in Acht zu nehmen. Vermessenheit, Vorwitz. Denn alle unsere Erkentnis von Gott ist nur eine Untersuchung dessen, was in dem ideal der hochsten Vollkommenheit gehören möchte. Nun können wir aus unserer idee der hochsten Vollkomenheit nicht alles herleiten, was dem Dinge selbst zukomt; sondern die materialen principia müssen durch Erfahrung gegeben seyn, und die Form dient nur dazu, das abzusondern, was der Vollkommenheit wiederspricht" (R 4576, AA 17/598f.). „Die Einwürfe in Ansehung des Daseyns Gottes und seiner Eigenschaften sind alle von der Bedingung der sinnlichkeit genommen, die man vor intellectuel gehalten hat, und von den subiectiven Bedingungen der Begreiflichkeit, die man vor obiectiv gehalten hat" (R 4733, AA 17/691). „Die speculative Theologie ist nur negativ, um die Irrthümer abzuhalten. Die practische Theologie ist positiv" (R 5515, AA 18/205). „Die transscendentale Theologie hat das vorzügliche, daß in ihr allein die Nothwendigkeit eines hochsten Wesens erkant werden kann. Daher sie auch allein es durchgangig bestimmen kan als Einheit … ". „Sie reinigt allein die theologia naturalis vom Einflus empirischer praedicaten, antropomorphism" (R 5528, AA 18/209). „Anthropopathôs. Der Deist will den anthropomorphismus verhüten. Wir könen Gott nur nach der analogie mit den Menschen, aber nicht der Ähnlichkeit mit ihnen uns Vorstellen. Der anthropomorphismus ist oft schädlicher als der atheism. Der speculative anthropomorphismus. Der practische" (R 5529, ebd.). „Die Anticritik ist entweder sceptisch oder dogmatisch" (R 5623, AA 18/259).

56 A 452f. = B 480f.

57 A 444f. = B 472f.

58 vgl. *Immanuel Kants Prolegomena zu einer jeden künftigen Metaphysik, die als Wissenschaft wird auftreten können*, hrsg. u. hist. erkl. v. Benno ERDMANN (Leipzig 1878) LXXXIII-

führlich dargestellt hat[59]. Für unser Thema ist nun bemerkenswert, daß die theoretische Auflösung der einzelnen Antinomien in den verschiedenen „Kritiken" und auch in der Religionsschrift stets mit Hilfe der Unterscheidung zwischen der „Erscheinung" und dem „Ding an sich selbst betrachtet" bzw. dem „Noumenon" erfolgt, d.h., um mit der „Kritik der Urteilskraft" (= KU) zu sprechen, daß „die Antinomieen wider Willen nöthigen, über das Sinnliche hinaus zu sehen und im Übersinnlichen den Vereinigungspunkt aller unserer Vermögen a priori zu suchen: weil kein anderer Ausweg übrig bleibt, die Vernunft mit sich selbst einstimmig zu machen"[60]. Durch die verschiedenen Arten der Antinomie wird die Vernunft gezwungen, „die Gegenstände der Sinne ... bloß für Erscheinungen gelten zu lassen und ihnen ein intelligibles Substrat (etwas Übersinnliches, wovon der Begriff nur Idee ist und keine eigentliche Erkenntniß zuläßt) unterzulegen. Ohne eine solche Antinomie würde die Vernunft sich niemals zu Annehmung eines solchen, das Feld ihrer Speculation so sehr verengenden Princips und zu Aufopferungen, wobei so viele sonst sehr schimmernde Hoffnungen gänzlich verschwinden müssen, entschließen können"[61]. Der Begriff des ‚Übersinnlichen' wird von Kant zum ersten Mal in der 2. Auflage der KrV verwendet[62]. Sein Bedeutungsumfang

LXXXVII, und: *Die Entwicklungsperioden von Kants theoretischer Philosophie. Aus Kants handschriftlichen Aufzeichnungen* hrsg. v. B. ERDMANN, II. Band, Reflexionen z. Kritik der reinen Vernunft (Leipzig 1884) XXIIIff. und XXXIVff.

59 *Kants Begriff der Antinomie und die Etappen seiner Ausarbeitung*, in: KantSt. 56 (1965) 485-496; DERS.: *Kants Weg zur Transzendentalphilosophie. Der dreißigjährige Kant* (Stgt, Bln, Kln, Mz 1970); DERS.: Art.: *Antithetik*, in: HWPh 1/416-418, DERS.: *Kants Begriff der Antithetik und seine Herkunft aus der protestantischen Kontroverstheologie des 17. und 18. Jahrhunderts. Über eine unbemerkt gebliebene Quelle der Kantischen Antinomienlehre*, in: ABG 16(1972) 48-59. vgl. auch H. HEIMSOETH, *Zum kosmotheologischen Ursprung der Kantischen Freiheitsantinomie*, in: KantSt. 57 (1966) 206-229.

60 AA 5/341.

61 AA 5/344.

62 B XXII (1787): „Nun bleibt uns immer noch übrig, nachdem der speculativen Vernunft alles Fortkommen in diesem Felde des Übersinnlichen abgesprochen worden, zu versuchen, ob sich nicht in ihrer praktischen Erkenntniß Data finden, jenen transscendenten Vernunftbegriff des Unbedingten zu bestimmen und auf solche Weise dem Wunsche der Metaphysik gemäß über die Grenze aller möglichen Erfahrung hinaus mit unserem, aber nur in praktischer Absicht möglichen Erkenntnisse a priori zu gelangen. Und bei

reicht vom „Ding an sich selbst" über das „Noumenon", die „intelligibele Welt" (auch unter der Perspektive der „künftigen Welt") bis hin zur Wirklichkeit Gottes. In der „Preisschrift" für das Jahr 1791 unterscheidet Kant das Übersinnliche „*in* uns" (die Freiheit), das Übersinnliche „*über* uns" (Gott) und das Übersinnliche „*nach* uns" (Unsterblichkeit)[63], und er bekennt in diesem (zweiten) Entwurf, daß er eine Metaphysik anstrebt, in der ein „Praktisch-dogmatischer Überschritt zum Übersinnlichen" geleistet werden soll[64].

In der KrV wird nun der erste entscheidende Schritt in dieser Richtung unternommen, indem nicht nur das Ungenügen der Verstandesbegriffe im Hinblick auf das den Bereich der Erfahrung überschreitende ‚Transzendente'

einem solchem Verfahren hat uns die speculative Vernunft zu solcher Erweiterung immer doch wenigstens Platz verschafft, wenn sie ihn gleich leer lassen mußte, und es bleibt uns also noch unbenommen, ja wir sind gar dazu durch sie aufgefordert, ihn durch praktische Data derselben, wenn wir können, auszufüllen." – In der KpV (1788) wird dieser Hinweis aufgegriffen, so daß dem Leser in einem logisch geordneten Nacheinander vorgelegt wird, was in langen Jahren gleichzeitig und gegenläufig zueinander gewachsen war: „Hier erklärt sich auch allererst das Räthsel der Kritik, wie man dem übersinnlichen Gebrauche der Kategorien in der Speculation objective Realität absprechen und ihnen doch in Ansehung der Objecte der reinen praktischen Vernunft diese Realität zugestehen könne; denn vorher muß dieses nothwendig inconsequent aussehen, so lange man einen solchen Gebrauch nur dem Namen nach kennt." In dieser Hinsicht komme den Kategorien „ein Object" zu. Insofern „eröffnet sich nun eine vorher kaum zu erwartende und sehr befriedigende Bestätigung der consequenten Denkungsart der speculativen Kritik darin, daß, da diese die Gegenstände der Erfahrung als solche und darunter selbst unser eigenes Subject nur für Erscheinungen gelten zu lassen, ihnen aber gleichwohl Dinge an sich selbst zum Grunde zu legen, also nicht alles Übersinnliche für Erdichtung und dessen Begriff für leer an Inhalt zu halten einschärfte: praktische Vernunft jetzt für sich selbst, und ohne mit der speculativen Verabredung getroffen zu haben, einem übersinnlichen Gegenstande der Kategorie der Causalität, nämlich der Freiheit, Realität verschafft (obgleich als praktischem Begriffe auch nur zum praktischen Gebrauche), also dasjenige, was dort bloß gedacht werden konnte, durch ein Factum bestätigt" (AA 5/5f.). Durch diese methodisch begründete und überzeugend inszenierte Trennung der immer schon aufeinander bezogenen komplementären Aspekte hat Kant den ursprünglichen Zusammenhang so nachhaltig verschleiert, daß die Dialektik der reinen Vernunft lange Zeit hindurch für die Kantforschung im Hintergrund des Interesses blieb (vgl. H. HEIMSOETH a. a. O. [9] VIIIf.).

63   AA 20/295.

64   AA 20/293.

(später das „Übersinnliche" genannt[65]), sondern auch (in der Dialektik der reinen Vernunft) die unerläßliche, wenn auch bloß regulative Funktion der Vernunftideen (über die Seele, die Welt mit der Freiheit und über das Urwesen) dargestellt wird. Der zunächst nur negativ erscheinende Nutzen einer solchen restriktiven Kritik des theoretischen Vernunftvermögens erweist sich als positiv im Hinblick auf den praktischen Vernunftgebrauch, der dadurch in seiner die Grenzen der Sinnlichkeit überschreitenden Reichweite freigesetzt wird[66]. Joseph Schmucker dürfte hier recht haben, wenn er im Gegensatz zu früheren Auffassungen die „transscendentale Dialektik" in der KrV nicht als *Folge* des transzendentalen Idealismus", sondern als Niederschlag einer in der vorkritischen Zeit im wesentlichen bereits ausgebildeten und sich in der Substanz durchhaltenden Einsicht versteht, zu deren Klärung und Fundamentierung die „transscendentale Ästhetik" und die „transscendentale Analytik" hinzugekommen sind, wodurch der transzendentale Idealismus zum „eigentliche[n] tragende[n] Grund des neuen metaphysischen Baues" geworden sei[67]. Von

---

65 U. ERNST (a. a. O. [6]) bemüht sich, die Bedeutung der KrV „für die Behandlung auch der Themen der praktischen Vernunft" am Leitfaden des Gottesbegriffs zu zeigen (IV) .

66 „Daher ist eine Kritik, welche die erstere [die spekulative Vernunft] einschränkt, so fern zwar negativ, aber, indem sie dadurch zugleich ein Hinderniß, welches den letzten [praktischen Vernunft-] Gebrauch einschränkt, oder gar zu vernichten droht, aufhebt, in der That von positivem und sehr wichtigem Nutzen, so bald man überzeugt wird, daß es einen schlechterdings nothwendigen praktischen Gebrauch der reinen Vernunft (den moralischen) gebe, in welchem sie sich unvermeidlich über die Grenzen der Sinnlichkeit erweitert, dazu sie zwar von der speculativen keiner Beihülfe bedarf, dennoch aber wider ihre Gegenwirkung gesichert sein muß, um nicht in Widerspruch mit sich selbst zu gerathen" (AA 5/16).

67 (Ontotheologie) a. a. O. (6) 5f. Damit richtet sich SCHMUCKER direkt gegen H. HEIMSOETH, der in der transzendentalen Dialektik „das eigentliche Ziel des Werkes" sieht (a. a. O. [9] VIII). Immerhin gehört aber Heimsoeth zu den Kantforschern, die von einer wie immer beschriebenen wichtigen Rolle der Dialektik im Gesamtsystem Kants überzeugt sind. R. BITTNER verstand dagegen Dialektik schon als Ausdruck der umfassenden Frage: „Was ist Wahrheit?", die von ihr ‚diskutiert' wird. „Als Antwort darauf etabliert sich die transzendentale Logik, nämlich als Kanon und Analytik" *(Über die Bedeutung der Dialektik Immanuel Kants* (Diss. Heidelberg 1970) 16, 128f.). H. RÖTTGES hält die Dialektik für das „Herzstück" der KrV und schreibt: „die nicht bloß logische, sondern transzendentale Dialektik ist zumindest insofern Voraussetzung der Kritik überhaupt und damit der Analytik im besonderen, als sie allererst den Anstoß bedeutet für alle Kritik." Die in der

hier aus mag es dann weniger verwunderlich erscheinen, daß in der KrV die Kritik der traditionellen Gottesbeweise „de facto von der Ebene der alten Metaphysik und Ontologie aus" erfolgt, was sonst für die Interpretation dieser Schrift eine besondere Schwierigkeit darstellt[68], so daß etwa Wolfgang Cramer z.B. über Kants Behandlung des kosmologischen Beweises schreiben konnte: „Kants Kritik ist deshalb keine Kritik, weil die Sache, die kritisiert wird, keinen Ort hat im Systeme der Kritik"[69]. Dabei wird das kosmologische Argument

Dialektik abgehandelte „dialektische Verschränkung von Bedeutung und Gebrauch der reinen Erkenntnisformen" begegne aber schon als „verborgene(n) Dialektik" in der ‚transzendentalen Ästhetik‘ und in der ‚transzendentalen Analytik‘, und zwar sogar „im Zentrum des Kantischen Begriffs der Erkenntnis und der Apriorität". Die „letzte Lösung der Dialektik von Bedeutung und Gebrauch" liege dann in der praktischen Vernunft, die auf den „unmittelbaren Gebrauch in praktischer Bedeutung" ausgerichtet ist. Er hält es aber für sicher, daß Kant der behaupteten Dialektik in der Analytik „natürlich" nicht zustimmen würde! Vermutlich würde Kant allerdings gegenüber der offenbar an Hegel orientierten Bestimmung dieser „Dialektik von Bedeutung und Gebrauch" als „Identität ihrer Identität und Nichtidentität" eine gewisse Zurückhaltung zeigen! (H. RÖTTGES, *Dialektik als Grund der Kritik. Grundlegung einer Neuinterpretation der Kritik der reinen Vernunft durch den Nachweis der Dialektik von Bedeutung und Gebrauch als Voraussetzung der Analytik* (Königstein/Ts. 1981) 9 u. 17). Die auffällige Parallelität zwischen den Ideen der reinen Vernunft (Welt und Freiheit-Antinomie / Seele-Paralogismen / Gott-Ideal) mit den Postulaten der KpV hätte eigentlich schon viel früher an die „enge Verbindung zwischen beiden Kritiken" denken lassen sollen, „die durch die Vermittlungsrolle der transzendentalen Dialektik geleistet wird" (U. ERNST, a. a. O. [6] IV). Als bedeutendes Gegenbeispiel sei auf die im übrigen sehr verdienstvolle kommentierte Ausgabe der KrV von E. ADICKES verwiesen: *Immanuel Kants Kritik der reinen Vernunft. Mit einer Einleitung und Anmerkungen hrsg. von ..* (Berlin 1889) 461: „alles was sich an den Begriff des ‚transscendentalen Ideals‘ als solchen anknüpft, ist für die Wissenschaft von absolut keinem Wert und verdankt nur systematischen Spielereien seine Entstehung." Kaum weniger resolut ist die Einschätzung des transzendentalen Ideals bei N. KEMP SMITH: „The teaching of the *Analytic* will no more combine with this scholastic rationalism than oil with water. The reader may safely absolve himself from the thankless task of attempting to render Kant's argumentation in these paragraphs consistent with itself. Fortunately, in the next section, Kant returns to the standpoint proper to the doctrine he is expounding, ..." (*A Commentary to Kant's ‚Critique of pure reason‘*, second ed., rev. and enlarged [London 1923] 525).

68   J. SCHMUCKER, *Die positiven Ansätze zur Lösung des philosophischen Gottesproblems,* in: Die wirkliche Wirklichkeit Gottes. Gott in der Sprache heutiger Probleme, hrsg. v. K. Krenn. Abh. z. Phil., Psych., Soz. d. Rel. u. Ökum. 30 NF (Mchn., Pad., Wien 1974) 61-76, hier: 66.

(aus der Kontingenz) von Kant sogar noch in der KrV mit dem allerdings eher zweischneidigen Lob bedacht, daß es nämlich „nicht allein für den gemeinen, sondern auch den spekulativen Verstand die meiste Überredung [nicht: Überzeugung![70]] bei sich" führe[71], während das physikotheologische Argument, früher auch noch das kosmologische genannt, sogar mit wirklicher „Achtung" als „das älteste, klärste und der gemeinen Menschenvernunft am meisten angemessene"[72] bezeichnet wird. Ähnlich wie schon im „Beweis-

---

69 W. CRAMER a. a. O. (6) 161. J. Schmucker räumt gegenüber Cramer ein, „daß Kant bereits im Lauf der sechziger Jahre, also noch vor dem großen Licht, mit dem die neue Ära des transzendentalen Idealismus einsetzte, zu einer Kritik der reinen Vernunfterkenntnis gelangt war, die sich inhaltlich weitgehend mit den Thesen der transzendentalen Dialektik des Hauptwerkes deckt und sie vorwegnimmt, so daß man mit Fug und Recht von einer vorkritizistischen Kritik der reinen Vernunfterkenntnis sprechen" könne. Nach Schmucker hat Kant die „vorkritizistische" „These der bloß subjektiven Gültigkeit der conceptus terminatores unserer reinen Vernunftschlüsse ... inhaltlich weitgehend unverändert in die transzendentale Dialektik des Hauptwerkes" übernommen. Damit ist die Frage gestellt, wie sich diese in ihrer „Substanz vorkritisch" am Gottesbegriff entwickelte Vernunftkritik zur Dialektik der KrV und der „entwicklungsgeschichtlich späteren transzendentalen Ästhetik und Analytik" verhält. Hier wird also offenbar etwas von der inneren Einheit des Kantschen Denkens im Ganzen sichtbar, vielleicht sogar etwas Entscheidendes oder gar das Entscheidende überhaupt. (Die Zitate aus: J. SCHMUCKER, *Wolfgang Cramers Widerlegung der Gottesbeweiskritik Kants,* in: AGPh 52 (1970) 287-301, hier: 296ff.). Für Schmucker steht aufgrund seiner jahrzehntelangen Beschäftigung mit der vorkritischen Zeit fest, daß „die Erkenntnis und der Aufweis des dialektischen Charakters unserer Vernunftschlüsse auf die Prinzipien des Übersinnlichen ihrer Substanz nach wie auch entwicklungsgeschichtlich *vorkritisch* sind – der Substanz nach, weil sie sich für Kant aus einer immanenten Kritik der die absolute Realität von Raum und Zeit voraussetzenden traditionellen Metaphysik ergaben; entwicklungsgeschichtlich, weil sie in der Tat vor den beiden Wendepunkten (1770/1772), die zum transzendentalen Idealismus führten, abgeschlossen waren" (Ontotheologie a. a. O. [6] 5f.). Zu dieser Thematik vgl. auch H. FRANKE a. a. O. (6), bes. die Ausführungen zur Dissertation von 1770, S. 77-85; SH. KOTSUKA a. a. O. (6) 85ff. und H. MANN a. a. O. (6).

70 vgl. AA 5/461.

71 A 604 = B 632.

72 A 623 = B 651. vgl. dazu die Metaphysikvorlesung (nach PÖLITZ, L₁): „Dieser Beweis ist dem Verstande des Menschen am allerangemessensten; er kultiviert unsere Vernunft bei der Erfahrung; wir lernen dadurch die Welt näher kennen. Dieser Beweis hat das Besondere an sich: daß er nicht allein einen Urheber darthut, sondern daß er auch diesen Urheber als einen weisen und nützlichen Urheber in seinen Werken schauen läßt. [Gesperrt:]

grund" wird dem letzteren jedoch die „apodiktische Gewißheit" abgesprochen[73] und ihm vorgeworfen, daß es beim Übergang von einem bloßen
„Weltbaumeister" zu einem „Weltschöpfer" und damit zur „absoluten Totalität" den empirischen Bereich verlasse und in den kosmologischen Beweis
übergehe[74], der seinerseits aus einer „ignorantia elenchi" heraus[75] vom Begriff
des „absolutnotwendige(s)[n] Wesen[s]" auf den Begriff des „allerrealsten
Wesens" und damit auf den jetzt als „ontologischen" bezeichneten Cartesianischen Beweis überspringe[76], der schließlich „der einzig mögliche" sein würde[77], wenn er wirklich a priori geführt werden könnte ohne tautologisch zu
sein, nachdem die Erkenntnis seines Gegenstandes a posteriori unmöglich
sei[78]. Ungeachtet dieser Ablehnung aller „drei Beweisarten vom Dasein Gottes"
auch in ihrer Verbindung untereinander findet sich jedoch schon hier in der
KrV ein Satz, der die Perspektive auf den Zusammenhang mit möglichen
„Verbindlichkeiten" ausweitet und auf die spätere Entfaltung hinweist: „Die
Pflicht zu wählen würde hier die Unschließigkeit der Spekulation durch einen
praktischen Zusatz aus dem Gleichgewichte bringen, ja die Vernunft würde

Dieser Beweis sollte jedermann, auch dem Einfaltigsten in der Kinderlehre vorgetragen
werden; auch auf den Kanzeln kann er sehr gut angebracht werden. Allein für die Speku-
lation und forschende Kraft ist er nicht hinreichend" (PÖLITZ 287f., entspr. AA 28.1/316f.).
Es ist dabei zu beachten, daß Kants Denken selbst schließlich sich aus kosmotheologischen
Anfängen entwickelt hat und bis ins Spätwerk hinein damit beschäftigt blieb. vgl. dazu
D.-J. LÖWISCH, *Kants gereinigter Theismus*, in: KantSt. 56 (1965) 505-513, seitengleich
mit: Kongreßbericht. Vorträge gehalten auf d. II. Internat. Kantkongreß 1965, 25.-30.
Juli in Bonn und Düsseldorf (Köln 1966). Er kommt zu dem Ergebnis: „Es läßt sich
erkennen, welche beachtliche Bedeutung Kant dem Nachweis Gottes beimißt: der Gottesnachweis ist sowohl der Berechtigungsnachweis für das Postulat des Daseins Gottes als
auch die Möglichkeitsbedingung für das höchste Gut als ganzem Zweck der praktischen
Vernunft. In dieser Doppelfunktion ist der Gottesnachweis ein zentrales Anliegen für
Kant, vielleicht sogar vom Primat des Praktischen her gesehen *das* zentrale Anliegen"
(513).

73 A 624 = B 652.
74 A 627-630 = B 655-658.
75 A 609 = B 637.
76 A 607ff. = B 635ff., vgl. auch A 630 = B 658.
77 A 630 = B 658.
78 A 600f. = B 629f.

bei ihr selbst als dem nachsehendsten Richter keine Rechtfertigung finden, wenn sie unter dringenden Bewegursachen, obzwar nur mangelhafter Einsicht, diesen Gründen ihres Urteils, über die wir doch wenigstens keine besseren kennen, nicht gefolgt wäre"[79]. Es fällt auf, daß Kant seinen einstigen „einzig mögliche[n] Beweisgrund" nicht förmlich in seine Kritik einbezieht[80]. Tatsächlich bildet das ontotheologische Argument den Hintergrund, vor dem sich die „Wandlung des reallogischen Begreifens der metaphysischen Probleme zum transzendentalen Begreifen dieser Fragen" vollzieht[81]. Mit der Kritik am ontologischen Beweis werden zwar auch der „Fehlschluß" des eigenen Beweisgrundes und die in ihm enthaltene „Anmaßung"[82] getroffen, aber die mit

79   A 588ff. = B 616ff., ähnlich auch A 660 = B 668.

80   Das wird bestätigt durch die Ausführungen in der Religionslehre Pölitz', eine Vorlesung wahrscheinlich aus dem WS 1783/84 (vgl. AA 28.2,2/1363): „Eben hierauf beruhet der einzige mögliche Beweisgrund meiner Demonstration vom Daseyn Gottes, der in einer vor mehreren Jahren von mir herausgegebenen Schrift ausführlicher auseinander gesetzt worden ist. Hier wird gezeigt, daß, unter allen möglichen Beweisen, dieser einzige uns noch die meiste Befriedigung gewährt, indem, wenn wir ein solches Urwesen aufheben, zugleich das Substratum der Möglichkeit aller Dinge aufgehoben wird. – Doch ist auch dieser Beweis nicht apodiktisch gewiß; denn er kann nicht die objektive Nothwendigkeit eines solchen Urwesens darthun, sondern nur die subjektive Nothwendigkeit, es anzunehmen. Allein widerleget kann er auf keine Weise werden, weil er in der Natur der menschlichen Vernunft seinen Grund hat ..." (AA 28.2,2/1034, Orig.pag.: 67).

81   J. Kopper a. a. O. (22) 39.

82   A 639 = B 667. Das Wort „Anmaßung" wird von Kant häufig verwendet, in der KrV allein, ohne Berücksichtigung anderer Ableitungen, 26mal, in den gedruckten Werken zusammen 87mal (laut Wortindex zu Kants gesammelten Schriften, Allg. Kantindex, hrsg. v. G. Martin, Band 16 [Berlin 1967] 65). Auch der Ausdruck „Vermessenheit" wird in diesem Zusammenhang verwendet: „Zwar wenn der empirische Philosoph mit seiner Antithese keine andere Absicht hat, als den Vorwitz und die Vermessenheit der ihre wahre Bestimmung verkennenden Vernunft niederzuschlagen, welche mit Einsicht und Wissen groß thut, da wo eigentlich Einsicht und Wissen aufhören, und das, was man in Ansehung des praktischen Interesses gelten läßt, für eine Beförderung des speculativen Interesse ausgeben will, ... " (A 470 = B 498). „Das deutsche Wort vermessen ist ein gutes, bedeutungsvolles Wort. Ein Urtheil, bei welchem man das Längenmaß seiner Kräfte (des Verstandes) zu überschlagen vergißt, kann bisweilen sehr demüthig klingen und macht doch große Ansprüche und ist doch sehr vermessen. Von der Art sind die meisten, wodurch man die göttliche Weisheit zu erheben vorgiebt, indem man ihr in den Werken der Schöpfung und der Erhaltung Absichten unterlegt, die eigentlich der eigenen Weisheit des Vernünftlers Ehre machen sollen" (AA 5/383 Anm.). In der

ihm begonnene Linie des Denkens wird nun auf der höheren Ebene der transzendentalen Fragestellung weitergeführt[83]. Dies geschieht in dem Abschnitt der KrV, der „Von dem transscendentalen Ideal" handelt, dann in den sich an die Gottesbeweiskritik anschließenden Überlegungen sowie im zweiten Hauptstück der „Transscendentale[n] Methodenlehre". Daß die dritte der „transscendentalen Ideen"[84], auf die die dialektischen Vernunftschlüsse hinauslaufen, „das Ideal der reinen Vernunft" genannt wird[85], dürfte nicht allein damit zusammenhängen, daß diese „Idee nicht bloß *in concreto*, sondern *in individuo*" bestimmt wird[86], sondern es verrät sich auch der hier bereits angezielte Zusammenhang mit dem komplementären „Ideal des höchsten Guts" der Methodenlehre[87], das die neue Parallelbrücke darstellt, die eine Aufgabenteilung zwischen dem spekulativen und dem praktischen Weg gestattet. Schon hier, und nicht erst in der KpV, kommt der Gotteserweis aus praktischer Vernunft zum Tragen, zunächst freilich in seiner den „bloß" theoretischen oder spekulativen Zugang entlastenden Funktion, die jeglichem Minimalismusvorwurf gegenüber dem Eingeständnis der Grenzen des theoreti-

Danziger Rationaltheologie (Vorlesungen): „Das ist faule Vernunft und selbst Vermessenheit, gleich die göttlichen Absichten erkennen zu wollen" (AA 28.2,2/1283). vgl. dazu schon bei Johann Rajus, *Drey Physico-Theologische Betrachtungen Von der Welt Anfang, Veränderung und Untergang, Worinnen ... von Johann Rajo ... Aus dem Englischen Übersetzt Von Theodoro Arnold* (Leipzig 1732) 583f.: „Wir haben ein viel zu blödes Gesicht, als daß wir die geheimen Endzwecke GOttes erreichen sollten.... Immittelst scheinet es mir eine allzu große Vermessenheit und Hochschätzung unser selbst zu seyn, wenn man meynet, daß diese gantze Welt also für uns geschaffen worden, und keinen andern Endzweck ihrer Herfürbringung haben solte, oder ob GOtt nicht anders, als nur durch uns verherrlichet werden könte." Der ‚Anmaßung' und ‚Vermessenheit' setzt Kant die „Behutsamkeit" entgegen (A 782 = B 810, A 785 = 813, A 801 = 829; in den Vorlesungen über Rationaltheologie: AA 28. 2, 2 /1168 [Nat. Theol. Volkmann], AA 28.2,2/1255 [Danziger Rationaltheologie] ...).

83   vgl. D. Henrich a. a. O. (25) 140: „Kant hat ihre [der Ontotheologie] Entwicklung auf einer höheren Reflexionsstufe wiederholt, und er hat eine Theorie dieser Entwicklung entworfen. Sie ist zugleich die Voraussetzung und der wesentlichste Inhalt seiner Kritik, nicht nur des ontologischen Beweises, sondern aller rationalen Gotteserkenntnis."

84   vgl. A 321-338 = B 377-396.

85   A 567 = B 595.

86   A 568 = B 596.

87   A 804 = B 832.

schen Ausgriffs nach dem Übersinnlichen den Boden entzieht. Aus dieser
Beschränkung des theoretischen Vernunftgebrauchs erwächst seine Stärke in
der transzendentalen Dimension, die wiederum dem praktischen Vernunftgebrauch zum Vorbild dient, bevor die Vereinigung der Ergebnisse beider Ver-
fahrensweisen der einen und selben Vernunft[88] (jedenfalls in der Absicht
Kants) eine Tragfähigkeit auch des resultierenden Gotteserweises ergibt, die
weiterreicht als alle sonst möglichen Beweisversuche.

Nachdem sich der im „Beweisgrund" versuchte Rückschluß von aller
Möglichkeit überhaupt auf den sie allererst begründenden Realgrund als nur
hypothetisch notwendig und die wirkliche Existenz des Urwesens nicht a
priori erreichend herausgestellt hatte, geht Kant nun von der „Idee von dem
Inbegriffe aller Möglichkeit, so fern er als Bedingung der durchgängigen Bestimmung eines jeden Dinges zum Grunde liegt" aus, die als selbst noch
unbestimmter „Inbegriff aller möglichen Prädicate überhaupt" gedacht wird[89].
Wenn „alles Existierende durchgängig bestimmt" ist (die „omnimoda determinatio" wird schon in der „Nova dilucidatio" verwendet[90] und im „Beweisgrund" auf Baumgarten zurückgeführt[91]), dann bedarf „die durchgängige
Bestimmung eines jeden Dinges" als „Einschränkung" des „All der Realität"
der Vorstellung eines „Inbegriffs aller Realität", der „alle Prädikate ihrem
transscendentalen Inhalte nach" nicht nur „unter sich", sondern „in sich
begreift" und als „transscendentale[r] Obersatz fungiert". Das zugrunde gelegte
„transscendentale(s) Substratum"[92] ist aber zunächst einmal bloß „die Idee

---

88   vgl. AA 5/89, dazu 4/391, 5/121, 135.

89   vgl. A 573 = B 601.

90   AA 1/395.

91   AA 2/76.

92   Der Begriff erscheint schon in den sechziger Jahren im Nachlaßwerk. R 4113, AA 17/422:
      „die hochste Realität ist also das substratum unserer Vernunfterkenntnis von aller Mög-
      lichkeit, In der entweder oder Durch die alle Möglichkeit gegeben ist". R 4590 (AA
      17/603): „Die Unendliche realitaet ist das substratum aller Möglichkeit". Ähnlich R 5507
      (AA 18/203), R 5522 (AA 18/207), R 5526 (AA 18/208). In R 5502 ist das ens realissimum
      zugleich „das substratum der Denklichkeit aller Dinge" als notwendiger „erste[r] forma-
      le[r] und reale[r] Grund der Denklichkeit", das „substratum originarium" aller möglichen
      realbegriffe(n)". „Die materiale Bedingung alles Denkens" ist, daß etwas „in der An-
      schauung gegeben sey", weil „Unser Denken nur ein reflectiren" ist, aber das „substratum

von einem All der Realität" (omnitudo realitatis), die als solche über die objektive Wirklichkeit eines „entis realissimi" noch nichts aussagt[93]. Damit ist das gemeint, was in anderer Terminologie auch wohl als der ‚Vorgriff auf das Sein im ganzen' bezeichnet wird, der jeglicher Erkenntnis überhaupt je schon zugrunde liegt. Dies wird bestätigt durch die längere Reflexion Nr. 6290, in der ausgeführt wird, daß das „ens realissimum zu dem realen Begriffe aller Moglichkeit vorher gegeben seyn müsse", aber „nicht als obiect, sondern als die bloße Form der Vernunft, in ihrer durchgangigen Bestimmung sich den Unterschied alles moglichen zu denken, folglich als Idee, die Wirklich ist (subiectiv), ehe noch etwas als moglich gedacht wird; woraus aber gar nicht folgt, daß das obiect dieser Idee an sich wirklich sey"[94]. Bei dieser zunächst nur erkenntnistheoretischen Funktion dieser Vernunftidee bleibt Kant allerdings nicht stehen. Für ihn ergibt sich trotz aller Kritik auch jetzt noch aus dem ontologischen Beweis eine Richtschnur für sein weiteres Denken, da dieser „immer noch den einzigmöglichen Beweisgrund ... enthalte" (nicht: gültig darstelle!), soweit es um den spekulativen Vernunftgebrauch geht[95]. In der Darstellung des „Ideals" der reinen Vernunft finden sich jene Elemente seines ontotheologischen Beweises wieder, die ursprünglich seine Faszination ausmachten und für eine differenziertere Weiterverwendung tauglich erscheinen. Das „Ideal" wird dadurch, um eine Formulierung Heimsoeths zu gebrauchen, zum „Keim und Quellpunkt einer ganzen transzendentalkritischen Theorie"[96]. Im Gegensatz zum früheren Realgrund alles Möglichen ist die transzen-

---

originarium" als die Bedingung der Möglichkeit „Jedes Ding(es)" kann nicht aufgehoben werden (AA 18/201, nach Adickes bis 1778).

93 Die „omnitudo realitatis" schon in der „Nova dilucidatio": „Notionem tibi formas entis cuiusdam, in quo est omnitudo realitatis; per hunc conceptum te ipsi exsistentiam largiri oportere confitendum est" (AA 1/394). In AA 2/388 u. 391 wird der Begriff „omnitudo" erklärt (De mundi sensibilis ...).

94 AA 18/558f., hier: 559. vgl. dazu J. KOPPER, *Kants Stellungnahme zum ontologischen Gottesbeweis in seinen Randbemerkungen zu Eberhards „Vorbereitung zur natürlichen Theologie"*, in: Anal. Anselmiana. Untersuchungen über Person und Werk Anselms von Canterbury, hrsg. v. H. KOHLENBERGER, Bd. IV/1 (Frankf./M. 1975) 249-253. Zum „Vorgriff" (excessus) vgl. etwa K. RAHNER, *Geist in Welt. Zur Metaphysik der endlichen Erkenntnis bei Thomas von Aquin*. 2., im Auftr. d. Vf. überarb. u. erg. v. J. B. Metz (München 1957) 152-232.

95 AA 625 = B 653.

dentale Idee, die auf die „absolute Einheit der Bedingung aller Gegenstände des Denkens überhaupt"[97] abzielt, notwendig und a priori gegeben. Ihre Notwendigkeit gilt allerdings nur „an sich selbst"[98], d.h. für das denkende Subjekt und als Regulativ für den Verstandesgebrauch, sie sagt jedoch nichts über die Notwendigkeit ihres gedachten Gegenstandes aus. Der a-priorische Charakter dieser transzendentalen Idee besteht darin, daß sie der vollständigen „systematische[n] Einheit der Verstandeserkenntnisse" vorausgeht, sie „postuliert" und die Bedingungen ihres systematischen Zusammenhanges enthält[99]. Darum beschränkt sich ihre „objektive Realität" auf die Regulierung des „mit sich selbst durchgängig zusammenstimmende[n]" „Erfahrungsgebrauch[s] des Verstandes" und gilt insofern „nur indirekt von dem Gegenstande der Erfahrung"[100]. Trotz dieser bloß subjektiven Objektivität stellt „die Idee von einem All der Realität (omnitudo realiatis)" den einzig möglichen Sonderfall dar, als „an sich allgemeiner Begriff von einem Dinge durch sich selbst durchgängig bestimmt" zu sein, wodurch der Begriff des „ens realissimum" als „Begriff eines einzelnen Wesens" und sogar als „die Vorstellung von einem Individuum" verstanden wird[101] und deshalb die Bezeichnung „Ideal"[102] verdient. Die objektive Wirklichkeit dieses transzendentalen Gegenstandes an sich selbst ist damit aber noch nicht gegeben[103]. Er befindet sich „bloß in der Vernunft", und obwohl er „das Urwesen", „das höchste Wesen" und sogar „das Wesen aller Wesen" genannt wird, handelt es sich doch zunächst nur um die Idee und nicht um „die Existenz eines solchen Wesens", weil es noch nicht um „das objective Verhältniß eines wirklichen Gegenstandes zu andern Dingen, sondern der Idee zu Begriffen" geht[104]. Eine „natürliche(n)

---

96 H. Heimsoeth a. a. O. (9) 3/415. Damit scheint seine Auffassung aus der Vorrede (1/VIII, s.o. unsere Anm. 67) etwas relativiert zu sein.

97 A 334/B 391.

98 A 676 = B 704.

99 A 645 = B 673, vgl. auch A 650 = B 678.

100 A 665f. = B 693f.

101 A 575f. = B 603f.

102 A 568 = B 596, A 574 = B 602.

103 A 580 = B 608.

Illusion"[105] führt allerdings dazu, „sich vermittelst einer transscendentalen Subreption dieses formale Princip als constitutiv vorzustellen"[106], so daß es „mit dem Begriffe eines Dinges verwechselt wird, was an der Spitze der Möglichkeit aller Dinge steht, zu deren durchgängiger Bestimmung es die realen Bedingungen hergibt"[107]. In dieser kurzschlüssigen Weise[108] das „Prototypon transscendentale"[109] aller Dinge zum Objekt zu machen (zu realisieren), zu hypostasieren und schließlich zu personifizieren, würde aber die Grenzen der „Bestimmung und Zulässigkeit" dieser transzendentalen Idee „überschreiten", wozu uns die „Befugniß" fehlt[110]. Dennoch ist das „Ideal" der reinen Vernunft nicht ohne jeden Wirklichkeitsbezug zu verstehen. Auch wenn ich es nicht „schlechthin" annehmen darf „(suppositio absoluta)", weil ich dazu nicht „befugt" bin, kann ich doch „genugsam Grund haben", es „relativ anzunehmen (suppositio relativa)", was bei einem regulativen Prinzip statthaft ist, dessen „Nothwendigkeit an sich selbst" erkennbar ist[111]. Die Vernunft würde „wider ihre Bestimmung" verfahren, wenn sie „ein logisches Prinzip der Vernunftein-

---

104   A 578f. = B 606f.

105   A 582 = B 610.

106   A 619 = B 647; vgl. auch A 583 = B 611.

107   A 583 = B 611.

108   Das wird in A 582 = B 610 näher beschrieben: Die Bedingung der Möglichkeit empirischer Realität wird ausgedehnt auf alle Realität überhaupt und schließlich durch dialektische Verwandlung der „*distributive*[n] Einheit des Erfahrungsgebrauchs des Verstandes" in die „*kollektive* Einheit eines Erfahrungsganzen" hypostasiert.

109   A 571 = B 599 und A 578 = B 606. „Prototypon" wird ursprünglich auf das göttliche Erkennen bezogen: „Cognitio prototypa: causa rerum. Cognitio ectypa: causatum" (R 3825, AA 17/304); „Cognitio dei non est ectypa: mutuata ab obiectis, sed prototypa: principium obiectorum" (R 4124, AA 17/426); dann über den göttlichen Verstand ausgesagt: „Zum [göttlichen] Verstande gehoret: 1. daß er das prototypon ist, daß er unabhängig ist; 2. daß er auf alles ursprünglich geht" (R 4264, AA 17/487). In der Dissertation von 1770 ist die Geometrie das Prototypon der sinnlichen Erkenntnis, die auch eine „cognitio distincta" sein könne, was nicht ausschließlich von der intellektuellen Erkenntnis gelte, die jedenfalls auch sehr vage sein könne: Prius animadvertimus in sensitivae cognitionis prototypo, *geometria*, posterius in intellectualium omnium organo, *metaphysica* ..." (AA 2/394f.).

110   A 580-583 = B 608-611.

111   A 676 = B 704.

heit nach Regeln" anwenden würde, ohne ein entsprechendes transzendentales Prinzip vorauszusetzen, „durch welches eine solche systematische Einheit, als den Objekten selbst anhängend, a priori als nothwendig angenommen wird"[112]. Wenn „die systematische Einheit der Natur" nicht als „objektivgültig und nothwendig" vorausgesetzt würde, gäbe es „keinen zusammenhängenden Verstandesgebrauch und in dessen Ermangelung kein zureichendes Merkmal empirischer Wahrheit"[113]. Weil es also für den „größtmöglichen empirischen Gebrauch(e) meiner Vernunft" „unumgänglich nothwendig ist", die Idee der vollständigen systematischen Einheit der Sinnenwelt zugrunde zu legen und sie für objektiv, d.h. im Erfahrungsbereich sich bewährend und die Erweiterung seiner Erkenntnis ermöglichend zu halten, „so werde ich nicht allein befugt, sondern auch genöthigt sein, diese Idee zu realisieren, d. i. ihr einen wirklichen Gegenstand zu setzen, aber nur als ein Etwas überhaupt, das ich an sich selbst gar nicht kenne und dem ich nur als einem Grunde jener systematischen Einheit in Beziehung auf diese letztere solche Eigenschaften gebe, als den Verstandesbegriffen im empirischen Gebrauche analogisch sind"[114]. Diese Annahme bleibt aber ganz und gar an die Sinnenwelt gebunden, von der sie ausgeht, und das angenommene „Etwas" trägt durchgängig deren Züge, auch wenn es mit Hilfe eines ‚Analogiedenkens' (das keine Analogie-Erkenntnis ist[115]) mit überragenden Eigenschaften ausgerüstet wird, weil nämlich die

---

112 A 650f. = B 678f.

113 A 651 = B 679.

114 A 677 f = B 705f.

115 Es handelt sich dabei um eine „Analogie, nach der wir die Erfahrungsbegriffe nutzen, um uns von intelligibelen Dingen, von denen wir an sich nicht die mindeste Kenntniß haben, doch irgend einigen Begriff zu machen" (A 566 = B 594). So kann man sich ein höchst vollkommenes Wesen „denken" durch Eigenschaften, „die lediglich zur Sinnenwelt gehören", indem man „alle die Idee einschränkende[n] Bedingungen" wegläßt, und es z.B. auch als „selbständige Vernunft" denkt, wobei man „alle Verbindungen" so ansieht „als ob sie Anordnungen einer höchsten Vernunft wären, von der die unsrige ein schwaches Nachbild ist", ohne dabei „befugt" zu sein zu verlangen, diesen Gegenstand meiner Idee nach dem, was er an sich sein mag, zu erkennen" (vgl. A 678 = B 706). Nach „einer Analogie mit den Gegenständen der Erfahrung" wird dieses Wesen „nur als Gegenstand in der Idee und nicht in der Realität, nämlich nur so fern er ein uns unbekanntes Substratum der systematischen Einheit, Ordnung und Zweckmäßigkeit der Welteinrichtung ist, welche sich die Vernunft zum regulativen Prinzip ihrer Naturforschung machen

spekulative Vernunft in ihrem Erkennen auf die Kategorien des Verstandes angewiesen bleibt[116]. Obwohl Kant dieses „Etwas" einen „einigen, weisen und allgewaltigen Welturheber" nennt, den man voraussetzen müsse[117], und obwohl er ihm „unendliche Vollkommenheit" beilegt und es „als ein Wesen" bezeichnet, „das Verstand, Wohlgefallen und Mißfallen, imgleichen eine demselben

muß", gedacht. „Was dieser Urgrund der Welteinheit an sich selbst sei, hat dadurch nicht gedacht werden sollen..." (vgl. A 696f. = B 724f.). Damit ist unsere Erkenntnis „keinesweges" „über das Feld möglicher Erfahrung" hinaus erweitert (A 698 = B 726). Solches Analogiedenken ist durch ein ‚Verhältnis' bestimmt, was sich schon in den Reflexionen ankündigt: „Denn wir haben von Gott keine data, sondern nur data seines Verhaltnisses zur Welt" (R 3909, AA 17/339); „also ist der allgnugsame Grund nur per analogiam eine Größe, d.i. nur durch das Verhaltnis zur Wirkung" (R 4444, AA 17/549). Das wird in der KrV näher bestimmt: „In der Philosophie ... ist die Analogie nicht die Gleichheit zweier quantitativen, sondern qualitativen Verhältnisse, wo ich aus drei gegebenen Gliedern nur das Verhältniß zu einem vierten, nicht aber dieses vierte Glied selbst erkennen und a priori geben kann, wohl aber eine Regel habe, es in der Erfahrung zu suchen, und ein Merkmal, es in derselben aufzufinden" (A 179f./B 222). Ähnlich in den „Prolegomena": „Eine solche Erkenntnis ist die nach der Analogie, welche nicht etwa, wie man das Wort gemeiniglich nimmt, eine unvollkommene Ähnlichkeit zweier Dinge, sondern eine vollkommene Ähnlichkeit zweier Verhältnisse zwischen ganz unähnlichen Dingen bedeutet" (AA 4/357). In der „Kritik der Urteilskraft" (= KU) wird das später noch weiter ausgeführt: Die Eigenschaften des höchsten Wesens kann man „nach der Analogie" „nur denken, nicht darnach erkennen und sie ihm etwa theoretisch beilegen" (AA 5/456). „Durch das Prädicat der Ursache (als ersten Beweger)" habe ich „nur die Vorstellung von einem Etwas, welches den Grund der Bewegungen in der Welt enthält", aber ich „erkenne", „was Gott sei, nicht im mindesten" (AA 5/483). Wenn ich Gott als „Intelligenz" denke, muß ich „alle jene Bedingungen, unter denen ich allein einen Verstand kenne, weglassen .., mithin das Prädicat, das nur zur Bestimmung des Menschen dient, auf ein übersinnliches Object gar nicht bezogen werden kann". Trotzdem hat die so behutsam bestimmte „Erkenntniß Gottes" in praktischer Beziehung, aber auch nur in Rücksicht auf diese (als moralische) alle erforderliche Realität" (AA 5/484f.). Die Urteilskraft gelangt auf diesem Wege zu „symbolische[n] Hypotyposen", in denen die „Reflexion über einen Gegenstand der Anschauung auf einen ganz andern Begriff" übertragen wird (AA 5/351ff.). vgl. auch die ausführlichen Erklärungen zur Analogie in der Religionslehre Pölitz (1783/84) innerhalb der „Regeln der Vorsicht" in AA 28.2,2 ab 1021.

116 vgl. A 665 = B 693, A 674f. = B 702f. Dazu H. HEIMSOETH a. a. O. (9) 3/612f. Sehr umfassend F. MARTY, *La naissance de la métaphysique chez Kant. Une étude sur la notion Kantienne d'analogie* (Paris: Beauchesne 1980).

117 A 697 = B 725.

gemäße Begierde und Willen hat"[118], das von uns „nothwendig"[119] und (aufgrund teleologischer Überlegungen) als „gesetzgebende Vernunft (intellectus archetypus)"[120] angenommen werden muß, ist er doch nicht bereit, dies schon als eine Gotteserkenntnis zu bezeichnen. Das Resultat ist für Kant allenfalls ein deistischer Gottesbegriff[121], sofern der Deist unter dem Begriff eines „Urwesens" oder einer „obersten Ursache" bloß „einen Gott" glaube, weil er sich mehr „nicht zu behaupten getraue(t)", daß es sich nämlich im Sinne des Theismus um „einen lebendigen Gott" handele[122]. Die in diesem Begriff bewußt durchgehaltene Bezogenheit auf „den Weltgebrauch"[123] verhindert den Fehler der „perversa ratio", von einem anthropomorphistisch bestimmten Begriff einer höchsten Intelligenz gleichsam wie von oben und außen auf die Natur zuzugehen, um ihr „Zwecke gewaltsam und diktatorisch" aufzudringen, statt sich bewußt zu sein, daß theoretisches Denken immer nur von der Erfahrung ausgehen kann[124] und nur dies die Frage ist, wie und unter welchen Bedingungen ein Ausgreifen über die Grenzen des Erfahrungsbereiches, wenn es denn auf irgendeine Weise möglich sein sollte, legitimiert werden könnte[125]. Nicht

---

118 A 700 = B 728.
119 A 686 = B 714.
120 A 695 = B 723.
121 A 675 = B 703.
122 A 633 = B 661.
123 A 698 = B 726.
124 A 692 = B 720.
125 vgl. dazu bes. die Ausführungen in den Entwürfen zur Preisschrift („für das Jahr 1791"). „Man kann die Fortschritte der Metaphysik in diesem Zeitlaufe in drey Stadien eintheilen: erstlich in das des theoretisch=dogmatischen Fortganges, zweytens in das des sceptischen Stillstandes, drittens in das der praktisch = dogmatischen Vollendung ihres Weges, und der Gelangung der Metaphysik zu ihrem Endzwecke" (AA 20/281). Die „Antinomie der reinen Vernunft, welche den sceptischen Stillstand der reinen Vernunft nothwendig zu bewirken scheint, führt am Ende, vermittelst der Kritik, auf dogmatische Fortschritte derselben, wenn es sich nämlich hervor thut, daß ein solches Noumenon, als Sache an sich, wirklich und selbst nach seinen Gesetzen, wenigstens in praktischer Absicht, erkennbar ist, ob es gleich übersinnlich ist" (AA 20/292). Der prakt.-dogm. „Überschritt zum Übersinnlichen" führt über den Begriff der Zweckmäßigkeit zur Frage nach dem Endzweck: „Dieser Endzweck der reinen praktischen Vernunft ist das höchste Gut, sofern es in der Welt möglich ist, welches aber nicht blos in dem,

Einsicht, sondern das „spekulative Interesse der Vernunft" „macht es nothwendig, alle Anordnung in der Welt so anzusehen, als ob sie aus der Absicht einer allerhöchsten Vernunft entsprossen wäre"[126] (eine Umschreibung des regulativen Charakters dieser relativen Supposition), woraus aber der Vernunft schließlich „die vollkommenste Befriedigung in Ansehung der nachzuforschenden größten Einheit in ihrem empirischen Gebrauche, aber nicht in Ansehung dieser Voraussetzung selbst", nämlich der Gottesidee, erwächst[127].

2. Der Wirklichkeitsbezug der praktischen Vernunft

Die Unterscheidung des theoretischen und praktischen Gebrauchs der einen Vernunft ermöglicht es Kant, die Gotteserkenntnis aus zwei verschiedenartigen, aber sich gegenseitig ergänzenden Komponenten zu erklären, so daß keine von ihnen die ganze Last zu tragen hat. Kants minimalistisch anmutende Zurückhaltung bezüglich der Leistungen der spekulativen Vernunft wurde zuletzt wohl auch durch seine Beschäftigung mit HUMES *Dialogen über die natürliche Religion* beeinflußt, die er nach einem Übersetzungsmanuskript Hamanns kennenlernte, und zwar, wie aus Hamanns Briefwechsel hervorgeht, zunächst in der Zeit zwischen dem 29. Juli und dem 13. September 1780 und ein zweites Mal in der Zeit um den 16. Dezember desselben Jahres[128]. Wenn

---

was Natur verschaffen kann, nämlich der Glückseligkeit ..., sondern ... zugleich im sittlich = gesetzmäßigsten Verhalten ... zu suchen ist. [Abs.] Dieser Gegenstand der Vernunft ist übersinnlich; zu ihm als Endzweck fortzuschreiten, ist Pflicht; daß es also ein Stadium der Metaphysik für diesen Überschritt und das Fortschreiten in demselben geben müsse, ist unzweifelhaft. Ohne alle Theorie ist dies aber doch unmöglich ... Gleichwohl kann eine solche Theorie nicht nach demjenigen, was wir an den Objecten erkennen, sondern allenfalls nach dem, was wir hineinlegen, Statt finden ... Also wird diese Theorie nur in praktisch = dogmatischer Rücksicht Statt finden, und der Idee des Endzweckes auch nur eine in dieser Rücksicht hinreichende objective Realität zusichern können." (AA 20/294).

126 A 686 = B 715.

127 A 676/B 704.

128 vgl. J. G. HAMANN, *Briefwechsel*, 4. Bd 1778-1782, hrsg. v. A. Henkel (Wiesbaden 1959) 205, 229, 249 u. 269. Aus 222 in Verbindung mit 229 ergibt sich übrigens eine (negative) Antwort auf die alte Streitfrage, ob Kant Englisch gelesen hat, falls man der bekannten Auskunft R. B. Jachmanns („Von den neueren Sprachen verstand er französisch, sprach es aber nicht") mißtraut (Immanuel Kant geschildert in Briefen an einen Freund, in: Immanuel Kant. Sein Leben in Darstellungen von Zeitgenossen. Die Biographien von L.

man der entwicklungsgeschichtlichen Theorie Adickes' folgen will, würde diese Lektüre in die Schlußphase des „kurzen Abrisses" zur KrV fallen, der nach Adickes' Feststellungen gerade bei der Behandlung des transzendentalen Ideals mehrere Unterbrechungen aufweist, die auf zwischenzeitlich ausgeführte Ergänzungen früherer Textstücke hinweisen[129] und die Annahme bestätigen könnten, daß wichtige Themen der Vernunftkritik mit dieser Frage zusammenhängen. Kant bezieht sich selbst rückblickend in den „Prolegomena" auf die in den „Dialogen" vorgebrachte Kritik am herkömmlichen anthropomorphistischen Theismus der Philosophen und hält seine Lösung für den „wahren Mittelweg zwischen dem Dogmatism, den HUME bekämpfte, und dem Skeptizism, den er dagegen einführen wollte"[130]. Dabei wird zugleich seine Absicht deutlich, wenn er schreibt: „Denn wenn man uns nur anfangs ... als eine nothwendige Hypothese den deistischen Begriff des Urwesens einräumt, in welchem man sich das Urwesen durch lauter ontologische Prädikate, der Substanz, Ursache etc. denkt...: so kann uns nichts hindern, von diesem Wesen eine Causalität durch Vernunft in Ansehung der Welt zu prädiciren und so zum Theismus überzuschreiten, ohne eben genöthigt zu sein, ihm diese Vernunft an ihm selbst als eine ihm anklebende Eigenschaft beizulegen". So werde „die Vernunft nicht als Eigenschaft auf das Urwesen an sich selbst übertragen, sondern nur auf das Verhältniß desselben zur Sinnenwelt und also der Anthropomorphism gänzlich vermieden"[131]. Er beruft sich dabei auf eine Analogie, die „nicht etwa, wie man das Wort gemeiniglich nimmt, eine

E. Borowski, R. B. Jachmann und A. Ch. WASIANSKI (Darmstadt 1968, reprogr. Nachdruck d. Ausg. Berlin 1912)117-212, hier: 138). Zu dieser Frage vgl. auch A. WINTER, *Gebet und Gottesdienst bei Kant: nicht „Gunstbewerbung", sondern „Form aller Handlungen"*, in: ThPh 52 (1977) 341-377, hier: 363 Anm. 147 [im vorliegenden Buch Kap. 3, 115-161, 143, Anm. 147].; und DERS.: *Kant zwischen den Konfessionen*, in: ThPh 50(1975) 1-37, hier: 26, Anm. 227. [*in diesem Buch* Kap. 1, 1-48, 34, Anm. 227]. In den „Prolegomena" spricht Kant von dem Einfluß, den Hume auf ihn gehabt habe (die Erinnerung an ihn habe ihm den „dogmatischen Schlummer" unterbrochen AA 4/260); in AA 4/258 werden die von ihm benutzten „Versuche 4ter Theil" (= Dt. Übers. der Essays, Hamburg u. Leipzig 1754-1756) zitiert, und in AA 4/351 u. 358 nennt er ausdrücklich Humes Dialoge (vgl. auch AA 4/356 u. 360).

129   E. ADICKES a. a. O. (67) XXIII und XVIf.

130   AA 4/360.

131   AA 4/358f.

unvollkommene Ähnlichkeit zweier Dinge, sondern eine vollkommene Ähnlichkeit zweier Verhältnisse zwischen ganz unähnlichen Dingen bedeutet"[132]. Der so ermöglichte „symbolische(n) Anthropomorphism[us]"[133] konnte deshalb hingenommen werden, weil sich gleichzeitig die Kompensation durch die praktische Vernunft abzeichnete. Die „menschliche Vernunft", so heißt es in einem für die B-Auflage verfaßten Abschnitt der Einleitung zur KrV, „geht unaufhaltsam ... durch eigenes Bedürfniß getrieben, bis zu solchen Fragen fort, die durch keinen Erfahrungsgebrauch der Vernunft und daher entlehnte Prinzipien beantwortet werden können"[134]. Dieses „Bedürfniß" wird zwar nur „durch einen Mißverstand für einen transscendentalen Grundsatz gehalten", so daß der Obersatz der Vernunftschlüsse „mehr Petition als Postulat" genannt werden muß[135], aber es kommt bei den „Hypothesen", zu denen der spekulative Vernunftgebrauch führt, nicht zur Ruhe; es treibt als „ein Bedürfniß in schlechterdings nothwendiger Absicht"[136] zu „Postulate[n]", die „den Ideen der spekulativen Vernunft im Allgemeinen (vermittelst ihrer Beziehung aufs Praktische) objective Realität" geben und sie „zu Begriffen" „berechtigen", „deren Möglichkeit auch nur zu behaupten sie sich sonst nicht anmaßen könnte"[137]. Der reinen theoretischen Vernunft ist freilich eine solche Erweiterung nicht „erlaubt", nicht „gestattet", sie darf sie nicht „wagen", weil ihr dazu die „Befugniß" und die ‚Berechtigung' fehlen[138], wie unermüdlich und vielsagend schon in der KrV betont wird[139]. In der KpV wird demgegenüber

---

132 AA 4/357.

133 ebd..

134 B 21.

135 A 308f./B 365f.

136 AA 5/143, vgl. den ganzen Abschnitt AA 5/142-146.

137 AA 5/132.

138 Darauf aufmerksam gemacht hat H.-O. Kvist, *Zum Verhältnis von Wissen und Glauben in der kritischen Philosophie Immanuel Kants. Struktur- und Aufbauprobleme dieses Verhältnisses in der „Kritik der reinen Vernunft"* (Meddelanden från Stiftelsens för Åbo Akademi Forskningsinstitut 24 (Åbo 1978) 70, 102, 155, 176, 178, 202, 323.

139 Es können hier nur einige Beispiele genannt werden (nach der B-Auflage der KrV): Befugnis: 424, 585, 608, 679, 762, 800; befugt: 431, 644, 704, 705, 706 (mit „darf"), 729 804, 827; berechtigt: 240, 309, 363, 418, 425, 573, 589, 591, 624, 638, 704, 714, 716, 727f.,

in ausdrücklicher Abgrenzung gegen Humes Position „Von dem Befugniß der reinen Vernunft im praktischen Gebrauche zu einer Erweiterung, die ihr im spekulativen für sich nicht möglich ist"[140], gesprochen. Die kompensatorische Funktion der praktischen Vernunft darf dabei keineswegs als eine Flucht ins Private mißverstanden werden, nachdem Allgemeingültiges über Gott unerreichbar zu sein scheint, wozu die hartnäckig wiederholte Beteuerung des nur praktischen Gebrauchs ihrer Ergebnisse verführen könnte. Der praktische Vernunftgebrauch baut vielmehr an der angefangenen Brücke der Gotteserkenntnis weiter und stützt sich dabei (a priori) auf den andersartigen Pfeiler der vorgefundenen Pflicht, der tiefer gründet als der Pfeiler der bloßen Einsicht und deshalb den Primat innehat[141]. Das oben schon erwähnte „Interesse" der spekulativen Vernunft, das sich auf Objekterkenntnis richtet, wird durch das

770, 791, 793, 855; retten: 564. Es fällt nun auf, daß der *Sachindex zu Kants ‚Kritik der reinen Vernunft‘*, hrsg. v. G. Martin, bearb. v. D.-J. Löwisch (Berlin 1967) die Ableitungen von „erlauben", „gestatten" und „wagen" nicht registriert, und auch von „retten" nicht: „gerettet" verzeichnet. Offenbar wurden diese Begriffe als philosophisch nicht „relevant(en)" (Vorwort) ausgeschieden, obwohl ihr zahlenmäßiges Vorkommen korrekt im „Wortindex" angegeben wurde. Darum seien hier die unseren Zusammenhang im weiteren Sinn berührenden Stellen angegeben: erlauben: 266, 275, 665, 725, 828; Erlaubnis: 450, 594, 775; erlaubt: 345, 352, 418, 478, 479, 492, 497, 500, 504, 506, 520, 537, 552 559, 570, 593, 640, 665, 701, 754, 777, 798, 799, 805; erlaubte: 552, 664; gestattet: 723, 801, 827; wagen: XXIV, 295, 449, 594, 735, 772, 825; wagenden: 878; wagt: 88; wagte: 9, 127; gewagt: XVIII, XXII, 791, 800; gewagte: 780, 811; gewagten: 621; gerettet: 802. Darunter sind sowohl die positiven als auch die negativen Stellen enthalten. Durch diese und ähnliche Ausdrücke wird deutlich, daß die schroff erscheinende Trennung der spekulativen von der praktischen Vernunft bloß methodischen Charakter hat und daß Kant bei der Abfassung der KrV den praktischen Ausweg ständig im Blick hatte der es ihm gestattete, die Grenzen der theoretischen Erkenntnis so eng zu ziehen, wie er es für erforderlich hielt.

140 AA 5/50.

141 vgl. 5/142, 5/119ff. Zum „Primat" vgl. A. Riess, *Der „Primat der praktischen Vernunft" als Vollendung der Kritik zum System* (Diss./Marburg 1918). Die Gegenthese bei M. Casula, *Der Mythos der praktischen Vernunft*, in: Akten d. 4. internat. Kant-Kongr. a. a. O. (42) Teil II. 1, 362-371. Zutreffend N. O. Schroll-Fleischer a. a. O. (6) 149: „Es lassen sich in den Schriften Kants vielfältige Anhaltspunke dafür finden, entweder die subjektive oder die objektive Seite des Gottesverhältnisses zu isolieren, da es möglich ist, diese beiden Seiten der Sache je für sich *darzustellen*, auch wenn sie sich systematisch nicht trennen lassen."

Interesse „des praktischen Gebrauchs", das „in der Bestimmung des Willens in Ansehung des letzten und vollständigen Zwecks" besteht, nicht allein deswegen überholt, weil „alles Interesse zuletzt praktisch ist", sondern weil „das [Interesse] der spekulativen Vernunft nur bedingt und im praktischen Gebrauche allein vollständig ist"[142]. Dies deutet sich schon unmißverständlich in der 1. Auflage der KrV an, die insofern nicht nachträglich durch die spätere Entwicklung korrigiert wurde. So hieß es schon im einführenden Abschnitt über die transzendentalen Ideen, daß die Idee der spekulativen Vernunft „als der Begriff eines Maximum in concreto niemals kongruent", die der praktischen Vernunft jedoch „jederzeit obzwar nur zum Teil in concreto gegeben werden" könne, ja, daß sie „die unentbehrliche Bedingung jedes praktischen Gebrauchs der Vernunft" sei[143]. Wenn nun tatsächlich einmal in dieser Beziehung „die Voraussetzung eines höchsten und allgenugsamen Wesens als oberster Intelligenz ihre Gültigkeit ohne Widerrede behauptete", dann wäre es „von größter Wichtigkeit", auf dem spekulativen Wege „alle entgegengesetzten Behauptungen ... zu entkräften", „sie mögen nun atheistisch oder deistisch oder anthropomorphistisch sein"[144]. In der Methodenlehre (im Abschnitt über das Ideal des höchsten Guts) hatte Kant sogar bereits erklärt, die reine Vernunft enthalte im praktischen Gebrauche (anders als im spekulativen) „Prinzipien der Möglichkeit der Erfahrung" sittlicher Handlungen, die geschehen können, weil sie von ihr geboten werden. Im Hinblick auf die „systematische(r) Einheit" der Moralität hatten diese Prinzipien für Kant zu diesem Zeitpunkt bereits „in ihrem praktischen, namentlich aber dem moralischen Gebrauche objective Realität"[145]. In der KpV wird nun von diesen „ursprüngliche[n] Prinzipien a

---

142   AA 5/120f. Das spekulative Interesse der Vernunft besteht (auch) „in der Einschränkung des speculativen Frevels" (AA 5/121), und es ist eingebettet in das „praktische" Interesse, durch das Vernunft „eine den Willen bestimmende Ursache wird" (AA 4/459f.). Von diesem „darf" man „nichts nachlassen", und es „bestimmt" „unvermeidlich" das Urteil über Gott und das künftige Leben, „ohne auf Vernünfteleien zu achten" (AA 5/143. Zu „Vernünfteleien" vgl. R. 4584f., AA 17/601f.). Im Grunde gibt es „nur ein einiges Interesse" der Vernunft, das sich in „Verschiedenheit und wechselseitiger Einschränkung der Methoden" äußert (A 667 = B 694). vgl. auch AA 4/448-453.

143   A 327f./B 384f.

144   A 640 = B 668.

145   A 807 f = B 835f.

priori „gesagt, daß mit ihnen „gewisse theoretische Positionen unzertrennlich verbunden" sein könnten, „die sich gleichwohl aller möglichen Einsicht der spekulativen Vernunft entzögen" (ohne ihr aber im übrigen zu widerspre-chen)[146]. Dadurch wird der von der theoretischen Vernunft leer gelassene Platz der Realisierung des von ihr zwar ‚nur‘, aber doch unvermeidlicherweise Gedachten aufgefüllt, wodurch keine neuen Einsichten gewonnen, sondern die schon vorhandenen bestätigt werden, d.h. „objective Realität" erhalten[147]. Diese objektive Realität ist „gesichert" und „unbezweifelt(e)"[148], aber nur prak-tisch, d.h. nur für die „praktische Vernunft objektiv gültig", weil sie sich auf einen „subektive(r)[n] Grund des Fürwahrhaltens" stützt[149], der zwar wegen seines praktisch-apriorischen Charakters in dieser Hinsicht wenigstens verall-gemeinerbar ist, aber selbst nicht noch einmal auf eine theoretische Einsicht zurückgeführt werden kann. So ergibt sich durch „Spekulative Einschränkung der reinen Vernunft" und ihre „praktische Erweiterung" „dasjenige Verhältniß der Gleichheit, worin Vernunft überhaupt zweckmäßig gebraucht werden

---

146 AA 5/120.

147 Zum Thema „objective Realität" und „objective Gültigkeit" vgl. grundsätzlich den ganzen Abschnitt „Von dem obersten Grundsatze aller synthetischen Urtheile" in der KrV ab A 154/B 193, bes. A 155ff. / B 194ff. „Wenn eine Erkenntniß objective Realität haben, d. i. sich auf einen Gegenstand beziehen und in demselben Bedeutung und Sinn haben soll, so muß der Gegenstand auf irgend eine Art gegeben werden können. Ohne das sind die Begriffe leer, und man hat dadurch zwar gedacht, in der That aber durch dieses Denken nichts erkannt, sondern bloß mit Vorstellungen gespielt. Einen Gegenstand geben, wenn dieses nicht wiederum nur mittelbar gemeint sein soll, sondern unmittelbar in der An-schauung darstellen, ist nichts anders, als dessen Vorstellung auf Erfahrung (es sei wirkliche oder doch mögliche) beziehen" (ebd.). Bezüglich der „Ideen": A 567f. = B 595f., A 592 = B 620, A 808 = B 836. Zur ‚objektiven Gültigkeit‘ A 155ff. /B 194ff., zu vergleichen mit AA 5/4. „Objective Realität" in der KpV: AA 5/4, 5, 6, 44, 47, 48, 55, 56, 120, 132, 134, 135; in der KU: AA 5/376, 396, 453, 454, 468, 469, (real:) 471, (Realität:) 472, 474, 475, 479, 585. (Obj. Realität:) AA 8/206, 221, 237. Dazu die mittelbar auf Kant zurückgehenden Ausführungen in Johann Schulz' Rezension des zweiten Bandes von Eberhards Philoso-phischem Magazin, in: Immanuel Kants Werke, in. Gem. mit H. Cohen u.a. hrsg. v. E. Cassirer, Bd.1-11 (Berlin 1922-1923) 6/73-117, hier: 83, 111.

148 AA 5/49; „hinreichend gesichert" 5/136; „gesichert" 5/55; „Sicherheit" 5/49. vgl. den ganzen Abschnitt „Von der Befugniß [!] der reinen Vernunft im praktischen Gebrauche zu einer Erweiterung, die ihr im speculativen für sich nicht möglich ist" 5/50-57.

149 AA 5/4.

kann"[150]. Der Schlüssel für diese Lösung ist mit dem Begriff der Freiheit gegeben, „dessen Realität durch ein apodiktisches Gesetz der praktischen Vernunft bewiesen ist". Die Ideen „von Gott und Unsterblichkeit" „schließen sich nun an ihn an und bekommen mit ihm und durch ihn Bestand und objective Realität, d. i. die Möglichkeit derselben wird dadurch bewiesen, daß Freiheit wirklich ist; denn diese Idee offenbart sich durchs moralische Gesetz"[151].

Soweit lassen sich die Absichten Kants einigermaßen auf einen Nenner bringen. Die entscheidende Frage ist nun, ob Kant mit seinem (später so genannten) moralischen Argument, das zum Postulat des Daseins Gottes führt, tatsächlich diesen Wirklichkeitsbezug herstellen konnte, nachdem er den Begriff des theoretischen Wissens so eng gefaßt hatte, daß die aus dem transzendentalen Ideal entwickelten Überlegungen für sich selbst genommen als unzulänglich erscheinen mußten, wovon Kant jedenfalls auch später nichts zurückgenommen hat. Wenn man dem angesehenen Kommentar von Lewis White Beck folgt, hätte Kant seine Absicht nicht erreicht und nur die Notwendigkeit des Glaubens an Gott, nicht aber dessen wirkliche Existenz belegt: das Postulat brauche „nicht einmal wahr zu sein, um seine Funktion zu erfüllen[152]. Beck

---

150   AA 5/141.

151   AA 5/3f.

152   „Even if God does not exist but I only believe that he exists, the *practical* consequences for obedience to the moral law are the same. A postulate, therefore, does not have to be known to be true, it does not even have to be true, for it to serve its practical function." L. W. BECK, A Commentary on Kant's Critique of Practical Reason (Chicago 1960) 262. Kants Lösung, dem praktischen Gebrauch der Vernunft den Primat vor dem theoretischen zuzugestehen (innerhalb der einen und einzigen Vernunft), wird von Beck als (theoretisch und damit überhaupt) unzureichend abgelehnt. Er registriert aber immerhin, daß Kant sich den Versuch eines Rückwegs in die Theorie versagt hat, rückt ihn aber doch nichtsdestoweniger in die Nähe späterer Idealisten und verfehlt damit völlig den moralischen Grundsatz: „If, on the contrary, we say with Kant that the two can be taken together, with the inadequacy of the one complemented by the primacy of the other, we are on the way to agreeing with the later idealists in their methodology that whatever we have to believe in order to ‚save the appearances‘ is, to that extent, true, whether the ‚appearances‘ in question are empiricotheoretical or practical. Kant's *Sachlichkeit* or modesty is shown in his refusal to make any speculative use of the objects posited in this way; but I think there can be little doubt that he regarded his argument as an argument for that which was posited in this way and not merely as an argument for the necessity of this positing"

stützt sich dabei weitgehend auf den Wortlaut der Kantschen Ausführungen, dem er jedoch nicht völlig gerecht wird. Weil Kant im Blick auf sein systematisches Ziel Unstimmigkeiten der Terminologie oder der Darstellung, die ihm beim Schreiben unterlaufen, nicht besonders ernst nimmt und allenfalls durch spätere Aussagen überholt, genügt es nicht, ihn anhand eines Textabschnitts bloß beim Wort nehmen zu wollen, um seine eigentliche Aussageabsicht herauszufinden. Mag eine Kritik an formalen Unzulänglichkeiten noch so berechtigt sein, sie berührt nicht immer den gemeinten Gehalt. Freilich begibt sich jede Interpretation auf einen gefährlichen Weg, wenn sie versucht, zwischen den Zeilen zu lesen. Kant hat sich allerdings selbst solche Leser gewünscht, die „kühne Blicke auf das Ganze eines Versuchs" werfen und „vornehmlich die Beziehung" betrachten, „die die Hauptstücke zu einem tüchtigen Bau haben könnten, wenn man gewisse Mängel ergänzte oder Fehler verbesserte"[153]. Als Beispiel einer solchen konstruktiven Interpretation sei auf die Deutung verwiesen, die Josef SCHMUCKER in seinem Buch *Die primären Quellen des Gottesglaubens* vorgelegt hat. Aufgrund einer sorgfältigen Analyse der in Kants Argument enthaltenen Motive und Gründe, die Kant als offenbar selbstverständlich unterstellt, hält Schmucker diesen Schluß auf das Dasein Gottes für tragfähig und bezeichnet ihn als einen „vom personalen Pol" ausgehenden „echten Weg zu Gott"[154]. Eine solche verstehende Interpretation hat freilich

(264). (Dt. Übers.: L. W. BECK, *Kants „Kritik der praktischen Vernunft".* Ein Kommentar, ins Deutsche übersetzt v. K.-H. Ilting. Kritische Information 19 (München 1974) 242f.). Am Beispiel der Analytik der praktischen Vernunft zeigt R. J. BENTON, daß Beck dazu neigt, Kants transzendentales Argumentieren unzutreffenderweise in psychologischem oder methodologischem Sinne zu interpretieren (a. a. O. [5] z.B. 123 in einer ausführlichen Auseinandersetzung mit Becks Kommentar). M. ALBRECHT, der Bentons Arbeit noch nicht verwertet, tritt in der Frage des höchsten Guts und der Glückseligkeit deutlich auf die Seite Becks (a. a. O. [49] 159f.). Da sich aber Albrechts Deutung der Glückseligkeit bei Kant als einer bloß innerweltlichen nicht halten lassen dürfte (vgl. dazu m. Rez. dieses Buches in: KantSt. 74 [1983] 364-367), ist sie für Beck keine große Stütze. Sehr treffend ist dagegen die Kritik an Beck (und A. WOOD) bei N. O. SCHROLL-FLEISCHER a. a. O. (6) 139, nach der Beck geradezu „die Pointe Kants, daß die Pflicht, nach dem höchsten Gut zu streben, logisch durch die Pflicht, dem Moralgesetz zu folgen, entsteht", verfehlt. Von hier aus wird man Becks Kritik von den erklärten Absichten Kants her relativieren müssen. vgl. auch unten Anm. 226 u. 229.

153 AA 2/67.

mit der besonderen Schwierigkeit zu kämpfen, daß das moralische Argument in verschiedenen Varianten vorgetragen wird. Eine erste Fassung befand sich bereits in der KrV[155], in der KpV müssen mehrere Stellen nebeneinandergehalten werden[156], die Kritik der Urteilskraft bringt noch einmal eine ausführliche Darstellung[157] und schließlich finden sich noch Kurzfassungen in der Religionsschrift (eine längere Fußnote der Vorrede zur ersten Auflage[158]) und in der Metaphysik der Sitten (im „Bruchstück eines moralischen Kate-

---

154 Die primären Quellen des Gottesglaubens. QD 34 (Frb., Basel, Wien 1967), 142-180, hier: 180.

155 A 807-811 = B 835-839.

156 Der Anfang der Vorrede gibt eine Zusammenfassung des ganzen zu behandelnden Komplexes, die vor manchen einseitigen Auffassungen und daraus resultierenden unzutreffenden Interpretationen bewahren kann. Die Ausführungen über Grundsätze, Gegenstand und Triebfedern und die nachfolgende kritische Beleuchtung der „Analytik" der reinen praktischen Vernunft mit der Beschreibung der alles tragenden Rolle der Freiheit sind Voraussetzungen für das richtige Verständnis der „Dialektik" und des in ihr vorgelegten moralischen Gottesarguments. Auch für die KpV wird man feststellen müssen, daß die Analytik letztlich (und dies keineswegs „in unzulässiger Weise", was von M. Albrecht [a. a. O. (49) 120] als „Verdacht" ausgesprochen wird) auf die Dialektik hin konzipiert worden ist, die insbesondere mit ihrer Postulatelehre als der eigentliche Aussageschwerpunkt des Werkes zu betrachten ist, auch wenn nicht bestritten werden soll, daß „Analytik" und „Dialektik" ihre je eigenen Fragestellungen haben, worin wir grundsätzlich, aber nicht im Detail, M. Albrecht folgen können (Analytik als Frage nach dem „Unbedingte[n] .. als Bestimmungsgrund des Willens, Dialektik als Frage nach der „unbedingte[n] Totalität des *Gegenstandes* der reinen praktischen Vernunft" (a. a. O. [49] 50-72 nach KpV AA 5/44f. u. 5/108). Der äußere Aufbau der KpV läßt den Versuch einer Angleichung an die KrV unschwer erkennen. In diesem Sinne kommt auch der „Antinomie der praktischen Vernunft" (AA 5/113 [-119]), deren eigentliches Problem in der ‚Antithesis' enthalten ist (M. Albrecht a. a. O. [49] 95ff.), die wichtige Rolle zu, daß sie zu ihrer Auflösung die Vernunft für ihren praktischen Gebrauch zwingt, den Überschritt ins Übersinnliche zu wagen (s.o. Anm. 60), wodurch die Frage nach der „Totalität des *Gegenstandes* der reinen praktischen Vernunft" schließlich auf das Postulat des „Dasein[s] Gottes" führt (aber das Postulat der Unsterblichkeit keineswegs überflüssig macht, – gegen M. Albrecht a. a. O. [49] 123-133). Behält man den ursprünglichen Zusammenhang der Darstellung mit dem Schlüsselbegriff „Freiheit" nicht im Blick, können die im moralischen Gottesargument verwendeten Begriffe des ‚höchten Gutes' und der ‚Glückseligkeit' die Interpretation auf viel beschrittene falsche Fährten führen.

157 AA 5/450.

158 AA 6/6ff.

chism"[159]). Im ‚Opus postumum' hat Kant das Argument auf seine aller denkerischen Zwischenschritte entkleidete Grundgestalt reduziert, wodurch das
schon immer Gemeinte verdeutlicht wird und der Interpretation eine wichtige
Verständnishilfe gegeben ist[160]. Hier soll versucht werden, das Wesentliche

159 AA 6/480.
160 Innerhalb des ‚Opus postumum' (= OP) beschäftigt sich Kant im (spätesten) 1. Konvolut
(AA 21/1-158) sowie in Teilen des (vorhergehenden) 7. Konvoluts (AA 22/1-131) besonders häufig mit dem Dasein Gottes. E. Adickes sprach allerdings 1920 (aufgrund persönlicher Einsichtnahme in die Original-Manuskripte wegen der Unzuverlässigkeit der Reicke'schen Veröffentlichungen) vorsichtig von einem „neuen ‚Gottesbeweis'", weil die Lehre
vom „höchsten Gut samt den auf ihr aufgebauten Beweisen für Gott und Unsterblichkeit
... so gut wie verschwunden" sei (Kant's Opus postumum, KantSt.EH. 50 [Berlin 1920,
photomech. Nachdruck Vaduz 1978] 846). F. Lienhard (a. a. O. [6], bes. ab S. 32) schloß
sich diesem Urteil im wesentlichen an. Demgegenüber vermerkt N. O. SCHROLL-
FLEISCHER, daß diese auch von N. KEMP-SMITH vertretene Auffassung wesentlich von
der zugrundeliegenden Interpretation der Postulatelehre in der KpV abhänge: wenn
man die Postulate als metaphysische Aussagen auf eine transzendente Existenz hin miß-
verstehe, müsse man freilich im OP eine Verschiebung in subjektivistischer Richtung"
registrieren (198f.). Er selbst ist der Auffassung, daß sich im OP keine wesentliche Änderung
mehr abzeichne. „Man übersieht, daß das Gottesverhältnis *auch* in der *zweiten Kritik*
eine subjektive und *auch* im *Opus postumum* eine objektive Dimension hat" (a. a. O.
201). Was als „subjektivistische" Verschiebung angesehen werden könnte, ist nämlich
tatsächlich und zunächst nichts anderes als eine Konzentration auf den immer schon
zugrundeliegenden Kern des Gottesarguments, wodurch die systematischen Ausfaltungen
unter Zuhilfenahme der Begriffe des höchsten Gutes und der Glückseligkeit in den
Hintergrund treten können. Gott wird jetzt unmittelbar als im sittlichen Pflicht-Imperativ
und in der durch ihn zutage tretenden Freiheit anwesend dargestellt. Der dabei gelegentlich
anklingende scheinbare Immanentismus Kants ist lediglich der Ausdruck der Selbstbe-
schränkung auf den uns zugänglichen Aspekt des alle Begriffe und alle Erkenntnis übersteigenden Transzendenten. Einige Stellen versuchen, sich an die Grenze des transzendentalphilosophisch Erreichbaren heranzutasten, ohne dabei aber wesentlich über die
früheren Aussagen hinauszugehen. Darüber hinaus fällt auf, daß mehrfach der Versuch
unternommen wird, den theoretischen und praktischen Zugang miteinander zu verbinden,
womit sich ja schon die KU ausführlich beschäftigt hatte. Hier mögen sich noch Ansätze
für weitergehende Interpretationen anbieten. Aber schon Adickes hat, u.E. zu recht,
bestritten, daß Kant etwa in den letzten Lebensjahren seinen Theismus aufgegeben hätte,
oder daß sich H. Vaihingers Als-ob-Philosophie von hier aus in irgendeiner Weise stützen
ließe (a. a. O. 831, 827). Schließlich wird man feststellen können, daß sich über die KU
hinaus ein weitergehender Prozeß der Verinnerlichung des Kantschen Gottesverhältnisses
abzeichnet, das in seiner gelebten Unmittelbarkeit keines Beweises mehr bedarf und vor
dessen Hintergrund sich das Menschsein als das „Sichkundgeben Gottes auf die Weise

dieses Argumentes herauszuarbeiten, wobei die Redaktionsgeschichte der KpV ausgeklammert werden muß und die spätere Entwicklungsgeschichte nur insoweit herangezogen werden soll, als es der systematischen Darstellung

der Erscheinungsordnung" erweist, so daß sich der Transzendentalphilosophie „dergestalt Menschsein als das Gegenwärtigsein Gottes" enthüllt, „das geschieht, indem die Welt sich zeigt", wie dies J. KOPPER zutreffend dargestellt hat (a. a. O. [22] 58ff.). Alles wird für Kant gegen Ende seines Lebens zum Paulinischen „Spiegel", in dem wir Gott schauen (AA 17/33 nach 1 Kor 13, 12), da ja ein Spiegel, um im Bilde zu bleiben, ein scheinbares Abbild eines wirklichen Gegenstandes zeigt, das jedoch ohne dessen Gegenwart nicht zustande kommt. Das kann hier nicht weiter verfolgt werden. Nur ein paar besonders charakteristische Texte sollen noch das Gesagte belegen. Der kategorische Imperativ als Argument: „Der categor. Imper. u. das darauf gegründete Erkentnis aller Menschen Pflichten als Göttlicher Gebote ist der practische Beweis vom Daseyn Gottes. [Abs.] Es ist fanatisch vom Daseyn und einer Wirkung die nur von Gott ausgehen kan eine Erfahrung oder auch nur Warnehmung die darauf hinwiese zu haben oder auch sie nur zu verlangen" (AA 21/74). „Es ist ein Gott deñ es ist ein categ. Imperativ" (AA 22/106). „Der categorische Imperativ realisirt den begriff von Gott, aber nur in moralisch/practischer Rücksicht nicht in Ansehung der Naturgegenstände" (AA 21/51). „Der Begriff von Gott und der Persönlichkeit des Gedankens von einem solchen Wesen hat Realität" (AA 22/60, dagegen etwas zurückhaltenderAA 22/117). „Es ist ein Factum der moralisch//practischen Vernunft der categorische Imperativ welches Freyheit unter Gesetzen für die Natur gebietet und durch welches Freyheit selbst das Princip ihrer eigenen Moglichkeit darlegt und das gebietende Subject ist Gott" (AA 21/21). „Der categorische Imperativ führt allererst auf den Freyheitsbegriff davon wir sonst die Möglichkeit dieser Eigenschaft des Vernünftigen Wesens gar nicht ahnden köñten. Diese Gebote sind Göttlich (praecepta inviolabilia)..." (AA 21/19f.). „Göttlich sind alle Aussprüche der moralisch practischen Vernunft (dictamina sacrosancta) weil sie den moralischen Imperativ (den categorischen) enthalten u. eben dadurch auch die Realität der Freyheit allein beweisen" (AA 21/26). „Alle Menschenpflichten als Gottliche Gebote vorzuschreiben liegt schon in jedem categorischen Imperativ" (AA 22/120). „Der categorische Imperativ des Pflichtgebots hat die Idee eines imperantis zum Grunde der alles vermag u. über alles gebietet (formale). Ist die Idee von Gott" (ebd., vgl. auch 22/61, 128, 130). „Es ist ein Gott. Deñ es ist eine Macht die aber auch eine Verbindlichkeit für das Ganze vernünftiger Wesen bey sich führt" (AA 21/157). Der Gesetzgeber als Person und als Substanz ‚gedacht': „Gott wird als eine Person gedacht: d.i. als ein Wesen welches Rechte besitzt" (AA 21/149, vgl. 22/52). „Gott ist der allgemeine Herzenskundiger und zugleich der allgewaltig vor dem hochsten Richterstuhl belohnt u. bestraft" (AA 21/147, vgl. auch 22/64). „Ein moralisch//practisches Vernünftige Wesen ist eine Person für die alle Menschenpflichten zugleich dieser (Person) ihre Gebothe sind ist **Gott**" (AA 22/119, ähnlich 54, 63). „Gott u. der Mensch beydes Personen" (AA 21/51). „Es existiert ein Gott d.i. Ein Princip welches als Substanz moralisch gesetzgebend ist. [Abs.] Deñ die moralisch gesetzgebende Vernunft spricht durch den categorischen Imperativ Pflichten aus die zugleich als Substanz, über die

dienlich erscheint.
Das moralische Argument, das zum Postulat des Daseins Gottes führt,

Natur gesetzgebend gesetz erfüllend sind" (AA 22/122). „Die Idee desselben ist die von
einer Substanz die einzig in ihrem Begriffe ist und nicht einem Classenunterschiede der
menschlichen Vernunft unterworfen ist" (AA 22/123). Aber: „Man kañ ein solches Object
des Denkens nicht als Substantz ausser dem Subject beweisen" (AA 21/23). Trotzdem:
„Der Begriff von Gott ist der Begriff von einem verpflichtenden Subject außer mir"
(AA 21/i5). „Der Begriff von Gott und der Persönlichkeit des Gedankens von einem
solchen Wesen hat Realität" (AA 22/60). Theor.-prakt. Einheit: „Transsc. Phil. ist nicht
eine Hypothese (zu einer anderweitigen Absicht) sondern ein Postulat der theore-
tisch/speculativen und moralisch/practischen Vernunft weil Philosophie ein Absolut Ganzes ist" (AA 21/126). „... nicht blos technisch// sondern auch moralische Practische
Vernunft treffen in der Idee Gott und die Welt als synthetische Einheit der Trans.
Philos. zusam̄en" (AA 21/19). „Ein Wesen das ursprünglich für Natur und Freyheit
allgemein gesetzgebend ist ist Gott. – Nicht allein das hochste Wesen sondern auch der
hochste Verstand Gut (der Heiligkeit nach) Ens sum̄um, sum̄a intelligentia, sum̄um
bonum. – Die bloße Idee von ihm ist zugleich Beweis seiner Existenz" (AA 21/14, vgl.
auch 140). „Daß diese Idee objektive Realität habe d.i. der Vernunft jedes nicht ganz
thierisch verkrüppelten Menschen dem moralischen Gesetze gemäße Kraft habe ... bedarf
keines Beweises seiner Existentz gleich als eines Naturwesens sondern liegt schon im
entwickelten Begriffe dieser Idee nach dem Princip der Identität: die bloße Form macht
hier das Seyn des Dinges aus" (AA 21/92). „Die bloße Idee von Gott ist zugleich ein
Postulat seines Daseyns. Ihn sich denken und zu glauben ist ein identischer Satz" (AA
22/109). „Das Eine und Alles in dem Einen sich zu denken ist nur ein idealistischer Act
d.i. der Gegenstand dieser durch reine Vernunft geschaffenen Idee ist was die Existenz
betrifft doch im̄er ein sachleerer Begriff. – Aber in der moralisch//practischen hat diese
Idee Wirklichkeit vermöge der Persönlichkeit die ihrem Begriffe identisch zukomt"
(AA 21/91). „Daß die Philosophie (Weisheitslehre) im Deutschen Weltweisheit
genañt wurde kom̄t daher, weil Weisheit, die Wissenschaft in ihr, den Endzweck (das
höchste Gut) beabsichtigt. – Da nun Weisheit, in strikter Bedeutung, nur Gott beygelegt
werden kañ und ein solches Wesen zugleich mit aller Macht begabt seyn muß; weil
ohne diese der Endzweck (das höchste Gut) eine Idee ohne Realitat seyn würde; so wird
der Satz: es ist ein Gott ein Existentialsatz" (AA 21/149). – Ebensowenig wie das
Transparentwerden des kategorischen Imperativs auf die gesetzgebende Persönlichkeit
Gottes einen eigentlich neuen moralischen Gottesbeweis darstellt, wird man auch die
begleitende Gewissensvorstellung einer „wirkliche[n], oder blos idealische[n] Person"
eines „Herzenskündiger[s]", von der schon in der „Metaphysik der Sitten" die Rede war
(AA 6/438ff., der Begriff ‚Herzenskündiger' schon in der Religionsschrift AA 6/67, 72, 99
u. 189), als „zweiten Weg vom sittlichen Bewußtsein aus" neben dem moralischen Gottesargument anzusehen haben, wie das J. Schmucker annimmt (a. a. O. [68] 70f., auch
M. ALBRECHT a. a. O. [49] 145). Es dürfte sich dabei lediglich um den Versuch handeln,

verbindet sich mit der an anderer Stelle von Kant ausführlich erörterten Aussage, daß die Bewirkung des höchsten Guts in der Welt ... das nothwendige Object eines durchs moralische Gesetz bestimmbaren Willens" sei[161]. Dieses

die Begleiterscheinungen des unmittelbaren und unausweichlichen Gegebenseins der Gottesidee im moralischen Imperativ im Gemüt (= „das die gegebenen Vorstellungen zusammensetzende und die Einheit der empirischen Apperception bewirkende Vermögen (animus), noch nicht die Substanz (anima), nach ihrer von der Materie ganz unterschiedenen Natur, von der man alsdann abstrahiert" AA 12/32) und im Gefühl (zum „moralische[n] Gefühl" vgl. AA 5/38) zu beschreiben, deren auf den Erfahrungsbereich beschränkter Erkenntniswert ganz und gar abhängig ist von der zugrundeliegenden apriorischen praktisch-vernünftigen Denknotwendigkeit. Herzenskündiger: z.B. AA 22/64 und 21/147. Gemüt: „Es ist im menschlichen Gemüth (mens, animus) als reinem, nicht als Seele des Menschen einwohnendes empirisch//practisches sondern reines Princip des unbedingten Geboths und ein categorischer Imperativ welcher schlechthin gesetzgebend ist" (AA 22/112). Gefühl: „Es ist eine gewisse Wemuth in den Gefühlen welche die Erhabenheit der Ideen der practischen reinen Vernunft begleitet und zugleich eine Demuth diesem Gegenstande sich zu füßen zu legen – Aber auch eine Erhebung des Wackeren in der Entschließung" (AA 22/53). „Daß ein solches Wesen sey zeigt die moralisch//practische Vernunft im categorischen Imperativ in der Freyheit unter Gesetzen in der Erkentnis aller Pflichten als göttlicher Gebote. Diese Idee ist das Gefühl der Gegenwart der Gottheit im Menschen. Wir würden ein solches Pflichtgefühl nicht haben ohne Imperativ" (AA 22/108); dazu: „Es giebt kein Pflicht Gefühl aber wohl ein Gefühl aus der Vorstellung unserer Pflicht, deñ diese ist eine Nöthigung durch den categorisch moralischen Imperativ" (AA 22/118). „Der marternde Vorwurf des Gewissens ist die Stiñe Gottes in der praktischen Vernunft" (AA 21/149). F. LIENHARD (a. a. O. [6] 38) nannte das „die emotionale Unterlage des Gottesbeweises".

161 AA 5/122. Unter dem Namen des „höchsten Guts" versteht Kant „die unbedingte Totalität des Gegenstandes der reinen praktischen Vernunft" (AA 5/108), nach der speziell die Dialektik der KpV fragt. Diese Frage und ihre Beantwortung basiert auf der Grundlage der durch das „Factum" des moralischen Gesetzes erwiesenen „objektive[n] Realität eines reinen Willens", in dessen Begriff der „Begriff einer Causalität mit Freiheit" „schon enthalten ist" (AA 5/55). Diese Rückbindung des „höchsten Guts" an die Freiheit und an den kategorischen Imperativ ist bei der Würdigung des speziellen Ausgangspunktes des eigentlichen Arguments im Blick zu behalten, das innerhalb der Dialektik der reinen Vernunft selbst wieder eine Ausfaltung der „kritische[n] Aufhebung der Antinomie der praktischen Vernunft" darstellt (AA 5/114f.). In weniger systematisierter Form ist das Argument auf derselben Grundlage (aber ohne die Engführung durch eine Antinomie) bereits in der Methodenlehre der KrV enthalten: „Ich nenne die Idee einer solchen Intelligenz, in welcher der moralisch vollkommene Wille, mit der höchsten Seligkeit verbunden, die Ursache aller Glückseligkeit in der Welt ist, so fern sie mit der Sittlichkeit (als der Würdigkeit glücklich zu sein) in genauem Verhältnisse steht, das Ideal des

„höchste Gut" besteht aus zwei einander zugeordneten Komponenten: der „Sittlichkeit" und der dieser Sittlichkeit „angemessenen Glückseligkeit"[162], wobei „die Tugend als die Würdigkeit glücklich zu sein" für sich allein genommen

> höchsten Guts. Also kann die reine Vernunft nur in dem Ideal des höchsten ursprünglichen Guts den Grund der praktisch nothwendigen Verknüpfung beider Elemente des höchsten abgeleiteten Guts, nämlich einer intelligibelen, d.i. moralischen, Welt antreffen. Da wir uns nun nothwendiger Weise durch die Vernunft als zu einer solchen Welt gehörig vorstellen müssen, obgleich die Sinne uns nichts als eine Welt von Erscheinungen darstellen, so werden wir jene als eine Folge unseres Verhaltens in der Sinnenwelt und, da uns diese eine solche Verknüpfung nicht darbietet, als eine für uns künftige Welt annehmen müssen. Gott also und ein künftiges Leben sind zwei von der Verbindlichkeit, die uns reine Vernunft auferlegt, nach Principien eben derselben Vernunft nicht zu trennende Voraussetzungen" (A 810f. = B 838f.). Daß der Begriff des „höchsten Guts" nicht zum eigentlichen Kern des Arguments gehört, sondern eher als entbehrlicher systematischer Oberbegriff dient, erhellt daraus, daß Kant in den Vorlesungen über Rationaltheologie aus den Jahren 1783-84 (Religionslehre Pölitz, Natürliche Theologie Volckmann und Danziger Rationaltheologie) das moralische Argument aus der fehlenden, aber notwendigen Proportion zwischen Sittlichkeit und Glückseligkeit entwickelt, ohne dabei auf den Begriff des „höchsten Guts" zurückzugreifen, (ebenso im kurzgefaßten Fragment von 1786/7). vgl. dazu AA 28.2,2/1010ff., 1071-1075; AA 28.2,2/1152ff., 1181ff., AA 28.2,2/1247f., 1283f., 1291f. . – AA 28.2,2/1329f. . Unabhängig davon wird vorher der Begriff des „summum bonum", des „höchste[n] Gut[s]" auf Gott als den „oberste[n] Grund des Systems aller moralischen Zwecke" bezogen vorgestellt (vgl. AA 28. 2,2 /995, 1141, 1241), während nachher als „der objektive Zweck Gottes bei der Schöpfung" das „summum bonum creatum" und sogar „„infinitum" angegeben wird, weil „der unendliche Verstand Gottes" „die Möglichkeit eines höchsten Gutes noch außer sich" erkannte, das in der „höchste[n] moralische[n]" zusammen mit der „höchste[n] physische[n] Vollkommenheit" „vernünftiger Wesen" besteht (AA 28.2,2/1102, 1202ff., 1303f. entspr. AA 5/130). Demgegenüber wird bereits in L₁ (Metaphysik Pölitz) einerseits „Gott als summum bonum" und andererseits das „summum bonum" als „die Vereinigung der höchsten Glückseligkeit mit dem höchsten Grade der Fähigkeit, dieser Glückseligkeit würdig zu sein", im Zusammenhang der „Moraltheologie", allerdings ebenfalls unabhängig vom vorausgehenden „moralische[n] Beweis" (Pölitz 321-325 entspr. AA 28.1/336-339) genannt. In der Metaphysik Volckmann wird Gott als summum bonum nur kurz erwähnt als „Urheber alles guten" und „unsrer Verbindlichkeit" (AA 28.1/451f.). Nachdem L₂ (1790/1) nach der Überschrift „Moraltheologie" abbricht, wird erst in K₂ (Heinze, Anfang der 90er Jahre) und in der Metaphysik Dohna (1792/3) der Begriff des „höchsten Guts" mit dem moralischen Gottesargument in Verbindung gebracht (AA 28.2,1/791ff. u. 697f.). – Zum Begriff des „höchsten Guts" vgl. M. Albrecht a. a. O. (49) 43-49; ergänzend dazu die von Albrecht nicht benutzte Heidelberger Dissertation von E. CH. HIRSCH, *Höchstes Gut und Reich Gottes in Kants kritischen Hauptwerken als Beispiel für die Säkularisierung seiner Metaphysik* (Diss. Heidelberg 1968) 20-28. Die Grundthese dieser Dissertation,

als das bonum „supremum" und „originarium" bezeichnet wird, das zusammen mit der angemessenen Glückseligkeit das bonum „perfectissimum" und „consummatum" ausmacht[163]. Das moralische Gesetz aber gebietet schlecht-

Kants denkerische Entwicklung sei als allmähliche „Säkularisierung" zu deuten, die in einem „Prozeß" bestehe, „durch den die Gotteshypothese in steigendem Maße überflüssig und schließlich unerwünscht wird", auch wenn Kant „diesen Weg nicht konsequent beschritt", was erst „Fichte und die anderen Idealisten" „möglich gemacht" hätten, beruht auf einem tiefgreifenden Mißverständnis der Kantschen Philosophie (vgl. S. 414f.).

162 AA 5/124. – Vielfach wird Kant vorgeworfen, durch die Einbeziehung der „Glückseligkeit" von der hohen Ebene der reinen Moralität aus Pflicht herabgestiegen zu sein und Zugeständnisse gemacht zu haben, die erst im OP einigermaßen zurückgenommen wurden. Der Vorwurf ist spätestens für die KpV gegenstandslos, nachdem die frühere Triebfeder-Lehre korrigiert wurde, die sich noch in der Vorlesung L₁ (Metaphysik Pölitz) vor 1781 (289 entspr. AA 28.1/317f.), in der KrV A 589 = B 617 und in den Vorlesungen über Rationaltheologie aus 1783/84 (Religionslehre Pölitz AA 28.2,2/1073, natürliche Theol. Volckmann 28.2,2 /1153, in 28.2,2/1183 durch „objektive Realität" ersetzt, und Danziger Rationaltheologie: „Um den Moralgesetzen objektive Realität, um ihnen ferner auch Triebfeder und genugsame Kraft zur Lenkung unseres Willens zu geben, ist der Begriff von Gott notwendig" = AA 28.2,2/1284) findet. Zum „Wandel in der Triebfeder-Lehre" vgl. M. Albrecht a. a. O. (49)18, der aber als Beleg die kaum geeignete Stelle A 813 = B 841 zitiert! Der alte Eudämonismus-Vorwurf kann allerdings heute als erledigt gelten (vgl. M. ALBRECHT a. a. O. 48). Schon A. MESSER schrieb 1929 in seinem Kommentar: „Es ist also unbegründet, wenn man Kant vorgeworfen hat, er habe zunächst den Eudämonismus bekämpft und nachher doch seine Ethik durch Zugeständnisse an ihn verfälscht" (Kommentar zu Kants ethischen und religionsphilosophischen Hauptschriften ... Wissen und Forschen 22 [Leipzig 1929] 102). – Zur Frage der Eigenständigkeit des Kantschen Arguments in dieser Form vgl. M. ALBRECHT a. a. O. 133-151, bes. 146: „Auch wenn hier der historischen Forschung noch ein weites Feld bleibt, wird man die These wagen können, daß die Begründung des moralischen Gottesbeweises in der *Kritik der praktischen Vernunft* aus dem Problem des *höchsten Gutes* in einem so hohen Maße Kants eigene Leistung gewesen zu sein scheint, daß es wohl nicht möglich sein dürfte, einen bis in die *Kritik der praktischen Vernunft* hinein wirkenden Einfluß älterer Vorlagen ... festzustellen." Erwähnt wird ein gelegentlich genannter, aber nicht sehr deutlicher Einfluß von Voltaire und Rousseau (ebd. u. 75f.), und es werden einige Stellen aus Ch. A. Crusius': Anweisung vernünftig zu leben (Leipzig 1744, photom. Nachdr. Hildesh. 1969) angeführt, die allerdings in Zusammenhang mit der Seelenunsterblichkeit stehen, daß nämlich die erforderlichen gerechten Belohnungen und Bestrafungen „nach Proportion der Tugend oder Untugend" auf „ein anderes unaufhörliches Leben" schließen lassen, während das höchste Gut bei Crusius allein in der Tugend besteht (vgl. Ch. A. CRUSIUS a. a.O. 251, 257, 266, 360f.; ähnlich a. a. O. [25 – Entwurf] 547). Der von Albrecht (a. a. O. 75) erwähnte S. Clark[e] verdient allerdings etwas mehr Aufmerksamkeit,

hin, d.h. ohne Rücksicht auf die angenehmen oder unangenehmen Folgen, so daß nach aller Erfahrung im Bereich der Naturkausalität der Sittlichkeit keine ihr proportionierte Glückseligkeit entspricht. Obwohl die zu erwartende Glück-

zumal es eine deutsche Übersetzung gab, die Kant zugänglich gewesen sein dürfte (vgl. oben Anm. 25). Es finden sich hier einige Akzente, die eine größere Nähe zur Kantschen Argumentation erkennen lassen. „Denn die Ausübung der allgemeinen Tugend, ist (in Nachahmung göttlicher Güte) die Ausübung desjenigen, was das Beste im Ganzen ist; und dasjenige, was zum Besten des Ganzen abzielet, mußte durch eine nothwendige Folge, ursprünglich und in seiner eigenen Natur, gleichfalls zum Besten eines jedweden Theils der Schöpfung, ins besondere dienen." Die Tugend ist so „der erste Grund, und ein nothwendiges Hauptstück aller wahren Glückseligkeit" (328). „Die Tugend muß, ihrem Wesen nach, und in ihren völligen Wirkungen und ungehinderten Folgen, freylich als das höchste Gut angesehen werden; weil sie wahrhaftig der Genuß, so wohl als die Nachahmung Gottes ist. Allein in denen Umständen, die ihre Ausübung in der gegenwärtigen Welt, und in dem gegenwärtigen Zustande der Dinge begleiten; ist sie ganz offenbar nicht das höchste Gut, sondern allein ein Mittel zu demselben zu gelangen" (336). Aus der Tatsache, daß „in der gegenwärtigen Welt keine gleichmäßige und gewisse Belohnung dem einen, noch eine gerechte Bestrafung dem andern angehängt ist" ... „folget unvermeidlich, entweder, daß alle diese Begriffe, die wir uns von Gott machen, falsch sind [!]; ... oder sonst muß nothwendig ein künftiger Zustand von Strafen und Belohnungen, nach diesem Leben seyn" (332f.). Ohne einen solchen „künftige(r)[n] Stand des Daseyns" ... „läuft alles auf nichts hinaus. Wird dieser Entwurf einmal verkehrt, so ist keine Gerechtigkeit, keine Güte, keine Ordnung, keine Vernunft [!] mehr in der Welt, noch sonst etwas, darauf man in sittlichen Dingen einen Schluß machen kann. ... Was kann elender und thörichter erdacht werden; was kann ungereimter seyn?" (337ff.). In Kurzfassung hatte Clarke dieselben Gedanken bereits in den Boyle'schen Predigten vorgetragen (a. a. O. [25] 3/248-251). 1697 hatte Bischof Gastrell schon ausgeführt: „Da nun also diese **allgemeinen** Grundsätze der menschlichen Handlungen, darauf alle **Sittlichkeit** beruhet, der Vernunft so gemäß befunden werden, daß sie auch bey einem blossen Vortrage derselben, ohne einiges merkliches Verhältnis zu unserer Glückseligkeit, unsern Beyfall fordern: so kann daher geschlossen werden, daß es mehr zu unserer Glückseligkeit beytrage, denenselben gemäß als zuwider zu handeln" (*Boyle'sche Predigten* a. a. O. [25] 1/387). Weil aber „in dem gegenwärtigen Leben solche Wirkung **unterbleibt**", wird geschlossen, „daß ein künftiger Zustand seyn werde" (397). Als letzter Beleg aus den Boyle'schen Predigten sei noch Th. Burnet genannt: „Denn gleichwie die immerwährende Glückseligkeit der allerletzte Endzweck ist; also ist sie auch die allerhöchste Begierde und Verlangen aller Menschen: und gleichwie die Ausschlüssung von dieser Glückseligkeit dem Endzweck zu wieder ist, also ist sie auch dem Verlangen der Menschen zuwieder" (a. a. O. 6/335). Ähnlich schließlich L. Euler a. a. O. (53) 7: „Da nun unsere gantze Glückseligkeit endlich auf GOtt als das höchste Gut gerichtet ist, so muß die Übertretung des Gesetzes ..."; 18: „Gibt es aber eine göttliche Offenbarung, so können wir fest versichert seyn, daß dieselbe die wahre Glückseligkeit der Menschen zum Entzweck habe." Den von M.

seligkeit nicht zur Triebfeder des Handelns gemacht werden darf, muß doch ein solcher Zusammenhang zwischen Sittlichkeit und Glückseligkeit (auch von einem unbeteiligten Beobachter) „als nothwendig postulirt" werden[164]. Dies ergibt sich schon aus der Verbindlichkeit des moralischen Gesetzes selbst, dessen Befolgung ohne einen solchen Zusammenhang zwar physisch möglich, aber praktisch unsinnig sein würde: der universale Anspruch der mit dem moralischen Gesetz gegebenen Idee des Guten überhaupt wäre dann für die Vernunft hohl und ungedeckt und damit zugleich nicht universal, d.h. widersprüchlich und als Täuschung zu betrachten, die der Annahme des Gesetzes im Wege stehen würde. Die sittliche Grundentscheidung für die Pflicht schließt die Bejahung der Bedingungen ihrer Möglichkeit ein. Wenn nämlich „jedermann" das ganze „höchste Gut" und nicht nur seinen „vornehmste(n) Teil" sich „zum Endzwecke machen soll(e)" (was später in der Religionsschrift als „synthetischer", „objektivpraktischer" „Satz a priori" bezeichnet wird[165]), dann muß die angemessene Verknüpfung seiner beiden Komponenten auch möglich sein. Schon in der KrV wird die Sittlichkeit selbst geradezu als „Würdigkeit, glücklich zu sein" bestimmt[166]. Die Vernunft müßte an ihrer „wesentlichen

---

Albrecht genannten frühen Reflexionen (R 4234 und 4243, Albrecht a. a. O. [49] 14) für die Ursprünge des moralischen Gottesarguments im Hinblick auf die Glückseligkeit seien hier noch zwei Reflexionen zum ‚höchsten Gut' hinzugefügt: R 3895, AA 17/331: „Ob das ens realissimum zugleich absolute perfectum (summum bonum) sey, frägt sich; den respectiv sive externe perfectissimum ist es Gewiss. Die interna perfectio (bonitas) setzt das Gefühl der Lust voraus." R 3909, AA 17/338f.: „Gott als das hochste Gut. Vertheidigung gegen den epicureism. [Abs.] Er kan kein rechtmäßiger Gesetzgeber der Sitten seyn, wenn er nicht zugleich der der Natur ist, und zwar in der gantzen Vollstandigkeit. Denn wenn er nicht das Schiksal vollig in seiner Gewalt hat, so kan er nicht absolut befehlen. Aber dazu muß er Schopfer seyn; dies ist der speculation nothwendig, aber nicht der Religion."

163 AA 5/110.

164 AA 5/124f.; „im Urtheile einer unparteiischen Vernunft" (AA 5/110, 124).

165 AA 6/6.

166 A 810f. = B 838 f., A 813 = B 841, vgl. auch in der KU AA 5/450. In der KrV wurde die „Würdigkeit, glücklich zu sein", noch als Beweggrund für das Sittengesetz angegeben (A 806 = B 834). Daneben galt die Sittlichkeit als Mittel zur Würdigkeit, glücklich zu sein (A 808f. = B 836f.; A 814 = B 842). In der „Grundlegung zur Metaphysik der Sitten" (1785) ist der Wandel der Triebfeder-Lehre abgeschlossen. – Unter der „Würdigkeit, glücklich zu sein" verstand CH. VILLERS 1801 die Würde des vernunftbegabten Mensch-

inneren Bestimmung irre werden" und „an der Sinnhaftigkeit der sittlichen Existenz" zweifeln (so Schmucker[167]), wenn es einen solchen Zusammenhang nicht gäbe. „Denn der Glückseligkeit bedürftig, ihrer auch würdig, dennoch aber derselben nicht theilhaftig zu sein, kann mit dem vollkommenen Wollen eines vernünftigen Wesens, welches zugleich alle Gewalt hätte, wenn wir uns auch nur ein solches zum Versuche denken, gar nicht zusammen bestehen"[168]. Wenn also dieser Zusammenhang als notwendig zu postulieren ist, sind damit auch zugleich seine wie immer gearteten Möglichkeitsbedingungen postuliert. Eine adäquate Ursache für die Gewährleistung einer angemessenen Glückse-

seins überhaupt, die durch unwürdige Mittel zur Lebensführung verletzt wird: „Ici est sous-entendu: *indignes de la qualité d'être raisonnable, indignes de l'humanité.* Ce sentiment, fondé dans la conscience de l'homme, de sa propre DIGNITÉ, du respect qu'il se doit à soi-même, à tout ce qui constitue en lui l'humanité, est un sentiment fondamental sur lequel repose ce qu'il y a de vraiment noble et de droit dans l'homme" (Philosophie de Kant ou principes fondamentaux de la philosophie transcendentale, 1ère Partie [Metz 1801] 380f.).

167   J. SCHMUCKER a. a. O. (154) 152.

168   AA 5/110; vgl. A 813 = B 841: „Selbst die von aller Privatabsicht freie Vernunft, wenn sie, ohne dabei ein eigenes Interesse in Betracht zu ziehen, sich in die Stelle eines Wesens setzte, das alle Glückseligkeit andern auszutheilen hätte, kann nicht anders urtheilen". AA 6/5: „Aber aus der Moral geht doch ein Zweck hervor; denn es kann der Vernunft doch unmöglich gleichgültig sein, wie die Beantwortung der Frage ausfallen möge: was dann aus diesem unserm Rechthandeln herauskomme, und worauf wir, gesetzt auch, wir hätten dieses nicht völlig in unserer Gewalt, doch als auf einen Zweck unser Thun und Lassen richten könnten, um damit wenigstens zusammen zu stimmen. So ist es zwar nur eine Idee von einem Objecte, welches die formale Bedingung aller Zwecke, wie wir sie haben sollen (die Pflicht), und zugleich alles damit zusammenstimmende Bedingte aller derjenigen Zwecke, die wir haben, (die jener ihrer Beobachtung angemeßne Glückseligkeit) zusammen vereinigt in sich enthält, das ist, die Idee eines höchsten Guts in der Welt, zu dessen Möglichkeit wir ein höheres, moralisches, heiligstes und allvermögendes Wesen annehmen müssen, das allein beide Elemente desselben vereinigen kann". J. GOTTSCHICK erinnert an die „absolute Würde des guten Willens" (a. a. O. [6] 5). „Es ist überall nichts in der Welt, ja überhaupt auch außer derselben zu denken möglich, was ohne Einschränkung für gut könnte gehalten werden, als allein ein **guter Wille**", der „die unerlaßliche Bedingung selbst der Würdigkeit glücklich zu sein, auszumachen scheint" (AA 4/393). Die Vernunft soll diesen „an sich selbst guten Willen" hervorbringen. „Dieser Wille darf also zwar nicht das einzige und das ganze, aber er muß doch das höchste Gut und zu allem Übrigen, selbst allem Verlangen nach Glückseligkeit die Bedingung sein" (AA 4/396). Zu „Würdigkeit" vgl. auch R 4735, AA 17/692.

ligkeit ist jedoch in der sinnlichen Welt nicht zu finden. Das handelnde Subjekt gehört als Teil zur Welt und ist von ihr abhängig. Darum kann es seine eigene seiner Würdigkeit entsprechende Glückseligkeit nicht selbst herbeiführen. Es bleibt also nichts anderes übrig, als in den Bereich des Übersinnlichen auszuweichen, wo schon die Lösung für die Antinomie der praktischen Vernunft gesucht wurde, die genau diese Aporie zum Gegenstand hatte[169]. Weil aber für diesen Zweck eine wie immer geartete übersinnliche Naturkausalität kaum denkbar wäre, muß „eine oberste Ursache der Natur angenommen" werden, „die eine der moralischen Gesinnung gemäße Kausalität hat". Nach der Vorstellung von Gesetzen handeln kann aber nur ein „vernünftig Wesen", „das durch Verstand und Willen die Ursache (folglich der Urheber) der Natur ist, d. i. Gott. Folglich ist das Postulat der Möglichkeit des höchsten abgeleiteten Guts (der besten Welt) zugleich das Postulat der Wirklichkeit eines höchsten ursprünglichen Guts, nämlich der Existenz Gottes"[170]. Unter einem *Postulat* versteht Kant hier „einen theoretischen, als solchen aber nicht erweislichen Satz", „sofern er einem a priori unbedingt geltenden praktischen Gesetze

---

169 AA 5/113f. Diese Antinomie ist der Gegenstand des o.g. Werkes von M. Albrecht (a. a. O. [49]). Seine Deutung der Glückseligkeit als innerweltliche überlagert allerdings die im übrigen sehr kenntnisreiche Interpretation, die dadurch in einem entscheidenden Punkt Kants Absichten verfehlen dürfte. Kant spricht sehr häufig von einer „künftigen" Welt, die sich nicht auf den Aspekt der gegenwärtigen „intelligibelen" Welt der Noumena beschränkt. Kant selbst dazu in der Auflösung der Antinomie der praktischen Vernunft: „Wenn wir uns nun genöthigt sehen, die Möglichkeit des höchsten Guts, dieses durch die Vernunft allen vernünftigen Wesen ausgesteckten Ziels aller ihrer moralischen Wünsche, in solcher Weite, nämlich in der Verknüpfung mit einer intelligibelen Welt, zu suchen, so muß es befremden, daß gleichwohl die Philosophen alter und neuer Zeiten die Glückseligkeit mit der Tugend in ganz geziemender Proportion schon in diesem Leben (in der Sinnenwelt) haben finden, oder sich ihrer bewußt zu sein haben überreden können" (AA 5/115).

170 AA 5/125; vgl. dazu KrV A 810f. = B 838f. Es ist bemerkenswert, daß an dieser Stelle der aus dem „Beweisgrund" bekannte Zusammenhang von Möglichkeit und Wirklichkeit wieder verwendet wird. Da es sich aber hier nicht um die unbestrittene logische, sondern um die reale „Möglichkeit des *höchsten abgeleiteten Guts*" handelt, muß die „Wirklichkeit eines *höchsten ursprünglichen Guts*" auch als Realgrund vorausgesetzt werden. In der Vorrede der KpV wurde schon die Wirklichkeit der Freiheit zunächst grundsätzlich als Beweis für die Möglichkeit der Ideen „von Gott und Unsterblichkeit" angegeben (AA 5/4, vgl. oben S.[142f.]).

unzertrennlich anhängt"[171] und daher „moralisch nothwendig" ist, wobei „diese moralische Nothwendigkeit subjectiv" als auf Pflicht gegründetes „Bedürfniß" der reinen praktischen Vernunft „und nicht objectiv", d. h. selbst als

171 AA 5/122. In G. F. Meiers: Auszug aus der Vernunftlehre (Halle 1752), den Kant über lange Zeit benutzt und seinen Vorlesungen zugrunde gelegt hat, (abgedruckt in AA 16) wird „postulatum" mit „Heischeurteil(e)" wiedergegeben: „§. 313. Alle gelehrte Urtheile sind entweder **erwesliche** (iudicia demonstrativa), oder **unerwesliche Urtheile** (iudicia indemonstrabilia)....§. 315. Die unerweslichen Urtheile sind entweder Erwägensurtheile, oder Übungsurtheile. Jene sind **Grundurtheile** (axioma), diese aber **Heischeurtheile** (postulatum). ... §. 317. So ofte ich eine Sache, die man als eine Würkung betrachten kann, mir vorstelle, und ich bejahe von demjenigen, der sie hervorbringen will, dass er sie oder einen Theil derselben hervorbringen müsse, so habe ich ein Heischeurtheil ... Wenn also der erklärte Begriff als eine Würkung betrachtet werden kann, und ich bejahe von demjenigen, der sie hervorbringen will, dass er 1) die ganze Erklärung, 2) oder einige Merkmale, oder 3) einzelne Merkmale hervorbringen müsse: so finde ich Heischeurtheile aus den Erklärungen ... §. 318. In einer Demonstration aus der Vernunft müssen, alle Beweisthümer, völlig gewiss sein...; sie sind also entweder erweslich oder nicht... In dem ersten Falle müssen sie wieder bewiesen werden. Folglich wird ein Beweis nicht eher eine Demonstration, bis ich nicht auf lauter unerwesliche Beweisthümer komme. Die leeren Urtheile, die Grundurtheile und Heischeurtheile sind demnach die ersten Anfänge aller Demonstrationen aus der Vernunft ... Alsdenn beruhigt sich der Verstand völlig, wenn der Beweis bis auf solche Urtheile fortgeführt worden" (AA 16/667-670). Bemerkenswert ist dabei, daß Kant schon in der Mitte der 50er Jahre (nach Adickes 1751-56) an dieser Stelle in Anlehnung an die von Meier genannten Beispiele, aber über sie hinausgehend, die folgende Reflexion niedergeschrieben hat: „Tugend: 3. Wer Tugend ausüben soll, muß frey sein" (R 3122, AA 16/669). Aus den Jahren 1775-79 stammen dann noch folgende Reflexionen zu diesem Thema: „Ein postulat ist eigentlich ein practischer unmittelbar gewisser Satz. Aber man kann auch theoretische postulate haben zum Behuf der praktischen Vernunft, namlich eine theoretische in praktischer Vernunftabsicht nothwendige Hypothesis, als die des Daseyns Gottes, der Freyheit und einer andern Welt. Die practische Sätze sind obiectiv gewiß; subiectiv können sie nur practisch werden, so fern jene Hypothesis zum Grunde liegt" (R 3133); „practische postulate und discursive Erkenntnis. Z.B. Daß, was Pflicht ist zu thun, auch geschehen könne" (R 3134, beide AA 16/673). Etwas früher (1772-75 n. Adickes) die Reflexion 4568 zu Baumgartens Metaphysik: „Die subjective Bedingungen der Menschlichen Vernunft sind die postulata ihres Gebrauchs und nicht axiomata" (AA 17/596); unsicher, vielleicht bis 1783: „Zur theologie: alle Voraussetzung, die weder a priori noch a posteriori bewiesen werden kann, sondern nur zum Behuf unserer Vernunfteinsicht geschieht, ist Hypothese, wenn die Satze, um deren willen die Voraussetzung geschieht, zufallig sind: e.g. Zufallige Vollkommenheit in der Welt; sie ist aber postulat, wenn sie a priori nothwendig seyn: e. g. Moralische Satze und deren bewegende Kraft. Also ist die Voraussetzung des Daseyns

Pflicht zu begreifen ist[172]. Wohlgemerkt: Dieses „Bedürfniß" ist kein Gefühl (,Neigung') und kein blindes Wünschen, sondern ein Ausdruck praktischer, d.h. zum sittlich guten Handeln befähigender Vernünftigkeit. Es ist ein Ver-

Gottes zum Behuf der Moral postulat.... Ein Postulat bestimmt den Grund als den einzigen Moglichen. Eben so wenn ich Ordnung und Vollkommenheit allenthalben in dem Wesen der Dinge fände, würde das Daseyn Gottes ein postulat seyn und das Urwesen als Allgnugsamer Grund der Moglichkeit der Dinge in Allen teleologischen Betrachtungen vorausgesetzt werden müssen". (R 5624, AA 18/260). Aus 1783-84: „Wäre moral nur ein pragmatisches System der Klugheit, so ware der Glaube an Gott blos Hypothese; nun ist er ein Postulat. ... Die hochste Weisheit in der physicotheologie ist blos relativ. und betrift die Zulanglichkeit in Ansehung des Systems aller Zweke; aber in der moraltheologie ist sie selbstandig der Qvell der Möglichkeit [!] der Dinge selbst. Dadurch werden wir angeführt, alles von der Ordnung der Dinge als an sich nothwendig und doch zugleich von Gott als dem selbstandigen Princip aller Ordnung abzuleiten" und „was in der Natur der Dinge nach Gesetzen der moralitaet nothwendig ist, auch nach der Natur nach physiologischen Gesetzen zu erwarten" (R 6099, AA 18/451ff., hier: 452). – „POSTULATA" als „Vorausgesetzte Grund-Lehren" schon 1713 in *Wilhelm* WHISTONS / *Hochberühmten Engelländers / NOVA TELLURIS THEORIA Das ist: Neue Betrachtung der Erde/ Nach ihrem Ursprung und Fortgang bis zur Hervorbringung aller Dinge* ... (Frankfurt 1713) 115. Zwei Jahre später bezeichnete P. Ch. LEOPOLD S. J. in seiner Verteidigungsschrift *PANOPLIA seu METHODUS POLEMICA quâ brevissimê redargui possunt Hodierni Romanae Ecclesiae adversarij* (Aug. Vind. MDCCXV) die Grundthemen seiner Auseinandersetzung als Postulate: „POSTULATUM PRIMUM" etc. bis „VIGESIMUM", denen eine Liste der Hauptwahrheiten des katholischen Bekenntnisses unter der Bezeichnung „PARERGA" [!] über Christus, die Kirche und das Wort Gottes angefügt war. – Zum Postulat des Daseins Gottes in Kants Vorlesungen: „Demnach ist ein nothwendiges praktisches Postulat in Ansehung unserer praktischen Erkenntnisse eben das, was ein Axiom in Ansehung der spekulativen ist. Denn das praktische Interesse, welches wir an dem Daseyn eines Gottes, als eines weisen Weltregierers, haben, ist das höchste, was nur seyn kann, indem wir, wenn wir diesen Grundsatz aufheben, zugleich aller Klugheit und Redlichkeit entsagen, und wider unsere eigene Vernunft und unser Gewissen handeln müssen" (Rel. Pölitz AA 28.2,2/1038). „Es ist hier nicht bloße Hypothese, sondern wirkliches praktisches Postulat, und dieser Begriff hat in der Moral auch den größten und beständigen Gebrauch..." (Danziger Rationalth. AA 28.2,2/1284). „Was ein Postulat der Vernunft sein soll, muß nicht allein mit dem Prinzip des Erfahrungsgebrauchs stimmen, (denn dieses findet auch bei einer Hypothese statt), sondern auch zur Vollständigkeit des Vernunftgebrauchs im theoretischen oder praktischen Verstande notwendig sein" (Fragment AA 28.2,2/1325f.). – In engstem Zusammenhang mit dem Begriff des Postulats steht der Begriff der ,notwendigen Hypothese', die im Fall der Existenz Gottes von besonderer Art ist. Schon in der ersten Hälfte der 60er Jahre, also vor dem Hintergrund des ,einzig möglichen Beweisgrundes', wird diese Alternative im Hinblick auf den Nachweis der Existenz Gottes erwogen: „Es sind nur dreyerley Arten von Begriffen der Dinge:

nunftbedürfnis „in schlechterdings nothwendiger Absicht", das „aus einem obectiven Bestimmungsgrunde des Willens, nämlich dem moralischen Gesetze" entspringt[173] und dessen Verbindlichkeit (nach Reflexion 5476[174]) mit der

> erstlich ein absoluter aus den innern Bestimmungen, zweytens ein respektiver aus dem Verhaltnis zur Moglichkeit, drittens ein relativer aus dem zur Wirklichkeit anderer Dinge. Aus dem ersten begriffe läßt sich keine absolute Nothwendigkeit beweisen, ... Aus dem dritten auch nicht, weil dieses nur eine necessitas hypothetica conseqventiae ist. also bleibt die zweite, daß die Moglichkeit selbst in solcher relation zur Wirklichkeit ist, daß sie solche einschließt" (R 3731, AA 17/272f., hier: 273). Etwas später: „Alle Große Eigenschaften, die ich von Gott aus der Willkührlichen idee desselben sage, sind nur expositionen der hypothesis, die ich annehme. Aber die ich aus dem Werk ziehe (diese aber sind nur practisch vollkommen), treffen ein reales und durch wirkliche documenten gegebenes Wesen". In derselben Reflexion, aber als späterer Zusatz, bereits die Unterscheidung „Die transscendentale, natürliche und moralische Theologie" (R 3907, AA 17/336ff., hier: 337f.). Dementsprechend parallelisiert: „Die idee von Gott" als „1. Das nothwendige (principium) logische ideal, 2. Die nothwendige Hypothese der natürlichen Ordnung, 3. [Die notwendige Hypothese der] sittlichen [Ordnung]" (R 4113, AA 17/420ff., hier: 421). „Der Satz vom Daseyn Gottes ist eine Hypothesis originaria (tam naturaliter qvam obiective) so wohl der Begreiflichkeit, der möglichkeit und Wirklichkeit der Dinge durch den Verstand (theoretica) als auch als ein principium der Handlungen (practica). Der Beweis geht durch ein dilemma theoreticum et practicum" (R 4255, AA 17/484). Sehr deutlich schon bis 1777 (nach Adickes) : „Der transscendentale Beweis kan auch nur respective auf unsre hypothesin subiectivam der Vernunft geführt werden. warum soll nicht der practische aus der subiectiven Hypothesi der sittlichen Gesetze geführt werden könen, weil sonsten leges morales effectu vacuae seyn würden und der tugendhafte ein phantast, d.i. nicht mit dieser Welt harmoniren würde" (R 4268, AA 17/488). Der Begriff von Gott „ist practisch nothwendig" (R 4444, AA 17/549). Zum Begriff der nothwendigen Hypothese: „Der Beweis vom Daseyn Gottes ist nicht apodictisch, sondern Hypothetisch sub hypothesi logica und [morali = gestrichen] practica) [Abs.] Die hypothesis, welche im Verhältnis auf die Gesetze der reinen Vernunft nothwendig ist, ist originaria; die, welche in Verhaltnis auf Erfahrung nothwendig ist, ist conditionalis sive relativa. Die erste ist nothwendig, die zweyte nöthig; iene originaria, diese subsidiaria, z.E. zur Erklärung der Ordnung in der Welt suppletoria" (R 4580, AA 17/600). Postulat ist jedoch noch mehr als Hypothese: Wenn „wir Gott nicht als Urheber der Gesetze, sondern der obligation nach diesen Gesetzen ansehen". „Dadurch wird Moraltheologie zugleich ontotheologie. Sie ist gleichwohl eine blos practische und subiective Gewisheit, die sich auf einem interesse gründet, aber auf einem obiectiv nothwendigen und von dem Wesen der Vernunft unzertrennlichen, in keiner absicht untergeordneten interesse. Wäre moral nur ein pragmatisches System der Klugheit, so ware der Glaube an Gott blos Hypothese; nun ist er Postulat" (R 6099, s. o.). – In der Religionslehre Pölitz ist das Dasein Gottes „nicht bloß eine Hypothese für zufallige Erscheinungen", sondern „ein nothwendiges Postulat für unumstößliche Gesetze meiner eigenen Natur" (AA 28.2,2/1072). „Demnach ist ein

Notwendigkeit geometrischer Sätze verglichen wird, während das daraus resultierende Postulat des Vernunftglaubens für einen moralisch handelnden
Menschen „dem Grade nach keinem Wissen nachsteht"[175]. Alle Schritte des

nothwendiges praktisches Postulat in Ansehung unserer praktischen Erkenntnisse eben
das, was ein Axiom in Ansehung der spekulativen ist" (AA 28.2,2/1083). In L_1 (Metaphysik
Pölitz) hieß es dagegen noch: „Die Erkenntniß Gottes ist niemals etwas mehr gewesen,
als eine nothwendige Hypothese der theoretischen und practischen Vernunft", und zwar
eine „nothwendige Voraussetzung der Vernunft" (s.o. Anm. 49). Aber noch in K_2 (Heinze):
„Die Annahme einer höchsten Intelligenz als eines moralischen Wesens ist eine praktisch-
nothwendige Hypothese der Vernunft", eine Hypothese „in praktischer Absicht" (AA
28.2,1/793). Zur „Postulatenlehre" vgl. N. O. Schroll-Fleischer a. a. O. (6) 149-168,
Zusammenfassung 166f. – Bemerkenswert ist schließlich noch, daß Kant im OP die
Existenz eines ‚Wärmestoffs', der zwar direkt (aus Erfahrung) nicht beweisbar sei (AA
21/548), als „Hypothese" bezeichnet, „welche zwar durch eine Erfahrung bewährt wird
aber doch weñ sie Grund hat a priori als eine Idee aus der Vernunft hervorgehen muß;
es sey um gewisse Phänomene zu erklären da alsdañ jene Materie als ein blos hypothetischer Stoff nur gedacht wird oder sie zu postuliren ist, weil doch von irgend
einer Bewegung die bewegenden Kräfte der Materie zu agitiren anheben müssen" (AA
21/576). „Gleichwohl ist die Idee von diesem subjectiv, als nothwendige Aufgabe
unumgänglich gegeben nämlich die der Verknüpfung der Warnehmungen als Wirkungen
der bewegenden Kräfte auf das subject in Einer Erfahrung. Was nun zur Erfahrung die
nur Eine seyn kañ als Bestimmungsgrund derselben gehört ist auch objectiv gegeben
d.i. wirklich. Also existirt eine materie mit jenen Attributen als Basis der bewegenden
Kräfte derselben in so fern sie bewegend sind als ein absolutes Gantze" (AA 21/601).
„Die Wirklichkeit desselben" ist „zwar nicht **durch** Erfahrung aber doch a priori, blos
aus Bedingungen der Möglichkeit derselben zum Behuf der Möglichkeit der Erfahrung
bewiesen" (AA 22/550). Kant geht sogar so weit, daß er die Realität dieses „Wärmestoffs"
auf analytischem Wege zu finden glaubt: „Diese Art die Existenz eines äußeren Siñenge-
genstandes zu beweisen muß als einzig in ihrer Art ... auffallen ... Existentia est
omnimoda determinatio sagt Christian Wolf, und so auch umgekehrt omnimoda
determinatio est existentia als ein Verhältnis gleichgeltender Begriffe. Aber diese gedachte
durchgängige Bestiñmung kañ nicht gegeben werden; deñ sie geht ins unendliche empirischer Bestiñmungen. Nur in dem Begriffe Eines Objects möglicher Erfahrung, welcher
von keiner Erfahrung abgeleitet ist vielmehr sie selbst möglich macht, wird jenem objective
Realität nicht synthetisch sondern analytisch nach dem Satz der Identitat diese omnimoda
determinatio nothwendigerweise zugestanden; weil das was an sich einzeln ist auch als
einzig nicht auf mancherley Art bestimbar sondern für die Erfahrung bestiñt ist" (AA
21/603). Eine Beziehung sowohl zum ontologischen als auch zum moralischen Gottesbeweis ist kaum zu bestreiten.

172 AA 5/125, vgl. AA 5/142ff.

173 AA 5/142ff. Kant kennt verschiedene Arten des Bedürfnisses: ein „Bedürfniß sinnlicher

Arguments sind für Kant auf ihre je verschiedene Weise objektiv: „Das Gebot, das höchste Gut zu befördern, ist objectiv (in der praktischen Vernunft), die Möglichkeit desselben überhaupt [ist] gleichfalls objectiv (in der theoretischen

Anschauungen" (B 431) „ein reines moralisches Bedürfniß der Existenz" eines „moralisch-gesetzgebende[n](-s) Wesen(s)" als „Gemütsstimmung[en]" (AA 5/446), „ein Bedürfniß des Verstandes" (AA 5/184), ein „Bedürfniß der Urtheilskraft" (AA 5/347), ein „Bedürfniß der Vernunft" in ihrem spekulativen Gebrauch (z.B. A 309/B 366, A 450 = B 478, A 583 = B 611 , A 603 = B 631 , A 614 = B 642) und ein Bedürfnis „der reinen praktischen Vernunft", das zu Postulaten führt (AA 5/142). Das spekulative ist ein hypothetisches einer beliebigen Absicht der Speculation", das praktische ist „ein gesetzliches, etwas anzunehmen, ohne welches nicht geschehen kann, was man sich zur Absicht seines Thuns und Lassens unnachlaßlich setzen soll" (AA 5/5). Aber auch dem theoretischen Vernunftbedürfnis liegt ein „problematischer, aber doch unvermeidlicher Begriff der Vernunft vor Augen, nämlich der eines schlechterdings nothwendigen Wesens" (AA 5/142). vgl. dazu aus dem Nachlaß die Reflexionen R 4243 (AA 17/477) und R 4582 (AA 17/601). – Dem Bedürfnis der Vernunft entspricht ein „Interesse", „d.i. ein Princip, welches die Bedingung enthält, unter welcher allein die Ausübung" des Vernunftvermögens befördert wird und das sie selbst bestimmt. „Das Interesse ihres speculativen Gebrauchs besteht in der Erkenntniß des Objects bis zu den höchsten Principien a priori, das des praktischen Gebrauchs in der Bestimmung des Willens in Ansehung des letzten und vollständigen Zwecks" (AA 5/119f.). Damit hat Vernunft „ein doppeltes, sich wechselseitig einschränkendes Interesse" (AA 8/16). Durch ihr Interesse wird „Vernunft praktisch, d.i. eine den Willen bestimmende Ursache"; es ist nur dann rein und unmittelbar, „wenn die Allgemeingültigkeit der Maxime ... ein gnugsamer Bestimmungsgrund des Willens ist" (AA 4/459f.). Der Wille nimmt dann ein praktisches „Interesse an der Handlung", ohne aber „aus Interesse zu handeln" (vgl. AA 4/413). Grundsätzlich aber gilt, daß „alles Interesse zuletzt praktisch ist, und selbst das der speculativen Vernunft nur bedingt und im praktischen Gebrauche allein vollständig ist" (AA 5/121). – Demgegenüber gehört die Aussage der Enzyklopädievorlesung (1781/82), es sei nicht möglich, „die Regeln der Klugheit und der Sittlichkeit zu trennen", noch zur später überwundenen Triebfeder-Lehre (I. Kant, Vorlesungen über Enzyklopädie und Logik, Bd. 1: Vorlesungen über Philosophische Enzyklopädie, Dt. AkWiss. zu Berlin [Berlin 1961] 67; vgl. auch R 4599, AA 17/606: „Klugheit und Sittlichkeit könen nicht zusammenhängen als lediglich durch die Hypothesis eines dritten Wesens, was Mächtig und Gütig und zugleich heilig und gerecht ist."). – Die Rede vom „Bedürfnis" und „Interesse" der Vernunft verweist zuletzt darauf, daß Kant von einer funktionierenden Vernunfterkenntnis ausgeht, die er vorgefunden hat und nicht etwa samt ihren Inhalten schafft. Sie ist das Instrument der Vernunftkritik, die die Vernunft an sich selbst vollbringen muß, um sich ihrer eigenen Reichweite zu vergewissern. Vernunft erfährt sich dabei als eingebettet in und bezogen auf eine je größere Wirklichkeit, der sie sich verdankt und in deren Dienst sie steht, ohne daß sich dies jedoch noch einmal adäquat auf den Begriff bringen ließe. Auch wenn Kant später in der „Kritik der Urteilskraft" versucht, diesen größeren Zusammenhängen nachzuspüren,

Vernunft, die nichts dawider hat) gegründet". Nur die letzte Entscheidung, ob man für die Realisierung dieser Möglichkeit statt auf irgendwelche Naturgesetze auf einen weisen Urheber zurückschließt, entspricht einem subjektiven Bedürfnis, das „zugleich als Beförderungsmittel dessen, was objectiv (praktisch) nothwendig ist" fungiert, wobei diese Entscheidung als „die einzige ihr [der Vernunft] theoretisch mögliche" und zugleich „der Moralität (die unter einem objectiven Gesetze der Vernunft steht) allein zuträgliche" bezeichnet wird[176]. Der bloß „subjective(r) Grund des Fürwahrhaltens" ist der reinen praktischen Vernunft „objectiv gültig" und verschafft „„den Ideen von Gott und Unsterblichkeit vermittelst des Begriffs der Freiheit objective Realität und Befugniß, ja subjective Nothwendigkeit"[177]. Damit gibt Kant trotz seiner scheinbar anti-

beansprucht er doch nicht, nun gleichsam von außen und von oben her durchschaut zu haben, was sich der Vernunft immer nur und bleibend von unten und von innen aus gesehen ankündigt. So gelangt die Vernunft dazu, sich zu bescheiden mit dem, was sie tatsächlich kann, um es dann aber auch wirklich zu tun, statt sich ‚vernünftelnd' mit Spiegelfechtereien zu vergnügen, die allzuleicht zum Selbstzweck geraten und die rechte Orientierung vergessen lassen. Dieser mühevolle Weg muß erst durchschritten werden, bevor sich die theoretisch-praktische Vernunft urteilend und handelnd zu jener Unmittelbarkeit des Gotteserlebens des Spätwerks bereit findet, die der Stufen und Zwischenschritte immer weniger bedarf: Das auf die Totalität der Wirklichkeit hin orientierte obere Erkenntnisvermögen weiß sich schließlich im Vollzug seines Denkens und Handelns von der je schon geschehenden und alles ermöglichenden Begegnung Gottes mit der Welt ergriffen und getragen, ohne sie jedoch adäquat begreifen zu können; daher muß es sich darauf beschränken, dieses Geheimnis der Schöpfung nur nachträglich und eigentlich unzulänglich (postulatorisch, analog und symbolisch), wenn auch nicht ohne Nutzen, durch die Transzendentalphilosophie in vorgegebenen Kategorien zu denken und auszudrücken (vgl. AA 21/19, 27, 29, 37f., 84 und 126).

174 „Wenn ich zu dem pythagoreischen princip das Daseyn Gottes annehmen müßte, so wäre es nicht hypothese, sondern postulat. Nun muß man Zum Geschehen der guten Handlungen als triebfeder das Daseyn Gottes annehmen, und sie sind doch so nothwendig als geometrische Sätze" (AA 18/193, vgl. auch R 4253, AA 17/483).

175 AA 8/141. – Dennoch begründet das Postulat kein „Wissen", sondern „Gewißheit" (vgl. dazu Anm. 201), die durchaus nicht jedem Wissen zukommt. Insofern kann man nur theoretische Gewißheit vom Wissen her überprüfen, aber es gibt andere Formen der (praktischen, persönlichen, gläubigen) Gewißheit, die vom Wissen nicht eingeholt werden können und darum auch nicht an Wissen zu messen sind.

176 AA 5/145f.

177 AA 5/4.

rationalistischen Tendenz indirekt zu, daß auch im praktischen Vernunftgebrauch jedenfalls in der Konsequenz mehr Theorie steckt, als seine gewöhnliche
Redeweise vermuten läßt[178]. Davon wird weiter unten noch zu sprechen sein.

---

178 So J. SCHMUCKER a. a. O. (154) 172. Das heißt nicht, daß sich Kant in diesem Punkte
widerspricht oder daß man gar von hier aus das moralische Gottesargument für unwirksam
erklären könne, weil es dann auch unter die Kritik der theoretischen Gottesbeweise zu
subsumieren sei (vgl. zu diesem Vorwurf M. ALBRECHT a. a. O. [49] 148f.). Kant macht
zwar keinen Hehl aus seiner tiefen Besorgnis, daß zuviel theoretisches Wissen über Gott
den rechten, in der Sittlichkeit begründeten Vernunftglauben zerstören könnte (s. u.
Anm. 200), aber er hat andererseits schon in der KrV die Weichen für die Verwendung
theoretischer Elemente im praktischen Vernunftgebrauch gestellt. Leider klammert H.
RÖTTGES gerade die Frage nach der Dialektik von Bedeutung und Gebrauch in der
praktischen Philosophie Kants aus, weil sie rückwirkend kaum noch Licht auf die KrV
werfe (a. a. O. [67] 201). Ob allerdings sein Lösungsansatz auch der Interpretation der
KpV dienlich sein würde, darf man allerdings mit ihm aufgrund seiner skizzenhaften
Andeutungen bezweifeln (ebd., vgl. auch S. 19). Wenn nun der notwendige transzendentale
Gebrauch der Kategorien in der Dialektik der KrV kein „falscher" Gebrauch wäre und
nicht als „transzendentaler Mißbrauch" verstanden werden dürfte, sondern nur als ‚un-
befugter', ‚unberechtigter' und ‚unerlaubter' Gebrauch, der auf bloß theoretischem Wege
nicht legitimierbar ist, angesehen werden müßte, dann würde die eigentlich unkantische
„Dialektik der Identität von Identität und Nichtidentität von Bedeutung und Gebrauch"
einiges von ihrer Faszination verlieren. Unabhängig davon glaubt H.-O. Kvist in der KrV
ein Mittleres zwischen dem empirischen und dem transzendentalen Gebrauch, der für
Kant „gar kein Gebrauch" ist, ausgemacht zu haben: weil nämlich die Kategorien von
Kant als die (bloß) „reine Form des Verstandesgebrauchs in Ansehung der Gegenstände
überhaupt und des Denkens, ohne doch durch sie allein irgendein Object denken oder
bestimmen zu können", bezeichnet werden (A 247f./B 305f.). Die Unterscheidung von
Bedeutung und Gebrauch der Kategorien würde demnach dazu dienen", die Zweideutigkeit im Terminus ‚Transzendentaler Gebrauch' (der Kategorien) zu vermeiden, und
neben „einem Denken, dessen Möglichkeit sich innerhalb der auf sinnlicher Anschauung
beruhenden Erfahrung bewährt", auch ein anderes Denken anzuerkennen, „das nur in
dem Sinne möglich ist, dass die reinen Verstandesbegriffe oder Kategorien ohne Widerspruch sich auf Dinge überhaupt beziehen können", weil sonst „Kants Rede von Noumena
und Phaenomena, von einer Verstandeswelt neben einer Sinnenwelt etc." nicht „sinnvoll
und verständlich wäre" (a. a. O. [138] 41f.). Damit scheint zu harmonieren, daß Kant in
R 6219 (n. Adickes 1785-88) schreibt: „Der transscendente Gebrauch der Vernunft ist
der, so ohne alle Beziehung derselben auf mogliche Erfahrung zu urtheilen wagt. Diesem
ist diametraliter die Verleugnung der Vernunft entgegengesetzt in dem, was gantz von
der Erfahrung abweicht. Folglich Verläugnung des Erfahrungs= sowohl als transscendenten Gebrauchs der Vernunft" (AA 18/508). Als Bestätigung kann schließlich folgende
Stelle im OP dienen, die noch vor 1796 geschrieben wurde: „Der Beweis der Wirklichkeit

Zunächst aber versucht Kant selbst, das unbefriedigende Nebeneinander von theoretischem und praktischem Vernunftgebrauch zu vermitteln. Dies geschieht in der KU, die neben Verstand und Vernunft als drittes der oberen

einer reinen Praktischen vernunft vermittelst des moralischen Gesetzes beweiset die obiective Realität der Categorie der Caussalität ohne daß sie auf ein Wesen angewandt wird so fern es Gegenstand der Siñe sondern Noumenon ist und diese Caussalität heißt die der Freyheit welche ganz von der deren in der Erfahrung Beyspiele gegeben werden namlich der Caussalität der Natur unterschieden ist und da es leicht eingesehen werden kan daß weñ wir nur einer solchen Categorie wie der der Caussalität Bedeutung in Ansehung nicht sinnlicher Gegenstande geben die Categorien der Große der Qvalität der Substanz mit einem Worte alle insgesamt aufs Feld des Ubersinnlichen gezogen werden köñen und da man blos alles dieses so daß die unbeschranktheit damit bestehen kan denken darf die Idee der Gottheit imgleichen weñ ich dem eigenen Daseyn als Intelligenz (eben um dieser Caussalität der Freyheit willen) unbeschrankte Dauer beylege die Erscheinungen derselben als kunftiges Leben eben so wohl hierbey realitat bekoḿen." Aber auch: „Wollte ich theoretisch ein Erkentnis von der freyen Caussalität haben so müßte ich die Art zeigen köñen wie eine Begebenheit (Handlung in der Welt) nach Gesetzen der Freyheit entspringe. Das kan ich aber nicht. Also bleibt er [der Begriff der Kausalität] mir theoretisch ohne Beleg aber practisch ist er in ungestrittenem Besitz der Realität." ... „Allein das macht keinen Vorwurf daß wir weñ uns die Caussalität gegeben ist hier in der Erscheinung dort im Selbstbewustseyn der Vernunft als einer practischen d.i. eines reinen Willens Realität beylegen so steht die Sache fest man mag die Phänomene erklären köñen oder nicht" (AA 21/420f.). Wenn die Dialektik der KrV „falsche" Begriffe von Gott und der Seele als solche entlarvt hätte, wäre es nicht möglich gewesen, ihnen dennoch ‚objektive Realität' in praktischer Absicht zu verschaffen. Wenn aber die Begriffe ohne sinnliche Beimischungen zunächst nur gegenstandslos erschienen, ohne aber mißbrauchlich entstanden zu sein, können sie dem praktischen Vernunftgebrauch zu Hilfe kommen, ohne diesen selbst zur Theorie zu machen. In diesem Sinne hat die KrV eine „transscendentale Steigerung unserer Vernunfterkenntnis" in Aussicht gestellt, die freilich nicht die Ursache, sondern bloß die Wirkung von der praktischen Zweckmäßigkeit" sein würde, „die uns die reine Vernunft auferlegt" (A 817 = B 845). Dies konnte von der KpV aufgegriffen werden: „Hier erklärt sich auch allererst das Räthsel der Kritik, wie man dem übersinnlichen Gebrauche der Kategorien in der Speculation objective Realität absprechen und ihnen doch in Ansehung der Objecte der reinen praktischen Vernunft diese Realität zugestehen könne; denn vorher muß dieses nothwendig inconsequent aussehen, so lange man einen solchen praktischen Gebrauch nur dem Namen nach kennt" (AA 5/5). Im Entwurf der Preisschrift für das Jahr 1791 heißt es dann: „Dieser Endzweck, auf den die ganze Metaphysik angelegt ist, ist leicht zu entdecken, und kann in dieser Rücksicht eine Definition derselben begründen: ‚sie ist die Wissenschaft, von der Erkenntnis des Sinnlichen zu der des Übersinnlichen durch die Vernunft fortzuschreiten'", „... zu welcher Absicht dann freylich die Ausmessung des Verstandesvermögens und seiner Prinzipien mit Ausführlichkeit und Sorgfalt geschehen muß, um zu wissen, von wo an die Vernunft,

Erkenntnisvermögen das „Mittelglied zwischen dem Verstande und der Vernunft"[179] darstellt und durch „Verknüpfung der Gesetzgebung des Verstandes,
die auf theoretische Erkenntnis im Bereich der Erfahrung ausgeht, mit der
Gesetzgebung der Vernunft, die mit ihrer eigenen apriorischen Zuständigkeit
für den Freiheitsbegriff und dessen besondere Kausalität auf das Übersinnliche
abzielt[180], als „Verbindungsmittel der zwei Theile der Philosophie zu einem
Ganzen" fungiert[181]. Da sie sich in ihrer Eigenschaft als sog. „reflektierende"
Urteilskraft a priori des transzendentalen Prinzips der Zweckmäßigkeit bedient,
das sowohl die formale (subjektive) Zweckmäßigkeit der „Naturschönheit"
als auch die reale (objektive) Zweckmäßigkeit der „Naturzwecke" einschließlich
der Grenzfrage nach dem „Endzweck(s) der Natur überhaupt betrifft", der
eine Beziehung „auf etwas Übersinnliches" einschließt[182], „verschafft sie durch
ihr Prinzip a priori" dem durch die Tätigkeit des Verstandes zwar angezeigten,
aber „gänzlich unbestimmt" gelassenen übersinnlichen Substrat (in uns sowohl
als außer uns) Bestimmbarkeit durch das intellectuelle Vermögen", der dann
die „Bestimmung" durch das praktische Gesetz a priori der Vernunft entsprechen kann[183]. Kant unterscheidet dann noch einmal die „theoretisch reflektie-

und mit welchem Stecken und Stabe [!] sie von den Erfahrungsgegenständen zu denen,
die es nicht sind, ihren Überschritt wagen könne" (AA 20/260). Darum lautet die eigentliche
Grundfrage der kritischen Philosophie: „Wie sind synthetische Sätze des Übersinnlichen
möglich?" (R 6345, AA 18/670, „etwa Mai 1797"; vgl. auch wenig später: R 6353, AA
18/677f., hier: 678), und der „Grundsatz: Synthetische Sätze a priori (die theoretische)
stellen alle Objecte mir nur VOR als Erscheinungen. – Die Dinge an sich selbst a
priori gedacht beziehen sich aufs Übersinnliche" (R 6358, „November-December
1797", AA 18/682-685, hier: 683).

179 AA 5/177.

180 AA 5/195.

181 AA 5/176. Die Bedeutung der KU wird vielfach unterschätzt. Sie ist nach A. BAEUMLER
(*Das Irrationalitätsproblem in der Ästhetik und Logik des 18. Jahrhunderts bis zur Kritik
der Urteilskraft* [Tübingen ²1967, Reprogr. Nachdr. Darmstadt 1974] 13ff.) „die Kritik
der Kritik", in der der Rationalismus endgültig überwunden wird und die Theorie durch
die „reine Kritik" ersetzt wird, in der die „Individualität" des Ästhetischen und Organischen
wiederentdeckt und die Tür zum geschichtlichen Denken geöffnet wird (wieder aufgegriffen von C. v. Bormann, *Der praktische Ursprung der Kritik. Die Metamorphosen der
Kritik in Theorie, Praxis und wissenschaftlicher Technik von der antiken praktischen Philosophie bis zur neuzeitlichen Wissenschaft der Praxis* [Stuttgart 1974] 51.)

182 AA 5/193, 196, 378.

rende Urteilskraft", der eine „physische Teleologie" zugeordnet wird, die „aus den Zwecken der Natur hinreichend eine verständige Welturache" beweist, von der „praktische[n]", die in einer „moralische[n]" Teleologie durch ihren Begriff „eines Endzwecks" der Schöpfung „auf eine oberste Ursache als Gottheit" schließt. Die objektiv-praktische Realität der Idee eines göttlichen moralischen Welturhebers kommt dabei durch Vermittlung der Urteilskraft (und „vermöge der Maxime der reinen Vernunft, Einheit der Prinzipien, so viel sich thun läßt, zu befolgen") der bloß theoretischen Idee zu Hilfe[184], so daß die „moralische Teleologie den Mangel der physischen" ergänzt und „allererst eine Theologie" gründet, wodurch die Gefahr einer bloßen „Dämonologie" abgewendet wird[185]. „Der der handelnden obersten Ursache" beigelegte Endzweck aber ist „der Mensch unter moralischen Gesetzen". Dies allein gilt für Kant „a priori ... als gewiß", während das für „die Zwecke der Natur in der physischen Ordnung" nicht zutrifft[186]. In diesen Zusammenhang wird im Rahmen einer sog. „Ethikotheologie" (UK § 86[187]) der jetzt als „moralische[r]" bezeichnete Gottesbeweis gestellt, der wie in der KpV von der zu fordernden Verknüpfung zwischen Glückseligkeit und Sittlichkeit ausgeht, die diesmal aber als die subjektive und die objektive Bedingung bezeichnet werden, unter welchen der Mensch sich den ihm verbindlich durch das moralische Gesetz vorgestellten Endzweck des „höchste[n] durch Freiheit mögliche[n] Gut[s] in der Welt" setzen kann, was die Annahme einer „moralische[n] Welturache" als „Welturheber" nach genauer Maßgabe der Notwendigkeit des a priori bestimmten Prinzips voraussetzt[188]. Das moralische Argument wird hier mit

---

183 AA 5/196.

184 AA 5/456, 444.

185 AA 5/444, 459 (auch gegen die Gefahr einer „Theosophie", „Theurgie", „Idololatrie" oder auch „Dämonologie").

186 AA 5/445.

187 AA 5/442-447.

188 AA 5/450. In den Vorlesungsnachschriften aus etwa der gleichen Zeit (K_2 Heinze, Anfang der 90er Jahre) ergänzend dazu: „Das höchste Gut besteht aus zwei Elementen. 1. Uebereinstimmung des vernünftigen Wesens mit dem moralischen Gesetz, d.i. in der Welt. 2. Uebereinstimmung der Gesetze der Natur (desjenigen, was in der Natur liegt) mit der Glückseligkeit des Menschen. Moralität ist zwar das oberste, aber nicht das einzige Gut."

den üblichen Einschränkungen als „für sich hinreichend" dargestellt, weil sein Wert nicht nur in der Ergänzung des physisch-teleologischen Beweisgrundes besteht[189], sondern weil er als ein „besonderer Beweis" dessen „Mangel der Überzeugung" ersetzt[190]. Dennoch wird der physisch-teleologische Beweis weiterhin, und dies unter lobender Bezugnahme auf Reimarus (gemeint sind wohl „Die vornehmsten Wahrheiten der natürlichen Religion"[191]), als „verehrungswert" hingestellt[192], obwohl er seine Überzeugungskraft schließlich nur dadurch erhalte, daß sich „unvermerkt der jedem Menschen beiwohnende und ihn so innigst bewegende moralische Beweisgrund in den Schluß" mit einmische[193]. Sogar die rationale Psychologie beruhe letztlich „auf dem einzigen

… Sittlichkeit und Glückseligkeit zu befördern, machen das höchste Gut aus. Dem moralischen Gesetze ganz angemessen zu sein, haben wir in unserer Gewalt, denn es kann kein Sollen auf uns passen, wenn wir nicht auch das Vermögen haben es zu thun. Aber in Ansehung der Glückseligkeit sie zu erreichen, sie in dem Maasse über andere zu verbreiten, als sie es verdienen, – dies Vermögen hat kein einziges Weltwesen. Sobald wir nun zur Beförderung des summi boni mundani streben, so müssen wir doch die Bedingung annehmen, unter der wir es erreichen können, und dies ist die Existenz eines ausserweltlichen moralischen Wesens. Ist ein höchstes Gut erreichbar und nicht blos Chimäre, so muss ich einen Gott annehmen; denn der Mensch kann dies allein nicht ausüben. Soll ich mir zur Regel machen, nach einem gewissen Zwecke zu streben, so muss ich mir doch eine Bedingung der Möglichkeit der Erreichung dieses Zweckes denken. … Die Erreichbarkeit des Zwecks des höchsten Guts steht nicht in meiner Gewalt. Dass es Zweck sein soll, ist ausgemacht" (AA 28. 2, 1/ 791f.).

189 AA 5/453, 444.

190 AA 5/478.

191 H. S. REIMARUS, *Die vornehmsten Wahrheiten der natürlichen Religion in zehn Abhandlungen auf eine begreifliche Art erkläret und gerettet von ...* Zweyte verbesserte Auflage (Hamburg 1755).

192 AA 5/476.

193 AA 5/477. Dies gilt auch umgekehrt, daß nämlich die Teleologie als Beleg für die Vernünftigkeit des Gottespostulats herangezogen wird. Erst die KU liefert eigentlich die systematische Möglichkeit der Beachtung dieses Zusammenhangs, der allerdings die Vernünftigkeit der praktischen Postulate nicht in Frage stellen, sondern lediglich erläutern soll. Der Sache nach wird diese Verbindung bereits in L₁ angedeutet: „... so muß ein allgemeiner Weltregierer der Natur angenommen werden, dessen Wille ein moralischer Wille ist, und der nur unter der Bedingung der moralischen Gesetze die Glückseligkeit ertheilen kann, der im Stande ist, das Wohlverhalten mit dem Wohlbefinden zusammenzustimmen. ... Dieser Beweis muß beim Unterrichte der Jugend sehr empfohlen und

Schlusse der moralischen Teleologie"[194]. Die reflektierende Urteilskraft führt von sich aus zur Vorstellung eines „intellectus archetypus"[195], und die moralische Teleologie gelangt mit Hilfe von apriorischen Vernunftprinzipien „auf

eingeführet werden; denn die Moralität ist das Vornehmste und Wichtigste unter allem. Mit diesem Beweise kann der physikotheologische verbunden werden; denn der ist sehr reizend und vollendet das ganze Werk" (Pölitz Met. 291 u. 294, entspr. AA 28.1/319f.). Im „Bruchstück eines moralischen Katechism" in der Metaphysik der Sitten wird das teleologische Argument ausdrücklich mit dem moralischen verbunden: „Hat die Vernunft wohl Gründe für sich, eine solche die Glückseligkeit nach Verdienst und Schuld der Menschen austheilende, über die ganze Natur gebietende und die Welt mit höchster Weisheit regierende Macht als wirklich anzunehmen, d.i. an Gott zu glauben? S[chüler]. Ja; denn wir sehen an den Werken der Natur, die wir beurtheilen können, so ausgebreitete und tiefe Weisheit, die wir uns nicht anders als durch eine unaussprechlich große Kunst eines Weltschöpfers erklären können, von welchem wir uns denn auch, was die sittliche Ordnung betrifft, in der doch die höchste Zierde der Welt besteht, eine nicht minder weise Regierung zu versprechen Ursache haben: nämlich daß, wenn wir uns nicht selbst der Glückseligkeit unwürdig machen, welches durch Übertretung unserer Pflicht geschieht, wir auch hoffen können, ihrer theilhaftig zu werden" (AA 6/482). Die teleologische Komponente hat in beiden Fällen pädagogischen Charakter; sie zielt auf „die Jugend" (L₁) oder auf „den noch rohen Zögling" (AA 6/478) und ist kein Beleg dafür, daß sich die Einschätzung des moralischen Arguments geändert hätte. Die praktische Vernunft bleibt bis ins Spätwerk hinein entscheidend für die Gottesfrage, obwohl sich eine Tendenz abzeichnet, den spekulativen und praktischen Vernunftgebrauch als ursprüngliche Einheit zu betrachten und im Ergebnis nicht mehr zu unterscheiden. Deutlich in diese Richtung weist schon AA 8/182f. („Über den Gebrauch teleologischer Principien in der Philosophie", 1788): „Weil aber eine reine praktische Teleologie, d.i. eine Moral, ihre Zwecke in der Welt wirklich zu machen bestimmt ist, so wird sie deren Möglichkeit in derselben, sowohl was die darin gegebene Endursachen betrifft, als auch die Angemessenheit der obersten Welturasche zu einem Ganzen aller Zwecke als Wirkung, mithin sowohl die natürliche Teleologie, als auch die Möglichkeit einer Natur überhaupt, d.i. die Transscendental = Philosophie, nicht verabsäumen dürfen, um der praktischen reinen Zweckslehre objective Realität in Absicht auf die Möglichkeit des Objects in der Ausübung, nämlich die des Zwecks, den sie als in der Welt zu bewirken vorschreibt, zu sichern." Theoretische und praktische Vernunft finden nach dem OP „in der Idee Gott und die Welt als synthetische Einheit der Trans. Philos. zusam̄en" (AA 21/19), die ein „Absolut Ganzes ist" (AA 21/126), weil sich in ihr „alle Philosopheme des Erkenntnisses a priori in einem Ganzen der synthetischen Erkentnis" „zu einem absoluten Ganzen wechselseitig vereinigen" (AA 21/115; vgl. auch 21/84 u. 109). Das Ergebnis ist eine einzige, innerlich strukturierte Vernunfterkenntnis: „Die bloße Idee von Gott ist zugleich ein Postulat seines Daseyns. Ihn sich denken und zu glauben ist ein identischer Satz. Das Rechtsprincip im categorischen Imperativ macht das All nothwendig als absolute Einheit nicht nach der Transc: Philos. sondern der transcendenten" (AA

einen bestimmten Begriff der obersten Ursache als WelturSache nach moralischen Gesetzen, mithin einer solchen, die unserm moralischen Endzwecke
Genüge thut, wozu nichts weniger als Allwissenheit, Allmacht, Allgegenwart
u.s.w. als dazu gehörige Natureigenschaften erforderlich sind, die mit dem
moralischen Endzwecke, der unendlich ist, als verbunden, mithin ihm adäquat
gedacht werden müssen, und kann so den Begriff eines einzigen Welturhebers,
der zu einer Theologie tauglich ist, ganz allein verschaffen". Die so ermöglichte
Theologie führt dann „unmittelbar zur Religion, d. i. der Erkenntniß unserer
Pflichten, als göttlicher Gebote"[196]. Schon die KpV war zu dem Resultat gelangt,
daß der moralische Grundsatz einen „genau bestimmte(r)[n] Begriff dieses
Urwesens" hervorbringe, nämlich den „eines Welturhebers von höchster Vollkommenheit", der allwissend, allmächtig, allgegenwärtig, ewig usw. ist, was
dort noch als „das Merkwürdigste" bezeichnet wurde[197]. Auf dem „empirischen
Wege" (der Physikotheologie) wäre dies unmöglich gewesen, „weil wir diese
Welt als das vollkommenste mögliche Ganze, mithin zu diesem Behuf alle

22/109). Solche Philosophie geht „von dem All zu Einem" (AA 21/84) und denkt
das „Eine und Alles in dem Einen", dessen „Wirklichkeit vermöge der Persönlichkeit
die ihrem Begriffe identisch zukomt" im moralisch-praktischen Gebrauch (AA 21/91,
vgl. auch oben Anm. 160). „Das All der Wesen ist Gott und die Welt" „als Correlata",
oder: „1. Das All der Wesen als Inbegrif die Welt [Abs.] 2.) Das Wesen aller Wesen als
Urgrund Gott ausser der Welt" (AA 21/144f.). Diese Philosophie wird zur Weisheit
aus Gott: „ ... nicht die Natur in der Welt führt auf Gott z.B. durch ihre schöne Ordnung
sondern umgekehrt" (AA 22/60), und zwar in der Weise, wie man „im Raum durchs
Licht, nicht das Licht" sieht (AA 21/85).

194 AA 5/461.

195 AA 5/408.

196 AA 5/481.

197 AA 5/139f. Schon in den Vorlesungen über Rationaltheologie: „Die Moral giebt mir
auch allein einen bestimmten Begriff von Gott" (Religionslehre Pölitz AA 28. 2,2/1073).
„In Ansehung der Moral hingegen ist dieser Begriff apodiktisch notwendig und völlig
bestimmt" (Nat. Theol. Volckmann AA 28, 2,2/1182). „... der Begriff von Gott, und zwar
ein ganz bestimmer [sic] Begriff, entspringt aus der Moral" (Danziger Rationalth. AA 28.
2,2/1283)."... auf dem Wege der moralischen Entwicklung der moralischen vernunft
und nicht der spekulativen Vernunft gelangen wir zum bestimmten Begriff von Gott"
(Fragment AA 28. 2,2/1329). vgl. auch R 5516: „Die moral = theologie erfodert allein
einen bestimten Begrif eines höchsten Wesens; die naturtheologie nicht, macht aber das
Daseyn intuitiv" (AA 18/205).

mögliche Welten (um sie mit dieser vergleichen zu können) erkennen, mithin allwissend sein müßten, um zu sagen, daß sie nur durch einen Gott (wie wir uns diesen Begriff denken) möglich war"[198]. Dies wird in der KU wiederholt: Das Ausgehen von bloß empirischen Daten führt für einen Nicht-Allwissenden nur zu einer der Fassungskraft des Urteilenden komparativen Größe des Welturhebers[199]. Hierin liegt für Kant offenbar die entscheidende Schwäche des theoretischen Zugriffs gegenüber dem moralischen Weg. Wenn wir Gott wirklich ‚wüßten' und „Gott und Ewigkeit mit ihrer furchtbaren Majestät uns unablässig vor Augen" lägen, „so würden die mehresten gesetzmäßigen Handlungen aus Furcht, nur wenige aus Hoffnung und gar keine aus Pflicht geschehen" (so Kant in der KpV[200]). Das moralische Gesetz vermittelt demgegenüber

---

198 AA 5/138f.

199 AA 5/480.

200 AA 5/147. Besonders deutlich dieser Gedanke in der Religionslehre Pölitz: „Dieser Glaube ist daher auch nicht Wissen, und, Heil uns! daß er es nicht ist; denn eben darin erscheint die göttliche Weisheit, daß wir nicht wissen, sondern glauben sollten, daß ein Gott sey . Denn gesetzt, wir könnten durch die Erfahrung (ob man sich gleich die Möglichkeit davon nicht denken kann), oder auf diese oder jene Art zu einem Wissen vom Daseyn Gottes gelangen; gesetzt, wir könnten davon wirklich, so wie durch die Anschauung vergewissert werden; so würde alle Moralität wegfallen. Der Mensch würde sich sogleich Gott bei einer jeden Handlung als Vergelter und Rächer vorstellen... der Mensch würde aus sinnlichen Antrieben tugendhaft seyn" (AA 28. 2,2/1083f.). vgl. auch R 5495: „Die Menschen möchten wohl gern eine theoretische Gewisheit vom Daseyn Gottes haben, unabhängig von allen Gründen des Verhaltens, damit es ihnen frey bliebe, sich nach den Erkentnissen zu richten, entweder den sittlichen oder den Gesetzen der Neigung gemäß zu verfahren, nachdem sie erkenneten, daß ein Gott sei oder nicht. aber die sittliche Gesetze sind von der Art, daß bey ihnen keine Freyheit zu wählen ist; und es ist keine sittliche Reinigkeit möglich, wenn vor denen Entschließungen derselben Erkentnisse vorhergehen, welche sie unnöthig machen und alles auf Klugheit reduciren. Daher ist uns nur so viel Licht gegeben, als mit der Ursprünglichkeit der sittlichen Bewegungsgründe und ihrer treibenden Gewalt zusammen bestehen kann. Wenn wir in ansehung deren gleichgültig wären, so würden die Beweisgründe (logische) uns nicht allein überzeugen. Der freye Glaube an Gott ist ein verdienst, die apodictische Gewisheit und Zwangsglaube aus Furcht keines" (AA 18/198f.). Außerdem: „Eine wohlgeartete Seele ist leicht zum Glauben (Gottes und einer Zukunft) zu überzeugen, aber einem bösen ist nicht zu helfen. Seines Herzens Härtigkeit macht ihn blos auf speculation erpicht, und er fürchtet allenfals einen Gott, aber glaubt ihn nicht, d.i. nimmt ihn nicht an"(R 5520, AA 18/206);"Ungläubig ist der, welcher keine andere Annehmung der Vernunft Satze einräumt, als die logische Gewißheit haben. [Abs.] Practisch ungläubig, der

eine andere Art von Gewißheit, die „durch ein Faktum bestätigt" wird[201]: Durch das unausweichliche Sittengesetz läßt sich „gleichsam durch ein Faktum beweisen", daß es Freiheit gibt, die als „sinnlich unbedingte Kausalität"[202]

nicht rechtschaffen seyn will, als so fern er gewiß weiß, daß es auch seine Belohnung habe (nicht aus eigennutz), also nicht auf oder im Glauben; oder auch der, welcher der moralischen Gesinnung so viel Kraft beymißt, von allen Folgen zu abstrahiren und sich blos mit dem rechthandeln zu begnügen. [Abs.] Jenes ist der Unglaube des Mistrauens. [Abs.] Dieses ist der Unglaube des Eigendünkels" (R 5629, AA 18/262). – vgl. dazu H. BARTH, *Philosophie der praktischen Vernunft* (Tübingen 1927) 365: „ … ihre begrifflich unbegründete Sicherheit ist ein unentbehrliches Element der Praktischen Vernunft. Sie ist es, die der Kontingenz der Verwirklichung gerecht wird". 336f.: „Das Postulat bedeutet … für diese Vernunft einen letzten, prinzipiellen Vorbehalt; sie setzt sich selbst mit ihm aufs Spiel. Besagt doch das Postulat: so gewiß Praktische Vernunft Wahrheit ist, so sicher besitzt jenes bedingte Sein Wirklichkeit – und dies darum, weil auf der Stufe der ,Dialektik' Praktische Vernunft einer bis dahin nicht erforderten Sinnerfüllung bedarf: sie liegt eben in der außerhalb der Verwirklichung liegenden, von ihr bedingten Tatsache der Glückseligkeit."

201 AA 5/6. In der Vorrede zur KpV erläutert Kant diese besondere Gewißheit in einer Fußnote: „Aber der Ausdruck eines Postulats der reinen praktischen Vernunft konnte noch am meisten Mißdeutung veranlassen, wenn man damit die Bedeutung vermengte, welche die Postulate der reinen Mathematik haben, und welche apodiktische Gewißheit bei sich führen. Aber diese postuliren die **Möglichkeit einer Handlung**, deren Gegenstand man a priori theoretisch mit völliger Gewißheit als möglich voraus erkannt hat. Jenes aber postulirt die Möglichkeit eines Gegenstandes (Gottes und der Unsterblichkeit der Seele) selbst aus apodiktischen praktischen Gesetzen, also nur zum Behuf einer praktischen Vernunft; da denn diese Gewißheit der postulirten Möglichkeit gar nicht theoretisch, mithin auch nicht apodiktisch, d.i. in Ansehung des Objects erkannte Nothwendigkeit, sondern in Ansehung des Subjects zur Befolgung ihrer objectiven, aber praktischen Gesetze nothwendige Annehmung, mithin blos nothwendige Hypothesis ist. Ich wußte für diese subjective, aber doch wahre und unbedingte Vernunftnothwendigkeit keinen besseren Ausdruck auszufinden" (AA 5/11). Neben der „apodiktischen" („nach dem Satze des Widerspruchs" B 14) oder „völlige[n] Gewißheit" („Allgemeinheit und Nothwendigkeit" A 823 = B 851) kennt Kant noch andere Arten der Gewißheit (als objektiver Zulänglichkeit „für jedermann" im Gegensatz zur bloß „subjective[n] Zulänglichkeit", der „Überzeugung" A 822 = B 850): im theoretischen Bereich z.B. die aus einem „apagogische[n]" Beweis resultierende Gewißheit, die „nicht Begreiflichkeit der Wahrheit in Ansehung des Zusammenhanges mit den Gründen der Möglichkeit" einschließt (A 789 = B 817), und im Bereich des sittlichen Handelns die „praktische" Gewißheit, („von Gott und der andern Welt"), die zwar in einer Reflexion von der üblicherweise als ,moralische' bezeichneten Gewißheit, die nichts als „eine bloße Warscheinlichkeit" sei, unterschieden wird (R 4251, AA 17/482), aber dann doch auch selbst

auch zum Bereich des Übersinnlichen gehört, so daß sie die einzige unter allen Ideen der spekulativen Vernunft" ist, „wovon wir die Möglichkeit a priori wissen, ohne sie doch einzusehen"[203], weil nämlich ihr „Gegenstand

so genannt wird: „Nein, die Überzeugung [von Gott und einem künftigen Leben] ist nicht logische, sondern moralische Gewißheit, und da sie auf subjectiven Gründen (der moralischen Gesinnung) beruht, so muß ich nicht einmal sagen: es ist moralisch gewiß, daß ein Gott sei etc., sondern: ich bin moralisch gewiß etc. Das heißt: der Glaube an einen Gott und eine andere Welt ist mit meiner moralischen Gesinnung so verwebt, daß, so wenig ich Gefahr laufe, die letztere einzubüßen, eben so wenig besorge ich, daß mir der erste jemals entrissen werden kann" (A 829 = B 857, vgl. auch R 2454, 2484 u. 2487: AA 16/375, 389 u. 390). Diese Gewißheit ist „die erste Bedingung alles Werths der Person" (AA 5/73). Dazu in den Vorlesungen: „Der feste Glaube, blos darum weil etwas eine nothwendige Bedingung ist, ist etwas so sehr Sicheres, und so sehr Subjectiv = gegründetes, daß etwas, was auf objectiven Gründen beruht, nicht besser in der Seele kann befestigt seyn als dieses" (L₁ Pölitz 267, AA 28. 1/304). „Eine solche Moraltheologie verschafft uns außer der überzeugenden Gewißheit, die wir dadurch von dem Wesen Gottes erhalten, auch zugleich den großen Vortheil, daß sie uns zur Religion führet..." (Religionslehre Pölitz AA 28. 2,2/1083). „Die Moraltheologie überzeugt uns mit weit mehrerer Gewißheit von dem Daseyn eines Gottes, als die Physikotheologie" (ebd. 1075). In der Nat. Theol. Volckmann sogar: „In Ansehung der Moral hingegen ist dieser Begriff [von Gott] apodiktisch notwendig und völlig bestimmt; denn die Moral enthält die Bedingungen des Verhaltens vernünftiger Wesen, unter denen sie allein der Glückseligkeit würdig sein können. Diese Bedingungen dieser Pflichten sind apodiktisch gewiß; denn sie sind in der Natur eines vernünftigen freien Wesens selbst gegründet" (AA 28. 2,2/1182). In K₂ (Heinze) dann wieder: „Die Annahme einer höchsten Intelligenz als eines moralischen Wesens ist eine praktisch-nothwendige Hypothese der Vernunft" (AA 28. 2,1/793). Aufschlußreich sind zu dieser Frage auch die Reflexionen in Kants Handexemplar von G. F. Meiers „Auszug aus der Vernunftlehre" (Halle 1752), die im 16. Band der Akademieausgabe enthalten sind. Es fällt auf, daß schon die Reflexionen der Frühzeit (ab 1752) im Zusammenhang mit der Frage nach Wahrheit und Gewißheit auf die Themen Seele (R 2430, AA 16/364f., 2443/368f.), Himmel (2433/365), Unsterblichkeit (2122/243; 2422/359f.), Vorsehung [wohl richtiger als „Versuchung", leicht zu verwechseln in der deutschen Schrift] (2427/363), „daß ein Gott sey" (2425/361), „Gewisheit eines Gläubigen" (2429/364) und auf die Erkenntnis eines „theologus" (2445/371) zu sprechen kommt. Die späteren Reflexionen (ab 1764?) beschäftigen sich dann intensiv mit der Gewißheit des praktischen Vernunftglaubens: „Das Princip der selbsterhaltung der Vernunft ist das Fundament des Vernunftglaubens, in welchem das Fürwahrhalten eben den Grad hat als beym Wissen, aber von anderer Art ist, ...Das Wissen blehet auf (wenn es Wahn ist), aber das Wissen bis zu den Grenzen desselben (Socrates) macht Demüthig" (2446/371f.); „Was auf den Vernunftglauben gegründet ist, ist moralisch gewiß" (2447/372); „Moralisch hinreichend, dazu gehört viel: auf sein Gewissen etwas nehmen" (2448/372); „Der praktische Glaube ist entschieden und völlig gewiß, so daß

Tatsache ist und unter die scibilia mit gerechnet werden muß"[204]. Das moralische Argument ist eine denkerische Ausfaltung dieser Erkenntnis, ohne allerdings wegen seiner teils objektiv, teils bloß subjektiv notwendigen Denkschritte

> sein Vorwahrhalten complet ist in sensu practico und selbst durch die größeste Gründe der speculation keinen zusatz bekomen kan" (2451/374); ... mithin ist dasienige moralisch gewis, dessen Läugnung die moralität aufhebt ... Die moralische Gewisheit ist subjectiv die großte unter allen" (2454/375f.); „Was ich aber glaube, muß ich verantworten" (2462/380f.); „Beym glauben nimmt man etwas an, man ist entschieden" (2463/381). Vielleicht erst aus der kritischen Zeit: „objectiv ist kein Unterschied zwischen Warheit und Gewisheit" (2481/388); Ohne interesse woran zu nehmen, ist kein practischer Glaube" (2483/389); „Das, was ich aus moralischen Gründen annehme und so, daß ich gewiß bin, das Gegentheil könne nie bewiesen werden" (2487/389ff.); „Was man weiß: davon hört man keine Gegengründe. [Abs.] Was man glaubt: auch nicht" (2488/391); „Glauben giebt eine Überzeugung, die nicht communicabel ist. (wegen der subiectiven Gründe.)" (2489/391; auch: 2498/394); „Der practische Glaube gründet sich auf ein Wissen in Ansehung der Gesetze. ich weiß, daß, der sich wohl verhält, der Glükseeligkeit würdig sey, und glaube, er werde ihrer theilhaftig werden. rationaler Glaube. Gott und andre Welt" (2491/392). Schließlich die mehrfache Erwähnung der „Wette", die an Pascal erinnert: 2450/373f., 2451/374f., 2493/393, vgl. auch L₁ Pölitz 267, AA 28.1/304f., s.o. Anm. 49.

202 AA 5/104; auch 5/6, 31 (2x) 32, 42 (2x), 43, 47, 55, 91. „Man kann das Bewußtsein dieses Grundgesetzes ein Factum der Vernunft nennen, weil man es nicht aus vorhergehenden Datis der Vernunft, z.B. dem Bewußtsein der Freiheit (denn dieses ist uns nicht vorher gegeben), herausvernünfteln kann, sondern weil es sich für sich selbst uns aufdringt als synthetischer Satz a priori, der auf keiner, weder reinen noch empirischen, Anschauung gegründet ist..." (AA 5/31).

203 AA 5/4.

204 AA 5/468. Daß Freiheit als ein, ja als der Schlüsselbegriff der Kantschen Transzendentalphilosophie anzusehen ist, geht nicht erst aus dem Spätwerk hervor (vgl. oben Anm. 160). Schon in der KrV zeigt sich deutlich, daß die entscheidende Rolle der Freiheit für die Weiterentwicklung des kritischen Systems bereits gesehen wird (vgl. A 795 = B 823 bis A 819 = B 847). Der „einzige" „Fußsteig der Freiheit" (AA 4/455) wird in der KpV als der „Schlußstein von dem ganzen Gebäude eines Systems der reinen, selbst der speculativen Vernunft" (AA 5/3f.) und in der KU als „Grundbegriff aller unbedingt praktischen Gesetze" bezeichnet, der „die Vernunft über diejenigen Gränzen erweitern kann, innerhalb deren jeder Naturbegriff (theoretischer) ohne Hoffnung eingeschränkt bleiben müßte" (AA 5/474). Ausgangspunkt ist die Beziehung zwischen Freiheit und Moral: Das moralische Gesetz ist die Bedingung „unter der wir uns allererst der Freiheit **bewußt werden können**"; Freiheit ist „die ratio essendi des moralischen Gesetzes, das moralische Gesetz aber die ratio cognoscendi der Freiheit" (AA 5/4). Nachdem also die Realität des Begriffs der Freiheit „durch ein apodiktisches Gesetz der praktischen Vernunft bewiesen ist"

dieselbe Sicherheit des Wissens zu bieten, was aber die Möglichkeit höchster subjektiver Gewißheit keineswegs beeinträchtigt. Deshalb stellt dieses Argument auch nach der KU „keinen objectiv-gültigen Beweis" dar[205]; und nach der Religionsschrift führt es zu dem nur „in praktischer Beziehung" angenommenen synthetisch-apriorischen Satz: „es ist ein Gott"[206], was die „Metaphysik der Sitten" in pädagogischer Kurzfassung bestätigt[207]. Nachdem für Kant nach

("aufgedrungen" AA 5/30, „beweiset" AA 5/474), wird dadurch, „daß Freiheit wirklich ist", die Möglichkeit der Ideen der spekulativen Vernunft („von Gott und Unsterblichkeit") „bewiesen": sie bekommen mit ihm und durch ihn Bestand und objective Realität" (AA 5/3f.). Ihren ursprünglich „leeren Platz füllt nun reine praktische Vernunft durch ein bestimmtes Gesetz der Causalität in einer intelligiblen Welt (durch Freiheit), nämlich das moralische Gesetz, aus" (AA 5/49). Damit kommt der Freiheit eine entscheidende Brückenfunktion zu, die es gestattet, eine im kritischen Sinn geläuterte Metaphysik zu begründen: sie ermöglicht die „Erweiterung im Felde des Übersinnlichen" (AA 5/103) und eröffnet den Zugang zur „intelligiblen Welt" (AA 5/94), der allerdings nur nach vorausgegangener Kritik der spekulativen Vernunft ohne Widersprüche, Überschwenglichkeiten und Anthropomorphismen erschlossen werden konnte (vgl. dazu z.B. AA 5/100-103). Nur auf dem moralischen Weg des Freiheitsbegriffs wird „von dem Übersinnlichen" „Erkenntniß möglich", weil „das Übersinnliche, welches dabei zum Grunde liegt (die Freiheit), durch ein bestimmtes Gesetz der Causalität, welches aus ihm entspringt, nicht allein Stoff zum Erkenntniß des andern Übersinnlichen (des moralischen Endzwecks und der Bedingungen seiner Ausführbarkeit) verschafft, sondern auch als Thatsache seine Realität in Handlungen darthut, aber eben darum auch keinen andern, als nur in praktischer Absicht (welche auch die einzige ist, deren die Religion bedarf) gültigen Beweisgrund abgeben kann." Der Freiheitsbegriff ist „der einzige Begriff des Übersinnlichen", „welcher seine objective Realität (vermittelst der Causalität, die in ihm gedacht wird) an der Natur durch ihre in derselben mögliche Wirkung beweiset und eben dadurch die Verknüpfung der beiden andern mit der Natur, aller drei aber unter einander zu einer Religion möglich macht" (AA 5/474. vgl. dazu noch R 6343, AA 18/667f., und den Schluß von R 6317, AA 18/629).

205 AA 5/450, 466.

206 AA 6/6, hier unter Bezugnahme auf das „höchste in der Welt mögliche Gut".

207 Im „Bruchstück eines moralischen Katechism" AA 6/480ff., s.o. Anm. 193. Daß hier nicht auf den Begriff des höchsten Guts zurückgegriffen wird, ist dem moralischen Beweis äußerlich, s.o. Anm. 161. Die Argumentation aus dem Gewissen (AA 6/438ff.) ist nicht als Ablösung des moralischen Gottesbeweises oder als konkurrierende Beweisführung zu verstehen, nachdem der Mensch unter dem Einfluß seines Gewissens weder „berechtigt" noch „verbunden" ist, „ein solches höchste Wesen außer sich als wirklich anzunehmen" (AA 6/439). vgl. auch das Gewissensargument im OP, oben Anm. 160. J. Schmucker nennt das Gewissensargument „einen zweiten Weg zu Gott vom sittlichen Bewußtsein

der KrV ohnehin nur die Mathematik eigentliche Demonstrationen enthält, weil nur „ein apodiktischer Beweis, so fern er intuitiv ist", so heißen könne[208], wird man ihm vielleicht darin folgen können, daß der moralisch-praktische Bereich der eigentlich wichtige und entscheidende ist für den Menschen[209], und daß es auch ein Vorzug des moralischen Gottesarguments sein könnte, wenn dabei die spekulative Vernunft „bei weitem nicht gleichen Schritt halten kann"[210]. Unvermeidliche Analogieschlüsse auf göttliche Eigenschaften wären ohne Schaden mit entsprechender Zurückhaltung zu bewerten, weil nach Kant die dafür zu fordernde „paritas rationis" fehlt[211] und sie allenfalls darüber Auskunft geben, wie man sich ein solches höchstes personales Wesen denken muß[212]. Es hat den Anschein, als ob Kant hier deutlich eine Tür für den je größeren Gott offenhalten will, indem er die Unzulänglichkeit der bloß rationalen und nicht den ganzen Menschen beanspruchenden Gotteserkenntnis unterstreicht und auf die ergänzende Funktion des Strebevermögens verweist. „Es ist aber kein Mensch bei diesem Fragen frei von allem Interesse" (KrV[213]), und weil es hier um das „höchste(n) Interesse" überhaupt geht, das die letzten Menschheitsfragen betrifft[214], bekannte er selbst sich bereits in den „Träumen eines Geistersehers" zu der parteiischen Unrichtigkeit der „Verstandeswage", deren einer Arm die Aufschrift „Hoffnung der Zukunft" trägt: „die einzige Unrichtigkeit", so Kant, „die ich nicht wohl heben kann und die ich in der That auch niemals heben will"[215]. Darum ist für ihn der „moralische(n) Glau-

---

aus", dessen Ungenügen freilich gesehen wird (a. a. O. [68] 70f. vgl. auch M. ALBRECHT, a. a. O. [49] 145).

208 A 734 = B 762 – also auch die Naturwissenschaften nicht! Man wird an K. R. POPPERS „*Logik der Forschung*" erinnert, wenn man im OP liest: „Erfahrung als Beweisgrund der Warheit empirischer Urtheile ist niemals mehr als asymptotische Annäherung zur Vollständigkeit möglicher Warnehmungen welche sie ausmachen. Ist nie Gewisheit" (AA 21/61).

209 vgl. A 798ff. = B 826ff.

210 AA 5/458f.

211 AA 5/464.

212 vgl. AA 5/397f.

213 A 829f. = B 857f., s. o. Anm. 142 u. 173.

214 A 743 = B 771; vgl. A. Winter, a. a. O. (Anm. 12) 3f. [im vorliegenden Buch Kap. 2, 49-113, 52f.].

be(n)" dem problemreichen und wankenden „bloß doktrinale[n] Glaube[n]"
der theoretischen Vernunft bei weitem überlegen: „Da aber also die sittliche
Vorschrift zugleich meine Maxime ist, (wie denn die Vernunft gebietet, daß
sie es sein soll), so werde ich unausbleiblich ein Dasein Gottes und ein künftiges
Leben glauben und bin sicher, daß diesen Glauben nichts wankend machen
könne, weil dadurch meine sittlichen Grundsätze selbst umgestürzt werden
würden, denen ich nicht entsagen kann, ohne in meinen eigenen Augen verabscheuungswürdig zu sein" (KrV[216]). Nach einer Reflexion mit unsicherer
Datierung (Nr. 5477) sind für Kant die Postulate der praktischen Vernunft
als notwendige moralische Hypothesen insofern „evident", als „ihr Gegentheil
... sich ad absurdum morale bringen" läßt. „Wer sie nicht annimmt, verfällt
in ein absurdum practicum"[217]. Was das bedeutet, beschreibt Kant in den

215   AA 2/349f.

216   A 827f. = B 855f.

217   R 5477, AA 18/193. Früher, n. Adickes bis höchstens 1776 (aber unsicher), R 4256, AA
      17/484f.: „Wenn ich das Daseyn Gottes läugne, so muß ich mich entweder wie einen
      Narren ansehen, wenn ich ein Ehrlicher Mann seyn will (oder bin), oder wie einen
      Bösewicht, wenn ich ein kluger Mann seyn will. Es giebt Beweise per deductionem
      contrarii ad absurditatem oder turpitudinem." „Wenn man Gott leugnet, so ist der
      tugendhafte ein Narr und der Kluge Mann ein Schelm." „Es giebt beweise per deductionem
      contrarii ad absurdum logicum und auch solche per deductionem ad absurdum morale:
      daß, der es nicht annimt, ein (Narr, Phantast,) Betrüger sey; beyde sind nicht genetisch,
      sondern Beweise der Nothwendigkeit etwas anzunehmen". Die Metaphysik Pölitz (L₁)
      behandelt diesen Aspekt sehr ausführlich. „Der eine apagogische Beweis, der ad absurdum
      logicum führt, ist aus der nothwendigen Voraussetzung des theoretischen Gebrauchs der
      Vernunft hergenommen. Wir müssen einen weisen Urheber der Welt voraussetzen ... ".
      „Der andere apagogische Beweis, der ad absurdum practicum führt, ist aus der nothwen-
      digen Voraussetzung des practischen Gebrauchs der Vernunft hergenommen; und führt
      nicht nur ad absurdum pragmaticum nach der Regel der Klugheit, sondern auch ad
      absurdum morale nach der Regel der Sittlichkeit." „Nehme ich keinen Gott an; so
      habe ich im ersten Falle nach Grundsätzen gehandelt, wie ein Narr, und
      im zweiten Falle nach Grundsätzen gehandelt, wie ein Schelm." ‚Absurdum
      morale' heißt also: ohne Befolgung der Moralgesetze glücklich werden zu wollen, ‚absur-
      dum pragmaticum', der Glückseligkeit würdig zu sein, aber ihrer nicht teilhaftig zu
      werden (Pölitz 290-293, 267 entspr. AA 28.1/318ff., 304). Metaphysik Volckmann: „Wir
      können uns ein practisches Dilemma vorstellen (dilemma practicum ist das, was mich,
      wenn ich nicht etwas voraussezze, in lauter absurda practica stürzt) wo einer auf einige
      absurda practica stößt. Es giebt 2 absurda practica 1) den Grundsaz, nach welchem ich

Vorlesungen über Rationaltheologie: „So müßte ich denn ohne Gott, entweder
ein Phantast, oder ein Bösewicht sein. Ich müßte meine eigene Natur und
ihre ewigen moralischen Gesetze verläugnen; ich müßte aufhören, ein vernünftiger Mensch zu sein"[218]. Ein solcher praktischer „Vernunftglaube"[219] ist
dann später thematisch der Inhalt des inneren der „concentrische[n] Kreise"
der Religionsschrift[220], in der sich auf dem Wege über das „Ideal der Gott
wohlgefälligen Menschheit" die „Idee eines Menschen" abzeichnet, „der nicht
allein alle Menschenpflichten selbst auszuüben", sondern auch „alle Leiden
bis zum schmählichsten Tode um des Weltbesten willen, und selbst für seine
Feinde, zu übernehmen bereitwillig wäre" und „Sohn Gottes" genannt wird[221].
Daß Kant hier auch eine apologetische Absicht verfolgt, dürfte unverkennbar
sein: Es ist der Versuch, den ‚Gott der Philosophen' auf den ‚Gott der Offenbarung' hin transparent zu machen: „Ich mußte also das Wissen aufheben,
um zum Glauben Platz zu bekommen"[222]. Kant hat zu zeigen versucht, wie
vor dem Hintergrund der Vernunftkritik das „Bewußtsein" des moralischen
Gesetzes, das sich als „Faktum der Vernunft" „für sich selbst uns aufdringt als
synthetischer Satz a priori"[223], „zu einer, obgleich nur in praktischer Absicht

alle Anfoderung auf Redlichkeit und Gewißen fahren laße; ...2) der Grundsaz wodurch
ich aller Glükseeligkeit verlustig gehe" (AA28.1/385; zum Dilemma vgl. R 4255, AA
17/484: „Der Beweis geht durch ein dilemma theoreticum et practicum"). Religionslehre
Pölitz: „Dieser moralische Glaube ist ein praktisches Postulat, wodurch der, welcher es
verläugnet, ad absurdum practicum gebracht wird" (AA 28. 2,2/1083). Ähnlich Danziger
Rationaltheologie AA 28. 2,2/1291.

218   Religionslehre Pölitz AA 28. 2,2/1072, ähnlich auch Nat. Theol. Volckmann AA 28.
       2,2/1183. Zu dieser Frage vgl. auch M. Albrecht a. a. O. (49) 153. Das absurdum
       practicum ist nicht unbedingt an die Triebfeder-Lehre gebunden, weil moralisches Han-
       deln auch in der Konsequenz den Ansprüchen der Vernunft genügen sollte. Vielleicht
       markiert R 7281 (AA 19/301) den Übergang: „Die Erwartung der Belohnungen vermindert
       nur dann den moralischen Werth, wenn diese den Bewegungsgrund enthalten, nicht
       aber, wenn sie nur dazu dienen, die hindernis der moralität in der furcht vor dem
       Verlust aller Glükseeligkeit aufzuheben. [Abs.] Praemia als gratuita angesehen obligiren
       starker. [Abs.] Aber als merces vermindern sie die moralität."
219   A 829 = B 857 (erstes Vorkommen in den Druckschriften, ab der KpV häufiger).
220   AA 6/12.
221   AA 6/61f.
222   B XXX.

möglichen, Erkenntniß" (sic!) im Bereich des Übersinnlichen führt, „woran
die bloß spekulative Philosophie (die auch von der Freiheit einen bloß negativen
Begriff geben konnte) verzweifeln mußte". Das „Übersinnliche(n) in uns" (=
die Freiheit) belegt „als Thatsache seine [„objective"] Realität in Handlungen"
und verschafft uns als praktisch „gültige(n)[r] Beweisgrund" den „Stoff zum
Erkenntniß des andern Übersinnlichen (des moralischen Endzwecks und der
Bedingungen seiner Ausführbarkeit)". Dadurch werden die Ideen „des Übersinnlichen in uns" und „außer uns" auf dem moralischen Wege in den Rang
einer für theoretischen Zugriff zwar erreichbaren, aber nicht verifizierbaren
praktischen ‚Erkenntnis' erhoben[224]. Das moralische Argument „„beweiset"

---

223 AA 5/31.

224 AA 5/474. vgl. AA 20/294 (2. Preisschriftentw.): „Dieser Gegenstand [d. höchste Gut,
sofern es in der Welt möglich ist] ist übersinnlich; zu ihm als Endzweck fortzuschreiten,
ist Pflicht; daß es also ein Stadium der Metaphysik für diesen Überschritt und das
Fortschreiten in demselben geben müsse, ist unzweifelhaft. Ohne alle Theorie ist dies
aber doch unmöglich, denn der Endzweck ist nicht völlig in unserer Gewalt...". R 7316,
AA 19/314f.: „Wir können im Practischen zur Erkentnis des höchsten Zwecks a priori,
d.i. ohne diesen in der Erfahrung von Glückseligkeit aufzusuchen, gelangen durch den
categorischen Imperativ, der uns die Freyheit entdeckt, aber auch indem er den Pflichtbe-
grif unerschütterlich Gründet für jenen endzweck, der zugleich Pflicht ist, die Ideen von
Gott und Unsterblichkeit in practischer Rücksicht hinreichend begründet. [Abs.] – Wir
können zur Erkentnis der Dinge an sich selbst (des Uebersinnlichen), Gott und Unster-
lichkeit, nur durch die Realität des Begrifs der Freyheit und also in practischer Absicht
gelangen, und der categorische Imperativ ist ein synthetischer Satz a priori, ohne welchen
wir nichts für unsere Zwecke überhaupt a priori erkennen würden. Denn wir müßen
auch solche Zwecke uns vorsetzen, die wir a priori erkennen (nicht empirische), weil sie
das Ubersinnliche betreffen, und diese Begriffe a priori müssen aller offenbarung des
Übersinnlichen vorgehen und ihnen zum Grunde liegen." Ähnlich auch R 7321, AA
19/316. – Die theoretische Komponente dieser praktischen Erkenntnis besteht in der
„reine[n] Form des Verstandesgebrauchs in Ansehung der Gegenstände überhaupt und
des Denkens" (A 248/B 305, vgl. oben Anm. 178) und „im transscendentalen Gebrauche
der Vernunft", in dem „Meinen... zu wenig, aber Wissen auch zu viel" ist (A 823 = B
851), weil „transscendentale Fragen nur transscendentale Antworten, d.i. aus lauter Begriffen a priori ohne die mindeste empirische Beimischung, erlauben" (A 637 = B 665)
und daher von sich aus keine Erkenntnis begründen. Diese theoretischen Elemente werden
nun durch den praktischen Vernunftgebrauch nicht ergänzt, sondern in moralischer
Absicht in Dienst genommen; die praktische Gewißheit entstammt keiner rein theoretisch
erreichbaren Quelle und kann daher auch nicht der Theorie nachträglich zugeschrieben
werden. Dennoch ist auf der Grundlage der theoretisch-praktischen Vernunft (in Verbin-

so „das Dasein Gottes", aber „nur als Glaubenssache für die praktische reine Vernunft"[225].

3. Die Tragfähigkeit des Gotteserweises aus praktischer Vernunft

Die Frage nach der Tragfähigkeit des Kantschen Arguments stand unausgesprochen hinter allen bisherigen Ausführungen. Kants eigene Antwort wurde bereits dargestellt, wobei dem systematischen Zusammenhang dieses Themas innerhalb der Vernunftkritik ein entscheidendes Gewicht beigemessen wurde. Josef Schmucker hat versucht, die von Kant nur für den praktischen Gebrauch zugestandene Tragfähigkeit unter Rückgriff auf Kants eigene Texte auch im theoretischen Sinn zu erhärten. Nachdem gegen die grundsätzlich absolute Gültigkeit des Sittengesetzes kein Argument möglich sei, weil eine etwa angenommene Nicht-Existenz Gottes auch im Sinne Kants nicht beweisbar ist, interpretiert er Kants Argument als einen Schluß „im umgekehrten Sinn": Weil sich das Sittengesetz „durch keinerlei Manipulation der Reflexion"(beseitigen läßt, müssen die mit ihm „so notwendig verbundenen Bedingungen der Möglichkeit des höchsten Gutes" „selber real sein"[226]. Die Frage bleibt, ob dies für Kant eine von der theoretischen Vernunft wirklich einsehbare oder doch nur eine von der praktischen Vernunft, wenn auch für sie objektivnotwendigerweise, akzeptierte (nur immanent-konstitutive) Realität ist. Da das Sittengesetz als unableitbares Faktum nur der praktischen Vernunft im Hinblick auf das Handeln aus Freiheit gegeben ist, gehört auch die sich daran

---

dung mit der Urteilskraft) eine „transscendentale Theologie" möglich, wenn nicht vergessen wird, daß „die transscendentale Steigerung unserer Vernunfterkenntnis nicht die Ursache, sondern bloß die Wirkung von der praktischen Zweckmäßigkeit" ist, „die uns die reine Vernunft auferlegt" (A 817 = B 845).

225 AA 5/475.

226 J. Schmucker a. a. O. (154) 171. Das setzt allerdings voraus, daß man das Streben nach der Verwirklichung des höchsten Guts nicht als eine besondere Pflicht neben dem Imperativ des Moralgesetzes versteht und die im Begriff des höchsten Guts enthaltene, über die angemessene Proportion zwischen persönlicher Glückswürdigkeit und Glückseligkeit hinausgehende allgemeine Vollkommenheit („des höchsten Weltbesten" AA 5/451, 453; 8/28) außer acht läßt. Dieser begriffliche Überhang, der nicht zum Kern des Argumentes gehört, erschwert das Verständnis und bietet Gelegenheit zu unangemessener Kritik (vgl. oben Anm. 161 u. unten Anm. 229).

anschließende Reflexion ausschließlich ihrem Bereich an. Schmucker führt weiter an, daß die Alternative zwischen einem „höhere[n](s) apersonale[n](s) Universalprinzip" und einem „geistig-personale[n](s)" Urwesen durch eine „tiefere Besinnung auf die Eigenart der Seinsstufen" auch theoretisch entscheidbar sei[227]. Kant entspricht dieser Überlegung insofern, als er die moralische Teleologie der bloß physischen prinzipiell überordnet, so daß der Schluß auf eine personale oberste Intelligenz möglich wird. Zweifellos ist es eine legitime Art der Interpretation (die ja auch von Kant selbst, wie wir gesehen haben, gestützt wird) festzustellen, ob und wieweit Kants Position über sich hinaus weiterentwickelt werden kann, um aus ihren Grundelementen eine tragende Basis für einen festen Bau zu gewinnen. Schmucker führt auch dafür Beispiele an, die hier aber nicht weiter verfolgt werden sollen[228]. Eine eigentliche Widerlegung dürfte dagegen kaum möglich sein, während die von verschiedenen Seiten erhobenen Vorwürfe der Unzulänglichkeit sich zunächst der Frage stellen müssen, ob sie den Kern des Arguments überhaupt treffen[229].

---

227 J. Schmucker ebd. 159.

228 ebd.. 176-180.

229 Zu verschiedenen „Formen der Kritik am moralischen Gottesbeweis" vgl. M. ALBRECHT a. a. O. (49) 147-151. Versuche, Kant auf innere Widersprüche festzulegen, sind wenig erfolgversprechend, weil er in der Terminologie nicht konsequent ist, was freilich die Interpretation erschwert. Wesentliche Kritikpunkte sind bereits oben erörtert worden. Vielfach wird Kants Argument gar nicht getroffen: So behauptet A. MESSER (Kommentar zu Kants ethischen und religionsphilosophischen Hauptschriften [Leipzig 1929] 103), daß „die ganze Postulatenlehre, also auch die Gotteslehre Kants, auf einem Werturteil ruht, nämlich auf dem, daß eine Welt, in der das höchste Gut sich verwirkliche, wertvoller sei, als eine solche, in der diese Verwirklichung nicht stattfinde". L. W. Beck hat zwar recht mit der Feststellung, daß „der Begriff des höchsten Guts als des Endzwecks der Welt" dazu dient, „die Kluft zwischen Natur und Moralität endgültig zu überbrücken" (a. a. O. [152] dt. 256, engl. 278), so daß ihm in erster Linie eine systematische Funktion zukommt. BECK verfehlt jedoch den zugrundeliegenden Kern des Arguments, indem er das höchste Gut (zusammen mit dem vom Imperativ abgelösten „Gebot", es anzustreben) als logischen Zwischenschritt innerhalb des eigentlichen Arguments ansieht, wodurch das Argument seine Stringenz verliert (a. a. O. dt. 252f., engl. 274f.). Der Kantsche Text legt freilich selbst ein solches Mißverständnis nahe, weil er „die Bewirkung des höchsten Guts in der Welt" („das nothwendige Object eines durchs moralische Gesetz bestimmbaren Willens" [AA 5/122]) in den logischen Zusammenhang zwischen der Pflicht zu moralischem Handeln überhaupt und den vernünftigerweise dabei zu unterstellenden Bedin-

Ist es denn überhaupt wünschenswert, Kants Argument letztlich ganz in den Bereich des theoretischen Wissens zurückzuführen, oder genügt es nicht, daß es das Wissen über sich selbst hinauszuführen versucht, um dem Verkleinerungsglas[230] des fixierenden und abgrenzenden Zugriffs wenigstens im Ansatz zu entkommen? Endliche und relative Begriffe, die das Unendliche und Absolute bezeichnen sollen, verlieren sich leicht in einer abstraktiven Allgemeinheit, die die gemeinte Fülle nicht mehr erkennen läßt. Kommt man dem lebendigen Gott näher durch Begriffe und Beweise, die in der Theorie verbleiben, oder nicht eher dadurch, daß man in der nicht mehr mitteilbaren Tiefe der persönlichen Gewissensentscheidung von seiner Existenz und seiner Gegenwart überzeugt ist, das Gute tut und damit im Bereich der Wirklichkeit eine neue

gungen ihrer Möglichkeit (wohl zur verdeutlichenden Entfaltung der zugrundeliegenden Plausibilität und aus systematischen Gründen) einfügt (AA 5/124f.), worauf in den Vorlesungen, wie bereits gezeigt (vgl. Anm. 161), verzichtet wurde. Ähnliches ist zu J. L. MACKIES Kritik zu sagen *(Die Ohnmacht moralischer Gottesbeweise, in: Glaube und Vernunft.* Texte zur Religionsphilosophie, hrsg. v. N. Hoerster. dtv wiss. 4338 [München 1979] 73-80, hier: 76ff.). – Eine ausgesprochen positionale Kritik am moralischen Gottesargument in der Kantschen Fassung übt W. BRUGGER *(Summe einer philosophischen Gotteslehre* [München 1979] 275f.). Er spricht vom „Agnostizismus des transzendenten Gebrauchs der reinen theoretischen Vernunft" und wundert sich („verwunderlich"), daß Kant diesem Verdikt nicht völlig entspricht und über den Bereich möglicher Erfahrung hinausgeht! Außerdem vermag er Kant nicht darin zu folgen, daß das moralische Gesetz ein ursprüngliches Factum der Vernunft sei, das theoretisch nicht einsichtig gemacht werden könne; dem scholastischen Denken (das Kant ja keineswegs unbekannt war) erscheint dies jedoch durchaus möglich und nötig. Es dürfte auch hier wenig ergiebig sein, grundlegende Unterschiede zwischen einzelnen „Philosophien" in ihren Konsequenzen zu verrechnen, statt sie am Ort ihrer eigentlichen Differenz zu diskutieren. Wenn Brugger schließlich die Forderung nach dem Zusammenstimmen von Sittlichkeit und Glückseligkeit für universalisierbar hält, da sie nicht nur von „unserer subjektiven Vernunft", sondern „von jeder, auch der absoluten Vernunft gestellt" werde „und in diesem Sinne objektive Geltung" habe, dann berührt er eine offene Frage, von der Kant aber überzeugt war, daß sie offen bleiben müsse, weil unserer begrenzten Vernunft die Perspektive der oder einer absoluten Vernunft in diesem Leben nicht zugänglich ist.

230 „Aber alles, auch das Erhabenste, verkleinert sich unter den Händen der Menschen, wenn sie die Idee desselben zu ihrem Gebrauch verwenden" (AA 6/7f.; ähnlich AA 6/100). Im Fragment einer Rationaltheologie: „Anmerkung: die Philosophen haben den Begrif von Gott so sehr verkleinert, daß sie die Materialität der Dinge zur Gottheit gezählt haben. Es haben auch Leute existiert, die von dem Urwesen Verstand und Wille abgesondert haben" (AA 28. 2,2/1331).

Kausalreihe unter dem Zeichen des Guten beginnt? Kant scheint hier etwas Entscheidendes gesehen zu haben, als er innerhalb der einen Vernunft den praktischen vom theoretischen Gebrauch unterschieden (nicht: getrennt!) hat[231]. Statt Praxis in Theorie ‚aufzuheben‘ oder umgekehrt Theorie in Praxis aufzulösen, stellt er nicht irgendeine esoterische Theorie, sondern jene, die auf die systematische Einheit im Ganzen sieht, nicht irgendeiner faktischen, sondern der sittlich guten Praxis, die auf „die systematische Einheit der Zwecke" hingeordnet ist[232], als je eigenständige und doch wechselseitig aufeinander verwiesene Pole gegenüber, die sich im transzendentalen Ideal allen Erkennens und Handelns berühren[233] und in ihrem Zusammenwirken die Einsicht ermöglichen: Es muß „ein einiger oberster Wille sein, der alle diese Gesetze in sich befaßt"; das „nothwendige(n) Weltgesetz(e)" „der sittlichen Einheit" „führt unausbleiblich auch auf die zweckmäßige Einheit aller Dinge ... nach allgemeinen Naturgesetzen" und „vereinigt die praktische Vernunft mit der spekulativen", so daß „alle Naturforschung" zu einer „Physikotheologie" und schließlich durch die Rückfrage nach einer unzertrennlichen apriorischen Verknüpfung der Gründe der „Zweckmäßigkeit der Natur" mit der „inneren Möglichkeit der Dinge" zu einer „transscendentale[n] Theologie" führt (schon in der KrV[234]). – Wenn es also möglich ist, etwas Gutes zu tun, ohne die ganze Tragweite solchen Handelns theoretisch einzuholen (was seine Vor- und Nachteile hat), und wenn es andererseits zutrifft, daß tatsächliches oder vermeintliches Durchschauen ein gefordertes Handeln nicht ersetzen kann, außer, daß der Erkenntnisakt selbst als Handeln betrachtet wird, dann hat

---

231 Zur Unterscheidung zwischen dem theoretischen und praktischen Vernunftgebrauch vgl. M. ALBRECHT a. a. O. (49) 167-183.

232 vgl. A 815 = B 843.

233 Kant trug „dazu bei, einen bedeutenderen Sinn von ‚Praxis‘ neu zu beleben. Er tat es, indem er das sittliche Handeln wie das Leben in Staat und Gesellschaft unter dem Titel der Praxis zusammenfaßte, sie von den angewandten Wissenschaften abtrennte und ihre Prinzipien aus ‚praktischer Vernunft‘ interpretierte, – aus einer Vernunft also, die wesentlich handelnde ist und nicht nur Sätze bereitstellt, die gelegentlich auch mit Nutzen beim Handeln zu applizieren sind" (D. HENRICH, *Über den Sinn vernünftigen Handelns im Staat*, Einleitung zu: Kant – Gentz – Rehberg. Über Theorie und Praxis. Theorie 1 [Frankfurt/M. 1967] 7-36, hier: 15f.).

234 A 815f. = B. 843f.

das moralisch gute Handeln offenbar ein unableitbar Eigenes, das über die bloß adäquate Umsetzung einer rationalen Erkenntnis in die Tat hinausgeht, auch wenn gelegentlich ‚per accidens‘ nicht einmal dies geschieht. Dieter Henrich hat darauf hingewiesen, daß Kant hier an aristotelisches Gedankengut aus der Nikomachischen Ethik anknüpft[235]. Was bedeutet das nun für die Gotteserkenntnis? Rationale Gottesbeweise sind bereits von ihrem Ausgangspunkt her in ihrer reduktiven Einseitigkeit erkennbar, die sie schrittweise übersteigen müssen bis zum gesuchten Ergebnis: „quod omnes dicunt deum"[236]. Auch das ontologische Argument übersteigt sich im Scheitern seines durchgängig bestimmten Gottesbegriffs und läßt gerade so und nur so etwas von der gemeinten Wirklichkeit erahnen. Daß die Diskussion über die Beweiskraft der Gottesbeweise nicht zur Ruhe kommt, zeigt eigentlich nur, daß sie nicht zu einem zwingenden Wissen führen, sondern mindestens für ‚Lernblockaden‘ mancherlei Art anfällig bleiben. Über solche nicht zwingenden Einsichten schrieb schon Thomas von Aquin: „in talibus assensus ipse vel dissensus in potestate nostra est, et sub imperio cadit"[237]. Woher aber schöpft der Wille die Kraft zu diesem Befehl? Der ‚Vorgriff‘ auf das Sein im ganzen wird gewöhnlich als prinzipielle Offenheit und Hinordnung des geistigen Erkennens auf die Totalität alles Seienden als solchen ‚sub ratione veri‘ verstanden[238]. Noch 1770, also nach der angenommenen Wende, hielt Kant intellektuelle Erkenntnis der Außenwelt nur für möglich, „quatenus ipsa [sc. mens humana] cum omnibus aliis sustentatur ab eadem vi infinita Unius." Er nahm also als Grundlage der intellektuellen Erkenntnis ein reales Getragensein durch die unendliche Kraft Gottes an, wobei er nur besorgt war, sich von der ähnlichen Malebrancheschen Auffassung abzugrenzen[239]. Wieweit dieser Gedanke in das Ideal der theoretischen Vernunft eingegangen ist, wurde bereits dargelegt; er läßt sich bis in das ‚Opus postumum‘ hinein verfolgen, in dem der gegenwärtige

---

235 D. HENRICH a. a. O. (233) 15: „Theorie und Praxis stehen hier nicht im Verhältnis von Prinzip zu Anwendung, sondern von Prinzip zu Prinzip". (unter Bezugnahme auf *Eth. Nicom.* 1140 b).

236 S. Th. 1, q. 2, a. 3, c.

237 S. Th. 1-2, q. 17, a. 6, c.

238 vgl. bes. K. RAHNER, a. a. O. (94) 153-232.

239 AA 2/410.

Gott „im Sichzeigen der Welt" unmittelbar erfahren wird als der alles tragende und das kategoriale Denken übersteigende Grund aller Wirklichkeit überhaupt[240]. Wäre es nun nicht möglich, und ich frage mich, ob dies nicht unausgesprochen hinter der Kantschen Argumentation in der KpV steht, den Vorgriff auf das Sein im ganzen auch ‚sub ratione boni' anzunehmen? Die klassische Konvertibilität der Transzendentalien mit dem ‚ens' als solchem bedeutet ja noch nicht, daß sie auch ohne weiteres untereinander austauschbar sind, und daß etwa das ‚bonum' adäquat in das ‚verum' aufgelöst werden könne[241]. Im zweiten Hauptstück der Analytik der praktischen Vernunft, das über den „Begriff(e) eines Gegenstandes der reinen praktischen Vernunft" handelt, kommt Kant auf die „alte Formel der Schulen" zu sprechen: „nihil appetimus, nisi sub ratione boni". Er kritisiert dabei die darin enthaltene Zweideutigkeit, die nicht entscheidet, ob nur „der Begriff des Guten der Bestimmungsgrund des Begehrens" oder ob tatsächlich „die Begierde der Bestimmungsgrund des Begriffs des Objekts als eines Guten" sein soll. Im letzten Fall wollen wir „etwas unter der Idee des Guten", im ersteren Fall aber nur „zufolge dieser Idee", die als Bestimmungsgrund dem Wollen vorausgehen müßte[242].

Kants Lösung besteht gerade darin, daß er ein apriorisches moralisches

240   vgl. J. KOPPER a. a. O. (22) 56-61; dazu oben Anm. 160. „Keine Änderungen" der Rolle des Gottesbegriffs „in der menschlichen Erkenntnis" kann auch N. O. SCHROLL-FLEISCHER im OP „gegenüber der übrigen kritischen Philosophie" feststellen (a. a. O. [6] 198, vgl. den ganzen Abschnitt IV [192-204]).

241   vgl. J. B. LOTZ, S. J., *Metaphysica Operationis Humanae Methodo transcendentali explicata.* Anal. Greg. Vol. 94, Ser. FacPhil., sect. A, n. 7 (Romae 1961) 125ff. Lotz versucht in dieser Frage eine bemerkenswerte Rezeption Kantscher Ansätze: „Actus liber hominis ut condicionem suae possibilitatis dynamismum naturalem in summum bonum includit; *atqui* talis dynamismus ut condicionem suae possibilitatis ultimam Bonitatem subsistentem supponit; *ergo* Bonitas subsistens ut ultima possibilitatis condicio actus liberi iustificata ideoque assumenda est." „*Ad cons:* Secundum argumentum nostrum voluntas libera mediante summo bono in genere semper iam et necessario cum summo bono in specie seu Bonitate *subsistenti coniuncta* est, qui nexus tamen solo ratiocinio qua talis explicite attingi potest. Inde dynamismus ad summum bonum in genere quoad se et necessario est dynamismus ad Bonitatem subsistentem; vice versa attractio a Bonitate subsistenti in voluntatem exercita ipsi saltem ut attractio summi boni in genere manifesta est" (a. a. O. 221).

242   AA 5/59.

Vernunftgesetz annimmt, das den Begriff des Guten allererst begründet und ermöglicht, indem es durch seine Realität etwas von seinem Getragensein durch das ‚höchste ursprüngliche Gut' verrät, wobei die der Vernunft je schon gegebene transzendentale Bezogenheit auf das Gute überhaupt auf das entsprechende Tun hin angelegt ist und erst von hier aus auch ein Erkennen des Guten als solchen ermöglicht[243]. Wenn wir auf dieser von Kant selbst vorgegebenen Interpretationsgrundlage sein moralisches Gottesargument zu lesen versuchen, erscheint die Andersartigkeit und prinzipielle Gleichwertigkeit oder sogar Vorrangigkeit des praktischen Vernunftgebrauchs vor dem theoretischen sehr viel einleuchtender, führt er doch zu einer unmittelbaren und unausweichlichen Konfrontation mit der Wirklichkeit des moralischen Gesetzgebers (d.h. letztlich des wahren, lebendigen Gottes) gegenüber einer möglicherweise richtigen oder trügerischen, aber bloß theoretischen Spekulation, die als solche jedenfalls unverbindlich bleibt und aus Gründen des Unvermögens oder der Ablehnung auch unterlassen werden könnte[244]. Auch der subjektive Charakter solcher Gotteserkenntnis braucht nicht länger als befremdlich zu gelten, weil er die Eigenständigkeit des nicht adäquat in Theorie auflösbaren Praktischen zum Ausdruck bringt, das gegenüber der bleibenden Mehrdeutigkeit bloß begrifflicher Objektivität zur persönlichen Eindeutigkeit eines sich unmittelbar

243 „Hier ist nun der Ort, das Paradoxon der Methode in einer Kritik der praktischen Vernunft zu erklären: daß nämlich der Begriff des Guten und Bösen nicht vor dem moralischen Gesetze (dem er dem Anschein nach sogar zum Grunde gelegt werden müßte), sondern nur (wie hier auch geschieht) nach demselben und durch dasselbe bestimmt werden müsse [vom Doppelpunkt an gesperrt!]." Das bedeutet, „daß nicht der Begriff des Guten als eines Gegenstandes das moralische Gesetz, sondern umgekehrt das moralische Gesetz allererst den Begriff des Guten, so fern es diesen Namen schlechthin verdient, bestimme und möglich mache" (AA 5/63f.). Interessant die Lösung J. Salats, der eine „sittlich gebietend[e]" und eine „sittlich urtheilend[e]" praktische Vernunft unterscheidet, die als solche auch in der letzteren Funktion noch eine „besondere und eigenthümliche Beziehung auf den Willen" habe *(Geht die Moral aus der Religion, oder diese aus jener hervor?* in: Philos. Journal e. Ges. Teutscher Gelehrten 5 [Jena u. Leipzig 1797] 197-240, hier; 216, zit. nach M. Albrecht a. a. O. [49] 180f.).

244 „Ce n'est plus ici le Dieu de la spéculation, un Dieu qui est *cause, substance, étendu, durable,* c'est le vrai Dieu, que ne pourra plus m'enlever aucune démonstration spéculative, qui n'est plus fait à l'image de l'homme, devant qui tout entendement et tout savoir humain se confond, s'anéantit." (Ch. Villers a. a. O.[166] 395f.).

überzeugenden Innewerdens und einer engagierten Zustimmung zu gelangen vermag, die als je ureigenste Tat des Subjekts nicht aus einer theoretischen Prozedur gewonnen werden und höchstens nachträglich, aber dann wieder in mehrdeutiger begrifflicher Verdünnung, als für alle gültig anerkannt werden kann. Das „Bedürfnis" der Vernunft verweist auf seinen transzendentalen Ursprung, der als solcher „nur gleichsam asymptotisch, d. i. bloß annähernd" vom empirischen Vernunftgebrauch erreicht werden kann (so die KrV über die Leitfunktion von Ideen[245]). Sicher läßt sich auch eine Theorie über das sittliche Handeln und seine Möglichkeitsbedingungen ausarbeiten, und Kant versucht ja genau dies in der KpV. Unter dieser Rücksicht geschieht die Bezugnahme auf die Glückseligkeit im moralischen Argument der KpV „ebenso uneigennützig" wie die Bezugnahme auf die Sittlichkeit im Argument für die Unsterblichkeit, nämlich „aus bloßer unparteiischer Vernunft"[246]. Die wirkliche Überzeugungskraft des Arguments setzt jedoch bereits die sittliche Grundmaxime der Entscheidung für das Gute voraus, die die grundsätzliche Bejahung der Sinnhaftigkeit des moralischen Gesetzes einschließt. So heißt es in der Methodenlehre der KrV: „Das einzig Bedenkliche, das sich hierbei findet, ist, daß sich dieser Vernunftglaube auf die Voraussetzung moralischer Gesinnungen gründet. Gehen wir davon ab und nehmen einen, der in Ansehung sittlicher Gesetze gänzlich gleichgültig wäre, so wird die Frage, welche die Vernunft aufwirft, bloß eine Aufgabe für die Spekulation und kann alsdenn zwar noch mit starken Gründen aus der Analogie, aber nicht mit solchen, denen sich die hartnäckigste Zweifelsucht ergeben müßte, unterstützt werden[247]. Die eigentliche Beweiskraft des moralischen Gottesarguments wird so in den Bereich der persönlichen und existentiellen Entscheidung verlegt, in dem sich die Hoffnung auf ein künftiges Leben und die über sich hinausweisende Liebe zur Pflicht[248] zusammen mit den unabweisbaren spekulativen Ideen zum praktischen Vernunftglauben verbinden[249].

---

245   A 663 = B 691.

246   AA 5/124.

247   A 829 = B 857.

248   vgl. AA 6/24, 448.

249   vgl. dazu die weiterführenden Überlegungen H. Barths (a. a. O. [200]) über die von

Hier kommen wir an den Ausgangspunkt unserer Fragestellung zurück. Kann ein Gotteserweis zureichend sein, der versucht, das, „was uns unbedingt angeht" (eine Formel Paul Tillichs[250]), zum gegenständlichen Inhalt eines theoretisch konstruierten Begriffs zu machen[251]? Kant hat jedenfalls versucht (ob mit oder ohne Erfolg, wird zu diskutieren sein), die ganze Breite des vernunftgemäßen Lebens in dieses Argument einzubringen. Seine Voraussetzungen, daß unsere Erkenntnis wenigstens im Erfahrungsbereich zuverlässig funktioniert und daß sittliches Handeln nicht letztlich sinnlos[252] sein kann, wird man ihm wohl nicht zum Vorwurf machen. Seine Philosophie konvergiert in ihren verschiedenen Aufschwüngen auf diesen ihren höchsten Gegenstand,

ihm beschriebene ‚Lebenserkenntnis' im Anschluß an die KpV Kants, die hier nur angedeutet werden können: „Darin liegt die Tiefe der Lebenserkenntnis, daß ihr die jenseitige Voraussetzung des Lebens als transzendentale Grundwahrheit alles Lebensbewußtseins jederzeit gegenwärtig ist. In ihr liegt der ideale Quellpunkt einer Beleuchtung des Wirklichen ... Mit der Transzendenz des Maßstabes eröffnet sich auch für die Bemessung ein jederzeit offener Spielraum neuer Möglichkeiten" (370f.). „Lebenserkenntnis ist auf die Verwirklichung Praktischer Vernunft gerichtet. In ihrer Relation zur Idee erfährt die Verwirklichung ihre Bestimmung; sie ist Verwirklichung der Idee des Guten. An dieser Relation wird ihre Relativität gemessen" (373). „Neue Erkenntnis des Guten ist es, worin wir den Gehalt der Verwirklichung erkannt haben. In ihr wird Verwirklichung zum Schauplatze der Offenbarung der Idee. Daß sie zum Felde dieser Bekundung wird, das ist ihre Bedeutung" (376).

250 P. TILLICH, *Systematische Theologie*, Band 1 (Stuttgart ³1956) 19f.

251 Daß bei den Gottesbeweisen Definitionen eine wichtige Rolle spielen, hat schon der Rezensent der an Kants Werken sehr interessierten „Oberdeutsche[n] allgemeine[n] Literaturzeitung" (1791, II 501f.) festgestellt: „Bei dem ganzen Streit kommt alles darauf an, welche Ausdehnung man den Begriffen Beweis und Gott gibt ... Ohne auf diese genauere Bestimmung zu achten, kann man eben so wahr sagen: Das Dasein Gottes läßt sich beweisen, als: es läßt sich nicht beweisen. Kant nimmt den Begriff des Beweises und Gottes in der höchsten Strenge: dieser nach gibt es keinen Beweis für das Dasein Gottes: je mehr man von dieser Strenge der Begriff[e?] nachläßt, um so gültiger erscheinen die Beweise; jeder leistet etwas, dieser dieses, jener jenes: alle sind in der Vernunft gegründet, vorbereitend, hinweisend: der aus dem moralischen Vernunftglauben ergänzt sie, weil er allein festen Grund in der übersinnlichen Welt hat ... " (zit. nach W. HEIZMANN, *Kants Kritik spekulativer Theologie und Begriff moralischen Vernunftglaubens im katholischen Denken der späten Aufklärung*, St. z. Theol. u. Geistesgesch. d. 19. Jh. 21 [Göttingen 1976] 37.)

252 „Die Einführung des Begriffs ‚Sinn' scheint erlaubt, obwohl er in der *Kritik der praktischen Vernunft* nicht vorkommt" (M. ALBRECHT a. a. O. [49] 164).

ohne sich doch anzumaßen, ihn jedenfalls adäquat eingeholt zu haben. Weder der vor der Wirklichkeit Gottes bleibend unzulängliche bloß theoretische Zugriff noch die unbestreitbaren Möglichkeitsbedingungen des moralisch-praktischen Handelns gelten, für sich allein genommen, als voll zureichend: Erst ihr komplementäres Zusammenspiel ergibt die stereoskopische Plastizität[253] einer wirklichkeitsbezogenen Erkenntnis, deren denknotwendige formale Bestimmung sich besonders dem spekulativen und deren unausweichlicher Realitätsbezug sich dem praktischen Gebrauch der Vernunft verdanken. Denknotwendigkeit und persönliche Einsicht verbinden sich zu einer Sicherheit der natürlichen Gotteserkenntnis, die sich auch aus unserer heutigen Sicht vorteilhaft von der Sicherheit der nur auf die faktische Konstanz der Erfahrungsdaten gestützten naturwissenschaftlichen Beweise abhebt, falls man solche überhaupt gegen Karl R. Popper und andere für möglich halten will. Nur das Ganze der philosophischen Erkenntnis wird für Kant dem Ganzen der Wirklichkeit gerecht, soweit dies überhaupt einer bloß diskursiven Intelligenz in den höchsten Aufschwüngen einer geläuterten Metaphysik zugänglich ist, was zwei Sätze aus dem zweiten Entwurf zur Preisschrift über die „Fortschritte der Metaphysik" andeuten, mit denen ich schließen möchte: „Nunmehro läßt sich das dritte Stadium der Metaphysik in den Fortschritten der reinen Vernunft zu ihrem Endzweck verzeichnen. – Es macht einen Kreis aus, dessen Grenzlinie in sich selbst zurückkehrt, und so ein Ganzes von Erkenntniß des Übersinnlichen beschließt, außer dem nichts von dieser Art weiter ist, und der doch auch alles befasset, was dem Bedürfnisse dieser Vernunft genügen kann"[254].

---

253 Ausweitung eines von Kant benutzten Bildes: „Das zweyte Auge ist also das der Selbsterkentnis der Menschlichen Vernunft, ohne welches wir kein Augenmaas der Größe unserer Erkentnis haben" (R 903, AA 15,1/394f.). Eine ähnliche Überlegung AA 2/349.

254 AA 20/300. Daraus spricht keine Resignation, sondern gläubiges Vertrauen: „Also möchte es auch hier wohl damit seine Richtigkeit haben, was uns das Studium der Natur und des Menschen sonst hinreichend lehrt, daß die unerforschliche Weisheit, durch die wir existiren, nicht minder verehrungswürdig ist in dem, was sie uns versagte, als in dem, was sie uns zu theil werden ließ" (AA 5/148).

Kapitel 6:
Die *Kritik der Urteilskraft*
vor dem Hintergrund der Kantschen Religionsphilosophie:
Perspektiven und Erträge

Daß es immer noch lohnend ist, sich auf Immanuel Kants Denken einzulassen und sein Werk zu interpretieren, spricht eher für als gegen Kant. Es ist auch ein gewichtiger Einwand gegen jene Kommentatoren, die ihr Hauptaugenmerk auf die zahlreichen Unebenheiten und Unstimmigkeiten in seinem Werk richten und es dann bei offenen Fragen oder einem „non liquet" bewenden lassen. Die eigentliche und sehr viel schwierigere Aufgabe einer angemessenen Interpretation besteht vielmehr darin, herauszufinden, was Kant wirklich gewollt hat, und zwar so ernstlich gewollt hat, daß er eine Änderung der Terminologie oder einen Wechsel der Perspektive in Kauf nehmen konnte. Seine eigentümliche Art, schreibend zu philosophieren, erste skizzenhafte Reflexionen, die vielleicht zu verschiedenen Zeiten entstanden waren, in einen größeren Zusammenhang zu stellen und in ein Werk zu integrieren, das die Spuren seines Werdeganges an manchen Stellen noch erkennen läßt, ist auch für die Interpretation von Belang[1]. Die Entwicklungsgeschichte des Kantschen Denkens spiegelt sich (vor dem Hintergrund der noch erhaltenen Reflexionen und Vorarbeiten) in der Abfolge seiner Werke wieder, worauf eine „genetische Interpretation" (D. Henrich[2]) verwiesen bleibt. Schließlich ist wegen der Unabgeschlossenheit des Werkes der Blick auf den Weg dieses Denkens und seine Richtung hilfreich, um sein Woraufhin zu erschließen und von hier aus die einzelnen Schritte zu verstehen. Wenn die Interpretation bemüht ist, einer sich so abzeichnenden Linie zu folgen, kann von einer „Harmonisierung", die ja nur einen vordergründigen Ausgleich zwischen unterschiedlichen Texten

---

1   N. KEMP SMITH, *A Commentary to Kant's ‚Critique of pure Reason'*, London, MacMillan, 1912, 2. erw. Aufl. 1923, nannte dieses Vorgehen „patchwork" (457), wogegen sich H. J. PATON, *Kant's Metaphysic of Experience. A commentary on the first half of the Kritik der reinen Vernunft*, In Two Volumes, London: Allen & Unwin – New York: MacMillan, 1936, 1951[2], ausprach. Er hielt eine solche Auffassung, die er „patchwork theory" nannte, für pietätlos und unangemessen (I, 38ff.).

2   D. HENRICH, *Über Kants Entwicklungsgeschichte*, in: PhR 13 (1965), 252-263, hier: 253f.

anstrebt, nicht mehr die Rede sein[3]. Das gilt auch und nicht zuletzt für die Einordnung und das Verstehen der *Kritik der Urteilskraft,* die offenbar nicht von vornherein geplant war, sondern deren Notwendigkeit sich aus der unerledigten Frage nach der architektonischen „Idee des Ganzen"[4] ergab, die durch den „Primat" der praktischen Vernunft nur vorläufig und teilweise beantwortet war[5]. Diese Aufgabe soll die „Urteilskraft" erfüllen als „Verbindungsmittel der zwei Teile der Philosophie zu einem Ganzen", insofern sie als „Mittelglied zwischen dem Verstande und der Vernunft" fungiert[6], und

---

3   So der Vorwurf G. B. SALAS gegen meinen Aufsatz *Der Gotteserweis aus praktischer Vernunft. Das Argument Kants und seine Tragfähigkeit vor der Hintergrund der Vernunftkritik,* in K. Kremer (Hrsg.), Um Möglichkeit oder Unmöglichkeit natürlicher Gotteserkenntnis heute, (Leiden: Brill, 1985), 109-178. (G. B. SALA, *Kant und die Frage nach Gott. Gottesbeweise und Gottesbeweiskritik in den Schriften Kants* (= KantSt Erg.H. 122), (Berlin/New York: De Gruyter, 1990), 354.

4   Kants Werke werden nach der Ausgabe von Ernst CASSIRER, Bd. I-II, Berlin, Cassirer 1922-23 zitiert (= Ca), die Kritik der reinen Vernunft nach den Seitenzahlen der Auflagen A und B; die von N. HINSKE und W. WEISCHEDEL herausgegebene *Kant-Seitenkonkordanz,* (Darmstadt: Wiss. Buchgesellschaft 1970), erleichtert das Auffinden der Zitate in anderen Werkausgaben. Der Nachlaß, das Opus postumum und die Vorlesungen werden nach Kants gesammelten Schriften, der von der Preußischen Akademie der Wissenschaften (Berlin: De Gruyter, 1902) begonnenen Ausgabe zitiert (= AA). Hier: Ca 5/10; wieder aufgegriffen in der ersten Einleitung in die Kritik der Urteilskraft Ca 5/221f.

5   vgl. dazu W. BARTUSCHAT, *Zum systematischen Ort von Kants Kritik der Urteilskraft* (= Philos. Abhandlungen 43), (Frankfurt/M.: Klostermann, 1972), 86: „Bei der Erörterung des Verhältnisses von theoretischer und praktischer Philosophie müssen wir also den Gedanken eines Primats des einen der beiden Teile aufgeben und beide Teile in einer Gleichursprünglichkeit sehen, deren Verbindung nach einem Dritten verlangt, durch das die Verbindung eigens hergestellt wird. Dieses Dritte, auf das Kant rekurriert, ist nun wesentlich anders strukturiert als die beiden Glieder es sind, die verbunden werden sollen". vgl. auch A. RIESS, Der „Primat der praktischen Vernunft" als Vollendung der Kritik zum System, Diss. Marburg, Hamel, 1918.

6   Ca 5/244f. Zu Kants Kritik der Urteilskraft vgl. auch G. J. AGICH, *L. W. Beck's proposal of Meta-Critique and the „Critique of Judgement",* in: KantSt 74 (1983), 261-270; H. W. CASSIRER, *A Commentary on Kant's Critique of Judgement,* New York: Barnes & Noble/London: Methuen, 1938; B. ERDMANN, *Einleitung des Herausgebers,* in: B. Erdmann, Immanuel Kants Kritik der Urteilskraft, Hamburg u. Leipzig: Voss, 1884, XIV-XLII; W. FROST, *Der Begriff der Urteilskraft bei Kant,* Halle: Niemeyer, 1906; Materialien zu Kants ‚Kritik der Urteilskraft', hg. v. J. Kulenkampff (= stw 60), Frankfurt/M.: Klostermann, 1974; G. LEHMANN, *Hypothetischer Vernunftgebrauch und Gesetzmäßigkeit des Besonderen in Kants*

dies in einer Weise, die in den beiden ersten Kritiken noch nicht „offen zu Tage" lag[7]. Sie selbst ist nicht das Prinzip der Einheit, sondern sie verweist als „intellektuelles Vermögen" auf ein „übersinnliches Substrat" der Natur, dem sie Bestimmbarkeit „durch ihr Prinzipi a priori" „verschafft", nachdem der Verstand es zwar („durch die Möglichkeit seiner Gesetze a priori") angezeigt, aber unbestimmt gelassen hatte, während die Vernunft diesem „übersinnlichen Substrat" „durch ihr praktisches Gesetz a priori die Bestimmung" gibt[8]. Bestimmbar wird das „übersinnliche Substrat" durch die Fähigkeit der Urteilskraft, (ästhetisch) die formale (subjektive) Zweckmäßigkeit „durch das Gefühl der Lust oder Unlust", und (teleologisch) die reale (objektive) Zweckmäßigkeit „der Natur durch Verstand und Vernunft zu beurteilen"[9], woraus freilich keine eigentliche Erkenntnis resultiert. Nachdem sich schon in den beiden ersten Kritiken gezeigt hatte, daß „die Antinomien wider Willen nötigen, über das Sinnliche hinaus zu sehen, und im Übersinnlichen den Vereinigungspunkt aller unserer Vermögen a priori zu suchen: weil kein anderer Ausweg übrig bleibt, die Vernunft mit sich selbst einstimmig zu machen"[10], erweist sich diese Lösung auch für die Antinomien der ästhetischen und teleologischen Urteilskraft als die einzig gangbare[11]. Was ist aber das in der zweiten Auflage der Kritik der reinen Vernunft erstmalig so genannte

Philosophie (= Nachr. d. AkadWiss. in Göttingen 1971, Phil.-Hist. Klasse), Göttingen: Vandenhoeck & Ruprecht, 1971; M. LIEDTKE, *Der Begriff der reflektierenden Urteilskraft in Kants Kritik der reinen Vernunft,* Diss. Hamburg, 1964; R. A. C. MACMILLAN, *The crowning phase of the critical philosophy. A study in Kant's Critique of Judgment,* London: MacMillan, 1912; O. SCHLAPP, *Kants Lehre vom Genie und die Entstehung der Kritik der Urteilskraft,* Göttingen: Vandenhoeck & Ruprecht, 1901; J. H. TREDE, Die Differenz von theoretischem und praktischem Vernunftgebrauch und dessen Einheit innerhalb der Kritik der Urteilskraft. Ein Beitrag zur Interpretation der Ästhetik Kants, Diss. Heidelberg, 1969; K. VORLÄNDER, Einleitung des Herausgebers in: Immanuel Kant, Kritik der Urteilskraft, hg. v. K. VORLÄNDER (= Phil. Biblioth. Bd. 39a), Leipzig: Meiner, 1924[6], Unveränd. Abdruck 1948, IX-XXXII.

7   vgl. W. BARTUSCHAT a. a. O. 79.

8   Ca 5/265f.

9   Ca 5/262.

10   Ca 5/417f.

11   Vfl. Ca 5/416 und 466.

„Übersinnliche"[12], das wohl gedacht, aber nicht eigentlich als Objekt erkannt werden kann? Es umfaßt alles, was den Bereich der Erfahrungserkenntnis übersteigt, angefangen vom „Ding an sich selbst" und dem „Noumenon"[13] bis hin zum Übersinnlichen „in uns" (Freiheit), „über uns" (Gott) und „nach uns" (Unsterblichkeit)[14].

Damit ist die Frage nach der Religionsphilosophie Kants berührt als dem „Hintergrund", vor dem die Kritik der Urteilskraft befragt werden soll. Sie findet sich keineswegs nur und erst in der Religionsschrift von 1793, sondern sie ist (in zunehmendem Maß) integrierender Bestandteil des Gesamtwerks von den frühen Schriften[15] bis zum Opus postumum[16]. Wenn Kant mehrfach betont, daß „Gott, Freiheit und Seelenunsterblichkeit" „diejenigen Aufgaben" sind, „zu deren Auflösung alle Zurüstungen der Metaphysik, als ihrem letzten und alleinigen Zwecke, abzielen"[17], wird man davon ausgehen müssen, daß sein Philosophieren dieser Zielvorstellung auch tatsächlich entspricht. Daß alle drei *Kritiken* schließlich in die Glaubensfrage einmünden, hat schon 1924 M. Wundt betont[18]. Für D.-J. Löwisch stand 1965 fest, daß „Kant die theologische Frage bei seinen metaphysischen Betrachtungen stark

12 KrV B XXI.

13 Zur Unterscheidung von „Ding an sich selbst" und „Noumenon" vgl. KrV B 307f.; zur Unterscheidung von „Noumenon" und „transzendentalem Gegenstand" vgl. KrV A 253.

14 AA 20/295.

15 vgl. z.B. H.-G. Redmann, *Gott und die Welt. Die Schöpfungstheologie der vorkritischen Periode Kants* (= Forschungen z. syst. u. ökum. Theol. 11), Göttingen, Vandenhoeck & Ruprecht, 1962; P. Laberge, *La Théologie Kantienne précritique* (= Collection φ Philosophica 2), Ottawa, Ed. de l'Univ. de Ottawa, 1973; J. Schmucker, *Die Ontotheologie des vorkritischen Kant* (KantSt Erg.H. 112), Berlin-New York, De Gruyter, 1980.

16 vgl. z.B. V. Mathieu, *Kants Opus postumum*, hrsg. v. G. Held, Frankfurt/M., Klostermann, 1989, 260-264.

17 Ca 5/555; vgl. dazu z.B. KrV B 7, B 395, B 778 = A 750, B 826 = A 798, B 828f. = A 800f.; Ca 4/379f.; AA XVII, 559f. (R. 4459); AA XXVIII.1, 301 (Metaphysik L₁ nach Pölitz, Ende der „rationalen Psychologie" und Anfang der „rationalen Theologie").

18 M. Wundt, *Kant als Metaphysiker. Ein Beitrag zur Geschichte der Deutschen Philosophie im 18. Jahrhundert*, Stuttgart: Enke, 1924, 436: „Gerade daß die Erörterung sämtlicher Kritiken schließlich in die Religion einmündet, gibt ihr ihre bezeichnende Stellung; sie kann daher nicht noch einmal neben den anderen Gebieten selbständig erscheinen."

bestimmt und geleitet hat"[19]. In seinen Vorlesungen in Heidelberg von 1965 und 1966 hat Georg Picht die drei Kritiken Kants in ihrem Zusammenhang als Kants Religionsphilosophie interpretiert. Er schreibt in der Einleitung: „Unter dem Titel ‚Kants Religionsphilosophie' verbirgt sich also die kühne Absicht, nach der Einheit der kantischen Philosophie überhaupt, nach der Einheit der drei Kritiken zu fragen"[20]. Für ihn ist die Religionsschrift dementsprechend keine „Art von Appendix zur Kritik der praktischen Vernunft"[21] oder gar bloß ein „destruktiv religionskritisches postscriptum zur Vernunftkritik" (so Enno Rudolph in seiner Einleitung zu Pichts Vorlesungen[22]), und Kants Philosophie ist für ihn in Anlehnung an Martin Heidegger, der 1962 geschrieben hatte, „der Satz ‚Gott ist'" sei für Kant „der geheime Stachel, der alles Denken der Kritik der reinen Vernunft antreibt und bewegt", „insgesamt und in jedem ihrer einzelnen Teile nichts anderes als Religionsphilosophie".[23]

19   D.-J. Löwisch, *Kants gereinigter Theismus*, in KantSt , 56 (1965), 505-513, hier: 513. vgl. dazu A. Winter, *Theologische Hintergründe der Philosophie Kants*, in: ThPh, 51 (1976), 1-51, hier: 38f. [im vorliegenden Buch Kapitel 2, 49-113, 97f.]

20   G. Picht, *Kants Religionsphilosophie*. Mit einer Einführung von Enno Rudolph (= Georg Picht, Vorlesungen und Schriften), Stuttgart, Klett-Cotta, 1985, 2.

21   ebd. I.

22   ebd. XIX.

23   ebd. I. Ähnlich, wenn auch zurückhaltender A. Lamacchia, *La Filosofia della Religione in Kant, I: Dal dogmatismo teologico al teismo morale (1775-1783)*, Manduria, Lacaita, 1969, III: „La problematica religiosa di Kant non è legata, come potrebbe credersi, unicamente all'opera *Die Religion innerhalb der Grenzen der blossen Vernunft*, pubblicata soltanto nel 1793, dopo le tre maggiori opere critiche, ma essa è presente già negli scritti giovanili del cosiddetto periodo precritico, e anche se tra questi non vi sono scritti dedicati esclusivamente al problema religioso, nondimeno emerge in essi chiaramente come la riflessione del filosofo sia impegnata fin dagli anni giovanili nella meditazione del problema filosofico della religione." vgl. auch H. Cohen, *Der Begriff der Religion im System der Philosophie*, Gießen: Töpelmann, 1915; F. E. England, *Kant's conception of God. A critical exposition of its metaphys. development together with a transl. of the NOVA DILUCIDATIO*, London: Allen & Unwin, 1929; U. Ernst, *Der Gottesbegriff innerhalb der transzendentalen Ontologie Kants*. Diss. Wien, 1975; J. Guttmann, *Kants Gottesbegriff in seiner positiven Entwicklung* (= KantSt Eg.H. 1), Neudruck Würzburg: Lieburg, 1959; D. Lenfers, *Kants Weg von der Teleologie zur Theologie. Interpretationen zu Kants Kritik der Urteilskraft*, Diss. Köln, 1965; F. Lienhard, *Die Gottesidee in Kants opus postumum* (Diss.), Bern: Dürenmatt-Egger, 1923; H. Mann, *Dasein und Wesen in Kants frühen*

Kant selbst stützt diese These auf dem Losen Blatt G6, das E. Adickes in die Jahre 1790/1 datiert.[24] Dort finden sich die Überschriften: „Von der Veranlaßung der Critik" und „Von der Critik in Ansehung der Theologie". Kant reagiert offenbar auf ihm bekannt gewordene Kritik, wenn er schreibt: „Einige urtheilen, es sey schwer, den Inhalt der Critik und vermittelst derselben auch der Metaphysik zusammt der Endabsicht derselben aus einem einzigen Gesichtspuncte faslich zu machen, überdem auch wohl von denen, welche billig gnug sind, die gute Absicht derselben nicht zu verkennen, es für eine ganz unnütze Chicane mit den blos spekulativen Vernunftbeweisen der erhabensten Ideen, worauf die Beruhigung der Menschen beruht, halten, da am Ende die Critik doch auf eben dieselbe, obzwar nur als Glaubenssachen der reinen Vernunft hinausgeht, … ". Seine Antwort auf solche Einwände: „Um zu beweisen, daß es für die Vernunft unvermeidlich sey, ein Daseyn Gottes anzunehmen und zwar nach einem Begriffe, der zum theoretischen sowohl als practischen Gebrauch unserer Vernunft, sofern sie auf die letzte Principien a priori ausgeht, hinreichend sey, mußte ich beweisen, daß die speculative Vernunft weder seinen Begrif mit sich selbst einstimmig geben noch ein solches Daseyn oder auch nur die Realität dieses Begrifs darthun könne. – Denn hätte ich das letztere eingeräumt, … so wäre ich erstlich auf Antinomien gestoßen, dabey alle Vernunft scheiterte, und endlich hätte ich das Gottliche Wesen sensificirt und anthropomorphosirt … Ich mußte also das Unvermögen des blos theoretischen Vernunftgebrauchs hierin darthun, wobey doch noch übrig blieb, daß der dem Begriffe von Gott und seinem Daseyn nicht wiedersprach, anstatt daß sonst gantz falsche Begriffe von Gott und am Ende die

---

Schriften. Teil I. Kants Physikotheologie, Diss. München, 1969; E. W. Mayer, *Das Verhältnis der Kantischen Religions-Philosophie zu dem Ganzen des Kantischen Systems,* Diss. Halle, 1879; Ph. Rosenberg, *Die Grundzüge der Kantischen Religionsphilosophie in der „Kritik der praktischen Vernunft" und in der „Kritik der Urteilskraft",* Diss. Bonn: Bazin / Klein, 1903; E. Sänger, *Der Glaubensbegriff Kants in seinen drei „Kritiken",* Diss. Halle: Waisenhaus, 1902; K. Sasao, *Prolegomena zur Bestimmung des Gottesbegriffs bei Kant* (= Abh. z. Philos. u. ihrer Gesch. 13), Halle: Niemeyer, 1900; N. O. Schroll-Fleischer, *Der Gottesgedanke in der Philosophie Kants* (= Odense Univ. Stud. in Philos. Vol. 5), Odense: Odense Univ. Press, 1981; E. Weyhing, *Kants Gottesbebgriff in den drei Kritiken. Ein Beitrag zu seiner Ideenlehre,* Diss. Gießen: Münchow, 1909 .

24   AA XVIII, 623-629 (R. 6317).

Unmoglichkeit, ein solches Wesen zu denken, herausgekommen wäre." Die Theologie verlange es, zwischen Phänomenen und Noumena zu unterscheiden und Raum und Zeit nicht für „Bestimmungen der Dinge an sich selbst" zu halten, weil man sie sonst zu göttlichen Eigenschaften machen würde, wodurch „Moral und religion zu Grunde" gerichtet oder doch wenigstens die Menschen „inconseqvent" gemacht würden. Diese Formulierung seines Grundanliegens ist als private Notiz, die nach dem Urteil des Herausgebers möglicherweise der Vorbereitung der „Preisschrift" dienen sollte[25], keineswegs Ausdruck einer Neuorientierung oder gar eine nachträgliche Werbung Kants an die Adresse der Theologen, sondern ihre Elemente lassen sich in den Kritiken selbst nachweisen: „der gereinigte Begriff" der transzendentalen Prädikate für das „höchste Wesen" schon in der *Kritik der reinen Vernunft*[26], ebenso das Wegschaffen der „Bedingungen der Zeit und des Raumes" im Sinne der „natürlichen Theologie"[27]; die andernfalls sich ergebende Zerstörung der Moral in der *Kritik der reinen Vernunft* [28], in der *Kritik der praktischen Vernunft* [29], in der *Kritik der Urteilskraft*[30] oder in der Religionsschrift[31]. Wenn also mit der *Kritik der Urteilskraft* das „kritische Geschäft" beendet werden sollte, wie Kant in der

25 vgl. AA XVIII, 623 Anmerkung.

26 KrV B 668ff. = A 640ff. Das Anliegen der verkehrten Begriffe über Gott schon bei M. Tindal, *Beweis, daß das Christentum so alt als die Welt sey, nebst Herrn Jacob Fosters Widerlegung desselben*. Beydes aus dem Englischen übersetzt, Frankfurt und Leipzig [, –], 1741, 140: „Der Aberglaube und die meisten übrigen Irrthümer und Mängel in der Religion kommen, überhaupt von der Sache zu reden, vornemlich daher, weil man keine anständige und richtige Begriffe von Gott hat. Wir erniedrigen ihn und dichten denselben uns gleich zu sein." Dies aufgegriffen vom Übersetzer (J. L. Schmidt): „Auf eben solche Art werden auch die richtigen Begriffe in der Religion erhalten und fortgepflanzet". Ähnlich [L. Euler], *Rettung der Göttlichen Offenbarung gegen die Einwürfe der Freygeister*, Berlin: Haude u. Spener, 1747, 11: „Niemand, der nur ein wenig in den Geschichten erfahren ist, kan unbekannt seyn, wie unanständige und gantz verkehrte Begriffe sich die meisten Menschen von GOTT und den göttlichen Dingen gemacht haben". Kant spricht später im „Streit der Fakultäten" von „geläuterten Religionsbegriffen" (Ca 7/364).

27 KrV B 71f.

28 KrV B 564 = A 536; B 877 = A 849.

29 Ca 110ff.

30 Ca 5/541f.

31 Ca 6/213 Anm.

Vorrede erklärt[32], ist aus religionsphilosophischer Perspektive zu prüfen, ob und inwiefern sie zur Läuterung der Begriffe über Gott zum Nutzen einer angemesseneren „philosophischen Theologie"[33] einen eigenständigen Beitrag leistet, und wie sich dieser gegebenenfalls auf die Frage nach der Wirklichkeit Gottes und seiner Eigenschaften auswirkt.

An der rationalistischen Philosophie seiner Zeit, wie sie vor allem von Christian Wolff vertreten und in den verschiedenen Lehrbüchern angeboten wurde, kritisierte Kant vor allem den „Dogmatism der Metaphysik, d. i. das Vorurteil, in ihr ohne Kritik der reinen Vernunft fortzukommen". In ihm sah er „die wahre Quelle alles der Moralität widerstreitenden Unglaubens, der jederzeit sehr dogmatisch ist". Wenn er „das Wissen aufheben" wollte, „um zum Glauben Platz zu bekommen"[34], dann meinte er damit ein angemaßtes Wissen, das sich über die Grenzen seiner Reichweite nicht im klaren ist und „allein dem Materialism, Fatalism, Atheism, dem freigeisterischen Unglauben, der Schwärmerei und Aberglauben, die allgemein schädlich werden können, zuletzt auch dem Idealism und Skeptizism" Vorschub leistet[35] (wie recht er damit haben sollte!). Gegenüber solcher ‚Vermessenheit'[36] hält er sich an „eine nötige Regel der Behutsamkeit"[37], „sich sorgfältig und bescheiden auf den Ausdruck, der gerade nur soviel sagt, als wir wissen", einzuschränken[38], wobei weniger durchaus mehr sein kann[39]. Sollte er dabei

---

32 Ca 5/238.

33 Ca 6/147.

34 KrV B XXX.

35 KrV B 34.

36 Ca 5/462 Anm.: „Das deutsche Wort vermessen ist ein gutes bedeutungsvolles Wort. Ein Urteil, bei welchem man das Längenmaß seiner Kräfte zu überschlagen vergißt, kann bisweilen sehr demütig klingen und macht doch große Ansprüche und ist doch sehr vermessen. Von der Art sind die meisten, wodurch man die göttliche Weisheit zu erheben vorgibt, indem man ihr in den Werken der Schöpfung und der Erhaltung Absichten unterlegt, die eigentlich der eigenen Weisheit des Vernünftlers Ehre machen sollen."

37 KrV B 810 = A 782; vgl. auch B 813 = A 785; B 829 = A 801. KpV Ca 5/10, 490.

38 Ca 5 /460 (KU).

39 vgl. Ca 2/190: „Sobald die Philosophen den natürlichen Weg der gesunden Vernunft einschlagen werden, ... so werden sie vielleicht nicht so viel Einsichten feilzubieten

aus der Besorgnis heraus, einen Schritt zuviel zu tun, gelegentlich einen Schritt zu wenig gemacht haben, so kannte er jedenfalls diese Gefahr, und er hat mit ihr gerungen, wie das Formulierungen im *Opus postumum* durchblicken lassen[40]. Keinesfalls aber betreibt er einen Abbau um seiner selbst willen[41]; stets behält er das Vorhaben einer kritisch geläuterten Metaphysik im Blick, die „von der Erkenntnis des Sinnlichen zu der des Übersinnlichen durch die Vernunft fortzuschreiten"[42] geeignet sein soll, auch wenn die „Erkenntnis" des Übersinnlichen lediglich „in praktischer Absicht" möglich sein sollte[43]. Der schließliche „praktisch-dogmatische Überschritt zum Übersinnlichen" nach sorgfältiger „Ausmessung des Verstandesvermögens"[44] soll das „dritte Stadium der Metaphysik" herbeiführen, das einen „Kreis" ausmacht, „dessen Grenzlinie in sich selbst zurückkehrt, und so ein Ganzes von Erkenntniß des Übersinnlichen beschließt, außer dem nichts von dieser Art weiter ist, und der doch auch alles befasset, was dem Bedürfnisse dieser Vernunft genügen kann"[45].

Bis zur Abfassung der *Kritik des Urteilskraft* war bereits ein großes Stück des Weges zurückgelegt. Die Ausführungen über die Unzulänglichkeit der traditionellen Gottesbeweise in der *Kritik der reinen Vernunft*[46], auf die bis heute gern zurückgegriffen wird, waren ja nur der negative Anteil des kritischen Umgangs mit der Frage nach Gott. Seinen eigenen „einzig möglichen Beweisgrund zu einer Demonstration des Daseins Gottes" von 1763[47], von dem er

---

haben, aber diejenige, die sie darlegen, werden von einem sichern Werte sein".

40 vgl. V. Mathieu a. a. O. 239-246.
41 vgl. G. Rossi, *Il problema dell'esistenza di Dio nelle varie fasi del pensiero kantiano*, in: Immanuel Kant. Volume commemorativo del secondo centenario della nascita, a cura di P. A. Gemelli, Milano: Vita e Pensiero, 1924, 187-281, hier 280: „Il segreto della filosofia di Kant, lo spirito della sua speculazione sta nel fatto che egli non vorrebbe negare se non per poter con più sicurezza affermare, non vorrebbe distruggere se non per riedificare con maggiore solidità, non vorrebbe criticare se non per cogliere poi più larghi motivi di assenso alle sue idee; compito quindi di demolizione da un lato, di ricostruzione dall'altro."
42 AA XX, 260.
43 passim, z.B. AA XX, 260.
44 AA XX, 260.
45 AA XX, 300.
46 KrV B 611 = A 583 bis B 732 = A 704.

ursprünglich gemeint hatte, daß er „derjenigen Scharfe fähig" sei, „die man in einer Demonstration fordert"[48], und der auf einen „ersten Realgrund"[49] aller Möglichkeit überhaupt rekurrierte, kritisiert er nur im allgemeinen, indem er bemerkt, daß „wir überhaupt von keinem Realgrunde und keiner Kausalität, aus bloßen Begriffen a priori, die Möglichkeit erkennen können"[50]. Wir finden ihn indes auf der transzendentalen Ebene wieder im „transzendentalen Ideal"[51] als der „Idee vom **Inbegriffe aller Möglichkeit,** sofern er als Bedingung der durchgängigen Bestimmung eines jeden Dinges zum Grunde liegt"[52]. Als „transzendentales Substratum" („gleichsam") des gesamten Vorrates des Stoffes aller möglichen Prädikate überhaupt[53] ist es die „Vorstellung des Inbegriffs aller Realität", der „alle Prädikate ihrem transzendentalen Inhalte nach … in sich begreift", so daß „die durchgängige Bestimmung eines jeden Dinges" auf der „Einschränkung dieses All der Realität" beruht. Durch den „Allbesitz der Realität" wird jedoch „der Begriff eines Dinges an sich selbst als durchgängig bestimmt" und damit als „der Begriff eines einzelnen Wesens" („eines entis realissimi") vorgestellt und „als die Vorstellung von einem Individuum erkannt"[54]. Damit ist, was nicht wenig ist, „das Urwesen (ens originarium)", „das höchste Wesen (ens summum)" und „das Wesen aller Wesen (ens entium)"[55] als „notwendiger Vernunftbegriff", d.h. als denknotwendig vorgestellt, weil die Vernunft „genötigt" ist, „die Reihe der Bedingungen in aufsteigender Linie als vollendet und ihrer Totalität nach gegeben anzuse-

---

47 Ca 2/67-172.

48 Ca 2/170.

49 Ca 2/84.

50 KrV B 586 = A 558.

51 KrV B 599 = A 571. vgl. auch B. KELLERMANN, *Das Ideal im System der Kantischen Philosophie,* Berlin: Schwetschke & Sohn, 1920; Sv. ANDERSEN, *Ideal und Singularität. Über die Funktion des Gottesbegriffs in Kants theoretischer Philosophie,* Berlin: De Gruyter, 1983; C. PICHÉ, *Das Ideal: Ein Problem der Kantischen Ideenlehre* (Conscientia 12), Bonn: Bouvier, 1984.

52 KrV B 601 = A 573.

53 vgl. KrV B 603 = A 575.

54 KrV B 604f. = A 576f.

55 KrV B 606f. = A 578f.

hen"[56], und deshalb versucht, alles Bedingte jederzeit „bis zum Schlechthin-Unbedingten hinauszuführen"[57], ohne daß freilich noch im mindesten ausgemacht ist, daß „alle diese Realität objektiv gegeben sei und selbst ein Ding ausmache"[58]. Für eine solche Annahme fehle der Vernunft, wie wiederholt und nachdrücklich betont wird, in ihrem spekulativen Gebrauch jegliche „Befugnis"[59]. Der (freilich hypostasierte) „Begriff eines solchen Wesens ist der von Gott, in transzendentalem Verstande gedacht", als Gegenstand einer „transzendentalen Gotteserkenntnis (theologia transcendentalis)"[60]. Ähnlich eingeschränkt ist die Reichweite einer „psychologia rationalis", die gehalten ist, von der Einheit des Bewußtseins nicht einfach auf die Substantialität der Seele schließen zu dürfen[61], während die „cosmologia rationalis" die ‚Freiheit' nur als „transzendentale Idee" einer gänzlich unbekannten (intelligibelen) Ursache behandeln darf, die (als solche) außerhalb der von ihr angestoßenen Reihe der Erscheinungen liegt, ohne allerdings mit den Naturwirkungen in Widerspruch zu geraten[62]. Dieser Entwicklungsstand der Kritik erlaubt es Kant aber immerhin, in den „Bemerkungen zu Ludwig Heinrich Jakobs Prüfung der Mendelssohnschen Morgenstunden" von 1786 zu schreiben: „Es scheint zwar befremdlich, daß wir unsere Begriffe von Dingen an sich selbst nur dadurch gehörig bestimmen können, daß wir alle Realität zuerst auf den Begriff von Gott reduzieren und so, wie er darin stattfindet, allererst auch auf

56 KrV B 388 = A 332.

57 KrV B 383 = A 326.

58 KrV B 608 = A 580.

59 vgl. die Auflistung der zahlreichen Stellen in A. Winter, *Der Gotteserweis* a. a. O. 140 Anm. [im vorliegenden Buch Kapitel 5, 257-344, 296, Anm. 139].

60 KrV B 608 = A 580; B 392 = A 335.

61 KrV B 391 = A 334; hier ist der Ausdruck „transzendentale Seelenlehre" noch stehengeblieben, während er im umgearbeiteten Paralogismenkapitel nicht mehr vorkommt. vgl. dazu A. Winter, *Seele als Problem in der Transzendentalphilosophie Kants unter besonderer Berücksichtigung des Paralogismus-Kapitels*, in: K. Kremer (Hrsg.), Seele. Ihre Wirklichkeit, ihr Verhältnis zum Leib und zur menschlichen Person (= Studien zur Problemgeschichte der antiken und mittelalterlichen Philosophie X), Leiden-Köln: Brill, 1984, 100-168 [im vorliegenden Buch Kapitel 4, 163-255]; dazu ders.: Art. „*Psychologie, transzendentale*", in: HWP 7, Sp. 1670-1675.

62 vgl. z.B. KrV B 586 = A 558.

andere Dinge als Dinge an sich anwenden sollen. Allein jenes ist lediglich das Scheidungsmittel alles Sinnlichen und der Erscheinung von dem, was durch den Verstand, als zu Sachen an sich selbst gehörig, betrachtet werden kann"[63].

Die der Vernunft für ihr theoretisches Bedürfnis fehlende „Befugnis", ihren Ideen „objektive Realität" zu geben, wird ihr gleichwohl in ihrem praktischen Gebrauch zugesprochen. Das hatte Kant schon in der *Kritik der reinen Vernunft* zunächst hypothetisch angedeutet[64] und dann in der Methodenlehre grundsätzlich ausgeführt[65]. In der Vorrede der *Kritik der praktischen Vernunft* wird dieses „Rätsel der Kritik" aufgegriffen und dahingehend erklärt[66], daß „praktische Vernunft" einem „übersinnlichen Gegenstande der Kategorie der Kausalität, nämlich der Freiheit, Realität verschafft", indem sie sie „durch ein Faktum bestätigt"[67], so daß sie die „einzige unter allen Ideen der reinen Vernunft" ist, „deren Gegenstand Tatsache ist und unter die scibilia mit gerechnet werden muß", wie später in der *Kritik der Urteilskraft* gesagt wird[68]. Freiheit (im **positiven** Verstande[69]) wird zum Schlüsselbegriff der Verbindung zwischen dem „Unbedingten und Intelligibelen" und dem „Bedingten

---

63   Ca 4/484f. vgl. dazu auch AA XVIII, 528f. (R. 6249): „Die Existenz des unbedingten anzunehmen, hat Vernunft einen obiectiven ErkentnisGrund. Es ist diese Erkentnis obiectiv gewiß. ... Dieses ist allein conceptus originarius, namlich ein principium cognoscendi non derivativum, und, was merkwürdig ist, es muß die Vernunft, um eine Moglichkeit nach der durchgängigen determination, also sich als vollstandig vorzustellen, sich das princip aller Moglichkeit im realissimo concipiren; aber darum ist das ens originarium nicht so fort principium essendi aller Dinge. ... Aber wenn die practische Bedürfnis, dadurch ich genothigt werde es zu denken, dazukommt, so wird ein Glaube daraus, da theoretische und practische Vernunft übereinstimmt und gleichwohl keine Einsicht ist. [Abs.] Also 1. ist die subiective Bedingung, sich die Moglichkeiten zu denken, für die obiective Bedingung der Moglichkeit der Sachen selbst als abhangig von einem ente realissimo genommen".

64   KrV B 667-669 = A 639-641.

65   KrV B 835f. = A 807; B 842 = A 814; B 846 = A 818. vgl. dazu auch A. WINTER, *Der Gotteserweis* a. a. O. 142 Anm. [im vorliegenden Buch Kapitel 5, 257-344, 298, Anm. 147].

66   Ca 5/5ff.

67   Ca 5/6; vgl. auch 5/36 (3x), 48 (2x), 49, 53, 62, 100, 114.

68   Ca 5/551.

69   Ca 5/38.

und Sinnlichen" in der „eigenen Person"[70]. Sie ist „die einzige unter allen Ideen der spekulativen Vernunft, wovon wir die Möglichkeit a priori wissen, ohne sie doch einzusehen, weil sie die Bedingung des moralischen Gesetzes ist, welches wir wissen". Denn sie ist die „ratio essendi" des moralischen Gesetzes, das selbst die „ratio cognoscendi" der Freiheit ist. Das moralische Gesetz ist also das Urdatum für die praktische Vernunft, aus dem sie einerseits die Freiheit erschließt, andererseits aber auch „die Ideen von Gott und Unsterblichkeit" als „Bedingungen des notwendigen Objekts eines durch dieses Gesetz bestimmten Willens" deduziert oder postuliert[71]. Das moralische Gesetz ist insofern Urdatum, als für Kant „nicht der Begriff des Guten als eines Gegenstandes das moralische Gesetz, sondern umgekehrt das moralische Gesetz allererst den Begriff des Guten, sofern es diesen Namen schlechthin verdient", bestimmt und möglich macht[72], während das „höchste Gut" „weit hinterher" dem „seiner Form nach a priori bestimmten Willen als Gegenstand vorgestellt werden kann"[73]. Parallel zum „Inbegriff" aller Möglichkeit und aller Realität, der jedem möglichen Prädikat vorausliegt, wird hier von Kant im moralisch-praktischen Vernunftgebrauch auch die ‚Transzendentalität' der ‚ratio boni (faciendi)' unterstellt[74], die nicht begrifflich vermittelt wird, sondern der Vernunft als solcher unmittelbar vorgegeben ist als „Vernunftprinzip" und „Bestimmungsgrund des Willens a priori"[75] und sich als „Pflicht", ja sogar als „heilige Pflicht" auferlegt[76]. In diesem Sinne kann Kant solche Philosophen

---

70   vgl. Ca 5/115; dazu auch 5/55.

71   Ca 5/4.

72   Ca 5/71.

73   Ca 5/72.

74   vgl. dazu die Ausführungen über „die alte Formel der Schulen: nihil appetimus nisi sub ratione boni …" Ca 5/66f.

75   Ca 5/69, 71

76   Ca 5/37: „ein Imperativ, der kategorisch gebietet, weil das Gesetz unbedingt ist" als Nötigung zu einer Handlung, die „Pflicht" heißt. Ca 5/41; Ca 5/95: „Pflicht! du erhabener, großer Name, der du nichts Beliebtes, was Einschmeichelung bei sich führt, in dir fassest, sondern Unterwerfung verlangst, … welches ist der deiner würdige Ursprung, und wo findet man die Wurzel deiner edlen Abkunft, welche alle Verwandtschaft mit Neigungen stolz ausschlägt, und von welcher Wurzel abzustammen, die unnachlaßliche Bedingung desjenigen Werts ist, den sich Menschen allein selbst geben können?" Ca 5/163: „die

kritisieren, die „alle Vermögen aufs bloße Erkenntnisvermögen zu bringen gesucht" haben[77], wodurch, so wird man es verstehen müssen, die Besonderheit des (intellektuellen) Begehrungsvermögens der Begrenztheit des bloß theoretischen Zugriffs zum Opfer fällt[78]. Weil hier die Tiefendimension des Menschen gleichsam erfahrbar wird, ist für Kant „das moralische Gesetz in mir" Gegenstand „immer neuer und zunehmender Bewunderung und Ehrfurcht"[79] und „größter Achtung"[80]. Das „Faktum" des sich unabweisbar und vorgängig zum Begriff des Guten der Vernunft aufdrängende moralische Gesetz bildet nach meiner Auffassung der harten Kern des moralischen Gottesargumentes in der *Kritik der praktischen Vernunft*; es würde keinen Sinn[81] ergeben, wenn „die vollkommene Verwirklichung des wesentlichen Objektes des sittlich bestimmten Willens ... physisch unmöglich" wäre[82]. Das Sittengesetz verpflichtet zwar „ohne Rücksicht auf seinen ‚Zweck'"[83], aber eine ins Leere gehende Urgegebenheit der Vernunft würde die Vernunft an ihrer eigenen Vernünftigkeit irre werden lassen. Insofern bleibe ich gegen G. B. Sala dabei, daß der Begriff des „höchsten Gutes" wenigstens in der Darstellung der *Kritik der praktischen Vernunft* als Oberbegriff für die angemessene Verbindung von Tugend und Glückseligkeit sekundär ist.[84] Das beweist auch die

objektiv notwendige Befolgung" des moralischen Gesetzes „als Pflicht"; Ca 5/170: „das moralische Gesetz verlangt Befolgung aus Pflicht". Ca 5 /90: „ein Gesetz der Heiligkeit"; Ca 5/142: „nichts ehrt Gott mehr als das was das Schätzbarste in der Welt ist, die Achtung für sein Gebot, die Beobachtung der heiligen Pflicht, die uns das Gesetz auferlegt"; Ca 5/171: „Heiligkeit der Pflicht".

77 Ca 5/187f.

78 vgl. dazu auch Ca 5/38.

79 Ca 5/174; vgl. auch Ca 6/189 und 7/370.

80 Ca 5/72.

81 vgl. M. Albrecht, *Kants Antinomie der praktischen Vernunft* (= Studien und Materialien zur Gesch. d. Philosophie 21), Hildesheim, New York: Olms, 1978, 162ff., dem wir zustimmen, wenn er hier den Begriff „Sinn" einführt.

82 J. Schmucker, *Die primären Quellen des Gottesglaubens* (QD 34), Freiburg Basel Wien, Herder, 1967, 167.

83 M. Albrecht, a. a. O. 163.

84 G. B. Sala, a. a. O. 393f. hält meine schon früher geäußerte Auffassung (in: *Der Gotteserweis*) für „falsch". Einen Gottesbeweis „von der Verbindlichkeit des moralischen Gesetzes her"

Kontroverse zwischen L. W. Beck und J. R. Silber bezüglich der unklaren Verpflichtung, das „höchste Gut", das neben der Sittlichkeit die auch ihr unter- und nachgeordnete proportionierte Glückseligkeit einschließt[85], anzustreben, und die sich daran anschließenden Stellungnahmen für beide Seiten[86]. Erst in der *Kritik der Urteilskraft* wird die Dimension der Zweckmäßigkeit, die in der kritischen Periode immer wieder angesprochen wurde, ausdrücklich reflektiert, so daß sie unter diesen Vorzeichen auch im moralischen Gottesargument ihren eigentlichen Platz findet. Gleichwohl zeigt sich im moralischen Gesetz bereits eine Zweckperspektive für die „Kausalität durch Freiheit"[87], die sich für den Willen zwar nicht als Bestimmungsgrund, aber doch als sein

---

sieht er zwar schon in der KrV als gegeben an, aber die erst in der KpV entwickelte Transzendentalität des Guten und der dadurch veränderte Ausgangspunkt zusammen mit dem Wandel der Kantschen ‚Triebfederlehre' (vgl. M. ALBRECHT, a. a. O. 136ff.) wird offenbar übersehen. Zum Begriff des „höchsten Guts" bei Kant vgl. auch E. ARNOLDT, *Über Kants Idee vom höchsten Gut,* in DERS., *Gesammelte Schriften,* hg. v. O. Schöndorfer, Bd. 2, Berlin, Cassirer, 1907, 196-228; G. W. BARNES, *Kant's doctrine of the highest Good,* Diss. Harvard (Cambridge), 1968; A. DÖRING, *Kants Lehre vom höchsten Gut,* in: KantSt, 4 (1900), 90-101; N. FISCHER, *Tugend und Glückseligkeit. Zu ihrem Verhältnis bei Aristoteles und Kant,* in: KantSt 74 (1983), 1-21; E. CH. HIRSCH, *Höchstes Gut und Reich Gottes in Kants kritischen Hauptwerken als Beispiel für die Säkularisierung seiner Metaphysik,* Diss. Göttingen 1968; G. KRÄMLING, *Das höchste Gut als mögliche Welt. Zun Zusammenhang von Kulturphilosophie und systematischer Architektonik bei I. Kant,* in KantSt 77 (1968), 273-288; D. R. LEA, *Kant's analysis of the „summum bonum",* Diss. McGill, (Montreal), 1972; A. REATH, *Morality and the course of nature. Kant's doctrine of the highest good,* Diss. Harvard (Cambridge), 1984; J. R. SILBER, *The Highest Good as the Unity of Form and Content in Kant's Ethics,* Diss. Yale Univ., 1956.

85   Ca 5/120, 129.

86   vgl. L. W. BECK, *A Commentary on Kant's Critique of Practical Reason,* Chicago: Univ. of Chicago Press, 1960, 242-245; J. R. SILBER, *The Importance of the highest Good in Kant's Ethics,* in: Ethics 73 (1962 /63), 179-197; DERS.: *Immanenz und Transzendenz des höchsten Gutes bei Kant,* in: KantSt 18 (1964), 386-407; DERS.: *Die metaphysische Bedeutung des höchsten Gutes als Kanon der reinen Vernunft in Kants Philosophie,* in: ZPhF 23 (1969), 538-549; J. G. MURPHY, *The highest Good as content for Kant's ethical formalism. Beck versus Silber,* in: KantSt 56 (1965/66), 102-110; M.-B. ZELDIN, *The Summum Bonum, the moral law and the existence of God,* in: KantSt 62 (1971), 43-54; dazu K. DÜSING, *Das Problem des höchsten Gutes in Kants praktischer Philosophie,* in: KantSt. 62 (1971) 5-42; M. ALBRECHT, a. a. O. ab 152.

87   Ca 5 /54.

notwendiges Objekt aufdrängt, nämlich die moralische Notwendigkeit, das höchste (uns durch Freiheit mögliche) „Gut durch Freiheit des Willens hervorzubringen"[88]. Der moralische Imperativ gebietet kategorisch, die Tauglichkeit zu einem allgemeinen Gesetz in die Maxime des Handelns einzuschließen[89], und objektiv als „oberstes praktisches Prinzip", „die Menschheit" nicht nur in der eigenen Person, sondern „in der Person eines jeden andern, jederzeit zugleich als Zweck" zu behandeln[90]. Moralisches Handeln ist daher zwar nicht als solches, aber faktisch, wenn auch nicht immer im Ergebnis, so doch in der Absicht des auf das Gute ausgerichteten „guten Willens"[91] zweckbezogen, wobei die objektive Finalität im Vernunfturstprung[92] der Moralität verwurzelt ist und aus ihr hervorgeht. Von daher liegt die Frage der *Kritik der Urteilskraft* auf der Hand, ob nicht auch andere Formen der Zweckmäßigkeit auf ein intellektuelles Vermögen bezogen sind. Zunächst aber ergeben sich schon aus der nicht weiter erklärbaren Ursprünglichkeit[93] des moralischen Gesetzes wichtige moral- und religionsphilosophische Konsequenzen, wie z.B. der häufig angesprochene Unterschied zwischen der „Legalität" und „Moralität" einer Handlung[94] und damit der Unterschied zwischen einem bloß „hypothetischen" und dem „kategorischen Imperativ", der eine Handlung „ohne eine Beziehung auf irgendeine Absicht ... als objektiv notwendig erklärt"[95]. Durch die „kleinste Mißdeutung" würden die „Gesinnungen verfälscht" und würde das „moralische Prinzip" verdrängt[96]. So wird auch das christliche

---

88   Ca 5/123.

89   Ca 4/279.

90   Ca 4/287.

91   Ca 4/249f.

92   vgl. schon 4/268.

93   vgl. Ca 4/324: „Und so begreifen wir zwar nicht die praktische unbedingte Notwendigkeit des moralischen Imperativs, wir begreifen aber doch seine Unbegreiflichkeit, welches alles ist, was billigermaßen von einer Philosophie, die bis zur Grenze der menschlichen Vernunft in Prinzipien strebt, gefordert werden kann."

94   vgl. Ca 5/80, 89, 128, 163f.; G/169 (Unterschied zwischen einem „Menschen von guten Sitten" und einem „sittlich guten Menschen"), 243.

95   Ca 4/272.

96   Ca 5/119.

Liebesgebot erklärt, „Gott über alles" zu lieben und „den Nächsten als dich selbst": weil Gott „kein Gegenstand der Sinne ist", stellt dieses Gesetz das „Gesetz aller Gesetze" dar, das „Urbild" der „sittliche[n] Gesinnung in ihrer ganzen Vollkommenheit"[97]. Nicht „zufolge" der Idee des Guten, die dann erst begrifflich vermittelt und damit „verkleinert"[98] würde, sondern „unter der Idee des Guten"[99], „bloß um des Guten willen"[100] kann Handeln moralisch sein. Deshalb sind für Kant beim jüngsten Gericht diejenigen die „eigentlichen Auserwählten", die „den Notleidenden Hilfe leisteten, ohne sich auch nur in Gedanken kommen zu lassen, daß so etwas noch einer Belohnung wert sei".[101] Auf dieser Grundlage formuliert er in der Religionsschrift den „keines Beweises" bedürftigen Grundsatz: „alles was, außer dem guten Lebenswandel, der Mensch noch tun zu können vermeint, um Gott wohlgefällig zu werden, ist bloßer Religionswahn … ".[102] Dazu gehören z.B. das Streben nach „Verdienst"[103] und „Belohnung"[104] an Stelle der Pflichterfüllung, „Gunstbewerbung"[105] an Stelle der Sittlichkeit, „schimmernde Vernünftelei" zum „Nachteil der Moralität"[106], die Forderung eines „Wunders" „zur Beglaubigung"[107], „tatlose Entsündigungen" als Ersatz für „den Mangel guter Handlungen"[108], ein Glaube,

97 Ca 5 /92.
98 Ca 6/146: „Aber alles, auch das Erhabenste, verkleinert sich unter den Händen der Menschen, wenn sie die Idee desselben zu ihrem Gebrauch verwenden." vgl. auch Ca 6/245.
99 Ca 5/67.
100 Ca 5/217.
101 Ca 6/310f.
102 Ca 6/320.
103 Ca 5/93f.
104 Ca 6 /310.
105 Ca 5/336, 345; 6/134, 192, 335; 8/503; 10/133. vgl. dazu A. Winter, *Gebet und Gottesdienst bei Kant: nicht „Gunstbewerbung", sondern „Form aller Handlungen"*, in: ThPh 52 (1977), 341-377, hier: 350ff [im vorliegenden Buch Kapitel l 3, 115-161, 127ff.].
106 Ca 6/213 Anm. vgl. Ca 6/321: „wer ist alsdann hier wohl der Ungläubige? der, welcher vertrauet, ohne zu wissen, wie das, was er hofft, zugehe oder der, welcher diese Art der Erlösung des Menschen vom Bösen durchaus wissen will, widrigenfalls er alle Hoffnung auf dieselbe aufgibt?"
107 Ca 6/203.

der selbst „den Menschen von Grunde aus zu bessern" vermag und moralische Anstrengungen erübrigt[109] usw. Der Versuch, „den subjektiven Bestimmungsgrund pflichtmäßiger Handlungen irgend worin anders als im Gesetze selbst" zu setzen, wird in der *Kritik der praktischen Vernunft* als „moralische Schwärmerei" bezeichnet[110].

Nachdem nun den zwar denknotwendigen, aber nur spekulativen Ideen von Gott, Freiheit und Unsterblichkeit, „für die sich" als „bloß theoretischen Begriffen" „keine korrespondierende Anschauung, mithin auf dem theoretischen Wege keine objektive Realität finden" ließ[111], eben diese „objektive Realität" durch die „Postulate" der praktischen Vernunft „verschafft"[112] worden war, indem ihnen „Objekte gegeben" wurden[113], deren Gegebensein die theoretische Vernunft nun „einzuräumen" „genötigt wurde", „ohne sie doch näher bestimmen zu können"[114], schien das Ziel der übergeordneten Einheit der beiden Teile der Philosophie, des theoretischen der „Naturbegriffe" und des praktischen des „Freiheitsbegriffs"[115] im wesentlichen erreicht zu sein : „spekulative Einschränkung der reinen Vernunft und praktische Erweiterung" haben sie „allererst in dasjenige Verhältnis der Gleichheit" gebracht, „worin Vernunft überhaupt zweckmäßig gebraucht werden kann"[116], wobei, „weil alles Interesse zuletzt praktisch ist", der praktische Vernunftgebrauch innerhalb der einen und selben „reinen Vernunft"[117] gegenüber dem theoretischen den „Primat" innehat und somit den „ersten Bestimmungsgrund der Verbindung" beider Funktionen enthält[118]. Gleichwohl mochte es als unbe-

---

108   Ca 6 /311 Anm.
109   Ca 6/267. vgl. dazu A. WINTER, *Kant zwischen den Konfessionen,* in: ThPh 50 (1975), 1-37, hier: 13. [im vorliegenden Buch Kapitel 1, 1-47, hier 17f.].
110   Ca 5/93f.
111   Ca 5/145.
112   Ca 5/5, 6, 54, 55, 113, 144, 148, 150.
113   Ca 5/146.
114   Ca 5/147.
115   Ca 5/239f.
116   Ca 5/153.
117   Ca 5/98, 131; 4/247.

friedigend erscheinen, daß die Postulate zwar „theoretische Sätze"[119] über „theoretische Begriffe"[120] sein sollten, die aber nur „in praktischer Absicht" und zum „praktischen Gebrauch" eine „Erweiterung der reinen Vernunft" darstellen[121], ohne einen theoretischen Erkenntniszuwachs zu erbringen[122]. Es verblieb eine „unübersehbare Kluft" zwischen den Gebieten des Natur- und Freiheitsbegriffs, wie Kant selbst in der Einleitung zur *Kritik der Urteilskraft* zugibt, die nach „dem Grund der Einheit des Übersinnlichen, welches der Natur zum Grunde liegt, mit dem, was der Freiheitsbegriff praktisch enthält"[123], fragen ließ. Immerhin aber hatte der praktische, d. h. moralische Zugang gegenüber dem bloß theoretischen in der Frage nach Gott einen „genau bestimmten Begriff dieses Urwesens"[124] erbracht, daß Gott nämlich „ein Wesen" sein müsse, „das durch Verstand und Willen die Ursache (folglich der Urheber) der Natur ist"[125], und als ein „höchstes Wesen" „von höchster Vollkommenheit" „allwissend", „allmächtig", „all-gegenwärtig", „ewig" usw. sei, was „der ganze spekulative Gang der Vernunft nicht bewirken konnte"[126]. Für den praktischen Vernunftgebrauch sind die Ideen von Gott und Unsterblichkeit immanent und konstitutiv, für den spekulativen bleiben sie jedoch nach wie vor transzendent und regulativ[127], weil „sie niemals zu einer Theorie von übersinnlichen Wesen gebraucht werden können"[128]. Immerhin aber hält Kant die Postulate der prak-

---

118 Ca 5/130.

119 Ca 5/133.

120 Ca 5/145.

121 Ca 5/130, 145f.

122 vgl. G. Rossi, a. a. O. 265: „L'assurdo maggiore però che, a nostro avviso, si trova in Kant è quando egli ... aggiunge che tale credenza non aumenta per nulla il nostro patrimonio conoscitivo teorico e che, come le altre idee trascendenti, serve quale norma o principio regolativo, ma non può mai assurgere ad essere principio costitutivo della realtà".

123 Ca 5/244; vgl. auch 5/264.

124 Ca 5/151.

125 Ca 5/136.

126 Ca 5/151f.

127 Ca 5/147.

tischen Vernunft in einer Reflexion (bis 1776, aber unsicher) für „evident", weil „ihr Gegentheil" sich „ad absurdum morale" oder „absurdum practicum" bringen lasse[129]. Schon 1786 hatte Kant in der Schrift *Was heißt: Sich im Denken orientieren?* erklärt, daß ein postulatorischer Vernunftglaube zwar „dem Grade nach keinem Wissen nachsteht", aber dennoch „niemals in ein Wissen verwandelt werden" kann[130].

Hier setzt nun die *Kritik der Urteilskraft* ein, um das Erreichte womöglich von einem anderen Zugang her zu stabilisieren. Diesen Zugang beschreibt Kant in seinem Brief an Carl Leonhard Reinhold vom 28.12.1787, in dem er sein Vorhaben einer „Kritik des Geschmacks" erläutert. Nachdem er Prinzipien a priori für das Erkenntnis- und Begehrungsvermögen gefunden habe, habe er auch solche für das „Gefühl der Lust und Unlust" gefunden, so daß die Philosophie nunmehr drei Teile habe: „theoretische Philosophie, Teleologie, und praktische Philosophie, von denen freilich die mittlere als die ärmste an Bestimmungsgründen a priori befunden" werde[131]. Im Oktober 1790 faßt er sein Anliegen in einem Brief an Johann Friedrich Reichard zusammen: „Ich habe mich damit begnügt, zu zeigen: daß ohne sittliches Gefühl es für uns nichts Schönes oder Erhabenes geben würde: daß sich eben darauf der gleichsam gesetzmäßige Anspruch auf Beifall bei allem, was diesen Namen führen soll, gründe und daß das Subjektive der Moralität in unserem Wesen, welches unter dem Namen des sittlichen Gefühls unerforschlich ist, dasjenige sei, worauf, mithin nicht auf objektive Vernunftbegriffe, dergleichen die Beurteilung nach moralischen Gesetzen erfordert, in Beziehung, urteilen zu können, Geschmack sei: der also keinesweges das Zufällige der Empfindung, sondern ein (obzwar nicht diskursives, sondern intuitives) Prinzip a priori zum Grunde

---

128 Ca 5/149.

129 AA XVIII, 193 (R. 5477). Ähnlich in seinen Vorlesungen, vgl. dazu A. WINTER, *Der Gotteserweis* a. a. O. 168f., Anm. 217 [im vorliegenden Buch Kapitel 5, 332, Anm. 217].

130 Ca 4/360.

131 Ca 9/345; eine Ankündigung der „Grundlage der Kritik des Geschmacks" schon am 25. Juni an Christian Gottfried Schütz, Ca 9/329. Weitere Ankündigungen Ca 9/357, 415 (jetzt unter dem Titel einer Kritik der „Urteilskraft"), 441 (als Hilfe gegen die Einwürfe gegen die Unterscheidung von Phänomenon und Noumenon), AA XI, 91, Ca 9/443, 449, 10/2, 3f., 5, 14, 16ff., KantSt 55 (1964), 242f., 10/21f., 55.

hat"[132]. Er griff damit einen Gedanken auf, der schon in den *Träumen eines Geistersehers* von 1766 in einem größeren Zusammenhang angeklungen war und wohl auch für das Verständnis der *Kritik der Urteilskraft* von Bedeutung ist. Dort hatte er gefragt: „Sollte es nicht möglich sein, die Erscheinung der sittlichen Antriebe in den denkenden Naturen, wie solche sich aufeinander wechselsweise beziehen, gleichfalls als die Folge einer wahrhaftig tätigen Kraft, dadurch geistige Naturen ineinander einfließen, vorzustellen, sodaß das sittliche Gefühl diese empfundene Abhängigkeit des Privatwillens vom allgemeinen Willen wäre und eine Folge der natürlichen und allgemeinen Wechselwirkung, dadurch die immaterielle Welt ihre sittliche Einheit erlangt, indem sie sich nach den Gesetzen dieses ihr eigenen Zusammenhanges zu einem System von geistiger Vollkommenheit bildet?"[133]. Getreu seinem transzendentalen Ansatz will er auch für das dritte „intellektuelle Vermögen"[134] Prinzipien a priori auffinden, um zur „Idee des Ganzen"[135] nicht nur, wie bis dahin, vom Allgemeinen zum Besonderen, sondern auch umgekehrt vom Besonderen zum Allgemeinen, vom Mannigfaltigen in seiner scheinbaren Zufälligkeit zu einer „denkbare[n], gesetzliche[n] Einheit"[136] zu gelangen. Diese Aufgabe kommt der „reflektierenden" Urteilskraft zu, die „zu dem Besonderen das Allgemeine zu finden"[137] vermag, während sie in den beiden ersten Kritiken nur in ihrer subsumtiven Funktion (jetzt „bestimmende Urteilskraft" genannt) beansprucht wurde. Dadurch kann sie ein „Verbindungsmittel der zwei Teile der Philosophie zu einem Ganzen" sein, ein „Mittelglied zwischen dem Verstande und der Vernunft"[138], indem sie beider Gesetzgebungen, die

132 Ca 10/55.
133 Ca 2/350. Möglicherweise liegt hier ein Rückgriff auf Hutcheson vor. „Gleichwohl können diese Grundsätze nicht entbehrt werden, welche als Postulata die Grundlagen zu den übrigen praktischen Sätzen enthalten. Hutcheson und andere haben unter dem Namen des moralischen Gefühls hiervon einen Anfang zu schönen Bemerkungen geliefert". (Über die Deutlichkeit der Grundsätze Ca 2 /202).
134 Ca 5 /265.
135 Ca 5/10.
136 Ca 5/252.
137 Ca 5/191.
138 Ca 5/244f.

gegenläufig aufeinander zuführen, ohne sich doch wegen der großen verbleibenden „Kluft"[139] zu treffen, miteinander verknüpft und auf einer höheren Ebene in ihr Gemeinsames verweist, nämlich das „übersinnliche Substrat" der Natur, das gleichzeitig „ihr" übersinnliches Substrat ist[140], ohne es jedoch erklären zu können. „Findet das Prinzip der theoretischen Philosophie nicht den Schritt vom Sinnlichen zum Übersinnlichen, so findet das der praktischen Philosophie ihn nicht vom Übersinnlichen zum Sinnlichen. Beide verfehlen die Weise des Übergangs, die sie unthematisiert lassen" (W. Bartuschat[141]). Die verschiedenen Zugänge in beiden Kritiken lassen von sich aus nicht erkennen, daß es sich jeweils um dasselbe „übersinnliche Substrat" handelt; erst die von der Urteilskraft a priori unterstellte Voraussetzung der „Bedingung der Möglichkeit des Endzwecks in der Natur", die keiner der beiden Seiten entlehnt ist, kann die Vermittlung leisten[142]. Der „Begriff der Urteilskraft von einer Zweckmäßigkeit der Natur" gehört zwar „als regulatives Prinzip des Erkenntnisvermögens" noch zu den Naturbegriffen und damit „seiner Anwendung nach zum theoretischen Teile der Philosophie", ist aber selbst „veranlaßt" durch das „ästhetische Urteil", das „in Ansehung des Gefühls der Lust oder Unlust ein konstitutives Prinzip ist".[143] Den Begriff der Zweckmä-

---

139   Ca 5/244, 264.

140   So W. Bartuschat, a. a. O. 259: „Die reflektierende Beurteilung des Aktes der ästhetischen Urteilskraft, die durch die teleologische Urteilskraft erfolgt, macht offenbar, daß das übersinnliche Substrat ein Substrat der Urteilskraft ist, insofern es seine Legitimation als legitime Voraussetzung nur hat durch einen Akt, der heterogene Glieder a priori miteinander verknüpft, dessen Verknüpfen der Erklärung durch das übersinnliche Substrat bedarf." Grammatikalisch kann „ihrem übersinnlichen Substrat" (Ca 5/265) allerdings auch auf „Natur" bezogen werden.

141   a. a. O. 257.

142   vgl. W. Bartuschat a. a. O. 263f.

143   Ca 5/266, 263; vgl. dazu auch W. Bartuschat, a. a. O. 264. Zum Begriff der Teleologie im Hinblick auf Kant vgl. W. J. Chapman, *Die Teleologie Kants*. Diss Halle, Halle: Kaemmerer, 1904; F. Duque: *Teleologie und Leiblichkeit beim späten Kant*, in: KantSt 75 (1989), 381-397; A. Gilead, *Teleological time: a variation on a Kantian theme*, in: Rev. of Metaphysics 38 (1985), 529-562; N. Hartmann, *Teleologisches Denken*, Berlin: De Gruyter, 1951; H. Karja, *Heuristische Elemente der ,Kritik der teleologischen Urteilskraft'*, Diss. Heidelberg, 1975; O. Kohlschmidt, *Kants Stellung zur Teleologie und Physicotheologie*, Diss. Jena: Patzschke, 1894; J. D. McFarland, *Kant's Concept of Teleology*, Edinburgh/Texas:

ßigkeit macht „die Spontaneität im Spiele der Erkenntnisvermögen, deren Zusammenstimmung den Grund dieser Lust enthält, ... zur Vermittelung der Verknüpfung der Gebiete des Naturbegriffs mit dem Freiheitsbegriffe in ihren Folgen tauglich, indem diese zugleich die Empfänglichkeit des Gemüts für das moralische Gefühl befördert"[144]. Auch hier aber gilt grundsätzlich, was bereits in der *Kritik der praktischen Vernunft* gesagt worden war, daß „alle menschliche Einsicht zu Ende" ist, „sobald wir zu Grundkräften oder Grundvermögen gelanget sind". Ihre Möglichkeit ist im theoretischen Vernunftgebrauch durch „Erfahrung" legitimiert, im praktischen steht sie wegen des „Faktums" des moralischen Gesetzes fest[145], während die Urteilskraft auf die präsumptive „Einheit der Erfahrung (als Systems nach empirischen Gesetzen)" rekurriert, die wir „notwendig annehmen" müssen, ohne sie doch einzusehen und beweisen zu können[146]. In der ersten Einleitung zur *Kritik der Urteilskraft* wird dies noch deutlicher formuliert. Da heißt es: „Nun ist es klar, daß die reflektierende Urteilskraft es nicht unternehmen könnte, die ganze Natur nach ihren empirischen Verschiedenheiten zu klassifizieren, wenn sie nicht voraussetzt, die Natur spezifiziere selbst ihre transzendentale Gesetze nach irgendeinem Prinzip. Dieses Prinzip kann nun kein anderes als das der Angemessenheit zum Vermögen der Urteilskraft selbst sein, in der unermeßlichen Mannigfaltigkeit der Dinge nach möglichen empirischen Gesetzen genugsame Verwandtschaft derselben anzutreffen ... so wird die Natur, sofern sie so gedacht wird, ... auch als Kunst angesehen, und die Urteilskraft führt also notwendig a priori ein Prinzip der Technik der Natur bei sich ... "[147]. Diese Voraussetzung, daß sich die Natur „durch die Affinität der besonderen Gesetze unter allgemeinere, zu einer Erfahrung, als einem empirischen System, qualifiziere", wird dort das „transzendentale Prinzip der Ur-

Univ. Press, 1970; K. E. Robb, *Kant's concept of teleology*, Diss. McMaster (Hamilton, USA), 1976; A. Stadler, *Kants Teleologie und ihre erkenntnistheoretische Bedeutung*, Berlin: Dümmler, 1912; E. Ungerer, *Die Teleologie Kants und ihre Bedeutung für die Logik der Biologie* (= Abh. zur theoret. Biologie 14), Berlin: Borntraeger, 1922.

144 Ca 5/266.
145 Ca 5/53.
146 Ca 5/252f.
147 Ca 5/196.

teilskraft" genannt[148]. Nach diesem Prinzip müssen „die besonderen empirischen Gesetze" im Hinblick auf ihre vorauszusetzende systematische Einheit
in Analogie zur Gesetzgebung unseres Verstandes betrachtet werden, „als ob
gleichfalls ein Verstand (wenngleich nicht der unsrige) sie zum Behuf unserer
Erkenntnisvermögen, um ein System der Erfahrung nach besonderen Naturgesetzen möglich zu machen, gegeben hätte". Damit gibt die Urteilskraft sich
zunächst (als reflektierende) nur selbst ein Gesetz, und sie läßt offen, ob es
auch der Natur eigen ist und ob es einen solchen höheren Verstand wirklich
gibt[149]; sie muß es „unbestimmt" lassen, ob die Zweckmäßigkeit „gewisser
Naturformen" „absichtlich oder unabsichtlich sei"[150]. Darüber zu befinden
würde der „bestimmenden" Urteilskraft zukommen, die sich dazu aber auf
einen Vernunftbegriff stützen müßte, „dessen Gebrauch transzendent ist"[151].
Damit bleibt Kant seinem transzendentalphilosophischen Ansatz treu, sich
auf die begrenzte Perspektive unserer Erkenntnisvermögen zu beschränken
und nicht von einem angenommenen Standpunkt außerhalb her zu urteilen,
also über einen Gegenstand nicht zu sagen, was er „an sich sei" („κατ'
ἀλήθειαν"), sondern nur, was er „für uns ... nach den uns notwendigen
Vernunftprinzipien seiner Beurteilung sei" („κατ'ἄνθρωπον")[152]. Das gilt bereits für die Einschätzung unseres Erkenntnisvermögens überhaupt: für die
„Sinnlichkeit" und „die Formen unserer möglichen Anschauung", die Kategorien unseres Verstandes und die „Einheit der Apperzeption"[153], die transzen-

---

148   Ca 5/191.

149   Ca 5 /249.

150   Ca 5/216.

151   Ca 5 /217.

152   Ca 5 /544.

153   Ca 4/70f.: „Wie aber diese eigentümliche Eigenschaft unsrer Sinnlichkeit selbst, oder die
unseres Verstandes und der ihm und allem Denken zum Grunde liegenden notwendigen
Apperzeption möglich sei, läßt sich nicht weiter auflösen und beantworten, weil wir
ihrer zu aller Beantwortung und zu allem Denken der Gegenstände immer wieder nötig
haben „. KrV B 145f.: „Von der Eigentümlichkeit unseres Verstandes aber, nur vermittelst
der Kategorien und nur gerade durch diese Art und Zahl derselben Einheit der Apperzeption a priori zustande zu bringen, läßt sich ebensowenig ferner ein Grund angeben, als
warum wir gerade diese und keine anderen Funktionen zu urteilen haben, oder warum
Zeit und Raum die einzigen Formen unserer möglichen Anschauung sind". vgl. auch Ca

dentalen Vernunftideen[154] und schließlich für die Verfahrensweise der Urteilskraft[155]. Daß unsere Erkenntnis im Bereich der uns möglichen Erfahrung
funktioniert, wird festgestellt und unter Zuhilfenahme gewisser Grundannahmen[156] beschrieben, aber nicht begründet. Kants „Anliegen war nicht, ob,
sondern vielmehr wie" synthetische Urteile a priori „möglich sind"[157], und
„alle Zurüstungen der Metaphysik" sollen letztlich dazu dienen, den „Überschritt" vom Sinnlichen „zum Übersinnlichen"[158] legitim und nicht bloß mit
kaum verfremdeten Begriffen aus dem Erfahrungsbereich und „ohne vorangehende Kritik" des eigenen „Vermögens"[159] zu wagen. In diesem Sinne versucht
Kant, zur Vorbereitung einer neuen Metaphysik aus der Sicht unserer begrenzten intellektuellen Vermögen alles zu sagen, was irgend von dieser Warte
aus im Hinblick auf die höchsten und wichtigsten Aufgaben der Metaphysik
erreichbar erscheint, nicht mehr, aber auch nicht weniger. Die ursprünglich
offenbar nicht geplante Kritik der Urteilsraft hatte die Aufgabe, einem verbliebenen Ungenügen abzuhelfen, und manche vorsichtigeren Formulierungen
in der zweiten gegenüber der ersten Einleitung zeugen von einem harten
Ringen um das Erreichen des gesetzten Zieles, das bis ins „opus postumum"
hinein nicht zur Ruhe kommen sollte[160].

9/418 (an Markus HERZ).

154 KrV B 384 – A 327: „durch die Natur der Vernunft selbst aufgegeben"; B 393 – A 336:
     „Von diesen transzendentalen Ideen ist eigentlich keine objektive Deduktion möglich,
     … Aber eine subjektive Anleitung [Ableitung] derselben aus der Natur unserer Vernunft
     konnten wir unternehmen".

155 Ca 5/254: „Diese Zusammenstimmung der Natur zu unserem Erkenntnisvermögen wird
     von der Urteilskraft, zum Behuf ihrer Reflexion über dieselbe, nach ihren empirischen
     Gesetzen, a priori vorausgesetzt; indem sie der Verstand zugleich objektiv als zufällig
     anerkennt und bloß die Urteilskraft sie der Natur als transzendentale Zweckmäßigkeit
     (in Beziehung auf das Erkenntnisvermögen des Subjekts) beilegt".

156 KrV B XVI: „Man versuche es daher einmal, ob wir nicht in den Aufgaben der Metaphysik
     damit besser fortkommen, daß wir annehmen, die Gegenstände müssen sich nach unserem
     Erkenntnis richten, … ".

157 G. VOLLMER, *Kant und die evolutionäre Erkenntnistheorie,* in: Allg. Ztschr.f. Philos. 9
     (1984), H. 2, 19-77, hier: 47.

158 vgl. AA XX, 260, 290, 309.

159 KrV B XXXV.

Vergleicht man den in der *Kritik der Urteilskraft* so genannten „moralischen Beweis des Daseins Gottes"[161] mit dem entsprechenden Text in der *Kritik der praktischen Vernunft* unter der Überschrift: „Das Dasein Gottes als ein Postulat der reinen praktischen Vernunft"[162], dann zeigt sich, daß in beiden Fällen dieselben Denkschritte angegeben werden, wenn auch in verschiedener Anordnung, so daß ein Fortschritt nicht ohne weiteres erkennbar ist: das moralische Gesetz gebietet unbedingt, aber eine der pflichtmäßigen Sittlichkeit angemessene Glückseligkeit ist von bloßen Naturursachen nicht zu erwarten, so daß sich die praktische Notwendigkeit ergibt, eine übersinnliche moralische Ursache zu unterstellen, wenn man „moralisch konsequent denken will"[163]. Die Ungereimtheiten bezüglich des „höchsten Gutes", die in der *Kritik der praktischen Vernunft* Anlaß zu Kontroversen waren, sind aber offenbar nicht völlig ausgeräumt: apriorischer „Endzweck" (der Schöpfung) ist einmal „kein anderer als der Mensch (ein jedes vernünftige Weltwesen) unter moralischen Gesetzen"[164], dann aber auch (für uns) „das höchste durch Freiheit mögliche Gut in der Welt"[165]; dieser Endzweck, den wir uns als nach Kräften zu verwirklichendes Objekt „vorzusetzen" und dem wir verbindlich „nachzustreben" haben, wird aber auch gleichgesetzt mit den Bedingungen, unter denen der Mensch sich „unter dem obigen Gesetze einen Endzweck setzen kann", nämlich der „subjektiven Bedingung" der Glückseligkeit „unter der objektiven Bedingung der Einstimmung des Menschen mit den Gesetzen der Sittlichkeit als der Würdigkeit, glücklich zu sein"[166]. Anschließend ist der „moralisch zu bewirkende Endzweck in der Welt" wieder wie früher die

---

160   vgl. dazu V. MATHIEU, a. a. O. 239-246. Die beste Edition der „Ersten Einleitung" wurde besorgt von N. HINSKE u.a. *Immanuel Kant, Erste Einleitung in die Kritik der Urteilskraft. Faksimile und Transkription,* Stuttgart-Bad Cannstatt: Frommann (Holzboog), 1965; Kommentar: H. MERTENS, *Kommentar zur Ersten Einleitung in Kants Kritik der Urteilskraft* (= Epimeleia Bd. 25), München: Berchmann, 1975.

161   Ca 5/528-531, bes. 531.

162   Ca 5/134-143.

163   Ca 5/531 Anm.

164   Ca 5/529, 526.

165   Ca 5/531.

166   ebd.

Summe seiner eben genannten Bedingungen, nämlich eine „mit der Befolgung moralischer Gesetze harmonisch zusammentreffende Glückseligkeit vernünftiger Wesen, als das höchste Weltbeste"[167]. Kant ist sich augenscheinlich der Undeutlichkeit seiner Formulierungen bewußt, wenn er bemerkt, daß man diesem Beweis „leicht die Form der logischen Präzision anpassen kann"[168]. Die Schwierigkeit bestand für ihn offenbar darin, die vorher behandelten verschiedenen Aspekte letzter Zweckhaftigkeit, also den „letzten Zweck der Natur" („Glückseligkeit" bzw. „in Ansehung der Menschengattung" „Kultur")[169] und den für einen „höchsten Verstand" geltenden[170] „Endzweck des Daseins einer Welt, d.i. der Schöpfung selbst"[171], nämlich den Menschen als „moralisches Wesen", dessen Dasein „den höchsten Zweck selbst in sich hat"[172], allerdings „nur als Subjekt der Moralität"[173] oder „als moralisches Wesen"[174], mit dem zu setzenden und zu bewirkenden Endzweck des „höchsten abgeleiteten Guts" vor dem Hintergrund „eines höchsten ursprünglichen Guts" (so in der *Kritik der praktischen Vernunft* [175]) und der „Ehre Gottes" als dem „letzten Zweck der Schöpfung"[176] terminologisch zu trennen. Vielleicht

167 Ca 5/532.
168 ebd.
169 Ca 5/509, 511.
170 Ca 5/524, 514.
171 Ca 5 /514.
172 Ca 5/515.
173 Ca 5/516.
174 Ca 5/523.
175 Ca 5/136. vgl. auch AA XVIII, 440 (R. 6060), 446 (R. 6143), 452 (R. 6099).
176 Ca 5/142, 530 Anm., zu vgl. mit AA XVIII, 466-471 (R. 6138, 6140, 6147, 6153, 6154, 6157). „Der Begrif der Ehre Gottes ist doch besser als der Begrif der Glükseligkeit der Geschopfe; den jener geht auf Vollkomenheit der Welt, aber er ist doch zweydeutig" (R. 6147). „Gott hat die Welt zu seiner Ehre, nicht um seiner Ehre willen erschaffen. d. i. der obiective, nicht subiective Zwek; die Ehre ist obiectiv." (R. 6153). „Dadurch allein [durch sittliches Wohlverhalten] wird er geehrt; und, weil das Gute, das dadurch allein bewirkt wird, nicht auf ihn fließt, sondern in der Welt immanent ist, so wird dadurch zwar Gotte gedient, d. i. wir handeln als im Dienste Gottes zum Weltbesten, aber Gott wird nicht bedient, d. i. durch irgend einen Cultus irgend ein Zweck oder Wirkung ausser der Welt und in Gott intendirt. Also gibt es keinen unmittelbaren Gottesdienst..."

sind gerade an dieser Stelle mehrere verschiedene Vorarbeiten in den Text eingegangen, die verloren gingen oder, soweit erhalten, noch nicht ediert wurden[177]. Aber auch hier gilt für eine angemessene Interpretation, was Kant sich schon im „Beweisgrund" von seinen Lesern wünschte, nämlich „kühne Blicke auf das Ganze eines Versuchs" zu werfen und „vornehmlich die Beziehung" zu betrachten, „die die Hauptstücke desselben zu einem tüchtigen Bau haben könnten, wenn man gewisse Mängel ergänzte oder Fehler verbesserte"[178]. Das darf freilich nicht dazu führen, eigene Überlegungen als Kantinterpretation auszugeben; aber die Suche nach einer systematischen Ordnung in eins mit dem Versuch, nicht weiter verfolgte Fährten auf ihre Gangbarkeit zu überprüfen, könnte wohl der Diskussion dienlich sein.

Wenn man den sog. „moralischen Beweis" der *Kritik der Urteilskraft* in seinem Umfeld betrachtet, so scheint sich zu zeigen, daß hier mehrere Argumente überlagert wurden, die sich durch die terminologischen Variationen verraten. Da ist zunächst das bekannte Argument aus der *Kritik der praktischen Vernunft*, das in neuer Formulierung und Anordnung wiederholt wird und dem auch die bekannten Einschränkungen gelten, daß „die Idee eines Endzwecks im Gebrauche der Freiheit" ein „regulatives" und zugleich „subjektiv-konstitutives" „Prinzip unserer Handlungen" von „subjektiv-praktische[r] Realität" ist.[179] Die „moralische Weltursache" als „Weltschöpfer" wird hier zwar auch als die Bedingung der Möglichkeit der angemessenen Verknüpfung von Sittlichkeit und Glückseligkeit gefordert, aber jetzt nicht mehr nur, um

(R. 6154). „Zum Zweke Gottes gehört, daß das Vernünftige Geschopf dem Willen derselben (durch Heiligkeit) völlig adäqvat sey; das erreicht aber kein Geschopf. Also ist es der progressus dazu ins unendliche, wo, wenn die Gesinnung so ist, daß sie diese festiglich hoffen läßt, dieses dem Gottlichen Zweke gemäß ist." (R. 6157). In der Danziger Rationaltheologie wird die Verbindung zur „Gunstbewerbung" hergestellt: „Die meisten Menschen stellen sich Gott als einen großen Herrn vor, den sie bedienen müssen und durch allerhand Schmeicheleien und Liebkosungen zu gewinnen suchen." (AA XXVIII. 2. 2, 1306).

177 Vf. ist vor längerer Zeit auf zwei solcher Blätter aufmerksam geworden, deren Edition er sich vorgenommen hatte. Von den Reflexionen sind vor allem solche aus der Phase ψ, AA Bd. XVIII, 267-606 (unter Vorbehalt der Datierung durch Adickes) zu beachten.

178 Ca 2 /71.

179 Ca 5/534.

„die Möglichkeit dieses höchsten Guts vorauszusetzen"[180], sondern um sich den a priori vom moralischen Gesetz „bestimmten" Endzweck auch wirklich und „moralisch konsequent" „vorzusetzen". Die Notwendigkeit der Annahme,„es sei ein Gott", wird mit der (a priori geforderten) Notwendigkeit gleichgestellt („in demselben Grade und aus demselben Grunde"), sich den moralischen Endzweck „vorzusetzen"[181]. Damit sind manche Schwierigkeiten der früheren Fassung ausgeräumt und neue Perspektiven eröffnet. Es bleibt das Unbehagen, daß der „vorzusetzende" Endzweck die der Tugend proportionierte „Glückseligkeit" enthält, wenn auch nur in Unterordnung unter die „Sittlichkeit" und als ihre „notwendige Folge"[182] und „Wirkung"[183]. Die früher in der *Grundlegung zur Metaphysik der Sitten* gegebene Begründung, warum die „eigene Glückseligkeit" zu „sichern", „Pflicht" ist[184], bleibt unbefriedigend; auch Kant selbst erblickt darin eine gewisse Zweideutigkeit (Reflexion 6147[185]). Denn Glückseligkeit ist „nur bedingter Zweck"[186] und bloß „mittelbar-gut", d.h. „nützlich", aber nicht „an sich gut"[187], und insofern auch lediglich von „pragmatischem Interesse", so daß sich die Existenz Gottes nur als „Hypothese"

---

180   Ca 5/136.

181   Ca 5/531.

182   Ca 5/129.

183   Ca 5/121, 125.

184   Ca 4/255: „Seine eigene Glückseligkeit sichern, ist Pflicht, (wenigstens indirekt); denn der Mangel der Zufriedenheit mit seinem Zustande in einem Gedränge von vielen Sorgen und mitten unter unbefriedigten Bedürfnissen, könnte leicht eine große Versuchung zu Übertretung der Pflichten werden. Aber, auch ohne hier auf Pflicht zu sehen, haben alle Menschen schon von selbst die mächtigste und innigste Neigung zur Glückseligkeit, weil sich gerade in dieser Idee alle Neigungen zu einer Summe vereinigen. Nur ist die Vorschrift der Glückseligkeit mehrenteils so beschaffen, daß sie einigen Neigungen großen Abbruch tut … ". „Aber auch in diesem Falle, wenn die allgemeine Neigung zur Glückseligkeit seinen Willen nicht bestimmte, … so bleibt noch hier, wie in allen andern Fällen, ein Gesetz übrig, nämlich seine Glückseligkeit zu befördern, nicht aus Neigung, sondern aus Pflicht, und da hat sein Verhalten allererst den eigentlichen moralischen Wert."

185   AA XVIII, 468. „Der Begrif der Ehre Gottes ist doch besser als der Begrif der Glükseeligkeit der Geschopfe; den jener geht auf Vollkommenheit der Welt, aber er ist doch zweydeutig."

186   5/516 Anm.

187   Ca 5/276.

daraus ableiten ließe (Refl. 6111[188]). Ein Ausweg könnte in der Weise gesucht werden, daß man unter dem „vorzusetzenden" Endzweck das höchstmögliche „Gute" als solches versteht (als durch das moralische Gesetz vorgegebenen Oberbegriff zum jeweils subjektiv anzustrebenden „höchsten Gut"), nachdem „das Gute" in der „Analytik des Schönen" bereits dem „Angenehmen" und „Schönen" gegenübergestellt worden war[189]. Sittlichkeit und proportionierte Glückseligkeit wären ihm dann im „höchsten Gut" zugeordnet, ohne mit ihm einfachhin identisch zu sein. Wenn man in dieser Weise das ‚summum bonum' (finitum) in das „höchste abgeleitete Gut" (als „der [moralisch] besten Welt")[190] und das höchstmögliche Gute überhaupt, das nicht einfach identisch ist mit dem „höchsten ursprünglichen Gut"[191], differenziert, klären sich die Bedingungsverhältnisse: das „unbedingt Gute"[192] ist der begriffliche Ausdruck des vorbegrifflich gebietenden moralischen Gesetzes in seiner „unbedingte[n] Gesetzgebung in Ansehung der Zwecke"[193] als der „oberste[n] Bedingung der praktischen Vernunft"[194], das nicht nur „formaler" sondern auch „materialer,

---

188   AA XVIII, 458.

189   Ca 5/275-281.

190   Ca 5/136.

191   ebd. „Summum bonum originarium" und „summum bonum derivativum"; zur Termi-
      nologie vgl. auch AA XVIII, 440 (R. 6060) und 468 (R. 6143). Das summum bonum
      derivativum erscheint allerdings mit der Vorstellung eines „mundus optimus" verbunden.
      vgl. auch „Religionslehre Pölitz" AA XXVIII.2. 2, 1061: „Das Produkt eines solchen
      Willens wird das größte Ganze alles Möglichen, d. i. summum bonum finitum, die
      vollkommenste Welt seyn". Diese Weltvollkommenheit wird allerdings primär von der
      Moralität her verstanden; so in der „Natürl. Theologie Volckmann", AA XXVIII. 2. 2,
      1203: „der unendliche Verstand Gottes erkannte die Möglichkeit eines höchsten Gutes
      noch außer sich, in welchem die Moralität das oberste Prinzip wäre. Er war sich zugleich
      bewußt, alle Macht zu haben, um diese vollkommenste unter allen möglichen Welten
      zustande zu bringen." *Danziger Rationaltheologie*, AA XXVIII. 2. 2, 1304: „Die persönliche
      Vollkommenheit vernünftiger Wesen ist moralische Vollkommenheit. [Abs.] Diese und
      die Vollkommenheit ihres Zustandes macht die beste Welt aus. Also höchste moralische
      und höchste physische Vollkommenheit müssen zusammensein, so ist das absolute Voll-
      kommenheit der Welt, die ein Zweck Gottes sein kann. ‚Absolute' bedeutet nicht das
      uneingeschränkte Gut, sondern, daß die Welt vor sich selbst gut ist."

192   Ca 5/77, 82.

193   Ca 5/516.

aber nur objektiver Bestimmungsgrund der Gegenstände der Handlung unter dem Namen des Guten und Bösen ist"[195]. Das „höchste Gut" ist „das Unbedingte" als „die unbedingte Totalität des Gegenstandes der reinen praktischen Vernunft"[196]; es ist unbedingt in seiner Gültigkeit, aber bedingt in seiner Verwirklichung durch Freiheit[197]. Die Moralität (die „Tugend, als die Würdigkeit, glücklich zu sein") ist darin „als Bedingung das oberste Gut", bedingt aber gleichzeitig (als Folge oder Wirkung) die Glückseligkeit „in Proportion der Sittlichkeit", mit der zusammen sie „das Ganze, das vollendete Gute" bildet und den „Besitz des höchsten Guts in einer Person" ausmacht[198].

Dieser „moralische Beweis" ist nun in der *Kritik der Urteilskaft* eingebettet in Überlegungen zur „Ethikotheologie"[199] und von ihnen überlagert. Sie bilden den Hintergrund für die Rede vom a priori ,vorzusetzenden' Endzweck und stellen selbst einen eigenständigen Weg dar, ein „verständiges" und „zugleich moralisches Wesen als Welturheber, mithin ein[en] Gott" anzunehmen[200]. Die uns apriorisch aufgedrängte „Zweckbeziehung in uns selbst" bedarf als solche zunächst keiner Erklärung durch eine „verständige Ursache außer

194 Ca 5/82, 532.
195 Ca 5/83.
196 Ca 5/118.
197 vgl. dazu Ca 5/123, 515.
198 Ca 5/120f. vgl. auch M.-B. ZELDIN, *An analysis of the relation of the summum bonum to the moral law and the postulate of the existence of God (Summary)*, in: Akten des 14. internat. Kongresses f. Philosophie, Wien 2.-9. September 1968, Bd. 5, Wien: Univ., Herder 1970, 533f.
199 Ca 5/522 und das Folgende. vgl. auch B. AUNE, *Kant's Theory of morals*, Princeton N.J.: Univ. Pr., [1979]; M. L. FUEHRER, *The development of Kant's moral theology (in the Religion within the limits of reason alone)*, Diss. Univ. of Minnesota, 1974.
200 Ca 5/536. Hierher gehört auch der Begriff des „Reichs der Zwecke" Ca 4/291-298 der in der Kritik der Urteilskraft aufgegriffen wird (Ca 5/524). „Die Teleologie erwägt die Natur als ein Reich der Zwecke, die Moral ein mögliches Reich der Zwecke als ein Reich der Natur. Dort ist das Reich der Zwecke eine theoretische Idee, zu Erklärung dessen, was da ist. Hier ist es eine praktische Idee, um das, was nicht da ist, aber durch unser Tun und Lassen wirklich werden kann, und zwar eben dieser Idee gemäß zustande zu bringen." (Ca 4/295 Anm.). vgl. dazu I. MANCINI, *Il mondo dei fini e la teologia in Kant,* in Ricerche sul „Regno dei fini" Kantiano, a cura di A. Rigobello, (Roma: Bulzoni, 1974), 3-85, der die Verbindungen zu Kants philosophischer Theologie beschreibt.

uns".[201] Sie bestimmt uns, „das Weltbeste, welches in der Verbindung des größten Wohls der vernünftigen Weltwesen mit der höchsten Bedingung des Guten an demselben, d. i. der allgemeinen Glückseligkeit mit der gesetzmäßigsten Sittlichkeit" besteht, nach allen Kräften zu befördern. Damit erweisen wir uns als eingebettet in einen umfassenden Zweckzusammenhang, der die Frage nach dem Endzweck der „Schöpfung, d. i. der Welt selbst" aufwirft.[202] Nachdem jedoch ein „Endzweck der Natur" „in ihr selbst vergeblich" gesucht wird, obwohl wir auch sie als „teleologisches System"[203] denken müssen, kann dies „kein anderer, als der Mensch (ein jedes vernünftige Weltwesen) unter moralischen Gesetzen sein"[204], wenn man nicht annehmen will, daß der „Existenz vernünftiger Wesen unter moralischen Gesetzen" „entweder gar kein Zweck in der Ursache" oder „Zwecke ohne Endzweck zum Grunde" liegen[205]. Nach „der Analogie" mit unserer eigenen „Kausalität nach Zwekken"[206], kann die reflektierende Urteilskraft „den obersten Grund" für den Endzweck der Schöpfung wie für „Zweckverbindungen" überhaupt nur „in einem ursprünglichen Verstande als Weltursache" suchen[207], den sie sich (in einem „zweiten Schluß"[208]) wegen der „auf das moralische Gesetz und dessen Objekt bezogenen Zweckmäßigkeit" nur als „einen Welturheber und Regierer, der zugleich moralischer Gesetzgeber ist", „begreiflich machen" kann.[209] Aber auch diese Einsicht ist keineswegs „theoretisch-", sondern lediglich „praktisch-bestimmend" und ein „bloß regulatives Prinzip für die reflektierende Urteilskraft".[210] Damit ist erklärt, warum wir mit gleicher Not-

---

201 Ca 5/528.

202 Ca 5/534f.

203 Ca 5/455-459, 509-514.

204 Ca 5/529, vgl. auch 5/514ff.

205 Ca 5/530.

206 Ca 5/438, 476.

207 Ca 5 /489.

208 Ca 5/536.

209 Ca 5/537.

210 Ca 5 /539.

wendigkeit „eine moralische Weltursache (einen Welturheber) annehmen" müssen, nämlich Gott, „um uns, gemäß dem moralischen Gesetze, einen Endzweck vorzusetzen"[211].

Obwohl diese „moralische Teleologie" „auch für sich hinreichend" ist, „treibt sie die Aufmerksamkeit auf die Zwecke der Natur und die Nachforschung der hinter ihren Formen verborgen liegenden unbegreiflich großen Kunst".[212] Der „Begriff der Endursachen" ist allerdings „ein bloß der Urteilskraft ... angehöriger Begriff".[213] Unter der „Kausalverknüpfung" der „Endursachen (nexus finalis)" versteht Kant eine Verknüpfung „der idealen Ursachen" (nach Zwecken), die eine „Abhängigkeit" „sowohl abwärts als aufwärts" in der Ursachenreihe bezeichnet, so daß „das Ding, welches einmal als Wirkung bezeichnet ist, dennoch aufwärts den Namen einer Ursache desjenigen Dinges verdient, wovon es die Wirkung ist".[214] Das ist insbesondere bei den sog. „Naturzwecken" als „Naturprodukten" der Fall, die „nur durch ihre Beziehung auf das Ganze möglich sind", indem ihre Teile „sich dadurch zur Einheit des Ganzen verbinden, daß sie voneinander wechselseitig Ursache und Wirkung ihrer Form sind" und „die Verknüpfung der wirkenden Ursachen zugleich als Wirkung durch Endursachen beurteilt werden" muß.[215] Die Urteilskraft muß dabei „den Verstand mit der Vernunft ... in Verhältnis setzen, um Dinge als Naturzwecke vorstellig zu machen"[216], indem sie eine apriorische Maxime des Verstandes, daß nämlich „alle Erzeugung materieller Dinge und ihrer Formen ... als nach bloß mechanischen Gesetzen möglich beurteilt werden" muß, mit einer anderen Maxime vereinbaren muß, die durch „besondere Erfahrungen veranlaßt wird, welche die Vernunft ins Spiel bringen", die besagt, daß „einige Produkte der materiellen Natur ... nicht als nach bloß mechani-

---

211 Ca 5/531.
212 Ca 5/524f. Zum Begriff der „moralischen Teleologie" vgl. Th. AUXTER, *Kant's moral teleology*, Macon GA: Mercer Univ. Press, 1982.
213 Ca 5 /214.
214 Ca 5 /450.
215 Ca 5/450f. vgl. auch K. RORETZ, *Zur Analyse von Kants Philosophie des Organischen*, Wien: Hölder, 1922.
216 Ca 5/213.

schen Gesetzen möglich beurteilt werden können"[217]. Als „obiektive Prinzipi-
en" und „konstitutive" Grundsätze formuliert würden sich beide Maximen
widersprechen und zu einer „Antinomie" führen, als „regulative" der reflektierenden Urteilskraft dagegen nicht. Es ist für den Fortschritt der Naturwissenschaften vorteilhaft, methodisch „nach dem Prinzip des bloßen Me-
chanismus der Natur" zu „reflektieren" und zu forschen und es, „soweit man
kann, zu verfolgen", und es ist der Philosophie unbenommen, „nach einem
Prinzip zu spüren", „das von der Erklärung nach dem Mechanism der Natur
ganz verschieden ist, nämlich der Endursachen"[218]. Wenn die Naturwissenschaften so vorgehen, ‚als ob' alles wirkursächlich determiniert wäre, dann ist
das kein ‚Fiktionalismus', sondern eine fruchtbare methodische Beschränkung
auf ihren eigenen Bereich, der sich auch Kant selbst in seiner *Allgemeinen
Naturgeschichte* von 1755 mit großem Erfolg bedient hat[219]. Ebenso ist es kein
‚Fiktionalismus', wenn die Urteilskraft den für sie notwendigen Begriff einer
„objektiven Zweckmäßigkeit"[220], der (nach Kant) auf ein bloß „subjektives"
und „regulativ[es]" Prinzip verweist, das für unsere menschliche Urteilskraft ebenso notwendig gilt, als ob es ein „objektives Prinzip wäre"[221], annimmt

217 Ca 5/464f.
218 Ca 5/464ff.
219 Auf diese Weise entwickelte er seinen Anteil an der Kant-Laplaceschen Theorie (Ca
      1/263-271) und seine richtige Deutung der „neblichten Sterne" (Ca 1/234f.), die erst in
      unserem Jahrhundert verifiziert werden konnte. Er verteidigt dieses Verfahren, durch
      das sogar „ein höherer Begriff seiner [Gottes] unendlichen Weisheit verursacht
      wird" (Ca 1/230). „Wenn die allgemeinen Wirkungsgesetze der Materie gleichfalls eine
      Folge aus dem höchsten Entwurfe sind, so können sie vermutlich keine andere Bestim-
      mungen haben, als die den Plan von selber zu erfüllen trachten, den die höchste Weisheit
      sich vorgesetzt hat ... " (Ca 1/225). „ ... und es ist ein Gott eben deswegen, weil
      die Natur auch selbst im Chaos nicht anders als regelmäßig und ordentlich
      verfahren kann." (Ca 1/230).
220 Ca 5/439 und folgende, 5/476 und folgende.
221 Ca 5 /483 . vgl. dazu: H. Markuschewitsch-Nieburg, *Die transzedentale Gesetzlichkeit
      des Als ob in Kants „Kritik der Urteilskraft"*, Diss. Jena: Buchdruck-Werkstätte, 1928, 41:
      „Das Zusammenstimmen der mechanistischen und teleologischen Naturbetrachtung hat
      seine letzte Begründung in der übersinnlichen Idee, die ihrerseits das Verhältnis der
      beiden durch die Gesetzlichkeit des Als ob normiert. Erst durch diese wird ein bezie-
      hungsloses Auseinanderfallen von Naturkausalität und teleologischer Beurteilung der

und ihn wenigstens als „heuristisches Prinzip" verwendet[222]. Kant bleibt dabei seinem transzendentalen Ansatz treu, „bloß auf die Art [zu] sehen, wie etwas für uns (nach der subjektiven Beschaffenheit unserer Vorstellungskräfte) Objekt der Erkenntnis (res cognoscibilis) sein kann"[223].

Die einzigen „Naturprodukte", die „nur als Naturzweck[e] möglich erkannt werden", sind die „organisierten und sich selbst organisierenden Wesen"[224], insofern sie „sich zu sich selbst wechselseitig als Ursache und Wirkung verhalten"[225]. Das scheint für unseren diskursiven Verstand ein Widerspruch zu sein,„das Ganze" eines Wesens, bevor es existiert, als Ursache für Wirkursachen zu halten, die es allererst verursachen sollen[226], weil die „Diskursivität unseres Verstandes" die Reihe der Kausalglieder „sukzessiv" durchläuft[227]. Ist die Ursächlichkeit aber, wie hier,„in zwiefachem Sinne" zu

Natur verhindert, indem für jede fest umrissene Grenzen gezogen werden und die Wechselseitigkeit ihrer Beziehung als notwendig erwiesen."

222 Ca 5/187, 490.

223 Ca 5/549, vgl. auch 5/544.

224 Diese Ausdrucksweise mutet sehr modern an, nachdem heute in verschiedenen naturwissenschaftlichen Disziplinen „Selbstorganisation" fast zu einem neuen „Paradigma" geworden ist. Dabei scheint „selbst" manchmal als Chiffre für eine unerkannte natürliche Gesetzlichkeit verwendet zu werden.

225 Ca 5/450. vgl. dazu auch K. RORETZ, *Zur Analyse von Kants Philosophie des Orgaischen*, s. oben Anm. 215.

226 Ca 5/448: „Um aber etwas, das man als Naturprodukt erkennt, gleichwohl doch auch als Zweck, mithin als Naturzweck, zu beurteilen: dazu, wenn nicht etwa hierin gar ein Widerspruch liegt, wird schon mehr erfordert". vgl. in der ersten Einleitung, Ca 5/216: „Da es nun ganz wider die Natur physisch-mechanischer Ursachen ist, daß das Ganze die Ursache der Möglichkeit der Kausalität der Teile sei, vielmehr diese vorher gegeben werden müssen, um die Möglichkeit eines Ganzen daraus zu begreifen; da ferner die besondere Vorstellung eines Ganzen, welche vor der Möglichkeit der Teile vorhergeht, eine bloße Idee ist und diese, wenn sie als der Grund der Kausalität angesehen wird, Zweck heißt: so ist klar, daß wenn es dergleichen Produkte der Natur gibt, es unmöglich sei, ihrer Beschaffenheit und deren Ursache auch nur in der Erfahrung nachzuforschen, (geschweige sie durch die Vernunft zu erklären) ohne sie sich, ihre Form und Kausalität nach einem Prinzip der Zwecke vorzustellen".

227 vgl. K. MARC-WOGAU, *Die Bedeutung der mechanischen und teleologischen Verknüpfung*, in J. Kulenkampff (Hrsg.), Materialien zu Kants ‚Kritik der Urteilskraft' (= stw 60), Frankfurt/M.: Suhrkamp, 1974, 328-336, hier: 329.

verstehen, läßt sich ein solcher Zusammenhang zwar ohne Widerspruch denken, aber nicht begreifen[228]. Bei Produkten menschlicher „Kunst" geht nicht
der Zweck selbst, sondern die „Vorstellung des Zwecks" ursächlich der Entstehung voraus; aber eine solche Analogie wird den sich selbst organisierenden
Wesen in keiner Weise gerecht[229]. Da sie aber tatsächlich existieren, sind wir
gezwungen, uns „einen anderen Verstand" zu denken, der nicht diskursiv,
„sondern intuitiv ist" und „dessen Vorstellung des Ganzen die Zufälligkeit
der Verbindung der Teile nicht in sich enthält", um uns die „Zusammenstimmung der Naturgesetze mit unserer Urteilskraft, die für unseren Verstand
nur durch das Verbindungsmittel der Zwecke denkbar ist, als notwendig
vorstellen zu können"[230]. Einen solchen möglichen „intellectus archetypus"
müssen wir uns nach der Beschaffenheit unseres „intellectus ectypus"[231] als
„eine absichtlich-wirkende oberste Ursache" denken, weil wir der „objektiven Zweckmäßigkeit der Natur" nach einer „schlechterdings notwendigen
Maxime" für den „Erfahrungsgebrauch unserer Vernunft" den „Begriff einer
Absicht" unterlegen müssen und so zur Vorstellung einer „verständigen Ursache (eines Gottes)" gelangen[232]. Eine solche höchste Intelligenz läßt sich „ohne
Widerspruch" denken[233]; von ihr als dem Urbild alles Erkennbaren hängt
aller Dinge Möglichkeit ab, sie erkennt „alle Dinge, wie sie an sich selbst"
sind[234], ihr Erkennen ist allumfassend und nicht vom Einzelnen zum Ganzen

228 Ca 5 /448. Den erkenntnistheoretischen Aspekt untersucht A. CAPECCI, *Problema episte-*
mologico e „regno dei fini". Aspetti del discorso teleologico in Kant, in: Ricerche sul „Regno
dei fini" Kantiano, a. a. O. 251-294. Für ihn gilt: „la finalità svolge una funzione episte-
mologica ineliminabile" (268).
229 vgl. Ca 5/452f.
230 Ca 5 /486.
231 Ca 5/487.
232 Ca 5/476ff.
233 Ca 5/487.
234 AA XXVIII. 2. 2, 1052, 1267.

fortschreitend[235], sie ist nicht passiv, sondern aktiv und schöpferisch[236], wie Kant in seinen Vorlesungen zur philosophischen Religionslehre und Rationaltheologie ausführt[237].

Die physische Teleologie der „theoretisch-reflektierenden Urteilskraft"[238] ist für sich allein freilich nicht zureichend zu einer „Physikotheologie", weil wir selbst allwissend sein müßten[239], um den Begriff eines intelligenten „Urgrunde[s] der Zwecke in der Natur bis zum Begriffe einer Gottheit zu ergänzen"[240]. Sie kommt allerdings „vermöge der Maxime der reinen Vernunft, Einheit der Prinzipien, so viel sich tun läßt, zu befolgen", der durch die moralische Teleologie erbrachten „praktischen Realität jener Idee" in „theoretischer Absicht" „zu Hilfe"[241] und dient ihr „zu erwünschter Bestätigung"[242]. Die moralische Teleologie der „praktisch"-reflektierenden Urteilskraft „ergänzt" ihrerseits „den Mangel der physischen" und „gründet" so „allererst eine Theologie"[243]. Auf dieser Grundlage kann Gott „als gesetzgebendes Oberhaupt im Reich der Zwecke" als „allwissend", „allmächtig", „allgütig", „gerecht" und mit den übrigen transzendentalen Eigenschaften („Ewigkeit, Allgegen-

---

235 Ca 5/485f.; AA XXVIII. 2. 2, 1058, 1274.

236 AA XXVIII. 2. 2, 1052, 1267, 1276. AA XVII, 304 (R. 3825): „Cognitio prototypa: causa rerum. Cognitio ectypa: causatum".

237 vgl. dazu A. WINTER, *Transzendentale Theologie der Erkenntnis. Ansätze zur theologischen Rezeption der Kantschen Vernunftkritik*, in: Auf der Suche nach dem verborgenen Gott. Zur theologischen Relevanz neuzeitlichen Denkens, hrsg. v. A. Halder u. a., Düsseldorf: Patmos, 1987, 68-96, hier: 90f. [im vorliegenden Buch Kapitel 7, 389-424, 417ff.]

238 Ca 5/537.

239 Ca 5/150, 521, 563.

240 Ca 5 /519.

241 Ca 5/537.

242 Ca 5/562.

243 Ca 5/525; vgl. auch 5/527, 561. Zum Verhältnis von Moral und Theologie AA XIX, 641 (R. 8097): „Was denkt man sich unter der Idee von Gott? 1. Ob die Moral ohne Theologie möglich sey? Ja, aber nur in Ansehung der Pflichten und Rechte der Menschen, nicht in Ansehung des Endzweks. Denn würde man annehmen, daß das erstere nicht möglich sey, so würden ohne gottliche Gebote keine Pflichten gedacht werden können, also auch nicht ohne Religion als Pflicht gegen Gott, also müßten wir doch allererst Lehre von Pflichten haben, ehe wir Gott erkenneten, welches der Hypothesis widerspicht. ... 3. Ob

wart" usw.) gedacht werden[244]. „Auf solche Weise führt eine Theologie auch unmittelbar zur Religion, d. i. der Erkenntnis unserer Pflichten, als göttlicher Gebote"[245].

Vor diesem teleologischen Hintergrund ist auch der „moralische Beweis" der dritten Kritik zu interpretieren. Wenn wir uns a priori einen moralischen Endzweck im Hinblick auf das „Weltbeste" verbindlich „vorzusetzen" haben, so finden wir uns „als Weltwesen"[246] eingebettet in den Gesamtzusammenhang moralischer und physischer Finalität, in dem unser „guter Wille" „dasjenige" ist, wodurch unser „Dasein allein einen absoluten Wert und in Beziehung auf welches das Dasein der Welt einen Endzweck haben kann". In dieser Weise „Endzweck der Schöpfung" zu sein, ergibt dann auch „einen Vernunftgrund", „warum die Natur" zu unserer „Glückseligkeit zusammen stimmen müsse, wenn sie als ein absolutes Ganze nach Prinzipien der Zwecke betrachtet wird"[247]. In diesem Sinne wird zu zeigen versucht, daß alle Kräfte und Vermögen des menschlichen Gemütes überhaupt auf das „absolute Ganze" der Natur als ihr „eigentliche[s] unveränderliche[s] Grundmaß" bezogen sind[248]. So hat die „ästhetische Urteilskraft" im a priori fundierten Geschmacksurteil über die formale Zweckmäßigkeit des „Schönen"[249] eine Beziehung zum „Sittlichguten"[250]; der Geschmack ist „ein Beurteilungsvermögen der Versinnlichung sittlicher Ideen"[251], und schöne Künste ohne jeden Bezug zu „moralischen Ideen" verblassen[252]. In der „schönen Kunst" werden „Einbildungskraft, Verstand" und „Geist" durch den „Geschmack" vereinigt[253]. Das ästhetische Urteil über „Naturschönheit" gründet sich auf „das teleologische Urteil":

eine Naturerkentnis auch ohne Theologie möglich sey? Ja, aber nur nach der Analogie der Zwecke."

244 Ca 5/524f., vgl. auch 5/563f.
245 Ca 5 /564.
246 Ca 5/528.
247 Ca 5/523.
248 vgl. Ca 5/327.
249 Ca 5/190f.
250 Ca 5/3/375.
251 Ca 5/433 vgl. auch 343.

„Schönheit der Natur" kann unter dieser Rücksicht „als objektive Zweckmäßigkeit der Natur in ihrem Ganzen, als System, worin der Mensch ein Glied ist, betrachtet werden"[254], und das Interesse an ihr ist „jederzeit ein Kennzeichen einer guten Seele"[255]. Ästhetische Ideen dienen manchmal zur analogen Darstellung unanschaulicher „Vernunftideen"[256], und die Tonkunst kann „die ästhetische Idee eines zusammenhangenden Ganzen einer unnennbaren Gedankenfülle" ausdrücken[257]. Mit der ästhetischen Urteilskraft ist das „moralische Gefühl" verwandt, sofern es die pflichtmäßige Handlung als „erhaben" oder auch als „schön vorstellig" machen kann[258]. Das Gefühl des „Erhabenen" „im Gemüte des Urteilenden"[259] eignet sich zur (wenn auch nur negativen) „Darstellung des Unendlichen"[260]; es erinnert uns an den Vernunftbegriff des „Übersinnlichen"[261] und läßt den moralisch eingestellten Menschen „zur Idee der Erhabenheit" Gottes gelangen[262]. Dem „Geschmacksurteil" folgt das Gefühl der „Lust an der Harmonie der Erkenntnisvermögen"[263], während das Gefühl des „Erhabenen" zugleich „Unlust aus der Unangemessenheit der Einbildungskraft" und „Lust an der Übereinstimmung eben dieses Urteils der Unangemessenheit des größten sinnlichen Vermögens mit Vernunftideen" erweckt[264].

252 Ca 5/402.
253 Ca 5/395, vgl. auch 360.
254 Ca 5/387, 458.
255 Ca 5/373f.
256 Ca 5/389f.
257 Ca 5/405, 392; vgl. dazu im Beschluß der „Allgemeinen Naturgeschichte": „Bei der allgemeinen Stille der Natur und der Ruhe der Sinne redet das verborgene Erkenntnisvermögen des unsterblichen Geistes eine unnennbare Sprache und gibt unausgewickelte Begriffe, die sich wohl empfinden, aber nicht beschreiben lassen." (Ca 1 /369)
258 Ca 5/339, 341.
259 Ca 5/327, 336.
260 Ca 5/346.
261 vgl. Ca 5/330, 340ff., 415f.; auch Ca 5/199, 224, 237, 244.
262 vgl. Ca 5/335f.
263 Ca 5 /286f.
264 Ca 5/329. Zur ästhetischen Urteilskraft vgl. A. Bäumler, *Das Irrationalitätsproblem in*

Für Kant konvergieren demnach alle unsere Vermögen im „Übersinnlichen" als ihrem „Vereinigungspunkt"[265] und gleichzeitig als ihrem „Substrat"[266], das auch als das „übersinnliche Substrat der Menschheit angesehen werden kann"[267]. Die Idee des „Übersinnlichen" hatte sich zugleich als „Substrat der Natur", als „Prinzip" ihrer „subjektiven Zweckmäßigkeit", als „Prinzip der Zwecke der Freiheit und Prinzip der Übereinstimmung derselben mit jener im Sittlichen" erwiesen.[268] Mehr kann offenbar eine transzendentale Disziplin der Philosophie von ihren Voraussetzungen aus nicht erreichen, wenn sie methodisch konsequent bleiben will. Obwohl Kant mit der *Kritik der Urteils-kraft* sein „kritisches Geschäft" hatte beschließen wollen[269], sah er acht Jahre später immer noch eine „Lücke" „im System der krit. Philos." im Hinblick auf „das Ganze der Philsophie"; sie betraf den „Übergang von den metaphys. Anf. Gr. d. N. W. zur Physik"[270]. Von diesem „Übergang" ist im *Opus postumum* immer wieder die Rede als Ausdruck eines unaufhörlichen Ringens mit der Unabgeschlossenheit seines Systems[271]. Der Gottesbegriff schwankt im Alters-werk zwischen Transzendenz und Immanenz, vielleicht weil er als ein „gerei-nigter" Begriff beides zugleich beinhaltet, was sich jeder Vorstellung entzieht[272],

der Ästhetik und Logik des 18. Jahrhunderts bis zur Kritik der Urteilskraft, Nachdruck der 2., durchgesehenen und um ein Nachwort erweiterten Auflage (Tübingen: Niemeyer, 1967), Darmstadt: Wiss. Buchgesellschaft, 1981; A. Baeumler, *Das Problem der Allge-meingültigkeit in Kants Ästhetik,* München, Delphin, 1915; P. Heintel, *Die Bedeutung der Kritik der ästhetischen Urteilskraft für die transzendentale Systematik* (= KantSt, Erg.H. 99), Bonn: Bouvier, 1970; J. Kulenkampf, *Kants Logik des ästhetischen Urteils,* Frankfurt/M.: Klostermann, 1978; U. Müller, *Objektivität und Fiktionalität. Einige Über-legungen zu Kants Kritik der ästhetischen Urteilskraft,* in: KantSt 77 (1986), 203-223.

265   Ca 5/417f.; dazu auch 5/224, 244, 416, 430, 455f., 492.

266   Ca 5/420.

267   Ca 5/416.

268   Ca 5/422. vgl. G. Lebrun, *Kant et la fin de la métaphysique,* Paris 5ᵉ: Colin, 1970, 501 über die *Kritik der Urteilskraft:* „sa tâche est d'inventorier les formes de notre relation au supra-sensible et de mieux déterminer ce qui aurait dû être depuis toujours le thème de la métaphysique, si elle ne s'était prise pour une discipline théorique."

269   Ca 5/238.

270   Ca 10/351f.; auch: 10/353.

271   Zum Thema „Übergang" vgl. bes. V. Mathieu, *Opus postumus e critica del Giudizio,* in: Filosofia 8 (1957), 275-314. vgl. auch G. Lehmann, *Kants Nachlaßwerk und die Kritik*

und doch bleibt Gott für ihn der „Urgrund", der allererst auf die „schöne Ordnung" der Natur führt[273]; er bleibt in den verschiedenen Überschriftentwürfen das Primum und Primarium: „Gott und die Welt"[274]. Auch die *Kritik der Urteilskraft* hatte einen wesentlichen Beitrag zu einem „gereinigten" Gottesbegriff geliefert: den Begriff eines Schöpfers, der nicht wie ein Künstler (in Raum und Zeit) einen Plan faßt und ihn dann ausführt, sondern dessen Plan die Ausführung ist, weil in ihm die causa finalis mit der causa efficiens zusammenfällt, was für unseren raumzeitlich geprägten diskursiven Verstand wie ein Widerspruch erscheint und auch heutigem naturwissenschaftlich orientiertem Denken unzugänglich ist. Kant korrigiert damit seine Überlegungen in der *Allgemeinen Naturgeschichte*, in der er Gott noch die Zielgerichtetheit zu aller weiterer Entwicklung in die Naturgesetze hatte eingehen lassen, woraus er dann eine eindrucksvolle Theologie entwickelte. In der *Kritik der Urteilskraft* vermeidet er dagegen ängstlich „den Begriff von Gott" in die Naturwissenschaft hineinzubringen, „um sich die Zweckmäßigkeit in der Natur erklärlich zu machen", damit daraus nicht im Zirkelschluß aus der Zweckmäßigkeit wiederum auf Gott geschlossen würde[275]. Und wenn für Kant jegliche Gotteserkenntnis analog ist (eine „symbolische Hypotypose"), und eine „vollkommene Ähnlichkeit zweener [qualitativer] Verhältnisse zwischen ganz unähnlichen Dingen" bedeutet[276], dann ist er damit der thomanischen Auffassung von

---

der Urteilskraft (= Neue Deutsche Forschungen, Abt. Philosophie 34), Berlin: Junker und Dünnhaupt, 1939.

272 Besonders deutlich in AA 4 XXI, 25: „Es ist ein Wesen in mir was von mir unterschieden im Causal/Verhältnisse der Wirksamkeit (nexus effectivus) auf mich steht (agit, facit, operatur) welches, selbst frey d. i. ohne vom Naturgesetze im Raum und der Zeit abhängig zu seyn mich innerlich richtet (rechtfertigt oder Verdammt) und ich der Mensch bin selbst dieses Wesen und dieses nicht etwa eine Substanz ausser mir und was das befremdlichste ist: die Caussalität ist doch eine Bestimmung zur That in Freyheit (nicht als Naturnothwendigkeit)." Zu diesem Thema auch A. CORTINA, *Die Auflösung des religiösen Gottesbegriffs im Opus postumum Kants*, in: KantSt 75 (1984), 280-293; F. LIENHARD, *Die Gottesidee* ... (s. oben Anm. 23).

273 AA XXII, 60: „Nicht technisch//practische sondern moralisch// praktische Vernunft enthält das Princip Gottes. Ebenso nicht die Natur in der Welt führt auf Gott z.B. durch ihre schöne Ordnung sondern umgekehrt."

274 passim, bes. im 1. (letzten) Konvolut.

275 Ca 5/460: „So ist in keiner der beiden Wissenschaften innerer Bestand; und ein täuschendes

Analogie sehr nahe[277], und keine redliche Theologie wird sich anmaßen, Begriffe von Gott zu haben, deren Unähnlichkeit nicht größer ist als ihre Ähnlichkeit[278]. Es bleibt die Frage, ob Kant sich mit seinem transzendentalen Grundansatz nicht selbst den Weg verstellt hat, den Bereich der Immanenz abgesichert zu überschreiten, und ob nicht gerade der Begriff der Freiheit, die sich nach Kant „unter den Tatsachen" findet[279], zu einer weitergehenden Aufwertung auch des theoretischen Vernunftgebrauchs geeignet wäre[280].

Gleichwohl hat Kant einen Weg gewiesen, wie wenigstens im Bereich der Teleologie aus dem „subjektiven Prinzip der Vernunft für die Urteilskraft" ein objektives und konstitutives werden könnte, das dann nicht mehr der „reflektierenden", sondern der „bestimmenden" Urteilskraft zuzurechnen wäre. „Denn da müßte allererst, für die bestimmende Urteilskraft hinreichend, die Unmöglichkeit der Zweckeinheit in der Materie durch den bloßen Mechanism derselben bewiesen werden, um berechtigt zu sein, den Grund derselben über die Natur hinaus auf bestimmte Weise zu setzen"[281]. Die Teleologie wird gegenwärtig von den Naturwissenschaften durchaus wieder kontrovers diskutiert[282], nachdem sie besonders durch Ch. Darwin in Mißkredit geraten war[283].

Diallele bringt jede in Unsicherheit, dadurch, daß Sie ihre Grenzen ineinander laufen lassen."

276 vgl. KrV B 222 – A 179f.; Ca 4/112, 5/428f,; vgl. dazu A. WINTER, *Der Gotteserweis* a. a. O. 163 Anm. [im vorliegenden Buch Kapitel 5, 257-343, 325f.]

277 vgl. W. KLUXEN, Art. *Analogie I*, in HWP I, Sp. 214-227, bes. 221ff.

278 *Concilium Lateranense* IV, cap. 2: „… quia inter creatorem et creaturam non potest tanta similitudo notari, quin inter eos maior sit dissimilitudo notanda" (DS 806).

279 Ca 5/551.

280 vgl. E. HEINTEL, *Naturzweck und Wesensbegriff*, in: D. Henrich u. a. (Hg.), Subjektivität und Metaphysik. Festschrift für Wolfgang Kramer, Frankfurt/M.: Klostermann, 1966, 163-187, hier: 180f.

281 Ca 5/473.

282 vgl. z.B.: F. DESSAUER, *Die Teleologie in der Natur* (= Glauben und Wissen 5), Basel: Reinhardt, 1949; H. POSER (Hg.), *Formen teleologischen Denkens. Philosophische und wissenschaftshistorische Analysen, Kolloquium an der Technischen Universität Berlin WS 1980/81* (= Dokumentation Kongresse und Tagungen II), Berlin: TU Berlin, 1981. B. HASSENSTEIN unterscheidet den philosophischen Begriff der „Teleologie" vom Begriff der „Teleonomie" der Biologen; den ersteren führt er auf Plato zurück, während er in Aristoteles den „Vater der Teleonomie" sieht (*Biologie und Teleonomie*, in: Teleologie,

Wenn B. Vollmert recht hat mit seiner Berechnung der Synthesewahrschein-
lichkeiten des Makromoleküls DNA und der für jeden Evolutionsschritt erforderlichen Genabschnitte, aufgrund derer er zu dem Resultat kommt: „Die
Wahrscheinlichkeit der zufälligen Entstehung der Arten durch natürliche
Zuchtwahl im Sinne Darwins war sehr viel kleiner als $1:10^{1000}$"[284], dann
würde das auch Kant zu denken geben, dem selbst ein einfaches „reguläres
Sechseck, im Sande gezeichnet" in der *Kritik der Urteilskraft* Grund genug
war, von einer Zufälligkeit zu sprechen, die „unendlich groß" wäre für eine
„bloß mechanisch wirkende Natur"[285], und der auch selbst die Erzeugung
eines „Grashalms" oder „Gräschens" aus „bloß mechanischen Ursachen" für
unmöglich hielt[286], aber weitergehende Schlußfolgerungen ängstlich ver-
mied[287]. Solche Überlegungen gehen freilich schon über den Rahmen einer
Kantinterpretation hinaus; aber sie zeigen mindestens, daß Kant heute noch
aktuell ist.

Neue Hefte für Philosophie 20, hg. v. R. Bubner u. a., Göttingen: Vandenhoeck & Ruprecht,
1981, 60-71, hier: 70).

283 vgl. z.B. J. H. v. KIRCHMANN, *Erläuterungen zu Kants Kritik der Urtheilskraft*, Heidelberg:
Weiss, 1882², der annahm, daß die „Meinung Kants, dass die Erkenntnis der Organismen
in der Natur ohne den Zweckbegriff unmöglich sei", „durch Darwin thatsächlich widerlegt worden" sei (72). Dem schließt sich gegenwärtig noch z.B. M. SCHRAMM, *Natur
ohne Sinn? Das Ende des teleologischen Weltbildes*, (Graz / Wien / Köln: Styria, 1985), an.

284 B. VOLLMERT, *Das Molekül und das Leben. Vom makromolekularen Ursprung des Lebens
und der Arten: Was Darwin nicht wissen konnte und Darwinisten nicht wissen wollen*,
(Reinbek b. Hamburg: Rowohlt, 1985), 131.

285 Ca 5 /448.

286 Ca 5 /479, 489.

287 vgl. S. MARCUCCI, *Aspetti epistemologici della finalità in Kant*, Firenze: Le Monnier, 1972,
415: „… e poi perché, per un Kant che aveva riscritto la Erste Einleitung per ovattare
concetti meno pericolosi per la filosofia critica, non doveva apparire conveniente sviluppare
un discorso non „metafisico", ma scientifico ed epistemologico, su un tema che era
rimasto fuori da tutto l'impianto della Critica della ragion pura. Kant affronta quindi il
discorso in brevi frasi ed in incisi, tenendo presente più la pars *destruens* che la pars
construens dell'intero problema".

Kapitel 7:
Transzendentale Theologie der Erkenntnis
Ansätze zur theologischen Rezeption der Kantschen Vernunftkritik

I.

Der heute von Theologen verwendete Begriff einer „Transzendentaltheologie",
den das LThK[2] noch nicht kennt, geht im wesentlichen auf Karl Rahner
zurück, der darunter „diejenige systemat. Theologie" versteht, „die sich a)
des Instrumentars einer Transzendentalphilosophie bedient u. auch b) ausdrücklicher als früher nicht nur ganz im allgemeinen ... u. von genuinen
theol. Fragestellungen her die aprior. Bedingungen im glaubenden Subjekt
für die Erkenntnis wichtiger Glaubenswahrheiten thematisiert"[1]. Als
„Transzendentalphilosophie" wird dabei jene neuscholastische Erkenntnistheorie bezeichnet, die einen zentralen Kantschen Denkansatz (die transzendental genannte Rückfrage nach den Möglichkeitsbedingungen der Erkenntnis) eigenständig mit der Erkenntnismetaphysik des Thomas von Aquin (unter
Zuhilfenahme der scholastischen Transzendentalienlehre) verbindet und die
in verschiedenen Ausprägungen vorliegt[2]. Für Rahner war besonders die

---

1 K. RAHNER, Art. *Transzendentaltheologie*, in: DERS. (Hg), Herders Theologisches Taschenlexikon in 8 Bänden [HThTL], = Herderbücherei Bd 451-458, Freiburg/Basel/Wien 1972/3,
Bd. VII, 324-329, hier: 324; auch: SM IV, 986-992, hier: 986f. vgl. auch DERS. in: *Schriften
zur Theologie I-XVI*, Einsiedeln/Zürich/ Köln 1954-1984, hier: IX, 95-113.

2 vgl. dazu die ausführliche Darstellung von O. MUCK, *Die transzendentale Methode in der
scholastischen Philosophie der Gegenwart*, Innsbruck 1964; R. SCHAEFFLER, *Die Wechselbeziehungen zwischen Philosophie und katholischer Theologie*, Darmstadt 1980, 187-228.
Kritische Stellungnahmen schon bei Muck diskutiert. Besonders erbittert wird diese
neuscholastische „Transzendentalphilosophie" (vor allem in der Rahnerschen Version)
gegenwärtig von W. HOERES bekämpft (vgl. z.B.: *Rahner und Kant – von der Metaphysik
zur „Auslegung" der „Subjektivität"*, in: Theologisches, Nr. 185, Sept. 1985, 6586-6592),
der sie schon in seinem Buch *Kritik der transzendentalphilosophischen Erkenntnistheorie*,
(Stuttgart/Berlin/Köln/Mainz 1969) mit Hilfe der phänomenologischen Methode zu widerlegen versucht hatte. – Für Kant sind die „vermeintlich transscendentale[n] Prädicate
der *Dinge*" in der „Transscendentalphilosophie der Alten" „nichts anders als logische
Erfordernisse und Kriterien aller *Erkenntniß* der Dinge überhaupt", die „unbehutsamer-
weise zu Eigenschaften der Dinge an sich selbst" gemacht wurden (KrV B 113-116 –
fehlt in A); vgl. dazu auch: Kants Werke (Akademieausgabe) [= AA] 18/699 Refl. 6386

Kantauffassung von J. Maréchal richtungweisend gewesen, die er in Auseinandersetzung mit Heideggers Existentialphilosophie für die Theologie fruchtbar zu machen versuchte[3]. Dem „transscendentalen Ideal" Kants als der „Idee von einem All der Realität", die als *Inbegriff aller Möglichkeit* „a priori", das heißt vorgängig zu jeder Einzelaussage gegeben ist und jedes mögliche Prädikat als Einschränkung des „Unbeschränkten" und als Ausschluß aller übrigen möglichen Prädikate erscheinen läßt[4], entspricht bei Rahner der „Vorgriff" eines „a priori" gegebenen „Vermögens" der „dynamischen Selbstbewegung des Geistes auf die absolute Weite aller möglichen Gegenstände", der „in jeder Einzelerkenntnis immer schon über den Einzelgegenstand [als solchen] hinaus" ist als „Bedingung der Möglichkeit des allgemeinen Begriffs, der Abstraktion", und damit der „Objektivierung des Sinnlich gegebenen und so der wissenden In-sich-selber-Ständigkeit". In diesem „Vorgriff" auf das „an sich ungegrenzte Sein" ist für Rahner „auch Gott als das Seiende absoluter ‚Seinshabe' mitbejaht", wenn auch noch nicht gegenständlich und thematisch „vorgestellt"; er „zielt" lediglich „asymptotisch" auf Gott[5]. Beim späteren Rahner gewinnt indes dieser ungegenständliche „Horizont" mehr und mehr inhaltliche Züge: der „Vorgriff" wird (nun noch weiter vom Kantschen Sprachgebrauch abweichend) zur „transzendentalen Erfahrung", die als „Erfahrung der *Transzendenz*" oder als „Transzendenzerfahrung" bestimmt wird, die allerdings „durch die metaphysische Reflexion nie eingeholt werden kann"[6]. Ihr

mit Anmerkung und 18/342f. Refl. 5749: „blos logisch und nicht metaphysisch".

3   Zu J. MARÉCHAL vgl. bes. dessen *Le point de départ de la métaphysique. Leçons sur le développement historique et théoretique du problème de la connaissance* (Museum Lessianum), Cah. I-V, Brüssel, Paris 1922-1947, und spätere Auflagen; für unseren Zusammenhang besonders wichtig Cah. III und V. Zu RAHNER vgl. MUCK, *Methode*, 197-211; SCHAEFFLER, *Wechselbeziehungen*, 200-214.

4   KrV B 599-611.

5   K. RAHNER, *Hörer des Wortes*, neubearb. von J. B . Metz, München 1963, 78-83; vgl. schon in: DERS., *Geist in Welt. Zur Metaphysik der endlichen Erkenntnis nach Thomas von Aquin*, 2. Aufl. überarb. u. erg. von J. B. Metz, München 1957, ab 153: „Intellectus agens als ‚Vorgriff"; *Schriften III*, 459; schließlich im *Grundkurs des Glaubens. Einführung in den Begriff des Christentums*, Freiburg/Basel/Wien (Herder) 1976 [=GK] 44ff.

6   GK 31, 45f. Zu diesem Begriff vgl. auch J. B. LOTZ, *Transzendentale Erfahrung*, Freiburg / Basel /Wien 1978, 284: „Die transzendentale Erfahrung" „erhebt die *ermöglichenden*

„Woraufhin" ist nicht nur „das eigentlich Wirkliche", „die ursprüngliche Einheit von Was und Daß", sondern „das heilige Geheimnis als das absolute Sein oder das Seiende absoluter Seinsfülle und Seinshabe", das dann „nachträglich" („a posteriori") auf den Begriff gebracht wird unter dem Namen Gottes.[7]

Auch Kant weiß, daß man durch Hypostasierung des „Ideals" der reinen Vernunft auf ein „einiges, einfaches, allgenugsames, ewiges etc." Urwesen schließen kann: „Der Begriff eines solchen Wesens ist der von *Gott*, in transscendentalem Verstande gedacht"; insofern würde „das Ideal der reinen Vernunft der Gegenstand einer transscendentalen *Theologie*" sein, wozu jedoch dem theoretischen Gebrauch der Vernunft allein noch keine „Befugniß" gegeben ist[8]: erst der praktische Vernunftgebrauch verleiht dieser bloß denknotwendigen Voraussetzung der Vernunft „objective Realität" und damit den Rang einer aufs Praktische (der Moralität) bezogenen Erkenntnis[9]. Kant ist also bei der Bestimmung der Reichweite der bloß theoretischen Vernunft sehr viel zurückhaltender; wollte man sich grundsätzlich auf ihn einlassen, müßte man auch (mindestens) die ‚Kritik der praktischen Vernunft' und die ‚Kritik der Urteilskraft' einbeziehen in eine „transzendentale Theologie", die

---

Gründe, nämlich die Wesenheit und das Sein", die in der „ontischen Erfahrung lediglich athematisch oder als Hintergrund mitwirken", „in die *thematische Ausdrücklichkeit* und führt sie zu ihrer vollen Entfaltung". Lotz verbindet den Rückgriff auf Maréchal mit dem Heideggerschen Denken. Er entwickelt die „transzendentale Erfahrung" aus einer weitergehenden Interpretation der Kantschen „transzendentalen Einheit der Apperzeption", in der sich eine „Selbsterfahrung" zeige, die „nicht nur *ontisch*, sondern immer schon *ontologisch*" (in Anlehnung an Heidegger) geschehe und daher ursprüngliche Seinserfahrung sei (23f., 64ff.). Zur transzendentalen Einheit der Apperzeption als möglicher Schnittstelle zur Wirklichkeit vgl. A. Winter, *Seele als Problem in der Transzendentalphilosophie Kants unter bes. Berücks. des Paralogismus-Kapitels,* in: Seele. Ihre Wirklichkeit, ihr Verhältnis zum Leib und zur menschlichen Person, hrsg. von K. Kremer, Leiden/Köln 1984, 100-168, bes. 143, [hier Kapitel 4, 163-255, bes. 221f.].

7   GK 75f.

8   KrV B 608.

9   KpV passim, z.B. A 238; A 240-244. vgl. zu dieser theoretisch-praktischen Komplementarität: A. Winter, *Der Gotteserweis aus praktischer Vernunft. Das Argument Kants und seine Tragfähigkeit vor dem Hintergrund der Vernunftkritik,* in: Um Möglichkeit oder Unmöglichkeit natürlicher Gotteserkenntnis heute, hrsg. von K. Kremer, Leiden 1985, 109-178, bes. ab 138, [hier Kapitel 5, 257-344, bes. ab 293].

dann allerdings nicht nur eine Theologie der Erkenntnis, sondern in eins damit auch eine Theologie der Praxis und der Freiheit sein würde[10]. Erst in diesem umfassenden Zusammenhang kommt für Kant eine *„transscendentale Theologie"* voll zum Tragen, „die sich das Ideal der höchsten ontologischen Vollkommenheit zu einem Princip der systematischen Einheit nimmt, welches nach allgemeinen und nothwendigen Naturgesetzen alle Dinge verknüpft, weil sie alle in der absoluten Nothwendigkeit des einigen Urwesens ihren Ursprung haben"[11]. Kants transzendentale Theologie ist allerdings eine „rationale" oder „philosophische" Theologie; die Theologie der Offenbarung überläßt er ausdrücklich dem „biblischen Theologen", obwohl er selbst nicht selten etwas „von der biblischen Theologie *entlehnt,* um es in seiner Absicht zu brauchen"[12]. „Die ganze Zurüstung" und „die Endabsicht" seiner Philosophie ist aber auf „die Freiheit des Willens, die Unsterblichkeit der Seele und das Dasein Gottes" gerichtet im Hinblick darauf, *„was zu thun sei,* wenn der Wille frei, wenn ein Gott und eine künftige Welt sei"[13]. Es sind vor allem die Antinomien, die das Denken „nöthigen, über das Sinnliche hinaus zu sehen und im Übersinnlichen den Vereinigungspunkt aller unserer Vermögen a priori zu suchen: weil kein anderer Ausweg übrig bleibt, die Vernunft mit sich selbst einstimmig zu machen"[14]. Und die Metaphysik, die durch die Transzendentalphilosophie begründet werden soll, wird bestimmt als „die Wissenschaft, von der Erkenntnis des Sinnlichen zu der des Übersinnlichen durch die Vernunft fortzuschreiten"[15]. Obwohl vom „Übersinnlichen in uns", der Freiheit, die den eigentlichen Schlüssel zum ganzen Bereich des Übersinn-

---

10 Die beiden in diesem Sammelband folgenden Beitrage liegen mir nicht vor; ich denke, daß sie in diese Richtung weisen werden. Ansätze und Hinweise finden sich z.B. bei R. SCHAEFFLER, *Glaubensreflexion und Wissenschaftslehre. Thesen zur Wissenschaftstheorie und Wissenschaftsgeschichte der Theologie* (QD 82), Freiburg/Basel/Wien 1980, 96-126; zum Vorgriff auf das Sein im ganzen ‚sub ratione boni' vgl. auch WINTER, *Gotteserweis,* 172-177, [hier Kapitel 5, 257-344, bes.337-342].

11 KrV B 843f.

12 AA 6/9f.

13 KrV B 826-829 und später mehrfach.

14 AA 5/341.

15 AA 20/260 (Preisschriftentwurf).

lichen überhaupt liefert, gesagt wird, daß sie „als Thatsache ihre Realität in Handlungen darthut" („beweiset", „durch ein Factum bestätigt") und „die Vernunft über diejenigen Gränzen erweitern kann, innerhalb deren jeder Naturbegriff (theoretischer) ohne Hoffnung eingeschränkt bleiben müßte"[16], wird ihr Begriff dennoch als „indemonstrabler" Vernunftbegriff[17] bezeichnet, über den nur „in praktischer Absicht" eine „Erkenntniß" möglich ist[18]. Das Übersinnliche *„nach* uns" (Unsterblichkeit) und *„über* uns" (Gott)[19] ist Gegenstand der sog. „Postulate", die nicht „Wissen", sondern „Gewißheit"[20] vermitteln, die, jedenfalls für einen moralisch gesinnten Menschen, „dem Grade nach keinem Wissen nachsteht"[21] und deren Gegenteil „sich ad absurdum morale" oder „practicum"[22] bringen läßt. Dennoch bieten sie keine „Erweiterung der Speculation, d. i. um in *theoretischer Absicht* ... einen positiven Gebrauch davon zu machen". Der theoretische Erkenntniszuwachs besteht lediglich darin, daß diese sonst „bloß denkbare[n]" „Begriffe jetzt für solche erklärt werden, denen wirklich Objecte zukommen", und daß die theoretische Vernunft „genöthigt" wird „einzuräumen", *„daß es solche Gegenstände gebe"*[23]. – Davon klar unterschieden wird das „Übernatürliche", bei dem „aller Vernunftgebrauch aufhört"[24], weil es „nicht nach Vernunftgesetzen ein Gegenstand weder des theoretischen noch des praktischen Gebrauchs ist"[25]. Das schließt jedoch nicht aus, daß der Mensch „zur Ergänzung seines Unvermögens auf etwas *Übernatürliches*" hofft, wenn er alles getan hat, was in seiner Macht stand, soweit es an ihm lag, ‚als ob' alles von ihm selbst abhinge[26].

---

16   AA 5/474f.; 5/6. vgl. zu Kants *Freiheitsbegriff* auch: A. WINTER, *Seele*, 148-155, [hier Kapitel 4, 163-255, bes. 228-237].

17   AA 5/343.

18   AA 5/474; ähnlich 20/292.

19   AA 20/295.

20   vgl. WINTER, *Gotteserweis*, 157, 164, [hier Kapitel 5, 257-344, p. 315ff. und 325ff.].

21   AA 8/141.

22   AA 18/193 (Refl. 5477); vgl. auch WINTER, *Gotteserweis*, 168f. [hier Kapitel 5, 257-344, 332ff.]

23   AA 5/134f.

24   AA 6/53.

25   AA 6/194.

Das Nachdenken darüber muß der Philosoph allerdings dem „biblischen Theologen" überlassen[27]; denn „eine Erfahrung, von der er sich sogar nicht einmal, daß sie in der That Erfahrung sei, überführen kann, ist eine Ausdeutung gewisser Empfindungen, von denen man nicht weiß, was man aus ihnen machen soll, ob sie als zum Erkenntniß gehörig einen wirklichen Gegenstand habe, oder bloße Träumereien sein mögen"[28].

Rahners Transzendentaltheologie soll demgegenüber dem Versuch dienen, zwischen einer positiv (biblisch, patristisch, dogmatisch) arbeitenden und einer transzendentalphilosophisch orientierten Theologie zu vermitteln, um sowohl die „natürlichen" als auch die gnadenhaften (ungeschuldeten) apriorischen Bedingungen der Möglichkeit des Glaubens an eine göttliche Offenbarung überhaupt und an die Offenbarung Gottes in Jesus Christus im besonderen durch Reflexion auf den konkreten Glaubensakt zu erschließen. Seine Sichtweise ist zu Kants nachdrücklich durchgehaltener Vernunftperspektive in gewisser Hinsicht gegenläufig orientiert: sie setzt den Glauben an die in der faktischen Geschichte ergangene „Selbstmitteilung Gottes" voraus, um dann „nach-denkend" jene darauf hingeordneten natürlichen und gnadenhaften apriorischen Strukturen im erkennenden Subjekt aufzudecken, die vorausgesetzt werden müssen, wenn die den einzelnen Menschen erreichende Berufung zum Heil ihn selbst „existentiell" und nicht nur äußerlich hinzukommend betreffen soll[29]. So überläßt es auch Kant dem „biblischen" Theologen, als Gelehrter seines Faches von der Bibel und vom Offenbarungsglauben auszugehen und dann zu seinem „Behuf" aus der Philosophie zu „borgen"[30]. Es stellt sich aber die grundsätzliche Frage, inwieweit solche „Transzendentaltheologie" zu einer eigentlichen Erkenntnis führt oder bloß ein nachträgliches Verstehen, erklärende Ausdeutung oder gar nur gewisse, einer systeminternen

---

26 AA 6/178; 7/43. vgl. dazu A. WINTER, *Gebet und Gottesdienst bei Kant: nicht „Gunstbewerbung", sondern „Form aller Handlungen"*, in: ThPh 52 (1977) 341-377, hier: 353f., [im vorliegenden Buch Kapitel 3, 115-161, bes. 130ff.].

27 AA 7/24.

28 AA 7/57.

29 HThTL VII, 327; SM IV, 990. *Schriften I*, 323ff.

30 AA 6/10.

Konsequenz dienende Hilfsannahmen beinhaltet. Rahner kann sich auf die
der direkten Reflexion entzogene Ununterscheidbarkeit zwischen ungeschuldeten, aber nie fehlenden, und auf eine übernatürliche Berufung angelegten
Grundvorgaben (das „übernatürliche Existential") und dem verbleibenden
„Rest" einer reinen Natur des Menschen berufen, die erst aufgrund der Offenbarung und auch so nur äußerst unscharf voneinander abzugrenzen sind[31].
Kann unter diesen Umständen aber überhaupt noch (wenn auch nur neukan-
tianistisch) von „transzendentaler Methode" die Rede sein?[32] Wohl deshalb
spricht Rahner in erster Linie von „transzendentaler Reflexion" einer „transzendentalen Fragestellung"[33], oder auch von der „transzendentalen Deduktion
einer 'Idee'", die „immer die geschichtlich nachträgliche Reflexion auf eine
konkrete Erfahrung" darstellt, „die das ‚Notwendige‘ im Faktischen ausdrücklich sieht"[34]. Freilich ist es einer solchen rückwärts gewendeten und auf die
Innenseite des Subjekts gerichteten Blickrichtung wohl noch möglich, den
Bereich der faktischen Geschichte (der Offenbarung und der menschlichen
Freiheit) im allgemeinen und als für den Menschen wesentlich einzustufen[35],
aber die tatsächliche, konkrete Geschichte kann ohne erneute Umkehr der
Perspektive nicht mehr eingeholt werden: so läßt sich z. B. aus der (spekulati-
ven) Idee des Gottmenschen[36] (hier kommt Rahner übrigens dem „Urbild
der Gott wohlgefälligen Menschheit an sich selbst" nahe, das nach Kant unsere
Vernunft „der Erscheinung des Gottmenschen" unterlegt[37]) die tatsächliche
Menschwerdung Gottes, von der die Reflexion ursprünglich ausgegangen war,

---

31 *Schriften I*, 327f., 338-342. Zum „übernat. Existential" vgl. den Artikel zu diesem Stichwort
 von K. Rahner in: LThK² III, 1301: „die ‚objektive Rechtfertigung‘ im Unterschied zu
 deren subjektiver Aneignung durch die Heiligung"; „eine realontologische Bestimmung
 des Menschen selbst, die als Objektivierung des allgemeinen göttlichen Heilswillens zwar
 gnadenhaft zu seinem Wesen als ‚Natur‘ hinzutritt, dieser aber in der realen Ordnung
 nie fehlt". Dazu HThTL II, 272f; SM I, 1298ff.
32 z.B. *Schriften* IX, 100.
33 *Schriften* IX, 101f.
34 HThTL VII, 327; SM IV, 990.
35 *Schriften* IX, 99f.
36 HThTL VII, 328; SM IV, 991.
37 AA 6/119; vgl. auch 6/61.

nicht mehr rekonstruieren, obwohl diese Idee auf sie hingeordnet erscheint. Aber das ist auch wohl nicht der Sinn solcher „Transzendentaltheologie", die sich einer Transzendentalphilosophie bedient und „nicht *die* Theologie" sein will, „sondern ein Moment an ihr", um die innere Verwiesenheit des Menschen auf das freie und ungeschuldete geschichtliche Heilshandeln Gottes aufzuspüren[38], in der die („natürliche") unbegrenzte Transzendentalität der geistigen Person durch eine zwar allgemeine und nie fehlende, aber doch frei verfügte („ungeschuldete") gnadenhafte Mitgift „auf die Unmittelbarkeit Gottes selbst hin" im Sinne einer „angebotenen" „Selbstmitteilung Gottes" als Ausdruck des allgemeinen Heilswillens Gottes[39] „überhöht"[40] oder „radikalisiert"[41] erscheint. Daß sich dies aber nicht nur (transzendental-)theologisch erschließen, sondern auch „verifizieren" lasse durch eine „transzendentale Erfahrung"[42], die besonders dann, wenn der Mensch aus seiner Situation des Sünders heraus „die vergebende, lösende und bergende Liebe Gottes" erfährt, zu ihrer eigenen Tiefe findet[43], ist wohl nur noch einem selbst glaubenden und betenden Menschen verständlich zu machen, den die Gnade Gottes bereits zu tieferen Einsichten geführt hat. Das ist an sich nicht negativ zu bewerten: auch für Kant ist der „Vernunftglaube" nur unter der „Voraussetzung moralischer Gesinnungen" plausibel[44], obwohl er sich aus einem „a priori unbedingt

---

38 *Schriften IX*, 112.

39 HThTL VII, 326; SM IV, 988; GK 134.

40 *Schriften VIII*, 359.

41 *Schriften IX*, 104, 110; GK 138.

42 *Schriften IX*, 104; der Begriff der „transzendentalen Erfahrung" im *Grundkurs* häufig. Für J. B. Lotz geschieht dieser Durchbruch in die Tiefe durch die „Meditation", in der sich „die gewöhnliche religiöse Erfahrung zu einer zuweilen überwältigenden Intensität" steigert: „Am schwersten ist es, die *Meditation* in Worte zu fassen, in der die transzendentale Erfahrung ein Äußerstes ihrer selbst erreicht. Wer meditiert, gewinnt allmählich eine Durchlässigkeit, vermöge deren alles Vordergründige für das Hintergründige ganz transparent wird. Damit wird die ontische Erfahrung ohne Vorbehalt von der transzendentalen durchleuchtet und diese selbst wieder bis zu ihrem innersten Endpunkt entfaltet. Zugleich kehrt der Mensch mehr und mehr in die *innerste Tiefe* ein, …" (Lotz, *Transzendentale Erfahrung*, 286).

43 GK 137ff.

44 KrV B 857; vgl. AA 5/450ff.

geltenden *praktischen* Gesetze" ergibt[45]. Darf man aber von einem Theologen
verlangen, daß er als Voraussetzung für sein Bemühen erst der Schwelle der
Mystik nahegekommen sein muß (eine große Gnade, die nicht jedem zuteil
wird), wenn man von einem Philosophen, der nach Weisheit strebt, erwarten
kann, daß er für sich selbst, wenigstens der Absicht nach, die Maxime der
sittlichen Pflicht grundsätzlich an die oberste Stelle gesetzt hat (was auch
nicht ohne Gnade möglich ist)? So unüblich dieser Gedanke auch vor dem
wissenschaftlichen Anspruch der Kommunikabilität und Reproduzierbarkeit
von Erkenntnissen erscheinen mag: Sollte denn die Theologie außerhalb jenes
„Reichtums", jener „Schätze", jener „Überfülle" von „Erkenntnis der Wahrheit" bleiben, die „alles übertrifft" und sich der „Erleuchtung" verdankt, die
in der Taufe grundgelegt wird und eines beständigen Wachstums fähig ist?[46]
Damit ist freilich das grundsätzliche Problem, das der Begriff einer „transzendentalen Erfahrung" (nicht nur im Blick auf Kant) aufwirft, nicht gelöst[47].
Lassen sich, abgesehen von der „doppelten Transposition" des transzendentalen Ansatzes zum „ontologischen Gebrauch"[48], Horizont und Inhalt, apriorische Heilsverwiesenheit und konkrete Heilsgeschichte unter dem Dach einer
methodisch kohärenten Transzendentaltheologie miteinander verbinden, oder
signalisiert das Nebeneinander von „transzendentaler Erfahrung" und
„transzendentaler Deduktion" (der Möglichkeitsbedingungen solcher Erfahrung überhaupt) ein bleibendes Dilemma, das auch durch die heilsgeschichtli-
che „Anreicherung" des „übernatürlichen Existentials" (vom ursprünglichen
Angebot der Selbstmitteilung Gottes zur durch die Menschwerdung Gottes
„konsekrierten" Menschheit als „Volk der Kinder Gottes"[49], wodurch die
„anonymen Christen" in den Blick kommen), die selbst wieder neue Fragen
aufwirft, nicht aufgehoben zu sein scheint? Ein Weiterdenken solcher Theologie
würde hier ansetzen müssen.

---

45   AA 5/122.

46   vgl. z.B. Rö 11,33; 1 Kor 1,5; 2 Kor 4,6; 8,7; Phi 1,9; Kol 2,3;1 Ti 2,4; Heb 10,26; 2 Pe
      3,18, u. a.

47   vgl. SCHAEFFLER, *Wechselbeziehungen* 214; 224-227.

48   ebd. 215.

49   RAHNER, *Schriften II*, 89.

Da der Begriff des „Transzendentalen" ohnedies schon auf bloß mit hypothetischer Notwendigkeit anzunehmende Voraussetzungen ausgeweitet wurde, könnte man ihn (noch bescheidener) statt auf letzte auch auf bloß nähere Voraussetzungen und auf eine begrenzte Allgemeinheit beziehen, wodurch sich eine apologetisch brauchbare Objektivierung des Verfahrens ergeben würde. So ließe sich z. B. das unabdingbare Erfordernis einer besonderen Glaubensgnade als Voraussetzung für die alles überragende Sicherheit des Glaubens („firmitas *super omnia*") zusätzlich (und gegenläufig) zu den üblichen Nachweisen der Dogmatik an jener Klasse von Menschen erweisen, die wir Märtyrer nennen (und von denen sich Fanatiker jedweder Richtung unschwer abgrenzen lassen), weil es schlechterdings nicht einzusehen ist, daß Menschen im Vollbesitz ihrer geistigen Kräfte für eine Überzeugung, die nicht auf innerer Evidenz beruht, gelassen und manchmal sogar ihren Mördern vergebend ihr Leben einzusetzen bereit sind, wenn sie nicht von einer Kraft erfüllt sind (als Möglichkeitsbedingung solcher Haltung), die die nach menschlichen Maßstäben fehlende Sicherheit ergänzt und also vorausgesetzt werden muß. Eine weitergehende Analyse könnte dann dabei ergeben, daß diese notwendige Voraussetzung als Unterstützung („elevatio intentionalis" und nicht nur „entitativa") sowohl des Erkennens als auch des Wollens aufgefaßt werden muß, wenn ein solcher Glaube zustande kommen soll. Vielleicht hat Karl Rahner selbst an diese Möglichkeit gedacht, als er auch die „Analysis fidei" als möglichen Anwendungsfall seiner „Transzendentaltheologie" nannte.[50]

II.

Da die bisher behandelte „Transzendentaltheologie" nur eine sehr begrenzte und zudem mittelbare Kantrezeption darstellt, deren Prägung sich vor allem der (unkantischen) Synthese mit der thomanischen Seinsmetaphysik verdankt, stellt sich die Frage, ob und in welchem Sinn sich daneben eine „transzendentale Theologie der Erkenntnis" im engeren Anschluß an Kant für die theologische Forschung als hilfreich und fruchtbar erweisen könnte. Als erstes Indiz dafür mag gelten, daß für den späten Kant die Transzendentalphilosophie in der Transzendentaltheologie kulminiert[51]. Obwohl sich besonders im *Opus postu-*

---

50 HThTL VII, 325; SM IV, 987.

mum eine starke Tendenz auf die ursprüngliche Einheit des Ganzen der Erkenntnis im Hinblick auf den („Geist des") Menschen als urteilend und sy-
stembildend verbindende (subjektive) Mitte zwischen Gott und Welt (als
„copula", „medius terminus")[52] abzeichnet, werden die früher gezogenen
Grenzen der theoretischen und besonders der spekulativen Vernunft[53] innerhalb der systematischen Synthese mit der „moralisch practischen und beyde
in Einem Princip vereinigenden Vernunft"[54] durchgängig als unverzichtbar
festgehalten und bestätigt. Außerdem ließe sich zeigen, daß die Absicht, einer
aller Kritik standhaltenden und keiner Nachbesserungen bedürftigen Theologie durch seine Transzendentalphilosophie die Wege zu bahnen, ein entscheidendes, ja, das entscheidende Grundmotiv seines Denkens im allgemeinen
und seiner kritischen Philosophie im besonderen war, das sich mit zunehmender Deutlichkeit in seinen Schriften abzeichnet[55]. Es ist von hier aus
gesehen keine nachträgliche Umdeutung, wenn er um 1790-91 (nach Adickes'
Datierung) auf einem „Losen Blatt" und auf der Rückseite eines Briefes Text-
entwürfe mit den Überschriften: „Von der Critik in Ansehung *der Theologie*",
„*Von der Veranlaßung der Critik*" und „N.II der Critik in Ansehung der Theologie" versieht[56]. Er beginnt mit dem Satz: „Um zu beweisen, daß es für die
Vernunft unvermeidlich sey, ein Daseyn Gottes anzunehmen und zwar nach
einem Begriffe, der zum theoretischen sowohl als practischen Gebrauch unserer
Vernunft, sofern sie auf die letzte Principien a priori ausgeht, hinreichend

51 Im späten VII. Conv. des *Opus postumum*: „Die höchste Stufe der Transsc:Philos. d. i.
der synthetischen Erkenntnis aus reinen Begriffen (a prioi) liegt in der zwiefachen Aufgabe:
Was ist Gott? 2. Ist ein Gott? ... Der Transsc: Phil. höchster Standpunkt *Transsc. Theologie*"
(AA 22/63). „Physic – Metaph – Transsc. Philos., Theologie(" (22/64). Im spätesten 1.
Conv.: „In der Ordnung des Systems der synthetischen Erkenntnis aus Begriffen a priori
d. i. in der Transscendentalphilosophie ist das Princip was den Übergang zur Vollendung
desselben macht, das der transscendentalen Theologie in den zwey Fragen: 1. Was ist
Gott? 2. Ist ein Gott?" (21/9).

52 vgl. AA 21/23, 27; 37 und 41.

53 Zu dieser Unterscheidung vgl. KrV B 662f.

54 AA 21/112.

55 vgl. eine erste Skizze dazu bei A. WINTER, *Theologische Hintergründe der Philosophie
Kants*, in: ThPh 51 (1976) 1-51, [hier Kapitel 2, 49-113].

56 Refl. 6317 u. 6317a, AA 18/623-632.

sey, mußte ich beweisen, daß die speculative Vernunft weder seinen Begrif
mit sich selbst einstimmig geben noch ein solches Daseyn oder auch nur die
Realität dieses Begrifs darthun könne." Im Folgenden legt er dar, inwiefern
„die Theologie auf die ästhetische Critik" führe[57]. Seine Darlegungen zu diesem
Thema enthalten nichts wesentlich Neues, das sich nicht auch aus seinen
früheren Werken und Vorlesungen belegen ließe; von besonderer Bedeutung
ist dabei vor allem, daß Kant hier sein Bemühen, für die Theologie „gereinigte"
Begriffe über Gott bereitzustellen, unter der Perspektive darstellt, „den Inhalt
der Critik und vermittelst derselben auch der Metaphysik zusammt der Endabsicht derselben aus einem einzigen Gesichtspuncte faslich zu machen"[58]. In

---

57 ebd. 623 u. 627.

58 AA 18/628 (R. 6317). – „... und daher kann der gereinigte Begriff derselben [transzen-
dentalen Prädikate], den eine jede Theologie so sehr nötig hat, bloß aus der transscendentalen gezogen werden." (KrV B 670, vgl. auch B 668). „... anstatt daß sonst gantz
falsche Begriffe von Gott und am Ende die Unmöglichkeit, ein solches Wesen zu denken,
herausgekomen wäre" (18/624). „Nun wird es interessant, die Bedingungen des uns
möglichen Erkenntnisses der Dinge nicht zu bedingungen der Moglichkeit der Sachen
zu machen; denn thun wir dieses, so wird Freyheit aufgehoben und Unsterblichkeit, und
wir können von Gott keine andere als wiedersprechende Begriffe bekommen." (18/626).
Schon in den *Träumen eines Geistersehers* von 1766 (1765 abgeschlossen) äußert Kant
den „starken Verdacht", „daß die schwache Begriffe unseres Verstandes vielleicht auf
den Höchsten sehr verkehrt übertragen worden" (AA 2/337); später in der *Religionsschrift:*
„Aber alles, auch das Erhabenste, verkleinert sich unter den Händen der Menschen,
wenn sie die Idee desselben zu ihrem Gebrauch verwenden" (AA 6/7f., vgl. auch 6/100).
Kant entspricht damit einem Anliegen seiner Zeit: M. Tindal, *Beweis, daß das Christenthum so alt als die Welt sei ...* Frankfurt u. Leipzig 1741, 140 (zit. Charron): „der
Aberglaube und die meisten übrigen Irrthümer und Mängel in der Religion kommen,
überhaupt von der Sache zu reden, vornemlich daher, weil man keine anständige und
richtige Begriffe von Gott hat. (vgl. auch S. 10 des Vorberichts des Übersetzers). – [L.
Euler], *Rettung der Göttlichen Offenbarung gegen die Einwürfe der Freygeister,* Berlin
1747, 11: „Niemand, der nur ein wenig in den Geschichten erfahren ist, kan unbekannt
seyn, wie unanständige und gantz verkehrte Begriffe sich die meisten Menschen von
Gott und den göttlichen Dingen gemacht haben." – J. H. Lambert, *Neues Organon ...*
II, Leipzig 1764 (Reprogr. Nachdr. Hildesheim 1965, hrsg. von H.-W. Arndt) über „Will-
kürliches" in Begriffsbestimmungen: „Daher entstehen sehr natürlich die heftigern Streitigkeiten für und wider eine neu aufkommende Secte in der Weltweisheit und Theologie,
und großentheils auch die Abwechslungen in den Systemen dieser Wissenschaften ..."
(115). „Der allgemeinste Anstand ... ist die Besorgnis, daß wir von Gott viel zu *menschlich*
denken." (393). – H. S. Reimarus, *Die Vernunftlehre ...* Hamburg ³1766 (Nachdruck

dieser Richtung wäre auch heute noch eine weitergehende Rezeption und Anwendung denkbar, ohne daß die Theologie deshalb genötigt wäre, das Ganze der Kantschen Vernunftkritik zu übernehmen. Um zu verdeutlichen, worum es dabei geht, sei in einem ersten Schritt Kants „transzendentale Theologie" mit ihren Konsequenzen skizzenhaft vorgestellt, aus der dann in einem zweiten Schritt einige Perspektiven hergeleitet werden sollen, die zu einer Theorie theologischer Begriffsbildung führen könnten, die der Theologie in wissenschaftstheoretischer Rücksicht dienlich sein würde.

1.

Kant nennt „alle Erkenntniß *transscendental,* die sich nicht sowohl mit Gegenständen, sondern mit unserer Erkenntnißart von Gegenständen, so fern diese a priori möglich sein soll, überhaupt beschäftigt"[59]. Aufgabe einer „Transszendental-Philosophie" ist die *„Zergliederung des Verstandesvermögens selbst,* um die Möglichkeit der Begriffe a priori dadurch zu erforschen, daß wir sie im Verstande allein, als ihrem Geburtsorte, aufsuchen und dessen reinen Gebrauch überhaupt analysieren"[60]. Dabei geht es nicht nur um die transzendentale „Deduction der reinen Verstandesbegriffe" (der „Kategorien"

München 1979, hrsg. von F. Lötzsch): „Die Geschichte der Weltweisheit und Theologie lehrt, wie viel falsche Begriffe und erschlichene Erfahrungssätze von der Seele, aus Hindansetzung dieser Regel, entstanden sind." (85).

59   KrV B 25. Auf Kants uneinheitliche Verwendung dieses zentralen Begriffs braucht nicht näher eingegangen zu werden. vgl. dazu schon H. Vaihinger, *Commentar zu Kants Kritik der reinen Vernunft, I,* Stgt 1881, 467-476; A. Gideon, *Der Begriff Transscendental in Kant's Kritik der reinen Vernunft,* Diss. Marburg, Marburg 1903; M. von Zynda, *Kant – Reinhold – Fichte. Studien zur Geschichte des Transzendental-Begriffs* (KantSt Erg.H., 20), Berlin 1910; A. Rigobello, *I limiti del trascendentale in Kant,* Milano 1963 (dt.: *Die Grenzen des Transzendentalen bei Kant,* übers. von J. Tscholl, Epimeleia 13, München / Salzburg 1968).

60   KrV B 90f. Zur schwankenden Bestimmung des Begriffs einer „Transscendentalphilosophie" sowie ihres Verhältnisses zur Vernunftkritik vgl. ebenfalls schon Vaihinger, *Commentar, I,* 472-476 mit 306, 480, 484. Diese Fragen können hier außer acht bleiben, weil die unabgeschlossene Systembildung des Kantschen Denkens für unser Thema nicht von Belang ist. Festzuhalten ist aber, daß die erstaunliche Divergenz verschiedener Kantinterpretationen, soweit diese den Texten überhaupt gerecht werden, sich schon auf die vielfach inkonsequente Terminologie Kants selbst zurückführen lassen.

als der „wahren *Stammbegriffe* des reinen Verstandes")[61], sondern auch um
die Aufdeckung der „Schemate der Sinnlichkeit", die die Kategorien „allererst
realisiren" und zugleich (auf „eine Beziehung auf Objecte") „restringiren";
ohne diese *„Zeitbestimmungen* a priori nach Regeln" würde den Kategorien
nur eine „logische Bedeutung der bloßen Einheit der Vorstellungen, denen
aber kein Gegenstand, mithin auch keine Bedeutung gegeben wird, die einen
Begriff vom Object abgeben könnte", verbleiben[62]. Weil aber „die Bedingungen, worunter allein die Gegenstände der menschlichen Erkenntnis gegeben
werden, denjenigen vorgehen, unter welchen selbige gedacht werden"[63], muß
die Transzendentalphilosophie mit einer „transszendentalen Ästhetik"[64] be-
ginnen, in der Raum und Zeit als reine, aber subjektive „Formen" aller (äußeren
und inneren) sinnlichen Anschauungen bestimmt werden, um sie nicht zu
„objektiven Formen" „der Dinge an sich selbst" zu 'machen', als welche sie
sonst auch in der natürlichen Theologie Gott zugeschrieben werden müßten[65].
Damit wird in der 2. Auflage der KrV[66] die ursprüngliche Ausrichtung der
Vernunftkritik auf die Möglichkeit theologischer Aussagen über Gott ausdrücklich bestätigt. Thematisch wird die Gottesfrage allerdings erst in der
„transscendentalen Dialektik" unter den reinen Vernunftbegriffen bei der
Reflexion des „transscendentalen Ideals"[67] abgehandelt, das aber mit Recht
von H. Heimsoeth als „Keim und Quellpunkt einer ganzen transzendentalkritischen Theorie" bezeichnet wird[68]. Es fällt jedenfalls auf, daß Kants „Beweis-

---

61   KrV B 107 u. 116.
62   KrV B 184-187.
63   KrV B 30.
64   KrV B 333-373.
65   KrV B 38, 46, 56 u. 72. vgl. dazu auch AA 18/626 (R. 6317).
66   Der Text ab II. bis zum „Beschluß" einschließlich (B 66-73) ist ein Zusatz der B-Auflage.
     Man mag darin einen Fortschritt im Sinne einer deutlicheren Herausarbeitung des Grund-
     anliegens erblicken. Damit stimmt zusammen, daß in der B-Auflage nicht mehr von
     „scheinbaren Wissenschaften" die Rede ist: „Auf diese Eintheilung gründet sich auch der
     dreifache transscendentale Schein, der zu drei Abschnitten der Dialektik Anlaß giebt
     und zu eben so viel scheinbaren Wissenschaften aus reiner Vernunft, der transscendentalen
     Psychologie, Kosmologie und Theologie, die Idee an die Hand giebt." (A 397).
67   KrV B 595-611.

grund zu einer Demonstration des Daseins Gottes" von 1763 (1762 abgeschlossen) nicht unter die Gottesbeweiskritik subsumiert wird, sondern im
„Ideal der reinen Vernunft" unter anderen Vorzeichen und auf der transzendentalen Ebene weitergeführt wird.[69]

Das Verhältnis der „transscendentalen Theologie" zur Transzendentalphilosophie läßt sich in etwa anhand zweier Übersichten in der KrV bestimmen,
die allerdings nicht ohne weiteres zu harmonisieren sind[70]. Für unsere Fragestellung braucht hier nicht erörtert zu werden, inwieweit die transzendentale
Theologie von der späteren Ausweitung des Begriffs der Transzendentalphilosophie betroffen ist[71], die zunächst als „eine Weltweisheit der reinen, bloß
spekulativen Vernunft" bezeichnet wurde[72], da wir uns auf den Bereich der
theoretischen Erkenntnis beschränken wollen; von den hier gegebenen Be-
griffsunsicherheiten wird allerdings gelegentlich zu sprechen sein. Auch nachdem die Ideen der reinen Vernunft und damit das „transscendentale Ideal" in
der *Kritik der praktischen Vernunft* „objective Realität" („in praktischer Absicht"[73]) erhalten haben, die ihnen durch die Urteilskraft zugewiesen wird[74],

68 H. Heimsoeth, *Transzendentale Dialektik. Ein Kommentar zu Kants Kritik der reinen
Vernunft*, Teil 1-4, Berlin/New York 1966-71, hier: 3/415. H. Röttges hält die ganze
transzendentale Dialektik für das „Herzstück", den „Anstoß" und den „Grund" der
ganzen Kritik (*Dialektik als Grund der Kritik. Grundlegung einer Neuinterpretation der
Kritik der reinen Vernunft durch den Nachweis der Dialektik von Bedeutung und Gebrauch
als Voraussetzung der Analytik*, Königstein/Ts. 1981, 9 u. Titel). Kurz zuvor hatte J.
Schmucker die transzendentale Dialektik als Ausdruck einer sich seit der vorkritischen
Zeit im wesentlichen durchhaltenden Einsicht verstanden, zu der die „transscendentale
Ästhetik" und „Analytik" hinzugekommen sind (*Die Ontotheologie des vorkritischen Kant*,
KantSt.E 112, Berlin/New York 1980, 5f.).

69 Zu diesem Fragenkomplex vgl. A. Winter, *Gotteserweis,* 127-138, [hier Kapitel 5, 257-344,
bes. 280-293].

70 KrV B 659f. und 873f. Kants verschiedene Systemvorstellungen hinsichtlich einer künftigen
Metaphysik brauchen hier nicht weiter verfolgt zu werden.

71 vgl. dazu M. Albrecht, *Kants Antionomie der praktischen Vernunft* (Stud. u. Mat. z.
Gesch. d. Philos. 21), Hildesheim/New York 1978, 14-23, bes. Anm. 14 und 27, dort
weitere Belege.

72 KrV B 29. In der frühen Metaphysikvorlesung L₁ „Theologia transscendentalis ist eine
Erkenntniß vom Urwesen durch bloße Begriffe der reinen Vernunft" (AA 28,1/308).

73 Z. B. KpV A 4ff., 8, 10, 238, 243 und später.

bleibt die transzendentale Theologie „aller ihrer Unzulänglichkeit ungeachtet dennoch [nur!] von wichtigem negativem Gebrauche"[75], der allerdings erst jetzt seine ganze Fruchtbarkeit erweist. Darum können wir von dem Begriff einer Transzendentaltheologie im engeren Sinne ausgehen, der in der KrV angegeben wird und sich bis ins Spätwerk hinein durchhält. Gegenüber einer Theologie „aus Offenbarung (revelata)" unterscheidet Kant innerhalb der Theologie „aus bloßer Vernunft (theologia rationalis)" die *„transscendentale"* und die *„natürliche* Theologie". Die transzendentale Theologie „denkt sich ... ihren Gegenstand ... bloß durch reine Vernunft vermittelst lauter transscendentaler Begriffe (ens originarium, realissimum, ens entium)". Sie geht dabei entweder von einer (nicht weiter bestimmten) „Erfahrung überhaupt" („Kosmotheologie") oder von bloßen Begriffen „ohne Beihülfe der mindesten Erfahrung" („Ontotheologie") aus, und sie führt allenfalls zur Erkenntnis des Daseins „eines Urwesens" als einer *„Weltursache* (ob durch die Nothwendigkeit

---

74   KpV A 239f.: „Die durch die Achtung fürs moralische Gesetz nothwendige Absicht aufs höchste Gut und daraus fließende Voraussetzung der objektiven Realität desselben" verschafft „dem, was speculative Vernunft zwar denken, aber als bloßes transscendentales *Ideal* unbestimmt lassen mußte, dem *theologischen* Begriffe des Urwesens, Bedeutung (in praktischer Absicht, d. i. als einer Bedingung der Möglichkeit des Objects eines durch jenes Gesetz bestimmten Willens) als dem obersten Princip des höchsten Guts in einer intelligibelen Welt durch gewalthabende moralische Gesetzgebung in derselben." KrV B 844: „Diese aber [die Physikotheologie], da sie doch von sittlicher Ordnung, als einer in dem Wesen der Freiheit gegründeten und nicht durch äußere Gebote zufällig gestifteten Einheit, anhob, bringt die Zweckmäßigkeit der Natur auf Gründe, die a priori mit der inneren Möglichkeit der Dinge unzertrennlich verknüpft sein müssen und dadurch auf eine *transscendentale Theologie,* die sich das Ideal der höchsten ontologischen Vollkommenheit zu einem Prinzip der systematischen Einheit nimmt, welches nach allgemeinen und nothwendigen Naturgesetzen alle Dinge verknüpft, weil sie alle in der absoluten Nothwendigkeit eines einigen Urwesens ihren Ursprung haben."

75   KrV B 668: „Denn wenn einmal in anderweitiger, vielleicht praktischer Beziehung die *Voraussetzung* eines höchsten und allgenugsamen Wesens als oberster Intelligenz ihre Gültigkeit ohne Widerrede behauptete: so wäre es von der größten Wichtigkeit, diesen Begriff auf seiner transscendentalen Seite als den Begriff eines nothwendigen und allerrealsten Wesens genau zu bestimmen und, was der höchsten Realität zuwider ist, was zur bloßen Erscheinung (dem Anthropomorphism im weiteren Verstande) gehört, wegzuschaffen und zugleich alle entgegengesetzte Behauptungen, sie mögen nun *atheistisch* oder *deistisch* oder *anthropomorphistisch* sein, aus dem Wege zu räumen; welches in einer solchen kritischen Behandlung sehr leicht ist ...".

seiner Natur, oder durch Freiheit, bleibt unentschieden)", dessen Begriff aber „bloß transscendental" ist, „nämlich nur als von einem Wesen, das alle Realität hat, die man aber nicht näher bestimmen kann". Demgegenüber schließt die „natürliche Theologie" „auf die Eigenschaften und das Dasein eines Welturhebers" „durch Verstand und Freiheit", der als „höchste Intelligenz" das „Prinzip aller natürlichen, oder aller sittlichen Ordnung und Vollkommenheit ist" („Physikotheologie" oder „Moraltheologie"). Wer nur eine transzendentale Theologie zuläßt, wird von Kant als „Deist" bezeichnet, während der Verfechter einer natürlichen Theologie von einem *lebendigen Gott* spricht und „Theist" genannt wird[76]. Kant steht mit voller Überzeugung auf der Seite des „Theisten"; um dies aber vor dem Anspruch seines kritischen Denkens zu können, braucht er die transzendentale Theologie. Ihre „transscendentalen Antworten" sind zwar für sich allein genommen „in Ansehung der Theologie gänzlich fruchtlos"[77]; erst die Anwendung der transzendentalen Fragestellung auf die natürliche und vor allem auf die moralische Theologie erbringt den eigentlichen Gewinn: „Speculative Einschränkung der reinen Vernunft und praktische Erweiterung derselben bringen dieselbe allererst in dasjenige *Verhältniß der Gleichheit,* worin Vernunft überhaupt zweckmäßig gebraucht werden kann", so daß der „Weg zur *Weisheit* ... unvermeidlich durch die Wissenschaft durchgehen" muß[78]. Dieser vorsichtige Umgang mit den Grenzen unserer Erkenntnis ergibt dann sogar eine „transscendentale Steigerung unserer Vernunfter-

---

76 KrV B 659ff. vgl auch KrV B 703; AA 4/355f.; 18/715 (R. 6433) Abweichende Einteilungen z.B. AA 17/716 (R. 7461); 18/260 (R. 5625) und in den verschiedenen Vorlesungsnachschriften zur Metaphysik und zur Rationaltheologie: AA 28/305-308, 598, 692, 999-1004, 1139f., 1142f., 1239ff. In den Vorlesungen zur Rationaltheologie unterscheidet Kant außerdem einen „Theismus moralis" vom „Theismus naturalis" (28, 2, 2/1141, 1002 und 1241). Kant würde sich selbst einen „Theista naturalis et moralis" nennen.

77 „Also wird auch durch transscendentales Verfahren in Absicht auf die Theologie einer bloß speculativen Vernunft nichts ausgerichtet." (KrV B 664ff.). Das gilt auch von den „transscendentalen Beweisen vom Dasein eines nothwendigen Wesens", dem „ontologischen" und dem „kosmologischen", weil sie einem „dialektischen, aber natürlichen Schein" unterliegen und „vermittelst einer [unvermeidlichen] transscendentalen Subreption" „das Ideal des höchsten Wesens" aus einem *„regulativen"* „in ein *constitutives* Princip" verwandeln und es dadurch ‚hypostasieren'. (vgl. KrV B 642-648).

78 AA 5/141.

kenntnis", die allerdings „nicht die Ursache, sondern bloß die Wirkung von der praktischen Zweckmäßigkeit" ist, „die uns die reine Vernunft auferlegt".[79]

Welche Rolle spielt nun das „transscendentale Verfahren" bei seiner Anwendung auf die theologische Erkenntnis im Hinblick auf ihren Wissenschaftscharakter? Es „reinigt" und „berichtigt" ihre Begriffe[80] dadurch, daß es sie „entsinnlicht"[81] und die Reichweite ihrer Gültigkeit unter Berücksichtigung der Schranken unseres bloß diskursiven Verstandes angibt, so daß die theologischen Aussagen über Gott und seine Eigenschaften wissenschaftlichen Ansprüchen genügen können[82]. Weil Raum und Zeit keine göttlichen Eigenschaften sind (wozu man sie aber wegen ihrer apriorischen Notwendigkeit machen müßte, wenn sie den Dingen an sich selbst betrachtet zuzuschreiben wären), hielt Kant es für erforderlich, sie in der KrV im Hinblick auf eine widerspruchslose Theologie grundsätzlich „beyde nur zu der Form unserer Sinnlichkeit zu machen" und den durch sie bestimmten Erfahrungsgegenständen „als Phaenomenen, Noumena, die wir nicht kennen, in Ansehung deren aber das Unbedingte allein stattfindet, unterzulegen"[83]. Auch wenn man der Auffassung sein sollte, daß die Erfahrungsgegenstände (ungeachtet der Einsteinschen Relativitätstheorie) von solchen theologischen Bedenken nicht betroffen seien, wird man zustimmen müssen, daß Begriffe, die auf Gott angewandt werden, zum mindesten zu 'entsinnlichen' sind, um nicht zum Ansatzpunkt selbstgemachter Probleme zu werden[84]. Die „Ewigkeit ohne Bedingungen der Zeit, die Allgegenwart ohne Bedingungen des Raumes ... sind lauter transscendentale Prädicate, und daher kann der gereinigte Begriff derselben,

---

79 KrV B 845.
80 vgl. KrV B 668ff.
81 AA 18/672 (R. 6348): „Transscendentale Begriffe können *sinnenfreye* genannt werden. Transscendental=philosophie auch sinnenfreye."
82 AA 5/401-410. vgl. AA 4/383 vom „Dienst, den sie [die Kritik] der Theologie leistet", wenn die kritisch begründete Metaphysik als Wissenschaft gelten kann.
83 AA 18/626 (R. 6317).
84 Kant erörtert selbst die Alternativen zu seiner Lösung: wenn er die „Erfahrungsgegenstände ... für Dinge an sich selbst" gehalten hatte, wäre er „erstlich auf Antinomien gestoßen", oder er hatte „das Gottliche Wesen sensificirt und anthropomorphosirt" (AA 18/623, R. 6317).

den eine jede Theologie so sehr nöthig hat, bloß aus der transscendentalen gezogen werden"[85]. Dennoch „nimmt die Vorstellung der göttlichen Ewigkeit selbst bei Philosophen den Schein einer unendlichen Zeit an, so sehr man sich auch hütet, beide zu vermengen"[86]. Das Problem liegt darin, daß wir die Ewigkeit „nicht ohne Zeit denken" können, und genausowenig die Allgegenwart ohne Bezug auf den Raum: also „haben wir nicht den mindesten zum [wirklichen] Erkentnis tauglichen Begrif"[87]. Aber damit nicht genug: Der Anthropomorphismus verbirgt sich hinter allen Eigenschaften, die wir Gott zusprechen mögen, auch wenn ihre Bezogenheit auf unseren Erfahrungsbereich nicht so leicht erkennbar ist wie bei psychologisch orientierten Begriffen (z. B. Intelligenz, Wille, Weisheit …) oder sogar ausdrücklich verneint wird (z. B. Unendlichkeit). Es nützt jedoch nichts, „über die engen Schranken unserer Vernunft Klagen zu erheben"[88], es kommt alles darauf an, wie wir damit umgehen. Deshalb unterscheidet Kant (gegenüber der Position Humes) einen „*symbolischen*" vom „*dogmatischen* Anthropomorphismus": statt dem höchsten Wesen diese Eigenschaften „*an sich selbst*" (dogmatisch) zuzueignen, legen wir sie „dennoch dem Verhältnisse desselben zur Welt bei und erlauben uns einen *symbolischen* Anthropomorphismus, der in der That nur die Sprache und nicht das Object selbst angeht". Damit ist eine vermittelnde Lösung für das Dilemma angegeben zwischen den Extremen eines widerspruchsvollen Anthropomorphismus und einem nichtssagenden Deismus[89]. „… so ist alle unsere Erkenntniß von Gott bloß symbolisch" im Sinne einer „symbolischen Hypotypose", das heißt einer indirekten „Versinnlichung", bei der „vermittelst einer Analogie" die Urteilskraft „erstlich den Begriff auf den Gegenstand einer sinnlichen Anschauung und dann zweitens die bloße Regel der Reflexion über jene Anschauung auf einen ganz andern Gegenstand, von dem der erstere

---

85   KrV B 669.

86   AA 2/339.

87   AA 18/631 (R. 617 a). Das Problem findet sich auch bei Boethius' Definition der Ewigkeit: „*interminabilis* vita *tota simul* et perfecta possessio". Das hat Thomas von Aquin schon gesehen: „… in cognitionem aeternitatis oportet nos venire per tempus" (*S. Th. I, q. 10, a. 1c*).

88   KrV B 509.

89   AA 4/356f.

nur das Symbol ist", anwendet (während die „schematische" Hypotypose „direkt" und „demonstrativ" verfährt)[90]. Unter Analogie versteht Kant dabei nicht „eine unvollkommene Ähnlichkeit zweier Dinge, sondern eine vollkommene Ähnlichkeit zweier Verhältnisse zwischen ganz unähnlichen Dingen"[91], oder nach einer anderen Definition „nicht die Gleichheit zweier *quantitativen,* sondern *qualitativen* Verhältnisse, wo ich aus drei gegebenen Gliedern nur das *Verhältniß* zu einem vierten, nicht aber *dieses* vierte *Glied* selbst erkennen ... kann"[92]. Nach der Analogie Gott theistisch zu denken ist eine Aufgabe der theoretisch und praktisch reflektierenden Urteilskraft, wofür die praktische Vernunft die subjektiv-praktische (moralische) Notwendigkeit liefert und die spekulative Vernunft mit ihrer transzendentalen Theologie zugleich mit der

---

90 AA 4/351ff. „... und der, welcher sie [die Gotteserkenntnis] mit den Eigenschaften Verstand, Wille u.s.w., die allein an Weltwesen ihre objective Realität beweisen, für schematisch nimmt, geräth in den Anthropomorphism, so wie, wenn er alles Intuitive wegläßt, in den Deism, wodurch überall nichts, auch nicht in praktischer Absicht, erkannt wird." Eine modifizierte Terminologie in AA 6/65: Gegenüber einem unentbehrlichen *„Schematism der Analogie* (zur Erläuterung)" führt ein *„Schematism der Objectsbestimmung* (zur Erweiterung unseres Erkenntnisses" – „schließen") zum (fehlerhaften und der Moral abträglichen) Anthropomorphismus. Symbole als indirekte „Mittel des Verstandes ... durch eine Analogie" (AA 7/191). Zum Begriff der „Hypotypose" vgl. HWP III, 1266f. Thomas von Aquin bezieht sich in seiner Erklärung des Buches „De divinis Nominibus" des Dionysius Areopagita auch auf dessen Werk „De divinis Hypotyposibus" (Prooem., C. I,1. I,3; C. II, 1.IV, 172), auf das dieser selbst mehrfach verweist (C. I, §1,1; §5,22; C.II, § 1,32; § 7,54).

91 AA 4/357. Zu dieser Frage sei auf die umfangreiche (maschinenschr.) Dissertation von F. Marty S. J. verwiesen: *L'Analogie chez Kant,* Diss. Paris (Sorbonne) 1975 (792+470 S.), und den für die Publikation neu bearbeiteten Auszug: ders., *La Naissance de la Métaphysique chez Kant. Une étude sur la notion Kantienne d'analogie* (Bibl. des Archives de Philos., N. S. 31), Paris 1980.

92 KrV B 222. Weitere Definitionen AA 5/464: „die Identität des Verhältnisses zwischen Gründen und Folgen (Ursachen und Wirkungen), sofern sie ungeachtet der specifischen Verschiedenheit der Dinge, oder derjenigen Eigenschaften an sich, welche den Grund von ähnlichen Folgen enthalten (d. i außer diesem Verhältnisse betrachtet) Statt findet." AA 9/132f. (nach Jäsches Redaktion): der Schluß „von *vielen* Bestimmungen und Eigenschaften, worin Dinge von einerlei Art zusammenstimmen, *auf die übrigen, sofern sie zu demselben Princip gehören".* „Die *Analogie* schließt von *particulärer* Ähnlichkeit zweier Dinge auf *totale* ..."; aber: Analogie kann „nicht über das tertium comparationis hinaus schließen" und ist (wie die Induktion) nur eine logische *„Präsumtion".*

unerläßlichen (aber hypothetischen, das heißt wenn überhaupt gedacht wird) Denknotwendigkeit eines höchsten Wesens die Kriterien zur Relativierung der ihm zugedachten Prädikate bereithält[93], ohne dadurch für sich selbst in ihrem theoretischen Gebrauch eine Erweiterung zu erfahren[94]. Denn das Ideal der reinen Vernunft, der „Vernunftbegriff von Gott", ist „eine bloß relative Supposition eines Wesens" als notwendig vorauszusetzender Grund aller „Verknüpfung der Welt nach Principien einer systematischen Einheit"[95] und als solche nur von „immanentem Gebrauch"[96]; es ist „bloß das Schema

---

93 Nur im Hinblick auf die „Realität in *praktischer Rücksicht*" kann „allein eine *Analogie* des göttlichen Verstandes und Willens mit dem des Menschen und dessen praktischer Vernunft angenommen werden", „ungeachtet theoretisch betrachtet dazwischen gar keine Analogie Statt findet" (AA 8/401). Daraus ergibt sich, daß eine „analogia entis" nicht in den Blick kommt. vgl. dazu auch KrV B 626: „*Sein* ist offenbar kein reales Prädicat, d. i. ein Begriff von irgend etwas, was zu dem Begriffe eines Dinges hinzukommen könne. Es ist bloß die Position eines Dinges oder gewisser Bestimmungen an sich selbst." AA 5/464: „Die Causalität der Weltwesen, die immer sinnlich=bedingt (dergleichen die durch Verstand) ist, kann nicht auf ein Wesen übertragen werden, welches mit jenen keinen Gattungsbegriff, als den eines Dinges überhaupt gemein hat."

94 Der „Zuwachs", daß den Ideen „*Objecte gegeben*" werden und sie nun „objective Realität" erhalten, bewirkt nicht „die mindeste Erweiterung des Erkenntnisses nach theoretischen Grundsätzen", sondern ist lediglich ein Anlaß, „negativ", das heißt „läuternd", „zur Sicherung" des praktischen Vernunftgebrauchs den „*Anthropomorphism*" und den „*Fanaticism*" abzuhalten, obwohl in „praktischer Absicht" eine wirkliche „Erweiterung" der (Gottes-)Erkenntnis vorliegt (KpV A 244ff.). – Schon im „Beweisgrunde": „Denn man kann sich zwar durch die Analogie dessen, was Menschen ausüben, einigen Begriff davon machen, wie ein Wesen die Ursache von etwas Wirklichem sein könne, nimmermehr aber, wie es den Grund der innern Möglichkeit von andern Dingen enthalte, und es scheint, als wenn dieser Gedanke viel zu hoch steigt, als daß ihn ein erschaffenes Wesen erreichen könnte." (AA 2/152f.). Die „Analogien der Erfahrung" in der KrV haben demgegenüber „nicht als Grundsätze des transscendentalen, sondern bloß des empirischen Verstandesgebrauchs ihre alleinige Bedeutung und Gültigkeit" (B 223).

95 KrV B 704; 713f.

96 KrV B 664; 666. Der „immanente" Gebrauch wird hier dem „transzendenten" Vernunftgebrauch entgegengesetzt, der sich auf Gegenstände außerhalb des Erfahrungsbereichs bezieht. Dieser „immanente" Vernunftgebrauch wird auch als „regulativer" im Gegensatz zum „constitutiven" bezeichnet (KrV passim; zunächst B 222, später z.B. B 696, 729f.). In der KpV werden die „Ideen" der spekulativen Vernunft „(transscendente) *Gedanken*" („ohne Object") genannt, die durch den praktischen Vernunftgebrauch aus „blos *regulativen* Principien" zu ‚immanenten' werden, die „constitutiv" sind, allerdings „*nur in*

jenes regulativen Princips" der Vernunft, sich ein „Substratum der größtmöglichen Erfahrungseinheit"[97] denken zu müssen. Diesem reinen und problematischen Vernunftbegriff wird erst aufgrund der (apriorischen) praktischen Notwendigkeit des höchsten „abgeleiteten" Guts „assertorisch" ein wirkliches Objekt zuerkannt und „gegeben", so daß die theoretische Vernunft nunmehr „genöthigt" ist einzuräumen, daß es diesen Gegenstand gebe, ohne ihn jedoch deshalb näher bestimmen zu können, das heißt „in *theoretischer Absicht* nunmehr einen positiven Gebrauch davon zu machen"[98]. Die Analogie im Kantschen Sinne ist dabei behilflich, das „realisierte" Ideal der Vernunft, das, wie es an sich selbst ist, nicht erkennbar ist, von seinem Verhältnis zur Welt her, wie sich dies von uns aus gesehen darstellt, zu „denken"[99], wobei dieses Verhältnis nach vergleichbaren Verhältnissen im Bereich unserer raumzeitlichen Erfahrung eingeschätzt wird, ohne daß aber dadurch im mindesten etwas positiv bestimmt werden kann[100]. Das Ergebnis solchen „Denkens" steht unter dem Vorbehalt des „als-ob"[101], der von H. Vaihinger und anderen im Sinne eines Fiktionalismus mißverstanden wurde[102]. Für den theoretischen Vernunftgebrauch bedeutet das „als-ob" die durchgängige Erinnerung an den „subtileren Anthropomorphismus"[103] der Unangemessenheit aller Begriffe

praktischer Absicht" (KpV A 240, 244), während die Idee eines moralischen Welturhebers (und Weltherrschers) für die „reflectirende Urtheilskraft" ein „bloß *regulatives* Princip" bleibt (AA 5/457f.). ‚Immanent' bezieht sich daher entweder auf die innere Selbstregulation der Vernunft im theoretischen Umgang mit Erfahrung überhaupt oder auf ihren (moralischen) Weltbezug der Verwirklichung des „höchsten (abgeleiteten) Guts" vor der Hintergrund des „höchsten *ursprünglichen* Guts" (KrV B 838f.), ohne dieses aber „vermessen", wie es an sich selbst sei, bestimmen zu wollen (vgl. KrV B 725-730; AA 4/357; zu ‚vermessen' vgl. AA 5/383, 459).

97   KrV B 706.

98   vgl. dazu KpV A 238-244.

99   Z. B. KrV B 307ff., 706, 726ff.; KpV A 97, 245; KUK AA 5/450, 456, 465, 484.

100   KrV B 307; AA 5/455, 457. Der transzendentale Begriff selbst ist „bestimmt": KrV B 656, 668, 703.

101   „Als ob" kann als Schlüsselwort für die Verhältnisanalogie gelten. vgl. KrV B 647, 700f., 706, 709, 714ff., 728, AA 4/357, 359: 5/180f.; „als so, daß" 5/399; „als indem" 5/400.

102   Die Philosophie des Als ob. System der theoretischen, praktischen und religiösen Fiktionen der Menschheit auf Grund eines idealistischen Positivismus, Leipzig [5-6]1920. Das Buch löste eine heftige Diskussion aus.

über Gott, für den praktischen Vernunftgebrauch darüber hinaus das sich
überlagernde „Verbot", die unvollkommenen Begriffe als Eigenschaften Gott,
wie er an sich selbst ist, „beizulegen"[104] in der Annahme, ihn oder etwas von
ihm dadurch zu „erkennen"[105], während man ihn so in Wirklichkeit nur
„verkleinert"[106] und verendlicht, was sich besonders verhängnisvoll auf die
Maxime der Moralität auswirkt[107]. Dies wäre ein Mißbrauch der Analogie:
„Zwischen dem Verhältnisse aber eines Schema zu seinem Begriffe und dem
Verhältnisse eben dieses Schema des Begriffs zur Sache selbst ist gar keine
Analogie, sondern ein gewaltiger Sprung (μετάβασις εἰς ἀλλό γενος), der
gerade in den Anthropomorphism hinein führt ..."[108]. Deshalb ist auch ein
förmlicher Analogieschluß auf göttliche Eigenschaften verboten, „weil hier
das Princip der Möglichkeit einer solchen Schlußart gerade mangelt, nämlich
die paritas rationis ..."[109]. Man käme damit im Sinne einer schlechten Physikotheologie nur „comparativ" zu einer je größeren „proportionierten Ursache",

---

103 KrV B 728; negativ in der Vorlesung über Rationaltheologie (Religionslehre PÖLITZ):
„Aber wider den Anthropomorphismum subtilem müssen wir um so viel mehr all unsere
Kräfte aufbieten, je leichter er sich in unsern Begriff von Gott einschleicht und ihn
corrumpirt. Denn es ist besser, uns etwas gar nicht vorstellen zu können, als es mit
Irrthümern vermengt zu denken." (AA 28 2,2/1046).

104 AA 5/465, vgl. auch 5/484.

105 KrV B 706; KpV A 99; AA 5/456, 484.

106 AA 6/7; auch: 28,2,2/1331. „Die Einsicht in dieselben [Ideen: Gott, Freiheit, Unsterblich-
keit] würde *Theologie, Moral* und durch beider Verbindung *Religion* mithin die höchsten
Zwecke unseres Daseins bloß vom speculativen Vernunftvermögen und sonst von nichts
anderem abhängig machen." (KrV B 395). Das wäre nur im Fall unserer „Allwissenheit"
legitim (vgl.: AA 5/480).

107 „Dieses Nothigt mich zur Critik der Sinnlichkeit. Aber das würde auch nichts machen,
wäre der Empirism und praedeterminism nicht aller Sittlichkeit zuwider. Also läuft die
Moral durch die speculative Vernunft ohne Critik Gefahr." (AA 18/625 f., R. 6317) Es
gibt aber auch sittlich unschädliche Fehlspekulationen, z.B. bei der Allgegenwart Gottes
(vgl. *Logik* BLOMBERG AA 24. 1,1/95). Zum Prädeterminismus als falsche Gnadenlehre
vgl. AA 6/121: „salto mortale der menschlichen Vernunft".

108 AA 6/65. Zu dieser in der Logik unerlaubten „metabasis": „der überschritt zu einer
andern art zu schließen kan doch erlaubt, ja nothwendig seyn, namlich von obiectiven
principien der Vernunft zu subiectiven ..." (AA 18/546f., R. 6280).

109 AA 5/464f; vgl. dazu AA 9/133.

nicht aber auf das alle „Verhältnißvorstellungen" sprengende „All (omnitudo) der Realität" des unendlichen, notwendigen und allgenügsamen Urwesens[110]. Kant unterscheidet hier die zwei Prozeduren der Begriffsbildung und der Begriffsverwendung. In beiden spielt Analogie eine Rolle, aber in je unterschiedlicher Weise und mit verschiedener Zielsetzung.

„*Transzendentale* Theologie" basiert auf den drei „transscendentalen Begriffen": „ens realissimum", „ens originarium" und „ens entium"[111]. Das „transscendentale *Ideal*" als „Inbegriff aller Möglichkeit" ist die „Idee von einem All der Realität" (ens realissimum oder perfectissimum), deren Begriff als „Begriff eines *Dinges an sich selbst* durchgängig bestimmt" und damit als „Begriff eines einzelnen Wesens" erscheint[112], das aber zunächst nur für die theoretische Vernunft als („unbekanntes") „transscendentales Substratum" aller möglichen Prädikate fungiert, als schemenhaftes („unbekanntes") „Etwas überhaupt"[113], das „blos als Subject (ohne wovon Prädicat zu sein)"[114] unterstellt wird und über dessen „objective Gültigkeit"[115] bloß theoretisch nichts auszumachen ist. Dieser „Inbegriff" erweist sich indes zugleich als logischer (noch nicht

110   KrV B 655f. und AA 5/480: vgl. schon früh AA 1/223.

111   KrV B 659 („ens originarium, realissimum, ens entium"); B 606 f: ens originarium („Urwesen"), ens summum und ens entium als Bezeichnungen des „Ideals". Die Reihenfolge dieser Begriffe und ihre gegenseitige Zuordnung wird unterschiedlich angegeben, je nach Zusammenhang. Am ehesten konsequent scheint die hier in Anlehnung an die Danziger Rationaltheologie vorgelegte zu sein: „von der Ontotheologie zur Cosmotheologie und von da zur Physikotheologie" (AA 28.2,2/1248 und die darauf folgenden Ausführungen). vgl. dazu die (vorkrit.) Refl. 4577 (AA 17/599) und dann besonders die Refl. 6210 (AA 18/496f.) und die Ableitungen vom ens realissimum in R. 6214 (AA 18/499f.). Dagegen wieder R. 6251 (AA 18/531). In den Vorlesungen über Metaphysik und Rationaltheologie vgl. bes. AA 28/308f., 454, 1012f. 1140f. 1248. Das ens realissimum ist „Grundbegrif" (AA 17/716, R. 4761); er ist „originar" und unableitbar, ein „conceptus singularis" (AA 18/550. R. 6283), und wird Anfang der 90er Jahre als „ein transscendentaler Urbegrif" bezeichnet (AA 18/638, R. 6322). Den Hintergründen der verschiedenen Varianten braucht hier nicht weiter nachgegangen zu werden.

112   KrV B 601-604. In der Danziger Rationaltheologie auch „das πρωτότυπον aller Wesen" genannt (AA 28.2,2/1249).

113   KrV B 603, 725; B 307, 312; B 702f.

114   KrV B 149; 186.

115   KrV B 703.

ohne weiteres als realer[116]) „Grund" aller Möglichkeit („ens originarium" =
„Urwesen"), wenn er nicht als (teilbares) „Aggregat von abgeleiteten Wesen"
mißverstanden werden soll[117]. Sofern das „Urwesen" aber in seiner „Allgenugsamkeit" alles Bedingte unter sich begreift, wird es auch das *Wesen aller*
Wesen (ens entium) genannt". „Alles dieses aber bedeutet nicht das objective
Verhältniß eines wirklichen Gegenstandes zu andern Dingen, sondern der
Idee zu *Begriffen* und läßt uns wegen der Existenz dieses Wesens von so
ausnehmendem Vorzuge in völliger Unwissenheit."[118] Diese (transzendentalen) Begriffe stellen freilich selbst schon ein Problem dar, insofern in ihnen
bereits die drei „Analogien der Erfahrung" wirksam sind, durch die sie auf
die „drei modi der Zeit", nämlich *Beharrlichkeit, Folge* und *Zugleichsein"*
bezogen sind[119]. Da „die Schemate der Sinnlichkeit die Kategorien" zwar „allererst realisiren", aber „gleichwohl auch" auf den Erfahrungsbereich „restringiren", müssen sie hier als unzutreffend entfallen, so daß eine „nur logische
Bedeutung" übrig bleibt[120], die „reine Form des Verstandesgebrauchs in Ansehung der Gegenstände überhaupt und des Denkens"; denn die Kategorien
„haben bloß transscendentale Bedeutung, sind aber von keinem transscendentalen Gebrauche"[121], so daß keine Bedeutung übrigbleibt, „die einen Begriff
vom Object abgeben könnte"[122]. Dies gilt von allen Kategorien, die man auf
Gott beziehen will: Was bedeutet Substanz ohne „Beharrlichkeit des Realen
in der Zeit", Kausalität ohne „Succession des Mannigfaltigen" nach einer
Regel, Gemeinschaft (Wechselwirkung) ohne „Zugleichsein" nach einer Regel?[123] Insbesondere die „absolute Nothwendigkeit ... ist der wahre Abgrund
für die menschliche Vernunft"[124]: wenn wir „das Dasein ... zu aller Zeit"

116 KrV B 301f.
117 KrV B 606f.
118 KrV B 700, 713f.; B 606f.
119 KrV B 218f.
120 KrV B 185f.
121 KrV B 304f.: die terminologische Unklarheit bezüglich des „transscendentalen Gebrauchs"
     braucht hier nicht erörtert zu werden.
122 KrV B 186.
123 vgl. KrV B 183f.

(„vor" aller Zeit ergibt überhaupt keinen Sinn) weglassen, haben wir „nicht den mindesten Begriff"[125] übrig. Um jedoch überhaupt etwas über das höchste Wesen denken zu können, bedürfen wir der nachträglichen („indirekten") Analogie, bei der wir „die Erfahrungsbegriffe nutzen, um uns von intelligibelen Dingen, von denen wir an sich nicht die mindeste Kenntniß haben, doch irgend einigen Begriff zu machen", wobei die „Untersuchung des schlechthin nothwendigen Wesens" die Grundlage für die Ableitung der anderen „bloß intelligibel[en]" Dinge bildet[126].

Dabei sind die Extreme eines bloßen Deismus einerseits, der über das höchste Wesen durch „reine Verstandesbegriffe", deren objektive Realität offen bleibt, „nichts Bestimmtes" und also nur Bedeutungsloses zu denken und zu sagen weiß[127], und einer „Theosophie" andererseits zu vermeiden, bei der versucht wird, mit „dunkeln und unerweislichen Erklärungsgründen" Unbekanntes zu „erdichten" oder „durch einen willkürlichen Zusatz" zu „ersetzen"[128]. Das kann nur gelingen, wenn die Analogie definitionsgemäß nicht auf das vierte unbekannte der Verhältnisglieder, sondern nur auf das Verhältnis selbst bezogen wird[129]. Dadurch bleibt im Bewußtsein, daß die Analogie nur *respectiv auf den Weltgebrauch* unserer Vernunft „gegründet" ist[130] und nur „Verhältniseigenschaften" benennt[131], aber nicht unser Wissen über göttliche Dinge zu vermehren imstande ist. Kant erläutert dies im Hinblick auf die

---

124 KrV B 641; offenbar von Pölitz übernommen in AA 28.2,2/1032. Metaphysik Herder: „Kluft" (28,1/131).

125 KrV B 703, 707.

126 KrV B 594f. „Der Begrif des realissimi war nur subiectiv nothwendig, der des Unbedingten Daseins ist obiectiv." (AA 18/549, R. 6282).

127 vgl. AA 4/355. Ein solcher ‚Deismus' wird Kant unzutreffenderweise durch den verbreiteten Agnostizismusvorwurf unterstellt.

128 Theosophie AA 5/459f., 479. Kants Definition: „die theoretische Erkenntniß der göttlichen Natur und seiner Existenz, welche zur Erklärung der Weltbeschaffenheit und zugleich der Bestimmung der sittlichen Gesetze zureiche" (5/479), was aber nur durch „überschwengliche Begriffe" versucht werden kann, die keinen Erkenntniswert haben (5/459). vgl. auch 28,2,1/695). – KrV B 654; AA 4/361; AA 5/480.

129 s. o.: S. 400.

130 vgl. KrV B 726.

131 AA 18/567 (R. 6301).

verschiedenen „Eigenschaften" Gottes, die über den Bereich der reinen Kategorien hinausgehen und deren eine natürliche Theologie als „Physikotheologie" zur Erklärung des zweckmäßigen Weltzusammenhanges (Gott als Welturheber, Weltschöpfer und Weltregierer) und als „Moraltheologie"[132] in bezug auf die sittliche Ordnung (Gott als oberster Gesetzgeber) bedarf. Dabei kommt wegen der zunehmenden Gefahr des Anthropomorphismus die Analogie in steigendem Maße zum Tragen. Zunächst werden daher (auch in Anlehnung an die von Kant benutzten Lehrbücher) die sog. „ontologischen" Prädikate (aus bloßen Begriffen) behandelt, die in unscharfer Abgrenzung auch „transscendentale Prädicate" oder „Begriffe" genannt werden[133] (weil die „Ontotheologie" neben der „Cosmotheologie" zur „transscendentalen" Theologie gehört[134]): also neben der Ewigkeit und Allgegenwart auch die Einfachheit und Unendlichkeit, die Allgenugsamkeit und Allmacht, die Impassibilität und Unveränderlichkeit, die Verschiedenheit von der Welt (nicht Weltseele) und die Welturs ächlichkeit[135]. In der Vorlesung über Rationaltheologie werden für den behutsamen Umgang mit diesen erfahrungsbezogenen Prädikaten zwei „Regeln der Vorsicht" angegeben: „*1. In Hinsicht auf die Prädikate selbst*" und „*2. In Hinsicht auf die Art des Verfahrens, das aus sinnlichen Begriffen abstrahierte Reale Gott beilegen zu können*"[136]. Zur ersten Regel gehört (in Anlehnung an die Lehrbücher von Baumgarten und Eberhard[137]) die „via

---

132 „Nicht theologische Moral"; zu diesem Begriff vgl. KrV B 660 Anm. Nach einer anderen Einteilung wird die „Moraltheologie" der natürlichen Theologie als gleichrangig nebengeordnet oder der „theoretischen" als „praktische" gegenübergestellt (vgl. z.B. AA 28/305f.; 1000f.; 1139ff.; 1241f). Dazu AA 18/260, R. 5625 gegenüber 17/716, R. 4761.

133 Z.B. KrV B 669f.; AA 4/356; AA 28,2,2/1001f.; 1020; 1252.

134 KrV B 660. Diese Zuordnung wird in den 90er Jahren bestätigt (vgl. Metaphysik L₂, 28,2,1/598, und Metaphysik DOHNA ebd. 692. Zu Schwankungen vgl. die Fußnote in AA 18/499f.

135 Bloße Erwähnung solcher Eigenschaften z.B. KrV B 608, 669f.; KpV A 252; AA 5/481; zu Baumgartens ‚Metaphysica' §§ 820ff.: AA 18/337f. (R. 3907 u. 3908); 18/501 f (R. 6214); AA 28,2,2/1252. Mit Erläuterungen AA 18/630f.; AA 28/2,1/600-604; 694f.; 28,2,2/1032f.; 1037-1047; 1160-1164; 1262ff.

136 AA 28,2,2/1021ff.

137 Metaphysica, A. G. Baumgarten, Professoris Philosophiae, Ed. III Halae Magd. 1757, abgedr. in AA 17 ab S. 5; Vorbereitung zur natürl. Theologie z. Gebr. akad. Vorlesungen

negationis oder reductionis" („betrifft die Qualität der Prädikate, daß sich nichts Sinnliches hereinmische", weil wir sonst „immer die Mängel mit den Realitäten zugleich" vergrößern[138]) und die „via eminentiae" (betrifft die „Quantität": Gott das rein Positive „im höchsten Grade, in unendlicher Bedeutung" beizulegen). Zur zweiten Regel[139] gehört „der herrliche Weg der Analogie"[140], um Gott die Prädikate nicht beizulegen, wie er an sich selbst ist. Besonders anfällig für schädlichen Anthropomorphismus sind die „psychologischen Praedicate"[141], die wir Gott zusprechen (Erkenntnisvermögen, freier Wille und die entsprechenden Eigenschaften wie Allwissenheit und Allweisheit, Heiligkeit, Güte, Gerechtigkeit usw.[142]). Hierbei kommt der Analogie vorrangige Bedeutung zu. Das mag am Beispiel der „höchsten Intelligenz"[143] erläutert werden, auf die Kant selbst besonders häufig zu sprechen kommt. Schon um 1777/78 (nach Adickes' Datierung) zeichnet sich in den Reflexionen zur Metaphysik die später durchgehaltene kritische Position ab: „Es ist eine nothwendige Hypothesis des theoretischen und praktischen Gebrauchs der Vernunft im Ganzen unserer Erkentnis, folglich in Beziehung auf alle Zweke und eine intelligible Welt, anzunehmen, daß eine intelligible Welt der sensiblen zum Grunde liege, wovon die Seele als intelligentz das subiective Urbild, eine Ursprüngliche intelligentz aber die Ursache sey."[144]

v. J. A. Eberhard, Halae 1781, abgedr. in AA 18 ab S. 491.

138   AA 28,2,2/1169, vgl. auch 1022f. u. 1254. In Kants gedruckten Werken nur sporadische Anspielungen: Reduktion (naturwiss.) KrV B XXI, 762; philos.: AA 2/394, 412. Eminentia AA 1/405; 2/414.

139   Nach der Nat. Theol. Volckmann gehört die v. eminentiae zur zweiten Regel.

140   AA 28, 2,2 / 1023. Eberhard nennt als dritten Weg die „via causalitatis"; Kant hält es hier mit Baumgarten (vgl. AA 18/554 die Fußnote). Bemerkenswert R. 6041 (AA 18/431): „Man denkt ihn [Gott] in Ansehung der welt secundum analogiam, aber nur so fern sein begrif ein regulativ principium seyn soll; aber per eminentiam ohne alle analogie, wenn von ihm absolute die Rede ist."

141   AA 18/566 (R. 6300); AA 28, 2,2 / 1048.

142   z.B. KrV B 728; AA 28, 2,2 / 1056-1062; 1184f.; 1272-1277. „Intelligentia" auch schon gelegentlich unter den ontologischen Prädikaten: AA 18/338 (R. 3908).

143   Häufig in der KrV: „höchste Intelligenz" B 659f., 698f., 701, 716, 718ff, 727, 827, 854. „Oberste Intelligenz" B 668, 715, 725. „Höchster Verstand" B 611. „Intelligenz" B 611, 838.

Die „höchste Intelligenz" läßt sich grundsätzlich schon aus dem „ens realissimum" ableiten, insofern es alle Vollkommenheiten in sich vereint; von hier aus gesehen hätte es ein Leugner bereits schwer. Auch aus dem „ens originarium" als „Urquell" intelligenter Wesen läßt sich eine ursprüngliche Intelligenz herleiten, von der wir allerdings nicht wissen, wie sie beschaffen ist[145]. Einen weitergehenden Zugang bietet die „Cosmotheologie": „Den ersten Anfang" von zufälligen und „auf einander folgenden Zuständen „kan ein Wesen nur durch freyheit machen; Freyheit aber setzt verstand voraus, folglich ist das ens originarium summa intelligentia."[146] Die „natürliche Theologie" schließlich steigt „von dieser Welt zur höchsten Intelligenz auf, entweder als dem Princip aller natürlichen [Physikotheologie] oder aller sittlichen [Moraltheologie] Ordnung und Vollkommenheit."[147] Aber was wissen wir damit von dieser höchsten Intelligenz? Sie ist nicht an die Sinnlichkeit gebunden und diskursiv wie unser Verstand, sondern „anschauend" oder „intuitiv"[148]; sie erkennt „alle Dinge, wie sie *an sich selbst* sind, das heißt a priori" im Gegensatz zu uns[149]; ihr Erkennen ist allumfassend und nicht vom Einzelnen zum Ganzen fortschreitend (Allwissenheit)[150]; sie ist nicht passiv, sondern aktiv, schöpferisch[151], und sie ist das Urbild (intellectus archetypus) alles Erkennbaren überhaupt[152], von dem sogar „aller Dinge Möglichkeit" abhängt[153]. Sein Erkenntnisvermögen ist ohne alle uns bekannten „Schranken"[154], so daß auch „der Ausdruck Vernunft ... unter der Würde der göttlichen Natur" ist, weil Vernunft

---

144 AA 18/91 (R. 5109).

145 AA 28, 2,2 / 1047-1051.

146 AA 18/567 (R. 6300); ähnlich schon 17/605 (R. 4594).

147 KrV B 660; vgl. auch B 653, 700f., 714f., 716, 725 u. 735; AA 4/359; AA 5/399f., 464f., 483f.; AA 6/65; AA 8/182, 400f.

148 AA 4/355f, 406ff,; AA 8/400; AA 28,2,2/1051, 1267.

149 AA 28, 2,2 / 1052; 1267.

150 AA 5/406ff., AA 28, 2,2 / 1058, 1274.

151 AA 5/408; 28,2,2/1052, 1267, 1276. Schon AA 17/304 (R. 3825): „Cognitio prototypa: causa rerum. Cognitio ectypa: causatum."

152 AA 2/397; KrV B 723; AA 5/408; AA 18/431 (R. 6041); 18/433 (R. 6048); AA 28,2,2/1267.

153 AA 28, 2,2/1267.

154 AA 28, 2,2/1051.

„nur ein Merkmal der Schranken des Verstandes" ist und dazu dient, „den Mangel unseres Verstandes zu ergänzen"[155]. Was also bleibt übrig, das von uns auf Gott übertragbar wäre? So wenig man vom sinnvollen Verhalten der Biber oder der Bienen[156] auf das Wesen menschlicher Intelligenz schließen kann, so wenig kann man von unserem Verstand auf Gottes Erkenntnisvermögen hinaufschließen, wie es an sich selbst ist. Alle analogen Behelfe für die Vorstellung müssen relativiert werden auf unsere Art des Zugangs („suppositio relativa") und auf die Konsequenzen für unser (moralisches) Verhalten[157]. Das findet sich in einer frühen (bis 1769?) Reflexion bereits in aller Kürze zusammengefaßt: „analogie des Blind gebornen in Ansehung der Farben und Thöne. Die Erkentnis der Eigenschaften Gottes in Ansehung des moralischen ist dogmatisch und positiv, in Ansehung des theoretischen ist critisch und negativ. Das man nicht irre, ist das vornehmste."[158] Und: „Man kann vor allem Irrthum gesichert bleiben, wenn man sich da nicht unterfängt zu urtheilen, wo man nicht so viel weiß, als zu einem bestimmenden Urtheile erforderlich ist. Also ist Unwissenheit an sich die Ursache zwar der Schranken, aber nicht der Irrthümer in unserer Erkenntniß."[159] Die durch die transzendentale Theologie „gereinigte" natürliche Theologie[160] und damit der transzendental reflektierte Gebrauch einer Analogie der Verhältnisse ist demnach ein Umgang mit der „Grenze der menschlichen Vernunft", die zugleich auch die „Angrenzung" bezeichnet (aber nur diese und nicht mehr, während „Schranken" bloß das Ende der Reichweite bedeuten[161]). Mit der wahrgenommenen Grenze der

---

155 AA 28 2,2/1053, 1269.

156 AA5/303, 464; AA 17/245 (R. 3707) „vernunft der Thiere" 18/718 (R. 4642). Wir haben die Beispiele umgekehrt.

157 KrV B 704, vgl. auch 713; AA 5/482. „Denn, wenn ich mir auch Gott denke als den Urheber, und nicht zugleich als den Weltbeherrscher, so hat dies gar keinen Einfluß auf mein Verhalten." (AA 28,2,2/1002).

158 AA 17/303 (R. 3818).

159 AA 8/136.

160 vgl. 18/209 (R. 5528) u. 18/432 (R. 6045).

161 AA18/14 (R. 4865); AA 4/352ff.; Unterschied zwischen „terminus" und „limes" schon AA 2/403. – Der ursprünglich geplante Titel für die KrV: „Die Grentzen der Sinnlichkeit und der Vernunft" (AA 10/123, ähnlich 10/129, zu vgl. mit 10/72, 74, 98, 132 u. 199).

Erfahrung ist zugleich die „*Beziehung* auf etwas, was selbst nicht Gegenstand der Erfahrung, aber doch der oberste Grund aller derselben sein muß"[162], gegeben, wodurch der schließlich angestrebte „Überschritt zum Übersinnlichen" in praktischer Absicht möglich wird[163]. Und wo man nicht mehr zu wissen glaubt, als man wissen kann, weil man sich nicht unterfängt, „die Bedingungen des uns möglichen Erkentnisses der Dinge ... zu Bedingungen der Moglichkeit der Sachen zu machen"[164], bleibt Raum für „Verehrung" und „Anbetung".[165]

2.

Eine Rezeption Kantscher Transzendentaltheologie von nur „negativem Nutzen"[166] könnte manchem, der Kant mit Maréchal (!) fälschlicherweise für einen Agnostizisten hält[167], als Versuch erscheinen, der Theologie eine weitere

Letztlich könnte jedoch von „Schranken" nicht gesprochen werden, „wenn nicht das Unbeschränkte (das All [der Realität]) zum Grunde läge" (KrV B 603f.). Das „*regulative* Princip der Vernunft", „nach welchem keine empirische Grenze für absolute Grenze gelten muß" (KrV B 537), gestattet die Ausfahrt auf den „weiten und stürmischen Ocean", der jenseits der „Grenzen" liegt, die das „Land des reinen Verstandes" einschließen (KrV B 294f.), wobei (aufgrund der Vernunftkritik) „Vernunft schon von selbst durch Vernunft ... gebändigt und in Schranken gehalten" wird (KrV B 775). Die entscheidende „Erweiterung im Felde des Übersinnlichen" verschafft schließlich „der Begriff der Freiheit" (AA 5/103), der die Grenze zwischen dem Sinnlichen und Intelligibelen schon in uns selbst übergreift (vgl. AA 5/105) und so nicht nur das Übersinnliche „*in uns*", sondern auch das Übersinnliche „*über uns*" (Gott) und „*nach uns*" (Unsterblichkeit) unter praktischer Rücksicht erreicht (vgl. AA 5/474, 20/295), „weil es Freiheit ist, welche jede angegebene Grenze übersteigt" (KrV B 374). – Transzendentalphilosophie „hat ihren Namen davon daß sie an das Transscendente Grenzt" (AA 21/74).

162 AA 4/361.

163 AA 20/293, 305, 307.

164 AA 18/626 (R. 6317). vgl. dazu KrV B 197 („Gegenstände der Erfahrung", nicht: Dinge an sich selbst!); AA 4/84, 296, 348. AA 18/546 (R. 6278): „Aller Irrthum besteht darinn, daß wir unsere Art, Begriffe zu bestimmen oder abzuleiten oder einzutheilen, für Bedingungen der Sachen an sich selbst halten."

165 AA 5/131, 482; 8/401; 21/143.

166 KrV B 739.

167 *Le point de départ* III/II, 198, 253, 308: V/504, 574, 593; dann aber müßte man auch THOMAS VON AQUIN als Agnostizisten bezeichnen, der mehrfach betont, daß wir nicht

„Abrißtechnik" zu bescheren. In Wirklichkeit geht es jedoch um einen Beitrag zur wissenschaftstheoretischen Diskussion innerhalb der Theologie, der vielleicht „das stille Verdienst" erwerben könnte, wenigstens einige vermeidbare „Irrthümer zu verhüten"[168], die sich möglicherweise auch (und gerade) bei manchen reduktiven „Theologien" nachweisen lassen. Kant selbst versucht allerdings, die Offenbarungstheologie auszuklammern und dem „biblischen Theologen" zu überlassen[169], um sich selbst auf den Bereich „innerhalb der Grenzen der bloßen Vernunft"[170] zu beschränken. Dies gelingt ihm jedoch nicht ganz: Er gelangt nicht nur zu einer weitgehenden Apologetik des Christentums, für die es heute (aus Gründen unseres differenzierteren Geschichts- und Vernunftverständnisses) keine Parallele mehr gibt, sondern er legt gleichzeitig von den Voraussetzungen seiner Transzendentalphilosophie her eine einigermaßen massive innerprotestantische Kritik vor, die katholischem Denken in manchem entgegenkommt, ohne daß Kant dies freilich beabsichtigt hätte[171]. Für die Anwendung auf Offenbarungstheologie enthält Kants Transzendentaltheologie (die selbst mindestens terminologisch nicht immer konsequent ist) allerdings nur skizzenhafte Vorgaben, die der Umsetzung und Entwicklung bedürfen, und es kann hier nur angedeutet werden, in welcher Richtung das möglich erscheint.

Der Schwerpunkt dürfte im Bereich der theologischen Begriffsbildung liegen, auf dem schließlich das korrekte Formulieren theologischer Sätze, das schluß-

---

erkennen können, was Gott „an sich selbst" ist („quid sit" / „in se" / „per suam essentiam"), sondern nur, wie er nicht ist (S. c. G. I,11; 14. S.Th. I, 2, 1c.; 3 pr.; 12, 13 ad 1;13, 1c.; 13, 2, ad 3; I, 86, 2 ad 1). „... illud est ultimum cognitionis humanae de Deo quod sciat se Deum nescire, in quantum cognoscit, illud quod Deus est, omne ipsum quod de eo intelligimus, excedere." (De pot. 7, 5 ad 14.)

168 KrV B 823. Als „Propädeutik" vgl. AA 28, 2,2 / 1002.

169 AA 6/8ff.; 7/23ff.

170 vgl. den Titel der Religionsschrift (AA 6/1). Das Verhältnis der „Vernunftreligion" zum „Offenbarungsglauben" wird von Kant als das zweier „concentrische[r] Kreise" bezeichnet: der innere Kreis symbolisiert das beiden Gemeinsame, das Überragende des äußeren wird dem Bereich der Geschichte zugewiesen. Damit korrigiert er deistische Auffassungen, für die beide Kreise praktisch deckungsgleich waren.

171 Dabei sind allerdings auch die pietistischen Einflüsse zu berücksichtigen. vgl. A. WINTER, *Kant zwischen den Konfessionen*, in: ThPh 50 (1975) 1-37, [hier Kapitel 1, 1-47].

folgernde Argumentieren und schließlich auch jegliche Systembildung basiert. Die Offenbarung Gottes ist (im wesentlichen) umgangssprachlich formuliert und tradiert worden, was für den (nicht ad libitum selektierenden) Glauben ausreicht, wenn er es gegenüber den nicht miteinander verrechenbaren Sätzen, mit denen Glaubensgeheimnisse umschrieben werden, beim katholischen „Sowohl-als-auch" beläßt. Sobald jedoch Interpretationsprobleme auftreten, wie sie die Geschichte der Kirche bis heute in großer Zahl ausweist, ist eine theologische Klärung erforderlich, die auch ausdrücklich oder einschlußweise hinter lehramtlichen Entscheidungen steht (ohne daß sie aber darin aufgehen). Hierbei sind zunächst die verwendeten Begriffe zu überprüfen: In welchem Sinn und mit welchen Vorbehalten kann ein Terminus in die wissenschaftliche Sprache der Theologie übernommen werden? Welche (metasprachlichen) Termini sind einzuführen? Diese Fragestellung hat R. Lay schon in seiner Wissenschaftstheorie vorgetragen[172]. Von Kant her wäre die theologische Terminologie auch im Hinblick auf die Möglichkeiten und Grenzen unseres menschlichen Erkenntnis- und Begriffsvermögens (transzendental) zu überprüfen, um noch verborgene Anthropomorphismen aufzuspüren und wenigstens zu benennen oder gar zu kompensieren. Unter den so gewonnenen Vorbehalten (der Behutsamkeit) sind dann die aus solchen Begriffen gebildeten Aussagen zu bedenken. Auf diese Weise können manche Einseitigkeiten und anthropomorphe Einschränkungen oder Erweiterungen aufgefunden werden, die dem Zugriff sonst entgehen würden. Dabei ist daran zu erinnern, daß Kants Auffassung der Verhältnisanalogie nicht neu ist: Schon Thomas von Aquin hat (nach W. Kluxens Darstellung) sehr bald das ursprüngliche mathematische Modell aufgegeben. Danach galt ihm Analogie „als eine Weise der Prädikation" und nicht „als eine Eigenschaft von Begriffen" (!). Erst bei Heinrich von Gent wird die Analogie eine „Begriffseigenschaft". Auf verschiedene Weise „verfehlen" sowohl die Cajetanische als auch die Suarezianische Tradition „den wesentlichen Punkt, indem sie die A. als Begriffseigenschaft nehmen"[173]. Die

---

172   R. Lay, *Grundzüge einer komplexen Wissenschaftstheorie.* Bd. 1 u. 2, Frankfurt a. M. 1971 u. 1973; hier: 2 / 568-573. Aus transzendentalphilosophischer Sicht: R. Schaeffler, *Fähigkeit zur Erfahrung. Zur transzendentalen Hermeneutik des Sprechens von Gott* (= QD 94), Freiburg/Basel/Wien 1982.

173   W. Kluxen, Art. *Analogie I,* in: HWP 1, 214-227, hier: 222-225.

syllogistische Verwendung von Sätzen, die einen analogen Begriff (vor allem als terminus medius) enthalten, stellt ein besonderes Problem dar. J. M. Bochénski zeigt am Beispiel des Begriffs „Vater", der sowohl auf die menschliche als auch auf die göttliche Vaterschaft bezogen wird, daß für den Logiker nur „die formalen Eigenschaften der Relationen", die „durch rein logische Funktoren definiert werden können", verwendbar sind, in diesem Fall also „u. a. Irreflexivität, Asymmetrie und Intransitivität"[174]. Schließlich wird jede theologische Systembildung (der theologischen Schulmeinungen und der konfessionellen Traditionen) eine Vielzahl von Voraussetzungen einschließen, die transzendentaltheologisch zu reflektieren wären: Manche Grundprobleme werden sich unter dieser Rücksicht als „hausgemacht" erweisen, so daß sich auf dieser Basis neue Möglichkeiten der Verständigung ergeben könnten. Kant erwähnt mehrfach das Beispiel des „concursus", der eigentlich nur dann ein solcher genannt werden kann, wenn die konkurrierenden Ursachen gleichrangig sind, während die schöpferisch-tragend-anteilgebende Ursache nicht als Gegenpol zur endlichen und teilhabenden Ursache aufgefaßt werden darf, wobei das Problem der Freiheit zwar nicht durchschaut, aber durch die Unterscheidung zwischen „Erscheinung" und „Ding an sich selbst" aufgefangen wird[175]. Dieses Lösungsmodell bekommt dann in der Frage des (konfessionellen) Prädestinatianismus für Kant eine praktisch-moralische Bedeutung[176]. In diesem Zusammenhang ist auch an die sog. „analogia fidei" zu denken, die bei theologischen Systembildungen herangezogen wird: unter transzendentaltheologischer Perspektive wäre hier die Vorsicht sogar zu verdoppeln (oder zu vervielfachen), damit bei der Kombination mehrerer Analogien das Interesse an der Systembildung nicht „erkenntnisleitend" wird.

So könnte denn eine transzendentale Theorie des reflektierenden Umgangs mit den geoffenbarten Glaubenswahrheiten, die sich aus Kants philosophischer Transzendentaltheologie herleitet, zu einem Verfahren der kritischen Sichtung

---

174 J. M. BOCHÉNSKI, *Logik der Religion*, Köln 1968, 103.

175 „Denn sind Erscheinungen Dinge an sich selbst, so ist Freiheit nicht zu retten" (KrV B 564). vgl. auch KpV A 180-185; AA 18/625f. (R. 6317); 18/640 (R. 6322). – Zum Problem des „concursus" vgl. bes. AA 8/361f.; 18/473ff. (R. 6166-6171); 28,2,2/1105ff., 1109f.; 1207ff.; 1212f.; 1308f.

176 vgl. AA 6/49f., 121; 7/41; 8/361ff.; 28,2,2/1045, 1116f., 1219f., 1315f.

führen, nicht nur gegenüber „Konklusionstheologien", sondern auch gegenüber den menschlichen (und z. T. ideologischen) Einseitigkeiten von „Genitiv-"
und „Adjektivtheologien" der verschiedensten Richtungen. Sie könnte eine
Hilfe sein gegenüber der Gefahr, Gottes Wort auf die Ergebnisse einer
historisch-kritischen Methode zu reduzieren und es insofern zu „verkleinern"
und zu verendlichen oder auch durch überschießende Interpretationen zu
manipulieren. In diesem Sinne kommt der Kantschen Transzendentaltheologie
auch im Rahmen der Offenbarungstheologie, wenn man sie darauf anwendet,
eine rein dienende (und läuternde) Rolle zu, indem sie der theologischen
Systematik zwar einen bloß „negativen Nutzen" bringt, der aber gleichwohl
für den Dienst, den die Theologie dem Glauben und der Kirche zu leisten
hat, „positiv" zu veranschlagen wäre[177]. Nicht zuletzt könnte sie dazu beitragen,
das ökumenische Gespräch über den bisherigen Punkt der positionalen Konfrontation hinauszuführen, indem sie Einseitigkeiten zugrunde liegender Be-
griffsbildungen aufdeckt und so von Menschen gemachte Anteile gegenüber
den Vorgaben der Glaubenshinterlage sichtbar werden läßt, falls die an solchen
Diskussionen Beteiligten sich auf derartige Überlegungen überhaupt einzulassen bereit sind.

Für Kant ist seine philosophische Transzendentaltheologie „keine Gottesge-
lahrtheit"[178] und soll dieser keine Konkurrenz machen; aber für ihre bescheidene Aufgabe des reflektierten Umganges mit den Grenzen der Vernunft[179]
bezeichnet sie Kant dennoch als Wissenschaft[180]. Wem es nicht so sehr um
eine Ausweitung theologischer Theorien, sondern vielmehr um die Abgesi-
chertheit und Überprüfbarkeit theologischer Aussagen zu tun ist, wer bemüht

---

177   KrV B XXV. Deshalb wird die von Kant angestrebte Metaphysik „als die Schutzwehr"
       der Religion bezeichnet, insofern sie die Vernunft „zügelt und durch ein scientifisches
       und völlig einleuchtendes Selbsterkenntniß die Verwüstungen abhält, welche eine gesetz-
       lose speculative Vernunft sonst ganz unfehlbar in Moral sowohl als Religion anrichten
       würde." (KrV B 877). So ist auch der bekannte Satz aus der Vorrede zur 2. Aufl. zu
       verstehen: „Ich mußte also das *Wissen* aufheben, um zum *Glauben* Platz zu bekommen."
       (KrV B XXX).
178   AA 18/516 (R. 6227).
179   AA 18/517 (R. 6230).
180   ebd.; dazu AA 18/498f. (R. 6213).

ist, möglichst „κατ'αληθειαν" und nicht „κατ'ανθρωπον", „θεοπρεπως" und nicht „ανθρωποπαθως"[181] zu formulieren, wer sich dessen bewußt ist, daß das „id quod" einer Aussage in manchen Fällen von ihrem „modus quo" nicht adäquat zu trennen ist, wer es für möglich hält, daß es auch innerhalb der Theologie Methoden der Forschung geben könnte, die gelegentlich ihre Ergebnisse inhaltlich präjudizieren[182], und wer schließlich vom bleibend „asymptotischen"[183] Charakter menschlicher Sprache gegenüber dem Geheimnis Gottes überzeugt ist, wird einer vorzulegenden „transzendentalen Theorie theologischer Erkenntnis" möglicherweise einiges Interesse entgegenbringen, falls er ihre grundsätzliche Anwendbarkeit wegen der unumgänglichen Geschichtlichkeit sowohl der kritischen Reflexion als auch ihres Gegenstandes nicht von vornherein für ausgeschlossen hält. Vielleicht findet er sich sogar bereit, in Anlehnung an Kant und auch über Kant hinaus[184] diesen (kirchlichen) Dienst der Demut und der Treue gegenüber dem geschriebenen und überlieferten Wort Gottes leisten zu helfen.

---

181 AA 7/37; 41; AA 18/261 (R. 5628). AA 18/88: „Die principia aber des Schlusses durch analogie und die argumenta practica κατ'ανθρωπον, auf welche die ersten sich auch beziehen, machen den transitum aus (argumentum ad modulum humanitatis) secundum assumta humanae naturae, non hominis singularis." (R. 5103).

182 Das gilt von der transzendentalen Theologie nicht, weil sie genau darüber selbst nachdenkt.

183 KrV B 691; vgl. AA 21/84; gilt aber auch für die Erfahrung (21/61).

184 Man muß deshalb kein „Kantianer" werden. – „Über Kant hinaus" auch insofern, als Kant seinen Ansatz nicht immer konsequent durchführt. Z. B. notiert er sich im Hinblick auf Gott: „Die *Gerechtigkeit* ist Einschränkung der Gütigkeit durch Heiligkeit." Woher will er wissen, daß unendliche Gütigkeit (Liebe) durch unendliche Gerechtigkeit eingeschränkt wird? (AA 18/453, R. 6100). „Denn Gott hat die Welt so sehr geliebt, daß er seinen einzigen Sohn hingab ..." (Joh 3,16).

Kapitel 8:
Theologiegeschichtliche und literarische Hintergründe
der Religionsphilosophie Kants

Es ist ein vielfach angewandtes und durchaus legitimes Verfahren von eigenem Wert, Kants Religionsphilosophie aufgrund seiner Veröffentlichungen und Vorarbeiten, seines handschriftlichen Nachlasses und der überlieferten Vorlesungsnachschriften zu analysieren, darzustellen und aus sich selbst heraus zu interpretieren. Um aber Kants eigenen Anteil an dieser Religionsphilosophie herauszufinden – ein zentrales Anliegen ernsthafter Kantforschung –, ist die Beschäftigung mit den theologischen, philosophischen und literarischen Quellen seiner Zeit unerläßlich. Dabei ist es leichter, Abhängigkeiten zu entdecken, wenn man auf von ihm benutzte Texte stößt, als seine Originalität zu behaupten, wo Vorbilder nicht (oder besser: noch nicht) bekannt sind; denn wer könnte schon die damals verfügbare überaus reichhaltige Literatur übersehen, wie sie sich z. B. bei Kayser oder Heinsius aufgelistet findet? Beschränkt man sich indes auf die wichtigen Werke, die als geistesgeschichtlich bedeutsam gelten, wird man dem Leseeifer Kants nicht gerecht, der schon als Student Bücher aus der Privatbibliothek Martin Knutzens benutzen durfte[1] und sich in späteren Jahren aus der Nicolovius'schen Buchhandlung Neuerscheinungen im ungebundenen Zustand kommen ließ, die ihn aufgrund des ihm jeweils zugeschickten Meßkataloges interessierten[2] und von denen keine oder nur wenige später in der Liste seiner nachgelassenen Bücher[3], die er aber auch nicht alle

---

1   vgl. *Immanuel Kant. Sein Leben in Darstellungen von Zeitgenossen. Die Biographien von L. E. Borowski, R. B. Jachmann und A. Ch. Wasianski*, Darmstadt 1968, Reprogr. Nachdruck der von Felix Gross herausgegebenen Ausgabe Berlin 1912 (=Deutsche Bibliothek 4), 76 (Borowski).

2   vgl. Jachmann a. a. O. 139, Wasianski a. a. O. 269.

3   vgl.: Arthur Warda, *Immanuel Kants Bücher. Mit einer getreuen Nachbildung des bisher einzigen bekannten Abzuges des Versteigerungskataloges der Bibliothek Kants*, Berlin 1922. Der verwendete und faksimilierte Versteigerungskatalog *Verzeichnis der Bücher des verstorbenen Professor Johann Friedrich Gensichen, wozu auch die demselben zugefallene Bücher des Professor Kant gehören, welche den 25. April 1808. Nachmittags um 2 Uhr und in den folgenden Tagen, in der Sub=Inspectorwohnung auf dem Collegio Albertino, im Kneiphofe, gegen baare Bezahlung in Courant öffentlich veräußert werden sollen*, Königsberg: [1808].

gelesen haben wird, verzeichnet sind, da er die gelieferten Bücher entweder zurückschickte[4] oder sauber gebunden einem „seiner Freunde zum Andenken" „verehrte"[5]. Seine Bibliothek soll ohnehin nicht groß gewesen sein[6], nachdem er in seiner Magisterzeit aus Geldmangel „seine damals ansehnliche und auserlesene Bibliothek nach und nach" hatte „veräußern" müssen[7] und in späteren Jahren „fast die Hälfte seiner Bibliothek" aus „schön gebundenen Büchern" bestand, die ihm von anderen Verfassern zugeschickt worden waren[8]. Aus allen diesen Gründen sind die Angaben von Hans Rust, der die Bücher, die Kant „nachweislich vorgelegen haben", in „nachweislich", „höchstwahrscheinlich" und „vielleicht" gelesen aufteilt, mit Vorsicht zu behandeln[9]. Erschwerend kommt hinzu, daß Kant an Werken der Dichtkunst Gefallen fand, auch leichtere Lektüre nicht verschmähte und Denkanstöße verwertete, wo immer er sie fand, während ihm andererseits, wie Jachmann berichtet, in der Zeit der Bearbeitung seiner kritischen Philosophie „nichts schwerer" fiel, „als sich in das System eines andern hineinzudenken", so daß er „gewöhnlich seinen Freunden den Auftrag" gab, „für ihn zu lesen" und ihm die „Hauptresultate" mitzuteilen[10]. So mag es auch in späteren Jahren geschehen sein, daß er seine eigenen Gedanken in einen Autor ‚hineinlas', wie sich etwa an der Bezugnahme auf „Hrn. Abt Henke Magazin 5ten Bandes 2tes Stück" in der Reflexion 8102 zeigen läßt[11], in der Kant seine eigene Exegese des Gleichnisses

Kants Bücher sind dort unter I. getrennt aufgeführt.

4   vgl. Joh. Gottfr. HASSE, *Lezte Aeußerungen Kant's von einem seiner Tischgenossen, Zweyter Abdruck*, Königsberg 1804, 32.

5   [J. Chr. MORTZFELD], *Fragmente aus Kants Leben. Ein biographischer Versuch*, Königsberg 1802, 55.

6   HASSE ebd.; *Immanuel Kant's Biographie. Erster Band*, Leipzig 1804, 82; JACHMANN a. a. O. 139.

7   JACHMANN a. a. O. 126.

8   HASSE a. a. O. 32; vgl. auch WASIANSKI a. a. O. 269.

9   Hans RUST, *Kant und das Erbe des Protestantismus. Ein Beitrag zu der Frage nach dem Verhältnis von Idealismus und Christentum*, Gotha 1928 ab S. 7.

10   JACHMANN a. a. O. 130.

11   XIX 645, 8-11: „[...] wo der innere Betrieger im Menschen, der Geiz selbst um seine Absicht betrogen wird. Das Geld besitzt den Reichen: er nicht das Geld, sondern er ist nur der Verwalter seines Geitzes." Der erwähnte Text findet sich in *Magazin für Religions-*

vom ungerechten Verwalter in der Religionsschrift (übrigens unter Verwendung des alten Geiz-Motivs, vom dem hier noch die Rede sein wird), dem Verfasser unterstellt. Soweit Kant sich auf bestimmte Autoren beruft oder seine Beschäftigung mit ihnen durch Zeitgenossen bezeugt wird, ist man solchen Spuren freilich größtenteils nachgegangen, obwohl noch viel zu tun bleibt, wenn man die ganzen Texte aller von Kant genannten Autoren[12] und nicht nur die Fundstellen der Zitate im Hinblick auf sein Werk überprüfen will. Leider aber verzichtet Kant oftmals und sogar absichtlich[13] auf solche Verweise, wo sie für das Verständnis des Zusammenhanges nicht unbedingt erforderlich sind, und es kommt vor – das macht die Recherche besonders schwierig –, daß er ein Werk überhaupt niemals erwähnt, obwohl er ihm manches verdankt, wie ich dies früher bereits im Hinblick auf LOCKES Nachlaßwerk *Of the conduct of the understanding* gezeigt habe[14]. Im Sinne solcher

---

philosophie, Exegese und Kirchengeschichte. Herausgegeben von D. HEINR. PHIL. CONR. HENKE. Fünfter Band, Helmstädt 1796, 336-362. Dort findet sich jedoch eine andere Interpretation: „So, wie sich jener ungerechte Haushalter durch eine untreue Verwaltung der ihm anvertrauten Güter in die traurige Nothwendigkeit gesetzt sahe, zu einem neuen Betruge seine Zuflucht zu nehmen, [...] eben so habt auch ihr euch auf eine ungerechte Art Freunde zu erwerben versucht, die euch künftig einmal wie ihr hofft, helfen sollen. Glaubt aber, daß, wenn ihr dabey fortfahrt, ihr dadurch ein höheres Glück verscherzt [...]“ (362). vgl. dazu Rel. VI 161,20-25: „Der, welchen der Eigennutz, der Gott dieser Welt, beherrscht, wird, wenn er, ohne sich von ihm loszusagen, ihn nur durch Vernunft verfeinert und über die enge Grenze des Gegenwärtigen ausdehnt, als ein solcher (Luc. XVI, 3-9) vorgestellt, der jenen seinen Herrn durch sich selbst betrügt und ihm Aufopferungen zum Behuf der Pflicht abgewinnt." Die Herkunft des Geiz-Motives soll weiter unten belegt werden.

12 vgl. *Personenindex zu Kants gesammelten Schriften,* Bearb. v. K. HOLGER, E. GERRESHEIM, A. LANGE u. J. GOETZE (=Allg. Kantindex zu Kants gesammelten Schriften. In Zusammenarbeit mit I. Heidemann, H. Moser, G. Ungeheuer, H. Unger, L. Weisgerber hrsg. v. G. Martin; Bd. 20, 3. Abt.: *Personenindex,* Berlin 1969.

13 vgl. dazu Kants eigene Angaben in XVIII 62,21-23, R 5019: „Ich habe niemand angeführt, durch dessen Lesung ich etwas gelernet habe. Ich habe Gut gefunden, alles fremde wegzulassen und meiner eignen idee zu folgen." XVIII 41, R 4957: „Das anführen der Bücher ist in einem System der transcendentalen philosophie beym Entwurf nicht nothig, so wenig wie in einer geometrie."

14 A. WINTER, *Selbstdenken – Antinomien – Schranken. Zum Einfluß des späten Locke auf die Philosophie Kants,* in: Aufklärung I (1986) Heft 1: Eklektik, Selbstdenken, Mündigkeit, 27-66.

Spurensuche empfiehlt es sich daher, alle Texte durchzusehen, von denen auf irgendeine Weise feststeht, daß Kant sie mindestens in der Hand gehabt hat, obwohl auch dies einem einzelnen Interpreten allein nur sehr beschränkt möglich ist. Bezüglich der theologiegeschichtlichen Quellenlage ist im übrigen auch mit Einflüssen aus der Erziehung im pietistisch orientierten Elternhaus, im „Fridericianum" und aus dem kirchlichen Bereich zu rechnen, die sich zumeist nur sehr allgemein vermuten lassen und die nicht nur zu Abhängigkeiten, sondern auch oftmals zu massiven Gegenreaktionen geführt haben dürften[15]. Von den theologischen Vorlesungen Professor Franz Albert Schultz's, die Kant teilweise als Student besucht hat, ist leider nur sehr wenig überliefert[16], während ihm Martin Knutzens religionsphilosophische Ansichten eher bekannt gewesen sein dürften[17]. Nachdem Kant später das „Selbstdenken"[18] so hoch einschätzte, dürfte er es auch und gerade in seiner Religionsphilosophie praktiziert haben. Seine unstrittige Originalität[19] wird sich

15   vgl. dazu A. WINTER, *Theologische Hintergründe der Philosophie Kants,* in: ThPh 51(1976) 1-51, [hier Kapitel 2, 49-113].

16   Inhaltsübersicht und Textproben seiner Vorlesung „Theologia thetico - antithetica" bei: Erich RIEDESEL, *Pietismus und Orthodoxie in Ostpreußen Auf Grund des Briefwechsels G. F. Rogalls und F. A. Schultz' mit den Halleschen Pietisten* (=Schriften der Albertus-Universität, Geisteswiss. Reihe 7), Königsberg (Pr) und Berlin W. 35 1937, Beilage VI, S. 205 - 222; dazu einige Zitate bei Josef BOHATEC, *Die Religionsphilosophie Kants in der „Religion innerhalb der Grenzen der bloßen Vernunft". Mit besonderer Berücksichtigung ihrer theologisch-dogmatischen Quellen,* Hildesheim 1966, Reprogr. Nachdruck der Ausgabe Hamburg 1938, bes. 58-60.

17   Vor allem ist hier zu nennen: Martin KNUTZEN, *Philosophischer Beweis von der Wahrheit der Christlichen Religion, darinnen die Nothwendigkeit einer geoffenbarten Religion insgemein, und die Wahrheit oder Gewißheit der Christlichen insbesondere, aus ungezweifelten Gründen der Vernunft nach Mathematischer Lehr=Art dargethan und behauptet wird,* entworfen von [...], Königsberg 1747 (1. Auflage Königsberg 1740), beigefügt mit fortlaufender Paginierung: DERS., *Vertheidigte Wahrheit der Christlichen Religion gegen den Einwurf: Daß die christliche Offenbarung nicht allgemein sey. Wobey besonders die Scheingründe des bekannten Englischen Deisten Matthäi Tindals, welche in deßen Beweise, Daß das Christentum so alt, als die Welt sey, enthalten, erwogen und widerlegt werden, von [...],* Königsberg 1747.

18   vgl. BOROWSKI a. a. O. 16, 82, 86; WASIANSKI a. a. O. 215. Dazu WINTER 1986 (siehe Anm. 14).

19   vgl. JACHMANN a. a. O. 130.

nicht zuletzt im Umgang mit der Bibel ausgewirkt haben. Seine hinterlassene Bibelausgabe, die schon einmal verschollen war und jetzt vermutlich durch Kriegseinwirkungen vernichtet worden ist, hat er frühestens im Alter von 27 Jahren (ihrem Erscheinungsjahr) erwerben können. Obwohl er im pietistischen Fridericianum eingehend in die Kenntnis der Hl. Schrift eingeführt worden war, hat er sein später erworbenes Exemplar mit 32 Randbemerkungen und 944 Unterstreichungen versehen[20]; 280 Zitate wurden allein in seinen gedruckten Werken (ohne Berücksichtigung des Nachlasses) gezählt[21], die indirekten Anspielungen nicht mitgerechnet. Wenn man die 89 Koinzidenzen abzieht, ergibt sich, daß mindestens 1167 Stellen die besondere Aufmerksamkeit Kants seit seinem 27. Lebensjahr gefunden haben. Das alles macht die Suche nach den quellenmäßigen Hintergründen seiner Religionsphilosophie nicht eben leicht. Daher braucht es auch nicht zu verwundern, daß die Forschungsergebnisse in dieser Hinsicht bisher noch nicht ausreichen und weitere Bemühungen erforderlich machen. Ein Beitrag wie der, der hier versucht werden soll, kann insofern auch nur einzelne Mosaiksteine für das Gesamtbild zusammentragen. Weil aber schließlich das Gesamtwerk Kants religionsphilosophisch orientiert ist, insofern auch und gerade seine kritische Philosophie letztlich unter der Voraussetzung einer gereinigten und ihrer Grenzen bewußten Vernunft nach Gott und dem künftigen Leben fragt, müssen wir uns thematisch auf die allerdings sehr zentrale Frage nach dem Verhältnis von Vernunftreligion und Offenbarungsglauben beschränken, wie es sich für Kant darstellt, und zwar sowohl grundsätzlich als auch vor allem im Hinblick auf die Praxis des moralischen Lebens.

---

20   Die Randbemerkungen aufgelistet in XIX 651-654 und bei Heinrich Borkowski, *Die Bibel Immanuel Kants* (=Veröff. d. Staats- und Universitätsbibliothek zu Königsberg Pr. Nr. 4), Königsberg 1937, dort auch die Zusammenstellung der unterstrichenen Stellen; die Zeichen an den Blatträndern („senkrechte und wagrechte Striche, Kreuze, gebogene Linienzüge und Klammern, an drei Stellen auch Ziffern", „Kreuzzeichen von verschiedener Größe und z. Tl. von Kreisen eingeschlossen" XIX 652,28-32) sind leider nicht ediert und wahrscheinlich verloren.

21   Bei Constantin W. von Kügelgen, *Immanuel Kants Auffassung von der Bibel und seine Auslegung derselben. Ein Kompendium Kantscher Theologie*, Leipzig 1896; neue Ausgabe ohne Widmung, sonst textgleich: *Die Bibel bei Kant, Ein Kompendium Kantischer Bibelkunde*, Leipzig 1904.

Nicht einmal das grundsätzliche Verhältnis von Kants Religionsphilosophie zu den konfessionellen Theologien scheint geklärt zu sein, wenn man Kant gelegentlich noch als „Philosophen des Protestantismus" bezeichnet, obwohl er dies wegen seiner häufigen innerprotestantischen Kritik und seiner Polemik gegen „sola fide", „sola gratia" und „sola scriptura" wohl gerade nicht sein kann, was Werner Schultz 1961 evangelischerseits klargestellt hat[22]. Kants Lob für aufgeklärte Katholiken[23] und seine Notiz, daß Katholiken „conseqventer" sind (LBl E 10, XXIII 446, 32[24]), lassen ihn eher „zwischen den Konfessionen" angesiedelt sein, was ich früher schon darzustellen versucht habe[25], während man den Titel eines „Philosophen des Protestantismus" mit sehr viel größerem Recht Hegel zusprechen könnte. Unbeschadet seiner eher scheuen persönlichen Frömmigkeit wollte Kant Philosoph sein und eine „philosophische Theologie" vorlegen[26], die aus eigenen Quellen der Vernunft schöpft und gerade insofern im Gespräch mit der „biblischen Theologie" von unersetzlichem Nutzen sein kann[27]. Daß die Philosophie aber der Theologie

22 Werner Schultz, *Kant als Philosoph des Protestantismus* (= Theologische Forschung XXII), Hamburg-Bergstedt 1960.

23 Rel. VI 109, 11-16: „so wird ein aufmerksamer Beobachter manche rühmliche Beispiele von protestantischen Katholiken und dagegen noch mehrere anstößige von erzkatholischen Protestanten antreffen; die erste von Männern einer *sich erweiternden* Denkungsart (ob es gleich die ihrer Kirche wohl nicht ist), gegen welche die letzteren mit ihrer [A: sehr] *eingeschränkten* gar sehr [A: gar schlecht], doch keineswegs zu ihrem Vortheil abstechen."

24 vgl. auch XXIII 97,19 (LBl. G 27); dazu SF VII 61 Anm.

25 Alois Winter, *Kant zwischen den Konfessionen*, in: ThPh 50 (1975) 1-37; [hier Kapitel 1, 1-47].

26 Z.B. Rel. VI 9, 7-8: „Es steht aber der biblischen Theologie im Felde der Wissenschaften eine philosophische Theologie gegenüber, die das anvertraute Gut einer andern Facultät ist."

27 Die launige Überzeichnung des biblischen Theologen im „Streit der Fakultäten" ist so ernst nicht gemeint, wie sie klingt: „Daß ein Gott sei, beweiset der biblische Theolog daraus, daß er in der Bibel geredet hat [...]"; er muß „eher auf übernatürliche Eröffnung des Verständnisses durch einen in alle Wahrheit leitenden Geist rechnen, als zugeben, daß die Vernunft sich darin menge und ihre [...] Auslegung geltend mache"; er muß „ja nicht auf die Natur, d. i. das eigne moralische Vermögen des Menschen (die Tugend), sondern auf die Gnade [...] rechnen, deren aber der Mensch auch nicht anders, als vermittelst eines inniglich das Herz umwandelnden Glaubens theilhaftig werden, diesen

nicht die Schleppe nach-, sondern die Fackel vortragen solle, wie es sich Kant 1795 in der Schrift „Zum ewigen Frieden"[28] und 1798 (aber spätestens 1794 geschrieben[29]) im „Streit der Fakultäten" wünscht[30], ist offenbar nur in der Formulierung, wohl nicht aber der Sache nach Kants eigene Idee. Nachdem LEIBNIZ in seiner *Theodicee* bereits Bedenken gegen den (auf Petrus Damiani zurückgehenden[31]) Titel eines Buches des Schotten Robert BARONIUS *Die Philosophie als Magd der Theologie* geäußert hatte[32], findet sich im *Compendium Theologiae dogmaticae* (1760) des Johann David MICHAELIS, das Kant zusammen mit dessen Moraltheologie, die er in der Vorrede zur zweiten Auflage der Religionsschrift lobend erwähnt, nach Rink gelesen haben soll[33], der Ausdruck „philologia facem praeferente", der dem Kontext nach auch

Glauben selbst aber doch wiederum von der Gnade erwarten kann." „Bemengt der biblische Theolog sich in Ansehung irgend eines dieser Sätze mit der Vernunft, [...] so überspringt er [...] die Mauer des allein seligmachenden Kirchenglaubens und verläuft sich in das offene, freie Feld der eigenen Beurtheilung und Philosophie, wo er, der geistlichen Regierung entlaufen, allen Gefahren der Anarchie ausgesetzt ist." Daß das nur eine Karikatur sein soll, beeilt sich Kant sofort hinzuzufügen: „Man muß aber wohl merken, daß ich hier vom *reinen* (purus, putus) biblischen Theologen rede, der von dem verschrieenen Freiheitsgeist der Vernunft und Philosophie noch nicht angesteckt ist." (VII 23f.).

28   *Zum ewigen Frieden*, VIII 369,25-27: „Man sieht aber nicht recht, ‚ob sie ihrer gnädigen Frauen die Fackel vorträgt oder die Schleppe nachträgt'"; die von Kant gesetzten Anführungszeichen könnten dazu dienen, die Formel zu pointieren. Als Zitat hat es der Bearbeiter in der Akademieausgabe (H. MAIER) jedenfalls nicht ausgewiesen (vgl. VIII 509); eine plausible Erklärung könnte darin liegen, daß Kant hier die bereits früher niedergeschriebene, aber noch nicht gedruckte Formel aus dem ersten Abschnitt des Fakultätenstreits zitiert (s. nächste Anmerkung).

29   vgl. VII 337.

30   vgl. SF, VII 28,9-10.

31   vgl. Wolfgang KLUXEN, Art.: *Ancilla theologiae*, in: HWP 1, Sp. 294f.; dazu A. WINTER 1975 (siehe Anm. 25) 34 [hier Kapitel 1, 1-47, 44]; Gerhard EBELING, Art.: *Theologie und Philosophie*, II. Historisch, in RGG³ VI, Sp. 802.

32   Gottfried Wilhelm LEIBNIZ, *Die Theodicee, neu übers. u. m. Einl., Anm. u. Register versehen von Artur Buchenau*, Leipzig 1925, 46: „Es liegt etwas Richtiges in diesen Antworten, aber man kann Mißbrauch damit treiben, und die natürlichen mit den geoffenbarten Wahrheiten unpassend vermengen."

33   Friedrich Theodor RINK, *Ansichten aus Immanuel Kant's Leben*, Königsberg 1805, 26f.; vgl. dazu auch BOHATEC (siehe Anm. 16) 26 und 30.

die Philosophie mit einschließt[34]. Im Jahre 1774 lobt Johann Salomo Semler den Melanchthon, der mit einigen anderen „vorangegangen sei" mit einer nüchternen und fruchtbaren Philosophie, obwohl es nur wenige gewesen seien, denen „der harte Weg zu einer gewissen Vollkommenheit der Erkenntnis" gefallen habe, während schwerfällige und voreilige Menschen die Philosophie für die Magd hielten, die von der Theologie zu unterwerfen sei[35]. Zwischen 1776 und 1778 notiert sich Kant: „In dieser Dunkelheit steckt die Critick der Vernunft die Fackel auf, Erleuchtet aber nicht die uns unbekanten Gegenden jenseit der Sinnenwelt, sondern den dunkeln Raum unseres eigenen Verstandes." (R 5112, XVIII 93,13-15). Ein Jahr nach Erscheinen des Fakultätenstreits findet sich bereits eine Abwandlung der Kantschen Formel in dem anonym erschienenen Buch *Ueber Offenbarung und Mythologie*, wo es heißt: „Nun ist es eine eigenthümliche, freilich nicht löbliche, Gewohnheit dieser untersten Diener oder Dienerinnen des Volks, die den Herren die Leuchte vortragen, daß sie, sobald diese den *Rücken gewandt* haben [...], auch sich über die böse und lose Wirthschaft derselben lustig machen."[36] Im folgenden Jahr wird dann im dritten Teil von ENGEL's *Der Philosoph für die Welt* „das

---

34   Ioannis Davidis MICHAELIS [...] *Compendium Theologiae dogmaticae, Goettingae MD-CCLX, V: „destinatum mihi esse, de theologia, ut graece dicam philologein ac philosophein, id autem est, philologia facem praeferente veris sacrarum literarum auctoritatibus confirmare dogmata christiana, omisso ingenti illo agmine dictorum, ut vocant, probantium, quae nisi argumenta, numerus certe sint; ex philosophia autem [...] alia minus vulgata decerpere, atque ad illustrandum confirmandumque theologiam transferre [...]"*

35   *Io. Sal. Semleri Institutio ad doctrinam christianam liberaliter discendam. Auditorum usui destinata, Halae Magdeburgicae MDCCLXXIV, 46: „Iam licet Melanchthon et quidam alii humanioribus litteris sensim magis initiati, praeirent sobrium et frugiferum philosophiae modum, quo carere doctorem commodum non posse intelligebant: pauci tamen fuerunt, quibus asperior illa via ad cognitionis aliquam perfectionem placebat. Longe facilius igitur aliquam auctoritatem ad similes illos et tardiores, praecipitesque homines sibi parabant, iactato Spiritu Sancto, cuius numine et dotibus homo sine omni eruditione impleri possit. Supererant etiam illa carmina, Paparum artibus et studiis commendata, de mysteriis; philosophiam essa ancillam, a theologia subigendam." 74: „Philosophiae illa continua exercitia, post magna et atrocia certamina, [...] multum attulerunt ad cognitionis liberalis amorem persuadendum;".*

36   [Grohmann, nicht: Schleiermacher, vgl. Ueberweg IV, 114]: *Ueber Offenbarung und Mythologie. Als Nachtrag zur Religion innerhalb der Grenzen der reinen Vernunft*, Berlin 1799) 7f.

Beispiel der Griechen" „überall auf dem Felde menschlicher Cultur und Bildung eine vorleuchtende Fackel" genannt[37].

In der Vorrede zur zweiten Auflage seiner Religionsschrift beschreibt Kant das Verhältnis der „Vernunftreligion" zur „Offenbarung" unter Zuhilfenahme des Bildes „concentrische[r] Kreise", deren innerer als gemeinsamer Bereich von der *„weitere[n]* Späre des Glaubens" umgriffen wird (Rel., VI 12). In den Vorarbeiten zu dieser Vorrede wird dieses Bild ausführlicher reflektiert und mit dem Titel der Schrift in Verbindung gebracht, der eben *nicht* lautet: „die Religion aus bloßer Vernunft", was nach Kant „eine Anmaßung gewesen wäre" (LBl G 37, XXIII 95, 20 u. 24). Den Anstoß für die Verwendung der (auf Hierokles zurückgehenden) Symbolik konzentrischer Kreise dürfte auf ein Buch mit dem Titel DIANYOLOGIE ou tableau philosophique de l'entendement zurückgehen, daß ihm der Verfasser, Alexander Michailowitch Fürst von Beloselsky[38], kurz zuvor übersandt hatte und dem eine große Graphik mit konzentrischen Kreisen eingefügt war zur Darstellung der gestuften Vermögen der menschlichen Erkenntnis, wobei der äußerste die „sphère d'ésprit" symbolisierte. In einem erhaltenen Entwurf für den Dankbrief geht Kant ausführlich auf die verschiedenen „Sphären" ein und trägt sie in seine Terminologie der menschlichen Erkenntnisvermögen ein[39].

Nicht mehr innerhalb des inneren Kreises, aber doch angrenzend an ihn, werden von Kant die von ihm sogenannten vier „Parerga" angesiedelt: die „Gnadenwirkungen", die „Wunder", die „Geheimnisse" und die „Gnadenmittel". Daß Kant diese Gegenstände „gleichsam" Parerga nennt (Rel., VI 52), ist nicht abschätzig gemeint; er selbst versteht unter diesem Ausdruck: „Nebengeschäfte" (ebd.), „Beiwerke" (MS, VI 473,28), „Nebenwerke" (Anthr.,

---

37 Johann Jacob ENGEL (Hrsg.), *Der Philosoph für die Welt*, Dritter Theil, Berlin 1800, 185.

38 *DIANYOLOGIE ou tableau philosophique de l'entendement, par le Prince Beloselsky, à Londres 1791. Eine deutsche Ausgabe erschien in demselben Jahr unter dem Titel: Dianyologie oder Philosophisches Gemählde des Verstandes, von dem Fürsten von Beloselsky, Russisch Kayserlichen Gesandten am Chursächsischen Hofe. Aus dem Französischen, Freyberg und Annaberg 1791.* In dem mir zugänglichen Exemplar der deutschen Fassung fehlte allerdings die Graphik mit den konzentrischen Kreisen, die aber im Text ausführlich beschrieben werden.

39 XI 344ff., Brief Nr. 519 (487), vom Sommer 1792.

VII 243,30) oder auch „Zierathen" (KU, V 226,4). Seine Erklärung für diese Einordnung lautet:

> „Die Vernunft im Bewußtsein ihres Unvermögens, ihrem moralischen Bedürfniß ein Genüge zu thun, dehnt sich bis zu überschwenglichen Ideen aus, die jenen Mangel ergänzen könnten, ohne sie doch als einen erweiterten Besitz sich zuzueignen. Sie bestreitet nicht die Möglichkeit oder Wirklichkeit der Gegenstände derselben, aber kann sie nur nicht in ihre Maximen zu denken und zu handeln aufnehmen. Sie rechnet sogar darauf, daß, wenn in dem unerforschlichen Felde des Übernatürlichen noch etwas mehr ist, als sie sich verständlich machen kann, was aber doch zur Ergänzung des moralischen Unvermögens nothwendig wäre, dieses ihrem guten Willen auch unerkannt zustatten kommen werde, [...]" (Rel., VI 52).

Was von den „Gnadenwirkungen" gilt, gilt von allen „Parerga": „Wir können sie [...] als etwas Unbegreifliches einräumen, aber sie weder zum theoretischen noch praktischen Gebrauch in unsere Maxime aufnehmen." (Rel., VI 52f.[40]). Das stimmt mit dem damals üblichen Sprachgebrauch überein: in einer 1711 gedruckten Dissertation werden die zwar aufgelisteten, aber nicht behandelten Thesen „ex universa philosophia" „PARERGA" genannt[41]; außerdem werden im Jahre 1715 in der Schrift eines Jesuiten über die polemische Methode Thesen über Christus, die Kirche und über das Wort Gottes am Schluß unter der Überschrift „PARERGA" angefügt, deren positiv gemeinter Sinn über allen Zweifel erhaben ist[42].

---

40   vgl. auch SF, VII 43, 31-35: „Wo das eigene Thun zur Rechtfertigung des Menschen vor seinem eigenen (strenge richtenden) Gewissen nicht zulangt, da ist die Vernunft befugt allenfalls eine übernatürliche Ergänzung seiner mangelhaften Gerechtigkeit (auch ohne daß sie bestimmen darf, worin sie bestehe) gläubig anzunehmen."

41   Fridericus Christianus Gervasius Protasius S.R.I. COMES AB HARRACH *Vita immortalibus Aloysii Thomae Raymundi S.R.I. Comitis ab Harrach [...] Parentis gratiosissimi Honoribus Consecrata et in Arena Litteraria Salisburgi Unà cum Parergis ex Universa Philosophia & Corrollariis Juridicis aperto marte propugnata ab Illustrissimo ac Generosissimo Domino Domino Friderico Christiano Gervasio Protasio S.R.I. Comite ab Harrach, Philosophiae Candidato, Praeside P. Ambrosio Freyden-Picht Ord. S. Benedicti [...] regnante Archiepiscopatum Francisco Antonio, Principe ab Harrach etc.,* Salisburgi [1711], 138.

42   Christophorus LEOPOLD, *PANOPLIA seu METHODUS POLEMICA, quâ brevissimè redar-*

Am Bild der konzentrischen Kreise läßt sich Kants Position vor dem Hintergrund der damaligen theologiegeschichtlichen Situation verdeutlichen, und zwar sowohl in ihrer Originalität wie auch in ihrer Abhängigkeit. Auch für Kants Religionsphilosophie gilt die Einschätzung Giorgio Tonelli's, der Kant schon für die Zeit vor 1769 einen „unabhängigen antiwolffianischen Eklektiker" genannt hat, der „als eine Persönlichkeit ersten Ranges im Hinblick auf die Umgebung" „ständig darauf bedacht war, seine eigene Originalität zu verteidigen"[43]. Martin Luthers Abwertung des Vernunftgebrauchs in Glaubensangelegenheiten und seine Anti-Aristotelespolemik[44] führten nach einer Phase der sog. altprotestantischen Orthodoxie, deren Ausläufer bis ins 18. Jahrhundert reichte, zu verschiedenen Gegenbewegungen: dem Spener-Franckeschen Pietismus aus dem späten 17. Jahrhundert, der den Akzent auf praktisches Christentum und geistliche Erfahrung legte, der Philosophie und Theologie des Christian Wolff (1679-1754), für den (nach Karl Barth) „das Wissen aus der Vernunft und das Wissen aus der Offenbarung ein Quantum neben einem anderen Quantum" bildete, die sich „wie zwei gleich große, an bestimmter Stelle sich gegenseitig schneidende Kreise" verhielten, und zwar in der Weise, daß sie „beide beides je in ihrer Weise sind"[45], und dem ökumenisch orientierten und das Gefühl ansprechenden Pietismus des Reichsgrafen Nikolaus Ludwig von Zinzendorf in der ersten Hälfte des 18. Jahrhunderts. Im Hintergrund entwickelte sich im Gefolge des englischen Deismus ein eigentlicher Rationalismus, der nur noch ein Vernunftchristentum gelten lassen wollte[46]. Über die eher komplizierte Entwicklung im Bereich der pro-

---

gui possunt Hodierni Romanae Ecclesiae Adversarij, Augustae Vindelicorum 1715, 81-85 (Paginierung fehlerhaft).

43 Giorgio TONELLI, *Elementi metodologici e metafisici in Kant dal 1745 al 1768. Saggio di sociologia della conoscenza,* Vol. primo (= Studi e ricerche di storia della filosofia 29), Torino 1959, VIII: „Approfondimento per nulla passivo e per nulla servile, anzi costantemente preoccupato di difendere la propria originalità"; „era un eclettico indipendente antiwolffiano". „poiché *il Kant anteriore al '69,* anche se incomparabilmente meno originale che nel periodo posteriore, *puo essere considerato in base alle qualità dei suoi scritti, come una personalità di prim'ordine rispetto all'ambiente in cui si trovava".*

44 vgl. EBELING (siehe Anm. 31) Sp. 805.

45 Karl BARTH, *Die protestanische Theologie im 19. Jahrhundert. Ihre Vorgeschichte und ihre Geschichte,* Zollikon/Zürich 1947, 135.

testantischen Theologie informiert ausführlich das leider nicht abgeschlossene Werk Emil Webers *Reformation, Orthodoxie und Rationalismus*[47]. Nach Georg Hollmann war Königsberg im 17. Jahrhundert „ein Tummelplatz kirchlichen Haders"[48]; aber auch im 18. Jahrhundert gab es noch offene und verdeckte Streitigkeiten und Anfeindungen, unter denen besonders Franz Albert Schultz (1692-1763) zu leiden hatte, der als Schüler Christian Wolffs und August Hermann Franckes den Pietismus mit der Wolffschen Methode (eher als mit dessen Philosophie) zu verbinden suchte[49], und an dessen dogmatischen Vorlesungen Kant teilgenommen hatte[50]. Für Schultz sind in der Theologie die „articuli puri", die die Offenbarung lehrt, von den „articuli mixti" zu unterscheiden, die zugleich der Offenbarung und der Natur zugehören (wie bei Kants konzentrischen Kreisen). Die Kenntnis der Offenbarungswahrheiten wird „notitia acquisita", die der natürlichen Wahrheiten „notitia insita" genannt. „Theologia naturalis" ist erforderlich, um die Bereiche voneinander abzugrenzen und um den Gegnern zu begegnen, die die Offenbarung mit Hilfe natürlicher Prinzipien anzugreifen versuchen. Sie erweist, daß die Offenbarung keinesfalls der Vernunft widerspricht, sondern sie im Gegenteil voraussetzt, bestätigt und ergänzt. Bezüglich der „reinen" geoffenbarten Wahr-

46 vgl. dazu Barth a. a. O. 115f.

47 Hans Emil Weber, *Reformation, Orthodoxie und Rationalismus*, 1. Teil: Von der Reformation zur Orthodoxie (= Beiträge z. Förderung christlicher Theologie, 2. Reihe), 1. Halbband Gütersloh: Bertelsmann 1937, 2. Halbband ebd. 1940; 2. Teil: *Der Geist der Orthodoxie*, ebd. 1951. vgl. dazu auch: Hans Emil Weber, *Der Einfluß der protestantischen Schulphilosophie auf die orthodox-lutherische Dogmatik*, Darmstadt 1969, Reprogr. Nachdruck der Ausgabe Leipzig 1908, bes. das Kapitel: *Das Verhältnis von Vernunft und Offenbarung in der lutherischen Orthodoxie*, 3-13. Ältere Literatur verarbeitet: Arthur Cushman McGiffert, *Protestant Thought before Kant*, London 1911.

48 Georg Hollmann, *Prolegomena zur Genesis der Religionsphilosophie Kants*, in: Altpreuß. Monatsschr. 36 (1899) 1-73, hier: 7.

49 vgl. Riedesel (siehe Anm. 16) ab 124. Dazu die anonym erschienene zeitgenössische Schrift: *Ueber die Preußischen Dissenters und Orthodoxen und die Verschiedenheit ihrer beiderseitigen Kirchen=Administration in dem letzten Jahrzehend*, Heliopolis 1792 (eine Verteidigungsschrift der „Dissentirenden" gegen die unfairen Methoden der prot. Orthodoxie).

50 Nach Borowski (siehe Anm. 1) 16 „unausgesetzt", was aber von G. Hollmann a. a. O. 34 bestritten wird.

heiten kommt eine absolute Gewißheit nur durch übernatürliche Einwirkung zustande, so daß die theologische Wissenschaft von ihrem Ursprung her als „habitus ex parte acquisitus ex parte infusus adeoque mixtus" genannt wird[51]. Schultz hielt es deshalb nicht für möglich, Theologe zu sein ohne die Fides divina, die sich dem Wirken des Hl. Geistes verdankt, das sich freilich nur erwarten lasse, wenn wir das tun, was uns mit den uns gegebenen natürlichen Verstandeskräften möglich ist[52].

---

51   vgl. Riedesel a. a. O. 210f.: „duplex habemus principium cognoscendi in theologia: naturam nempe et revelationem (scilicet specialem), articuli quos sola revelatio docet puri dicuntur, quos autem revelatio et natura simul docet, mixti dicuntur. quidquid et quatenus illud de Deo in nostro in eum officio etc ex consideratione naturae deducitur, theologia naturalis audit; a[c]quisita [darübergeschrieben: actualis] quidem quatenus illa cognitio per reflexionem ad actum pertinet. insita [darübergeschrieben: potentialis] autem quatenus pri[n]cipiis connatis, viribus, dispositione quadam et propensione quamvis confusis gaudemus quarum ope ex consideratione naturae conclusiones de Deo formare aut iis auditis facile assentiri proni sumus." „cum autem quando in systema veritates revelatas redigere, et illud eo usque ex principiis primis repetere volumus, quo usque modo sunt principia anteriora, necesse sit, ut ad theologiam naturalem deveniamus [...] cum praeterea sine cognitione theologiae naturalis adversarii non sint refutandi, qui dogmata revelata ex principiis naturae evertere conantur; contra denique accurata theologiae naturalis tractatione constet tantum abesse, ut revelatio cum ratione pugnet, ut illa hanc potius supponat, vindicet et suppleat, ea, in quibus ratio nos deserit: hinc non sine fructu insigni theologia naturalis revelatae praemittitur et cum hac coniungitur." 213: „cum de puris revelatis absolutam certitudinem non habere possumus, nisi determinante intellectum ad adsensum firmum operatione supernaturali [...], hinc illa certitudo infundi debeat"; „ex illis conficitur, quod scientia theologica si illius originem spectamus sit habitus ex parte acquisitus ex parte infusus adeoque mixtus."

52   vgl. bei Riedesel a. a. O. 212ff.: „inde manifestum fit, quod non detur scientia de veritatibus pure revelatis, adeoque nec theologia sine fide divina et sine operatione spiritus S. et quod per consequens nemo sit theologus veri nominis, qui fide est destitutus." „Cum non solum circa veritates theologiae naturalis sed circa revelatas quoque (postquam has iam habemus) nostris viribus naturalibus vario modo (quod res ipsa docet) versari possumus, et sapientia dei vetet illud supernaturaliter indulgere, quod naturae viribus acquirere possumus; hinc actibus naturalibus nostris versari quoque debemus et circa revelata, quando ad scientiam theologicam pervenire gestimus; adeoque per definitionem habitus acquisiti theologia eatenus e[s]t habitus acquisitus." „ex illis conficitur, quod scientia theologica si illius originem spectamus sit habitus ex parte acquisitus ex parte infusus adeoque mixtus. cum praeterea hanc supernaturalem spiritus S. operationem non exspectare possimus, nisi faciamus, quod in nobis posita sunt [!], hinc ut ad habitum illum perveniamus, quae [!] scientiam theologicam efficit, necesse est ut agamus circa

Martin Knutzen (1713-1751), der dem jungen Kant „vor allen Lehrern am meisten" galt[53], hatte nach dem Studium anderer Fächer auch Theologie gehört, zunächst bei Wolff und dann bei Schultz in Königsberg, dessen Wolffianischen Pietismus er später eigenständig vertrat[54], ohne Wolffs Ideen in allen Punkten zu übernehmen[55]. In seinem „Philosophischen Beweis von der Wahrheit der christlichen Religion" zählt er vier „Begnadigungsmittel" auf, die die Vernunft anbietet, nämlich „Reue", „Heiligkeit des Lebens inskünftige", „selbsterwählte Strafe" und „Opfer und Ceremonien", die aber sämtlich nicht als „gnugsame Versöhnungsmittel" angesichts der göttlichen „Majestät" geeignet sind, so daß eine „besondere göttliche Offenbarung" in dieser Hinsicht „unumgänglich nothwendig" ist. Er bezieht sich dabei auf Franz Albert SCHULTZ's *Disputatio de concordia Rationis & Fidei in artic. de Justitia Dei & c. § 40. seqq.*, bei der er als Respondent mitgewirkt hatte[56]. Das

revelata quae in nobis et naturaliter sita sunt."

53   BOROWSKI a. a. O. 16.

54   vgl. Benno ERDMANN, *Martin Knutzen und seine Zeit. Ein Beitrag zur Geschichte der Wolfischen Schule und insbesondere zur Entwicklungsgeschichte Kants*, Leipzig 1876, 49f.

55   Gegen Wolffs ‚praestabilierte Harmonie' vertrat er das „Systema causarum efficientium": *Systema cavsarvm efficientivm, sev commentatio philosophica de commercio mentis et corporis per inflvxvm physicvm explicando, ipsis illvstris Leibnitii principiis svperstrvcta, avctore Martino Knvzenio, [...] ed. altera avctior et emendatior, cvi accessit commentatio de individva hvmanae mentis natvra sive de immortalitate animae*, Lipsiae: apvd Io. Christian. Langenhemivm 1745.

56   Martin KNUTZEN, *Philosophischer Beweis von der Wahrheit der Christlichen Religion, darinnen die Nothwendigkeit einer geoffenbarten Religion insgemein und die Wahrheit oder Gewißheit der Christlichen insbesondere aus ungezweiffelten Gründen der Vernunft nach Mathematischer Lehr=Art dargethan und behauptet wird, entworfen von [...]*, Vierte Auflage, mit einigen Anmerkungen, Register und einer Zugabe hieher gehöriger Abhandelungen vermehrt, Königsberg 1747, 29-38, hier: 36. Der genaue Titel der zitierten Schrift lautet *A. D. Dissertatio inavgvralis de concordia rationis cvm fide, in locis, de ivstitia Dei, et inde proflvente necessitate satisfactionis, qvam ex decreto amplissimi Senatvs academici, pro loco professionis theologicae ordinariae, habebit Franciscvs Albertvs Schvltz, respondente Martino Knvtzen, R. B. SS. Theol. et Philos. stud.. H.L.que solitis die XVI. Septembr. anni MDCCXXXII, Regiomonti, litteris Revsnerianis.* Sie ist mit fortlaufender Paginierung beigebunden hinter: *Francisci Alberti Schvltzii [...] Commentatio de concordia rationis cvm fide in locis de ivstitia Dei et inde proflvente necessitate satisfactionis. Oder: Von der Harmonie der menschlichen Vernunfft mit dem Glauben, in denen Stellen von der Gerechtigkeit GOttes, und der daher fliessenden Nothwendigkeit der Genugthuung.* Lipsiae, apvd Christ. Schroeterum,

Modell ist ähnlich, aber der Akzent liegt später bei Kant anders. 1764 oder 1765 notiert sich Kant in sein mit Papier durchschossenes Handexemplar der „Beobachtungen über das Gefühl des Schönen und Erhabenen": „Die Gewohnheit die Gottheit sich wie Fürsten vorzustellen hat viel falsche *religions*begriffe zu wege gebracht."[57]

Läßt sich Kants Religionsphilosophie theologiegeschichtlich einordnen? Trotz seines fast überschwenglichen Lobes für sein pietistisches Elternhaus, von dem Rink berichtet[58], bezeichnet er den Pietismus als „Frömmelei" (Rel., VI 184,30) und als „vernunfttödtenden *Mysticism*" (SF VII 59,20), wobei er dessen „phantastische und bei allem Schein der Demuth stolze Anmaßung sich als übernatürlich=begünstigte Kinder des Himmels auszuzeichnen", kritisiert (SF VII 57,34-36). Demgegenüber bezeichnet er den „*Orthodoxism*, d. i. die Meinung von der Hinlänglichkeit des Kirchenglaubens zur Religion" als „seelenlos(en)" (SF VII 59,19-20). Ist eine Verwandtschaft mit dem Calvinismus festzustellen, wofür Josef Bohatec plädiert[59], obwohl für ihn „feststeht, daß Kant den Genfer Reformator überhaupt nicht gelesen hat[60]? Läßt sich

1735. In den genannten Paragraphen spricht Schultz von der Unzulänglichkeit jeglicher Reue und Besserung, obwohl dies das einzige ist, das die Vernunft empfehlen kann. § XVIII (S. 32, nicht, wie fälschlich gedruckt: 14): „Superest, ut disquiratur: poenae ne finitae justitiae divinae satisfaciant, pro peccatis & c. sed de his & aliis huc pertinentibus pluribus proxime, quando demonstrabo, peccata infinitas poenas mereri; proinde satisfactione infinita opus esse, ubi simul demonstrabo, satisfactionem per Christum praestitam, justitiae divinae fecisse satis; & quod universalis sit; & quae inde ad pietatem & consolationem promovendam redundent ad universum humanum genus; inprimis ad gloriam DEO per peccata ablatam refundendam."

57 (Bem. z. d. Beob. XX 142,12-13).

58 RINK (siehe Anm. 33) 13f.; „Waren auch die religiösen Vorstellungen der damaligen Zeit, sagte er, und die Begriffe von dem, was man Tugend und Frömmigkeit nannte, nichts weniger als deutlich und gnügend: so fand man doch wirklich die Sache. Man sage dem Pietismus nach, was man will, genug! die Leute, denen er ein Ernst war, zeichneten sich auf eine ehrwürdige Weise aus. Sie besaßen das Höchste, was der Mensch besitzen kann, jene Ruhe, jene Heiterkeit, jenen innern Frieden, die durch keine Leidenschaft beunruhigt wurden. Keine Noth, keine Verfolgung setzte sie in Mißmuth, keine Streitigkeit war vermögend sie zum Zorn und zur Feindschaft zu reizen. Mit einem Wort, auch der bloße Beobachter wurde unwillkürlich zur Achtung hingerissen."

59 BOHATEC (siehe Anm. 16) 16f. u. 350.

60 ebd. 17; vgl. auch Hans RUST, *Kant und Kalvin,* in: Immanuel Kant. Festschrift zur

Luther als „Vorläufer Kants verstehen", wie Bruno Bauch gemeint hat[61], oder kann man „lutherisches Erbe bei Immanuel Kant" angeben, wie dies Frieder Lötzsch versucht hat[62]? Steht Kant der sog. „Neologie" nahe, die nach Karl Aner „mit philologisch-historischen Mitteln" „die markantesten Lehren der kirchlichen Vergangenheit" „als der Vernunft anstößig" verwarf[63], oder ist er gar der radikale Rationalist, für den ihn Aner hält[64]? Daß man bei Kant von jeder Richtung etwas zu finden meint, spricht für Kants Eigenständigkeit, läßt aber die Spurensuche gerade deshalb als unverzichtbar und notwendig erscheinen.

Die Angabe Borowskis, daß Kant „wohl" Johann Friedrich STAPFERS *Grundlegung zur wahren Religion*[65] gelesen habe[66], wird von Bohatec dahingehend bestätigt, daß Kant sie als eine besonders wichtige Quelle „nicht nur gelesen, sondern auch auf sich" hat „wirken lassen"[67]. Und in der Tat finden sich dort zum Thema Vernunftreligion und Offenbarungsglaube Parallelen, die Bohatec nicht alle auswertet. Der reformierte Theologe Stapfer (1708-1775) war Schüler von Christian Wolff und trat für eine „vernünftige Orthodoxie" ein[68]. In seinem ersten Band der „Grundlegung" definiert er

zweiten Jahrhundertfeier seines Geburtstages, hrsg. v. d. Albertus-Universität Königsberg i. Pr., Leipzig 1924, 131 (3)-149 (21); abgeschwächt in DERS.: *Kant und das Erbe des Protestantismus* (siehe Anm. 9).

61 Bruno BAUCH, *Luther und Kant*, in: KantSt 9 (1904), 351-492, hier: 354.

62 Frieder LÖTZSCH, *Vernunft und Religion im Denken Kants. Lutherisches Erbe bei Immanuel Kant*, (= Böhlau philosophica 2), Köln Wien 1976, bes. 164-190; dort auch weitere Literatur. vgl. dazu meine Rezension dieses Buches in: ThPh 53 (1978) 283-285.

63 Karl ANER, *Die Theologie der Lessingzeit*, Hildesheim 1964, reprogr. Nachdruck der Ausgabe Halle 1929, 3f.

64 a. a. O. 358.

65 Johann Friederich STAPFER, *Grundlegung zur wahren Religion*, erster Band, Hirschfeld 1756; zweiter Band Hirschfeld 1756; Dritter Theil, Zweyte Auflage, Zürich 1752 [!].

66 BOROWSKI (siehe Anm. 1) 79.

67 BOHATEC (siehe Anm. 16) 29.

68 vgl. H. HOHLWEIN, Art.: *Stapfer, Johann Friedrich*, in: RGG³ Bd. 6, Sp. 335. „[...] quae Theologiam Naturalem spectant, *Wolfiana secuti simus Principia, Theodicaeamque Leibnitianam*" (Joh. Frid. STAPFERI [...] *Institutiones Theologiae polemicae universae Ordine Scientifico dispositae*. Tom. 1, Tiguri 1743, in der unpaginierten *Praefatio*.)

Religion als „Pflicht"[69], wobei er die „natürliche" und die „geoffenbarete" Religion unterscheidet: „Diese beyde Religionen [...] machen nun zusammen die Religion des Sünders aus: Zu der natürlichen ist der Mensch als Kreatur/ zu der geoffenbareten aber als Sünder, der soll selig gemacht werden/ verbunden."[70] Die natürliche Religion bezieht sich auf die „Gutthat" der „Schöpfung und Erhaltung", die geoffenbarte auf die „Gutthat" der „Erlösung"[71]. Die „neue Verbindlichkeit", die „zu der vorhergehenden hinzukommt", bedeutet auch eine „neue Religion"[72], allerdings so, daß die geoffenbarte Religion die Wahrheiten der natürlichen „zum Grund" setzt und „bekräftiget" und „nichts widersprechendes" darstellt[73], so daß sich das Bild der konzentrischen Kreise hier anbietet. Im Interesse deutlicherer „Begriffe von der Erkenntniß GOttes" muß man nach Stapfer „vor allen Dingen einen Unterscheid machen zwischen demjenigen, was man von GOtt *nicht wissen und erkennen kann* / und demjenigen, was man *von ihm wissen und erkennen kan*.", wobei zu „demjenigen, was man von GOtt wissen kan", auch dazugehört, daß „vieles in GOTT sey, welches man *nicht erkennen kan*."[74] Er unterscheidet dementsprechend vernunftgemäße „allgemeine Wahrheiten", von denen man rechtschaffen überzeugt sein muß, um auch die „sonderbare[n] Wahrheiten", die im wesentlichen der Offenbarung bedürfen, glauben zu können, weil sonst der Glaube „nur ein todter und blinder Glaube" sei[75]. Kant unterscheidet sich von Stapfer hier vor allem dadurch, daß er keine Pflicht „*gegen Gott*" anerkennt (MS VI 443,32).

Es ist ein weiteres Verdienst von Bohatec gezeigt zu haben, daß, entgegen der Angabe Borowskis[76], der Einfluß Johann Salomo Semlers auf Kant sehr stark war[77]. Auf Semler (1725-1791) geht die Unterscheidung zwischen einem

---

69 STAPFER Bd. 1 (siehe Anm. 65) 2.

70 a. a. O. 9.

71 a. a. O. 4.

72 a. a. O. 7.

73 a. a. O. 11f.

74 a. a. O. 44.

75 a. a. O. 38.

76 BOROWSKI (siehe Anm. 1) 79.

„blos historischen" Glauben, dem als einem „todten, stilstehenden" nur noch
der Wert einer unveränderlichen Vorgabe für den damaligen wie jeweiligen
Anfang zugebilligt wird, und einem „moralischen lebendigen Glauben" zurück,
der den eigentlichen Christen ausmacht, der seine Unmündigkeit abgelegt
hat und nicht am „alten Buchstaben der Bibel" hängen bleibt[78]. Der moralische
Glaube bildet die „Privatreligion" bzw. „Privattheologie", der historische ist
Gegenstand der „öffentlichen" oder auch „kirchlichen" Theologie, die zwar
den moralischen Glauben der Christen nicht unterdrücken darf[79], aber im

---

77 BOHATEC (siehe Anm. 16) 27 Anm.

78 JOH. SAL. SEMLER, *Ueber historische, geselschaftliche und moralische Religion der Christen,*
Leipzig 1786, 59f.: „Es ist vielmehr die stete Absicht dieser vollkommeneren Religion,
daß eigene Anwendung des Nachdenkens den Christen immer weiter füren, und doch
immer durch die Absicht vereinigen sol. Nur aus Nachdenken, oder Ueberlegung wird
man ein moralischer Christ; aus Nachdenken komt der moralische lebendige Glaube;
das Gegentheil vom historischen todten, stilstehenden Glauben. Dis eigene Nachdenken
erstrekt sich so weit es das Objekt und die jezige Fähigkeit oder Lage des Christen zuläßt,
die ist das einzige Maas seiner Privatreligion, oder unaufhörlichen moralischen Uebung
und Anwendung seiner Erkentnissen. Alle Christen sollen nicht blos historischen Glauben
haben und dabey stille stehen; als welches nur eine Bejahung fremder Begebenheiten
und Urtheile ausser ihnen mit sich bringt, wodurch ihnen keine jezige eigene moralische
Uebung zu Theil wird. Sie sollen moralischen lebendigen Glauben selbst haben, oder
jezige eigne Erkentnis und Betrachtung über jene historischen ehemaligen, in der Bibel
erzälten Sachen und Begebenheiten; sonst bleiben sie stets Kinder, Unmündige, die keine
eigene Erkentnis anfangen, noch weniger darin fortgehen. Sie hängen am alten Buchstaben
der Bibel, und repetiren im Gedächtnis jene fremden Erkentnisse, oder damaligen Vorstellungen". 60f.: „Immerfort sollen Christen wachsen in dieser moralischen Religion;
wenn gleich die historische Religion, oder die Beschreibung des dortigen Anfanges der
christlichen Religion, die bey jenen Anfängern da war, immer wieder den Anfang, ohne
Veränderung, ausmacht. Vor dem Wachstum gehet der Anfang vorher; wenn aber dieser
Anfang immer bleibet, was er ist; so entstehet kein ferneres Wachstum in der christlichen
eigenen Religion der nachherigen Christen; sondern man siehet den dortigen Anfang,
die dortige kleine Historie jener Anfänger, für das göttliche unveränderliche Maas an,
das den ganzen Umfang der moralischen Religion bey allen Christen schon begreife. Dis
aber ist ein sichtbarer Irrthum; der zwar der Bibel einen grossen Vorzug der Volkom-
menheit beizulegen scheinet; aber im Grunde die Bibel für alle Menschen verächtlich
macht, welche es einsehen, daß sie hiemit zum Mittel einer ewigen Beherrschung und
Unterdrükung der moralischen so unendlichen Welt gemacht worden seie."

79 vgl. TRUTZ RENDTORFF, *Kirche und Theologie. Die systematische Funktion des Kirchenbegriffs
in der neueren Theologie,* Gütersloh 1966, 2. Kapitel: Kirche und Protestantismus bei J. S.

---

staatlichen Bereich den Vorrang hat[80]. Indem er so die Kirchenlehre von der Kirchengeschichte her verstehen will[81], spielt er die Bedeutung der Konzilien und der symbolischen Bücher herunter, nimmt aber dafür Christen außerhalb der Kirche an[82]. Er versucht, als Theologe den zeitbedingten Vernunftansprüchen zu entsprechen, wehrt sich aber andererseits auch gegen deren maßlose Forderungen, die im Namen der Aufklärung erhoben werden[83], weil er (wenn

Semler, 27-61, hier 37 u. 44. – *D. Joh. Salomo Semlers letztes Glaubensbekenntniß über natürliche und christliche Religion. Mit einer Vorrede hrsg. v. Chr. Gottfr. Schütz*, Königsberg 1792, 151f.: „Es mus aber der wahre Charakter der christlichen Verehrung Gottes ernstlichst behauptet werden, wonach der *mögliche gewissenhafte Gebrauch des eigenen Verstandes aller fähigen Christen* zur freien Betrachtung und Anwendung aller christlichen Begriffe und Gegenstände, *ihre Privatreligion ausmacht.*" 90f.: Es ist gleichwohl ganz ausgemacht wahr, daß die öffentliche Religionsordnung die daseienden moralischen ungleichen Fähigkeiten der Christen nicht aufheben und unterdrüken sol". Dazu auch: Winter 1975 (siehe Anm. 25) 20f.. [hier Kapitel 1, 1-47, 25f.] Kant demgegenüber: „Ich verstehe aber unter dem öffentlichen Gebrauche seiner eigenen Vernunft denjenigen, den jemand *als Gelehrter* von ihr vor dem ganzen Publicum der *Leserwelt* macht. Den Privatgebrauch nenne ich denjenigen, den er in einem gewissen ihm anvertrauten *bürgerlichen* Posten oder Amte von seiner Vernunft machen darf." (Dazu zählt auch das geistliche Amt! Aufkl. VIII 37, 11-15).

80 Semler 1786 (siehe Anm. 78) 180: „Es bleiben also die verschiednen oder ungleichen Grundsäze der Regierung der christlichen Staaten, was den Zustand der öffentlichen Religion betrifft, das was sie sind; ohne daß Privatchristen ein Recht hätten, aus ihrer mangelhaften oder guten Einsicht eine solche Einrichtung der öffentlichen kirchlichen Religion immer wieder zu verlangen, als sie selbst von Zeit zu Zeit, für die beste und reinste christliche Religion halten."

81 Rendtorff a. a. O. 49ff.

82 Io. Sal. Semleri, *Institutio ad doctrinam christianam liberaliter discendam. Avditorvm vsvi destinata*, Halae Magdebvrgicae 1774, unter den Überschriften: „§. 11. Conciliorum parva ad nos utilitas." (15), „§. 12. Libri symbolici non sunt perpetua regula." (17) und: „§.10. Christiani etiam extra ecclesiam." (13).

83 Joh. Sal. Semler, *Zur Revision der kirchlichen Hermeneutik und Dogmatik*. Erster Beitrag, Halle 1788, in der unpaginierten Vorrede: „Dis ist die süsse Frucht der so hochgerümten Aufklärung! *Vernunft* – haben nur die Lobredner der Vernunft; wir andern Zeitgenossen, die wir die grosse Freiheit der unbegrenzten moralischen Welt nach ihrem unendlichen Urheber messen sind schon der *Schwärmerey* nahe: als wenn es gleich von uns eingestanden werden müsse, was jene Partey uns vordiktirt! Dürften wir nicht auch *Romane* und Gedichte aus der *moralischen Welt* lieben, damit sie nicht durch einseitige Vernunft gar aus der Menschenwelt verwiesen wird? Dürfen wir nicht zu eigner stiller Freude das Unsichtbare, das Unbekannte erwälen, weil andre sich einbilden, alles zu wissen, und die

auch vielleicht nur aus Gründen der Moral) die Offenbarung nicht ganz aufgeben will: „Weder Vernunft allein, noch Offenbarung allein kan in einerley Stuffe die moralische Welt in diejenige Bewegung sezen und darin erhalten, welche zu dem uns unbekanten Umfange der moralischen Produkte nötig ist etc."[84] Bei Semler findet sich übrigens schon 1774 der Ausdruck „vehicula" im Hinblick auf das Wort Gottes und die Sakramente[85], wo ihn Kant, der den Kirchenglauben und die Bibel sehr gern als „Vehikel" für den Vernunftglauben bezeichnet[86], gefunden haben könnte.

Leider vermißt man bei Bohatec die Namen: Johann Joachim Spalding, den Kant gelegentlich in Briefen erwähnt[87] hat, dem er einen (leider verlorenen) Brief geschrieben[88] und den er in seiner Ethikvorlesung gelobt hat[89]; Johann August ERNESTI, dessen *Theol. Bibliothek* Kant in den *Träumen eines Geistersehers* erwähnt[90]; Wilhelm Abraham Teller, der ein führender Neologe war mit Neigung zum reinen Rationalismus[91], und auch von Christian Wilhelm Franz Walch, einem namhaften Gelehrten, der vornehmlich kirchengeschichtlich gearbeitet hat[92]. Teller und Semler haben neben anderen eine

---

ganze Natur und Moral rechtmäßig zu beherrschen? Welche Sklaverey bereitet man uns unter der Maske der Aufklärung!"

84   ebd. am Schluß der Vorrede.

85   SEMLER 1774 (siehe Anm. 82) 588: „De vehicvlis et adivmentis horvm beneficiorvm; de verbo Dei et sacramentis".

86   VI 106, 107, 118, 123, 135; VII 37 (3x), 42, 44, 45, 48, 50, 51, 52, 53, 64; VIII 367. Allerdings verwendet Kant den Ausdruck „Vehikel" auch in anderen Zusammenhängen: für die gefällige Form des Vortrages V 313, für bildende Künste V 329, für Spiele V 332, für die Mineralbildung V 349; für die Vor- und Nachteile der Tugend VI 482, für den Trunk VII 171, für den Witz VII 222, für den Wohlgeschmack VII 242, für die Musik VII 247 und für eine Tischgesellschaft VII 278. Erstmals in der *Kritik der reinen Vernunft* für das „Ich denke" A 341 / B 399; A 348 / B 406; für chemische Reaktionen A 646 = B 674. Bei SEMLER (s. o.) kommt der Begriff schon 1774 vor.

87   X 68, 349; XII 234.

88   XII 271 vom 19. Dez. 1798, unter der Nummer 829a (790a) registriert.

89   *Eine Vorlesung Kants über Ethik*, im Auftr. d. Kantgesellschaft hrsg. v. PAUL MENZER, Berlin 1924, 326.

90   vgl. II 360.

91   vgl. Hans HOHLWEIN, Art.: *Teller, Wilhelm Abraham,* in: RGG³ 6, Sp. 678.

ausführliche Würdigung der theologischen Verdienste Ernestis nach seinem Tode verfaßt[93.]

Johann Joachim Spalding (1714-1804), der zu den führenden Neologen gehörte, setzte wie Semler auf die natürliche Religion, wie schon seine frühe Schrift „Betrachtung über die Bestimmung des Menschen" von 1748 belegt, in der sich übrigens Kants Unsterblichkeitspostulat der Sache nach vorgebildet findet[94.] „Rechtschaffenheit des Herzens und des Lebens ist auf Seiten des Menschen" für Spalding „die Hauptsache in der Religion"[95], die „von ihrer

---

92 vgl. M. SCHMIDT, Art.: *Walch, Christian Wilhelm Franz,* in: RGG[3] 6, Sp. 1529f.

93 Wilhelm Abraham TELLER *Des Herrn Joh. August Ernesti [...] Verdienste um die Theologie und Religion, ein Beytrag zur theologischen Literaturgeschichte der neuern Zeit,* Berlin 1783; *Zusätze zu Herrn O. C. R. Tellers Schrift über Herrn D. Ernesti Verdienste von D. Johann Salomo Semler,* Halle 1783; außerdem *Formvlae ac disciplinae ERNESTIANAE indolem et conditionem veram advmbrare conatvs in virvm incomparabilem atqve immortalem IO. AVG. ERNESTIVM vnicvm sibi magistrvm pietatis svae monvmentvm exstare volvit Carol. Lvdov. Bavervs [...],* Lipsiae 1782; angebunden mit fortlaufender Paginierung: *Elogivm IO. AVG. ERNESTI pvblice scriptvm ab Avg. Gvil. Ernestio;* [anonym]: *Noch ein paar Worte über D. Ernesti, hauptsächlich über seine Orthodoxie,* Leipzig 1782.

94 *Spaldings „Bestimmung des Menschen" (1748) und „Wert der Andacht" (1755),* Mit Einleitung neu herausgegeben von Horst STEPHAN, Gießen 1908, 28: „Es muß eine Zeit seyn, da ein jeder das erhält, was ihm zukömmt; da alles, was hier verrückt, und an dem unrechten Ort zu stehen scheinet, sich in sein gehöriges Geschick, und in die ihm gebührende Stelle hinsenket, da die allerangemessenste Erstattung in einer unendlichen Verschiedenheit von Graden, von einem äussersten Ende bis zu dem andern, geschehen, und alles in der vollkommensten Proportion hergestellet werden wird. Es ist hier eine Art von Disharmonie, die unstreitig ein Fehler seyn würde, wenn sie sich nicht hemach in eine vollkommene Zusammenstimmung auflösete." vgl. auch Joseph SCHOLLMEIER, *Johann Joachim Spalding. Ein Beitrag zur Theologie der* Aufklärung, Gütersloh 1967; Kurt BECKMANN, *Berührungen Johann Joachim Spaldings mit Immanuel Kant in der Fassung seines Religionsbegriffes,* (Diss.) Göttingen 1913, 25: „Einen eigentlichen Konflikt zwischen Vernunft und Offenbarung gibt es daher für Spalding nicht. Sie stehen für ihn – wie für Leibniz – in vollster Harmonie. In fast naiver Weise identifiziert er Vernunft und Offenbarung, indem er alles, was der Vernunft widerspricht, gleichsam als nicht zum Wesen der Offenbarung gehörig betrachtet."

95 Johann Joachim SPALDING, *Neue Predigten,* Frankfurt u. Leipzig: [3]1788, 363, unter Bezugnahme auf Mt. 7,21: „Es werden nicht alle, die zu mir sagen, Herr, Herr, in das Himmelreich kommen, sondern die den Willen thun meines Vaters im Himmel." – „Redlichkeit" auch in der „Bestimmung des Menschen" a. a. O. 26. „Hauptsache" und „Nebensache" auch in *Vertraute Briefe, die Religion betreffend,* Zweyte, berichtigte und vollständigere

---

Einkleidung, von ihrer Geschichte", „abzusondern" ist[96]. Das erinnert an Kants nachdrückliche Unterscheidung von „Mann" und „Kleid" im „Streit der Fakultäten"[97]. Er ist allerdings der Meinung, daß der Glaube „an Gott und eine zukünftige Welt" den „Triebfedern der Tugend" einen „neuen Grad der Elasticität mittheile" und ihnen keineswegs schade[98]. Demgegenüber war Johann August Ernesti (1708-1781) weitaus zurückhaltender: seine „Kritik galt [...] weniger den Ergebnissen als dem überlieferten Verfahren der Theologie" (so Karl Barth[99]). Man solle nichts für sicher halten, schreibt er in seiner „Institutio interpretis Novi Testamenti", was nicht evident gelehrt werden könne[100]. In seiner „Vertheidigung des Willkührlichen in der Religion"[101]

Auflage, Breslau 1785, 35.

96 *Vertraute Briefe* 34f.: „Meiner Meinung nach würde man es sich auch ohne Zweifel, bei einer ernsthaften Begierde nach Wahrheit, eben so sehr zur Unehre rechnen müssen, wenn man nicht das, was wirklich Religion zu heißen verdienet, von ihrer Einkleidung, von ihrer Geschichte, von dieser oder jener Art, sie zu beweisen oder von zweifelhaften Erklärungen ihrer Lehrer, abzusondern wüßte; und wenn man sich durch die etwanigen Einwendungen, die man gegen eines oder das andere von diesen haben möchte, an der Achtung und Werthschäzung hindern lassen wollte, die man der eigentlichen christlichen Anweisung zur Weisheit und Glükseligkeit schuldig ist."

97 vgl. SF VII 52,27 und 53,2-3. Die erste Quelle für Kant war aber wohl: *Des berühmten Herrn D. Schwifts Mährgen Von der Tonne, Zum allgemeinen Nutzen des menschlichen Geschlechts abgefasset, Nebst einem vollständigen Begriffe einer allgemeinen Gelehrsamkeit, Aus dem Englischen ins Teutsche übersetzt.* 1. Theil, Altona 1729, auf das Kant spätestens 1765 (vgl. XX 472) Bezug nimmt: „Nach dem Swifft ist alles in der Welt Kleider" (Bem. z. d. Beob. XX 181,17). Dort erzählt Swift das Gleichnis von einem Mann, der seinen drei Söhnen Peter, Martin und Hans (=Rom, Luther und Calvin) drei nicht alternde und mitwachsende Kleider vermachte. vgl. „Vorrede der Übersetzers" b2, das Gleichnis ab S. 63, die Namen Peter (103), Martin und Hans (140). Dieses Gleichnis könnte auch ein Vorbild für Lessings *Ringparabel* in *Nathan der Weise* von 1779 gewesen sein; das Motiv des Vaters, der seinen drei Söhnen den echten Ring und zwei Kopien hinterläßt, findet sich im Hinblick auf Judentum, Christentum und Islam allerdings schon in Boccaccios *Decamerone* 1, 3.

98 *Vertraute Briefe* 42: „Nur das Vorgeben, daß es dabei gar keiner weitern Unterstüzung, durch den Glauben an Gott und eine zukünftige Welt, bedürfe, daß dieser Glaube den übrigen Triebfedern der Tugend im geringsten keinen neuen Grad der Elasticität mittheile, daß er vielmehr wohl gar daran hinderlich sei; die Wahrheit zu sagen, das ist ärgerlich, weil es so augenscheinlich ungereimt ist."

99 Barth (siehe Anm. 45) 150.

hat er „die zufälligen Geschichtswahrheiten gegen die notwendigen Vernunft-
wahrheiten energisch in Schutz genommen", wie Wolfgang Philipp in Anlehnung an Lessing formuliert[102]. Wilhelm Abraham Teller (1734-1804) gehört
zu den ausgesprochenen Neologen. Er erregte Anstoß mit seinem „Lehrbuch
des Christlichen Glaubens", das er Ernesti gewidmet hatte und in dem er die
Christologie verkürzt darstellte[103]. In seinem bekannten „Wörterbuch des
Neuen Testaments" identifiziert er, worauf schon Frieder Lötzsch hingewiesen
hat[104], *„evangelisch* leben und *vernünftig* leben", weil das Wort „Geist" in der
Bibel auch „Vernunft" bedeuten könne[105]. Er tritt für „gute *Werke* ein und
versteht die reformatorische Distanzierung als Ablehnung „bloßer kirchlicher
Uebungen"[106], worin er mit Kant übereinstimmt. Christian Wilhelm Franz
Walch (1726-1784) unterscheidet in seinem Werk *Grundsäze der natürlichen
Gottesgelahrheit* zwei „Arten der göttlichen Offenbarung", eine, die in der

---

100 Io. Avgusti Ernesti, *Institvtio interpretis Novi Testamenti ad vsvs lectionvm*, Lipsiae 1762,
112: „Habet porro haec res cautiones plures, maxime autem duas: primam, ne temere
sumamus pro certo, quod non potest evidenter doceri, & inde pro certis colligamus,
quae non minus incerta sunt, quam quod sumsimus".

101 Johann August Ernesti, *Vertheidigung des Willkührlichen in der Religion*, Leipzig: Lan-
genheim 1765.

102 Wolfgang Philipp, Art. *Ernesti, Johann August,* in: RGG³ 2, Sp. 600.

103 Wilhelm Abraham Teller, *Lehrbuch des Christlichen Glaubens,* Helmstedt und Halle
1764. vgl. zu Teller auch Paul Gabriel, *Die Theologie W. A. Tellers* (= Stud. z. Gesch.
des neueren Protestantismus 10), Gießen 1914.

104 Lötzsch (siehe Anm. 62) 137 Anm.

105 Wilhelm Abraham Teller, *Wörterbuch des Neuen Testaments zur Erklärung der christlichen
Lehre,* Dritte durchaus verbesserte und vermehrte Auflage, Berlin 1780, Art. *Geist,* 178-184,
hier 182: „Aber so viel ist doch gewiß, daß das Wort auch die *Vernunft,* besonders im
Gegensatz gegen Fleisch, bedeuten kann; der Sprachgebrauch Pauli in andern Briefen,
bey ganz andern Veranlassungen, nicht sicher genug zum Entscheidungsgrund des Gebrauchs, den er in diesem damit machen wollen, gebraucht werden kann, und am Ende
nach der einen, wie nach der andern Erklärung, die Sache auf eins hinauslaufen würde,
indem *evangelisch* leben und *vernünftig* leben der Sache und dem Erfolg nach einerley
ist: Röm. 12,1ff."

106 ebd. Art.: *Werk,* 413-417, hier 414: „Hat es Zeiten gegeben, in welchen die guten *Werke*
in einem üblen Geschrey waren, so sind das die Zeiten gewesen, da man unter dieser
Benennung bloße kirchliche Uebungen von Fasten, Wallfahrten, Geisselungen u.s.w.
geltend und verdienstlich machen wollte."

Natur enthalten ist und „eine nähere Offenbarung", durch die „Gott ehemals einigen gewisse Religionswahrheiten, sie mögen nun schlechterdings natürlich unbekannt seyn, oder nicht, [...] gekannt gemacht" hat. Dem entspricht dann der Unterschied zwischen der „*natürlichen* und *geoffenbarten* Religion" und „der *natürlichen* und *geoffenbarten* Theologie"[107]. Die „wahren Christen" „allein verknüpfen beyde Arten der göttlichen Offenbarung, die Natur und die heilige Schrift, zu dem seligsten Gebrauch und schäzen sich unendlich verpflichtet, die ihnen verliehenen edle Kräfte der Vernunft dem HErrn zu heiligen [...]"[108]. Die natürliche Theologie leitet den Menschen an, daß „er einer nähern Offenbarung bedürfe, [...] solches zu wünschen, und, ob eine solche vorhanden sey, sorgfältig zu untersuchen". Sie enthält „sehr deutliche Merkmale einer wahren göttlichen Offenbarung", und weil „zwischen ihren Lehrsäzen und den geoffenbarten Glaubenslehren kein wahrer Widerspruch seyn könne", dient sie zugleich als „Unterscheidungskennzeichen wahrer und falscher Lehrbegriffe" und enthält „solche Wahrheiten, welche bey dem Gebrauch der Offenbarung als bekannt und erwiesen vorausgesezet werden; welches denn bey Widerlegung der Feinde aller Religion und ihrer Ueberführung von der Wahrheit der Offenbarung unentbehrlich" ist und bei den schon Überzeugten „zu mehrerer Befestigung dienen kan"[109]. Die Nähe zu Kant ist offensichtlich.

Johann Friedrich Wilhelm Jerusalem (1709-1789), den „Kant gelesen" haben soll nach Bohatec[110,] was Borowskis Bericht nicht unbedingt widerspricht[111], gehörte ebenfalls zu den führenden Neologen. In seinen *Fortgesetzten Betrachtungen über die vornehmsten Wahrheiten der Religion* von 1773 führt er aus, daß „in dem Laufe der Natur noch neue Offenbarungen" erforderlich waren wegen der Schwäche der menschlichen Vernunft[112]. Vorsichtig formuliert er:

---

107 Christian Wilhelm Franz WALCH, *Grundsäze der natürlichen Gottesgelahrheit*, Zweyte, verbesserte und vermehrte Auflage, Göttingen 1779, 6.

108 ebd. 14f.

109 a. a. O. 12f.

110 BOHATEC (siehe Anm. 16) 541 Anm.

111 BOROWSKI (siehe Anm. 1) 79.

112 [Johann Friedrich Wilhelm JERUSALEM], *Fortgesetzte Betrachtungen über die vornehmsten*

„Wenn es nun dabey Gott gefallen, diesen Wahrheiten [...] noch einige andre Entdeckungen beyzufügen [...] Entdeckungen, die auch die allerschärfste Vernunft, entweder gar nicht, oder doch wenigstens nie mit einiger beruhigenden Gewißheit machen könnte, und die dennoch aller Vernunft äußerst wichtig seyn müßten, indem sie besonders die moralische Regierung Gottes über die Welt, den ersten wesentlichen Grund aller Religion, allein erst in das rechte Licht setzen" würden, „wo ist vorerst die Vernunft, die verblendet oder kühn genug wäre, bey der nicht zu leugnenden Schwäche der Menschen, die unschätzbare Wohlthätigkeit einer solchen Veranstaltung nicht erkennen zu wollen?"[113].

Dementsprechend zurückhaltend definiert er Offenbarung: „Eine Offenbarung ist überhaupt eine von Gott mitgetheilte Erkenntniß solcher Wahrheiten, worauf der Mensch durch seine eigene Einsicht entweder gar nicht, oder eben nicht zu der Zeit gekommen wäre, oder die er in dem Grade vom Lichte nicht erhalten hätte."[114]

Wie weit sich Kant ernsthaft mit dem „berüchtigten"[115] Carl Friedrich Bahrdt (1741-1792) beschäftigt hat, der ihm 1786 seinen „reinen Naturalismus" als „reines Christenthum" anpries, als er ihm sein *System der moralischen Religion zur endlichen Beruhigung für Zweifler und Denker* übersandte[116], geht aus der höflichen Antwort Kants nicht hervor, der gesteht, daß er „nur flüchtige Blicke" darauf habe werfen können, während er dessen „Sittenbuch fürs Gesinde" offenbar gekannt hat[117]. Immerhin weist er die Behauptung in diesem Buch, Jesus habe den Tod gesucht, in der Religionsschrift als „romanhaft[e]" Dichtung ab (Rel. VI 81,20). Semler jedenfalls hat sich von Bahrdts „Glaubensbekenntnis"[118] ausführlich distanziert[119]. Von entscheidendem Einfluß

Wahrheiten der Religion, Braunschweig 1773, 53ff.

113 a. a. O. 62f.

114 a. a. O. 76f.

115 BARTH (siehe Anm. 45) 147.

116 X 472f., Brief Nr. 286 (266).

117 X 476, Brief Nr. 288 (268).

118 Abgedruckt in *Bibliothek der Deutschen Aufklärer des achtzehnten Jahrhunderts.* Hrsg. v.

auf Bahrdt, den Offenbarungsglauben aufzugeben, soll Johann August EBER-
HARD (1738-1809) gewesen sein[120], der 1772[121] die *Neue Apologie des Socrates,
oder Untersuchung der Lehre von der Seligkeit der Heiden* veröffentlicht hatte
und gegen den Kant 1790 seine Schrift *Über eine Entdeckung, nach der alle
neue Kritik der reinen Vernunft durch eine ältere entbehrlich gemacht werden
soll* geschrieben hat (VIII 185-251). Erinnert sei in diesem Zusammenhang
an Kants Nachdenken über Sokrates als „einen guten Christen *in potentia*" in
den Vorarbeiten zum *Streit der Fakultäten*[122]. Ob Kant Lessings einschlägige
Äußerungen gekannt hat, ist nicht klar. Auf dessen *Erziehung des Menschengeschlechts* von 1777/1780, in der Lessing behauptet, Offenbarung gebe dem
Menschengeschlechte „nichts, worauf die menschliche Vernunft, sich selbst
überlassen, nicht auch kommen würde" (§ 4[123]), und in der er außerdem
vermutet, das Neue Testament könne irgendwann entbehrlich werden (§ 72[124]),
bezieht sich Kant 1793 (auch das Erscheinungsjahr der 1. Auflage der Religionsschrift) in seiner Schrift *Über den Gemeinspruch: Das mag in der Theorie
richtig sein [...]*[125]. Auch den „Wolfenbüttelsche[n] Fragmentist[en]"[126] kennt

Martin von Geismar, *I. Karl Friedrich Bahrdt,* Leipzig 1846, 30-34 (Unveränd. fotomech.
Nachdruck Darmstadt 1963).

119   Johann Salomo SEMLER, *Antwort auf das Bahrdische Glaubensbekenntnis,* Halle 1779.

120   vgl. VON GEISMAR, a. a. O. 40: „Den Hauptstoß in Bezug auf seinen Offenbarungsglauben
      brachte ihm Eberhard bei [...] Eberhard überführte ihn, daß Christus keinen wesentlichen
      Lehrsatz vorgetragen habe, den Socrates nicht ebenfalls gelehrt hätte." vgl. auch Martin
      von GEISMAR, *Bibliothek der Deutschen Aufklärer des achtzehnten Jahrhunderts, II. Johann
      August Eberhards Neue Apologie des Socrates,* Leipzig 1846.

121   Berlin und Stettin 1772.

122   XXIII 440,18-23: „und ich möchte einen Sokrates nicht einen frommen Heyden sondern
      selbst auf die Gefahr hin darüber ausgelacht zu werden immer einen guten Christen *in
      potentia* nennen weil er diese Religion so viel man urtheilen kann gehabt und sie auch als
      Offenbahrungslehre würde angenommen haben wenn er zur Zeit ihrer öffentlichen Ver-
      kündigung gelebt hätte."

123   Gotthold Ephraim LESSING, *Gesammelte Werke in zehn Bänden,* Achter Band, Philoso-
      phische und theologische Schriften II, Berlin u. Weimar 1968, 591.

124   LESSING, a. a. O. 608.

125   Gemeinspr. VIII 307,23-24.

126   Der Ausdruck „Wolfenbüttelschen Fragmentisten" 1792 in der Vorrede von C. G. Schütz
      zu Semlers „letztem Glaubensbekenntnis" (siehe Anm. 79) VII.

und kritisiert er (Rel. VI 81,27 – es handelt sich um das 7. Fragment[127]), während er sonst Hermann Samuel REIMARUS wegen seines Werkes *Die vornehmsten Wahrheiten der natürlichen Religion*[128] in der *Kritik der Urteilskraft* überschwenglich lobt (KU V 476f.). In diesem Werk stellt Reimarus übrigens fest, daß es hier „noch keine so genaue Verbindung zwischen der Tugend und zeitlichen Glückseligkeit" gibt[129], was für die *Kritik der praktischen Vernunft* von Bedeutung gewesen sein könnte. Eine sehr naheliegende Quelle für Kants gemäßigte Position ist das Werk von Carl Fridrich STÄUDLIN (1761-1826) *Ideen zur Kritik des Systems der christlichen Religion*[130], das dieser Kant 1791 mit einem Begleitbrief zugeschickt hatte[131], worauf Kant ihm aber erst am 4. Mai 1793 antwortete und ein Exemplar seiner Religionsschrift beifügte[132]. In dieser Schrift rechnet Stäudlin zur Offenbarung auch solche Sätze, die die Vernunft prinzipiell „für sich selbst erkennen und erweisen kann", auch wenn dies nie oder viel später geschehen würde[133], die sie aber nach ihrer Bekanntgabe sehr wohl „zu prüfen" und deren Gründen sie „nachzuforschen" hat[134]. Aber auch der die Vernunft übersteigende Anteil der Offenbarung darf der Vernunft nicht widersprechen und muß den menschlichen „Erkenntnißkräften höchst angemessen und willkommen seyn", weil sonst „keine wahre Offenbarung in Ansehung des Menschen mehr möglich" wäre[135].

Es würde unseren Rahmen sprengen, auch noch Autoren aus dem engeren Bereich der Philosophie wie Christian August Crusius und insbesondere Alexander Gottlieb Baumgarten zu behandeln, die unsere Thematik, die ohnehin

---

127 vgl. VI 503.

128 Hermann Samuel REIMARUS, *Die vornehmsten Wahrheiten der natürlichen Religion in zehn Abhandlungen auf eine begreifliche Art erkläret und gerettet von [...]*, Zweyte verbesserte Auflage, Hamburg 1755.

129 REIMARUS a. a. O. 665.

130 Carl Fridrich STÄUDLIN, *Ideen zur Kritik des Systems der christlichen Religion*, Göttingen 1791.

131 XI 309f., Brief Nr. 498 (466).

132 XI 429f., Brief Nr. 574 (541).

133 a. a. O. 193.

134 a. a. O. 231.

135 a. a. O. 211, 218.

im philosophisch-theologischen Grenzgebiet angesiedelt ist, im Rahmen der natürlichen Theologie berühren. Von besonderem Interesse ist dagegen die moralisch-praktische Seite des Verhältnisses von Vernunftreligion und Offenbarungsglauben, die als starke Motivation hinter den theoretischen Abgrenzungsversuchen stand. Da war zunächst einmal der Heuchelei-Verdacht, daß sich Andachtsübungen als Deckmantel für ein unmoralisches Leben mißbrauchen ließen, den MOLIÈRE in seinem *Tartuffe* eindrucksvoll dargestellt hat[136]. 1761 erschien aus der Feder des Richters Georg Paul HÖNN das *Betrugslexicon, worinnen die meisten Betrügereen in allen Ständen, nebst denen darwider guten Theils dienenden Mitteln, entdecket*[137], in dem auch Geistliche, Mönche und Nonnen behandelt werden. Und daß gerade die „Larve der Gottseligkeit" gelegentlich auf den Versuch hinauslaufen könnte, Gott zu betrügen und damit auch sich selbst, weil Gott sich nicht betrügen läßt, hat schon 1737 Michael Christian RUSSMEYER in seiner Schrift *Die sonderbare Krafft Christi, die Heucheley zu entdecken, Mit sorgfältiger Feder entworfen*, ausführlich dargestellt[138].

Dieser Aspekt bildet nun bekanntlich einen Schwerpunkt in Kants Religionsphilosophie. Bezeichnend ist schon seine eigenwillige Etymologie: statt von „hocken" leitet er „heucheln" vom „hauchenden" Geräusch eines in die Rede vor einem „vielvermögenden Geistlichen" gemischten betrügerischen „Stoßseufzers" ab[139]. Schon sehr früh, nämlich in den *Beobachtungen über das Gefühl des Schönen und Erhabenen* (1763/64) charakterisiert er den „Cholerischen" als „in der Religion heuchlerisch" (Beob., II 223f.). Obwohl man auch in der „spekulativen Denkungsart" heucheln kann (KrV A 748 = B 776), hat Heuchelei für ihn vor allem in der Frömmigkeit ihren Ort: die Freunde Hiobs heuchelten eine Überzeugung, die sie nicht hatten, um sich bei Gott „(wo diese List ohnedas ungereimt ist)" „in Gunst zu setzen" (Mißl., VIII 265ff.[140]),

---

136 Leider ist es mir nicht gelungen, den Ausdruck „Tartüfferien" wiederzufinden, den ich irgendwo bei Kant, wahrscheinlich in den Vorlesungsnachschriften, gelesen zu haben meine.

137 Zweyte neue und verbesserte Auflage, Coburg 1761.

138 Greiffswald 1737.

139 vgl. MS VI 436 Anm.; Anthr. VII 272 Anm.

wobei solche „Gunstbewerbung" zum Selbstbetrug wird, indem sie zu dem „Wahn" führt, aufgrund von „Hofdiensten" (Rel., VI 154,22; 198,2[141]) als „Favorit" bevorzugt zu werden und dabei „der lose Knecht" bleiben und sich der moralischen „Pflicht" entziehen zu können (Rel., VI 200,17-21[142]). Solche „inneren Heuchler" sind das Ergebnis einer religiösen Erziehung, die lediglich auf das „Gedächtnis" in Glaubenssachen setzt (Rel., VI 190 Anm.), wobei die „Gewöhnung an Heuchelei die Redlichkeit und Treue der Unterthanen untergräbt" und „sie zum Scheindienst auch in bürgerlichen Pflichten abwitzigt" (Rel., VI 180,28-29). Deshalb ist der „moralische Katechism" nicht mit der Glaubenslehre „zu amalgamieren" oder ihm nachzuordnen in der Erziehung, weil sonst „aus der Religion nichts als Heuchelei" (MS VI 484,10-14) wird: „Gottseligkeit" als „Surrogat der Tugend" (Rel., VI 185,9). Eine Abart der Heuchelei ist für Kant die „sogenannte Sicherheitsmaxime", bloß sicherheitshalber zu glauben mit dem Risiko, „bloß überflüssig geglaubt" zu haben (Rel., VI 188,16[143]). Nur, wer das pflichtmäßige Gute um seiner selbst willen („virtus noumenon") (Rel., VI 14,7) tut und nicht bloß aus äußeren Gründen der Legalität oder der Belohnung, ist im Sinne Kants wirklich moralisch[144]. Nachdem also Religion nicht immer zur Moral führt, aber umgekehrt „Moral [...] unumgänglich zur Religion" führt (Rel., VI 6,8[145]), ist die Bibel „nach der Moral" und nicht „die Moral nach der Bibel" auszulegen (Rel., VI 110,23[146]),

---

140 Publiziert im Jahre 1791.

141 Zur Übertragung höfischen Zeremoniells auf Gott schon Lord Herbert of Cherbury, *De Religione Gentilium*, Amstelodami 1663, 7.

142 vgl. auch: VI 51, 53 („durch Nichtsthun"), 103,117 („Einschmeichelungsmittel") 120, 160, 172, 184 Anm., 193 („Schleichweg", „faules Vertrauen", auch 161); VIII 267. Ausführlich zu diesem Thema: Alois Winter, *Gebet und Gottesdienst bei Kant: nicht „Gunstbewerbung", sondern „Form aller Handlungen"*, in: ThPh 52 (1977) 341-377, [hier Kapitel 3, 115-161].

143 Rel. VI 188f.: „Die Gefahr aus der Unredlichkeit seines Vorgebens, *die Verletzung des Gewissens,* etwas selbst vor Gott für gewiß auszugeben, wovon er sich doch bewußt ist, daß es nicht von der Beschaffenheit sei, es mit unbedingtem Zutrauen zu betheuern, dieses alles *hält der Heuchler für nichts*".

144 Legalität – Moralität: V 71, 81, 118, 151, 152; VI 14, 47, 99, 214, 219, 225, 392, 393, 398; dazu VI 75, 98f., 161f.

145 vgl. auch VI 8,37: „die Moral führt unausbleiblich zur Religion".

was deswegen möglich ist, weil dieses Buch „die reinste moralische Religionslehre mit Vollständigkeit enthält" (Rel., VI 107,19-20), wie es das Bild der
konzentrischen Kreise andeutet: der innere Kreis ist das Gemeinsame mit der
Vernunftreligion, der äußere Ring des größeren Kreises enthält das Historische
der Offenbarung[147], das als „Leitmittel" (Rel., VI 115,21), als „Leitband" (Rel.,
VI 121,20[148]) oder „Vehikel"[149], jedenfalls als Mittel zum Zweck echt moralischen Lebens[150] als dessen „oberste(r) Bedingung" (Rel., VI 181,1) dienen
soll, während es verhängnisvoll ist, das Mittel zum Zweck zu machen (Rel.,
VI 170,8-9). Nur diese Umkehrung des Verhältnisses wird von Kant „Religionswahn"[151] genannt, unbeschadet dessen, was Gott tut, um die menschliche
Unzulänglichkeit zu ergänzen, die nicht bestritten wird[152] (nur die Redlichkeit
ist der Schwäche nicht unterworfen [XIX 262, R 7169]). Eigentlich könnte
man, besonders unter Berücksichtigung des Kantschen Nachlasses, sogar von
drei konzentrischen Kreisen sprechen, denn der innere enthält in sich wiederum
den Kreis der reinen Moral, die zur (Vernunft-)religion führt[153] und selbst
letztlich ohne Religion ihres Sinnes beraubt wäre[154]. „Es ist unmöglich, daß

146 vgl. auch die Grundsätze der Schriftauslegung im *Streit der Fakultäten* VII 38-45.

147 Rel. VI 12, 43, 111, 112, 113, 114, 115, 117, 119, 124, 167, 187.

148 Der Text erinnert an LESSINGS *Erziehung des Menschengeschlechts*.

149 Rel. VI 106,32, 107,20, 118,23, 123,08, 135,36; vgl. dazu auch MS VI 482,37.

150 Rel. VI 13,7, 153,22, 169,28f., 178,10.

151 Bes. Rel. VI 168,13, 170,5/13/18.

152 Z. B. Rel. VI 171, VII 43f.. XIX 120 (R 6634): „Der nun Glaubt, daß man sich dieser
     Ergentzung durch alle natürliche Bestrebung müsse würdig und fähig machen, ist der
     practische Christ." XIX 187 (R. 6872): „Der Christ kann die Gebrechlichkeit seines
     Persöhnlichen werths erkennen und doch hoffen, des höchsten Gutes selbst unter Bedin-
     gung des heiligsten Gesetzes theilhaftig zu werden."

153 Rel. VI 6: „Moral führt also unumgänglich zur Religion". VI 8 Anm.: „Moral führt
     unausbleiblich zur Religion." Als Bedingung: VI 104: „so ist doch die reine moralische
     Gesetzgebung, dadurch der Wille Gottes ursprünglich in unser Herz geschrieben ist,
     nicht allein die unumgängliche Bedingung aller wahren Religion überhaupt, sondern sie
     ist auch das, was diese selbst eigentlich ausmacht, und wozu die statutarische nur das
     Mittel ihrer Beförderung und Ausbreitung enthalten kann."

154 vgl. z. B. Rel. VI 5: „es kann der Vernunft doch unmöglich gleichgültig sein, wie die
     Beantwortung der Frage ausfallen möge: *was dann aus diesem unserm Rechthandeln her-*

ein Mensch ohne Religion seines Lebens froh werde", schreibt Kant auf ein
spätes Loses Blatt (XIX 649, R 8106).

Bei den genannten zeitgenössischen evangelischen Theologen finden sich
verschiedene Überlegungen in dieser Richtung. Bahrdt hält die „Bessrung
und Tugend" für die „Bedingung, unter welcher uns Gott Vergebung der
Sünde und ewige Seligkeit um Christi willen [...] ertheilet"[155]. Spalding sieht
in dem Verhältnis von Religion und Moral eher eine wechselseitige Verwiesenheit als eine eindeutige Beziehung: „Die Idee von der Moral, als einem auf
seinen Gründen errichteten und darauf still ruhenden Gebäude, erschöpfet
die Sache viel zu wenig."[156] Aber er kritisiert frühere Verhältnisse, in denen
angeblich, was „Religion hieß", „von würklicher Religion und Tugend" weit
entfernt war und lediglich dazu diente, „die Menschen von der wahren, persönlichen und gesellschaftlichen Tugend zu dispensiren, und ihnen, zum Ersaz
dafür, einen kürzern und bequemern Weg zur Seligkeit durch Ceremonien

auskomme, und worauf wir, gesetzt auch, wir hätten dieses nicht völlig in unserer Gewalt,
doch als auf einen Zweck unser Thun und Lassen richten könnten, um damit wenigstens
zusammen zu stimmen. So ist es zwar nur die Idee von einem Objekte, welches die
formale Bedingung aller Zwecke [...] zusammen vereinigt in sich enthält, das ist, die
Idee eines höchsten Guts in der Welt, zu dessen Möglichkeit wir ein höheres, moralisches,
heiligstes und allvermögendes Wesen annehmen müssen, das allein beide Elemente desselben vereinigen kann". XIX 130f. (R 6674): „Wäre kein Gott, so würden alle unsere
Pflichten schwinden, weil eine Ungereimtheit im Gantzen wäre, nach welcher das Wohlbefinden nicht mit dem Wohlverhalten stimmete, und diese Ungereimtheit würde die
andere entschuldigen." XIX 181 (R 6858): „Es ist wahr: ohne Religion würde die moral
keine triebfedern haben, die alle von der Glükseeligkeit müssen hergenommen seyn."
(Der Ausdruck: „Triebfedern" wird später allderdings so nicht mehr verwendet werden).
XIX 188 (R 6876): „Der *fehler der philosophischen Secten* war der, daß sie die *moral von
der religion unabhängig machen* wolten". XIX 296 (R 7258): „Der Grund der Verbindlicbkeit
ist doch im Göttlichen willen, weil nur das verbindlich seyn kann, was mit unserer Glükseeligkeit zusammenstimt, dieses aber nur Gott thun kann. Also ist die moralität als
Regel aus der Natur, als Gesetz aus dem gottlichen willen. Idee, welche in der theologie
realisirt wird."

155 BAHRDT (siehe Anm. 118) 31; „Daß aber Gott die Bessrung der Menschen selbst wirke
und der Mensch nichts thue, als Gott stille halten, ist wider die Schrift, und beruhet
dieser Irrthum größtentheils auf dem Wort ‚Gnade' [...]" (ebd.).

156 SPALDING, *Vertraute Briefe* (siehe Anm. 95) 44. vgl. STÄUDLIN (siehe Anm. 130) 151f.:
„Wenn man frägt, ob *Christus* die *Moral auf die Religion,* oder die *Religion auf die Moral*
baute? so ist wohl die richtigste Antwort: *Weder das eine noch das andere.*"

und Wörterschall anzuweisen", während die Aufklärung bewirkt habe, „daß Religion und Tugend wesentlich vereinigt erscheinen"[157]. Ja, er spricht sogar davon, daß in jenen Zeiten „der Himmel [...] gekauft werden konnte"[158]. Es scheint aber, daß diese Äußerungen vorwiegend als konfessionelle Polemik zu verstehen sind, obwohl sie das grundsätzliche Problem berühren. Daß sich im alten Heidentum die Menschen Götter wünschten, „die sich mit reichen Opfern versöhnen und bestechen lassen, dem Menschen dagegen ruhig alle seine Begierden lassen", hatte Jerusalem schon 1773 festgestellt[159]. Nach Teller ging es dem hl. Paulus darum, „dem jüdischgesinnten Christen, der die ganze Gottesverehrung durch gute Gesinnungen und Erweisungen, diesen ersten Zweck des Christenthums, immer wieder in *seinen Opferdienst* umkehren wollte; bey dem also itzt die Hauptsache war ihm *seine Opfer* vergessend zu machen; [...] ihm den Tod Christus als einen Opfertod" vorzustellen, um ihn für die „edlere, reinere Gottesverehrung" zu gewinnen[160]. Semler spricht (erst 1792 veröffentlicht) von Mißbräuchen einer falsch verstandenen Offenbarung, die manche Menschen „mit Beibehaltung ihrer sinnlichen Begierden gar zum Mittel verkehren, andere Menschen zu hintergehen"[161], oder auf „feststehende(n) Redensarten und Gedanken" reduzieren, so daß statt einer „thätigen Gottesverehrung" eine „ganz falsche Religion" entsteht[162]. Ähnlich bedauert Spalding, daß manche gelehrt worden seien, „daß man seine Formeln von Lehrsäzen hersagen und sich einbilden müsse, sie zu glauben"[163], oder daß das „Frömmeln" und die „Andächtelei" als Mittel gebraucht wurde, „sich in den Gesellschaften geltend zu machen"[164]. Häufiger wird an einer Überbewertung der religiösen Zeremonien Kritik geübt, so z. B. schon von STAPFER in seinen *Institutiones theologiae polemicae*[165], von SPALDING in seinen *Neuen*

157 SPALDING ebd. 62f.

158 SPALDING ebd. 64f.

159 JERUSALEM, *Fortgesetzte* (siehe Anm. 112) 24.

160 TELLER, *Wörterbuch* (siehe Anm. 105) XXIII.

161 SEMLER, *Letztes Glaubensbekenntnis* (siehe Anm. 79) 262.

162 ebd. 345.

163 SPALDING, *Vertraute Briefe* (siehe Anm. 95) 25.

164 ebd. 26f.

Predigten[166], von G. Fr. Seiler (anonym) sogar unter Berufung auf eine gefälschte Wiedergabe von Jes. 66[167], und Semler bringt die Zeremonien mit heidnischem Aberglauben in Verbindung[168]. Am nächsten kommt Kant der in Halle pietistisch erzogene Semler-Schüler und Kantianer Johann Heinrich TIEFTRUNK[169] in seiner Schrift *Versuch einer Kritik der Religion und aller religiösen Dogmatik mit besonderer Rücksicht auf das Christenthum*[170], die Kant zugeschickt worden war und die dieser für kurze Zeit an Ludwig Ernst Borowski ausgeliehen

165 a. a. O. (siehe Anm. 65) 442: „Ceremoniae debito modo comparatae insignem in cultu divino praestant usum [...]; E. indiscriminatim illae rejiciendae non sunt." „Et quia Sanctitas est habitus faciendi nonnisi quod rectum est [...] Sequitur E. nullam Cerimoniam per se consideratam hominem sanctificare posse." 443: „Unde nullius usus sunt Ceremoniae, quae sine debita cogitatione peraguntur, & errant quicunque illis ut operi operato nimium tribuunt."

166 a. a. O. (siehe Anm. 95) 372: „Und eben so wenig können auch deswegen alle gottesdienstliche Uebungen, alle Allmosen und andere dergleichen in die Augen fallende Handlungen gelten, wenn es nicht die innerliche Liebe Gottes und des Nächsten ist, welche sie hervor bringet."

167 G. FR. SEILER, *Kurze Apologie des Christenthums nebst einem Entwurf der Religion eines christlichen Philosophen, Zwote verbesserte Auflage,* Erlangen 1779, 83f. (nach Jes 66): „Ich sehe auf die Beschaffenheit des Herzens und nicht auf die Pracht der äusserlichen Ceremonien: „ich sehe an den gedemüthigten, den im glaubigen Vertrauen sich vor mir erniedrigenden Geist, den, der mein Wort hochachtet. Denn, es kommt die Zeit, da überhaupt der ganze Ceremoniendienst abgeschafft werden soll: ‚Wer dann einen Ochsen als Opfer schlachtet, wird mir eben so wenig dadurch gefallen, als wenn er einen Mann erschlüge; wer mir ein Schaaf opfern wollte, der würde sich mir dadurch so wenig angenehm machen, als ein Mensch, der mir zu Ehren oder mich zu versöhnen, einem Hund den Hals bräche' etc."

168 SEMLER, *Institutio* (siehe Anm. 35) 8: „Non parum igitur opinionum subfanaticarum atque futilium his debetur fontibus, e quibus ad doctrinam christianam, noua, si placet, luce atque auctoritate ornandam, deriuari solebant. Succreuit iam nouarum rerum, quae narrabantur, magna copia; adeo homines stupori et torpori cuidam sacro quasi adsaeuerant, ut sacra portenta et turgidas fabulas studiosissime exspectarent. [...] Adeo omne superstitionum et caerimoniarum genus, quod dolebat terrendis ducendisque hominibus imperitis a sacrificulis gentilium adhiberi, ad christianos tandem translatum est, discendique et perspiciendi omnem fere facultatem atque opportunitatem expulit."

169 vgl. dazu Gustav KERTZ, *Die Religionsphilosophie Joh. Heinr. Tieftrunks. Ein Beitrag zur Geschichte der Kantischen Schule* (= KantSt. Erg.H. 4 v. 1907), Neudruck Würzburg 1959.

170 *Vom Verfasser des Einzigmöglichen Zwecks Jesu,* Berlin 1790.

hatte[171]. Tieftrunk berichtet darin von ihm bekannten Pietisten, denen „ur-plötzlich ein Licht in der Seele aufgegangen" sei mit der Versicherung, nun „von allen Sünden frei" zu sein und keinen Rückfall mehr fürchten zu müssen, und die nun „stündlich die Vertilgung des ganzen bösen Menschengeschlechts erhofften" und „sich an dem Feuer des Himmels recht weidlich ergötzt haben" würden. Jedoch: „Man wußte von dem Einen, daß er dem Geize im höchsten Grade ergeben war und sich offenbarer Ungerechtigkeit schuldig machte; von dem Andern, daß er der Ueppigkeit ergeben außereheliche Umgang pflog, den Trunk liebte und gern den Kranken Vermächtnisse ablockte; Ein Anderer [...]" usw[172]. „So lange die Schwärmerei blos spekulativ ist und sich innerhalb den Schranken stiller Meditation hält, ist sie nicht sonderlich zu fürchten, ob sie gleich unnütz bleibt; [...] Wird aber die Schwärmerei praktisch und fließt auf Handlung ein, [...] so ist dieses für die menschliche Gesellschaft nicht gleichgültig, um so mehr da sich zur frömmelnden Einfalt leicht der ver-schmitzte Betrug gesellet und von der bethörten Unschuld Vortheil zieht."[173] Wer hängt hier wohl mehr von wem ab: Kant von Tieftrunk oder eher Tieftrunk von Kant? Diese Frage stellt sich freilich in gewisser Weise auch für andere Theologen der damaligen Zeit.

Es sind aber noch sehr viel weitergehende Abhängigkeiten und Querbeziehungen zu beachten, nachdem die evangelische Theologie in Deutschland besonders in der zweiten Hälfte des 18. Jahrhunderts stark vom englischen Deismus beeinflußt wurde, als er in England allmählich „versiegte" und „in Skepsis sich auflöste" (so Gotthard Victor Lechler[174]). Hermann Samuel

---

171 vgl. XI 133, Brief Nr. 406 (383) und 140, Brief Nr. 410 (387).

172 a. a. O. 218f.. vgl. auch STÄUDLIN (siehe Anm. 130)153f.: „Der Geist der Religon Christi verdammt einen dreifachen Irrthum, der die Menschen nur zu oft beherrscht und un-glüklich gemacht hat. *1) Pietät ohne Tugend, Gottesdienst ohne Rechtschaffenheit* – ein Fehler, den Christus besonders unter seinem Volke öffters zu rügen Gelegenheit hatte. *2) Tugend ohne Pietät,* weil jene ohne diese matt, zweklos und unvollständig seyn müßte. *3) Verwechslung der Tugend und der Pietät* oder eine Tugend, die ganz und gar von der Religion abhängt. Was aber Christus stets preist und gebietet, ist eine enge schwesterliche Verbindung der Tugend und der Gottesverehrung. Auch in dieser Rüksicht könnte seine Lehre nicht edler, nicht vernünftiger, nicht wohlthätiger seyn."

173 TIEFTRUNK ebd. 222f.

174 Gotthard Victor LECHLER, *Geschichte des englischen Deismus.* Mit einem Vorwort und

REIMARUS schöpfte in den von Lessing veröffentlichten *Fragmenten* aus dieser Quelle und leistete damit eine wirksame Vermittlung, während er seine „Schutzschrift" damals nicht zu veröffentlichen wagte[175]. John Locke als „philosophischer Führer der deistischen Bewegung" wurde von Baumgarten, Semler, Ernesti und Michaelis verehrt[176]. Die bedeutendsten Schriften der führenden Vertreter dieser Richtung wurden ins Französische übersetzt, die weniger gewagten auch ins Deutsche. Aber es gab indirekte Möglichkeiten, sich zu informieren: z. B. die von Henrich Gottlieb Schmid und Johann Heinrich Meyenberg besorgte Übersetzung von John LELANDS *Abriß der vornehmsten Deistischen Schriften [...]*[177], das *Freydenker=Lexicon* von Johann Anton TRINIUS, das sehr reichhaltig über Schriften und Gegenschriften informierte[178], die umfangreiche vierbändige Exzerptesammlung von Urban Gottlieb THORSCHMID *Versuch einer vollständigen Engelländischen Freydenker=Bibliothek, [...]*[179] oder die Besprechungen in den von Siegmund Jacob BAUMGARTEN ab 1748 herausgegebenen *Nachrichten von einer hallischen Bibliothek*, 1752 – 1758 fortgesetzt als *Nachrichten von merkwürdigen Büchern*[180]. Eine theologische

bibliographischen Hinweisen von Günter Gawlick, Hildesheim 1965 (Reprogr. Nachdruck d. Ausgabe Stuttgart-Tübingen 1841), 451.

175 Matthew TINDAL, *Christianity as old as the creation*. Faksimile-Neudruck der Ausgabe London 1730, hrsg. u. eingel. v. Günter Gawlick, Stuttgart BC 1967, in der Einleitung S. 37*.

176 LECHLER a. a. O. 451.

177 Teil 1, übers. v. H. G. Schmid, Hannover 1755, Teil 2, 1 und 2, Hannover 1755 und 1756.

178 Johann Anton TRINIUS, *Freydenker=Lexicon, oder Einleitung in die Geschichte der neuern Freygeister ihrer Schriften, und deren Widerlegungen. Nebst einem Bey= und Nachtrage zu des seligen Herrn Johann Albert Fabricius Syllabo Scriptorium, pro veritate Religionis Christianae*, Leipzig u. Bernburg 1759, Reprogr. Nachdruck: Monumenta politica et philosophica rariora 1,2, con una premessa di Franco Venturi, Torino 1960.

179 Urban Gottlob THORSCHMID, *Versuch einer vollständigen Engelländischen Freydenker=Bibliothek, in welcher alle Schriften der berühmtesten Freydenker nach ihrem Inhalt und Absicht, nebst den Schutzschriften für die Christliche Religion aufgestellet werden, Erster Theil, Halle 1765; ders.: Vollständige Engländische Freydenker = Bibliothek, in welcher den Schriften der Englischen Freydenker die vortreflichsten Schutzschriften für die Christliche Religion, und für die Geistlichen entgegen gestellet werden*. Zweyter Theil, Halle 1766; Dritter Theil, Cassel 1766; Vierter Theil, Cassel 1767.

Referate- und Rezensionssammlung wurde von Valentin Ernst Löscher 1701 begonnen unter dem Titel *Altes und Neues Aus dem Schatz Theologischer Wissenschaften*[181], 1702 fortgesetzt als *Unschuldige Nachrichten von Alten und Neuen Theologischen Sachen [...]*[182], ab 1720 als *Fortgesetzte Sammlung von Alten und Neuen Theologischen Sachen*[183], ab 1735 – 1741 ergänzt durch *Frühauf-gelesene Früchte* und ab 1751 als *Neue Beyträge von Alten und Neuen Theologi-schen Sachen, Büchern, Urkunden [...]*[184]. Das „eigentliche Merkmal des engli-schen Deismus" war es, „das Verhältnis von Religion und Moral philosophisch zu bestimmen" (G. Gawlick[185]), wobei die Offenbarung zwar nicht geleugnet wurde[186], aber in der Tendenz auf den Umfang des von der Vernunft grund-sätzlich, wenn auch nicht leicht Erreichbaren reduziert wurde, so daß sich „die Auslegung der Bibel" (z. B. nach Thomas Morgan) „nach unseren Ideen von Gott und dem Guten richten muß"[187]. Einige bekannte Werke drücken dies schon im Titel aus: *De religione Gentilium [...]* von Edward Lord Herbert of Cherbury (1663), *The naked Gospel* von Arthur Bury (1691), *Oracles of reason* von Charles Blount (1693), *The reasonableness of Christianity as deli-vered in the scriptures* von John Locke (1695), *Christianity not mysterious, or, a treatise Shewing, That there is nothing in the Gospel Contrary to Reason Nor above it: And that no Christian Doctrine can be properly call'd a mystery* von John Toland (1696), der den Latitudinariern nahestand[188], oder *A Discourse of Free-Thinking* von Anthony Collins (1713).

Tolands Name wird von Kant einmal im Nachlaß erwähnt[189]. Woher er

---

180 Jeweils Halle 1748-1758, Bd. 12 mit vollständigen Registern.

181 Wittenberg 1701.

182 Leipzig: Großische Erben bzw. Braun 1705-1719.

183 Leipzig: Braun/Brauns (sel.) Erben 1720-1740; Leipzig: Jacobi 1741-1750.

184 Leipzig: Jacobi 1751-1761.

185 Im Vorwort zu Lechler (siehe Anm. 174), XXI.

186 ders. ebd. XII.

187 ders. ebd. XXI.

188 Dieser Ausdruck auch bei Kant Rel. VI 22,26.

189 XVI 450 in der frühen Reflexion 2652 β¹: „denen Freygeistern sind die Zweifel eines Bayle, Toland, marqvis d'Argens unauflößlich." Hier auch ein Hinweis auf Bayles Be-

ihn kannte, ist nicht ersichtlich, da er nicht englisch las[190]. Sein frühester Kontakt mit dem englischen Deismus dürfte auf Mathew TINDALS *Christianity as old as the Creation: or, the GOSPEL, a REPUBLICATION of the religion of NATURE*[191] in der (anonymen) Übersetzung von Johann Lorenz SCHMIDT *Beweis, daß das Christenthum so alt als die Welt sey, nebst Herrn Jacob Fosgters Widerlegung desselben. Beydes aus dem Englischen übersetzt*, Frankfurt und Leipzig 1741, zurückgehen, mit deren Veröffentlichung der englische Deismus in Deutschland weiteren Kreisen bekannt wurde. Kant erwähnt dessen Namen zwar nie, dürfte aber im Zusammenhang mit KNUTZENS Gegenschrift *Verthei-digte Wahrheit der Christlichen Religion gegen den Einwurf: Daß die christliche Offenbarung nicht allgemein sey. Wobey besonders die Scheingründe des bekann-ten Englischen Deisten Matthäi Tindals, welche in deßen Beweise, Daß das Christentum so alt, als die Welt sey, enthalten, erwogen und widerlegt werden*[192], auf dieses Standardwerk des Deismus[193] gestoßen sein. Hier klingen eine Reihe von Themen an, mit denen sich Kant in seiner Religionsphilosophie auseinan-dersetzt. Daß Tindal der geoffenbarten Religion bestreitet, der „vollkommen-sten" natürlichen Religion noch etwas „hinzusetzen noch davon thun" zu können, so daß „die wahre Religion [...] beständig einerley seyn müsse"[194], korrigiert Kant durch seine konzentrischen Kreise. Daß aber die Religion die

hauptung: „Glaubens- und Vernunftwarheiten wären einander so gerade entgegen gesetzt, daß etwas der Vernunft nach offenbahr falsch scheinen müße und zwar nicht anders als falsch könne eingesehen werden, daß doch in der that war ist." (450f.)

190 Dazu vgl. WINTER 1975 (siehe Anm. 25) 26. [hier Kapitel 1, 1-47, 34f.]

191 London 1730, Faksimile-Neudruck hrsg. u. eingeleitet von Günter Gawlick, Stuttgart BC 1967.

192 Königsberg 1747, mit fortlaufender Paginierung beigebunden an seinen „Philosophischen Beweis [...]" (siehe Anm. 17).

193 Dieses Werk wurde schon im 18. Jahrhundert „die Bibel der Deisten" oder in der bei „den deutschen Theologen damals gebräuchlichen Terminologie" „das vollständigste Lehrgebäude der Naturalisten" genannt; auch heute gilt es noch weitgehend als „ein Hauptwerk des Deismus", weil hier „zu einem umfasenden Ganzen verwoben" wird, was „nahezu seit hundert Jahren von einzelnen Deisten wie Lord Herbert, Charles Blount, John Toland, dem dritten Grafen Shaftesbury, Anthony Collins, Thomas Chubb und Thomas Woolston vorgebracht worden war." (Günter GAWLICK in seiner Einleitung zu *Christianity* (siehe Anm. 175) S. 5*f.).

194 6. Hauptstück, *Beweis* 95, *Christianity* 58.

Moral voraussetzt, übernimmt Kant: Für Tindal ist Moralität das Handeln „nach dem Grund der Dinge an sich selbst betrachtet" und Religion das Handeln „nach eben diesem Grund der Dinge, so ferne solcher als der Wille Gottes betrachtet wird"[195]. Das „Gesetz der Natur" ist deshalb „der Probirstein von der Vollkommenheit" im Hinblick auf das Gesetz Gottes[196]. Falsche Begriffe von Gott führen „zu allem Aberglauben und so vielem unzäligem Uebel, welches die Menschen wegen der Religion entweder sich selbst oder andern angethan haben" (darum hier auch das Lukrez-Zitat, das Kant ebenfalls benutzt: *Tantum religio potuit suadere malorum!* [197]). „Denn es ist keine Sache so unschuldig, welche, wenn sie ein göttliches Ansehen hat, von arglistigen Leuten nicht zu den schändlichsten Absichten solte mißbrauchet werden. Und in Wahrheit, es ist kein einziges Stück von dieser Art, die man zu der Religion gezogen hat, welches, wenn ich es sagen darf, nicht zu einer oder anderer Zeit solchergestalt wäre mißbrauchet worden."[198] Tindal will deshalb in der Religion keine Dinge zulassen, die „nicht sittlich" sind: „Wenn die Leute einmal überredet sind, daß sie glauben solche Dinge wären für *etwas* gut: so sind sie gleich geneigt zu glauben, sie wären für *alles* gut."[199] „Diese werden sie auf das genaueste beobachten, in Hofnung, dadurch für ihre geliebteste Laster, welche sie sich verstatten, Aussöhnung zu thun", um so „mit dem Himmel einen Vergleich zu treffen"[200]. Er zitiert einen Dr. Scott, nach

---

195 Tindal, *Beweis* 518; *Christianity as old [...]* 298: „can You, who place Religion in the Practice of Morality in Obedience to the Will of God; and suppose there can be no other Distinction between Morality and Religion, than that the former is acting according to the Reason of Things consider'd in themselves; the other, acting according to the same Reason of Things consider'd as the Will of God? Can You, I say, hope to escape [...]?".

196 *Beweis* 97, *Christianity* 59: „In saying This, you own the Law of Nature to be the Standard of Perfection; and that by It we must judge antecedently to any traditional religion what is, or is not a Law absolutely perfect, and worthy of such a Being for its Legislator."

197 *Beweis* 121. *Christianity* 74; bei Kant *Rel.* VI 131,19-20. Zu möglichen anderen Quellen vgl. Winter 1976 (siehe Anm. 15) 14, Anm. 88. [hier Kapitel 2, 49-113, 66, Anm. 88].

198 *Beweis* 195, *Christianity* 117.

199 *Beweis* 237, *Christianity* 141.

200 *Beweis* 238, *Christianity* 142. vgl. auch *Beweis* 239, nach Dr. Scott: „Welche [...] sich einbilden, daß Gott ungemein viel halte auf geringe Dinge, läppische Meinungen, gleichgültige Handlungen, Gebräuche und Gewohnheiten, und allerhand Anhänge der Religion:

dem „das gemeine Mal, womit die Heuchler und falschen Bekenner der Religion bezeichnet sind, darinnen bestehet, daß sie eifrig sind für aufgebrachte [= positive] Dinge, hingegen kaltsinnig und gleichgültig in Ansehung der sittlichen Dinge der Religion"[201]. Er beruft sich auf den anglikanischen Erzbischof Tillotson (einen Latitudinarier), der der katholischen Kirche vorwirft, daß durch „äußerliche Gebräuche" „die Gemüther der Menschen von der Hauptabsicht des Christenthums sind abgeführet worden. [...] Diese haben auf solche Art keine Zeit gehabt darauf zu denken, wie sie tugendhafte Menschen werden und die *wichtigen* und *wesentlichen* Pflichten eines christlichen Lebens beobachten möchten."[202] Solche Leute „glauben nicht nur", schreibt Tindal an die Adresse aller Konfessionen, „daß sie bey der Verehrung Gottes demselben einen wirklichen Dienst erweisen: sondern sie bilden sich auch ein, daß er ungemein verdrießlich werde, wenn der öffentliche Gottesdienst nicht auf diese Weise und mit diesen Gebräuchen und Zeremonien geschähe", und daß sie „das allmächtige Wesen sich ungemein verbindlich machten, wenn sie solche gefährliche Feinde Gottes vertilgten, welche sich unterstehen, ihn ohne ihre Erlaubnis auf eine Weise zu verehren, welche sie seinem Willen gemäß erachten"[203]. Darum fordert er (wie viele andere vor und nach ihm) einen „vernünftigen Gottesdienst" („reasonable service")[204], bei dem „*Gebräuche, Ceremonien, Zeichen* und *Denkbilder* nicht willkührlicher Weise könten befohlen und mit sittlichen Dingen solchergestalt vermischet werden, daß sie die Gewissen aller Menschen zu allen Zeiten verbinden müßten."[205]

Auf der Suche nach einem ‚Sitz im Leben', warum das Thema Frömmigkeit als „Surrogat der Tugend" (Rel., VI 185,9) Kant so sehr beschäftigt hat, bieten

---

und in dieser Einbildung hoffen sie alle Laster und Verbrechen bey demselben auszusöhnen durch den Schein und die äusserliche Gestalt der Religion [...] und durch einen *recht thätlichen* Eifer für die Einfassung und die Franzen der Religion." (= Christianity 142f.)

201 *Beweis* 240, *Christianity* 143: „the common Brand by which Hypocrites and false Pretenders to Religion are stigmatiz'd, is their being zealous for the Positives, and cold and indifferent as to the Morals of Religion."

202 *Beweis* 290, *Christianity* 171.

203 *Beweis* 75f., *Christianity* 46.

204 Mehrfach, z. B. *Beweis* 10, *Christianity* 6; *Beweis* 104, *Christianity* 62 usw.

205 *Beweis* 190, *Christianity* 114.

sich pietistische Praktiken als Anhaltspunkte an. Im ‚Fridericianum' in Königsberg, das Kant als Externer besuchte, mußten die Schüler bei der Vorbereitung auf den Empfang des Abendmahles ihren Gewissenstatus vorher schriftlich dem Inspektor aushändigen, der auch disziplinäre Funktionen auszuüben hatte; damit wurde die Unehrlichkeit geradezu herausgefordert[206]. Ähnlich war es mit dem Zeugniswesen für das Predigeramt bestellt, das einen „Konjunkturpietismus" provozierte: besonders in Halle war es jedem möglich, „durch Heuchelei ein Zeugnis zu erhaschen"[207]. Semler berichtet aus seiner Jugendzeit, daß „manche Prediger" „über den Seelenzustand" „ein großes Stadtregister" führten und daß es auch sonst „geistliche *Calender*" gab, was „für sehr viele ein recht sicherer Weg" war, „sich nun bei allen Hohen und vornemen Personen so zu empfehlen, daß sie ihre häuslichen und bürgerlichen Endzwecke aufs aller unfelbarste hiermit erreichten"[208]. Das alles muß auf Kant mit seinem auf äußerste Redlichkeit bedachten Charakter überaus abstoßend gewirkt haben.

Nachdem Kants Beschäftigung mit Tindal nur als sehr wahrscheinlich eingestuft werden kann, läßt sich eine weitere frühe Quelle nennen, die er mit Sicherheit gelesen hat: die Geschichte von *Carazans Traum,* die er in einer Fußnote zu Beginn der „Beobachtungen über das Gefühl des Schönen und Erhabenen" zitiert (Beob., II 209 Anm.) und deren Spur nach England führt. Sie war im dritten Stück des vierten Bandes des „Bremischen Magazins"

---

206   vgl. dazu den Bericht des damaligen Inspektors SCHIFFERT in *Erleutertes Preußen oder Auserlesene Anmerckungen über verschiedene, zur Preußischen Kirchen= Civil= und Gelehrten Historie gehörige besondere Dinge [...]. Des Fünften Theils Achtes Stück, Königsberg in Preußen 1741,* 487 (richtig: 587)-572 (richtig: 672), hier bes. 539-543. „Zippel hat in den Akten des Friedrichskollegiums ein schriftliches Gebet eines vielfach getadelten Schülers gefunden. Er urteilt, daß es keinen wahrhaften Eindruck mache." (Paul KALWEIT, *Kants Stellung zur Kirche* (=Schriften der Synodalkommission für ostpreußische Kirchengeschichte 2), Königsberg i. Pr. 1904, 9.

207   vgl. RIEDESEL (siehe Anm. 16) 53; dort auch folgendes Zitat: „Komme ich nach Berlin und Halle, so will ich fromme Positur machen, über das verfallene Christentum in Königsberg klagen, meine Perücke nicht pudern und die Weste mit Fett beschmieren. Dann wird man mich schon für fromm ansehen."

208   Johann Salomo SEMLER, *Lebensbeschreibung von ihm selbst abgefaßt, Erster Theil,* Halle: 1781, 48.

1761 erschienen[209] als Übersetzung eines Beitrags im *Gentleman's Magazine* von 1754[210], der wiederum aus dem *Adventurer* Nr. 132 vom 9. Februar 1754[211] stammte. Der zunächst unbekannt bleibende Verfasser war der Essayist John HAWKESWORTH (1715[?]-1773), der Herausgeber (zusammen mit Samuel JOHNSON) dieser von November 1752 bis März 1754 zweimal in der Woche (dienstags und samstags) erscheinenden Stücke, die dann zu zwei und später zu vier Bänden zusammengefaßt wurden und eine Reihe von Auflagen erfuhren[212]. Im letzten Stück (Nr. 140) verrät er, daß die nicht mit einem Buchstaben gekennzeichneten Beiträge von ihm stammen, es sind über siebzig, darunter einige orientalische Märchen wie *Carazans Traum.* Seit 1744 war er auch Mitarbeiter am *Gentleman's Magazine.* 1755 edierte er die Werke Swifts und trat später noch einige Male mit eigenen Arbeiten an die Öffentlichkeit[213]. Im

---

209 *Bremisches Magazin zur Ausbreitung der Wissenschaften Künste und Tugend Von einigen Liebhabern derselben mehrentheils aus den Englischen Monatsschriften gesammelt und herausgegeben, Des vierten Bandes drittes Stück,* Bremen und Leipzig 1761, 539-546.

210 *The Gentleman's Magazine, and Historical Chronicle. Volume XXIV. For the YEAR MDCCLIV,* London 76-78.

211 *The Adventurer. Number CXXXII, SATURDAY, February 9, 1754,* in: The Adventurer, Volume the Second, London: J. Payne at Pope's Head in Pater-noster-row 1754, 367-372.

212 Z. B.: The FIFTH EDITION, Vol. 1-4, London: Millar u. a. 1766.

213 Er bearbeitete Theaterstücke, schrieb 1760 das Oratorium „ZIMRI",1761 das Feenstück EDGAR AND EMMELINE und im gleichen Jahr die orientalische Romanze ALMORAN AND HAMET, das G. E. LESSING für seinen *Nathan* verwendet hat (vgl. Paul P. KIES, *Lessing and Hawkesworth,* in: Research Studies of the State College of Washington VIII (1940) 143f.). Das mehrbändige *An account of the Voyages Undertaken in the Southern Hemisphere [...]* ab 1771, das vor allem die Reisen Kapitän Cooks behandelte, fand keine gute Kritik (nach: ENC. BRITTANNICA 1968, 11/184f.; in der 15. Ausgabe von 1983 nicht mehr erwähnt). Kurzbiographien in *Biographie Universelle, ancienne et moderne [...]* Tome 19e, Paris 1817, 507ff.; Nouv. Éd. Paris: Desplaces et Michaud 1854, T. 18e, 591f., unveränd. Nachdruck Graz: Akad. Druck- u. Verlagsanstalt 1967; Nouvelle Biographie Générale Depuis les temps lex plus reculés jusqu'a nos jours, publ. par Firmin Didot Frères, sous la dir. de M. le Dr Hoefer, T. 23e, Paris: Firmin Didot Frères 1858, 627f.; *Dictionary of National Biography,* ed. by Leslie STEPHEN and Sidney LEE, Vol IX, London 1908, Bd. 9, 203-205; Nachdruck London: Oxford Univ. Press ab 1917; *Chamber's Encyclopaedia,* New. revised Ed., Vol. VI, repr. with corrections, London 1970, 781; *The Oxford Companion to English Literature,* New. Edition, ed. by Margaret Drabble, London 1985, 442, dort verwiesen auf eine neue Biographie von J. L. Abbot (1982).

Adventurer werden die Namen zahlreicher Dichter, Schriftsteller und auch Philosophen seit dem Altertum genannt, auch von sog. Deisten, so daß seine Arbeiten, die vielfach moralische Themen zum Gegenstand haben, die zeitgenössische Bildung widerspiegeln.

In *Carazans Traum* wird nun ein reicher Mann geschildert, der mit zunehmendem Reichtum zum Geizhals und Menschenfeind wurde, aber aus Furcht dennoch beständig in die Moschee ging und alle Andachtsübungen sorgfältigst ausübte, bis ihn ein Traum, in dem er seine Verwerfung und Verbannung in die äußerste Einsamkeit und Finsternis jenseits allen Lichts erlebte, bekehrte und zu einem Wohltäter der Menschen machte. In den „Beobachtungen" verwendet Kant diesen Text lediglich „als Beispiel von dem edlen Grausen [...] einer gänzlichen Einsamkeit". Aber indem er die Geschichte eigenständig referiert, modifiziert er einen entscheidenden Punkt, der unser Thema betrifft: er setzt das Erkalten der Menschenliebe durch den zunehmenden Reichtum in direkte Proportion mit der Zunahme „der Emsigkeit seiner Gebeter und der Religionshandlungen", obwohl die Vorlage das so nicht hergibt. Das läßt sich durch einen Vergleich der Texte verdeutlichen:

Hawkesworth:
Allein ob er in seinem Umgang mit Menschen, eine Untreu entdecket, welche ihn verleitet, sein Vertrauen auf Gold zu setzen, oder ob er nach dem Mase, wie er Reichthümer häufte, seine eigene Wichtigkeit, sich weiter auszubreiten, erkant, so schäzte Carazan dieselbe höher, je weniger er sich derselben bediente; er verlor allgemach die Neigung gutes zu thun, so wie er die Macht erwarb; und wie die Hand der Zeit Schnee auf sein Haupt ausstreuete, so breitete dieser kalte Einfluß sich auch in seinem Busen aus. –

Kant:
Dieser karge Reiche hatte nach dem Maße, als seine Reichtümer zunahmen, sein Herz dem Mitleiden und der Liebe gegen jeden andern verschlossen.

Obgleich nun des Carazans Thüre
niemals zur Gastfreiheit, noch seine
Hand durch Mitleiden geöffnet
wurde, so führte die Furcht ihn
doch beständig in die Moschee, um
zu den bestimten Stunden sein
Gebet daselbst zu verrichten. Er
übte alle Gebräuche der Andacht
mit der sorgfältigsten Beobachtung
aus, er bezahlete dreimal des Tages
dem Propheten in seinem Tempel
seine Gelübde[214.]

Indessen, so wie die Menschenliebe in
ihm erkaltete, nahm die Emsigkeit
seiner Gebeter und der
Religionshandlungen zu.

Es sollte nicht unerwähnt bleiben, daß *Carazans Traum* ein Vorbild hat. In seinen *Free Thoughts on Religion, the Church, and National Happiness* aus dem Jahre 1720[215] erzählt Bernard de MANDEVILLE, der Verfasser der *Bienen-fabel*, eine Geschichte von „CRATO", einem „reichen Geizhals, der nichts mehr als das Geld liebet". Damit ihm Gott aber die Sünden des Wuchers, der Unterdrückung und des Betruges, die er nicht aufzugeben bereit ist, verzeihe, lebt er strenger als ein Einsiedler, fastet, betet, und besucht an Festtagen „allezeit zwey lange Predigten". Dabei bleibt er verdrießlich gegen seine Gattin, hart gegen seine Kinder, zänkisch mit den Nachbarn" und hegt „einen unaus-löschlichen Haß wider alle Bettler", ist bei alledem aber sehr zufrieden und

---

214 *Brem. Magazin* a. a. O. 539f.; *Adventurer* 1754, 367f.: „But whether, in his dealings with men, he discovered a perfidy which tempted him to put his trust in gold, or whether in proportion as he accumulated wealth he discovered his own importance to increase, CARAZAN prized it more as he used it less; he gradually lost the inclination to do good, as he acquired the power; and as the hand of time scattered snow upon his head, the freezing influence extended to his bosom. – BUT though the door of CARAZAN was never opened by hospitality, nor his hand by compassion, yet fear led him constantly to the mosque at the stated hours of prayer; he performed all the rites of devotion with the most scrupulous punctuality, and had thrice paid his vows at the temple of the PROPHET."

215 Bernard DE MANDEVILLE, *Free Thoughts on Religion, the Church, and National Happiness, The Second Edition*, London 1729, Faksimile Neudruck Stuttgart B.C.: Frommann (Holz-boog) 1969, 36-39.

hält seine Zufriedenheit „für ein unfehlbares Zeichen der himmlischen Gnade". Diese Schrift, die auch sonst harte Kritik an der „äußeren Gottseligkeit" übt, sofern sie der „vermaledeyten Boßheit" nicht abhilft, wurde bald ins Französische[216] und 1726 und 1765 auch ins Deutsche[217] übersetzt. Auf das Erscheinen der ersten Französischen Übersetzung hat Valentin Ernst Löscher bereits 1724 mit einer scharfen Gegenschrift reagiert[218].

Auch dieses Werk könnte Kant in der ersten deutschen oder in der französischen Fassung zur Kenntnis genommen haben, obwohl die Erwähnung Mandevilles in den Bänden 5 und 19 (2x) eher auf die *Bienenfabel* schließen läßt. Jedenfalls lassen die Bemerkungen in Kants durchschossenem Handexemplar der „Beobachtungen" aus den Jahren 1764-1765[219] erkennen, daß ihn das Verhältnis von Moral und Religion und die Gefahr, die Frömmigkeit als „Surrogat der Tugend" zu mißbrauchen, bereits beschäftigt. Da heißt es z. B.: „Diese natürliche sittlichkeit muß auch der Probierstein aller Religion seyn." (XX 19,21-22), oder: „Wenn die Menschen die Moral der religion subordiniren [...] so werden sie dadurch feindseelig heuchlerisch afterrednerisch subordiniren sie aber die Religion der Moral so sind sie gütig wohlwollend u. gerecht." (XX 153,9-12); auch, daß „Andacht", wenn sie nicht „Folge einer guten Moralität ist", „zum Selbstbetruge sehr aufgelegt" ist (XX 22,27 – 23,5). Man darf freilich nicht verkennen, daß die Lektüre von Jean-Jacques Rousseaus *Émile*,

---

216 *Pensées libres sur la Religion, l'Eglise, et le bonheur de la Nation, Traduites de l'Anglois du Docteur B.M. Par Mr. Van Effen, Tome 1, Tome 2,* Amsterdam: L'Honoré 1738; V. E. Löscher bezieht sich auf die bereits 1722 erschienene Ausgabe.

217 *Freymüthig=unpartheyische Gedancken von der Religion, Kirche und Glückseligkeit der Engelländischen Nation unter der gegenwärtigen Regierung, zu anderer Völker nützlichem Gebrauch, Warnung und Vorsicht,* Aus der Engeländischen in die Frantzösische Sprache nun aber teutsch übersetzt, Leipzig: Immig 1726, 24-26 (CRATO hier: Argyrophilus); *Freye Gedanken über die Religion, die Kirche und den Wohlstand des Volkes.* Aus dem Englischen Erster und Zweiter Band, [o.O.] 1765. Aus dieser Übersetzung stammen unsere Zitate: die Geschichte von CRATO, hier: „Silberhold" I, 52-57, die „äußerliche Gottseligkeit" und die „vermaledeyte Boßheit" aus I, 33 u. 38.

218 *Nöthige Reflexionen über das Anno 1722 zum Vorschein gebrachte Buch ‚Pensées libres sur la Religion & c. Oder Freye Gedancken Von der Religion Nebst wohlgemeynter Warnung vor dergleichen Büchern,* abgefaßt von Valent. Ernst Löschern D., Wittenberg: Hannauer 1724. Im selben Jahr hat er auch seinen *Antilatitudinarius* veröffentlicht.

219 vgl. zur Datierung XX 472.

der Kant gleich nach Erscheinen im Jahre 1762[220] „einige Tage von den gewöhnlichen Spaziergängen" geopfert hat[221], einen starkem Einfluß auf ihn
ausgeübt hat, ihn „zurecht gebracht" hat, wie er selber schreibt (Bem. z. d.
Beob., XX 44,12-13). Gott ist für Rousseau der „Mittelpunkt" für „alle konzentrische[n] Kreise, welche die Geschöpfe sind"[222]. Dann aber heißt es dort:
„Die größten Ideen der Gottheit bekommen wir durch die bloße Vernunft",
während besondere Glaubenslehren die Menschen hochmüthig, unverträglich,
grausam machen" und, „anstatt den Frieden auf Erden zu gründen, sie Feuer
und Schwert auf derselben ausbreiten." „Der Dienst, welchen Gott fordert, ist
der Dienst des Herzens, und der ist stets einförmig, wenn es aufrichtig ist."
„Was den äußeren Gottesdienst anbetrifft, so ist es bloß eine Policeysache"
(nach der Übersetzung von 1762)[223]. Aus den Jahren 1764-66 stammt (nach
der Adickesschen Datierung) Kants Reflexion 6499: „Wenn man Gott vor der
moralitaet erkenen will, so legt man ihm nicht moralische Vollkommenheiten
bey. Daher kan religion böse sitten hervorbringen oder sie gesetzlich indeter-
minirt lassen; [...] Nicht alle gute Sittlichkeit ist frömmigkeit. Eine Frömmigkeit, die vor der Sittlichkeit anfängt, ist ihr oft entgegen." (XIX 31-35, hier:
35,5-12). Darum ist „Die Religion [...] nicht ein Grund der Moral, sondern
umgekehrt" (1772?) (XIX 150,25, R 6759). Daraus entwickelt sich dann die
Terminologie der „kalte[n] Einschmeicheley" (XX 148,27, R 6753; 1772?),
der „Einschmeichelungen" (Datierung unsicher) (XIX 247,27, R 7093) und
der „Gunstbewerbungen"[224]. Später kommt dann noch die Unterscheidung
zwischen Moralität und Legalität hinzu (XIX 39,2, R 6503[225]).
    Eine nicht zu unterschätzende Bedeutung kommt wohl auch David Humes

---

220 Jean-Jacques Rousseau, *Émile ou de l'Éducation*, Tome I-IV, Amsterdam: Neaulme 1762
     und parallele Ausgaben. Eine deutsche Übersetzung erschien im selben Jahr: *Aemil, oder
     Von der Erziehung. Aus dem Französischen übersetzt und mit einigen Anmerkungen versehen*,
     Teil 1-4, Berlin, Frankfurt und Leipzig 1762. vgl. auch Klaus Reich, *Rousseau und Kant*
     (=Philosophie und Geschichte 61), Tübingen 1936.

221 Borowski (siehe Anm. 1) 79.

222 *Aemil*, 3. Theil (siehe Anm. 220) 86.

223 a. a. O. 3. Theil, 97ff.

224 XIX 630 (R 8087) u. a.; vgl. dazu Winter 1977, [hier Kapitel 3, 115-161].

225 vgl. oben Anm. 144.

Schrift *The natural history of religion* von 1757 zu, deren deutsche Übersetzung, die 1759 erschienen war[226], Kant angeblich besaß[227], aber jedenfalls 1786 zitiert hat (die Übersetzung „Strohwisch" für „bullrush")[228]. Hume klagt hier über die anzutreffende Diskrepanz zwischen religiösen Beteuerungen und dem tatsächlichen Leben und über die religiöse Heuchelei[229] und spricht von der Suche nach „leichtere[n] Ersetzungsmittel[n]" für beschwerliche Pflichten, die „lange so viel nicht kosten, als die genaue und reine Erfüllung solcher Pflichten selbst"[230], die von dem vermeintlich Frommen als besonders wirksam angesehen werden, wenn sie „weder im Leben wozu dienlich sind, oder seinen natürlichen Neigungen die größte Gewalt anthun"[231]: so werden ihm „gottesdienstliche(n) Gebräuche und Ceremonien" „zu Aussöhnungsmitteln" für

---

226 *Vier Abhandlungen, 1. Die natürliche Geschichte der Religion. 2. Von den Leidenschaften. 3. Vom Trauerspiel. 4. Von der Grundregel des Geschmacks. von David Hume, aus dem Englischen übersetzt,* Quedlinburg und Leipzig 1759 (nach Ueberweg III, 401 von F. G. Resewitz angefertigt).

227 Karl VORLÄNDER, *Immanuel Kant. Der Mann und das Werk, erster Band,* Leipzig 1924, 152 unter Bezugnahme auf eine „Mitteilung von Fräulein R. Burger (Göttingen)".

228 HUME a. a. O. 96, bei Kant VIII 152,35-36 in den „Bemerkungen zu Ludwig Heinrich JAKOBS *Prüfung der Mendelssohn'schen Morgenstunden.* Zu meinem Briefwechsel mit Sir KARL R. POPPER in dieser Sache (vgl. WINTER 1975 [siehe Anm. 25] 26, Anm. 227, [hier Kapitel 1, 1-47, 33f., Anm. 227]): die originelle Übersetzung „Strohwisch" für „bullrush", die in England nicht greifbar war, lag also Kant schon vor und kann nicht als Beleg dafür gelten, daß er (entgegen zeitgenössischen Aussagen) englische Texte gelesen habe, wie Herr Popper annahm.

229 a. a. O. 150: „Man höre die mündlichen Versicherungen aller Menschen an: Von nichts sind sie so gewiß als von den Lehrsätzen ihrer Religion. Man untersuche ihr Leben: so wird man kaum denken können, daß sie das geringste Vertrauen darauf setzen. – Der grösseste und wahreste Eifer giebt uns keine Sicherheit gegen die Heucheley: die offenbarste Gottlosigkeit ist mit geheimer Furcht und Zerknirschung verbunden."

230 a. a. O. 142f. Anm.; vgl. Rel. VI 201, 30-31: „die Religion nicht zur Ersetzung, sondern zur Beförderung der Tugendgesinnung". Rel. VI 178,22-25: „*natürliche,* an sich aber mit der Moralität gar nicht verwandte Handlungen (welche auszuüben es keiner Gott wohlgefälligen Gesinnung bedarf, die der ärgste Mensch also eben sowohl, als der beste ausüben kann)"; Rel. VI 200,16-21: „Es ist mühsam, ein guter *Diener* zu sein (man hört da immer nur von Pflichten sprechen); er möchte daher lieber ein *Favorit* sein, wo ihm vieles nachgesehen […] wird, indessen daß er immer der lose Knecht bleibt, der er war."

231 a. a. O. 141.

die „Beleidigungen"[232]. Durch diese unterscheidende Kennzeichen der Andacht
hat er nun die göttliche Gunst erworben; und kann in dieser Welt Schutz und
Sicherheit, in jener aber die ewige Seligkeit dafür zur Belohnung erwarten."[233]
„Daher kömmts, daß man in manchen Fällen gefunden hat, daß die grössesten
Verbrechen mit einer abergläubischen Frömmigkeit und Andacht bestehen
können."[234] Auch in seinen *Dialogues concerning natural religion* spricht Hume
von der „gemeinen Beobachtung, daß höchster Religionseifer und tiefste Heucheley oft oder gewöhnlich in demselben individuellen Charakter vereinigt
sind", so daß man vor „einem Mann, der von seiner Religion und Frömmigkeit
viel Aufhebens macht, [...] auf der Hut vor Betrug und Täuschung" sein
muß[235]. Kant hat die Übersetzung dieses Werkes, die Johann Georg Hamann
angefertigt hatte, im Jahre 1780 zweimal gelesen[236], und die im folgenden
Jahre erschienene Übersetzung von Ernst Platner gehörte zu seinem Bücher-
nachlaß[237]. Und schließlich findet sich in Humes *Enquiry concerning human
understanding,* das 1754 in deutscher Übersetzung erschienen war[238] und in
Kants wichtigem Jahr 1769 eine Rolle gespielt haben dürfte, die Rede von
einer „Schmeicheley", die darin liegt, über Gott mehr zu sagen, als man
wissen kann[239] und die an Kants Hiobinterpretation erinnert.

Als Vorbild für Hume und andere von den genannten Autoren wird wohl
sehr wahrscheinlich Anthony Ashley Cooper, 3rd Lord of Shaftesbury zu

---

232 a. a. O. 144.

233 a. a. O. 141f.

234 a. a. O. 143.

235 Zitiert nach der Ausgabe David Hume, *Dialoge über natürliche Religion, Neu bearbeitet
von Günter Gawlick* (Philos. Bibl. 36), Hamburg ⁴1968, 114f. vgl. dazu Kants Ausführungen
über den „Hadgi" Rel. VI 189 Anm.

236 Johann Georg Hamann, *Briefwechsel,* hrsg. v. Arthur Henkel, Vierter Band 1778-1782,
Wiesbaden 1959, 205, 229, 249, 262.

237 Warda (siehe Anm. 3) 50.

238 *Philosophische Versuche über die Menschliche Erkenntniß von David Hume, Ritter. Als
dessen vermischter Schriften Zweyter Theil, Nach der zweyten vermehrten Ausgabe aus dem
Englischen übersetzt und mit Anmerkungen des Herausgebers begleitet.* Hamburg u. Leipzig
1755.

239 a. a. O. 311f., 328.

gelten haben, und zwar besonders mit seiner schon 1708 in London erschiene-
nen Schrift *A Letter concerning Enthusiasm*, die in einer französischen Übersetzung von 1709[240] Leibniz in die Hände fiel und zu Anmerkungen veranlaßt hatte[241]. Sie wurde aufgenommen in die *Characteristicks of Men, Manners, Opinions, Times. In Three Volumes*, die 1711 und 1714 und später erschienen. Eine deutsche Übersetzung des *Briefes über den Enthusiasmus* kam allerdings erst im Jahre 1768 heraus[242], so daß Kant ihn möglicherweise erst dann zur Kenntnis genommen hat. In einer ungenau datierten Reflexion schreibt Kant: „Will man den Weg der Critik nicht einschlagen, so muß man die Schwarmerey ihren Gang gehen lassen und mit Schaftsbury darüber lachen." (XVIII 436, R 6050). Die Schreibweise „Schaftsbury" könnte auf das 1785 erschienene Büchlein von Johann Georg Schlosser *Über Schaftsbury von der Tugend an Born*, Basel: Serini 1785, hinweisen, der im Text auch „Schäftsbury" schreibt. Im „Brief über den Enthusiasmus" referiert Shaftesbury die Hiob-Interpretation eines „heiligen Skribenten" (vielleicht ist Erzbischof Tillotson gemeint), die sich genau mit Kants Hiob-Interpretation im „Mißlingen aller philosophischen Versuche in der Theodicee" deckt: daß die Freunde mit ihren Aussagen also nichts anderes tun „als Gott *schmeicheln*, Gottes *Person ansehen*, und so gar *ihn täuschen*". Wegen der darin zum Ausdruck kommenden niedrigen Meinung von Gott nennt er solche Leute „*Schmeichler* in der Religion, bloße *Schmarotzer der Andacht*", vergleichbar mit Bettlern, die ihren Zielpersonen geflissentlich überhöhte Titel geben, um ihr Ziel zu erreichen. In diesem Zusammenhang wird auch Kants falsche „Sicherheitsmaxime" ganz ähnlich formuliert, möglicherweise aufgrund einer Fehlinterpretation von Pascals „Wette"[243].

---

240 *Lettre sur l'Enthusiasme. Traduite de l'Anglois*, A la Haye, chez T. Johnson 1709.

241 Zu finden in *Recueil de diverses pieces, Sur la Philosophie, la Religion Naturelle, l'Histoire, les Mathematiques &c. Par Mrs.* Leibniz, Clarke, Newton *& autres Auteurs célèbres.* seconde *Edition, Revue, corrigée & augmentée, Tome II,* A Asterdam: Changuion 1740, 311-334.

242 *Antony Ashley Cooper, Grafens von Shaftesbury Charakteristicks, oder Schilderungen von Menschen, Sitten, Meynungen und Zeiten, aus dem Englischen übersetzt [v. C. A. Wichmann]. Nebst einem Schreiben des Übersetzers, welches die Anmerkungen des Freyherrn von Leibnitz enthält*, Leipzig 1768.

243 Im deutschen Text: 38-42; in der engl. Ausgabe von 1714: 34-36. Zur „Sicherheitsmaxime": „Es ist die bettelhafteste Zuflucht, die man sich einbilden kann, welche doch so mächtig

Da Kant „noch gerne im Alter Dichter las", müßte nun noch auf so manchen Dichter eingegangen werden, den Kant erwähnt: auf Alexander Pope, der geschrieben hat: „der, so richtig lebet, kann nicht unrichtig glauben"[244]; auf Jonathan SWIFT, dessen *Mährgen von der Tonne* Kant häufiger zitiert, in dem die „Religion ein Mantel" genannt wird[245] und in dem gesagt wird: „Wir haben mehrentheils Religion genug, einander zu hassen: aber nicht Religion genug, einander zu lieben."[246]; auf Albrecht von HALLER und seine *Gedanken über Vernunft, Aberglauben und Unglauben* und das Gedicht *Die Falschheit menschlicher Tugenden*[247]; auf Johann MILTONS *Episches Gedichte von dem Verlohrnen Paradiese*[248]; auf Samuel BUTLERS *Hudibras, ein satyrisches Gedicht*

angepriesen wird, und bey vielen geschickten Männern als eine große Maxime gilt: ‚Man müsse sich bestreben, Glauben zu haben, und aufs äußerste zu glauben; denn wenn auch bey dem allen nichts an der Sache wäre, so würde es doch kein Schade seyn, sich solchergestalt betrogen zu finden; wäre aber etwas daran, so würde es unglücklich für den seyn, der nicht völlig geglaubt hätte.' Sie irren sich aber in so fern, weil es gewiß ist, so lange sie diese Gedanken heegen, daß sie weder zu ihrer Zufriedenheit und Glückseligkeit in dieser Welt, noch mit einigem Vortheile oder Vergnügen an eine andre iemals glauben können. Denn zu geschweigen, daß unsere Vernunft, die den Betrug kennt, auf einem solchen Grunde niemals mit völliger Zufriedenheit ruhen, sondern uns oftmals wie der Wind hin und her treiben, und uns auf ein Meer von Zweifeln und Bekümmernissen schleudern wird; so können wir auch mit der That in unsrer Religion nicht anders als *schlimmer* werden, und eine desto *schlimmere* Meynung von einer *höchsten* Gottheit unterhalten, so lange unser Glaube auf eine so schimpfliche Vorstellung von ihr gegründet ist." (41f.) In der französischen Ausgabe von 1709 findet sich bei der Maxime folgende Randbemerkung: „L'Archevêque Tillotson, Mr. Pascal & d'autres" (96).

244 *Herrn Alexander Pope Esq. sämmtliche Werke. Mit Wilh. Warburtons Commentar und Anmerkungen aus dessen neuester und bester Ausgabe übersetzt, Dritter Band* [-1761], 91.

245 *Des berühmten Herrn D. Schwifts Mährgen Von der Tonne, Zum allgemeinen Nutzen des menschlichen Geschlechts abgefasset, Nebst einem vollständigen Begriffe einer allgemeinen Gelehrsamkeit, Aus dem Englischen ins Teutsche übersetzet. 1. Theil*, Altona: Auf Kosten guter Freunde 1729, 69, vgl. dazu AA 20/181.

246 *Anderer Theil des Mährgens von der Tonne, So Zum allgemeinen Nutzen des menschlichen Geschlechts abgefasset worden, Von Einem gewissen elenden Scribenten, Insgemein genant Der Autor des Ersten. Aus dem Englischen ins Teutsche übersetzet*, Altona: Auf Kosten guter Freunde 1729, 108.

247 Zu finden in: Albrecht VON HALLER, *Die Alpen* (8963/64), Stuttgart: Reclam 1974, ab 23 und ab 39. vgl. dazu BOROWSKI (siehe Anm. 1) 78: „Unter den deutschen Dichtern befriedigte ihn [Kant] Haller vorzüglich; er wußte ihn größtentheils auswendig."

wider die Schwärmer und Independenten zur Zeit Carls des Ersten[249], das mit beißendem Witz die englischen Religionsstreitigkeiten aufs Korn nimmt[250] und das Kant schon in den *Träumen eines Geistersehers* zitiert (II 348[251]), und auf etliche andere; aber das läßt der gegebene Rahmen nicht zu. Schließlich könnte noch nach dem theologiegeschichtlichen Hintergrund auf katholischer Seite gefragt werden, den wir bewußt ausgeklammert haben, weil er für Kants Religionsphilosophie nur eine geringe Rolle spielt. Auch hier gab es Reaktionen und Gegenreaktionen auf die naturalistischen und rationalistischen Tendenzen der Aufklärung, aber die Wellen schlugen nicht so hoch. Den Tenor gibt eine Mainzer Dissertation wieder mit dem Titel *De abusu rationis respectu mysteriorum religionis christianae* von Mathaeus Franciscus GENTIL aus dem Jahre 1785. Dort steht unter den zu verteidigenden Thesen unter § V: „4. Nec sufficit, salva modo Religione naturali, qualemcunque admittere revelationem. C. Deistas. 5. Nec admissa etiam Religione christiana satis est admittere existere Deum, et Christum fuisse Messiam. C. Loke."[252] In einer kleinen polemischen Schrift von 1787, in der durchaus auch massive selbstkritische Stimmen zu Worte kommen, heißt es über die Katholiken: „Deswegen suchen sie mit aller Welt in Friede und Einigkeit zu leben; sie dringen sich Niemanden mit ihrem

---

248 *Uebersetzet und durchgehends mit Anmerckungen über die Kunst des Poeten begleitet von Johann Jacob Bodmer.* Zürich: Orell u. Comp. u. Leipzig: Gleditsch 1742, vgl. XVI 106 (R 1765). BOROWSKI (siehe Anm. 1) 78: „Das verlorne Paradies [...] hielt er [Kant] für wahre, ganz eigentliche Poesie und setzte dabei unsern Klopstock weit unter Milton."

249 Kant hat sehr wahrscheinlich die Ausgabe Hamburg u. Leipzig 1765 benutzt; vgl. dazu WINTER 1976 (siehe Anm. 15) 22f., Anm. 137, [hier Kapitel 2, 49-113, 76, Anm. 137].

250 „Der Leser lasse sich benachrichtigen, daß durchweg alle Scenen unsers Gedichtes ihr historisches Fundament haben, und daß sich alles auf Engeland, auf den traurigsten Auftritt der Rebellion wider Carl, den Ersten, dem Heucheley, Schwärmerey, Hunderey, zulezt den Kopf für die Füße geleget, da der verschmizteste Heuchler und Schwärmer in Einer Person, Cromwell, die Königlichen Rechte gewaltsam an sich gerissen hatte." (Vorrede a. a. O. V).

251 Träume II 348; vgl. auch Anthr. VII 222, 235; XVI 281,3 (R 2238).

252 *Dissertatio theologica de abusu rationis respectu mysteriorum religionis christianae.* Quam cum positionibus selectis ex universa Theologia ad majorem Dei gloriam in alma electorali semperque catholica Universitate Moguntina pro suprema Doctoratus theologici Laurea publico examini submittit Mathaeus Franciscus Gentil Aschaffenburgensis [...], Moguntiae: Alef, Haered. Haefner 1785, [39].

orthodoxen Dogma auf, und wenn die Rede etwa nothwendig daran kommt, so eilen sie wie über glühende Kohlen darüber hin, denn sie wollen der gehässigen Mühe enthoben sein, ihres Glaubensbekenntnisses wegen Jemand der Unwissenheit und des Irrthums beschuldigen zu müssen. – Solche Gesinnungen erzeugen die uneingeschränkteste Toleranz; es versteht sich, Toleranz gegen Meinungen."[253]

Vor diesen leider nur in sehr bescheidener Auswahl skizzierten theologiegeschichtlichen und literarischen Hintergründen gelingt es vielleicht eher, der religionsphilosophischen Position Kants ihre positiven Seiten abzugewinnen. Einerseits wollte Kant als Philosoph und nur als Philosoph über Religion nachdenken, andererseits wollte er, der Grenzen der Reichweite der Vernunft bewußt, der Offenbarung ihren eigenen unverfügbaren und unersetzlichen Raum in der Geschichte zurückgeben. Abgesehen davon, daß sein Bestreben, reinere Begriffe für die Theologie bereitzustellen, auch heute noch nützlich sein kann[254], hat er eine dezidiert philosophische Apologetik des Christentums (eine „philosophische Theologie" – Rel., VI 9,7) innerhalb des inneren der konzentrischen Kreise vorzulegen versucht, die ihren eigenen Wert hat und nicht aus theologischer Sicht des Minimalismus oder Rationalismus geziehen werden sollte. „Denn die Wissenschaften gewinnen lediglich durch die Absonderung, sofern jede vorerst für sich ein Ganzes ausmacht, und nur dann allererst mit ihnen der Versuch angestellt wird, sie in Vereinigung zu betrachten." (Rel. VI 10,27-30). Nur so kann der Dialog zwischen den Wissenschaften wirklich fruchtbar sein, wenn vorher möglichst wenig Anleihen herüber und hinüber stattgefunden haben. Obwohl die Moral für Kant das Fundament der Religion ist, hält er es für „unmöglich, daß ein Mensch ohne Religion seines Lebens froh werde" (XIX 649,19-20, R 8106); aber Religion als „(subjektiv betrachtet) das Erkenntnis aller unserer Pflichten als göttlicher

---

253 *Achtzehn Paragraphen über Kaholizismus, Protestantismus, Jesuitismus, geheime Orden und moderne Aufklärung in Deutschland. Eine Denkschrift an deutsche Regenten und das deutsche Publikum,* In Deutschland 1787, 77.

254 vgl. dazu Alois WINTER, *Transzendentale Theologie der Erkenntnis. Ansätze zur theologischen Rezeption der Kantschen Vernunftkntik,* in: Alois Halder, Klaus Kienzler, Joseph Möller, (Hrsg.): Auf der Suche nach dem verborgenen Gott. Zur theologischen Relevanz neuzeitlichen Denkens, Düsseldorf 1987, 68-96, [hier Kapitel 7, 389-424].

Gebote" (z. B. Rel., VI 153,28-29[255]) bedarf der „Ergänzung" des eigenen Unvermögens[256], die nur von jener Realität her zu erwarten ist, die der praktische Vernunftgebrauch gegen die Alternative eines „absurdum practicum" oder „morale" mit Gewißheit postulieren muß (z. B. XVIII 193,18-28, R 5477[257]) und von der die Offenbarung Kunde gibt. Darauf stützt sich die „Hoffnung der Zukunft", zu der sich Kant bekennt (Träume, II 349,34) und die ihn veranlaßte, sich privat zu notieren: „Daher bete ich und arbeite." (XIX 626, 19).

---

255 vgl. auch: XIX 646,21-22 (R 8104), 650,19-20 (R 8110) u.a.

256 vgl. Rel. VI 52, 120, 139, 141, 171, 174, 178, 183, 196; SF VII 9, 43, 44, 47; XIX 120,28-31 (R 6634), 174,30-175,2 u. 175,24-25 (R 6832 u. 6836), 187,28-30 (R 6872).

257 vgl. dazu auch Alois WINTER, *Der Gottesweis aus praktischer Vernunft. Das Argument Kants und seine Tragfähigkeit vor dem Hintergrund der Vernunftkritik*, in: Klaus Kremer, (Hrsg.): Um Möglichkeit oder Unmöglichkeit natürlicher Gotteserkenntnis heute, Leiden 1985, 109-178, hier: 168f, [im vorliegenden Buch Kapitel 5, 257-344, hier 331ff.].

Kapitel 9:
Transzendenz bei Kant.
Über ein verborgenes Grundmotiv seines Denkens

Über Transzendenz bei Kant zu schreiben mag verwegen erscheinen, taucht doch dieser Terminus weder in seinen veröffentlichten Werken noch im Briefwechsel oder (allerdings mit einer möglichen Ausnahme!) im Nachlaß auf[1]; allerdings läßt sich dies, falls der Vergleich zwischen gänzlich Ungleichem gestattet ist, auch von der Bibel sagen. Dennoch soll versucht werden zu zeigen, daß Kants philosophisches Denken von den frühen Schriften an die Transzendenz Gottes unterstellt und in der sog. kritischen Phase in Gegenposition besonders zur Leibniz-Wolffschen Philosophie um die Legitimation eines denkerischen Überstiegs über die Grenzen der Erfahrungserkenntnis ringt[2]; deshalb war die *Kritik der reinen Vernunft* (= KrV)[3] ja auch ursprünglich als ein Traktat über die „Grentzen der Sinnlichkeit und der Ver-

---

1   Vgl dazu *Wortindex zu Kants gesammelten Schriften*, bearbeitet von D. KRALLMANN u. H. A. MARTIN, Bd. 1 u. 2 (Allgemeiner Kantindex Bd. 17), Berlin 1967. Für die Bde. X bis XXIII der Akademieausgabe liegen mir zu einigen Stichwörtern Computerausdrucke vor, die mir vom Philos. Seminar A in Zusammenarbeit mit dem Institut für angewandte Kommunikations- und Sprachforschung e.V. [IKS] der Universität Bonn freundlicherweise zur Verfügung gestellt wurden. Die erwähnte mögliche Ausnahme findet sich in Bd. XXI *(Opus postumum)*, 77: „Dem Immanenten ist das Transscendente welchem Begrif gar kein Object entspricht die *Transsc.* aber was einer bloßen *Idee* von einem Wesen entspricht als Princip entgegen gesezt." In der Anmerkung dazu heißt es: „*Verstümmelt; Transscendenz?*"

2   vgl. M. HEIDEGGER, *Kants These über das Sein*, Frankfurt/Main 1963,14: „Nun wird aber und bleibt für Kant die Frage, ob und wie und in welchen Grenzen der Satz ,Gott' als absolute Position möglich sei, der geheime Stachel, der alles Denken der Kritik der reinen Vernunft antreibt und die nachfolgenden Hauptwerke bewegt." vgl. auch A. WINTER, *Theologische Hintergründe der Philosophie Kants*, in: Theologie und Philosophie 51 (1976), 1-51, [hier Kapitel 2, 49-113]. Die Gegenposition wird eingenommen von M. CASULA, *Studi Kantiani sul trascendente* (= Pubblicazioni dell' Istituto di Filos. dell'Univ. di Genova XXV), Milano 1963. Den Zusammenhang mit dem Hoffnungsmotiv sieht Ph. J. ROSSI, *Moral autonomy, divine transcendence and human destiny: Kant's doctrine of hope as a philosophical foundation for Christian ethics*, in: The Thomist (Washington) 46 (1982), 441-458.

3   Die KrV zitieren wir nach den Paginierungen der ersten und zweiten Auflage A und B.

nunft" geplant[4]. Kant unterscheidet (allerdings nicht immer ganz konsequent) „Grenzen" und „Schranken" unserer Erkenntnisvermögen: *Grenzen* konnotieren einen Bereich jenseits der Scheidelinie – *Schranken* bedeuten die Reichweite eines Vermögens überhaupt[5]. Aussagen, die diese Grenzen igno-

4   In der Akademieausgabe [= AA] X, 123 (Brief Nr. 67 [62] vom 7. Juni 1771); vgl. schon vorher Brief Nr. 57 [54] vom 2. Sept 1770: „Es scheint eine ganz besondere, obzwar blos negative Wissenschaft (phaenomenologia generalis) vor der Metaphysic vorher gehen zu müssen, darinn denen principien der Sinnlichkeit ihre Gültigkeit und Schranken bestimmt werden, damit sie nicht die Urtheile über Gegenstände der reinen Vernunft verwirren, wie bis daher fast immer geschehen ist." (AA X, 98). Dazu Brief Nr. 70 [65] vom 21. Febr. 1772, der den alten und neuen Titel enthält: „(…) und nun machte ich mir den Plan zu einem Werke welches etwa den Titel haben könte: *Die Grentzen der Sinnlichkeit und der Vernunft.* (…) und ich itzo im Stande bin eine Critick der reinen Vernunft, welche die Natur der theoretischen so wohl als practischen Erkentnis, so fern sie blos intellectual ist, enthält vorzulegen wovon ich den ersten Theil, der die Quellen der Metaphysic, ihre Methode u. Grentzen enthält, zuerst, und darauf die reinen principien der Sittlichkeit ausarbeiten und was den erstern betrift binnen etwa 3 Monathen herausgeben werde." (AA X, 129 u. 132). Brief Nr. 79 [71] v. Ende 1773: „Ich werde froh seyn wenn ich meine Transscendentalphilosophie werde zu Ende gebracht haben welche eigentlich eine Critik der reinen Vernunft ist alsdenn gehe ich zur Metaphysik die nur zwey Theile hat: die Methaphysik [!] der Natur und die Metaph: der Sitten wovon ich die letztere zuerst herausgeben werde und mich darauf zum voraus freue." (AA X, 145). In demselben Brief: „Es leuchtet mir aber davor eine Hofnung entgegen (…) nemlich der Philosophie dadurch auf eine dauerhafte Art eine andere und vor Religion und Sitten weit vortheilhaftere Wendung zu geben zugleich aber auch ihr dadurch die Gestalt zu geben die den spröden Mathematiker anloken kan sie seiner Bearbeitung fähig und würdig zu halten." (AA X, 144). Die Bestimmung der Grenzen aber bleibt das Ziel. Am 24. Nov. 1776 schreibt Kant an Marcus Herz: „Sie wissen: daß das Feld der, von allen empirischen Principien unabhängig urtheilenden, d.i. reinen Vernunft müsse übersehen werden können, weil es in uns selbst a priori liegt und keine Eröfnungen von der Erfahrung erwarten darf. Um nun den ganzen Umfang desselben, die Abtheilungen, die Grenzen, den ganzen Inhalt desselben nach sicheren principien zu verzeichnen und die Marksteine so zu legen, daß man künftig mit Sicherheit wissen könne, ob man auf dem Boden der Vernunft, oder der Vernünfteley sich befinde, dazu gehören: eine Critik, eine Disciplin, ein Canon und eine Architektonik der *reinen Vernunft*, mithin ein förmliche Wissenschaft, zu der man von denenienigen, die schon verhanden sind, nichts brauchen kan und die zu ihrer Grundlegung sogar ganz eigner technischer Ausdrücke bedarf." (Brief Nr. 112 [101], AA X, 199). vgl. P. F. STRAWSON, *The bounds of sense. An Essay on Kant's Critique of pure reason*, London 1966.

5   vgl. H. HEIMSOETH, *Transzendentale Dialektik. Ein Kommentar zu Kants Kritik der reinen Vernunft, 1. Teil: Ideenlehre und Paralogismen*, Berlin 1966, 10: „Die Termini ‚Schranke'

rieren (und die Schranken nicht respektieren), werden von Kant „transscendent" genannt[6], wobei die Bedeutung dieses Ausdrucks je nach seiner Anwendung auf verschiedene Arten der ‚Grenzüberschreitungen' variiert. Diese auf den ersten Blick eher negativ klingende Redeweise kommt aber keineswegs einer Bestreitung von Transzendenz gleich, sie ist eher als Anerkennung und Bestätigung einer Transzendenz zu verstehen, die mit den im Erfahrungsbereich gültigen Mitteln der Erkenntnis nicht adäquat (oder überhaupt nicht) einholbar ist[7]. So schreibt Kant gegen Ende seines Lebens über seine Transzen-

und ‚Grenze' sind bei Kant in der Weise unterschieden, daß grundsätzliche Feststellung der Grenzen unserer Erkenntnis der Vernunft selbst möglich ist, als überschauendes Bestimmenkönnen auch noch des Bereichs, wo notwendig die Absicht verstehender Einsicht auf ihre unübersteigbare Schranke stößt." Auch G. FERRETTI, *La ragione ai confini della trascendenza cristiana in Kant,* in: ‚Annali della Facoltà di Lettere e Filosofia' dell' Università di Macerata XIX (1986), 171-256, hier: 181f. Ausführlich zu diesem Thema: A. RACEK, *Grenzbegriffliches Denken in Kants ‚Kritik der reinen Vernunft': Das Kapitel über Phänomena und Noumena. Kommentar und systematischer Versuch im Hinblick auf ein Überschreiten der Transzendentalphilosophie,* (Diss.) Wien 1975. Eine metatheoretische Reflexion zu Kants „Grenzbestimmung" bei F. GLAUNER, *Kants Begründung der „Grenzen der Vernunft",* Köln 1990.

6   Transzendent (= „überfliegend" A 643 = B 671 oder „überschwenglich" AA V, 105, im Gegensatz zu „einheimisch", AA IV, 338) werden Urteile, Ideen oder Vernunftbegriffe, Grundsätze oder Prinzipien, der Gebrauch der Ideen oder Prinzipien und der Vernunftgebrauch in bestimmten Fällen genannt; vgl. A 296, B 352; A 296, B 353; A 297, B 354; A 308, B 365; A 327, B 383; A 327, B 384; B 427; A 420, B 447; A 565 = B 593; A 571 = B 599; A 643 = B 671; A 781 = B 809; A 799 = B 827; A 845 = B 873; AA IV, 292; 328; 338; 353; 373; V, 16; 104; 105; 133; 135; 413; VI, 191; 221; 488; 489; VIII, 398. Was theoretisch transzendent (und bloß „regulativ") ist, kann im praktischen Gebrauch „immanent" (und „constitutiv") sein: AA V, 105,133,135.

7   vgl. W. DRESCHER, *Vernunft und Transzendenz. Einführung in Kants Kritik der reinen Vernunft* (= Monogr. z. philos. Forschung 73), Meisenheim am Glan 1971, 2: „Bei Kant hat das Wort Grenze noch seinen vollen Sinn, er denkt stets in beiden Bezirken – dem Inneren und dem Äußeren. Die Kantinterpretationen dagegen beschäftigten sich im wesentlichen mit dem Innenbezirk, und dabei kommt es zu dem verzweifelten Ringen um Auflösung des – seiner Natur nach – Transzendenten." 150: „Kehren wir zum Schluß zu Kant zurück und fragen uns, was der letzte Sinn der großen Bemühung ist, die er mit der Kritik der reinen Vernunft sich auferlegte, so möchte ich ihn darin sehen, daß die Grenzen des Verstandes ausgemessen wurden, damit wir durch sie hindurchschreitend zur Weite der Vernunft gelangen." Leider schreibt Frau Drescher „eine [!] Prolegommena" (1), „(Anhang zur Prolegomena)" (58); richtig dagegen 57: „im Anhang zu den Prolegomena".

dentalphilosophie: „Sie hat ihren Nahmen davon daß sie an das Transscendente Grenzt und in Gefahr ist nicht blos ins Ubersiñliche sondern gar in das Sinnleere zu fallen".[8] Für Kant sind ja bekanntlich *„transscendental* und *transscendent* nicht einerlei"[9]: nachdem „historisch (...) die Differenz von transszendent und transszendental eine rein grammatische (!)" war, empfing der Terminus des ‚Transzendentalen‘ „bei Kant (...) eine sehr eigentümliche und sehr andersartige Prägung".[10] Aus dem Plotinischen „ἐπέκεινα", das auf Platon zurückgeht, entwickelte sich die mittelalterliche „Transzendentalienlehre" der überkategorialen „Transzendentien" des Seienden als solchen[11], die bei Thomas von Aquin „nomina transcendentia"[12] heißen. Auf diese

8   AA XXI, 74. vgl. auch A. Rigobello, *Die Grenzen des Transzendentalen bei Kant* (= Epimeleia. Beiträge zur Philosophie, hg. v. H. Kuhn u.a., Bd. 13), München und Salzburg 1968; übersetzt aus dem Italienischen: *I limiti del trascendentale in Kant* (= Academica 3), Milano 1963, von J. Tscholl. Im *Opus postumum:* „Der Transsc: Phil. höchster Standpunkt *Transsc. Theologie*" (AA XXII, 63, vgl. auch XXI, 23, 48, 53, 54 u.a.). Dazu: F. Pinski, *Der höchste Standpunkt der Transzendentalphilosophie. Versuch einer Vervollständigung und system. Darst. der letzten Gedanken Immanuel Kants,* Halle a.S. 1911.

9   A 296, B 352.

10   H. Knittermeyer, *Transszendent und Transszendental,* in: Festschrift für Paul Natorp zum siebzigsten Geburtstag von Schülern und Freunden gewidmet, Berlin u. Leipzig 1924, 195-214, hier: 204.

11   vgl. ebd. 201.

12   S.Th. I, 30,3; I, 39,3,3; De Ver. 21,3; De nat. gen. 2;1 Sent. 2,1,5,2; De instantibus 1; vgl. L. Oeing-Hanhoff, *Ens et unum convertuntur. Stellung und Gehalt des Grundsatzes in der Philosophie des hl. Thomas von Aquin* (= Beitr. z. Gesch. d. Philos. u. Theol. d. MA XXXVII,3), Münster/W. 1953, 13. „Diese Namen werden ‚transzendent‘ genannt, weil sie als ‚an sich mitfolgende‘ begriffliche Bestimmungen des Seienden alle Art- und Gattungsbegriffe ‚übersteigen‘ und als ‚Bezeichnungsweise, die allgemein einem jeden ens folgt‘, die gleiche Weite wie das ens haben." ebd. 115 unter Berufung auf De Ver. 1,1. – vgl. auch H. Leisegang, *Über die Behandlung des scholastischen Satzes: ‚Quodlibet ens est unum, verum, bonum seu perfectum‘, und seine Bedeutung in Kants Kritik der reinen Vernunft,* in: Kantstudien 20 (1915), 403-421; Zur Begriffsgeschichte vgl. F. Schmidt, *De origine termini Kantiani ‚transcendens‘* (Diss.), Marburg 1873; H. Knittermeyer, *Der Terminus ‚transszendental‘ in seiner historischen Entwickelung bis zu Kant* (Diss.), Marburg 1920; ders., *Von der klassischen zur kritischen Transzendentalphilosophie,* in: Kantstudien 45 (1953/54), 113-131. Zur weiteren Entwicklung vgl. M. v. Zynda, *Kant – Reinhold – Fichte. Studien zur Geschichte des Transzendental-Begriffs* (= Kantstudien Erg.-H. 20), 1910, Neudruck Würzburg o. J.; H. Höfling, *Beitrag zur Klärung des Problems der*

„Transscendentalphilosophie der Alten" bezieht sich Kant in dem eingeschobenen § 12 der zweiten Auflage der KrV, um dann aber „diese vermeintlich transscendentale[n] Prädicate der *Dinge*" nur „als logische Erfordernisse und Kriterien aller *Erkenntniß der Dinge* überhaupt" gelten zu lassen[13], die er dann auf seine Weise neu bestimmt:

> „Ich nenne alle Erkenntniß *transscendental,* die sich nicht sowohl mit Gegenständen, sondern mit unsern Begriffen a priori von Gegenständen überhaupt beschäftigt. Ein System solcher Begriffe würde Transscendental=Philosophie heißen."[14]

Das Wort „überhaupt" ist dabei auf „unsern Begriffen a priori" bezogen, von denen es für Kant grundsätzlich drei Arten gibt: „die Begriffe des Raumes und der Zeit, als Formen der Sinnlichkeit, (…) die Kategorien, als Begriffe des Verstandes"[15] und die „problematischen", aber „nothwendigen Vernunftbegriffe"[16], wobei aber nur die Kategorien „Begriffe a priori von Gegenständen überhaupt" sind, während die ästhetischen Begriffe sich auf Erscheinungen beziehen, und andererseits den Vernunftbegriffen „kein congruirender Gegenstand in den Sinnen gegeben werden kann", der „der transscendentalen Idee adäquat wäre" und deren „objective[r] Gebrauch" „*transscendent*"[17] genannt wird. Diese Interpretation wird durch die Änderung des Satzes in der B-Auflage bestätigt, in der es nun heißt:

> „Ich nenne alle Erkenntniß *transscendental,* die sich nicht sowohl mit Gegenständen, sondern mit unserer Erkenntnißart von Gegenständen, so fern diese a priori möglich sein soll, überhaupt beschäftigt. Ein *System* solcher Begriffe würde *Transscendental=Philosophie* heißen."[18]

Mit „unserer Erkenntnißart" wird angedeutet, daß es noch eine denkbare

---

Transzendenz bei Kant und Schelling, (Diss.) Freiburg i.Br. 1953.

13   B 113f. Zu Kants Absicht bei der Bezugnahme auf die „Transscendentalphilosophie der Alten" vgl. H. Leisegang (Anm. 12).

14   A 11.

15   A 85, B 118.

16   vgl. A 339, B 397 und A 327, B 383.

17   vgl. A 327, B 383f.

18   B 25.

andere geben könnte, die unseren gegenwärtigen Einschränkungen nicht unterworfen wäre entsprechend der „transscendentale[n] Hypothese": daß „die ganze Sinnenwelt ein bloßes Bild sei, welches unserer jetzigen Erkenntnißart vorschwebt und wie ein Traum an sich keine objective Realität habe; daß, wenn wir die Sachen und uns selbst anschauen sollen, *wie sie sind,* wir uns in einer Welt geistiger Naturen sehen würden (…)."[19] Gleichwohl hat sich in dieser Änderung eine gewisse Umdeutung der Begriffe „transzendental' und ‚Transzendentalphilosophie'"[20] niedergeschlagen, die Kant in den „Prolegomena" aus Verärgerung über den vom Göttinger Rezensenten mißverstandenen Terminus „transscendentaler Idealismus" im Sinne eines „transscendentellen (…) Idealismus"[21] vorgenommen hat: wegen der Möglichkeit solcher „Mißdeutung wollte er den von ihm bis dahin so genannten „transscendentalen Idealismus" „lieber (…) den kritischen genannt wissen". In diesem Zusammenhang betont Kant, daß unter „transscendental" „niemals eine Beziehung unserer Erkenntniß auf Dinge, sondern nur aufs *Erkenntnißvermögen*"[22] zu verstehen sei, wobei der „nur immanent[e]" (auf Erfahrung bezogene) Gebrauch der „reinen Verstandesbegriffe" den „über jede Erfahrung hinausgehen[den]" und insofern *„transscendent* werden[den]"[23] Vernunftbegriffen gegenübergestellt wird. Im Anhang der „Prolegomena" erklärt Kant dementsprechend:

> „das Wort transscendental, dessen so vielfältig von mir angezeigte Bedeutung vom Recensenten nicht einmal gefaßt worden (…), bedeutet nicht etwas, das über alle Erfahrung hinausgeht, sondern was vor ihr (a priori) zwar vorhergeht, aber doch zu nichts mehrerem bestimmt ist, als lediglich Erfahrungserkenntniß möglich zu machen. Wenn diese Begriffe die Erfahrung überschreiten, dann heißt ihr Gebrauch transscendent, welcher von dem immanenten, d. i. auf Erfahrung

---

19 A 780 = B 808. Zu dieser Interpretation vgl. T. PINDER, *Kants Begriff der transzendentalen Erkenntnis. Zur Interpretation der Definition des Begriffs „transzendental" in der Einleitung zur Kritik der reinen Vernunft (A 11f./B 25),* in: Kantstudien 77 (1986),1-40.

20 so ebd. 30f.

21 vgl. AA IV, 372f.

22 AA IV, 293.

23 AA IV, 328.

eingeschränkten, Gebrauch unterschieden wird."[24]

In der Einleitung zur „transscendentale[n] Logik" hatte Kant auch für alle „nachfolgende[n] Betrachtungen" festgestellt,

> „daß nicht eine jede Erkenntniß a priori, sondern nur die, dadurch wir erkennen, daß und wie gewisse Vorstellungen (Anschauungen oder Begriffe) lediglich a priori angewandt werden oder möglich sind, transscendental (d. i. die Möglichkeit der Erkenntniß oder der Gebrauch derselben a priori) heißen müsse."[25]

In der Einleitung zur „transscendentale[n] Dialektik" war ‚transzendental‘ einerseits von ‚empirisch‘ und andererseits von ‚transzendent‘ abgegrenzt worden:

> „Wir wollen die Grundsätze, deren Anwendung sich ganz und gar in den Schranken möglicher Erfahrung hält, *immanente,* diejenigen aber, welche diese Grenzen überfliegen sollen, *transscendente* Grundsätze nennen. Ich verstehe aber unter diesen nicht den *transscendentalen* Gebrauch oder Mißbrauch der Kategorien (…); sondern wirkliche Grundsätze, die uns zumuthen, alle jene Grenzpfähle niederzureißen und sich einen ganz neuen Boden, der überall keine Demarcation erkennt, anzumaßen. Daher sind *tansscendental* und *transscendent* nicht einerlei. Die [immanenten] Grundsätze des reinen Verstandes (…) sollen bloß von empirischem und nicht von transscendentalem, d. i. über die Erfahrungsgrenze hinausreichendem, Gebrauche sein. Ein Grundsatz aber, der diese Schranken wegnimmt, ja gar sie zu überschreiten gebietet, heißt *transscendent.*"[26]

Die Gewichtigkeit dieser Abwandlungen des Terminus ‚transzendental‘ ist umstritten: während einerseits von „heterogensten Bedeutungen", die „in unglaublichster Willkür" angewandt werden, die Rede ist (Hans Vaihinger)[27], die in einer Dissertation von 1903 detailliert aufgelistet werden[28], wird ande-

---

24 AA IV, 373f. Anm.

25 A 56, B 80.

26 A 295f., B 352f.

27 H. Vaihinger, *Commentar zu Kants Kritik der reinen Vernunft, zum hundertjährigen Jubiläum derselben,* 1. Bd., Stuttgart 1881, 469.

rerseits versucht, die terminologischen Variationen und Inkonsequenzen unter einem gemeinsamen Gesichtspunkt zu begreifen (z. B. Kuno Fischer[29] oder Eduard Gerresheim, der von „einer ‚engeren' und einer ‚weiteren' Bedeutung" spricht[30], oder Martin Puder, der den Gründen für „doppeldeutige Sprachfiguren bei Kant" nachzugehen versucht[31]). Tillmann Pinder ist sogar der Auffassung, daß „Kant im Anhang zu den *Prolegomenen* gerade diese – in der *KrV* sorgfältig begründete – Unterscheidung [„zwischen transzendental und transzendent"] tatsächlich abgeleugnet hat", worin er „eines der auffälligsten und sichersten Zeichen der mit diesem Werk vollzogenen Abwendung vom Begriff der transzendentalen Erkenntnis"[32] erblickt. Hinzu kommt, daß in diesem Zusammenhang auch der Begriff der Transzendentalphilosophie von Kant nach Abfassung der KrV ausgeweitet wurde, um der Moralphilosophie darin einen Platz anweisen zu können[33]. In diese so verschieden interpretierte terminologische Undeutlichkeit ist, wie die wenigen angeführten Texte bereits gezeigt haben, auch der Begriff des „Transzendenten" teilweise einbezogen, so daß es einer ausführlichen entwicklungsgeschichtlichen Untersuchung be-

---

28   A. GIDEON, *Der Begriff ‚Transscendental' in Kant's Kritik der reinen Vernunft,* Marburg 1903.

29   K. FISCHER, *Immanuel Kant und seine Lehre,* Teil 1.2., Heidelberg 1898-99 u. später.

30   E. GERRESHEIM, *Die Bedeutung des Terminus ‚transzendental' in Immanuel Kants Kritik der reinen Vernunft. Eine Studie zur Kantischen Terminologie und zugleich eine Vorstudie zu einem allgemeinen Kantindex,* Teil 1, (Diss.) Köln 1962, 34; dort auch eine Darstellung verschiedener Interpretationen des Begriffs.

31   M. PUDER, *Doppeldeutige Sprachfiguren bei Kant und ihre sachliche Motivation,* (Diss.) Frankfurt/Main 1968.

32   vgl. T. PINDER (Anm. 19), 35.

33   vgl. dazu M. ALBRECHT, *Kants Antinomie der praktischen Vernunft* (= Stud. u. Mat. z. Gesch. d. Philos. 21), Hildesheim-New York 1978, 15f., 18-23. Diese Ausweitung gewinnt eine gewisse Plausibilität vor dem Hintergund der veränderten „Triebfeder"-Lehre, vgl. ebd. 93 u. später. Dazu B. WISSER, *Kant als Gelehrter und Lehrer im Bereich der Religionsphilosophie,* (Diss.) Mainz 1958, ab 78, der auch in dieser Frage spätere terminologische Schwankungen aufdeckt. T. Pinder spricht demgegenüber von einer „Reduktion des Begriffs der Transzendentalphilosophie auf die ‚transzendentale Frage'", wobei die transzendenten „Gegenstände der reinen Vernunft" aus der „transzendentalen" ausgeschlossen und „an die Moral-Philosophie" überwiesen worden wären, „dieses freilich durch die Transzendentalphilosophie" ([Anm. 19], 36).

dürfte, um dem gegebenen Thema in vollem Umfang gerecht zu werden, was im hier vorgegebenen Rahmen nicht möglich ist. Daher müssen wir eine andere Methode wählen und Kants Texte daraufhin befragen, inwiefern das, was wir unter Transzendenz verstehen, sich als verborgenes Grundmotiv in seinem Denken findet. Dieses Verfahren trägt im übrigen der schon erwähnten Tatsache Rechnung, daß der Begriff der „Transzendenz" bei Kant (von der genannten möglichen späten Ausnahme abgesehen) nicht vorkommt[34]; es gestattet hier aber auch bloß, die verschiedenen Formen von Transzendenz zu belegen, ohne die damit verbundenen Probleme weiter zu erörtern.

„Transzendenz" ist im herkömmlichen Sprachgebrauch mehrdeutig; formal ist zu unterscheiden

1. die *erkenntnistheoretische* Transzendenz, die das Übersteigen des Bewußtseinsbereiches auf ein Anderes als Gegenstand bezeichnet;

2. die *metaphysische* Transzendenz, die das Übersteigen des sinnlichen Bereiches auf ein Übersinnliches, Jenseitiges, Absolutes bezeichnet;

3. die Transzendenz des *Vorgriffs auf das Sein im Ganzen* als überkategorialer Horizont allen Erkennens und Wollens;

4. die *theologische* Transzendenz im weiteren Sinne, die die gänzliche Unbegreiflichkeit und Verborgenheit Gottes als „absolutes Geheimnis" (Karl Rahner) bedeutet; und schließlich

5. die *„strikt theologische"* Transzendenz, die die ungeschuldete, in einer „potentia oboedientialis" gründende, gnadenhafte Hinordnung des Menschen auf die freie und beseligende Selbstmitteilung Gottes als sein von ihm selbst aus unerreichbares letztes Ziel bezeichnet[35].

Alle diese Weisen, Transzendenz zu verstehen, finden sich im Denken Kants.

In den frühen Publikationen wird besonders die letzte, religiöse Form der Transzendenz thematisiert, freilich nicht in theologischer, sondern eher volkstümlicher Sprache[36]. Kant offenbart hier seinen Glauben an Gott und ein

---

34   vgl. oben Anm. 1.

35   vgl. K. LEHMANN, Art. *Transzendenz,* in: Sacramentum Mundi IV, Sp. 992-1005, hier: 995.

36   vgl. H.-G. REDMANN, *Gott und Welt. Die Schöpfungstheologie der vorkritischen Periode Kants* (= Forschgn z. syst. u. ökum. Theologie 11), Göttingen 1962; P. LABERGE, *La*

künftiges Leben, das er sich (entgegen seiner späteren eher scheuen Zurückhaltung) gelegentlich geradezu schwärmerisch und teilweise in kosmischen Vorstellungen ausmalt. In der „Allgemeinen Naturgeschichte und Theorie des Himmels" von 1755 anerkennt Kant den Wert der „Beweise" „zur Bestätigung eines höchstweisen Urhebers", die auf „unwidersprechlichen Gründen" beruhen; aber er beklagt, „daß die Vertheidiger der Religion dadurch, daß sie sich dieser Gründe auf eine schlechte Art bedienen, den Streit mit den Naturalisten verewigen, indem sie ohne Noth denselben eine schwache Seite darbieten."[37] Recht betrachtet ist die Natur selbst „das herrlichste Zeugniß ihrer Abhängigkeit von demjenigen Urwesen (...), welches sogar die Quellen der Wesen selber und ihrer ersten Wirkungsgesetze in sich hat."[38]

„Es ist hier kein Ende, sondern ein Abgrund einer wahren Unermeßlichkeit, worin alle Fähigkeit der menschlichen Begriffe sinket, wenn sie gleich durch die Hülfe der Zahlwissenschaft erhoben wird. Die Weisheit, die Güte, die Macht, die sich offenbaret hat, ist unendlich und in eben der Maße fruchtbar und geschäftig; der Plan ihrer Offenbarung muß daher eben wie sie unendlich und ohne Grenzen sein."[39]

„(...) ist es nicht nothwendig, den Inbegriff der Schöpfung also anzustellen, als er sein muß, um ein Zeugnis von derjenigen Macht zu sein, die durch keinen Maßstab kann abgemessen werden? Aus diesem Grunde ist das Feld der Offenbarung göttlicher Eigenschaften ebenso unendlich, als diese selber sind. Die Ewigkeit ist nicht hinlänglich, die Zeugnisse des höchsten Wesens zu fassen, wo sie nicht mit der Unendlichkeit des Raumes verbunden wird."[40]

Schon die Betrachtung der Schöpfung verleiht dem Verstand ein „tiefes"[41] und „edles Erstaunen", eine „Art der Entzückung"[42] „ein stilles Vergnügen"[43].

---

théologie Kantienne précritique (= Coll. φ Philosophica 2), Ottawa (Canada) 1973.
37 AA I, 222.
38 AA I, 226.
39 AA I, 256.
40 AA I, 309f.
41 AA I, 321.

Im „einzig möglichen Beweisgrund" von 1763 (1762 abgeschlossen) möchte Kant dann die „Methode der Physikotheologie" noch verbessern[44], vor allem aber „die wichtigste aller unserer Erkenntnisse: *Es ist ein Gott*"[45], durch einen von ihm selbst entworfenen „ontologische[n] Beweis"[46] aus dem Urgrund aller Möglichkeit überhaupt (wobei er zunächst noch den logischen Grund mit dem Realgrund in eins setzte) mit „mathematischer Evidenz" zum „höchsten Grad mathematischer Gewißheit"[47] erheben, ein Gedanke, der später in der KrV als „Inbegriff(e) aller Möglichkeit"[48] wiederkehrt in Gestalt des „transscendentalen Ideal[s]"[49].

Bei alledem, so schreibt Kant in einem Kondolenzbrief 1760, „richtet der Weise (aber wie selten findet sich ein solcher!) die Aufmerksamkeit vornehmlich auf seine große Bestimmung jenseit dem Grabe."[50] Der Mensch würde für Kant (1755) „das verachtungswürdigste unter allen [Geschöpfen] zum wenigsten in den Augen der wahren Weisheit sein, wenn die Hoffnung des Künftigen ihn nicht erhübe, und denen in ihm verschlossenen Kräften nicht die Periode einer völligen Auswickelung bevorstände."[51] Bei der Betrachtung der Wunder der Natur

> „versenkt sich der Geist, der alles dieses überdenkt, in ein tiefes Erstaunen; aber annoch mit diesem so großen Gegenstande unzufrieden, dessen Vergänglichkeit die Seele nicht gnugsam zufrieden stellen kann, wünscht er dasjenige Wesen von nahem kennen zu lernen, dessen Verstand, dessen Größe die Quelle desjenigen Lichtes ist, das sich über die gesammte Natur gleichsam als aus einem Mittelpunkte ausbreitet. Mit

---

42   AA I, 306.

43   AA I, 312.

44   AA II, 126.

45   AA II, 66.

46   AA II, 161.

47   AA II, 155.

48   A 573 = B 601.

49   A 571 = B 599.

50   AA II, 42.

51   AA I, 356.

welcher Art der Ehrfurcht muß nicht die Seele sogar ihr eigen Wesen ansehen, wenn sie betrachtet, daß sie noch alle diese Veränderungen überleben soll". (…) „Eine Glückseligkeit, welche die Vernunft nicht einmal zu erwünschen sich erkühnen darf, lehrt uns die Offenbarung mit Überzeugung hoffen. Wenn dann die Fesseln, welche uns an die Eitelkeit der Kreaturen geknüpft halten, in dem Augenblicke, welcher zu der Verwandlung unsers Wesens bestimmt worden, abgefallen sind, so wird der unsterbliche Geist, von der Abhängigkeit der endlichen Dinge befreit, in der Gemeinschaft mit dem unendlichen Wesen den Genuß der wahren Glückseligkeit finden. (…) Die veränderlichen Scenen der Natur vermögen nicht, den Ruhestand der Glückseligkeit eines Geistes zu verrücken der einmal zu solcher Höhe erhoben ist. Indem er diesen Zustand mit einer süßen Hoffnung schon zum voraus kostet, kann er seinen Mund in denjenigen Lobgesängen üben, davon dereinst alle Ewigkeiten erschallen sollen."[52] „Bei der allgemeinen Stille der Natur und der Ruhe der Sinne redet das verborgene Erkenntnisvermögen des unsterblichen Geistes eine unnennbare Sprache und gibt unausgewickelte Begriffe, die sich wohl empfinden, aber nicht beschreiben lassen."[53]

Diese der Offenbarung entnommene „strikt theologische" Transzendenz kann freilich nicht Gegenstand einer Philosophie sein, sofern sie sich „innerhalb der Grenzen der bloßen Vernunft" bewegt. Dennoch bietet sie Vorgaben an, die gleichsam ‚von unten her' zu bedenken die höchsten Aufgaben für das „Philosophiren"[54] ausmacht. Die so angezielte „metaphysische" und „theologische" Transzendenz im weiteren Sinn läßt sich nun als Leitmotiv des Kant-

---

52 AA I, 321f. Zum Thema Seele und Unsterblichkeit bei Kant vgl. A. Winter, *Seele als Problem in der Transzendentalphilosophie Kants unter besonderer Berücksichtigung des Paralogismus-Kapitels,* in: K. Kremer (Hg.), Seele. Ihre Wirklichkeit, ihr Verhältnis zum Leib und zur menschlichen Person (= Studien z. Problemgesch. d. antiken u. mittelalterl. Philos. X), Leiden/Köln 1984, 100-168, [hier Kapitel 4, 163-255].

53 AA I, 367.

54 AA II, 306: „Kurz, er soll nicht *Gedanken,* sondern *denken* lernen"; „Nunmehr denkt er, er werde *Philosophie lernen,* welches aber unmöglich ist, denn er soll jetzt *philosophiren lernen.*" vgl. auch A 838 = B 866; AA IX, 22, 25, 26 („Selbstdenken oder Philosophiren").

schen Denkens bis in das *Opus postumum*[55] hinein verfolgen, was hier nur angedeutet werden kann. So betont Kant ausdrücklich in der KrV, daß „Gott, Freiheit und Unsterblichkeit" die „unvermeidlichen Aufgaben der reinen Vernunft"[56] sind und daß er um ihretwillen „das *Wissen* aufheben" mußte, „um zum *Glauben* Platz zu bekommen"[57]. Und später in der Kritik der Urteilskraft: „*Gott, Freiheit* und *Seelenunsterblichkeit* sind diejenigen Aufgaben, zu deren Auflösung alle Zurüstungen der Metaphysik als ihrem letzten und alleinigen Zwecke, abzielen."[58] Es muß ausdrücklich betont werden, daß die Unsterblichkeit in einer „künftigen Welt" als ein „künftiges Leben" erwartet wird[59]

55 vgl. AA XXI, 259: „Von der protestatio facto contraria in der hypothesi daß es kein künftiges Leben gebe u. daß kein Gott sey in practischer Rücksicht." Dazu XXI, 345f., 405, 420 zur Unsterblichkeit und die passim erörtete Gottesfrage.

56 B 7. vgl. auch B 396: „Die Metaphysik hat zum eigentlichen Zwecke ihrer Nachforschung nur drei Ideen: *Gott, Freiheit und Unsterblichkeit*"; A 798 = B 826: „Die Endabsicht, worauf die Speculation der Vernunft im transscendentalen Gebrauche zuletzt hinausläuft, betrifft drei Gegenstände: die Freiheit des Willens, die Unsterblichkeit der Seele und das Dasein Gottes." A 803 = B 831: „(...) also haben wir es in einem Kanon der reinen Vernunft nur mit zwei Fragen zu tun, die das praktische Interesse der reinen Vernunft angehen, und in Ansehung deren ein Kanon ihres Gebrauchs möglich sein muß, nämlich: ist ein Gott? ist ein künftiges Leben? Die Frage wegen der transscendentalen Freiheit betrifft bloß das spekulative Wissen (...)". Der Begriff „Unsterblichkeit" kommt in Kants veröffentlichten Schriften fünfzigmal vor (nicht 49-mal, wie der „Wortindex" vermerkt); dazu der Terminus „Seelenunsterblichkeit" .

57 B XXX.

58 AA V, 473. vgl. auch VIII, 418.

59 A 800f. = B 828f.: „Die ganze Zurüstung also der Vernunft in der Bearbeitung, die man reine Philosophie nennen kann, ist in der That nur auf die drei gedachten Probleme gerichtet. Diese selber aber haben wiederum ihre entferntere Absicht, nämlich *was zu thun sei*, wenn der Wille frei, wenn ein Gott und eine künftige Welt ist." A 811 = B 839: „Gott also und ein künftiges Leben sind zwei von der Verbindlichkeit, die uns reine Vernunft auferlegt, nach Principien eben derselben Vernunft nicht zu trennende Voraussetzungen." A 828 = B 856: „Der Zweck [= Erfüllung des Sittengesetzes] ist hier unumgänglich festgestellt, und es ist nur eine einzige Bedingung nach aller meiner Einsicht möglich, unter welcher dieser Zweck mit allen gesammten Zwecken zusammenhängt und dadurch praktische Gültigkeit habe, nämlich daß ein Gott und eine künftige Welt sei (...). Da aber also die sittliche Maxime zugleich meine Maxime ist (wie denn die Vernunft gebietet, daß sie es sein soll), so werde ich unausbleiblich ein Dasein Gottes und ein künftiges Leben glauben und bin sicher, daß diesen Glauben nichts wankend machen könne (...)". Auch später noch (1794): „Denn wir sehen doch nichts vor uns,

und nicht mit der „noumenalen" Welt der Vernunftwesen verwechselt werden darf[60], die als für uns gegenwärtig unterstellt wird. Bereits in den „Träumen eines Geistersehers" von 1766 greift Kant auf den platonisch-plotinischen Begriff[61] des „mundus intelligibilis" zurück, einer Welt der „Intelligenzen", zu denen auch wir Menschen zählen, obwohl wir zugleich an die Sinnlichkeit gebunden sind[62]. Demgegenüber versteht Kant auch noch in der kritischen Zeit unter der „andern Welt" eher den Bereich, in dem sich die Begriffe der „künftigen" und der „intelligiblen" Welt teilweise überschneiden, wobei aller-

das uns von unserm Schicksal in einer künftigen Welt jetzt schon belehren könnte, als das Urtheil unsers eignen Gewissens (…)" (AA VIII, 330). vgl. auch AA II, 371, 373; IV, 271; VI, 161,162; VII, 22, 25; VIII, 143, 262, 330, 403.

60   vgl. dazu meine Rezension zu M. ALBRECHT, *Kants Antinomie der praktischen Vernunft,* in: Kantstudien 74 (1983), 364-367.

61   vgl. K. KREMER, *Die neuplatonische Seinsphilosophie und ihre Wirkung auf Thomas von Aquin* (= Stud. z. Problemgesch. d. antiken u. mittelalterl. Philos. I), Leiden 1966, z.B. 60-63, 72f., 98f.

62   AA II, 330ff.: Diese *immaterielle Welt* kann also als ein für sich bestehendes Ganze angesehen werden, deren Theile untereinander in wechselseitiger Verknüpfung und Gemeinschaft stehen, auch ohne Vermittelung körperlicher Dinge, so daß dieses letztere Verhältniß zufällig ist und nur einigen zukommen darf (…)". „So würde denn also die immaterielle Welt zuerst alle erschaffene Intelligenzen, deren einige mit der Materie zu einer Person verbunden sind, andere aber nicht, befassen (…). Die menschliche Seele würde daher schon in dem gegenwärtigen Leben als verknüpft mit zwei Welten zugleich müssen angesehen werden (…)". Von „Intelligenzen" ist auch später noch in der kritischen Zeit die Rede: A 566 = B 594; A 641 = B 669; A 815 = B 843; AA IV, 462f.: „Zwar könnte ich nun in der intelligibelen Welt, die mir noch übrig bleibt, in der Welt der Intelligenzen, herumschwärmen; aber ob ich gleich davon eine *Idee* habe, die ihren guten Grund hat, so habe ich doch von ihr nicht die mindeste *Kenntniß* und kann auch zu dieser durch alle Bestrebung meines natürlichen Vernunftvermögens niemals gelangen. (…) Übrigens bleibt die Idee einer reinen Verstandeswelt als eines Ganzen aller Intelligenzen, wozu wir selbst als vernünftige Wesen (obgleich andererseits zugleich Glieder der Sinnenwelt) gehören, immer eine brauchbare und erlaubte Idee zum Behufe eines vernünftigen Glaubens, wenn gleich alles Wissen an der Grenze derselben ein Ende hat, um durch das herrliche Ideal eines allgemeinen Reichs der *Zwecke an sich selbst* (vernünftiger Wesen), zu welchem wir nun alsdann als Glieder gehören können, wenn wir uns nach Maximen der Freiheit, als ob sie Gesetze der Natur wären, sorgfältig verhalten, ein lebhaftes Interesse an dem moralischen Gesetze in uns zu bewirken." vgl. auch A 256f., B 312f. vgl. auch W. TEICHNER, *Die intelligible Welt. Ein Problem der theoretischen und praktischen Philosophie Kants* (= Monogr. z. philos. Forschung 46), Meisenheim am Glan 1967.

dings in der frühen Zeit mehr die letztere und später mehr die erstere Bedeutung dominiert, obwohl manchmal die Unterscheidung schwer fällt[63]. Außerdem fällt auf, daß das Eigenschaftswort „übernatürlich" mit seinen Ableitungen 107-mal in Kants gedruckten Schriften vorkommt: besonders häufig in den „Träumen eines Geistersehers" anläßlich der Auseinandersetzung mit Swedenborg, dann in der Religionsschrift und im „Streit der Fakultäten". Die Bedeutung ist je nach Verwendung kritisch gegenüber Schwärmern, neutral oder auch positiv gemeint[64].

Seit 1786 taucht in Kants Schriften und Briefen ein noch weiter gefaßter Begriff auf, der sich „bis auf Jacob Böhme (1575-1624)" zurückverfolgen läßt[65], nämlich der Terminus „übersinnlich" mit seinen Ableitungen[66]. Er bezeichnet „diejenige Dimension, für die bis dahin die Ausdrücke ‚Ding an sich', ‚Noumenon', ‚intelligibel' u. a. stehen", ja er wird „mit dem Begriff der *Freiheit* als einem übersinnlichen Prinzip zu einem *Grundbegriff* seiner Ethik (und damit seiner Philosophie überhaupt)"[67] und bezieht sogar (als gleichsam nach oben offener Begriff) Gott mit ein. So schreibt Kant in seinem zweiten Entwurf zur „Preisschrift" über die Fortschritte der Metaphysik: „Dieser gemachten Begriffe, oder vielmehr, in theoretischer Rücksicht, transscendenten Ideen sind, wenn man sie nach analytischer Methode aufstellt, drey, das Übersinnliche nämlich, *in* uns, *über* uns, und *nach* uns", womit Freiheit, Gott und Unsterblichkeit gemeint sind[68]. Und in der Vorrede zum ersten Entwurf

---

63   In der späteren Zeit überwiegt allerdings die Supposition der „künftigen Welt". vgl. AA II, 317, 323, 336, 337, 341, 354 mehrf., 355, 366, 372, 373; A 827 = B 855, A 829 = B 857, A 852 = B 880; AA IV, 411; V, 452; VI, 70, 161; VII, 40, 70, 72; VIII, 30, 56, 334, 369; IX, 112.

64   Das kann hier nicht weiter verfolgt werden; aber es wäre vielleicht einer eigenen Behandlung wert.

65   A. MODEL, *Zu Bedeutung und Ursprung von „übersinnlich" bei Immanuel Kant,* in: Archiv f. Begriffsgesch. XXX (1986/87),183-191, hier: 184. Dort auch weitere Angaben zur Begriffsgeschichte.

66   237-mal in AA I-IX; das früheste Auftreten 1786 in: AA VIII, 133, 134, 137, 138, 142,143, 151; B XXXI vom April 1787; AA X, 490 vom Juni 1787. „Übersinnlich" ist nicht gleich „übernatürlich" (AA VII, 54).

67   A. MODEL (Anm. 65), 185f.

68   AA XX, 295. vgl. auch AA VIII, 418: „*Von den übersinnlichen Gegenständen unserer*

definiert Kant die Metaphysik im Hinblick auf ihren „Endzweck": „sie ist die Wissenschaft, von der Erkenntnis des Sinnlichen zu der des Übersinnlichen durch die Vernunft fortzuschreiten."[69]

Dieses „Übersinnliche" ist aber nicht mit dem bloß „Nichtsinnlichen" gleichzusetzen, zu dem beispielsweise der Verstandesbegriff der Ursache gezählt wird, der noch zur Gegenstandserkenntnis „im Felde des Sinnlichen"[70] gehört: Der „Verstandesbegriff" ist noch „durch Prädicate der sinnlichen Anschauung (…) bestimmbar", „der transscendentale Vernunftbegriff von dem Übersinnlichen, was aller jener Anschauung zum Grunde liegt", ist dagegen „an sich unbestimmt und zugleich unbestimmbar"[71]. Sehr häufig spricht Kant vom „übersinnlichen Substrat" der „Natur", aber auch der „Materie", der „Menschheit", aller „Vermögen" des Subjekts, der „Erscheinungen" oder „der gegebenen Objecte als Erscheinungen"[72]. Im Hinblick auf die „Dinge an sich" schreibt Kant im Jahre 1790 gegen Johann August Eberhard: „Aber daß diese objective Gründe, nämlich die Dinge an sich, nicht im Raume und der Zeit zu suchen sind, sondern in demjenigen, was die Kritik das außer= oder übersinnliche Substrat derselben (Noumenon) nennt, das war meine Behauptung, von der Herr Eberhard das Gegentheil beweisen wollte (…)"[73]. Erst die „Urtheilskraft verschafft durch ihr Princip a priori der Beurtheilung der Natur nach möglichen besonderen Gesetzen derselben ihrem übersinnlichen Substrat (in uns sowohl als außer uns) *Bestimmbarkeit durch das intellektuelle Vermögen.* Die Vernunft aber giebt eben demselben durch ihr praktisches Gesetz a priori die *Bestimmung;*

Erkenntniß. Sie sind Gott, Freiheit, und Unsterblichkeit."

69   AA XX, 260.

70   ebd.: „Zu dem Sinnlichen aber zählen wir nicht blos das, dessen Vorstellung im Verhältniß zu den Sinnen, sondern auch zum Verstande betrachtet wird, wenn nur die reinen Begriffe desselben in ihrer Anwendung auf Gegenstände der Sinne, mithin zum Behuf einer möglichen *Erfahrung* gedacht werden; also kann das Nichtsinnliche, z. B. der Begriff der Ursache, welcher im Verstande seinen Sitz und Ursprung hat, doch, was die Erkenntniß eines Gegenstandes durch denselben betrifft, noch zum Felde des Sinnlichen, nämlich der Objecte der Sinne gehörig genannt werden."

71   AA V, 339.

72   vgl. AA V, 196 mehrf., 255, 340, 341, 344, 345 zweimal, 410, 412, 414 und 422, 429, 449; VIII, 207, 209.

73   AA VIII, 207.

und so macht die Urtheilskraft den Übergang vom Gebiete des Naturbegriffs zu dem des Freiheitsbegriffs möglich."[74] Kant will mit seiner kritischen Philosophie keineswegs das „Übersinnliche" abwerten, sondern er sucht im Gegenteil nach der Legitimität eines Überschritts ins Übersinnliche:

> „Man sieht also, daß die Hebung der Antinomie der ästhetischen Urtheilskraft einen ähnlichen Gang nehme mit dem, welchen die Kritik in Auflösung der Antinomien der reinen theoretischen Vernunft befolgte; und daß eben so hier und auch in der *Kritik der praktischen Vernunft* die Antinomieen wider Willen nöthigen, über das Sinnliche hinaus zu sehen und im Übersinnlichen den Vereinigungspunkt aller unserer Vermögen a priori zu suchen: weil kein anderer Ausweg übrig bleibt, die Vernunft mit sich selbst einstimmig zu machen."[75]

Man könnte nun fragen, warum Kant erst den Bereich des Übersinnlichen bis hinunter zum „Ding an sich selbst betrachtet" ausweitet, um dann mit vielen Vorbehalten und Umständlichkeiten den Weg zurück zu suchen zu den „drei Gegenstände[n]", „worauf die Speculation der Vernunft im transscendentalen Gebrauche zuletzt hinausläuft", nämlich „die Freiheit des Willens, die Unsterblichkeit der Seele und das Dasein Gottes"[76].

Zunächst einmal ist hierbei ein möglicher (und gelegentlich ausgesprochener) Idealismusverdacht abzuweisen, als ob die „Dinge an sich selbst" bloß Produkte unserer Subjektivität seien und als ob darin die sog. „kopernikanische Wende" bestehe. Dabei beruft man sich auf den bekannten Satz in der KrV: „die Bedingungen der *Möglichkeit der Erfahrung* überhaupt sind zugleich Bedingungen der *Möglichkeit der Gegenstände der Erfahrung*, und haben daher objective Gültigkeit in einem synthetischen Urtheile a priori"[77]; so z. B. Bernhard Lakebrink, der den Nachsatz: „und haben daher

---

74 AA V, 196. vgl. auch AA V, 6,173, 271, 435, 474; VI, 121 Anm., 239; VIII, 417; IX, 68.

75 AA V, 341; vgl. auch V, 55; VII, 70; VIII, 404.

76 A 798 = B 826.

77 A 158 = B 197; vgl. auch A 111; AA VIII, 203: „und muß man einräumen daß Raum und Zeit bloße Gedankendinge und Wesen der Einbildungskraft sind, (...) welche sie allen ihren Zusammensetzungen und Dichtungen zum Grunde legen muß, weil sie die wesentliche Form unserer Sinnlichkeit und der Receptivität der Anschauungen sind, dadurch uns überhaupt Gegenstände gegeben werden, und deren allgemeine Bedingungen

(...)" ignoriert und unter Berufung auf einen Satz der A-Auflage, der in der B-Auflage nicht mehr vorkommt[78], und auf einen weiteren Satz beider Auflagen, den er nicht korrekt zitiert[79], behauptet, es sei im Sinne Kants erforderlich, „die erfahrbaren Objekte erst (...) als empirische Dinge zu konstituieren"[80]. Er verwechselt dabei „Gegenstände" als solche (insofern sie als Objekte entgegen-stehen) mit den „Sachen" oder „Dingen an sich selbst betrachtet". Kant nahm später selbst zu diesem auch damals schon verbreiteten Mißverständnis, das die weitere Rezeptionsgeschichte nicht unwesentlich bestimmt hat, sowohl in den „Prolegomena"[81] als auch in seinen nachgelassenen Auf-

nothwendig zugleich Bedingungen a priori der Möglichkeit aller Objecte der Sinne als Erscheinungen sein und mit diesen also übereinstimmen müssen." Zu „objectiv gültig" vgl. A 125; B 140; B 142; A 131, B 170; A 211, B 256; A 271 = B 327; A 651 = B 679; AA IV, 298; 306; 310; 324; zur praktischen Vernunft: AA V, 4.

78 A 111: „Diese [die Wahrnehmungen] würden aber alsdann auch zu keiner Erfahrung gehören, folglich ohne Object und nichts als ein blindes Spiel der Vorstellungen, d. i. weniger als ein Traum sein."

79 A 190f., B 236f.: „Nun ist aber, so bald ich meine Begriffe von einem Gegenstande bis zur transscendentalen Bedeutung steigere, das Haus gar kein Ding an sich selbst, sondern nur eine Erscheinung, d. i. Vorstellung, deren transscendentaler Gegenstand unbekannt ist."

80 B. Lakebrink, *Rahners idealistisches Zerrbild vom Dreifaltigen Gott*, in: Theologisches 17 (1987), Nr.7, Sp. 8-22, hier: Sp. 10: „Es wird ab Kant das Generalthema der nicht-christlichen Philosophie sein, ‚die Bedingungen des Denkens zu einer möglichen Erfahrung' auszumachen, um mittels ihrer die erfahrbaren Objekte erst zu konstituieren, indem man sie also zu den Sinnesempfindungen ‚hinzudenkt'. Ohne diese Erfahrungsgegenstände als empirische Dinge zu konstituieren, gäbe es nur ‚ein blindes Spiel von Vorstellungen, die weniger als ein Traum sein' würden. ‚Ein Haus z. B. ist gar kein Ding an sich selbst, sondern nur eine Erscheinung, d.i. Vorstellung, deren transzendentaler Gegenstand unbekannt ist.'" Demgegenüber stellt Kant fest: „Wenn wir denn also sagen: die Sinne stellen uns die Gegenstände vor, *wie sie erscheinen*, der Verstand aber, *wie sie sind*, so ist das letztere nicht in transscendentaler, sondern bloß empirischer Bedeutung zu nehmen, nämlich wie sie als Gegenstände der Erfahrung im durchgängigen Zusammenhange der Erscheinungen müssen vorgestellt werden und nicht nach dem, was außer der Beziehung auf mögliche Erfahrung und folglich auf Sinne überhaupt, mithin als Gegenstände des reinen Verstandes sein mögen. Denn dieses wird uns immer unbekannt bleiben (...)" (A 258, B 313f.).

81 vgl. AA IV, 296; 348: „Daher konnte hier der dialektische Schein, welcher daraus entspringt, daß wir die subjective Bedingungen unseres Denkens für objective Bedingungen der Sachen selbst und eine nothwendige Hypothese zur Befriedigung unserer Vernunft für

zeichnungen Stellung. Etwa 1785-88 (nach Adickes) schreibt er: „Aller Irrthum besteht darinn, daß wir unsere Art, Begriffe zu bestimmen oder abzuleiten oder einzutheilen, für Bedingungen der Sachen an sich selbst halten."[82] Und noch deutlicher um 1790-91: „Nun wird es interessant, die Bedingungen des uns möglichen Erkenntnisses der Dinge nicht zu Bedingungen der Moglichkeit der Sachen zu machen; denn thun wir dieses, so wird Freyheit aufgehoben und Unsterblichkeit, und wir können von Gott keine andere als wiederspre-chende Begriffe bekommen."[83] Im *Opus postumum* formuliert Kant aus-drücklich: „Der Unterschied der Begriffe von einem Dinge an sich und dem in der Erscheinung ist nicht objectiv sondern blos subjectiv."[84] Aber schon in der zweiten Auflage der KrV findet sich eine ausdrückliche „Widerlegung des Idealismus"[85], den Kant in der „Vorrede zur zweiten Auflage" „ein[en] Skandal der Philosophie und allgemeinen Menschenvernunft"[86] nennt, um solchen Mißverständnissen zu begegnen. Der Angelpunkt der Fehldeutung liegt in einer idealistischen statt der von Kant gemeinten transzendental-philosophischen Interpretation der „Dinge an sich selbst betrachtet", die sich verbreitet auch in der Kant-Literatur findet: Kant betrachtet tatsächlich die empirischen Dinge, wenn er sie in der transzendental-philosophischen Refle-xion „an sich selbst" als „Noumena" bedenkt, „nicht als Erscheinungen"[87],

---

ein Dogma halten, leicht vor Augen gestellt werden"; 351: „Unsere Principien, welche den Gebrauch der Vernunft blos auf mögliche Erfahrung einschränken, könnten demnach selbst *transscendent* werden und die Schranken unserer Vernunft für Schranken der Möglichkeit der Dinge selbst ausgeben, wie davon *Humes* Dialogen zum Beispiel dienen können, wenn nicht eine sorgfältige Kritik die Grenzen unserer Vernunft (...)".

82 AA XVIII, 546, Reflexion (= R) 6278.

83 AA XVIII, 626, R 6317.

84 AA XXII, 26. Dort weiter: „Das Ding an sich (ens per se) ist nicht ein Anderes Object sondern eine andere Beziehung (respectus) der Vorstellung auf dasselbe Object dieses sich nicht analytisch sondern synthetisch zu denken als den Inbegriff (complexus) der Anschauung // Vorstellungen als Erscheinungen d.i. als solcher Vorstellungen welche einen blos subjectiven Bestimmungsgrund der Vorstellungen in der Einheit der Anschauung enthalten."

85 B 274-279; vgk dazu B 293, 418, 519; aber auch schon A 491, B 519.

86 B XXXIX. vgl. auch B XXXIV.

87 vgl. A 256, B 312: „Unser Verstand bekommt nun auf diese Weise eine negative Erweite-rung, d.i. er wird nicht durch die Sinnlichkeit eingeschränkt, sondern schränkt vielmehr

nicht aber als „Nichterscheinungen" in einem transzendent-metaphysischen Sinn (oder „Unsinn"), auch wenn er dies nicht immer klar zum Ausdruck bringt, wie Gerold Prauss nachgewiesen hat[88]. Demnach darf die oben genannte erste Form der *erkenntnistheoretischen Transzendenz* der Gegenstände der Erfahrung, wie Kant sie sieht, nicht mit anderen Formen der Transzendenz verwechselt werden: Die empirisch begegnenden Gegenstände sind für Kant objektiv „gegeben"[89], auch wenn man ihrer nicht unter Umgehung unserer begrenzten und beschränkten Erkenntnisstrukturen adäquat habhaft werden kann. Dies kann auch dann noch akzeptiert werden, wenn man im übrigen der „transscendentalen Deduktion" der Kategorien im einzelnen nicht zuzustimmen vermag[90]. In der „transscendentale[n] Dialektik"[91], die die „ältesten

---

dieselbe ein, dadurch daß er Dinge an sich selbst (nicht als Erscheinungen betrachtet) Noumena nennt. Aber er setzt sich auch sofort selbst Grenzen, sie durch keine Kategorien zu erkennen, mithin sie nur unter dem Namen eines unbekannten Etwas zu denken."

88   G. PRAUSS, *Kant und das Problem der Dinge an sich* (= Abhdlgn z. Philos., Psych. u. Päd. 90), Bonn 1974, bes. 40f.; 197ff.: „Festzuhalten wäre hier vielmehr der vernünftige Sinn gewesen, in dem die Kantische Philosophie gerade Realismus, nämlich empirischer, und Idealismus, nämlich transzendentaler, in *einem* ist, ein Sinn, der in den ‚Dingen, – an sich selbst betrachtet‘ auch prägnant zum Ausdruck kommt. Indem man sich jedoch statt an diesen transzendental-philosophischen Sinn an jenen transzendent-metaphysischen Unsinn der ‚Dinge-an-sich‘ hielt, mußte man auch sowohl mit jenem ‚Realismus‘ wie mit jenem ‚Idealismus‘ den eigentümlich realistisch-idealistischen Sinn, den die Kantische Philosophie gerade als Transzendentalphilosophie besitzt, zwangsläufig verkennen und in den Unsinn transzendenter Metaphysik verkehren." vgl. dazu E. ADICKES, *Kant und das Ding an sich*, Berlin 1924; F. STAUDINGER, *Der Streit um das Ding an sich und seine Erneuerung im sozialistischen Lager*, in: Kantstudien 4 (1900), 167-189; M. WARTENBERG, *Der Begriff des ‚transscendentalen Gegenstandes‘ bei Kant und Schopenhauers Kritik desselben. Eine Rechtfertigung Kants*, in: Kantstudien 4 (1900), 202-231; 5 (1901), 145-176; G. JÁNOSKA, *Der transzendentale Gegenstand. Über die formale Richtigkeit der transzendentalen Deduktion und die Kant-Kritik Magdalena Aebis*, in: Kantstudien 46 (1954/55), 193-221; J. M. YOUNG, *Kant's transcendental idealism and theory of objectivity*, (Diss. Yale) New Haven 1969; L. J. STERN, *The Transcendenal Object in the ‚Critique of Pure Reason‘* (Diss.) Rochester, New York 1971; E. R. SCHLEGEL, *Truth, Transcendental object and the thing-in-itself in Kant's ‚Critique of pure reason‘*, (Diss.) Pittsburgh (Duquesne) 1974; J. N. FINDLAY, *Kant and the transcendenal object*, Oxford 1981.

89   Durch „Anschauung": B 145, 408; AA IV, 290; V, 45; „eine beharrliche Anschauung": B 412; durch „Vorstellung": AA V, 228; 286; aber „keine Beschaffenheit des Gegenstandes": AA V, 228.

90   vgl. A. MENNE, *Die kantische Urteilstafel im Lichte der Logikgeschichte und der modernen*

Schichten" der KrV enthält[92], werden einige der Kategorien ohnehin zur Beschreibung der Vernunftideen „derestringiert" verwendet (N. Fischer[93]), so daß Kants Grundanliegen mindestens insofern von solchen Vorbehalten nicht berührt wird.

Die eigentliche Antwort auf die oben gestellte Frage nach der Ausweitung des Übersinnlichen entstammt jedoch der „philosophischen Theologie"[94] Kants und seinem Bestreben, ihr „gereinigte"[95], „geläuterte"[96] und „sinnen-freye"[97] Begriffe zur Verfügung zu stellen[98]. Dies erklärt Kant am deutlichsten

Logik, in: Zeitschr. f. allg. Wissenschaftstheorie – Journal for General Philosophy of Science XX (1989), 317-324, hier 324: „Daraus ergibt sich, daß die Kantischen Verstandes-Kategorien mit der modernen Logik offensichtlich noch viel weniger zu rechtfertigen wären als mit dem Stande der Logik zu Zeiten Kants! Wissenschaftstheoretisch also ist das System der zwölf Verstandes-Kategorien Kants unbegründet."

91 Ab A 293, B 349.

92 So jüngst bestätigt durch L. KREIMENDAHL, *Kant – Der Durchbruch von 1769,* Köln 1990, 180f., 268.

93 vgl. N. FISCHER, *Die Transzendenz in der Transzendentalphilosophie. Untersuchungen zur speziellen Metaphysik an Kants ‚Kritik der reinen Vernunft'* (= Mainzer philos. Forschungen 18), Bonn 1979, z. B. 57, 63f. und passim.

94 Dieser Ausdruck z. B. in AA VI, 9.

95 A 640ff. = B 668ff. vgl. dazu A. WINTER, *Transzendentale Theologie der Erkenntnis. Ansätze zur theologischen Rezeption der Kantschen Vernunftkritik,* in: A. HALDER, K. KIENZLER, J. MÖLLER (Hgg.), Auf der Suche nach dem verborgenen Gott. Zur theologischen Relevanz neuzeitlichen Denkens, Düsseldorf 1978, 68-96, hier 81ff., [hier Kapitel 7, 389-424, bes. 406ff.].

96 AA VII, 52.

97 AA XVIII, 672.

98 vgl. M. TINDAL, *Beweis, daß das Christentum so alt als die Welt sey, nebst Herrn Jacob Fosters Widerlegung desselben. Beydes aus dem Englischen übersetzt,* Frankfurt und Leipzig 1741, 140: „Der Aberglaube und die meisten übrigen Irrthümer und Mängel in der Religion kommen, überhaupt von der Sache zu reden, vornehmlich daher, weil man keine anständige und richtige Begriffe von Gott hat. Wir erniedrigen ihn und dichten denselben uns gleich zu sein". Ähnlich [L. EULER], *Rettung der Göttlichen Offenbarung gegen die Einwände der Freygeister,* Berlin 1747, 11: „Niemand, der nur ein wenig in den Geschichten erfahren ist, kan unbekannt seyn, wie unanständige und gantz verkehrte Begriffe sich die meisten Menschen von GOTT und den göttlichen Dingen gemacht haben." Kant in den „Träumen eines Geistersehers" (1766): „weil (…) immer ein starker Verdacht übrig bleibt, daß die schwache Begriffe unseres Verstandes vielleicht auf den Höchsten sehr

in der schon erwähnten Reflexion 6317, die nach Adickes in den Jahren 1790-91 entstanden ist, unter der Überschrift: „Von der Critik in Ansehung der *Theologie*":

> „Um zu beweisen, daß es für die Vernunft unvermeidlich sey, ein Daseyn Gottes anzunehmen und zwar nach einem Begriffe, der zum theoretischen sowohl als practischen Gebrauch unserer Vernunft, sofern sie auf letzte Principien a priori ausgeht, hinreichend sey, mußte ich beweisen, daß die spekulative Vernunft weder seinen Begrif mit sich selbst einstimmig geben noch ein solches Daseyn oder auch nur die Realität dieses Begriffs darthun könne. – Denn hätte ich das letztere eingeräumt, so hätte ich entweder müssen auf den Gebrauch der Vernunft in ansehung der Erfahrungsgegenstände kommen und, da ich diese für Dinge an sich selbst hätte halten müssen, so wäre ich erstlich auf Antinomien gestoßen, dabey alle speculative Vernunft scheiterte, und endlich hätte ich das Gottliche wesen sensificirt und anthropomorphosirt; oder ich hätte alles für Erscheinungen gehalten und nur die Gottheit unter den Dingen an sich selbst durch reine Ontologische Begriffe suchen müssen, wo mir alsdenn gar kein Erkentnis übrig geblieben wäre. Ich mußte also das Unvermögen des blos theoretischen Vernunftgebrauchs hierin darthun, wobey doch noch übrig blieb, daß der dem Begriffe von Gott und seinem Daseyn nicht wiedersprach, anstatt daß sonst gantz falsche Begriffe von Gott und am Ende die Unmoglichkeit, ein solches Wesen zu denken, herausgekommen wäre."[99]

Und er fährt auf der nächsten Seite fort:

> „Uberdem sind Raum und Zeit so nothwendige Bestimmungen a priori der Existenz der Dinge, daß sie nicht allein sammt allen ihnen anhängigen Folgen Bedingungen der Existenz der Gottheit, sondern wegen ihrer Unendlichkeit, absoluten nothwendigkeit und Nothwendigkeit gar zu göttlichen Eigenschaften gemacht werden müßten, wären sie Bestim-

---

verkehrt übertragen worden" (AA II, 337); in der Religionsschrift: „Aber alles, auch das Erhabenste, verkleinert sich unter den Händen der Menschen, wenn sie die Idee desselben zu ihrem Gebrauch verwenden." (AA VI, 7f.).

99   AA XVIII, 623-629, hier: 623f.

mungen der Dinge an sich selbst. Denn hat man sie einmal dazu gemacht, so ist kein Grund, warum man sie blos auf endliche Wesen einschränken solle. Die Theologie, damit sie sich nicht selbst wiederspreche, sieht sich genothigt, beyde nur zu der Form unserer Sinlichkeit zu machen und allen Dingen, die von uns erkannt werden konnen, als Phaenomenen, Noumena, die wir nicht kennen, in Ansehung deren aber das Unbedingte allein stattfindet, unterzulegen."[100]

In der Reflexion 6317a benennt Kant dann unter der Überschrift: „N. II der Critik in Ansehung der Theologie" die „Anthropomorphismen", die in den Begriffen der Ewigkeit, Allgegenwart, Intelligenz, Ursächlichkeit, Seligkeit und Barmherzigkeit Gottes enthalten sind, um seine Auffassung zu belegen[101]. Daß dies nicht eine spätere ‚Theologisierung' darstellt, läßt sich (spätestens[102]) an einem Anhang der B-Auflage der KrV zur „transscendentalen Ästhetik" zeigen, wo Kant im Hinblick auf das Dasein Gottes erklärt, daß es nicht

---

100   ebd. 626. Auf diese Reflexion habe ich früher schon hingewiesen: vgl. A. WINTER (Anm. 2), 1-51, hier: 42ff., [im vorliegenden Buch Kapitel 2, 49-113, 102]. Neuerdings kommt auch K.-H. MICHEL, *Immanuel Kant und die Frage der Erkennbarkeit Gottes. Eine kritische Untersuchung der „Transzendentalen Ästhetik" in der ‚Kritik der reinen Vernunft' und ihrer theologischen Konsequenz,* Wuppertal 1987, im Zusammenhang mit dieser Reflexion zu demselben Ergebnis: „So kann man es drehen und wenden wie man will: Hinter den Gedankengängen der ‚Transzendentalen Asthetik' (wie überhaupt hinter der KrV) steht *ein eminent theologisches Interesse Kants!"* (30).

101   AA XVIII, 629-632, hier: 630f.

102   Auch in der Vorrede zur ersten Auflage der KrV lassen sich zwei Stellen auf den Seiten A XIII und A XX andeutungsweise in diesem Sinne verstehen. In der Kritik der praktischen Vernunft finden sich ebenfalls deutliche Parallelen: „In der That: wären die Handlungen des Menschen, so wie sie zu seinen Bestimmungen in der Zeit gehören, nicht bloße Bestimmungen desselben als Erscheinung, sondern als Dinges an sich selbst, so würde die Freiheit nicht zu retten sein." „Daher sehe ich nicht ab, wie diejenigen, welche noch immer dabei beharren, Zeit und Raum für zum Dasein der Dinge an sich selbst gehörige Bestimmungen anzusehen, (…) wie sie auch nur dem Widerspruch ausweichen wollen, den sie begehen, wenn sie das Dasein in der Zeit als den endlichen Dingen an sich nothwendig anhängende Bestimmung ansehen, da Gott die Ursache dieses Daseins ist, er aber doch nicht die Ursache der Zeit (oder des Raumes) selbst sein kann (weil diese als nothwendige Bedingung a priori dem Dasein der Dinge vorausgesetzt sein muß), seine Causalität folglich in Ansehung der Existenz dieser Dinge selbst der Zeit nach bedingt sein muß, wobei nun alle die Widersprüche gegen die Begriffe seiner Unendlichkeit und Unabhängigkeit unvermeidlich eintreten müssen." (AA V, 101).

gelingen könne, „die Bedingungen der Zeit und des Raumes" „von aller seiner Anschauung" „wegzuschaffen", „wenn man beide vorher zu Formen der Dinge an sich selbst gemacht hat", statt sie „zu subjectiven Formen unserer äußeren sowohl als inneren Anschauungsart"[103] zu machen. In etwas abgewandelter Form begegnen wir dieser Überzeugung noch im *Opus postumum*, wo ihr sogar ein gewisser Beweischarakter zugeschrieben wird:

> „Wäre die Welt ein Inbegrif der Dinge an sich selbst so würde es unmöglich seyn das Daseyn eines Dinges ausser der Welt zu beweisen deñ es müßte mit der Welt verknüpft seyn sonst koñte man darauf nicht schließen. Es müßte aber von anderer Art als die Welt seyn sonst wurde es zur Welt selbst gehören. (…) Nehmen wir aber die Welt als Erscheinung so beweiset sie gerade zu das Daseyn von Etwas das nicht Erscheinung ist".[104]

Dieser Beweis ist freilich von der selbstgesetzten Voraussetzung abhängig, die „Welt als Erscheinung" zu nehmen. Immerhin aber wird deutlich, daß Kant bemüht war, Transzendenz in ihrem Anderssein gegenüber dem Bereich der Erfahrung freizugeben, ohne sie zugleich zu vergegenständlichen und damit gegebenenfalls zu verendlichen. Um der theologischen und metaphysischen Transzendenz willen gelangt Kant so zu seiner Form der *erkenntnistheoretischen* Transzendenz, die Erscheinung vom Ding an sich selbst (betrachtet) zu unterscheiden, aber nicht, wie vielfach angenommen, zu trennen.

Martin Heidegger hat sich wiederholt mit der Frage nach der *erkenntnistheoretischen* Transzendenz bei Kant befaßt. In der Marburger Vorlesung vom Wintersemester 1927/28 gibt er zwar zu: „Alle Überlegungen Kants in der transzendentalen Deduktion (…) kreisen gleichsam um das Phänomen der Transzendenz", aber es zeige sich dann doch, „daß alles in Verwirrung liegt"[105]. Der *„Grundmangel des Kantischen Kategorienproblemansatzes* überhaupt" liege „in der *Verkennung des Transzendenzproblems* oder besser gesagt: im Nichtsehen der Transzendenz als einer ursprünglichen We-

---

103 B 70f.

104 A XXI, 440 (IV Conv., LBl. 29,1).

105 M. HEIDEGGER, *Gesamtausgabe, II. Abt: Vorlesungen 1923-1944*, Bd. 25: *Phänomenologische Interpretation von Kants Kritik der reinen Vernunft*, Frankfurt/Main 1977, 316.

sensbestimmung der Seinsverfassung des Daseins"[106], weil Kant „noch nicht das Wesen und die Aufgabe einer rein *phänomenologischen* Interpretation des Daseins im Sinne einer *fundamentalontologischen Explikation seiner Grundstrukturen*"[107] gesehen habe. In den 1929 veröffentlichten Vorlesungen versucht Heidegger dagegen eine positive Interpretation. Er versteht darin „die Aufhellung der Transzendenz der endlichen Vernunft als Grundabsicht der transzendentalen Deduktion"[108], wobei „die Transzendenz gleichsam die Endlichkeit selbst"[109] sei: „Nur wenn das Gegenstehenlassen von (…) ein Sichhineinhalten in das Nichts ist, kann das Vorstellen anstatt des Nichts und innerhalb seiner ein nicht Nichts, d.h. so etwas wie Seiendes begegnen lassen, falls solches sich gerade empirisch zeigt. Allerdings ist dieses Nichts nicht das nihil absolutum."[110] „Der Transzendenzhorizont kann sich nur in einer Versinnlichung bilden."[111] Es wird deutlich, daß Heidegger sein Denken in die KrV hineinliest, obgleich man wohl sagen kann, daß Heidegger Kant in dieser Frage näher stand als er selbst glaubte[112].

Damit ist die Transzendenz *des Vorgriffs auf das Sein im Ganzen* angesprochen. Im Bereich der theoretischen Vernunft entspricht dieser Form der Transzendenz die „Idee von dem *Inbegriffe aller Möglichkeit*, sofern er als Bedingung der durchgängigen Bestimmung eines jeden Dinges zum Grunde liegt, in Ansehung der Prädikate, die denselben ausmachen mögen", die „selbst noch unbestimmt ist" und durch die wir „nichts weiter als einen Inbegriff aller möglichen Prädikate überhaupt denken". Um einem Ding von allen

---

106 ebd. 315.

107 ebd. 318.

108 M. HEIDEGGER, *Kant und das Problem der Metaphysik*, Frankfurt/Main ³1965, 69.

109 ebd. 87.

110 ebd. 71.

111 ebd. 87.

112 W. DRESCHER (Anm. 7), 144: „(…) zwischen der Frage nach dem Sein und ‚dem Ding an sich' besteht eine enge Verwandtschaft." „Es ist bedauernswert, daß Heidegger in seinen beiden Kant-Büchern diesen Zusammenhang nicht gesehen hat, und so mit Kant immer nur das drängende Fragen teilt, dagegen seine eigene Denkrichtung – die auf das Sein des Seienden zielt – für grundverschieden hält von derjenigen Kants, die nach dem ‚An-sich-Sein' der Dinge fragt."

möglichen Prädikaten eines zuzuschreiben, muß man „das Ding selbst mit dem Inbegriffe aller möglichen Prädikate transscendental vergleichen"[113]. Der „durchgängigen Bestimmung" alles Existierenden wird demnach „ein transscendentales Substratum zum Grunde gelegt, welches gleichsam den ganzen Vorrat des Stoffes, daher alle möglichen Prädikate der Dinge genommen werden können, enthält"; es ist „nichts anders als die Idee von einem All der Realität (omnitudo realitatis). Alle wahren Verneinungen sind alsdann nichts als *Schranken,* welches sie nicht genannt werden könnten, wenn nicht das Unbeschränkte (das All) zum Grunde läge."[114] Dieser vorkategoriale „Urbegriff"[115] erweist sich indes als der durchgängig bestimmte Begriff des „entis realissimi" als „Begriff eines einzelnen Wesens": „nur in diesem einzigen Falle" wird „ein an sich allgemeiner Begriff von einem Dinge durch sich selbst durchgängig bestimmt und als die Vorstellung von einem Individuum erkannt". Darum nennt Kant diese Idee „ein transscendentales *Ideal*"[116], das freilich für die spekulative Vernunft nur eine Denknotwendigkeit darstellt, über deren Realität sie zu urteilen nicht „befugt"[117] ist, auch wenn sie nicht anders kann, als sie zu „hypostasieren" zum Begriffe „von *Gott* in transscendentalem Verstande gedacht (...) als Gegenstand einer transscendentalen *Theologie*"[118]. Es bleibt der Vernunft in ihrem praktischen Gebrauche vorbehalten, die „objective Realität" der Begriffe „von Gott und Unsterblichkeit" zu ‚beweisen'[119]. Aber auch für den theoretischen Vernunftgebrauch gilt: „Es scheint

---

113 A 573 = B 601.

114 A 575 f. = B 603f.

115 A 573 = B 601.

116 A 576 = B 604.

117 Sie ist nicht „befugt", „berechtigt", ihr ist es nicht „erlaubt", „gestattet", weil es allein der praktischen Vernunft zukommt, hierüber zu befinden: Dort wird „constitutiv" und „immanent", was für die Spekulation bloß „regulativ" ist und „transscendent" wäre. vgl. dazu ausführlich A. Winter, *Der Gotteserweis aus praktischer Vernunft. Das Argument Kants und seine Tragfähigkeit vor dem Hintergrund der Vernunftkritik,* in: K. Kremer (Hg.), Um Möglichkeit oder Unmöglichkeit natürlicher Gotteserkenntnis heute, Leiden 1985, 109-178, hier: 140 Anm. 139, [hier Kapitel 5, 257-344, 296, Anm. 139].

118 A 580 = B 608; vgl. auch A 583 = B 611 Anm.

119 vgl. AA V, 3f.

zunächst zwar befremdlich, daß wir unsere Begriffe von Dingen an sich selbst nur dadurch gehörig bestimmen können, daß wir alle Realität zuerst auf den Begriff von Gott reduciren und so, wie er darin statt findet, allererst auch auf andere Dinge als Dinge an sich anwenden sollen. Allein jenes ist lediglich das Scheidungsmittel alles Sinnlichen und der Erscheinung von dem, was durch den Verstand, als zu Sachen an sich selbst gehörig, betrachtet werden kann."[120] Der zunächst nur logische „Vorgriff" auf das Sein im Ganzen (das „All der Realität") erweist sich auf diese Weise schließlich als eine aller Erkenntnis vorgängige Bezugnahme auf das absolute Sein in Fülle (auf das „ens summum"[121]), von dem her sich letztlich alle Erkenntnis verdankt[122]. Es aber in ‚transzendenter' Redeweise ‚anmaßend'[123] und „vermessen"[124] als Ding unter Dingen zu vergegenständlichen, würde bedeuten, seine Transzendenz zu unterschlagen und es selbst zu verfehlen.

Eine bisher offenbar nicht beachtete (aber von mir früher schon angesprochene[125]) Form der Transzendenz *des Vorgriffs auf das Sein im Ganzen*

---

120   AA VIII, 154.

121   A 578 = B 606.

122   „Vielmehr würde der Möglichkeit aller Dinge die höchste Realität als ein *Grund* und nicht als *Inbegriff* zum Grunde liegen und die Mannigfaltigkeit der ersteren nicht auf der Einschränkung des Urwesens selbst, sondern seiner vollständigen Folge beruhen, zu welcher denn auch unsere ganze Sinnlichkeit sammt aller Realität in der Erscheinung gehören würde, die zu der Idee des höchsten Wesens als ein Ingredienz nicht gehören kann." „Der Begriff eines solchen Wesens ist der von *Gott*, in transscendentalem Verstande gedacht; und so ist das Ideal der reinen Vernunft der Gegenstand einer transscendentalen *Theologie* (…)". Die „Befugniß", das Ideal zu „realisiren", liefert der praktische Vernunftgebrauch (A 579f. = B 607f.). Dieser Aspekt von Objektivität kommt zu kurz bei F. Kuntze, *Die kritische Lehre von der Objektivität. Versuch einer weiterführenden Darstellung des Zentralproblems der kantischen Erkenntniskritik*, Heidelberg 1906. vgl. auch S. Andersen, *Ideal und Singularität. Über die Funktion des Gottesbegriffes in Kants theoretischer Philosophie* (= Kantstudien Erg.-H. 116), Berlin-New York 1983.

123   vgl. AA VlII, 152.

124   AA V, 383: „das deutsche Wort *vermessen* ist ein gutes, bedeutungsvolles Wort. Ein Urtheil, bei welchem man das Längenmaß seiner Kräfte (des Verstandes) zu überschlagen vergißt, kann bisweilen sehr demüthig klingen und macht doch große Ansprüche und ist doch sehr vermessen." Dazu AA V, 400; Vl, 52. Zu „Vermessenheit" vgl. AA II, 251; A 470 = B 498; AA V, 459; Vl, 89.

125   z. B. A. Winter (Anm. 117), 175f., [hier Kapitel 5, 257-344, 340f.]; auch in meinem

‚sub ratione boni' findet sich in der Kritik der praktischen Vernunft als transzendentale Vorgabe der „Pflicht" für das praktische Handeln, die der Fassung des „kategorischen Imperativs" und dem Begriff des Guten vorausliegt. Weil das Gute sich nicht wie das Wahre in der Erkenntnis, sondern im Tun ereignet, bietet sich der Vernunft für ihren Vorgriff auf „das Ganze aller Zwecke"[126] nicht ein „Inbegriff" (aller möglichen Prädikate), sondern ein „Factum" dar, das „sich für sich selbst uns aufdringt"[127]. Es ist kein Befehl von außen (das wäre Heteronomie), sondern so etwas wie ein vorbegriffliches, intuitives Wissen um die Vernunftnotwendigkeit (insofern Autonomie[128]) sittlicher Pflicht. Der geheimnisvolle Ursprung dieses „Factum der Vernunft"[129] weist über die „Sinnenwelt" hinaus und verweist auf die „intelligibele Welt", mit der der Mensch „als zu beiden Welten gehörig" verbunden ist[130]. Die vorbegrifflich und unabdingbar sich aufdrängende „übersinnliche Idee des sittlich Guten" artikuliert sich in einem „synthetischen Satz a priori"[131] („Vernunftprincip"[132]), der vom

---

Vortrag 1990 in Macerata/Italien anläßlich des 700-jährigen Bestehens der Universität: *Die Kritik der Urteilskraft vor dem Hintergrund der Kantschen Religionsphilosophie: Perspektiven und Erträge,*. [hier Kapitel 6, 345-388].

126 AA V, 87.

127 AA V, 31, vgl. auch 6, 31, 32, 42, 43, 47, 55, 91, 104.

128 vgl. AA V, 33: „Die Autonomie des Willens ist das alleinige Princip aller moralischen Gesetze und der ihnen gemäßen Pflichten".

129 AA V, 31. Im *Opus postumum* heißt es im letzten Convolut: „Es ist ein Factum der moralisch // practischen Vernunft der categorische Imperativ welches Freyheit unter Gesetzen für die Natur gebietet und durch welches Freyheit selbst das Princip ihrer eigenen Moglichkeit darlegt und das gebietende Subject ist Gott" (AA XXI, 21).

130 AA V, 86f. „*Pflicht!* du erhabener, großer Name, der du nichts Beliebtes, was Einschmeichelung bei sich führt, in dir fassest, sondern Unterwerfung verlangst, doch auch nichts drohest, was natürliche Abneigung im Gemüthe erregte und schreckte, um den Willen zu bewegen, sondern blos ein Gesetz aufstellst, welches von selbst im Gemüthe Eingang findet und doch sich selbst wider Willen Verehrung (wenn gleich nicht immer Befolgung) erwirbt, vor dem alle Neigungen verstummen, wenn sie gleich ingeheim ihm entgegen wirken: welches ist der deiner würdige Ursprung, und wo findet man die Wurzel deiner edlen Abkunft, welche alle Verwandtschaft mit Neigung stolz ausschlägt, und von welcher Wurzel abzustammen, die unnachlaßliche Bedingung desjenigen Werths ist, den sich Menschen allein selbst geben können?" (AA V, 86).

131 AA V, 31.

132 AA V, 62.

Verstand („zum Behuf der Urteilskraft", um den Einzelfall unter eine Regel zu subsumieren[133]) seinen Kategorien gemäß[134] als „formales Gesetz"[135] formuliert wird[136], das als „kategorischer Imperativ"[137] den „formalen Bestimmungsgrund der Handlung" darstellt und zugleich auch „materialer", nämlich „objectiver Bestimmungsgrund der Gegenstände der Handlung" und „subjectiver Bestimmungsgrund, d. i. Triebfeder, zu dieser Handlung" ist[138]. Als „Folgen der Willensbestimmung a priori", d.h. erst „nach" dem moralischen Gesetz „und durch dasselbe" werden „die Begriffe des Guten und Bösen" bestimmt[139], die selbst „unter einer praktischen Regel der Vernunft" stehend „dem Willen zuerst ein Object" zuweisen[140]. Die Vernunft sucht „als reine praktische", *wenn* ihr der „Bestimmungsgrund des Willens" „(im moralischen Gesetze) gegeben worden", „zu dem praktisch Bedingten" „die unbedingte Totalität des *Gegenstandes* der reinen praktischen Vernunft, unter dem Namen des *höchsten Guts*"[141], das also mindestens noch in der *Kritik der praktischen Vernunft* als Oberbegriff für die angemessene Verbindung von Tugend und Glückseligkeit im Kontext des Gottespostulates sekundär ist[142]. Nur weil in

133 vgl. AA V, 67.

134 AA V, 65.

135 AA V, 64.

136 vgl. AA V, 69.

137 vgl. AA IV, 413f., in der *Kritik der praktischen Vernunft* das „Grundgesetz der praktischen Vernunft" genannt (AA V, 30); vgl. AA V, 20, 32, 41.

138 AA V, 75.

139 AA V, 63, 65.

140 AA V, 67.

141 AA V, 108.

142 Dies gegen G. B. Salas Kritik an meiner schon früher geäußerten Position: vgl. G. B. SALA, *Kant und die Frage nach Gott, Gottesbeweise und Gottesbeweiskritik in den Schriften Kants* (= Kantstudien Erg.-H. 122), Berlin-New York 1990, 393f.; dazu auch meine Stellungnahme in dem noch unveröffentlichten Vortrag in Macerata (Anm. 125) [hier Kapitel 6: 345-388]. Es trifft auch nicht zu, wie G. B. Sala meint, daß „der direkte Weg über die absolute Verbindlichkeit die absolute Autonomie der praktischen Vernunft aufgehoben hätte", weil die Vernunftautonomie der praktischen Vernunft nicht willkürlich ist: „Wir sind zwar gesetzgebende Glieder eines durch Freiheit möglichen, durch praktische Vernunft uns zur Achtung vorgestellten Reichs der Sitten, aber doch zugleich Unterthanen,

seinem Begriff „das moralische Gesetz als oberste Bedingung schon mit einge-schlossen ist", steht das „höchste Gut" nicht nur für das „Object", sondern auch für den *„Bestimmungsgrund* des reinen Willens"[143]. Erst in der *Kritik der Urteilskraft,* in der die Dimension der Zweckmäßigkeit ausdrücklich reflektiert und deutlicher bestimmt wird, erhält der Begriff des „höchsten Guts" einen höheren Rang im insofern modifizierten moralischen Gottesargument[144]. Im spätesten Convolut des *Opus postumum* heißt es schließlich: „Der Begriff von Gott ist der Begriff von einem *verpflichtenden* Subject außer mir."[145]

Die Transzendentalität der „übersinnlichen Idee des sittlich Guten" geht bei Kant offenbar auf seine Beschäftigung mit Platon[146] zurück, auf den er besonders in der KrV ausdrücklich eingeht:

> *„Plato* bediente sich des Ausdrucks *Idee* so, daß man wohl sieht, er habe darunter etwas verstanden, was nicht allein niemals von den Sinnen entlehnt wird, sondern welches sogar die Begriffe des Verstandes, mit denen sich *Aristoteles* beschäftigte, weit übersteigt (…)"[147]. *„Plato* be-merkte sehr wohl, daß unsere Erkenntnißkraft ein weit höheres Bedürf-niß fühle, als blos Erscheinungen nach synthetischer Einheit buchstabi-ren, um sie als Erfahrung lesen zu können, und daß unsere Vernunft natürlicher Weise sich zu Erkenntnissen aufschwinge, die viel weiter gehen, als daß irgend ein Gegenstand, den Erfahrung geben kann, jemals mit ihnen congruiren könne, die aber nichtsdestoweniger ihre Realität haben und keinesweges bloße Hirngespinste sind." – *„Plato* fand seine Ideen vorzüglich in allem, was praktisch ist, d. i. auf Freiheit beruht,

nicht das Oberhaupt desselben, und die Verkennung unserer niederen Stufe als Geschöpfe und Weigerung des Eigendünkels gegen das Ansehen des heiligen Gesetzes ist schon eine Abtrünnigkeit von demselben dem Geiste nach, wenn gleich der Buchstabe desselben erfüllt würde." (AA V, 82f.)

143   AA V, 109f.

144   vgl. dazu auch A. Winter (Anm. 117), ab 158, [hier Kapitel 5, 257-344, ab 318].

145   AA XXI, 15; vgl. auch XXI, 21 (s. o. Anm. 129); dazu XXI, 113 u. 118.

146   Zu Platon vgl. K. Kremer (Anm. 61), z. B. 190ff.; auch ders., *Bonum est diffusivum sui. Ein Beitrag zum Verhältnis von Neuplatonismus und Christentum,* in: H. Temporini u. W. Haase (Hgg.), Aufstieg und Niedergang der römischen Welt. Geschichte und Kultur Roms im Spiegel der neueren Forschung, Teil II: Principat, Bd. 36,2, 994-1032.

147   A 313, B 370.

welche ihrerseits unter Erkenntnissen steht, die ein eigenthümliches Product der Vernunft sind."[148] „Wenn man das Übertriebene des Ausdrucks absondert, so ist der Geistesschwung des Philosophen (...) eine Bemühung, die Achtung verdient, in Ansehung desjenigen aber, was die Principien der Sittlichkeit, der Gesetzgebung und der Religion betrifft, wo die Ideen die Erfahrung selbst (des Guten) allererst möglich machen, obzwar niemals darin völlig ausgedrückt werden können, ein ganz eigenthümliches Verdienst (...)"[149].

Kant glaubt, daß Platon „auf eine dunkle Art" auf die Frage hinauswollte: „Wie sind synthetische Sätze a priori möglich?"[150]. Darum möchte Kant „den Ausdruck *Idee* seiner ursprünglichen Bedeutung nach in Schutz (...) nehmen"[151], da sie bei Platon „nur (...) zum *Erklären* der Möglichkeit eines synthetischen Erkenntnisses a priori"[152] gedacht war. Daß er den „Geistesschwung des Philosophen" im Bereich der „Principien der Sittlichkeit" für besonders verdienstvoll hält, dürfte seine Abhängigkeit insofern bestätigen und auch den „Primat der reinen praktischen Vernunft"[153] in diesen Zusammenhang einordnen lassen.

---

148 A 314f., B 371f.

149 A 318, B 375.

150 AA VIII, 391. vgl. auch V, 128; 141; 363: „Plato, selbst Meister in dieser Wissenschaft, gerieth über eine solche ursprüngliche Beschaffenheit der Dinge, welche zu entdecken wir alle Erfahrung entbehren können, (...) in die Begeisterung, welche ihn über die Erfahrungsbegriffe zu Ideen erhob, die ihm nur durch eine intellectuelle Gemeinschaft mit dem Ursprunge aller Wesen erklärlich zu sein schienen." vgl. dazu Iacobi BRVCKERI *Institutiones historiae philosophicae vsvi academicae Ivventvtis adornatae,* Lipsiae Impensis (...) Breitkopfii 1747, 140: „Actiuae philosophiae duas partes Plato constituit, moralen et ciuilem, vtramque vero theoreticae principiis inaedificauit, quo factum, vt a sobrio Socraticae ethicae temperamento plurimum deficeret, et in haud paucis enthusiasmo fieret proxima. (...) Nostrum summum bonum consistere in ipsa primi boni scientia; et reliqua dici bona posse, quatenus ab illo bono aliquid trahunt."

151 A 319, B 376.

152 AA VIII, 398.

153 AA V, 119ff. vgl. A. RIESS, *Der ‚Primat der praktischen Vernunft' als Vollendung der Kritik zum System,* (Diss.) Marburg 1918; M. CASULA, *Der Mythos des Primats der praktischen Vernunft,* in: Akten des 4. Internat. Kant-Kongresses Mainz 6.-10. April 1974, hg. v. G. Funke, Teil II.1, Berlin-New York 1974, 362-371.

Es ist bezeichnend, daß gerade das moralische Gesetz den gesuchten legitimen Überschritt ins Übersinnliche ermöglicht, insofern es als „ratio cognoscendi" der Freiheit diese als seine „ratio essendi" erweist. „Freiheit ist die einzige unter allen Ideen der speculativen Vernunft, wovon wir die Möglichkeit a priori *wissen,* ohne sie doch einzusehen, weil sie die Bedingung des moralischen Gesetzes ist, welches wir wissen." Die Ideen „von Gott und Unsterblichkeit" bekommen dadurch „Bestand und objective Realität, d. i. die *Möglichkeit* derselben wird dadurch *bewiesen,* daß Freiheit wirklich ist"[154]. Denn Freiheit wirkt sich in empirisch greifbaren Handlungen aus und ist deshalb „die einzige unter allen Ideen der reinen Vernunft, deren Gegenstand Thatsache ist und unter die scibilia mit gerechnet werden muß."[155] Insofern also die Postulate des Daseins Gottes und der Unsterblichkeit „einem a priori unbedingt geltenden Gesetze unzertrennlich" anhängen[156], läßt sich ihr Gegenteil auf ein „absurdum morale" oder „practicum" bringen[157]; das ist das Fundament für den „praktische[n] Vernunftglauben"[158], der „fester als alles Wissen" ist[159].

Eine weitere Form des Überschritts über den Bereich des Sinnlichen hinaus stellt die Kritik der Urteilskraft dar als „Verbindungsmittel der zwei Theile der Philosophie zu einem Ganzen"[160]. Die (reflektierende) Urteilskraft vermittelt zwischen dem Natur- und Freiheitsbegriff durch den Begriff der „Zweck-

---

154 AA V, 4;103: „Da es eigentlich der Begriff der Freiheit ist, der unter allen Ideen der reinen speculativen Vernunft allein so große Erweiterung im Felde des Übersinnlichen, wenn gleich nur in Ansehung des praktischen Erkenntnisses verschafft, so frage ich mich (...)".

155 AA V, 468; 474: „Es bleibet hiebei immer sehr merkwürdig: daß unter den drei reinen Vernunftideen, *Gott, Freiheit und Unsterblichkeit,* die der Freiheit der einzige Begriff des Übersinnlichen ist, welcher seine objective Realität (...) an der Natur durch ihre in derselben mögliche Wirkung beweiset und eben dadurch die Verknüpfung der beiden andern mit der Natur, aller drei aber unter einander zu einer Religion möglich macht".

156 AA V, 122.

157 AA XVIII, 193 (R 5477); vgl. dazu auch A. Winter (Anm. 117), 168f., [hier Kapitel 5, 257-344, 333f.].

158 AA V, 126, 146; VII 51; VIII 142.

159 AA IX, 72.

160 AA V 176.

mäßigkeit" und „verschafft durch ihr Princip a priori der Beurteilung der Natur nach möglichen besonderen Gesetzen derselben ihrem übersinnlichen Substrat (in uns sowohl als außer uns) *Bestimmbarkeit durch das intellektuelle Vermögen*", während die „Vernunft (...) eben demselben durch ihr praktisches Gesetz a priori die *Bestimmung*" gibt[161]. Insbesondere die „organisierte[n] Wesen"[162], die sich zugleich als „Naturproduct" und „Naturzweck" erweisen, in denen „alles Zweck und wechselseitig auch Mittel ist" und die insofern *„von sich selbst"* zugleich, „(obgleich in zwiefachem Sinne) *Ursache und Wirkung*" sind[163], führen zu der scheinbaren Antinomie, daß sie einerseits nach Naturgesetzen und andererseits nicht nach Naturgesetzen erklärt werden können[164], da eine bloß kausale Erklärung unterstellen müßte, daß ein noch nicht realisierter Zweck Einfluß auf eine Wirkursache nehmen könnte. Nach allem, was wir wissen, kann nur die *Vorstellung* eines Zwecks in einer verständigen Ursache deren Wirkursächlichkeit beeinflussen. Hieraus aber ist nur eine „entfernte Analogie" zu gewinnen, weil „menschliche Kunst"[165] anders und insbesondere nacheinander verfährt und dazu nicht eigentlich schöpferisch ist. Wir haben zwar „unentbehrlich nötig, der Natur den Begriff einer Absicht unterzulegen"[166], allerdings nicht nach Art unseres diskursiven, sondern eines (bloß negativ bestimmbaren) intuitiven und schöpferischen Verstandes (eines „intellectus archetypus"[167]), in dem das für uns zwangsläufige Auseinanderfallen der End- und Wirkursächlichkeit nicht stattfindet, den wir uns zwar bestenfalls „denken" können, ohne dadurch aber von ihm einen Begriff mit Erkenntniswert zu gewinnen. So zeigen sich auch hier „in Ansehung des rationalen Gebrauchs unserer Erkenntnißvermögen" „Gränzen" (!) und sogar

---

161 AA V, 196.

162 AA V, ab 472.

163 AA V, 370f., 376.

164 AA V, 386f., XX, 236: „Da es nun ganz wider die Natur physisch=mechanischer Ursachen ist, daß das Ganze die Ursache der Möglichkeit der Caussalität der Theile sey, vielmehr diese vorher gegeben werden müssen, um die Möglichkeit eines Ganzen daraus zu begreifen".

165 AA V, 375.

166 AA V, 398.

167 AA V, 406ff.

„Schranken", die zwingend über sich hinausweisen, während „im empirischen Felde keine Gränzbestimmung möglich ist"[168].

So ergibt sich für Kant aus seiner Analyse der Erkenntnisvermögen im Hinblick auf den notwendigerweise vorauszusetzenden „durchgängigen Zusammenhang empirischer Erkenntnisse zu einem Ganzen der Erfahrung"[169], daß die jeweiligen Antinomien „wider Willen nöthigen, über das Sinnliche hinaus zu sehen und im Übersinnlichen den Vereinigungspunkt aller unserer Vermögen a priori zu suchen: weil kein anderer Ausweg übrig bleibt, die Vernunft mit sich selbst einstimmig zu machen."[170] Transzendenz erweist sich insofern mit Notwendigkeit als ein aller Erfahrung zugrunde liegendes ‚Jenseits' der Grenzen der Erfahrung, das sich wohl aus verschiedenen Perspektiven anzielen, aber nicht gegenständlich ergreifen läßt. Hierin liegt wohl auch ein wichtiges Ergebnis der Kantschen Philosophie, das P. Carabellese schon 1927 beschrieben hat: Von der „Existenz" Gottes zu reden, würde Gott als Eines unter anderen in die Relation zum Relativen bringen und seine Absolutheit und seine unendliche Einzigkeit verkennen: Es kann allein vom „Sein" Gottes im umfassenden Sinn gesprochen werden. Indem Kant Gott als „Idee" und als „Ideal" bezeichnet habe, habe er, ohne es recht zu merken, die „Lösung" des Problems gefunden: eine Transzendenz, die zugleich „Immanenz" ist, ohne daß dies pantheistisch mißverstanden werden müßte[171]. Im

---

168 AA V, 188.

169 AA V, 183.

170 AA V, 341.

171 P. Carabellese, *La Filosofia di Kant, 1. L'Idea teologica* (= Il pensiero moderno XXIV), Firenze 1927, ab 378: „Quando dunque domandiamo se Dio esiste, poniamo un problema assurdo; poichè il problema di Dio è quello dell'essere, e non quello dell'esistere, se intendiamo per essere l'assoluta unicità e per esistere la relativa singolarità."(379) „Kant dunque, senza volerlo, aveva, con la risposta ‚Dio è idea', trovata la vera soluzione del problema. Ed egli invece crede di non averlo risoluto, anzi di averne dichiarata l'insolubilità. Non si accorge che egli ha veramente e finalmente scoperta l'intimità di Anselmo e di Cartesio." (380) Unter anderen Voraussetzungen freilich hat auch J.G. Fichte diese Frage berührt: „Ihr macht sonach dieses Wesen durch die Beilegung dieses Prädicats zu einem endlichen, zu einem Wesen eures Gleichen, und ihr habt nicht, wie ihr wolltet, Gott gedacht, sondern nur euch selbst im Denken vervielfältigt." „Es ist daher ein Misverständnis, zu sagen: es sey zweifelhaft, ob ein Gott sey oder nicht. Es ist gar nicht zweifelhaft, sondern das Gewisseste, was es giebt, ja der Grund aller anderen Gewissheit (…)" (*Fichtes*

Opus postumum allerdings zeichnet sich eine deutliche Verinnerlichung der Gottesfrage ab, die J. Kopper eindruckvoll dargestellt hat[172], was hier nur angedeutet werden kann[173]: „Erst im *Opus postumum* vermag sich das Denken so in die Gegenwart des Übersinnlichen zu stellen, daß es des Ausgehens von seinem Sinnlichgewordensein nicht mehr bedarf, sondern diese Sinnenordnung, indem es in ihr steht, gänzlich aus der Gegenwart Gottes begreift. (...) Im *Opus postumum* wird im Sichzeigen der Welt die Gegenwart Gottes erfahren. Und das bedeutet, daß in einer einigen Erfahrung Gott als der die Welt schlechthin Übersteigende erfahren ist und eben darin die Welt gänzlich in Gott eingegangen ist. Der Seinsgrund, das reine Ansich selbst wird erfahren, indem die Erscheinungsordnung als eine aus ihm hervorgehende gelebt wird."[174] „Das Sicherfüllen (...) der menschlichen Existenz geschieht vor dem Gericht Gottes, und aus der Freiheit des Innestehens in Gott, so daß gerade das Sichbestimmenlassen aus Gott die Freiheit unserer Existenz ist." (J. Kopper[175])

Werke, hg. v. I. H. Fichte, Bd. V, Berlin 1971 [Fotomech. Nachdruck v. 1845/46 und 1834/35],187f.).

172   J. Kopper, *Kants Gotteslehre*, in: Kantstudien 47 (1955/56), 31-61, und ders., *Transzendentales und dialektisches Denken* (= Kantstudien Erg.-H. 80), Köln 1961. vgl. dazu schon F. Lienhard, *Die Gottesidee in Kants „Opus postumum"*, (Diss. Lic.) Bern 1923, bes. 32-39; anders dagegen A. Cortina, *Die Auflösung des religiösen Gottesbegriffs im „Opus postumum" Kants*, in: Kantstudien 75 (1984), 280-293.

173   vgl. meine zusammenfassende Darstellung in *Theologische Hintergründe* (Anm. 2), [hier Kapitel 2, 49-113]. Zum *Opus postumum* vgl. auch A. Winter (Anm. 117),145f. Anm. 160, [hier Kapitel 5, 257-344, 303, Anm. 160, die sich bis 305 erstreckt].

174   J. Kopper, *Kants Gotteslehre* (Anm. 172), 57.

175   J. Kopper, *Transzendentales und dialektisches Denken* (vgl. Anm. 172), 127. Besonders charakteristisch AA XXI, 25: „Es ist ein Wesen in mir was von mir unterschieden im Causal // Verhältnisse der Wirksamkeit (nexus effectivus) auf mich steht (agit, facit, operatur) welches, selbst frey d. i. ohne vom Naturgesetze im Raum und der Zeit abhängig zu seyn mich iñerlich richtet (rechtfertigt oder Verdañt) und ich der Mensch bin selbst dieses Wesen und dieses nicht etwa eine Substanz ausser mir und was das befremdlichste ist: die Causalität ist doch eine Bestimung zur That in Freyheit (nicht als Naturnothwendigkeit) [Abs.] Diese unerklärliche innere Beschaffenheit entdeckt sich durch ein Factum, den categorischen Pflichtimperativ (nexus finalis) Gott; effectivus die Welt, er mag bejahend oder verneinend (Geboth und Verbot) seyn. Der Geist des Menschen (mens) in einem Zwange der nur durch *Freyheit* möglich ist".

So hat sich gezeigt, daß Kant die klassischen Formen der Transzendenz in der grundsätzlichen Ausrichtung auf die immer schon angezielte theologische Bedeutung miteinander verbindet. Man mag vielleicht bedauern, daß Kant sich in möglicherweise übertriebener Behutsamkeit Beschränkungen auferlegt hat, die ihm selbst dann zu unüberwindlichen Barrieren gerieten. Insofern dürfte es auch heute noch von Nutzen sein, sich mit seiner Philosophie zu beschäftigen, um womöglich die gegebenen und nicht in allem fertigen positiven Ansätze auf dem Boden und in der Disziplin der Kritik weiterzudenken und ihre über sich hinausweisende Fruchtbarkeit in das gegenwärtige Philosophieren einzubringen.

Verzeichnis der verwendeten Literatur

Abkürzungen nach Theologische Realenzyklopädie, Internationales Abkürzungsverzeichnis für Theologie und Grenzgebiete (IATG), zusammengestellt von S. M. Schwertner, 2., überarb. und erw. Aufl., Berlin 1994.

Die Namen von Herausgebern und Übersetzern (auch Verweise auf Namen) sind, soweit möglich, *kursiv* gesetzt.

Biographie Universelle, ancienne et moderne [...] Tome 19ᵉ, Paris 1817; Nouv. Éd. Paris 1854, T. 18ᵉ; unveränd. Nachdruck Graz 1967.

Nouvelle Biographie Générale Depuis les temps lex plus reculés jusqu'a nos jours, T. 23ᵉ, Paris 1858.

Bremisches Magazin zur Ausbreitung der Wissenschaften Künste und Tugend Von einigen Liebhabern derselben mehrentheils aus den Englischen Monatsschriften gesammelt und herausgegeben, Des vierten Bandes drittes Stück, Bremen/Leipzig 1761.

Chamber's Encyclopaedia, New. revised Edition, London 1970.

Dictionary of National Biography, Vol IX, London 1908; Nachdruck: London 1917.

The Gentleman's Magazine, and Historical Chronicle. Volume XXIV. For the YEAR MDCCLIV, London.

The Oxford Companion to English Literature, New. Edition, ed. by M Drabble, London 1985.

Abbot , J. L.	John Hawkesworth, Eighteenth-Century Man of Letters, Madison/London 1982.
Adickes, E.	Die bewegenden Kräfte in Kants philosophischer Entwicklung und die beiden Pole seines Systems, in: KantSt 1 (1897), 9-59, 161-196 und 352-415.
—,	Kants Systematik als systembildender Faktor, Berlin 1887.
—, (Hrsg.)	Immanuel Kants *Kritik der reinen Vernunft.* Mit einer Einleitung und Anmerkungen hrsg. von ..., Berlin 1889.
—,	Kants *Opus postumum,* (= KantSt ErgH. 50), 1920; photomech. Nachdruck: Vaduz 1978.
—,	Kant und das Ding an sich, Berlin 1924.
Agich, G. J.	L. W. Beck's proposal of Meta-Critique and the *Critique of Judgement,* in: KantSt 74 (1983), 261-270.
Aland , K.	*siehe:* Spener, P. J., *Pia Desideria ...,* (= KlT 170), 1964.
Albrecht, M.	Kants Antinomie der praktischen Vernunft, (= SMGP 21), Hildesheim/New York 1978.

Albrecht, M.   Kants Antinomie der praktischen Vernunft, in: KantSt
                            4 (1983), 364-367.

— ,   *siehe:* Hinske, N., *Was ist Aufklärung? ...,* 1973.

Ameriks, K.   An Analysis of the Paralogisms of Pure Reason, Oxford
                            1982.

Amrhein, H.   Kants Lehre vom *Bewußtsein überhaupt* und ihre Wei-
                            terbildung bis auf die Gegenwart, (= KantSt Erg.H 10),
                            1909.

Andersen, S.   Ideal und Singularität. Über die Funktion des Gottes-
                            begriffes in Kants theoretischer Philosophie, (= KantSt
                            ErgH. 116), 1983.

Aner, K.   Die Theologie der Lessingzeit, Hildesheim 1964; repro-
                            gr. Nachdruck der Ausgabe Halle 1929.

Anonymus   Kants Leben, eine Skizze. In einem Briefe eines Freundes
                            an seinen Freund, Altenburg 1799.

Anonymus   Ultramontane Stimmen über Kant *(Literaturbericht)*,
                            in: KantSt 5 (1901), 384-400.

Anonymus   Der Reformirten Prediger in Berlin Bedencken, vom
                            Syncretistischen Streit derer Königsbergischen Profes-
                            soren und Prediger. ex MSCto., abgedr. in: Erleutertes
                            Preußen, T. I, (Königsberg 1724), 552-568.

Anonymus   Preußischen Dissenters und Orthodoxen und die Ver-
                            schiedenheit ihrer beiderseitigen Kirchen=Administra-
                            tion in dem letzten Jahrzehend, Heliopolis 1792.

Anonymus   Ueber Offenbarung und Mythologie. Als Nachtrag zur
                            Religion innerhalb der Grenzen der reinen Vernunft, Ber-
                            lin 1799; (nach → *Ueberweg* [Berlin [12]1923] IV, 114 sei
                            nicht *Schleiermacher* sondern *Grohmann* der Autor die-
                            ses Textes).

Anton, P.   Collegium Antitheticum Universale Fundamentale,
                            nach der in den Thesibus Breithauptianis befindlichen
                            Ordnung der Theologischen Materien anno 1718 und
                            1719 gehalten, Halle 1732.

Antonopoulos, G.	Der Mensch als Bürger zweier Welten. Beiträge zur Entwicklungsgeschichte von Kants Philosophie, Diss. Köln 1956; Athen 1957; auch als APPP 17, Bonn 1958.
Apitzsch, A.	Die psychologischen Voraussetzungen der Erkenntniskritik Kants dargestellt und auf ihre Abhängigkeit von der Psychologie Chr. Wolffs und Tetens' geprüft. Nebst allgemeinen Erörterungen über Kants Ansicht von der Psychologie als Wissenschaft, (Diss. Halle-Wittenberg), Halle 1897.
Arnoldt, E.	Gesammelte Schriften, hrsg. v. O. Schöndörffer, Berlin 1907-1911.
Aune, B.	Kant's Theory of morals, Princeton/N.J. 1979.
Ausstellungskatalog	Immanuel Kant. Katalog der Ausstellung, hrsg. v. d. Kant-Gesellschaft e. V. i. V. m. dem Kulturdezernat der Stadt Mainz u. d. Universitätsbibliothek Mainz, 4. Internat. Kant-Kongreß Mainz, Mainz 1974.
Auxter, T.	Kant's moral teleology, Macon/Georgia, 1982.
Ayres, P. (Hrsg.)	*siehe:* Cooper, A. A., *Characteristicks ...*, 1999.
Bacon, F.	The Works of Francis Bacon, Baron of Verulam, Viscount St. Albans and Lord High Chancellor of England – In ten Volumes, London 1824.
—,	Das neue Organon (*Novum Organon*), hrsg. v. M. Buhr, (= Phil. Studientexte), Berlin 1962.
Bäumler, A.	Das Irrationalitätsproblem in der Ästhetik und Logik des 18. Jahrhunderts bis zur *Kritik der Urteilskraft*, Nachdruck der 2., durchgesehenen und um ein Nachwort erweiterten Auflage, Tübingen 1967; Darmstadt 1981.
—,	Das Problem der Allgemeingültigkeit in Kants Ästhetik, München 1915.
Bahrdt, C. F.	Bibliothek der Deutschen Aufklärer des achtzehnten Jahrhunderts. Hrsg. v. Martin von Geismar, I. Karl Friedrich Bahrdt, Leipzig 1846; unveränd. fotomech. Nachdruck Darmstadt 1963.

Bahrdt, C. F.	*siehe:* Semler, J. J. S., *Antwort …*, 1779.
Baier, J. W.	Collatio doctrinae pontificiorum et protestantium, Jena 1686.
Barnes, G. W.	Kant's doctrine of the highest Good, Diss. Harvard 1968.
Baronius, R.	Philosophia theologiae ancillans, Francof./M. 1676.
Barth, K.	Die protestantische Theologie im 19. Jahrhundert. Ihre Vorgeschichte und ihre Geschichte, Zürich 1947, ⁵1952.
Bartuschat, W.	Zum systematischen Ort von Kants *Kritik der Urteilskraft*, (= PhA 43), Frankfurt/M. 1972.
Batteux, C.	Einleitung in die Schönen Wissenschaften. Nach dem Französischen des Herrn Batteux, mit Zusätzen vermehret von C. W. Ramler, 4 Bde., Leipzig 1756-1758.
Bauch, B.	Luther und Kant, in: KantSt 9 (1904), 351-492.
—,	Kant in neuer ultramontan- und liberal katholischer Beleuchtung, in: KantSt 13 (1908), 32-56.
—,	*siehe auch:* Ritzel, W., Studien zum Wandel der Kantauffassung …, 1968.
Baumeister, F. C.	Institutiones metaphysicae, ontologiam, cosmologiam, psychologiam, theologiam denique naturalem complexae, methodo Wolfii adornatae, Wittenbergae & Servestae 1739.
Baumgarten, A. G.	Ethica Philosophica, Halae/Magdeb. 1751; Nachdruck Aetas Kantiana 27,2,1.
—,	Metaphysica A. G. Baumgarten, Professoris Philosophiae, Halae/Magdeburgicae ⁴1757.
Baumgarten, S. J.	Nachrichten von einer hallischen Bibliothek, 1752-1758, fortgesetzt als Nachrichten von merkwürdigen Büchern, Jeweils Halle 1748-1758, Bd. 12 mit vollständigen Registern.
—,	*siehe:* Boyle, R., *Vertheidigung der natürlichen und geoffenbarten Religion …*, 1738-1741.

Bayle, P.	Dictionaire historique et critique, Rotterdam ³MDCCXX.
Beck, L. W.	A Commentary on Kant's *Critique of Practical Reason,* Chicago 1960.
—,	Kants *Kritik der praktischen Vernunft.* Ein Kommentar, ins Deutsche übersetzt v. K.-H. Ilting, (= Kritische Information 19), München 1974.
—,	*siehe auch:* Murphy, J. G., The highest Good ..., 1965/66.
Beckmann, K.	Berührungen Johann Joachim Spaldings mit Immanuel Kant in der Fassung seines Religionsbegriffes, Diss. Göttingen 1913.
Behn, M.	Besprechung der „*Vier Abhandlungen, 1. Die natürliche Geschichte der Religion. 2. Von den Leidenschaften. 3. Vom Trauerspiel. 4. Von der Grundregel des Geschmacks. Von David Hume, [anonym] aus dem Englischen übersetzt, Quedlingburg/Leipzig 1759"* in: Jenaische philos. Bibliothek I, 2 (Okt. 1759), 81-120.
Bekenntnisschriften	Die Bekenntnisschriften der ev.-luth. Kirche, hrsg. im Gedenkjahr der Augsburgischen Konfession 1930, Göttingen ⁶1967.
Beloselsky A. M., Fürst v.	DIANYOLOGIE ou tableau philosophique de l'entendement, par le Prince Beloselsky, London 1791. Eine deutsche Ausgabe erschien in demselben Jahr unter dem Titel: Dianyologie oder Philosophisches Gemählde des Verstandes, von dem Fürsten von Beloselsky, Russisch Kayserlichen Gesandten am Chursächsischen Hofe. Aus dem Französischen, Freyberg/Annaberg 1791.
Benton, R. J.	Kant's second Critique and the problem of transcendental arguments, Den Haag 1977.
Berkeley, G.	Three dialogues between Hylas and Philonous, London 1713.
Bittner, R.	Über die Bedeutung der Dialektik Immanuel Kants, Diss. Heidelberg 1970.

Bleistein, R	*siehe:* Neufeld, K. H. ... *Rahner-Register* ..., 1974.
Blount, C.	The oracles of reason or letters to Mrs. Hobbs ..., London 1693.
Bochénski, J. M.	Logik der Religion, Köln 1968.
Bodmer, J. J.	*siehe:* Milton, J., *Episches Gedichte von dem Verlohrnen Paradiese* ..., 1742.
Böhm, B.	Sokrates im achtzehnten Jahrhundert. Studien zum Werdegange des modernen Persönlichkeitsbewußtseins, (= Kieler Studien z. dt. Literaturgesch. 4), Neumünster ⁴1966.
Boette, W.	Kants Religion, (= Pädagog. Magazin 780), Langensalza 1920.
Bohatec, J.	Die Religionsphilosophie Kants in der *Religion innerhalb der Grenzen der bloßen Vernunft.* Mit besonderer Berücksichtigung ihrer theologisch-dogmatischen Quellen, Hildesheim 1966; reprogr. Nachdruck der Ausgabe Hamburg 1938.
Bona Meyer, J.	Kants Psychologie, Berlin 1870.
Borkowski, H.	Die Bibel Immanuel Kants. Veröffentlichungen aus der Staats- und Universitätsbibliothek zu Königsberg Pr. hrsg. v. C. Diesch, Nr. 4, Königsberg 1937.
Bormann, C. v.	Der praktische Ursprung der Kritik. Die Metamorphosen der Kritik in Theorie, Praxis und wissenschaftlicher Technik von der antiken praktischen Philosophie bis zur neuzeitlichen Wissenschaft der Praxis, Stuttgart 1974.
Borowski, L. E.	Darstellung des Lebens und Charakters Immanuel Kants. Von Kant selbst genau revidiert und berichtigt [1804], in: Immanuel Kant. Sein Leben in Darstellungen von Zeitgenossen. Die Biographien von L. E. Borowski, R. B. Jachmann und A. Ch. Wasianski, (= Dt. Bibliothek 4), Berlin 1912; Nachduck: Darmstadt 1968.

Verzeichnis der verwendeten Literatur

Boyle, R.	Vertheidigung der natürlichen und geoffenbarten Religion oder Gilbert Burnets Auszug der von Robert Boyle gestifteten Reden. Aus dem Englischen übersetzt von Elias Caspar Reichard, durchgesehen und mit einer Vorrede zum Druck befördert von Siegmund Jacob Baumgarten, Band 1-3, (Leipzig und Bayreuth 1738-1741); ab Band 4: Aus dem Englischen übersetzt und mit Anmerckungen erläutert von Johann Christian Schmidt, Band 4-7, Hof/Bayreuth 1744-1747.
Brahn, M.	Die Entwicklung des Seelenbegriffes bei Kant, (Diss. Heidelberg 1896), Leipzig o. J.
Brockes, B. H.	siehe: Pope, A., Versuch vom Menschen ..., 1740.
Bruch, J.-L.	La Philosophie religieuse de Kant, (= Analyse et raisons 11), Paris 1968.
—,	siehe auch: Kopper, J. Rezension ..., 1970.
Brucker, J.	Iacobi Brvckeri Institutiones historiae philosophicae vs-vi academicae Ivventvtis adornatae, Lipsiae 1747.
Brugger, W.	Summe einer philosophischen Gotteslehre, München 1979.
Buchenau, A.	siehe: Leibnitz, G. W. v., Die Theodicee ..., 1925.
Büchmann, G.	Geflügelte Worte. Der Zitatenschatz des deutschen Volkes, Berlin [32]1972.
Buchner, E. F.	A Study of Kant's Psychology with Reference to the Critical Philosophy, Lancaster 1897.
Bülfinger G. B.	De Harmonia animi et corporis humani, maxime praestabilita, ex mente illustris Leibnitii, commentatio hypothetica, Francof. & Lipsiae [2]MDCCXXIII.
Bund, H.	Kant als Philosoph des Katholizismus, Berlin 1913.
Bury, A.	The naked Gospel, London 1691.
Butler, S.	Samuel Butlers Hudibras, ein satyr. Gedicht wider die Schwermer und Independenten zur Zeit Carls des Ersten in neun Gesängen. Aus d. Engl. übers. M. hist. Anm. u. Kupfern vers., Hamburg/Leipzig 1765.

Cameron Galbraith, E.	Kant and Theology. Was Kant a Closet Theologian?, San Francisco/London/Bethesda 1996.
A. Capecci,	Problema epistemologico e *regno dei fini*. Aspetti del discorso teleologico in Kant, in: Ricerche sul *Regno dei fini* Kantiano, a cura di A. Rigobello, Rom 1974, 251-294.
Carabellese, P.	La Filosofia di Kant, 1. L'Idea teologica, (= Il pensiero moderno XXIV), Florenz 1927.
Casper, B.	Gesichtspunkte für eine historische Darstellung der deutschen katholischen Theologie im 19. Jahrhundert, in: Entwicklungslinien des deutschen Katholizismus, hrsg. v. A. Rauscher, München/Paderborn/Wien 1973, 85-96.
Cassirer, E.	Immanuel Kants Werke, Bd. 9, Briefe von und an Kant, hrsg. v. E. Cassirer, Berlin 1922.
—,	Kants Leben und Lehre, (Ca 11, Ergänzungsband), Berlin 1923.
—,	*siehe:* Leibnitz, G. W. v., *Neue Abhandlungen ...*, 1971.
Cassirer, H. W.	A Commentary on Kant's Critique of Judgement, New York/London 1938.
Casula, M.	Studi Kantiani sul trascendente, (= Pubblicazioni dell' Istituto di Filos. dell'Univ. di Genova XXV), Milano 1963.
—,	Der Mythos des Primats der praktischen Vernunft, in: Akten des 4. Internat. Kant-Kongresses Mainz 6.-10. April 1974, hg. v. G. Funke, Teil II.1, Berlin/New York 1974, 362-371.
Challoner, R.	Denkwürdigkeiten der Missionspriester und anderer Katholiken, die in England ihrer Religion wegen den Tod erlitten haben. Aus d. Englischen des Bischofs Dr. R. Challoner, 2. Bd.: Unter den Stuarts und der Republik, 1604-1684, Paderborn 1852.
Chapman, W. J.	Die Teleologie Kants. Diss. Halle 1904.

Cherbury, E. Lord of   De Veritate Ed. Tertia, De Causis Errorum, De Religione Laici, Parerga, Faksim.-Neudruck d. Ausg. London 1645, hrsg. u. eingel. v. G. Gawlick, Stuttgart B.C. 1966.

—,   De religione gentilium errorumque apud eos causis, Faks.-Neudruck d. Ausg. Amsterdam 1663, hrsg. u. eingel. v. G. Gawlick, Stuttgart B.C. 1967.

Clarke, S.   D. Samuel Clarkes Abhandlung von dem Daseyn und den Eigenschaften GOTTES, von den Verbindlichkeiten der Natürlichen Religion, und der Wahrheit und Gewißheit der christlichen Offenbarung, aus dem Englischen übersetzt und mit seiner Lebensbeschreibung begleitet, Braunschweig/Hildesheim 1756.

Clauss, F.-J.   Synthetische Wissenschaftstheorie. Versuch einer Synthese der falsifikationslogischen, der wahrscheinlichkeitslogischen und der transzendentallogischen Denkform. (= Erfahrung u. Denken 60), Berlin 1980.

Cohen, H.   Der Begriff der Religion im System der Philosophie, Gießen 1915.

—,   *siehe auch:* Ritzel, W., Studien zum Wandel der Kantauffassung ..., 1968.

Collins, A.   A Discourse of Free-Thinking, Faksimile Neudruck d. Erstausgabe, London 1713; mit dt. Paralleltext, hrsg., übers. u. eingel. v. G. Gawlick, Stuttgart B. C. 1965.

Cooper, A. A., 3rd Lord of Shaftesbury
     A Letter concerning Enthusiasm, London 1708 .

—,   Characteristicks of Men, Manners, Opinions, Times. In Three Volumes, London 1711 und 1714; [neuerdings zuhanden in einer 2-bändigen kritischen Edition von P. Ayres, Oxford 1999.]

—,   Antony Ashley Cooper, Grafens von Shaftesbury Charakteristicks, oder Schilderungen von Menschen, Sitten, Meynungen und Zeiten, aus dem Englischen übersetzt [v. C. A. Wichmann]. Nebst einem Schreiben des Über-

	setzers, welches die Anmerkungen des Freyherrn von Leibnitz enthält, Leipzig 1768.
Cortina, A.	Die Auflösung des religiösen Gottesbegriffs im *Opus postumum* Kants, in: KantSt 75 (1984), 280-293.
Cottier, A.	Der Gottesbeweis in der Geschichte der modernen Aufklärungsphilosophie, Diss. Fribourg/Schweiz 1940.
Cramer, L.	Kants rationale Psychologie und ihre Vorgänger, Diss. München/Leipzig 1914.
Cramer, W.	Gottesbeweise und ihre Kritik, Frankfurt/M. 1967.
Creuz, F. C. C., Freyherr v.	Versuch über die Seele, Frankfurt /Leipzig 1754.
Crumbach, K.-H.	Ein ignatianisches Wort als Frage an unseren Glauben, in: GuL 42 (1969), 321-328.
Crusius, C. A.	DISSERTATIO PHILOSOPHICA DE VSV ET LIMITIBVS PRINCIPII RATIONIS DETERMINANTIS VVLGO SVFFICIENTIS QVAM DIVINA FAVENTE GRATIA AMPLISSIMI PHILOSOPHORUM ORDINIS CONSENSV PRO LOCO IN EODEM RITE OBTINENDO SECVNDVM DISPVTATVRVS IN ACADEMIA LIPSIENSI PVBLICO ERVDITORVM EXAMINI SVBMITTIT ... IPSIS KALEND. MAII MDCCXLIII (LIPSIAE).
—,	Anweisung vernünftig zu leben, Darinnen nach Erklärung der Natur des menschlichen Willens die natürlichen Pflichten und allgemeinen Klugheitslehren im richtigen Zusammenhange vorgetragen werden, Leipzig 1744; repr. Nachdruck, hrsg. v. G. Tonelli, Hildesheim 1969.
—,	Entwurf der nothwendigen Vernunft-Wahrheiten, wiefern sie den zufälligen entgegen gesetzet werden, Leipzig 1745; repr. Nachdr. hrsg. v. G. Tonelli, Hildesheim 1964.
—,	Weg zur Gewißheit und Zuverläßigkeit der menschlichen Erkenntnis, Leipzig 1747; repr. Nachdr. hrsg. v. G. Tonelli, Hildesheim 1965.

Darjes, J. G.	Anmerkungen über einige Lehrsätze der Wolfischen Metaphysic ..., Frankfurt/Leipzig 1748.
—,	Elementa Metaphysices T. prior, Ienae MDCCXLIII.
Delekat, F.	Immanuel Kant. Historisch-kritische Interpretation der Hauptschriften, Heidelberg ²1966.
—,	Immanuel Kant, in: Unbefangenes Christentum. Deutsche Repräsentanten und Interpreten des Protestantismus, hrsg. v. W. Schmidt, München 1968.
Descartes, R.	Discours de la Méthode. Von der Methode des richtigen Vernunftgebrauchs und der wissenschaftlichen Forschung, übers. u. hrsg. v. L. Gäbe, (= PhB 261), Hamburg 1964.
Dessauer, F.	Die Teleologie in der Natur, (= Glauben und Wissen 5), Basel 1949.
Dierksmeier, C.	Das Noumenon Religion, Berlin/New York: 1998 [= KantSt.E 133])
Dörenkamp, J.	Die Lehre von der Unsterblichkeit der Seele bei den deutschen Idealisten von Kant bis Schopenhauer, Diss. Bonn 1926.
Döring, A.	Kants Lehre vom höchsten Gut, in: KantSt, 4 (1900), 90-101.
Dorner, A.	Zu Kants Gedächtnis, in: PrM 2 (Berlin 1904), 49-65.
—,	Kant und Fichte in ihrem Einfluß auf die Entwicklung des Protestantismus, in: Der Protestantismus am Ende des XIX. Jahrhunderts in Wort und Bild, hrsg. v. C. Werckshagen, Berlin ²1909.
Drescher, W.	Vernunft und Transzendenz. Einführung in Kants *Kritik der reinen Vernunft*, (= MPF 73), Meisenheim am Glan 1971.
Drey, J. R.	Physico-Theologische Betrachtungen Von der Welt Anfang, Veränderung und Untergang, Worinnen ... von Johann Rajo Drey ..., Aus dem Englischen Übersetzt Von Theodoro Arnold, Leipzig 1732.

Duque, F.

Teleologie und Leiblichkeit beim späten Kant, in: KantSt 75 (1989), 381-397.

Düsing, K.

Das Problem des höchsten Gutes in Kants praktischer Philosophie, in: KantSt. 62 (1971) 5-42.

Ebbinghaus, J.

Luther und Kant, in: LuJ IX (1927), 119-155.

Ebeling, G.

Art.: *Theologie und Philosophie, II. Historisch,* in RGG³ VI, Sp. 802.

Eberhard, J. A.

Neue Apologie des Sokrates, oder Untersuchungen der Lehre von der Seligkeit der Heiden. N. u. verb. Aufl. 2 Bde., Berlin/Stettin 1776-1778; Nachdruck: Aetas Kantiana 62, Brüssel 1968.

—,

Neue Apologie des Socrates, (= Bibliothek der Deutschen Aufklärer des achtzehnten Jahrhunderts I, 1. Bd., II.), hrsg. v. M. v. Geismar, Leipzig 1846; Nachdruck: Darmstadt 1963.

Engel, J. J. (Hrsg.)

Der Philosoph für die Welt, Dritter Theil, Berlin 1800.

Engel, S. M.

Eine Bemerkung zur „Abfassung" der Kritik, in: Ratio 6 (1964) 72-80.

England, F. E.

Kant's conception of God. A critical exposition of its metaphysical development together with a translation of the *Nova dilucidatio,* London 1929.

Erdmann, B.

Martin Knutzen und seine Zeit. Ein Beitrag zur Geschichte der wolfischen Schule und insbesondere zur Entwicklungsgeschichte Kants, Leipzig 1876.

—, (Hrsg.)

Immanuel Kant's *Prolegomena zu einer jeden künftigen Metaphysik, die als Wissenschaft wird auftreten können,* hrsg. u. hist. erkl. v. Benno Erdmann, Leipzig 1878.

—,

Die Entwicklungsperioden von Kants theoretischer Philosophie, in: Reflexionen Kants zur kritischen Philosophie Bd. II: Reflexionen Kants zur *Kritik der reinen Vernunft.* Aus Kants handschriftlichen Aufzeichnungen hrsg. v. Erdmann, Leipzig 1884.

—, (Hrsg.)	Immanuel Kants *Kritik der Urteilskraft,* Hamburg u. Leipzig 1884.
—,	Reflexionen Kants zur *Kritik der reinen Vernunft,* (= Refl. Kants z. krit. Philos. 2), Leipzig 1884.
—,	Kant und Hume um 1762, in: Archiv f. Gesch. d. Philosophie 1 (1888) 62-77 und 216-230.
—,	Die Idee von Kants *Kritik der reinen Vernunft.* Eine historische Untersuchung, (= APHW.PH 2), Einzelausgabe, Berlin 1917.
Ernesti, J. A.	Institvtio interpretis Novi Testamenti ad vsvs lectionvm, Lipsiae 1762.
—,	Vertheidigung des Willkührlichen in der Religion, Leipzig 1765.
—,	Neue Theologische Bibliothek, Leipzig 1760-1764.
—,	Neueste Theologische Bibliothek, Leipzig 1770-75.
—,	*siehe:* Teller, W. A., *Des Herrn Joh. August Ernesti ...,* 1783.
—,	*siehe:* Teller, W. A., *Formvlae ac disciplinae ...,* 1782.
Ernst, U.	Der Gottesbegriff innerhalb der transzendentalen Ontologie Kants, (masch.-schr.) Diss. Wien 1975.
Eucken, R.	Thomas von Aquino und Kant. Ein Kampf zweier Welten, in: KantSt 6 (1901), 1-18.
—,	Kant und der Protestantismus, in: Die Wartburg, dt.-ev. Wochenschrift III (1904) Nr. 6, 49-51.
Euler, L.	Rettung der Göttlichen Offenbarung gegen die Einwände der Freygeister, Berlin 1747.
Feder, J. G. H.	De sensu interno exercitatio philosophica prima / ad orationem qua munus Professoris Philosoph. P. O. in inclita Georgia Avgusta ad diem XXX. Aprilis capessiturus est invitaturus scripsit ..., Goettingae 1768.

Ferretti, G.	La ragione ai confini della trascendenza cristiana in Kant, in: Annali della Facoltà di Lettere e Filosofia dell' Università di Macerata XIX (1986), 171-256.
Fichte, J. G.	Fichtes Werke, hg. v. I. H. Fichte, Bd. V, Berlin 1971; fotomech. Nachdruck v. 1845/46 und 1834/35.
Findlay, J. N.	Kant and the transcendenal object, Oxford 1981.
Fischer, G.	Johann Michael Sailer und Immanuel Kant. Eine Moralpädagogische Untersuchung zu den geistigen Grundlagen der Erziehungslehre Sailers, Freiburg 1953.
Fischer, K.	Immanuel Kant und seine Lehre, Teil 1.2., Heidelberg 1898-99 u. später.
Fischer, N.	Die Transzendenz in der Transzendentalphilosophie. Untersuchungen zur speziellen Metaphysik an Kants *Kritik der reinen Vernunft,* (= MaPF 18), Bonn 1979.
—,	Tugend und Glückseligkeit. Zu ihrem Verhältnis bei Aristoteles und Kant, in: KantSt 74 (1983), 1-21.
—,	Zur neueren Diskussion um Kants Religionsphilosophie, in: ThuG 83 (1993) 170-194,
Flügel, O.	Kant und der Protestantismus, Langensalza 1900.
Flügge, C. W.	Versuch einer historisch-kritischen Darstellung des bisherigen Einflusses der Kantischen Philosophie auf alle Zweige der wissenschaftlichen und praktischen Theologie, (1796); Nachdruck: Aetas Kantiana 74, Brüssel 1970.
Franke, H.	Kants Stellung zu den Gottesbeweisen im Zusammenhange mit der Entwicklung seines kritischen Systems, Diss. Breslau 1908.
Franz, E.	Deutsche Klassik und Reformation. Die Weiterbildung protestantischer Motive in der Philosophie und Weltanschauung des Deutschen Idealismus, Halle 1937.
Frost, W.	Der Begriff der Urteilskraft bei Kant, Halle 1906.
Fuehrer, M. L.	The development of Kant's moral theology in the *Religion within the limits of reason alone,* Diss. Univ. of Minnesota, 1974.

Funke, G.	Die Aufklärung. In ausgewählten Texten dargestellt und eingeleitet, Stuttgart 1963.
—,	Um einen Kant von morgen bittend, in: Immanuel Kant. Katalog der Ausstellung, hrsg. v. d. Kant-Gesellschaft e. V. i. V. m. dem Kulturdezernat der Stadt Mainz u. d. Universitätsbibliothek Mainz, 4. Internat. Kant-Kongreß Mainz, (Mainz 1974), 9-21.
—,	Die Wendung zur Metaphysik im Neukantianismus des 20. Jahrhunderts, in: Actes du Congrès d'Ottawa sur Kant dans les Traditions Anglo-Américaine et Continentale tenu du 10. au 14. Octobre 1974, ed. P. Laberge, F. Duchesneau, B. E. Morrisey, (Ottawa 1976), 36-76.
Gabriel, P.	Die Theologie W. A. Tellers, (= SGNP 10), Gießen 1914.
Gäbe, L:	*siehe:* Descartes, R., *Discours de la Méthode ...*, 1964.
Garbeis, F. W.	Das Problem des Bewusstseins in der Philosophie Kants. Eine erkenntnistheoretische Untersuchung der Grundlagen des Denkens und des Seins, Wien/Leipzig 1924.
Gawlick, G.	*siehe:* Lechler, G. V., *Geschichte des englischen Deismus ...*, 1965.
—,	*siehe:* Toland, J., *Christianity not Mysterious ...*, 1964.
—,	*siehe:* Tindal, M., *Christianity as old as the creation ...*, 1967.
—,	*siehe:* Herbert v. Cherbury, *De religione gentilium ...*, 1967.
—,	*siehe:* Herbert v. Cherbury, *De Causis errorum ...*, 1966.
Geismar, M. v. (Hrsg)	Bibliothek der Deutschen Aufklärer des achtzehnten Jahrhunderts. Hrsg. v. Martin von Geismar, I. Karl Friedrich Bahrdt, Leipzig 1846; unveränd. fotomech. Nachdruck Darmstadt 1963.
—,	*siehe:* Eberhard, J. A., *Neue Apologie ...*, 1968.

Gemelli, P. A. (Hrsg.)	Immanuel Kant. Volume commemorativo del secondo centenario della nascita, a cura di P. A. Gemelli, Milano 1924.
— ,. (Hrsg.)	*siehe:* Rossi, G., *Il problema dell'esistenza di Dio ...*, 1924.
Gentil, M. F.	De abusu rationis respectu mysteriorum religionis christianae, Diss. Mainz 1785.
Gerresheim, E.	Die Bedeutung des Terminus *transzendental* in Immanuel Kants *Kritik der reinen Vernunft*. Eine Studie zur Kantischen Terminologie und zugleich eine Vorstudie zu einem allgemeinen Kantindex, Teil 1, Diss. Köln 1962.
— ,	*siehe:* Holger, K./Gerresheim, E./ Lange, A./ Goetze, J., *Personenindex ...*, 1969.
Gideon, A.	Der Begriff *Transscendental* in Kants *Kritik der reinen Vernunft,* Diss. Marburg, 1903.
Gilead, A.	Teleological time: a variation on a Kantian theme, in: RMet 38 (1985), 529-562.
Giovanni di , G. / Wood, A. W. (Hrsg)	
	Immanuel Kant, Religion and Rational Theology, übersetzt und hrsg. von Allen W. Wood und George di Giovanni, (= Cambridge Edition of the Works of Immanuel Kant), Cambridge 1996.
Glauner, F.	Kants Begründung der Grenzen der Vernunft, Köln 1990.
Glossner, M.	Kant der Philosoph des Protestantismus, in: JPhST XXII (1908), H. 1, 1-23.
Goclenius, R.	Lexicon Philosophicum, Frankfurt 1613.
Goetze, J	*siehe:* Holger, K./Gerresheim, E./ Lange, A./ Goetze, J., *Personenindex ...*
Goldschmidt, L.	Kants „Privatmeinungen" über das Jenseits und Die Kantausgabe der Königliche preußischen Akademie der Wissenschaften. Ein Protest, Gotha 1905.

Gottschick, J.	Kants Beweis für das Dasein Gottes, in: Programm des Gymnasiums zu Torgau, mit welchem zu der Feier des Schröderschen Stiftungs-Actus ergebenst einladet Dr. A. Haacke, Torgau 1878.
Green, T. H.	*siehe:* Hume, D. *The Philosophical Works …*, 1964.
Groos, K.	Hat Kant Humes *Treatise* gelesen?, in: KantSt 5 (1901) 177-181.
Grose, T. H.	*siehe:* Hume, D. *The Philosophical Works …*, 1964.
Grube, C. F.	*siehe:* Knutzen, M., *Commentatio philosophica …*, 1735.
Guttmann, J.	Der Gottesbegriff Kants, I. Teil, Diss. Breslau 1903.
—,	Kants Gottesbegriff in seiner positiven Entwicklung, (= KantSt ErgH. 1); Neudruck: Würzburg 1959.
Haacke, A.	Programm des Gymnasiums zu Torgau, mit welchem zu der Feier des Schröderschen Stiftungs-Actus ergebenst einladet Dr. A. Haacke, Torgau 1878.Halder, A., (Hrsg.)
Haase, W.	*siehe:* Kremer, K., *Bonum est diffusivum sui …*, 1987.
Halder, A./Kienzler, K./Möller, J. (Hrsg.),	
	Auf der Suche nach dem verborgenen Gott. Zur theologischen Relevanz neuzeitlichen Denkens, Düsseldorf 1987.
Haller, A. v.	D. Albrecht Hallers Versuch Schweizerischer Gedichte, Dritte, vermehrte, und veränderte Aufl., Danzig 1743.
—,	Gedichte, hrsg. u. eingel. v. L. Hirzel, (= Bibl. älterer Schriftwerke der deutschen Schweiz 3), Frauenfeld 1882.
—,	Die Alpen, (= RUB 8963/64), Stuttgart 1974.
Hamann, J. G.	Briefwechsel, 4. Bd. 1778-1782, hrsg. v. A. Henkel, Wiesbaden 1959.
Harrach, Fürst v.	Fridericus Christianus Gervasius Protasius S.R.I. Comes ab Harrach Vita immortalibus Aloysii Thomae Raymundi S.R.I. Comitis ab Harrach [...] Parentis gratio-

sissimi Honoribus Consecrata et in Arena Litteraria Salisburgi Unà cum Parergis ex Universa Philosophia & Corrollariis Juridicis aperto marte propugnata ab Illustrissimo ac Generosissimo Domino Domino Friderico Christiano Gervasio Protasio S.R.I. Comite ab Harrach, Philosophiae Candidato, Praeside P. Ambrosio Freyden-Picht Ord. S. Benedicti ... regnante Archiepiscopatum Francisco Antonio, Principe ab Harrach etc., Salisburgi 1711.

Hartmann, N.   Teleologisches Denken, Berlin 1951.

Hasse, J. G   Immanuel Kants Biographie, 2 Bde, Leipzig 1804.

— ,   Letzte Aeußerungen Kants von einem seiner Tischgenossen, Zweyter Abdruck, Königsberg 1804.

Hassenstein, B.   Biologie und Teleonomie, in NHP 20 [Teleologie] (1981), 60-71.

Hawkesworth, J. (Hrsg.)   The Adventurer, Volume the Second, London 1745. The FIFTH EDITION, Vol. 1-4, London 1766.

— ,   An account of the Voyages Undertaken in the Southern Hemisphere, London1771.

Hegel, G. W. F.   Werke in 20 Bänden, (= Theorie-Werkausgabe), Frankfurt/M. 1971.

Heidegger, M.   Kants These über das Sein, Frankfurt/M.1963.

— ,   Gesamtausgabe, II. Abt: Vorlesungen 1923-1944, Bd. 25: Phänomenologische Interpretation von Kants *Kritik der reinen Vernunft*, Frankfurt/M.1977.

— ,   Gesamtausgabe, I. Abt., Bd. 9: Wegmarken, Frankfurt am Main 1976.

— ,   Kant und das Problem der Metaphysik, Frankfurt /M.³1965.

Heidemann, I.   *siehe:* Lehmann, G., *Beiträge zur „Kritik der reinen Vernunft" 1781-1981 ...,* 1981.

Heimsoeth, H.

Atom, Seele, Monade. Historische Ursprünge und Hintergründe von Kants Antinomie der Teilung, (= AAWLW.G 3), Mainz/Wiesbaden 1960.

—,

Astronomisches und Theologisches in Kants Weltverständnis, (= AkadWiss u. d. Lit, Abhdlgn d. geistes- u. sozialwiss. Klasse Jg. 1963, Nr. 9), Mainz 1963.

—,

Zum kosmotheologischen Ursprung der Kantischen Freiheitsantinomie:, in: KantSt 57 (1966), 206-229.

—,

Studien zur Philosophie Immanuel Kants. Metaphysische Ursprünge und Ontologische Grundlagen, (= KantSt ErgH 71), 1956.

—,

Metaphysik und Kritik bei Chr. A. Crusius. Ein Beitrag zur ontologischen Vorgeschichte der *Kritik der reinen Vernunft* im 18. Jahrhundert, (= SKG.G 3.3), Berlin 1926.

—,

Studien zur Philosophie Immanuel Kants. Metaphysische Ursprünge und Ontologische Grundlagen, (= KantSt ErgH. 71), 1956.

—,

Zum kosmotheologischen Ursprung der Kantischen Freiheitsantinomie, in: KantSt 57 (1966) 206-229.

—,

Transzendentale Dialektik. Ein Kommentar zu Kants *Kritik der reinen Vernunft*, 1. bis 4. Teil, Berlin/New York 1966-1971; durchlaufend paginiert.

—,

Metaphysik der Neuzeit, München 1967; Nachdr. d. Ausg. München/Berlin 1934.

—,

Studien zu Kants philos. Entwicklung, (= SMGP 6), Hildesheim 1967.

—,

Zum kosmotheologischen Ursprung der Kantischen Freiheitsantinomie, in: KantSt 57 (1966), 206-229.

—,

Transzendentale Dialektik. Ein Kommentar zu Kants *Kritik der reinen Vernunft*, Teil 1-4, Berlin/New York 1966-71.

Heimsoeth, H.	Transzendentale Dialektik. Ein Kommentar zu Kants *Kritik der reinen Vernunft,* 1. Teil: Ideenlehre und Paralogismen, Berlin 1966.
Heintel, E.	Naturzweck und Wesensbegriff, in: D. Henrich u. a. (Hg.), Subjektivität und Metaphysik. Festschrift für Wolfgang Kramer, Frankfurt/M. 1966, 163-187.
Heintel, P.	Die Bedeutung der Kritik der ästhetischen Urteilskraft für die transzendentale Systematik, (= KantSt, Erg.H. 99), 1970.
Heinze, M.	Vorlesungen Kants über Metaphysik aus drei Semestern. (= ASAW.PH 8.4)., Leipzig 1894.
Heizmann, W.	Kants Kritik spekulativer Theologie und Begriff moralischen Vernunftglaubens im katholischen Denken der späten Aufklärung, (= SThGG 21), Göttingen 1976.
Held, G.	*siehe:* Mathieu, V., Kants „Opus postumum"..., 1989.
Helvetius, C. A.	De l'esprit, Paris 1758.
Henke, H. P. C. (Hrsg.)	Magazin für Religionsphilosophie, Exegese und Kirchengeschichte. Fünfter Band, Helmstädt 1796.
— ,	Systema cavsarvm efficientivm, sev commentatio philosophica de commercio mentis et corpons per inflvxvm physicvm explicando, ipsis illvstris Leibnitii principiis svperstrvcta, avctore Martino Knvzenio, [...] ed. altera avctior et emendatior, cvi accessit commentatio de individva hvmanae mentis natvra sive de immortalitate animae, Lipsiae 1745.
Henkel, A.	*siehe:* Hamann, J. G., Briefwechsel..., 1959.
Henrich, D.	Über Kants Entwicklungsgeschichte, in: PhR 13 (1965), 252-263.
— ,	Identität und Objektivität. Eine Untersuchung über Kants transzendentale Deduktion, (= SHAW.PH 1) 1976, Heidelberg 1976.

—,   Zu Kants Begriff der Philosophie. Eine Edition und eine Fragestellung, in: Kritik und Metaphysik. Studien, Heinz Heimsoeth zum achtzigsten Geburtstag, Berlin 1966, 40-59.

—,   Der ontologische Gottesbeweis. Sein Problem und seine Geschichte in der Neuzeit, Tübingen ²1967.

—,   Über den Sinn vernünftigen Handelns im Staat, Einleitung zu: Kant – Gentz – Rehberg. Über Theorie und Praxis. (= Theorie 1), Frankfurt/M. 1967, 7-36; *Einleitung.*

—, (Hrsg.)   Subjektivität und Metaphysik. Festschrift für Wolfgang Kramer, Frankfurt/M. 1966.

Herbert v. Cherbury, E. Lord   De religione gentilium, errorumque apud eos causis, Amsterdam 1663; Nachdruck hrsg. v. G. Gawlick, Stuttgart B.C. 1967.

—,   De Causis errorum una Cum tractatu de Religione Laici, et Appendice ad SACERDOTES; Nec non quibusdam Poematibus, London 1645; Nachdruck hrsg. v. G. Gawlick, Stuttgart B.C. 1966.

Herder, J. G.   Ideen zur Philosophie der Geschichte der Menschheit, Textausgabe mit einem Vorwort von G. Schmitt, Wiesbaden o. J. (Originalausgabe 1784-1791).

Herrmann, C.   Kant als Bibelerklärer, in: KantSt 34 (1929), 514-516.

Hessen, J.   Die Religionsphilosophie des Neukantianismus, 2. erw. Aufl., Freiburg/Br. 1924.

Hinske, N.   Pierre de Chardin und die Lage des Menschen. Zu den geschichtlichen Voraussetzungen seines Denkens, in: Neue Deutsche Hefte 9 (1962), 21-38.

—,   Kants Begriff der Antinomie und die Etappen seiner Ausarbeitung , in: KantSt 56 (1965), 485 496.

—,   Immanuel Kant, Erste Einleitung in die *Kritik der Urteilskraft*. Faksimile und Transkription, Stuttgart B.C. 1965.

Hinske, N.

Kants Weg zur Transzendentalphilosophie. Der dreißigjährige Kant, Stuttgart/Berlin/Köln/Mainz 1970.

—,

Art. *Antinomie I,* in: HWPh Bd. 1, Darmstadt 1971, 393-395.

—,

Art.: *Antithetik,* in: HWPh Bd. 1, Darmstadt 1971, 416-418.

—,

Kants Begriff der Antithetik und seine Herkunft aus der protestantischen Kontroverstheologie des 17. und 18. Jahrhunderts. Über eine unbemerkt gebliebene Quelle der Kantischen Antinomienlehre, in: ABG 16 (1972), 48-59.

—,

Was ist Aufklärung? Beiträge aus der Berlinischen Monatsschrift, in Zusammenarbeit mit M. Albrecht ausgew., eingel. u. m. Anm. versehen v. N. Hinske, Darmstadt 1973.

—,

Kants neue Terminologie und ihre alten Quellen. Möglichkeiten und Grenzen der elektronischen Datenverarbeitung im Felde der Begriffsgeschichte, in: KantSt 65 (1974) Sonderheft: Akten des 4. Internat. Kant-Kongr. Mainz, 6.-10. April 1974, Teil 1, 68*-85*.

—,

Das Thema der Philosophie, (= Trierer Universitätsreden 1), Trier 1975.

—,

Die Datierung der Reflexion 3716 und die generellen Datierungsprobleme des Kantischen Nachlasses. Erwiderung auf Josef Schmucker, in: KantSt 68 (1977), 321-340.

—,

Art. *Methode, skeptische,* in: HWPh Bd. 5, Darmstadt 1980, 1371-1375.

—,

Elektronische Datenverarbeitung und Lexikographie. Welche neuen Impulse sind von der Verwendung der elektronischen Datenverarbeitung für die historisch-philologische Arbeit an den Texten zu erwarten? in: PhJ 88 (1981), 153-159.

—, u. Weischedel, W.

Kant-Seitenkonkordanz, Darmstadt 1970.

Hippel, T. G. v.	Nekrolog auf das Jahr 1796, Enthaltend Nachrichten von dem Leben merkwürdiger in diesem Jahr verstorbener Deutschen. Ges. v. F. Schlichtegroll, 7. Jg., 2. Bd., Gotha 1800.
—,	Sämtliche Werke, Berlin 1835.
Hippenmeyer, R.	Über Kants Kritik der rationalen Psychologie, in: Zeitschr. f. Philos. N.F. 56 (1870) 86-127.
Hirsch, E. C.	Höchstes Gut und Reich Gottes in Kants kritischen Hauptwerken als Beispiel für die Säkularisierung seiner Metaphysik, Diss. Heidelberg 1968.
Hirzel, L.,	*siehe:* Haller, A. v., D. *Albrecht Hallers Versuch ...,* 1743.
Höfling, H.	Beitrag zur Klärung des Problems der Transzendenz bei Kant und Schelling, Diss. Freiburg/Br. 1953.
Hoehne, E.	Kants Pelagianismus und Nomismus. Darstellung und Kritik, Leipzig 1881.
Hönn, G. P.	Betrugslexicon, worinnen die meisten Betrügereen in allen Ständen, nebst denen darwider guten Theils dienenden Mitteln, Zweyte neue und verbesserte Auflage, (Coburg 1761).
Hoeres, W.	Mitteilungen aus der Bewegung für Papst und Kirche. Um die Fundamente des Glaubens. Eine theologische Tagung in Königstein, in: Der Fels 12 (1981), 330-331.
—,	Rahner und Kant – von der Metaphysik zur „Auslegung" der „Subjektivität", in: Theologisches, Nr. 185, Sept. 1985, 6586-6592.
—,	Kritik der transzendentalphilosophischen Erkenntnistheorie, Stuttgart/Berlin/Köln/Mainz 1969.
Hoerster, N.	*siehe:* Mackie, J. L., *Die Ohnmacht moralischer Gottesbeweise ...,* 1979.
Hoffmann, A. F.	Vernunft-Lehre, Bd. 1 und 2, Leipzig 1737.
Hohlwein, H.	Art.: *Stapfer, Johann Friedrich,* in: RGG³ Bd. 6, Sp. 335.
—,	Art.: *Teller, Wilhelm Abraham,* in: RGG³ Bd. 6, Sp. 678.

Holger, K.	(zuammen mit Gerresheim, E./ Lange, A./ Goetze, J.) Personenindex zu Kants gesammelten Schriften, Bearb. v. K. Holger, E. Gerresheim, A. Lange u. J. Goetze, (=Allg. Kantindex zu Kants gesammelten Schriften. In Zusammenarbeit mit I. Heidemann, H. Moser, G. Ungeheuer, H. Unger, L. Weisgerber hrsg. v. G. Martin; Bd. 20, 3. Abt.: Personenindex, Berlin 1969.
Hollmann, G.	Prolegomena zur Religionsphilosophie Kants, in: Altpreuß. Monatsschr. 36 (1899) 1-73.
Hume, D.	The Natural History of Religion, in: The Philosophical Works, ed. by T. H. Green and T. H. Grose, Vol. 4, London 1882; Nachdruck: Aalen 1964.
—,	Vier Abhandlungen, 1. Die natürliche Geschichte der Religion. 2. Von den Leidenschaften. 3. Vom Trauerspiel. 4. Von der Grundregel des Geschmacks. von David Hume, aus dem Englischen übersetzt von F. G. Resewitz, [Original: *The natural history of religion* von 1757], Quedlinburg/Leipzig 1759.
—,	Dialoge über natürliche Religion, Neu bearbeitet von Günter Gawlick, (= PhB 36), Hamburg [4]1968.
—,	Philosophische Versuche über die Menschliche Erkenntniß von David Hume, Ritter. [Original: *Enquiry concerning human understanding*], Als dessen vermischter Schriften Zweyter Theil, Nach der zweyten vermehrten Ausgabe aus dem Englischen übersetzt und mit Anmerkungen des Herausgebers [J. G. Sulzer] begleitet, Hamburg/Leipzig 1755.
—,	Moralische und politische Versuche, als dessen vermischter Schriften Vierter und letzter Theil. Nach d. neuesten u. verbesserten Ausgabe übersetzet, Hamburg/Leipzig 1756.
Hunscheidt, W.	Sebastian Mutschelle, Bonn 1948.
Huonder, Q.	Die Gottesbeweise. Geschichte und Schicksal, (= UTB 106), Stuttgart/Berlin/Köln/Mainz 1968.

Jachmann, R. B.	Anmerkungen zu „Wald's Gedächtnisrede" von Ch. J. Kraus' Hand, in: R. Reicke, Kantiana. Beiträge zu Immanuel Kants Leben und Schriften, Königsberg 1860.
—,	*siehe:* Borowski, L. E., *Darstellung …*, 1968.
Jacobson, J.	Herrn Prof. Benno Erdmanns Polemik gegen Emil Arnoldt, in: Altpreuß. Monatsschr. XIX (1882), 313-317.
Jánoska, G.	Der transzendentale Gegenstand. Über die formale Richtigkeit der transzendentalen Deduktion und die Kant-Kritik Magdalena Aebis, in: KantSt 46 (1954/55), 193-221.
Jaspers, K.	Plato, Augustin, Kant, drei Gründer des Philosophierens, (ungek. Auszug aus dem Werk: ders., Die großen Philosophen I (= Piper Paperback), München 1967; textgleich mit ders., Kant: Leben, Werk, Wirkung, (= Serie Piper 124), München 1975.
Jerusalem, J. F. W.	Fortgesetzte Betrachtungen über die vornehmsten Wahrheiten der Religion, Braunschweig 1773.
Jones, H. E.	Kant's principle of personality, Madison/Milwaukee und London 1971.
Kaestner, A. G.	*siehe:* Leibnitz, G. W. v., *Oeuvres Philosophiques Latines & Françoises …*, 1865.
Kaftan, J.	Kant, der Philosoph des Protestantismus, Berlin 1904.
—,	Philosophie des Protestantismus. Eine Apologetik des evangelischen Glaubens, Tübingen 1917. *(siehe dazu auch Scholz, H.)*
Kaiser, O.	Kants Anweisung zur Auslegung der Bibel, in: NZSystTh 11 (1969), 125-138.
Kalter, A.	Kants vierter Paralogismus. Eine entwicklungsgeschichtliche Untersuchung zum Paralogismenkapitel der ersten Ausgabe der *Kritik der reinen Vernunft*, (= MPF 142), Meisenheim am Glan 1975.
Kalweit, P.	Kants Stellung zur Kirche, (= SSOPK 2), Königsberg 1904.

Karja, H.

Heuristische Elemente der *Kritik der teleologischen Urteilskraft*, Diss. Heidelberg, 1975.

Katzer, E.

Luther und Kant. Ein Beitrag zur Entwicklungsgeschichte des deutschen Protestantismus, Gießen 1910.

—,

Kants Prinzipien der Bibelauslegung, in: KantSt 18 (1913), 99-128.

—,

Der moralische Gottesbeweis nach Kant und Herbart, Diss. Leipzig 1877.

Kaulbach, F.

Atom und Individuum. Studien zu Heimsoeths Abhandlung *Atom, Seele, Monade,* in: ZPhF 17 (1963) 3-41.

—,

Die Metaphysik des Raumes bei Leibniz und Kant, (= KantSt ErgH. 79), 1960.

Kellermann, B.

Das Ideal im System der Kantischen Philosophie, Berlin 1920.

Kemp Smith, N.

A Commentary to Kant's *Critique of pure reason,* London 1912; 2. erw. Aufl. 1923.

Kertz, G.

Die Religionsphilosophie Joh. Heinr. Tieftrunks. Ein Beitrag zur Geschichte der Kantischen Schule, (= KantSt ErgH. 4), 1907; Neudruck: Würzburg 1959.

Kesseler, K.

Die neukantische Religionsphilosophie der Gegenwart kritisch gewürdigt. Ein Beitrag zur Frage des religiösen Apriori, Langensalza 1920.

Kienzler, K.

siehe: Halder, A. u. a., (Hrsg.), *Auf der Suche nach dem verborgenen Gott. ...,* 1987.

Kies, P. P.

Lessing and Hawkesworth, in: Research Studies of the State College of Washington VIII (1940) 143f.

Kirchmann, J. H. v.

Erläuterungen zu Kants *Kritik der Urtheilskraft,* Heidelberg ²1882.

Klausen, S.

Das Problem der Erkennbarkeit der Existenz Gottes bei Kant. (= Avh. utg. av Det Norske Videnskaps – Ak.i. Oslo, II. Hist.-Filos. Kl. 1959. No. 2), Oslo 1959.

Klein, E. F.	Freyheit und Eigenthum, abgehandelt in acht Gesprächen über die Beschlüsse der Französischen Nationalversammlung, Berlin/Stettin 1790.
Klostermann, E.	Kant als Bibelerklärer, in: Reinhold-Seeberg-Festschrift II: Zur Praxis des Christentums, hrsg. v. W. Koepp, Leipzig 1929.
Kluxen, W.	Art *ancilla theologiae,* in: HWPh 1, Sp. 294f.
—,	Art. *Analogie I,* in HWPh 1, Sp. 214-227.
Knittermeyer, H.	Transszendent und Transszendental, in: Festschrift für Paul Natorp zum siebzigsten Geburtstag von Schülern und Freunden gewidmet, Berlin u. Leipzig 1924, 195-214.
—,	Der Terminus *transszendental* in seiner historischen Entwickelung bis zu Kant, Diss. Marburg 1920.
—,	Von der klassischen zur kritischen Transzendentalphilosophie, in: KantSt 45 (1953/54), 113-131.
Knudsen, H.	Gottesbeweise im Deutschen Idealismus. Die modaltheoretische Begründung des Absoluten, dargest. an Kant, Hegel und Weiße, Berlin/N. Y. 1972.
[Knutzen, M.]	A. D. Dissertatio inavgvralis de concordia rationis cvm fide, in locis, de ivstitia Dei, et inde proflvente necessitate satisfactionis, qvam ex decreto amplissimi Senatvs academici, pro loco professionis theologicae ordinariae, habebit Franciscvs Albertvs Schvltz, respondente Martino Knvtzen, R. B. SS. Theol. et Philos. stud.. H.L.que solitis die XVI. Septembr. anni MDCCXXXII, Regiomonti, litteris Revsnerianis. Sie ist mit fortlaufender Paginierung beigebunden hinter: Francisci Alberti Schvltzii [...] Commentatio de concordia rationis cvmfide in locis de ivstitia Dei et inde proflvente necessiate satisfactionis. Oder: Von der Harmonie der menschlichen Vernunfft mit dem Glauben, in denen Stellen von der Gerechtigkeit GOttes, und der daher fliessenden Nothwendigkeit der Genugthuung. Lipsiae 1735.

Knutzen, M.	Commentatio philosophica de Commercio mentis et corporis per influxum physicum explicando, quam amplissimae Facultatis Philosophicae consensu, pro loco Professoris Logices et Metaphysices extraordinarii, publico eruditorum examini subiiciet, praeses Martinus Knutzen, Regiom., respondente Christophoro Friederico Grube, Regiom. Boruss. anno MDCCXXXV. d. XXII April. H. L. Q. S., Regiomonti 1735.
—,	Systema Causarum efficientium, seu commentatio philosophica de commercio mentis et corporis per influxum physicum explicandi, ipsis illustris Leibnitii principiis superstructa; Commentatio de individua humanae mentis natura sive de immaterialitate animae (1741), Lipsiae MDCCXLV.
—,	Vertheidigte Wahrheit der Christlichen Religion gegen den Einwurf: Daß die christliche Offenbarung nicht allgemein sey. Wobey besonders die Scheingründe des bekannten Englischen Deisten Matthäi Tindals, welche in deßen Beweise, Daß das Christentum so alt, als die Welt sey, enthalten, erwogen und widerleget werden, von Martin Knutzen, öffentlichen Professorn der Weltweisheit zu Königsberg, mit fortlaufender Paginierung beigebunden an seinen *Philosophischen Beweis*, Königsberg 1747.
—,	Philosophischer Beweiß von der Wahrheit der Christlichen Religion, darinnen die Nothwendigkeit einer geoffenbarten Religion insgemein, und die Wahrheit oder Gewißheit der Christlichen insbesondere, aus zugezweiffelten Gründen der Vernunft nach Mathematischer Lehr-Art dargethan und behauptet wird, entworfen von Martin Knutzen, öffentlichen Professore der Weltweisheit auf der Academie zu Königsberg, Vierte Auflage, mit einigen Anmerkungen, Register und einer Zugabe hieher gehöriger Abhandelungen vermehret, Königsberg 1747.

—, Logik Elementa philosophiae rationalis sev LOGICAE cvm generalis tvm specialioris mathematica methodo in vsvm avditorvm svorvm demonstrata, Regiom. et Lipsiae 1747.

Köhler, R. Transzendentaler Gottesbeweis, Breslau ³1943.

Kohlschmidt, O. Kants Stellung zur Teleologie und Physikotheologie, Diss. Jena, Neustadt-Coburg 1894.

Koepp, W. *siehe:* Klostermann, E., *Kant als Bibelerklärer …*, 1929.

Kohlenberger, H. *siehe:* Kopper, J., *Kants Stellungnahme zum ontologischen Gottesbeweis …*, 1975.

Kopper, J. Kants Gotteslehre, in: KantSt 47 (1955/56) 31-61.

—, Transzendentales und dialektisches Denken, (= KantSt Erg.H. 80), 1961.

—, Rezension von *Bruch, J.-L., La Philosophie religieuse de Kant, (= Analyse et raisons 11), Paris 1968,* in: KantSt 61 (1970), 128-132.

—, *u. Malter, R.* (Hrsg.) Immanuel Kant, Briefwechsel, hrsg. v. O. Schöndörffer (1924), Hamburg 1972.

—, *. u. Malter, R.* (Hrsg) Immanuel Kant zu ehren, (= stw 61), Frankfurt/M. 1974.

—, Kants Stellungnahme zum ontologischen Gottesbeweis in seinen Randbemerkungen zu Eberhards *Vorbereitung zur natürlichen Theologie,* in: Analecta Anselmiana. Untersuchungen über Person und Werk Anselms von Canterbury, hrsg. v. H. Kohlenberger, Bd. IV/1, Frankfurt/M. 1975, 249-253.

—, Descartes und Crusius über „Ich denke" und leibliches Sein des Menschen, in: KantSt 67 (1976) 339-352.

Kotsuka, S. Die Gottesbeweise in der Philosophie Kants, (Diss.), Borna/Leipzig 1931.

Krämling, G. Das höchste Gut als mögliche Welt. Zun Zusamnenhang von Kulturphilosophie und systematischer Architektonik bei I. Kant, in KantSt 77 (1968), 273-288.

Krallmann, D/Martin, H. A.	Wortindex zu Kants gesammelten Schriften, bearbeitet von D. Krallmann u. H. A. Martin, Bd. 1 u. 2 (= Allgemeiner Kantindex 17), Berlin 1967.
Kramer, W.	*siehe:* Henrich, D., (Hrsg.), *Subjektivität und Metaphysik. Festschrift für Wolfgang Kramer,* 1966.
Kreimendahl, L.	Kant – Der Durchbruch von 1769, Köln 1990.
Kremer, K.	Die neuplatonische Seinsphilosophie und ihre Wirkung auf Thomas von Aquin, (= SPGAP I), Leiden/Köln 1966.
—,	Bonum est diffusivum sui. Ein Beitrag zum Verhältnis von Neuplatonismus und Christentum, in: H. Temporini u. W. Haase, (Hrsg.), Aufstieg und Niedergang der römischen Welt. Geschichte und Kultur Roms im Spiegel der neueren Forschung, Teilbd. 2: Principat, (2,36,2), Berlin 1987, 994-1032.
—, (Hrsg.)	Seele. Ihre Wirklichkeit, ihr Verhältnis zum Leib und zur menschlichen Person, (= SPGAP X), Leiden/Köln 1984.
—, (Hrsg.)	Um Möglichkeit oder Unmöglichkeit natürlicher Gotteserkenntnis heute, Leiden/Köln 1985.
Krenn, K. (Hrsg.)	Die wirkliche Wirklichkeit Gottes. Gott in der Sprache heutiger Probleme, hrsg. v. K. Krenn, (= APPR NS. 30), München/Paderborn/Wien 1974.
Krohn, J.	Die Auflösung der rationalen Psychologie durch Kant. Darlegung und Würdigung. Diss. Breslau 1886.
Krüger, G.	Philosophie und Moral in der kantischen Ethik, Tübingen 1931.
Krumme, K.	Kants ontologischer Gottesbeweis in seiner Schrift *Der einzig mögliche Beweisgrund zu einer Demonstration des Daseins Gottes,* Diss. Münster 1927.
Kügelgen, C. W. v.	Immanuel Kants Auffassung von der Bibel und seine Auslegung derselben. Ein Kompendium Kantscher Theologie, Leipzig 1896; neue Ausgabe ohne Widmung,

	sonst textgleich: Die Bibel bei Kant, Ein Kompendium Kantischer Bibelkunde, Leipzig 1904.
Kuhse, B.	Der Begriff und die Bedeutung des Selbstbewußtseins bei Kant, Diss. Halle 1886.
Kulenkampf, J.	Kants Logik des ästhetischen Urteils, Frankfurt/M. 1978.
—, (Hrsg.)	Materialien zu Kants *Kritik der Urteilskraft,* (= stw 60), Frankfurt/M. 1974.
—,	*siehe auch:* Marc-Wogau, K., Die Bedeutung ..., 1974.
Kullmann, G. (Hrsg.)	Kantiana. I. Korrekturen und Konjekturen zu den Prolegomenen, hrsg. von Justizrat Kullmann, Wiesbaden 1922.
Kuntze, F.	Die kritische Lehre von der Objektivität. Versuch einer weiterführenden Darstellung des Zentralproblems der kantischen Erkenntniskritik, Heidelberg 1906.
Kvist, H.-O.	Zum Verhältnis von Wissen und Glauben in der kritischen Philosophie Immanuel Kants. Struktur- und Aufbauprobleme dieses Verhältnisses in der *Kritik der reinen Vernunft,* (= Meddelanden från Stiftelsens för Åbo Akademi Forskningsinstitut 24), Åbo 1978.
Laberge, P.	La Théologie Kantienne précritique. Éd. de l'Univ. d'Ottawa, (= Collect. φ, philosophica 2), Ottawa 1973.
Lakebrink, B.	Rahners idealistisches Zerrbild vom Dreifaltigen Gott, in: Theologisches 17 (1987), Nr.7, Sp. 8-22.
Lamacchia, A.	La Filosofia della Religione in Kant, I: Dal dogmatismo teologico al teismo morale (1775-1783), Manduria 1969.
Lange, A.	*siehe:* Holger, K./Gerresheim, E./ Lange, A./ Goetze, J., *Personenindex* ...
Lange, J.	Modesta disquisitio novi Philosophiae systematis de Deo, mundo et homine, et praesertim de harmonia commercii inter animam et corpus praestabilita: cum

	epicrisi in viri cuiusdam clarissimi Commentationem de differentia nexus rerum ... , Halae/Saxonum MDCCXXIII.
Lange, J.	Bescheidene und ausführliche Entdeckung Der falschen und schädlichen Philosophie in dem Wolffianischen Systemate Metaphysico von Gott, der Welt, und dem Menschen; Und insonderheit von der so genannten harmonia praestabilita des commercii zwischen Seel und Leib ..., Halle 1724.
Lauth, R.	Theorie des philosophischen Arguments. Der Ausgangspunkt und seine Bedingungen, Berlin/New York 1979.
Lavater, J. C.	Meine eigentliche Meynung von der Schriftlehre in Ansehung der Kraft des Glaubens, des Gebethes und der Gaben des heiligen Geistes, (= Verm. Schriften 1), Winterthur 1774.
Lay, R.	Grundzüge einer komplexen Wissenschaftstheorie. Bd. 1 u. 2, Frankfurt/M. 1971 u. 1973.
Lea, D. R.	Kant's analysis of the *summum bonum,* Diss. McGill, (Montreal), 1972.
Lechler, G. V.	Geschichte des englischen Deismus. Mit einem Vorwort und bibliographischen Hinweisen von Günter Gawlick, Hildesheim 1965; Reprogr. Nachdruck d. Ausgabe Stuttgart/Tübingen 1841.
Lehmann, G.	Hypothetischer Vernunftgebrauch und Gesetzmäßigkeit des Besonderen in Kants Philosophie, (= NGWG.PH 1), Göttingen 1971.
—,	Kants Nachlaßwerk und die *Kritik der Urteilskraft* (= NDF 34), Berlin 1939.
—,	Beiträge zur *Kritik der reinen Vernunft* 1781-1981, [G. Lehmann zum 80. Geburtstag], hrsg. v. I. Heidemann u. W. Ritzel, Berlin/New York 1981.
Lehmann, K.	Art. *Transzendenz,* in: SM Bd. IV (1969), Sp. 992-1005.

Leibnitz, G. W. v.	Oeuvres Philosophiques Latines & Françoises de feu Mr. De Leibnitz. Tirées de ses manuscrits qui se conservent dans la Bibliotheque Royale a Hanovre, et publiées par Mr. Rud[olphe] Eric Raspe. Avec une Préface de Mr. [Abraham Gotthelf] Kaestner Professeur en Mathématiques à Göttingue, Amsterdam/Leipzig, MCCCLXV, Nouveaux Essais sur L'Entendement Humain, par l'auteur du systeme De L'Harmonie Préetablie, 1-496.
—,	Philosophische Werke nach Raspens Sammlung. Aus dem Französischen … von Johann Heinrich Friedrich Ulrich, Neue Versuche über den menschlichen Verstand, Bd. 1 u. 2, Halle 1778-1780.
—,	Neue Abhandlungen über den menschlichen Verstand, übers., eingel. u. erl. v. E. Cassirer. (= PhB 69), Hamburg 1971.
—,	Lettre touchant ce qui est independant des sens et de la matière, 1702.
—,	Die Theodicee, neu übers. u. m. Einl., Anm. u. Register versehen von Artur Buchenau, Leipzig 1925.
—,	*siehe:* Knutzen, M., *Systema Causarum …*, 1745.
Leisegang, H.	Über die Behandlung des scholastischen Satzes: *Quodlibet ens est unum, verum, bonum seu perfectum,* und seine Bedeutung in Kants *Kritik der reinen Vernunft,* in: KantSt 20 (1915), 403-42.
Leland, J.	Abriß der vornehmsten Deistischen Schriften, Teil 1, übers. v. H. G. Schmid, Hannover 1755, Teil 2, 1 und 2, Hannover 1755 und 1756.
Lenfers, D.	Kants Weg von der Teleologie zur Theologie. Interpretationen zu Kants Kritik der Urteilskraft, Diss. Köln, 1965.

Leopold, P. C.

PANOPLIA seu METHODUS POLEMICA quâ brevis-simê redargui possunt Hodierni Romanae Ecclesiae adversarij, Augustae Vindelicorum [Augburg] MDCCXV, (Paginierung fehlerhaft).

Lessing, G. E.

Gesammelte Werke in zehn Bänden, Berlin/Weimar 1968.

Liedtke, M.

Der Begriff der reflektierenden Urteilskraft in Kants *Kritik der reinen Vernunft,* Diss. Hamburg, 1964.

Lienhard, F.

Die Gottesidee in Kants *Opus postumum,* Diss. Bern 1923.

Lind, P. v.

„Kant's mystische Weltanschauung", ein Wahn der modernen Mystik. Eine Widerlegung der Dr. C. du Prel'schen Einleitung zu Kants Psychologie, München o. J. (1892).

Locke, J.

Herrn Johann Lockens Versuch vom Menschlichen Verstande. Aus dem Englischen übersetzt und mit Anmerkungen versehen von Heinrich Engelhard Poleyen, Altenburg 1757.

—,

Of the conduct of the understanding. A discourse of miracles, London 1714 [postum], (neuerdings auch: Stuttgart-B.C. 1996).

—,

The Reasonableness of Christianity …, (anonym veröffentlicht) London 1695; [in textkritischer Edition geplant von J. C. Biddle in der *Clarendon Edition of the Works of John Locke,* Oxford.]

Löscher, V. E.

Altes und Neues Aus dem Schatz Theologischer Wissenschaften, (Wittenberg 1701). fortgesetzt als Unschuldige Nachrichten von Alten und Neuen Theologischen Sachen, (Leipzig 1705-1719); ab 1720 als Fortgesetzte Sammlung von Alten und Neuen Theologischen Sachen, Leipzig 1720-1740 und Leipzig 1741-1750); ab 1735-1741 ergänzt durch Frühaufgelesene Früchte und

	ab 1751 als Neue Beyträge von Alten und Neuen Theologischen Sachen, Büchern, Urkunden […], Leipzig 1751-1761.
—,	Nöthige Reflexionen über das Anno 1722 zum Vorschein gebrachte Buch *Pensées libres sur la Religion & c. Oder Freye Gedancken Von der Religion* Nebst wohlgemeynter Warnung vor dergleichen Büchern, abgefaßt von Valent. Ernst Löschern D., Wittenberg 1724.
Lötzsch, F.	Vernunft und Religion im Denken Kants. Lutherisches Erbe bei Immanuel Kant, (= Böhlau philosophica 2), Köln/Wien 1976.
Löw, R.	Philosophie des Lebendigen. Der Begriff des Organischen bei Kant, sein Grund und seine Aktualität, Frankfurt/M. 1980.
Löwisch, D.-J.	Kants gereinigter Theismus, in: KantSt 56 (1965), 505-513; seitengleich mit: Kongreßbericht. Vorträge gehalten auf d. II. Internat. Kantkongreß 1965, 25.-30. Juli in Bonn und Düsseldorf, Köln 1966.
—,	*siehe: Martin, G., Sachindex …, 1967.*
Lotz, J. B.	Metaphysica Operationis Humanae Methodo transcendentali explicata, (= Anal. Greg. Vol. 94, Ser. FacPhil., sect. A, n. 7), Rom 1961.
—,	Transzendentale Erfahrung, Freiburg/Basel/Wien 1978.
Mackie, J. L.	Die Ohnmacht moralischer Gottesbeweise, in: Glaube und Vernunft. Texte zur Religionsphilosophie, hrsg. v. N. Hoerster. (= dtv wiss. 4338), München 1979, 73-80.
MacMillan, R. A. C.	The crowning phase of the critical philosophy. A study in Kant's *Critique of Judgment,* London 1912.
Malter, R.	Zur Kantliteratur 1970-1972. Neue Bücher zu Kants Rationaltheologie und Philosophie der Religion, in: KantSt 65 (1974) = Sonderheft: Akten des 4. Internationalen Kant-Kongresses, Teil. I, 155-177.

Malter, R. u. Kopper, J. (Hrsg.)
Immanuel Kant zu ehren, (= stw 61), Frankfurt/M. 1974.

— , *u. Kopper, J.* (Hrsg.)
Immanuel Kant, Briefwechsel, hrsg. v. O. Schöndörffer, (1924), Hamburg 1972.

Malter, R. [† 1994] u. Ruffing, M.
Kant-Bibliographie 1945-1990, Frankfurt/Main 1999.

Mancini, I.
Il mondo dei fini e la teologia in Kant, in Ricerche sul *Regno dei fini* Kantiano, a cura di A. Rigobello, Rom 1974, 3-85.

Mandeville, B. de
Free Thoughts on Religion, the Church, and National Happiness, The Second Edition, London 1729; Faksimile Neudruck Stuttgart B.C. 1969; dt. Fassung mit „Vorbericht" des anonymen Übersetzers: Freye Gedanken über die Religion, die Kirche und den Wohlstand des Volkes. Aus dem Englischen Erster und Zweiter Band, o. O. 1765.

Mann, H.
Dasein und Wesen Gottes in Kants frühen Schriften, Teil 1: Kants Physikotheologie, Diss. München 1969.

Mantovani, V. (Übers.)
CRITICA della ragione pura di Manuele Kant. Traduzione dal tedesco, Pavia 1820-1822.

Marc-Wogau, K.
Die Bedeutung der mechanischen und teleologischen Verknüpfung, in J. Kulenkampff (Hrsg.), Materialien zu Kants *Kritik der Urteilskraft*, (= stw 60), Frankfurt/M. 1974, 328-336.

Marcucci, S.
Aspetti epistemologici della finalità in Kant, Firenze 1972.

Maréchal, J.
Le Point de Départ de la Métaphysique. Leçons sur le développement historique et théoretique du problème de la connaissance, (Museum Lessianum), Cah. I-V, Brüssel, Paris 1922-1947 [und spätere Auflagen].

Markuschewitsch-Nieburg, H.
Die transzedentale Gesetzlichkeit des Als ob in Kants *Kritik der Urteilskraft*, Diss. Jena 1928.

Martin, G.	Immanuel Kant. Ontologie und Wissenschaftstheorie, Berlin ⁴1969.
—,	Gesammelte Abhandlungen, Bd. 1, (= KantSt ErgH. 81), 1961.
—, (Hrsg.)	Sachindex zu Kants *Kritik der reinen Vernunft,* hrsg. v. G. Martin, bearb. v. D.-J. Löwisch, Berlin 1967.
Martin, H. A	*siehe:* Krallmann, D/Martin, H. A., *Wortindex ...,* 1967.
Marty, F.	L'Analogie chez Kant, Diss. Paris (Sorbonne) 1975, 792+470 S.
—,	La Naissance de la Métaphysique chez Kant. Une étude sur la notion Kantienne d'analogie, (= BArPh.NS 31), Paris 1980.
—, *Ricken, F.* (Hrsg.)	Kant über Religion, (= Münchner philosophische Studien, Neue Folge 7), Stuttgart/Berlin/Köln 1992.
Mathieu, V.	*Opus postumus* e critica del Giudizio, in: Filosofia 8 (1957), 275-314.
—,	Kants *Opus postumum,* hrsg. v. G. Held, Frankfurt/M. 1989.
Mathy, H.	Felix Anton Blau (1754-1798). Ein Mainzer Lebensbild aus der Zeit der Aufklärung und der Französischen Revolution. Zuleich ein Beitrag zur radikalen Aufklärungstheologie am Mittelrhein, in: Mainzer Zeitschrift. Bd. 67/68, 1972/73, S.1-29.
—,	Die erste Landesuniversität von Rheinland-Pfalz. Studien zur Entstehungsgeschichte der Johannes Gutenberg-Universität, (= Schriften der Johannes Gutenberg-Universität Mainz 8), Mainz 1997.
—,	Vertreter des Kantianismus an der Mainzer Universität des 18. Jahrhunderts, (Vortrag vor der Kantgesellschaft am 19. 6. 1973).
Mayer, E. W.	Das Verhältnis der Kantischen Religions-Philosophie zu dem Ganzen des Kantischen Systems, Diss. Halle 1879.

McFarland, J. D.	Kant's Concept of Teleology, Edinburgh 1970.
McGiffert, A. C.	Protestant Thought before Kant, London 1911.
Medicus, F.	Ein Wortführer der Neuscholastik und seine Kantkritik, in: KantSt 5 (1901), 30-50. *(zu Mercier)*
Meier, G. F.	Beweiß, daß keine Materie dencken könne, Halle 1742.
Meier, G. F.	Auszug aus der Vernunftlehre, Halle 1752.
Mendelssohn, M.	Phaedon oder über die Unsterblichkeit der Seele in drey Gesprächen, Berlin und Stettin 1767.
—,	Morgenstunden oder Vorlesungen über das Dasein Gottes, Stuttgart 1979.
—,	Gesammelte Schriften. Jubiläumsausgabe Bd. III, 2: Schriften zur Philosophie und Ästhetik, bearb. v. Leo Strauss, Stuttgart B.C. 1974.
Menne, A.	Die kantische Urteilstafel im Lichte der Logikgeschichte und der modernen Logik, in: Zeitschr. f. allg. Wissenschaftstheorie. Journal for General Philosophy of Science XX (1989), 317-324.
Menzer, P. (Hrsg.)	Eine Vorlesung Kants über Ethik, im Auftr. d. Kantgesellschaft hrsg. v. Paul Menzer, Berlin 1924.
Mercier,	*siehe:* Medicus, F.
Mertens, H.	Kommentar zur Ersten Einleitung in Kants *Kritik der Urteilskraft,* (= Epimeleia 25), München 1975.
Metz, J. B.	*siehe:* Rahner, K., *Hörer des Wortes …,* 1963.
Metzger, J. D.	Äußerungen über Kant, seinen Charakter und seine Meinungen. Von einem billigen Verehrer seiner Verdienste, Königsberg 1804, (anonym publiziert).
Meyer, W. (Hrsg.)	*(zus. m. F. W. Schmidt und R. Winkler),* Luther, Kant, Schleiermacher in ihrer Bedeutung für den Protestantismus. Forschungen und Abhandlungen, G. Wobbermin zum 70. Geburtstag, Berlin 1939.
Michaelis, J. D.	Compendium Theologiae dogmaticae, Goettingae MDCCLX.

Michel, K.-H.	Immanuel Kant und die Frage der Erkennbarkeit Gottes. Eine kritische Untersuchung der „Transzendentalen Ästhetik" in der *Kritik der reinen Vernunft* und ihrer theologischen Konsequenz, Wuppertal 1987.
Milton, J.	Episches Gedichte von dem Verlohrnen Paradiese. Uebersetzet und durchgehends mit Anmerckungen über die Kunst des Poeten begleitet von Johann Jacob Bodmer, Zürich/Leipzig 1742.
Model, A.	Zu Bedeutung und Ursprung von *übersinnlich* bei Immanuel Kant, in: ABG XXX (1986/87), 183-191.
Möller, J.	Die Chance des Menschen – Gott genannt, Zürich/Einsiedeln/Köln 1975.
—,	*siehe:* Halder, A. u. a., (Hrsg.), *Auf der Suche nach dem verborgenen Gott. ...*, 1987.
Monzel, A.	Die Lehre vom inneren Sinn bei Kant. Eine auf entwicklungsgeschichtliche und kritische Untersuchungen gegründete Darstellung, Bonn 1913; Teilabdruck der Teile I und II unter dem Titel: Die historischen Voraussetzungen und die Entwicklung der Kantischen Lehre vom inneren Sinn, Diss. Bonn 1912.
Mortzfeld, J. C.	Fragmente aus Kants Leben. Ein biographischer Versuch, Königsberg 1802.
Motsch, K. E.	Matern Reuß. Ein Beitrag zur Geschichte des Frühkantianismus an katholischen Hochschulen, Freiburg/Br. 1932.
Muck, O.	Die transzendentale Methode in der scholastischen Philosophie der Gegenwart, Innsbruck 1964.
Müller, U.	Objektivität und Fiktionalität. Einige Überlegungen zu Kants Kritik der ästhetischen Urteilskraft, in: KantSt 77 (1986), 203-223.
Murphy, J. G.	The highest Good as content for Kant's ethical formalism. Beck versus Silber, in: KantSt 56 (1965/66), 102-110.

Mutschelle, S.	Kritische Beyträge zur Metaphysik in einer Prüfung der Stattlerisch Antikantischen, Frankfurt 1795; (Aetas Kantiana 190), Brüssel 1973.
Nailis, J.	Der Substanzbegriff der Seele in den vorkritischen Schriften Kants und der Paralogismus der Substantialität in der *Kritik der reinen Vernunft*, Freiburg/Br. 1922; (urspr. Diss. Aachen 1920).
Natorp, P.	*siehe:* Knittermeyer, H., *Transszendent und Transszendental ...*, 1924.
Nelson, L.	Untersuchungen über die Entwicklungsgeschichte der Kantischen Erkenntnistheorie. Sonderdruck aus den „Abhandlungen der Fries'schen Schule" III,1, Göttingen 1909.
Neufeld, K. H. / Bleistein, R.	Rahner-Register. Ein Schlüssel zu K. Rahners *Schriften zur Theologie I-X* und zu seinen Lexikonartikeln, Zürich/Einsiedeln/Köln 1974.
Neumann, S.	Kants Bibel, in: Preußische Provinzialblätter 23 (1840), 84-88.
Nierhaus, F.	Das Problem des psychophysischen Kommerziums in der Entwicklung der Kantischen Philosophie, Diss. Köln 1962.
Nietzsche, F.	Werke in drei Bänden, hrsg. v. K. Schlechta, Darmstadt 1973.
Nieuwetyt, B.	Rechter Gebrauch Der Welt = Betrachtung Zur Erkentnis Der Macht, Weisheit und Güte Gottes, Auch Ueberzeugung der Atheisten und Ungläubigen. In einer Freien Uebersetzung abermal ans Licht gestellet, Und mit einigen Anmerkungen erläutert, von D. Joh. Andreas Segner, ..., Jena 1747.
Noack, H.	Die Religionsphilosophie im Gesamtwerk Kants. Einleitung zu: Immanuel Kant *Die Religion innerhalb der Grenzen der bloßen Vernunft*, hrsg. v. K. Vorländer (= PhB 45), Hamburg [6]1956.

Noesgen, D.	Die Bezeichnung Kants als Philosoph des Protestantismus, in: Monatsschrift für Stadt und Land, hrsg. v. M. v. Nathusius u. V. v. Hassel, 58 (1901), 492-501.
Oeing-Hanhoff, L.	Ens et unum convertuntur. Stellung und Gehalt des Grundsatzes in der Philosophie des hl. Thomas von Aquin, (= BGPhMA XXXVII, 3), Münster/W. 1953.
Odero, J. M.	La fe en Kant, Pamplona 1992.
Pannenberg, W.	Theologische Motive im Denken Immanuel Kants, in: ThLZ 89 (1964) 897-906.
Paton, H. J.	Kant's Metaphysic of Experience. A commentary on the first half of the *Kritik der reinen Vernunft*, In Two Volumes, London/New York 1936, [2]1951.
Patten, S. C.	Kant's Cogito, in: KantSt 66 (1975) 331-341.
Paulsen, F.	Kant, der Philosoph des Protestantismus, Berlin 1899; und KantSt 4 (1900), 1-31.
—,	Immanuel Kant. Sein Leben und seine Lehre, Stuttgart 1898, [8]1924.
Paulus A. D.	d. pavli antonii ... collegium anti-theticum universale fundamentale. Nach der in den thesibus breithauptianis Befindlichen Ordnung der Theologischen Materien Anno 1718. und 1719. gehalten. Aus dem, Was verschiedene Auditores dem sel. Auctori nachgeschrieben / gesammlet und herausgegeben Von Ioh. Ulrico Schwentzel, Halle 1732.
Pfaffelhuber, M.	Die Kant-Rezeption bei Maréchal und ihr Fortwirken in der katholischen Religionsphilosophie, Diss. Freiburg/ Br. 1970.
Philipp, W.	Art. *Ernesti, Johann August,* in: RGG[3] Bd. 2, Sp. 600.
Philo Alexandrinus	Opera quae supersunt, ed. L. Cohn et P. Wendland, Vol III, Berlin 1898; Nachdruck: Berlin 1962.
Piché, C.	Das Ideal: Ein Problem der Kantischen Ideenlehre, (= Conscientia 12), Bonn 1984.

Picht, G.	Kants Religionsphilosophie. Mit einer Einführung von Enno Rudolph, (= Georg Picht, Vorlesungen und Schriften 1), Stuttgart 1985.
Pieper, J.	Philosophia negativa. Zwei Versuche über Thomas von Aquin, München 1953.
Pinder, T.	Kants Begriff der transzendentalen Erkenntnis. Zur Interpretation der Definition des Begriffs „transzendental" in der Einleitung zur *Kritik der reinen Vernunft* (A 11f./B 25), in: KantSt 77 (1986),1-40.
Pinski, E.	Der höchste Standpunkt der Transzendentalphilosophie. Versuch einer Vervollständigung und system. Darst. der letzten Gedanken Immanuel Kants, Halle 1911.
Pirillo, N. (Hrsg)	Kant e la filosofia della religione, (= Istituto di Scienze Religiose in Trento: Religione e cultura 8), 2 Bde, Brescia 1996.
Ploucquet, G.	Methodus tractandi infinita in Metaphysicis, investigata a ..., Berolini MDCCXLVIII.
Pölitz, K. H. L.	Immanuel Kant's Vorlesungen über die Metaphysik. Zum Drucke befördert von dem Herausgeber der Kantischen Vorlesungen über die philosophische Religionslehre. Nebst einer Einleitung ... Erfurt 1821; Nachdruck: Darmstadt 1964.
Poley, H. E.	*siehe:* Locke, J., Versuch vom Menschlichen Verstande ..., 1757.
Pope, A.	Versuch vom Menschen, in der Übers. von B. H. Brokkes, Hamburg 1740.
—,	Herrn Alexander Pope Esq. sämmtliche Werke. Mit Wilh. Warburtons Commentar und Anmerkungen aus dessen neuester und bester Ausgabe übersetzt, Dritter Band, Altona 1761.
Popper, K. R.	Die offene Gesellschaft und ihre Feinde 2. Falsche Propheten. Hegel, Marx und die Folgen, (=UTB 473), München [6]1980.

—,	Logik der Forschung, Tübingen ²1966.
Poser, H. (Hrsg.)	Formen teleologischen Denkens. Philosophische und wissenschaftshistorische Analysen, Kolloquium an der Technischen Universität Berlin WS 1980/81 (= Dokumentation Kongresse und Tagungen II), Berlin 1981.
Prauss, G.	Kant und das Problem der Dinge an sich, (= APPP 90), Bonn 1974.
Prel, C. du	Der Spiritismus, Leipzig 1893.
—, (Hrsg.)	Immanuel Kants Vorlesungen über Psychologie, (aus den Vorlesungen über Metaphysik nach Pölitz, Erfurt 1821) mit einer Einleitung: „Kants mystische Weltanschauung", hrsg. v. Dr. C. du Prel, Pforzheim 1964; Nachdruck der Ausg. von 1889 mit e. Vorwort v. Th. Weimann.
—,	*siehe:* Lind, P. v., *Kant's mystische Weltanschauung …,* 1892.
Puder, M.	Doppeldeutige Sprachfiguren bei Kant und ihre sachliche Motivation, Diss. Frankfurt/M.1968.
Racek, A.	Grenzbegriffliches Denken in Kants *Kritik der reinen Vernunft:* Das Kapitel über Phänomena und Noumena. Kommentar und systematischer Versuch im Hinblick auf ein Überschreiten der Transzendentalphilosophie, Diss. Wien 1975.
Rademaker, F.	Kants Lehre vom innern Sinn in der *Kritik der reinen Vernunft,* Diss. Marburg 1908.
Raffelt, A.	*siehe:* Rahner, K., *Geist in Welt …,* 1996.
—,	*siehe:* Rahner, K., *Hörer des Wortes …,* 1997.
—,	*siehe:* Rahner, K., *Grundkurs des Glaubens …,* 1999.
Rahner, K.	Geist in Welt. Zur Metaphysik der endlichen Erkenntnis nach Thomas von Aquin, 2. Aufl. überarb. u. erg. von J. B. Metz, München 1957. Jetzt in: K. Rahner, Sämtliche

Werke, Band 2: Geist in Welt. Philosophische Schriften, bearb., von A. Raffelt, Solothurn/Düsseldorf/Freiburg 1996.

Rahner, K.   Schriften zur Theologie I-XVI, Einsiedeln/Zürich/Köln 1954-1984.

—,   Hörer des Wortes, neubearb. von J. B . Metz, München 1963. Jetzt in: K. Rahner, Sämtliche Werke, Band 4: Hörer des Wortes. Schriften zur Religionsphilosophie und zur Grundlegung der Theologie, bearb., von A. Raffelt, Solothurn/Düsseldorf/Freiburg 1997.

—,   Grundkurs des Glaubens. Einführung in den Begriff des Christentums, Freiburg/Basel/Wien 1976, [=GK], Jetzt in: K. Rahner, Sämtliche Werke, Band 26: Geist in Welt. Philosophische Schriften, bearb. von N. Schwerdtfeger und A. Raffelt, Zürich/Düsseldorf/Freiburg 1999.

—,   Art. *Existential, übernatürliches* in: LThK² III, 1301.

—,   Über das Verhältnis von Natur und Gnade, in: ders., Schriften zur Theologie I, Einsiedeln/Zürich/Köln 1962, 323-345.

—,   Die Gliedschaft in der Kirche nach der Lehre der Enzyklika Pius' XII. *Mystici Corporis Christi*, in: ders., Schriften zur Theologie II, Einsiedeln/Zürich/Köln 1962, 7-94.

—,   Wissenschaft als „Konfession", in: ders., Schriften zur Theologie III, Einsiedeln/Zürich/Köln 1962, 455-472.

—,   Kirche, Kirchen und Religionen, in: ders., Schriften zur Theologie VIII, Einsiedeln/Zürich/Köln 1967, 355-373.

—,   Das neue Bild der Kirche, in: ders., Schriften zur Theologie VIII, Einsiedeln/Zürich/Köln 1967, 329-354.

—,   Überlegungen zur Methode der Theologie, in: ders., Schriften zur Theologie IX, Einsiedeln/Zürich/Köln 1970, 79-126.

—,   Art. *Transzendentaltheologie,* in: ders., (Hrsg.), Herders Theologisches Taschenlexikon in 8 Bänden [HThTL], (= Herderbücherei 451-458), Freiburg/Basel/Wien 1972 /73, Bd. VII, 324-329.

—,   Art. *Existential, II.: Theol. Anwendung* in: SM I (1967), 1298-1300.

—,   Art. *Transzendentaltheologie,* in: SM IV (1969), 986-992.

—,   Art. *Synergismus* in LThK^2 Bd. 9, 1231.

Raspe, R. E.   *siehe:* Leibnitz, G. W. v., *Oeuvres Philosophiques Latines & Françoises ...,* 1865.

Reardon, M. G.   Kant as Philosophical Theologian, [= Library of philosophy and religion], Houndmills, Basingstoke/Hampshire & London 1988.

Reath, A.   Morality and the course of nature. Kant's doctrine of *the highest good,* Diss. Harvard 1984.

Reboul, O.   Kant et la Religion, in: RHPhR 50 (1970), 137-153.

Redmann, H.-G.   Gott und Welt. Die Schöpfungstheologie der vorkritischen Periode Kants, (= FSÖTh 11), Göttingen 1962.

Reich, K.   Über das Verhältnis der Dissertation und der *Kritik der reinen Vernunft* und die Entstehung der Kantischen Raumlehre, in: Immanuel Kant, De mundi sensibilis atque intelligibilis forma et principiis, hrsg. v. K. Reich, Hamburg ^{2}1960.

—,   Kants einzig möglicher Beweisgrund zu einer Demonstration des Daseins Gottes. Ein Beitrag zum Verständnis des Verhältnisses von Dogmatismus und Kritizismus in der Metaphysik, (= FGPP 17), Leipzig 1937.

—,   Der einzig mögliche Beweisgrund im Lichte von Kants Entwicklung zur *Kritik der reinen Vernunft,* in: Immanuel Kant, Beweisgrund zu einer Demonstration des Daseins Gottes. (= PhB 47/II), Einl. des Herausgebers, Hamburg 1963.

—,   Rousseau und Kant, (= PhG 61), Tübingen 1936.

Reich, K. (Hrsg.)	Immanuel Kant, De mundi sensibilis atque intelligibilis forma et principiis, hrsg. v. K. Reich, Hamburg ²1960.
Reichard, E. C.,	*siehe:* Boyle, R., *Vertheidigung ...,* 1744-1747.
Reicke, R. (Hrsg.)	Kantiana. Beitr. zu Immanuel Kants Leben und Schriften, Separat-Abdruck aus den Neuen Preuß. Prov.-Blättern, Königsberg 1860.
Reimarus, H. S.	Die vornehmsten Wahrheiten der natürlichen Religion in zehn Abhandlungen auf eine begreifliche Art erkläret und gerettet von ..., Zweyte verb. Aufl., Hamburg 1755.
Rendtorff, T.	Kirche und Theologie. Die systematische Funktion des Kirchenbegriffs in der neueren Theologie, Gütersloh 1966.
Resewitz, F. G.	*siehe:* Hume, D., *Vier Abhandlungen ...,* 1759.
Reusch, C. F.	Kant und seine Tischgenossen. Aus dem Nachlasse des jüngsten derselben, Königsberg: o. J.; Nachdruck: Aetas Kantiana 211, Brüssel 1973.
Ricken, F. / Marty, F. (Hrsg.)	Kant über Religion, (= Münchner philosophische Studien, Neue Folge 7), Stuttgart/Berlin/Köln 1992.
Rickert, H.	Der Gegenstand der Erkenntnis. Einführung in die Transzendentalphilosophie, Tübingen 1928.
Riedesel, E.	Pietismus und Orthodoxie in Ostpreußen auf Grund des Briefwechsels G. F. Rogalls und F. A. Schultz's mit den Halleschen Pietisten, (= SAU.G 7), Königsberg/Pr./Berlin 1937.
Riehl, A.	*siehe:* Ritzel, W., *Studien zum Wandel der Kantauffassung ...,* 1968.
Riess, A.	Der „Primat der praktischen Vernunft" als Vollendung der Kritik zum System, Diss. Marburg 1918.
Rigobello, A.	Die Grenzen des Transzendentalen bei Kant, (= Epimeleia 13), München und Salzburg 1968; übersetzt aus dem Italienischen: I limiti del trascendentale in Kant, (= Academica 3), Milano 1963, von J. Tscholl.

—, (Hrsg.)	Ricerche sul *Regno dei fini* Kantiano, a cura di A. Rigobello, (Roma: Bulzoni, 1974).
—,	*siehe:* Mancini, I., *Il mondo dei fini …*, 1974.
Rink, F. T.	Immanuel Kants Biographie. Erster Band, Leipzig 1804.
—,	Ansichten aus Immanuel Kants Leben, Königsberg 1805; Nachdruck: Aetas Kantiana 214, Brüssel 1973.
Ritschl, A.	Geschichte des Pietismus, Bonn 1880-1886.
Ritzel, W.	Studien zum Wandel der Kantauffassung. Die *Kritik der reinen Vernunft* nach A. Riehl, H. Cohen, M. Wundt u. B. Bauch, Meisenheim/Glan 1968.
—,	*siehe:* Lehmann, G., *Beiträge zur „Kritik der reinen Vernunft" 1781-1981 …*, 1981.
Robb, K. E.	Kant's concept of teleology, Diss. McMaster (Hamilton, USA), 1976.
Röd, W.	Zum Problem des *Premier Principe* in Descartes' Metaphysik, in: KantSt 51 (1959/60) 176-195.
Röttges, H.	Dialektik als Grund der Kritik. Grundlegung einer Neuinterpretation der *Kritik der reinen Vernunft* durch den Nachweis der Dialektik von Bedeutung und Gebrauch als Voraussetzung der Analytik, Königstein/Ts. 1981.
Rogall, G. F.	*siehe:* Riedesel, E., *Pietismus und Orthodoxie …*, 1937.
Roretz, K.	Zur Analyse von Kants Philosophie des Organischen, (= SAWW.PH 193, 4), Wien 1922.
Rosenberg, P.	Die Grundzüge der Kantischen Religionsphilosophie in der *Kritik der praktischen Vernunft* und in der *Kritik der Urteilskraft*, Diss. Bonn 1903.
Rosenkranz, K. (Hrsg.)	Immanuel Kants sämmtliche Werke, hrsg. v. K. Rosenkranz u. F. W. Schubert, Leipzig 1842.

Rossi, G.

Il problema dell'esistenza di Dio nelle varie fasi del pensiero kantiano, in: Immanuel Kant. Volume commemorativo del secondo centenario della nascita, a cura di P. A. Gemelli, (Milano 1924), 187-281.

Rossi, P. J.

Moral autonomy, divine transcendence and human destiny: Kant's doctrine of hope as a philosophical foundation for Christian ethics, in: Thom 46 (1982), 441-458.

Rothfischer, G.

P. Gregorius Rothfischers ... Ablaß und Jubeljahr. Nach mathematischer Lehrart entgegengesetzt den gegenseitigen Schriften, die bey Gelegenheit des letzteren römischen Jubeljahres sind ans Licht getreten ..., Regensburg/Wien 1751.

Rousseau, J. J.

Émile ou de l'Éducation, Tome I-IV, Amsterdam 1762. (deutsche Übersetzung im selben Jahr: Aemil, oder Von der Erziehung. Aus dem Französischen übersetzet und mit einigen Anmerkungen versehen Teil 1-4, Berlin, Frankfurt/Leipzig 1762.

Rüdiger, A.

Institutiones Eruditionis, seu Philosophia synthetica, tribus libris, De Sapientia, Justitia et Prudentia, Methodo Mathematicae aemula, breviter et succincte, comprehensa, ..., Francofurti ad Moenium ³1717.

—,

De Sensu Veri et Falsi Libri IV, Lipsiae ²1722.

Rudolph, E.

siehe: Picht, G., *Kants Religionsphilosophie ...*, 1985.

Ruffing, M. u. Malter, R. [† 1994]

Kant-Bibliographie 1945-1990, Frankfurt/Main 1999.

Russmeyer, M. C.

Die sonderbare Krafft Christi, die Heucheley zu entdecken, Mit sorgfältiger Feder entworfen, Greiffswald 1737.

Rust, H.

Kant und Kalvin, in: Immanuel Kant. Festschrift zur zweiten Jahrhundertfeier seines Geburtstages, hrsg. v. d. Albertus-Universität Königsberg i. Pr., Leipzig 1924, 131 (3)-149 (21).

—,

Kant und das Erbe des Protestantismus. Ein Beitrag zu der Frage nach dem Verhältnis von Idealismus und Christentum, Gotha 1928.

—,   Kant und Schleiermacher zum Gedächtnis, in: Jahrbuch der Albertus-Universität zu Königsberg/Pr., begr. v. F. Hoffmann, Bd. V, Kitzingen 1954, 6-35.

—,   Kritisches zu Kants Religionskritik, in Jahrbuch der Albertus-Universität zu Königsberg/Pr., begr. v. Fr. Hoffmann, VI (1955), 73-106.

—,   Die Idee einer christlichen Philosophie mit besonderer Rücksicht auf Kant als Philosophen des Protestantismus, in Jahrbuch der Albertus-Universität zu Königsberg/Pr., begr. v. Fr. Hoffmann, XIV (1964), 21-50.

Sänger, E.   Kants Auffassung von der Bibel, in: KantSt 11 (1906), 382-389.

—,   Der Glaubensbegriff Kants in seinen drei „Kritiken", Diss. Halle 1902.

Sala, G. B.   Kant und die Frage nach Gott. Gottesbeweise und Gottesbeweiskritik in den Schriften Kants, (= KantSt ErgH. 122), 1990.

Salat, J.   Geht die Moral aus der Religion, oder diese aus jener hervor? in: Philos. Journal e. Ges. Teutscher Gelehrten 5, (Jena/Leipzig 1797), 197-240.

Sasao, K.   Prolegomena zur Bestimmung des Gottesbegriffs bei Kant. (= APG 13), Halle 1900.

Schaeffler, R. Die Wechselbeziehungen zwischen Philosophie und katholischer Theologie, Darmstadt 1980.

—,   Glaubensreflexion und Wissenschaftslehre. Thesen zur Wissenschaftstheorie und Wissenschaftsgeschichte der Theologie, (= QD 82), Freiburg/Basel/Wien 1980.

—,   Fähigkeit zur Erfahrung. Zur transzendentalen Hermeneutik des Sprechens von Gott, (= QD 94), Freiburg/Basel/Wien 1982.

Schiffert, C. Nachricht von den jetzigen Anstalten des COLLEGII FRIDERICIANI, in: Erleutertes Preußen. Oder Auserlesene Anmerckungen Ueber verschiedene Zur Preußi-

	schen Kirchen- Civil- und Gelehrten-Historie gehörige besondere Dinge, …, Tom. V, Königsberg 1742, 487-572; *(Druckfehler: eigentlich 587-672 des Bandes).*
Schlapp, O.	Kants Lehre Vom Genie und die Entstehung der *Kritik der Urteilskraft*, Göttingen 1901.
Schlechta, K.	*siehe:* Nietzsche, F., *Werke …*, 1973.
Schlegel, E. R.	Truth, Transcendental object and the thing-in-itself in Kant's *Critique of pure reason*, Diss. Pittsburgh 1974.
Schlemmer, H.	Luthers Glaube und die moderne Frömmigkeit, in: ChW 34 (1920), Nr. 44 u. 45, Sp. 689-695 und 710-713.
Schlichtegroll, Fr.	Nekrolog auf das Jahr 1796. Enthaltend Nachrichten von dem Leben merkwürdiger in diesem Jahr verstorbener Deutschen. Gesammelt von Fr. Schlichtegroll, 7. Jg. 2. Bd., Gotha 1800.
Schlosser, G.	Über Schaftsbury von der Tugend an Born, Basel 1785.
Schmalenbach, H.	Die religiösen Hintergründe der kantischen Philosophie, in: Bl. f. Dt. Phil. 1 (1927/28), 29-60 und 189-226.
—,	Kants Religion, (= Sonderhefte d. Dt. Phil. Gesellschaft 1), Berlin 1929.
Schmid, H. G.	*siehe:* Leland, J., Abriß der vornehmsten Deistischen Schriften …, 1755 u.1756.
Schmid, J.	Das Evangelium nach Lukas, (= Regensburger NT 3), Regensburg ⁴1960.
Schmidt, F.	De origine termini Kantiani *transcendens*, Diss. Marburg 1873.
Schmidt, F. W.	*siehe:* Meyer, W., *Luther, Kant, Schleiermacher …*, 1939.
Schmidt, J. C.	*siehe:* Boyle, R., *Vertheidigung…*, 1744-1747.
Schmidt, J. L.	*siehe:* Tindal, M., *Beweis …*, 1741.
Schmidt, M.	Art.: *Walch, Christian Wilhelm Franz*, in: RGG³ 6, Sp. 1529f.

Schmidt, W. (Hrsg)	Unbefangenes Christentum. Deutsche Repräsentanten und Interpreten des Protestantismus, hrsg. v. W. Schmidt, München 1968.
—,	*siehe;* Delekat, F., Immanuel Kant ..., 1968.
Schmitt, G.	*siehe.* Herder, J. G., Ideen ... o. J. (Originalausgabe 1784-1791).
Schmitz, H.	Was wollte Kant? Bonn 1989.
Schmucker, J.	Die Gottesbeweise beim vorkritischen Kant, in: KantSt 54 (1963), 445-463.
—,	Die Originalität des ontotheologischen Argumentes Kants gegenüber verwandten Gedankengängen bei Leibniz und in der Schulphilosophie seiner Zeit, in: Kritik und Metaphysik, Studien. Heinz Heimsoeth zum achtzigsten Geburtstag, Berlin 1966, 120-133.
—,	Die Frühgestalt des Kantischen ontotheologischen Arguments in der Nova dilucidatio und ihr Verhältnis zum „einzig möglichen Beweisgrund" von 1762, in: Studien zu Kants philos. Entwicklung, (= SMGP 6), Hildesheim 1967, 39-55.
—,	Die primären Quellen des Gottesglaubens, (=QD 34), Freiburg/Basel/Wien 1967.
—,	Das Problem der Kontingenz der Welt. (=QD 43), Freiburg/Basel/Wien 1969.
—,	Wolfgang Cramers Widerlegung der Gottesbeweiskritik Kants, in: AGPh 52 (1970), 287-301.
—,	Die positiven Ansätze zur Lösung des philosophischen Gottesproblems, in: Die wirkliche Wirklichkeit Gottes. Gott in der Sprache heutiger Probleme, hrsg. v. K. Krenn. (= APPR NS 30), München/Paderborn/Wien 1974, 61-76.

Schmucker, J.   Zur Datierung der Reflexion 3716. Das Versagen der Wortstatistik in der Frage der Datierung der frühen Kantischen Reflexionen zur Metaphysik, aufgewiesen an einem exemplarischen Fall, in: KantSt 67 (1976), 73-101.

—,   Die Ontotheologie des vorkritischen Kant, (= KantSt ErgH. 11), 1980.

Schöndörfer, O.   Paulsens Kant, in: Altpreußische Monatsschrift 36 (1899) 537-562.

—,   *siehe:* Arnoldt, E., *Gesammelte Schriften ...*, 1907.

—,   *siehe:* Kopper, J.u. Malter, R. (Hrsg.), *Immanuel Kant, Briefwechsel ...*, 1972.

Schollmeier, J.   Johann Joachim Spalding. Ein Beitrag zur Theologie der Aufklärung, Gütersloh 1967.

Scholz, H.   Zur Philosophie des Protestantismus, in: KantSt 25 (1920), 24-49. *(siehe auch Kaftan, J.)*

—,   Über das *Cogito, ergo sum,* in: KantSt 36 (1931) 126-147.

Schramm, B.   Natur ohne Sinn? Das Ende des teleologischen Weltbildes, Graz/Wien/Köln 1985.

Schrempf, C.   Die christliche Weltanschauung und Kants sittlicher Glaube, Göttingen 1891.

Schroll-Fleischer, N. O. Der Gottesgedanke in der Philosophie Kants, (= OUSP 5), Odense 1981.

Schubert, F. W. (Hrsg.) Immanuel Kants Biographie, Teil 11, 2 von: Immanuel Kants sämmtliche Werke, hrsg. v. K. Rosenkranz u. F. W. Schubert, Leipzig 1842.

Schultz, F. A.   A. D. Dissertatio inavgvralis de concordia rationis cvm fide, in locis, de ivstitia Dei, et inde proflvente necessitate satisfactionis, qvam ex decreto amplissimi Senatvs academici, pro loco professionis theologicae ordinariae, habebit Franciscvs Albertvs Schvltz, respondente Martino Knvtzen, R. B. SS. Theol. et Philos. stud.. H.L.que solitis die XVI. Septembr. anni MDCCXXXII, Regio-

	monti, litteris Revsnerianis. Sie ist mit fortlaufender Paginierung beigebunden hinter: Francisci Alberti Schvltzii […] Commentatio de concordia rationis cvm fide in locis de ivstitia Dei et inde proflvente necessiate satisfactionis. Oder: Von der Harmonie der menschlichen Vernunfft mit dem Glauben, in denen Stellen von der Gerechtigkeit GOttes, und der daher fliessenden Nothwendigkeit der Genugthuung. Lipsiae 1735.
—,	siehe: Riedesel, E., *Pietismus und Orthodoxie …*, 1937.
—,	siehe: Knutzen, M., *Dissertatio inavgvralis …*, 1735.
Schultz, W.	Kant als Philosoph des Protestantismus, (= ThF XXII), Hamburg-Bergstedt 1960. *(auf der Einbanddecke: 1961).*
Schulz, H.	Innerer Sinn und Erkenntnis in der Kantischen Philosophie, Diss. Köln 1962.
Schulze, A.	Das Johannesevangelium im Deutschen Idealismus, in: ZPhF 18 (1964), 85-118.
Schütz, C. G.	siehe: Semler, J. J. S., *… letztes Glaubensbekenntniß …*, 1792.
Schwentzel, J. U.	siehe: Paulus A. D., *Collegium anti-theticum universale fundamentale …*, 1732.
Schwerdtfeger, N.	siehe: Rahner, K., *Grundkurs des Glaubens …*, 1999.
Seeberg, R.	siehe: Klostermann, E., *Kant als Bibelerklärer …*, 1929.
Segner, J. A.	siehe: Nieuwetyt, B., *Rechter Gebrauch Der Welt …*, 1747.
Seidel, A. (Hrsg)	Die Philosophie des Als Ob und das Leben. Festschrift zu H. Vaihingers 80. Geburtstag, Berlin 1932.
Seiler, G. F.	Kurze Apologie des Christenthums nebst einem Entwurf der Religion eines christlichen Philosophen, Zwote verbesserte Auflage, Erlangen 1779.
Seiler, J.	Das Dasein Gottes als Denkaufgabe. Darlegung und Bewertung der Gottesbeweise, Luzern/Stuttgart 1965.

Selle, G. v.,	Der Osiandrismus in Ostpreußen und sein Einfluß auf Kants Religionsphilosophie, in: Festschr. z. 400-Jahr-Feier d. Königsberger Albertus-Univ. Königsberg 1944.
Semler, J. J. S.	Io. Sal. Semleri Institvtio ad doctrinam christianam liberaliter discendam. Avditorvm vsvi destinata, Halae Magdebvrgicae MDCCLXXIV.
—,	Versuch einer freiern theologischen Lehrart zur Bestätigung und Erläuterung seines lateinischen Buchs, Halle 1777.
—,	Antwort auf das Bahrdische Glaubensbekenntnis, Halle 1779.
—,	J. S. Semlers Lebensbeschreibung von ihm selbst abgefaßt. Erster Theil, Halle 1781.
—,	Ueber historische, geselschaftliche und moralische Religion der Christen, Leipzig 1786.
—,	Zur Revision der kirchlichen Hermeneutik und Dogmatik. Erster Beitrag, Halle 1788.
—,	D. Joh. Salomo Semlers letztes Glaubensbekenntniß über natürliche und christliche Religion. Mit einer Vorrede hrsg. v. Chr. Gottfr. Schütz, Königsberg 1792.
—,	*siehe:* Teller, W. A., *Des Herrn Joh. August Ernesti …,* 1783.
Shaftesbury	*siehe:* Cooper, A. A., 3rd Lord of Shaftesbury
Siegfried, T.	Luther und Kant, (= AWR 3), Gießen 1930.
Silber, J. R.	The Highest Good as the Unity of Form and Content in Kant's Ethics, Diss. Yale University 1956.
—,	The Importance of the highest Good in Kant's Ethics, in: Ethics 73 (1962 /63), 179-197.
—,	Immanenz und Transzendenz des höchsten Gutes bei Kant, in: KantSt 18 (1964), 386-407.

—,   Die metaphysische Bedeutung des höchsten Gutes als Kanon der reinen Vernunft in Kants Philosophie, in: ZPhF 23 (1969), 538-549.

—,   *siehe:* Murphy, J. G., *The highest Good ...*, 1965/66.

Spalding, J. J.   *Bestimmung des Menschen* (1748) und *Wert der Andacht* (1755), mit Einleitung neu herausgegeben von Horst Stephan, Gießen 1908.

—,   Neue Predigten, Frankfurt/Leipzig [3]1788.

—,   Vertraute Briefe, die Religion betreffend, Zweyte, berichtigte und vollständigere Auflage, Breslau 1785.

Spener, P. J.   Pia Desideria, hrsg. v. K. Aland, (= KlT 170), Berlin [3]1964.

Spinoza, B. de,   Renati des Cartes principiorum philosophiae Pars I. et II. More Geometrico demonstratae per Bened. de Spinoza ..., Amstelodami 1663.

Stadler, A.   Kants Teleologie und ihre erkenntnistheoretische Bedeutung, Berlin 1912.

Stäudlin, C. F.   Ideen zur Kritik des Systems der christlichen Religion, Göttingen 1791.

Stapfer, J. F.   Joh. Frid. Stapferi [...] Institutiones Theologiae polemicae universae Ordine Scientifico dispositae. Tom. 1, Tiguri 1743.

—,   Grundlegung zur wahren Religion, erster Band, (Hirschfeld 1756); zweiter Band (Hirschfeld 1756); Dritter Theil, Zweyte Auflage, (Zürich 1752).

Stattler, B.   Anti-Kant, 2 Bde., München 1788; Nachdruck: Aetas Kantiana 260, Brüssel 1968.

Staudinger, F.   Der Streit um das Ding an sich und seine Erneuerung im sozialistischen Lager, in: KantSt 4 (1900), 167-189.

Stefan, H.   Der Pietismus als Träger des Fortschritts in Kirche, Theologie und allgemeiner Geistesbildung, (= SGV 51), Tübingen 1908.

Stefan, H. (Hrsg.)	Spaldings *Bestimmung des Menschen* (1748) und *Wert der Andacht* (1755), mit Einleitung neu herausgegeben von Horst Stephan, Gießen 1908.
Stern, L. J.	The Transcendenal Object in the *Critique of Pure Reason,* Diss. Rochester/New York 1971.
Stiehler, B. G.	Kants Religionsbegriff als „ideologische Form", in: PhRe 3, Weimar 1981, 61-71.
Strauss, L.	*siehe:* Mendelssohn, M., *Gesammelte Schriften ...,* 1974.
Strawson, P. F.	The bounds of sense. An Essay on Kant's *Critique of pure reason,* London 1966.
Sulzer, J. G.	*siehe Hume, D.:* Philosophische Versuche ..., 1755.
Swift, J.	A Tale of a Tub, deutsch: Satyr. u. ernsth. Schriften von Dr. Jonathan Swift, 3. Band, Zweite Auflage, Hamburg/Leipzig 1759.
—,	Des berühmten Herrn D. Schwifts Mährgen von der Tonne, Zum allgemeinen Nutzen des menschlichen Geschlechts abgefasset, Nebst einem vollständigen Begriffe einer allgemeinen Gelehrsamkeit, Aus d. Engl. ins Teutsche übersetzt. 1. Theil, Altona 1729.
—,	Anderer Theil des Mährgens von der Tonne, So Zum allgemeinen Nutzen des menschlichen Geschlechts abgefasset worden, Von Einem gewissen elenden Scribenten, Insgemein genant Der Autor des Ersten. Aus dem Englischen ins Teutsche übersetzet, Altona 1729.
—,	Dr. J. Swifts Mährgen von der Tonne. Nebst übrigen dazu gehörigen Schriften. Von neuem aus dem Engl. übers., Hamburg/Leipzig 1758.
—,	PERI BAQOUS s. anti-sublime. Das ist: D. Swifts Neueste Dicht-Kunst, Oder Kunst in der Poesie zu kriechen, mit Exempeln aus den Englischen Poeten erleutert, Nebst einem Vorschlage, wie das Aufnehmen dieser Poesie zu befördern sey. Aus d. Engl. ins Deutsche übersetzt, Leipzig 1733.

—,   Sat. u. ernsth. Schriften v. D. J. Swift, Dritter Band, Zweyte Auflage, Hamburg/Leipzig 1759.

—,   A Tale of a Tub. With Other Early Works 1696-1707, ed. by H. Davis, Oxford 1957.

—,   Das im Menschen-Koth gefundene Gold, Oder das gro-ße Geheimnis, Aus Des Menschen Unflath und Urin …, Hamburg 1731.

Teichner, W.   Die intelligible Welt. Ein Problem der theoretischen und praktischen Philosophie I.Kants, (= MPF 46), Meisenheim/Glan 1967.

Teller, W. A.   Des Herrn Joh. August Ernesti […] Verdienste um die Theologie und Religion, ein Beytrag zur theologischen Literaturgeschichte der neuern Zeit, Berlin 1783; Zusätze zu Herrn O. C. R. Tellers Schrift über Herrn D. Ernesti Verdienste von D. Johann Salomo Semler, Halle 1783.

—,   Formvlae ac disciplinae ERNESTIANAE indolem et conditionem veram advmbrare conatvs in virvm incomparabilem atqve immortalem IO. AVG. ERNESTI-VM vnicvm sibi magistrvm pietatis svae monvmentvm exstare volvit Carol. Lvdov. Bavervs […], Lipsiae 1782; angebunden mit fortlaufender Paginierung: Elogivm IO. AVG. ERNESTI pvblice scriptvm ab Avg. Gvil. Ernestio; [anonym]: Noch ein paar Worte über D. Ernesti, hauptsächlich über seine Orthodoxie, Leipzig 1782.

—,   Lehrbuch des Christlichen Glaubens, Helmstedt/Halle 1764.

—,   Wörterbuch des Neuen Testaments zur Erklärung der christlichen Lehre, Dritte durchaus verbesserte und vermehrte Auflage, Berlin 1780.

Temporini , H. (Hrsg.)   *siehe:* Kremer, K., *Bonum est diffusivum sui …*, 1987.

Theis, R.   GOTT. Untersuchung zur Entwicklung des theologischen Diskurses in Kants Schriften zur theoretischen Philosophie bis hin zum Erscheinen der *Kritik der reinen*

Vernunft, (= Forschungen u. Materialien zur deutschen Aufklärung, hrsg. von N. Hinske, Abt. II: Monographien), Stuttgart-Bad Cannstatt 1994.

Theis, R.   La sens de la métaphysique dans la *Critique de la Raison Pure,* in: Revue Philosophique de Louvain 83 (1985), 175-196.

Thom, M.   Ideologie und Erkenntnistheorie. Untersuchung am Beispiel der Entstehung des Kritizismus und Transzendentalismus Immanuel Kants, Berlin 1980.

Thom, M.   Religionsbelebung oder Religionskritik bei Kant, in: PhRe 3, Weimar 1981, 72-83.

Thomas von Aquin   S. Thomae Aquinatis Opera Omnia ut sunt in indice thomistico additis 61 scriptis ex aliis medii aevi auctoribus curante Roberto Busa SI, 7 Vols., Stuttgart, B.C. 1980; Vol. 2: Summa contra Gentiles (1-152); Summa Theologiae (184-926).

Thorschmid, U. G.   Versuch einer vollständigen Engelländischen Freydenker=Bibliothek, in welcher alle Schriften der berühmtesten Freydenker nach ihrem Inhalt und Absicht, nebst den Schutzschriften für die Christliche Religion aufgestellet werden, Erster Theil, Halle 1765.

—,   Vollständige Engländische Freydenker=Bibliothek, in welcher den Schriften der Englischen Freydenker die vortreflichsten Schutzschriften für die Christliche Religion, und für die Geistlichen entgegen gestellet werden, Zweyter Theil, Halle 1766; Dritter Theil, Cassel 1766; Vierter Theil, Cassel 1767.

Tieftrunk, J. H.   Versuch einer Kritik der Religion und aller religiösen Dogmatik mit besonderer Rücksicht auf das Christenthum, Vom Verfasser des *Einzigmöglichen Zwecks Jesu,* Berlin 1790.

Tillich, P.   Der Protestantismus als Kritik und Gestaltung, (= GTBS 64), München/Hamburg 1966.

—,   Systematische Theologie, Bd. 1, Stuttgart ³1956.

Tindal, M.	Christianity as old as the Creation: or, the GOSPEL, a REPUBLICATION of the religion of NATURE; Faksimile-Neudruck der Ausgabe London 1730, hrsg. u. eingel. v. Günter Gawlick, Stuttgart BC 1967.
—,	Beweis, daß das Christenthum so alt als die Welt sey, nebst Herrn Jacob Fosters Widerlegung desselben. Beydes aus dem Englischen übersetzt, Übersetzung von Johann Lorenz Schmidt, Frankfurt/Leipzig 1741.
—,	*siehe auch:* Knutzen, M., Vertheidigte Wahrheit ..., 1747.
Toland, J.	Christianity not Mysterious. OR, A TREATISE Shewing, That there ist nothing in the GOSPEL Contrary to REASON, Nor ABOVE it: And that no Christian Doctrine can be properly call'd A MYSTERY, London 1696; Faksimile-Neudruck mit einer Einleitung v. G. Gawlick und einem textkr. Anhang, Stuttgart B.C. 1964.
—,	Briefe an Serena / über den Aberglauben / über Materie und Bewegung, hrsg. u. eingel. v. E. Pracht, übers. v. G. Wichmann, Berlin 1959.
Tonelli, G.	Kant, dall'Estetica metafisica all'Estetica psicoempirica. Studi sulla genesi del criticismo (1754-1771) e sulle sue fonti, in: Memorie dell'Academia delle Scienze di Torino, Ser. III, Tom. 3, Parte 2a, Torino 1955.
—,	La question des bornes de l'entendement humain au XVIIIe siècle et la genèse du criticisme kantien, particulièrement par rapport au problème de l'infini, in: RMM 64 (1959), 396-427.
—,	Elementi metodologici e metafisici in Kant dal 1745 al 1768. Saggio di sociologia della conoscenza, Vol. primo, (= Studi e Ricerche di Storia della Filosofia 29), Torino 1959.
—,	Das Wiederaufleben der deutsch-aristotelischen Terminologie bei Kant während der Entstehung der *Kritik der reinen Vernunft*, in: ABG 9 (1964) 233-242.

Tonelli, G. (Hrsg.)   Einleitung zu: Ch. A. Crusius, Die philosophischen Hauptwerke, 3 Bde., hrsg. v. G. Tonelli; Nachdruck der Ausgabe Leipzig 1744-1747: Hildesheim 1964-1969.

—,   Kant's Ethics as a part of Metaphysics: a possible Newtonian Suggestion? with some Comments on Kant's *Dreams of a Seer,* in: Philosophy and the Civilizing Arts. Essays presented to H. W. Schneider, ed. by C. Walton and J. P. Anton, Athens/Ohio 1975, 236-263.

—,   Kant's *Critique of Pure Reason* within the Tradition of Modern Logic, in: Akten des 4. Intern. Kant-Kongresses: Mainz 6.-10. April 1974, hrsg. v. G. Funke, Teil. III: Vorträge, (Berlin/New York 1975), 186-191.

—,   *siehe:* Crusius, C. A., *Anweisung vernünftig zu leben ...,* 1969.

—,   *siehe:* Crusius, C. A., *Entwurf der nothwendigen Vernunft-Wahrheiten ...,* 1964.

Topitsch, E.   Sozialphilosophie zwischen Ideologie und Wissenschaft, (= Soziol. Texte 10), Neuwied/Berlin ²1966.

Trede, J. H.   Die Differenz von theoretischem und praktischem Vernunftgebrauch und dessen Einheit innerhalb der *Kritik der Urteilskraft.* Ein Beitrag zur Interpretation der Ästhetik Kants, Diss. Heidelberg 1969.

Trinius, J. A.   Freydenker-Lexicon oder Einleitung in die Geschichte der neuern Freygeister ihrer Schriften, und deren Widerlegungen. Nebst einem Bey= und Nachtrage zu des seligen Herrn Johann Albert Fabricius Syllabo Scriptorium, pro veritate Religionis Christianae, Leipzig u. Bernburg 1759; Nachdr., hrsg. v. F. Venturi, (= MPPR I, 2), con una premessa di Franco Venturi, Turin 1960.

Troeltsch, E.   Das Historische in Kants Religionsphilosophie. Zugleich ein Beitrag zu den Untersuchungen über Kants Philosophie der Geschichte, in: KantSt 9 (1904), 21-154.

—,   Gesammelte Schriften, Tübingen 1924.

Tscholl, J.	*siehe:* Rigobello, A., *Die Grenzen des Transzendentalen bei Kant ...*, 1963
Ueberle, W.	Johann Nicolaus Tetens nach seiner Gesamtentwicklung betrachtet mit besonderer Berücksichtigung des Verhältnisses zu Kant. Unter Benützung bisher unbekannt gebliebener Quellen, (= KantSt ErgH. 24), 1912; *Innentitel: 1911.*
Ueberweg, F.	Grundriß der Geschichte der Philosophie II, Basel / Stuttgart [12]1923; Nachdruck 1967.
Ulrich, J. H. F.	*siehe:* Leibnitz, G. W. v., *Philosophische Werke ...*, 1778-1780.
Unger, R.	„*Der bestirnte Himmel über mir ...* ". Zur geistesgeschichtlichen Deutung eines Kant-Wortes, in: Festschrift zur zweiten Jahrhundertfeier seines Geburtstages, hrsg. v. d. Albertus-Univ. i. Königsberg/Pr., Leipzig 1924, 241-270.
Ungerer, E.	Die Teleologie Kants und ihre Bedeutung für die Logik der Biologie, (= Abh. zur theoret. Biologie 14), Berlin 1922.
Vaihinger, H.	Commentar zu Kants *Kritik der reinen Vernunft*, zum hundertjährigen Jubiläum derselben, 1. Bd., Stuttgart 1881.
—,	Die transcendentale Deduktion der Kategorien in der 1. Auflage der *Kritik der reinen Vernunft*, in: Philos. Abhandlungen, dem Andenken Rudolf Hayms gewidmet von Freunden u. Schülern, Halle 1902, 23-98.
—,	Die Philosophie des Als ob. System der theoretischen, praktischen und religiösen Fiktionen der Menschheit auf Grund eines idealistischen Positivismus, Leipzig [5-6]1920.
—,	*siehe:* Seidel, A., (Hrsg.), *Die Philosophie des Als Ob ...*, 1932.
Venturi, F.	*siehe:* Trinius, J. A., *Freydenker=Lexicon ...*, 1960.

Versteigerungskatalog	Verzeichnis der Bücher des verstorbenen Professor Johann Friedrich Gensichen, wozu auch die demselben zugefallene Bücher des Professor Kant gehören, welche den 25. April 1808. Nachmittags um 2 Uhr und in den folgenden Tagen, in der Sub=Inspectorwohnung auf dem Collegio Albertino, im Kneiphofe, gegen baare Bezahlung in Courant offentlich veräußert werden sollen, Königsberg 1808; *siehe auch:* Warda, A., *Immanuel Kants Bücher* …
Vieillard-Baron, J. L.	Kant critique de Mendelssohn: la psychologie rationelle, in: Akten d. Intern. Kant-Kongr. Mainz 6.-10. April 1974, Teil II.1, 403-406.
Villers, C.	Philosophie de Kant ou principes fondamentaux de la philosophie transcendentale, 1ére Partie, Metz 1801.
Vleeschauwer, J.-J. de	L'evolution de la pensée Kantienne, Paris 1939.
Vollmer, G.	Kant und die evolutionäre Erkenntnistheorie, in: Allg. Ztschr.f. Philos. 9 (1984), H. 2, 19-77.
Vollmert, B.	Das Molekül und das Leben. Vom makromolekularen Ursprung des Lebens und der Arten: Was Darwin nicht wissen konnte und Darwinisten nicht wissen wollen, Reinbek/Hamburg 1985.
Voltaire, *(F.-M. Arouet)*	Dictionnaire philosophique portatif, London, (= Genf) 1764.
	Pensées libres sur la Religion, l'Eglise, et le bonheur de la Nation, Traduites de l'Anglois du Docteur B.M. Par Mr. Van Effen, Tome 1 et 2, Amsterdam 1738.
Vorländer, K.	Die ältesten Kant-Biographien. Eine kritische Studie, (= KantSt ErgH. 41), 1918.
—,	Immanuel Kant. Der Mann und das Werk, 2 Bde, Leipzig 1924.
—,	Einleitung des Herausgebers in: Immanuel Kant, *Kritik der Urteilskraft,* hg. v. K. Vorländer, (= PhB 39a), Leipzig ⁶1924; unveränd. Abdruck: Hamburg 1948, IX-XXXII.

—, Immanuel Kants Leben, neu hrsg. v. R. Malter, (= PhB 126), Hamburg ³1974.

—, Philosophie der Neuzeit. Die Aufklärung, (= Geschichte der Philos. V, rde 281-282), Hamburg 1969.

Vos, H. de — Kant als Theoloog, Baarn 1968.

Walch, C. W. F. — Grundsäze der natürlichen Gottesgelahrheit, Zweyte, verbesserte und vermehrte Auflage, Göttingen 1779.

Wald, S. G. — Wald's Gedächtnisrede auf Kant [am 23. April 1804], in: Kantiana. Beiträge zu Immanuel Kants Leben und Schriften, hrsg. v. R. Reicke, Königsberg 1860; [neuerlich auch in Kopper, J. und Malter, R. (Hrsg.), Immanuel Kant zu ehren, (= stw 61), Frankfurt/M. 1974, 50-75].

Waldau, K. — Das Problem der Denkmöglichkeit der notwenigen Existenz Gottes bei Immanuel Kant, Diss. theol. München 1997, (= Deutsche Hochschuledition 64), Neuried 1997.

Warburton, W. — siehe: Pope, A., *Herrn Alexander Pope Esq. sämmtliche Werke ...*, 1761.

Warda, A. — Immanuel Kants Bücher. Mit einer getreuen Nachbildung des bisher einzigen bekannten Abzuges des Versteigerungskataloges der Bibliothek Kants, Berlin 1922; siehe auch: *Versteigerungskatalog*.

Wartenberg, M. — Der Begriff des *transscendentalen Gegenstandes* bei Kant und Schopenhauers Kritik desselben. Eine Rechtfertigung Kants, in: KantSt 4 (1900), 202-231; 5 (1901), 145-176.

Wasianski, A. C. — Immanuel Kant in seinen letzten Lebensjahren [1804], in: Immanuel Kant. Sein Leben in Darstellungen von Zeitgenossen. Die Biographien von L. E. Borowski, R. B. Jachmann und A. Ch. Wasianski, (= Dt. Bibliothek 4), Berlin 1912; Nachduck: Darmstadt 1968.

Weber, H. E. — Der Einfluß der protestantischen Schulphilosophie auf die orthodox-lutherische Dogmatik, Darmstadt 1969; Reprogr. Nachdruck der Ausgabe Leipzig 1908.

Weber, H. E.	Reformation, Orthodoxie und Rationalismus, (= Beiträge z. Förderung christlicher Theologie, 2. Reihe), 1. Teil (Von der Reformation zur Orthodoxie), 1. Halbband: Gütersloh 1937, 2. Halbband: 1940; 2. Teil (Der Geist der Orthodoxie) 1951; Nachdruck: Darmstadt 1966.
Wehnert, B.	Luther und Kant, (= Forschung und Leben, Erste Sammlung – Religion und Moral 2), Meerane i. S. 1918.
Weimann, T.	*siehe:* Prel, C. du, *Immanuel Kants Vorlesungen über Psychologie ...*, 1964.
Weischedel, W. u. Hinske, N.	Kant-Seitenkonkordanz, Darmstadt 1970.
Weiss, K.	Kant und das Christentum. Ein Beitrag zur Kant-Gedächtnisfeier 1904, Köln 1904.
Werner, K.	Geschichte der katholischen Theologie. Seit dem Trienter Concil bis zur Gegenwart, München 1866.
Weyhing, E.	Kants Gottesbebgriff in den drei Kritiken. Ein Beitrag zu seiner Ideenlehre, Diss. Gießen 1909.
Whiston, W.	Wilhelm Whistons / Hochberühmten Engelländers / NOVA TELLURIS THEORIA Das ist: Neue Betrachtung der Erde/ Nach ihrem Ursprung und Fortgang bis zur Hervorbringung aller Dinge ... , Frankfurt 1713.
Wichmann, C. A.	*siehe:* Cooper, A. A., 3rd Lord of Shaftesbury, *Characteristicks, oder Schilderungen ...*, 1768.
—,	*siehe:* Toland, J., *Briefe an Serena ...*, 1959.
Wimmer, R.	Kants kritische Religionsphilosophie, (= KantSt.E 124), Berlin/New York 1990.
Winkler, R.	*siehe:* Meyer, W., *Luther, Kant, Schleiermacher ...*, 1939.
Wisser, B.	Kant als Gelehrter und Lehrer im Bereich der Religionsphilosophie, Diss. Mainz 1958.
Wobbermin, G.	*siehe:* Meyer, W., *Luther, Kant, Schleiermacher ...*, 1939.

Wolf, J.	Verhältnis der beiden ersten Auflagen der *Kritik der reinen Vernunft* zueinander, Diss. Halle-Wittenberg 1905.
Wolff, C.	Vernünfftige Gedancken von den Kräfften des menschlichen Verstandes und ihrem richtigen Gebrauch in Erkäntniß der Wahrheit, Halle 1712, [13]-1754 [14], Nachdruck hrsg. u. bearb. v. H. W. Arndt, Hildesheim 1978.
—,	Ratio Praelectionum Wolfianarum in Mathesin et Philosophiam universam, Halae/Magdeb. MDCCXIIX.
—,	De differentia nexus rerum sapientis et fatalis necessitatis, nec non systematis harmoniae praestabilitae et hypothesium Spinosae luculenta commentatio ... , Halae/Magdeb. MDCCXXIV.
—,	Philosophia rationalis sive Logica Methodo scientifica pertractata ... , Francofurti & Lipsiae MDCCXXXX.
—,	Ch. Wolfii Psychologia rationalis, Édition critique avec introduction, notes et index par Jean École. Ch. Wolff, Gesammelte Werke, hrsg. v. J. École, J. E. Hofmann u.a. II. Abt. Bd. 6., Hildesheim 1972; repr. Nachdruck d. verbess. Ausg. Frankfurt/Leipzig 1740.
—,	Ch. Wolffs eigene Lebensbeschreibung, hrsg. m. e. Abhdlg über Wolff v. H. Wuttke, Leipzig 1841.
—,	Vernünfftige Gedancken von Gott, Der Welt und der Seele des Menschen, ..., Halle [4]1752.
Wood, A. W.	Kant's Rational Theology, Ithaca/London 1978.
—, di Giovanni, G. (Hrsg)	Immanuel Kant, Religion and Rational Theology, übersetzt und hrsg. von Allen W. Wood und George di Giovanni, (= Cambridge Edition of the Works of Immanuel Kant), Cambridge 1996.
Wrzecionko, P.	Die philosophischen Wurzeln der Theologie Albrecht Ritschls. Ein Beitrag zum Problem des Verhältnisses von Theologie und Philosophie im 19. Jahrhundert, Berlin 1964.

Wundt, M.	Kant als Metaphysiker. Ein Beitrag zur Geschichte der Deutschen Philosophie im 18. Jahrhundert, Stuttgart 1924.
—,	Die deutsche Schulphilosophie im Zeitalter der Aufklärung, (= Heidelb. Abhdln. z. Phil. u. ihrer Gesch. 32), Tübingen 1945; Nachdruck: Olms Paperback 4, Hildesheim 1964.
—,	*siehe:* Ritzel, W., *Studien zum Wandel der Kantauffassung* ..., 1968.
Wust, P.	Die Auferstehung der Metaphysik, Hamburg 1963.
Wuttke, H.	*siehe:* Wolff, C., ... *eigene Lebensbeschreibung* ..., 1841.
Young, J. M.	Kant's transcendental idealism and theory of objectivity, Diss. Yale/New Haven 1969.
Zallinger, J. A.	Disquisitionum philosophiae Kantianae libri duo ..., Augsburg 1799; Nachdruck: Aetas Kantiana 307, Brüssel 1968.
Zeldin, M.-B.	An analysis of the relation of the summum bonum to the moral law and the postulate of the existence of God (Summary), in: Akten des 14. internat. Kongresses f. Philosophie, Wien 2.-9. September 1968, Bd. 5, Wien 1970, 533f.
—,	The Summum Bonum, the moral law and the existence of God, in: KantSt 62 (1971), 43-54.
Zynda, M. v.	Kant – Reinhold – Fichte. Studien zur Geschichte des Transzendental-Begriffs, (= KantSt Erg.-H. 20), 1910, Neudruck Würzburg o. J.

Schriften des Verfassers zu Kant

Kant zwischen den Konfessionen, in: ThPh 50 (1975), 1-37; [im vorliegenden Buch: Kapitel 1].

Theologische Hintergründe der Philosophie Kants, in: ThPh 51(1976) 1-51; [im vorliegenden Buch: Kapitel 2].

Gebet und Gottesdienst bei Kant: nicht „Gunstbewerbung", sondern „Form aller Handlungen", in: ThPh 52 (1977), 341-377; [im vorliegenden Buch: Kapitel 3].

Rezension: Frieder Lötzsch, Vernunft und Religion im Denken Kants. Lutherisches Erbe bei Immanuel Kant (= Böhlau Philosophica 2), Köln-Wien: Böhlau 1976, VI u. 281 S., in: ThPh 53 (1978), 283-285.

Art.: *„Methode, polemische",* in: HWP, Bd. 5 (1980), Sp. 1365-1369.

Rezension: Michael Albrecht, Kants Antinomie der praktischen Vernunft (= Studien und Materialien zur Geschichte der Philosophie 21), Hildesheim-New York: Olms 1978, 243 S., in: Kant-Studien 74 (1983), 364-367

Seele als Problem in der Transzendentalphilosophie Kants unter besonderer Berücksichtigung des Paralogismuskapitels, in: Seele. Ihre Wirklichkeit, ihr Verhältnis zum Leib und zur menschlichen Person, hrsg. v. K. Kremer (= Studien zur Problemgeschichte der antiken und mittelalterlichen Philosophie X), Leiden/Köln: Brill 1984, 100-168; [im vorliegenden Buch: Kapitel 4].

Der Gotteserweis aus praktischer Vernunft. Das Argument Kants und seine Tragfähigkeit vor dem Hintergrund der Vernunftkritik, in: Um Möglichkeit oder Unmöglichkeit natürlicher Gotteserkenntnis heute, hrsg. v. K. Kremer, Leiden: Brill 1985, 109-178; [im vorliegenden Buch: Kapitel 5].

Selbstdenken – Antinomien – Schranken. Zum Einfluß des späten Locke auf die Philosophie Kants, in: Aufklärung 1 (1986), 27-66.

Art.: *La pensée moderne devant la prière,* in: Dict. de Spiritualité, Paris: Beauchesne 1986, Fasc. 83-84-85, Sp. 2328-2339. (leider viele Korrekturen nicht ausgeführt)

Transzendentale Theologie der Erkenntnis. Ansätze zur theologischen Rezeption der Kantschen Vernunftkritik, in: Auf der Suche nach dem verborgenen Gott. Zur theologischen Relevanz neuzeitlichen Denkens, hrsg. v. A. Halder, K. Kienzler u. J. Möller, Düsseldorf: Patmos 1987, 68-96; [im vorliegenden Buch: Kapitel 7].

Art.: *„Psychologie, transzendentale"*, in: HWP Bd. 7 (1989), Sp. 1670-1675.

Die Kritik der Urteilskraft vor dem Hintergrund der Kantschen Religionsphilosophie. Perspektiven und Erträge, in: Giudizio e Interpretazione in Kant, a cura di G. Riconda, G. Ferretti, A. Poma (= Atti del Convegno Internazionale per il II Centenario della Critica del Giudizio di Immanuel Kant (Macerata, 3-5 Ottobre 1990. Università), (= Studi di Macerata 63 – Pubblicazioni della Facoltà di Lettere e Filosofia), Genova: Marietti, 1992, 185-227; [im vorliegenden Buch: Kapitel 6].

Theologiegeschichtliche und literarische Hintergründe der Religionsphilosophie Kants, in: F. Ricken, F. Marty (Hrsg.), Kant über Religion (= Münchener philosophische Studien N.F. 7), Stuttgart, Berlin, Köln: Kohlhammer 1992, 17-51; [im vorliegenden Buch: Kapitel 8].

Transzendenz bei Kant. Über ein verborgenes Grundmotiv seines Denkens, in: L. Honnefelder, W. Schüßler (Hrsg.), Transzendenz. Zu einem Grundwort der klassischen Metaphysik (Festschrift für Klaus Kremer), Paderborn, München, Wien, Zürich: Schöningh 1992, 193-221; [im vorliegenden Buch: Kapitel 9].

Ein kleiner Brieftext, eher ein *Einwurf* des Verfassers, sei hier abschließend eigens zitiert, weil er nicht ohne weiteres zuhanden und doch der beiläufigen Erwähnung wert ist:

> *Kant war nicht fürs Lügen*, Brief an die Herausgeber, F.A.Z. vom Montag, dem 21. Juni 1993, p. 11:
>
> *Nun hat Ihre Zeitung doch noch die „Notlüge im Kantschen Sinne" aufgegriffen (F.A.Z. vom 15. Juni), mit der Björn Engholm angeblich sein Verhalten verteidigen zu können meinte. Er hätte sich kaum einen weniger geeigneten Gewährsmann aussuchen können, denn für Kant ist „kein einziger Fall gedenkbar, in dem sie [die Nothlüge] Entschuldigung verdiente" (Akademieausgabe 9/490). Für Kant ist es „ein heiliges, unbedingt gebie-*

tendes, durch keine Convenienzen einzuschränkendes Vernunftgebot: in allen Erklärungen wahrhaft (ehrlich) zu sein" (8/427). An den 48 Stellen seiner Schriften, in denen er von der „Lüge" spricht, bekräftigt Kant diese Einschätzung nachdrücklich. Der Lügner ist für ihn nichtswürdig und ehrlos (6/403, 429f., 8/426), er „verletzt die Würde der Menschheit in seiner eigenen Person" (6/429), weil die Lüge der „angebornen Würde des Menschen" geradezu widerspricht (6/420), die „Wegwerfung und gleichsam Vernichtung seiner Menschenwürde" bedeutet (6/429) und den Lügner „unter die Würde der Menschheit" erniedrigt (9/489). Deshalb ist sie „an sich selbst böse und verwerflich" (8/270), „niederträchtig" (6/481) und „ein Verbrechen des Menschen an seiner eigenen Person" (6/430); sie macht ihn „unwürdig glücklich zu sein" (6/481). Daraus läßt sich nun wirklich kein Entschuldigungsgrund herleiten.

Prof. Dr. A. Winter, Fulda

Verzeichnis der Namen

Fußnoten-Fundorte sind gekennzeichnet durch die Nummer des Kapitels, Schräg-strich, Fußnote (also z.B. 4/31: Fußnote 31 im 4. Kapitel).

596